新編兒童益智手

折紙大全

風車圖書
WINDMILL

新編兒童益智手工大全：折紙大全 / 風車編輯群編輯.
-- 初版. -- 新北市：風車圖書, 2012.07
面；　公分
ISBN 978-986-223-269-9(平裝)
1.摺紙
972.1　　　101012659

新編兒童益智手工大全

折紙大全

社長/許丁龍
編輯/風車編輯群
出版/風車圖書出版有限公司
代理/三暉圖書發行有限公司
地址/221新北市汐止區福德一路392巷23號之1
電話/02-2695-9502
傳真/02-2695-9510
統編/89595047
網址/www.windmill.com.tw
劃撥帳號/14957898
戶名/三暉圖書發行有限公司
初版/2012年7月

目錄 Contents

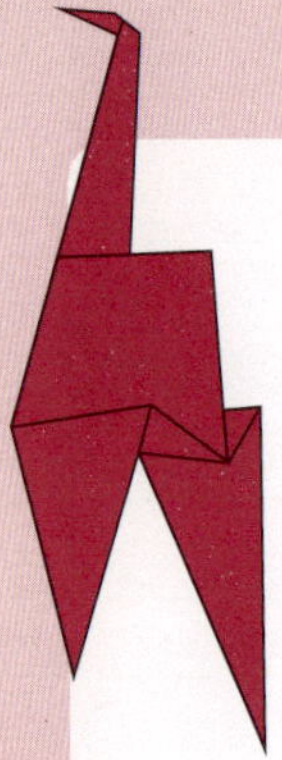

【禽鳥】

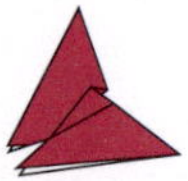

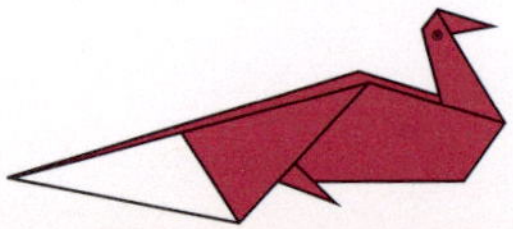

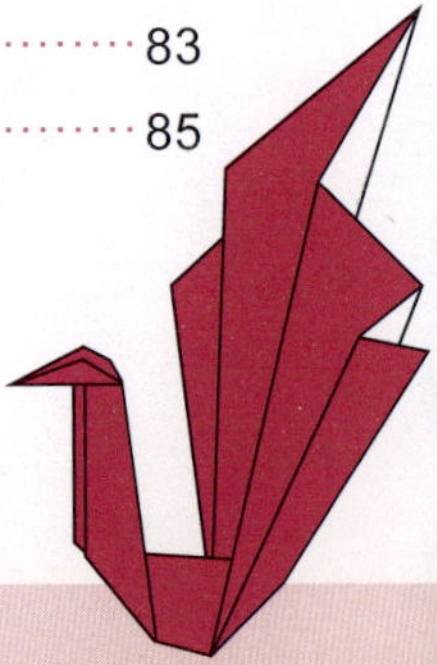

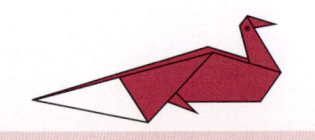

【海洋動物】

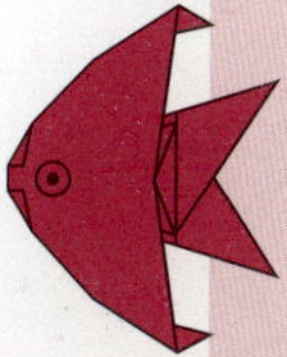

【昆蟲】

【植物】

【容器】

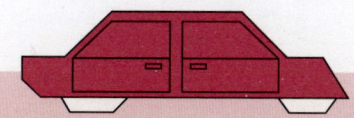

【玩具】

【服飾】

【交通工具】

【建築】

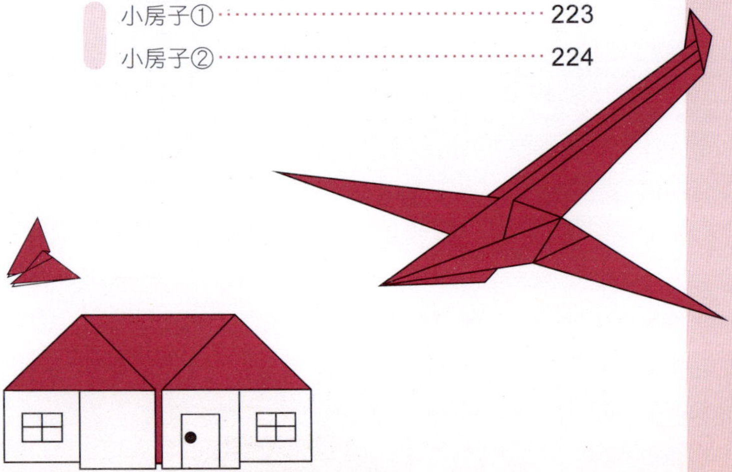

谷線

峰線

正折

反折

翻折

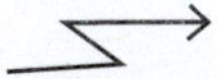

曲折

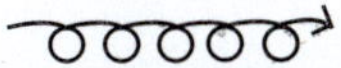

卷折

翻轉

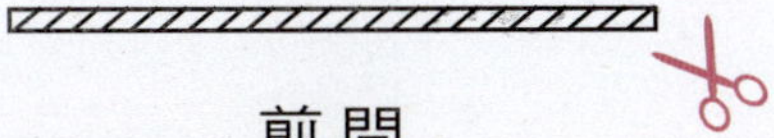

剪開

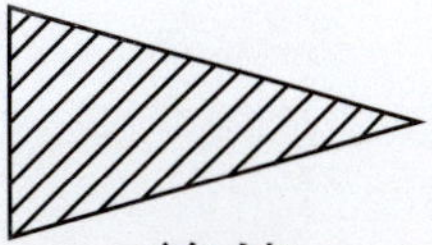

剪掉

折疊符號和圖解

正折

反折

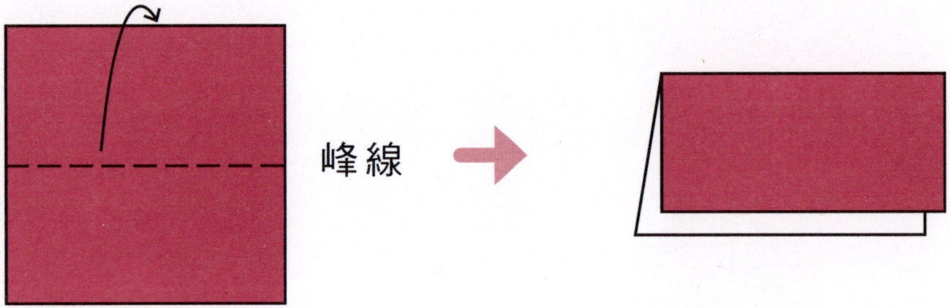

翻折

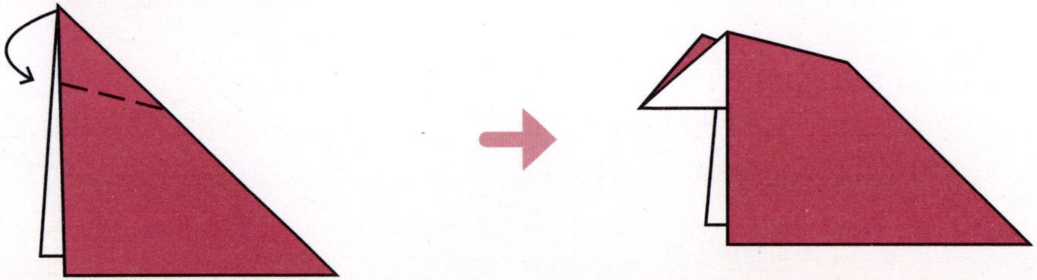

翻折

翻轉

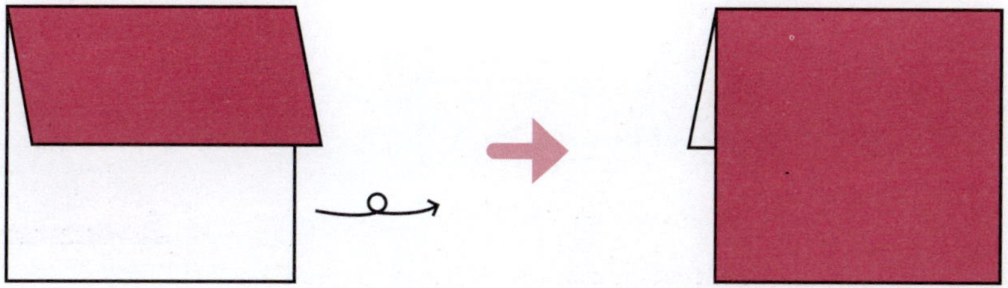

剪開

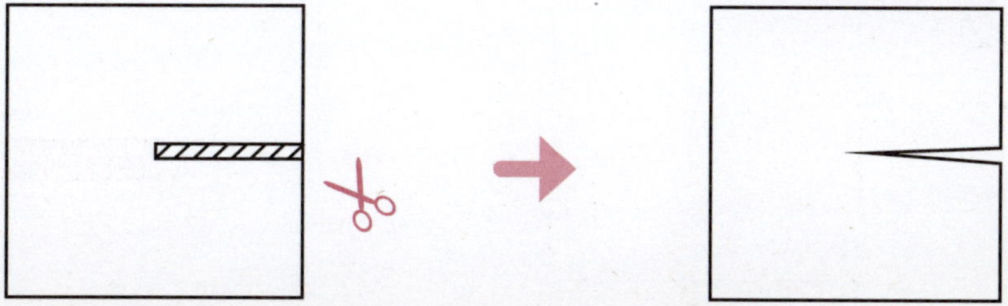

剪掉

曲折

卷折

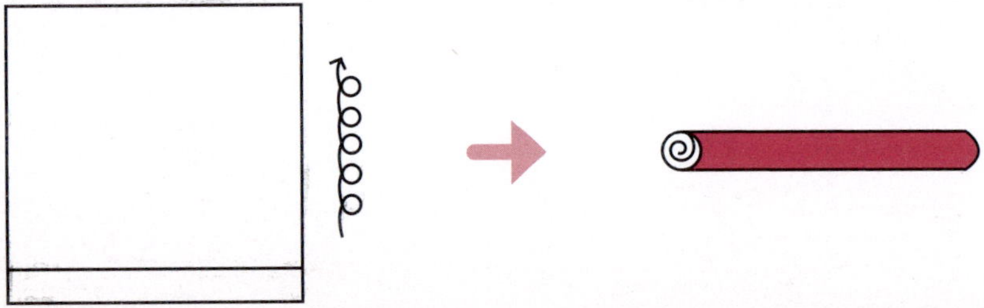

雙三角形的折法

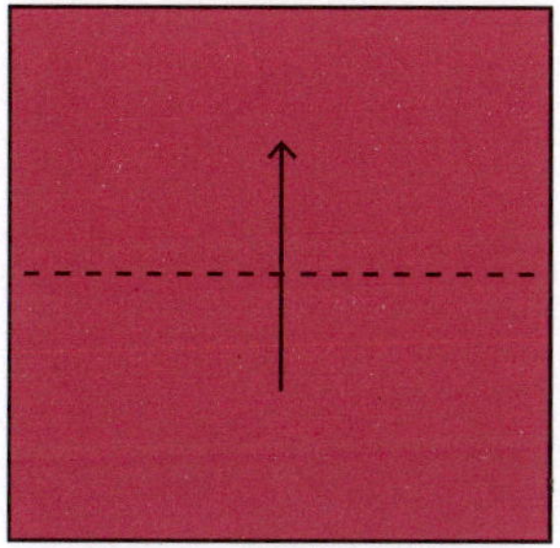

1 沿虛線朝箭頭方向折疊，壓出折線後還原。

2 沿虛線朝箭頭方向折疊，壓出折線後再恢復原狀。

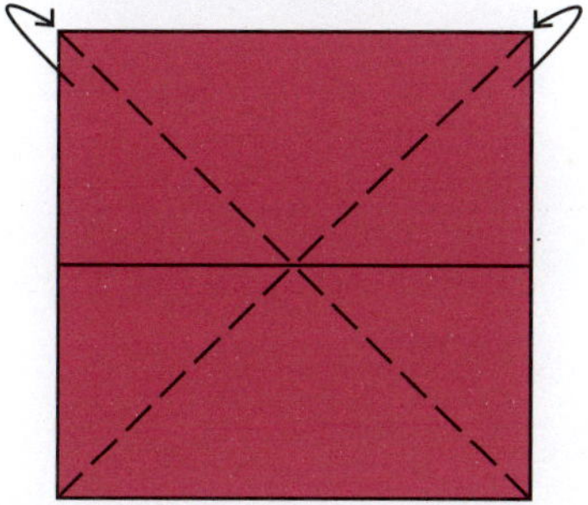

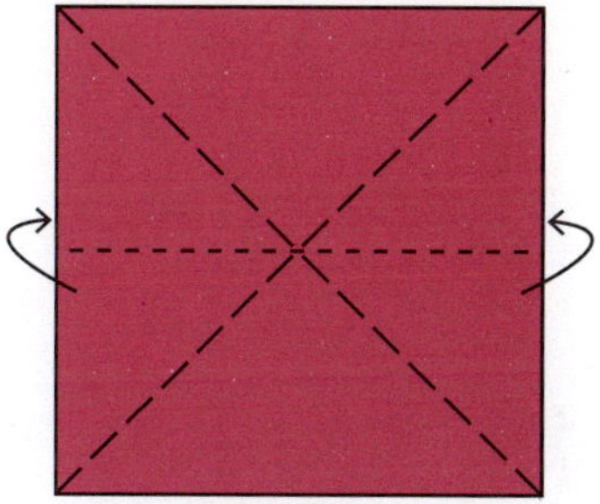

3 如圖 4 所示，沿著虛線朝著箭頭方向折疊。

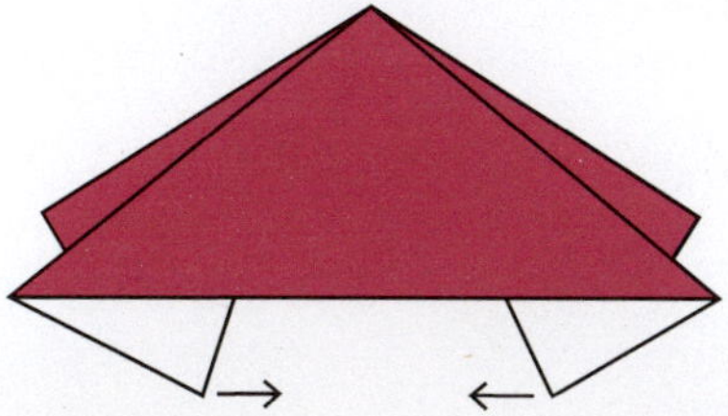

4 如圖 3 所示折疊。

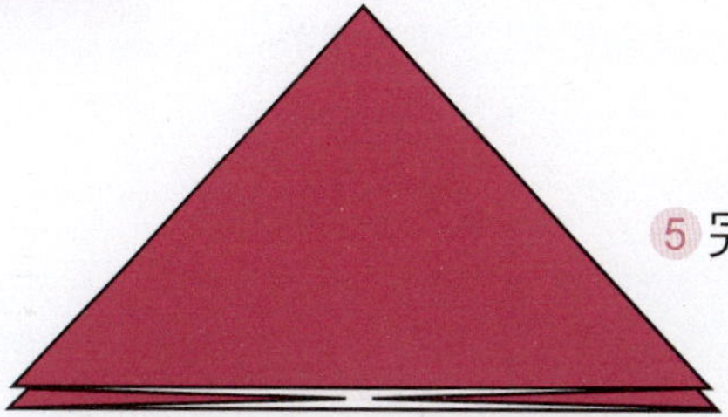

5 完成。

雙正方形的折法

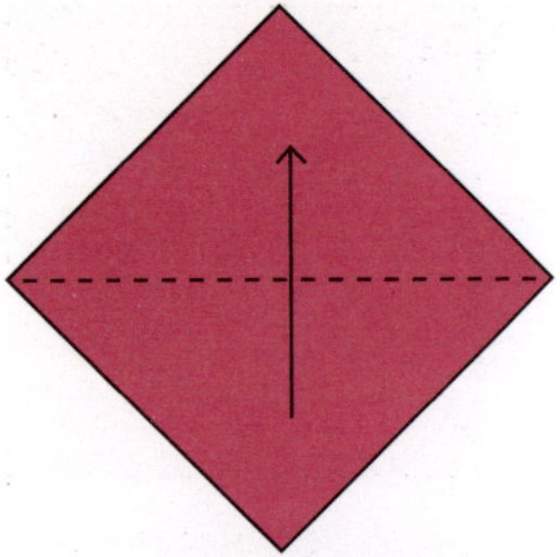

1 沿虛線朝箭頭方向折疊，壓出折線後還原。

2 沿虛線朝箭頭方向折疊，壓出折線後再恢復原狀。

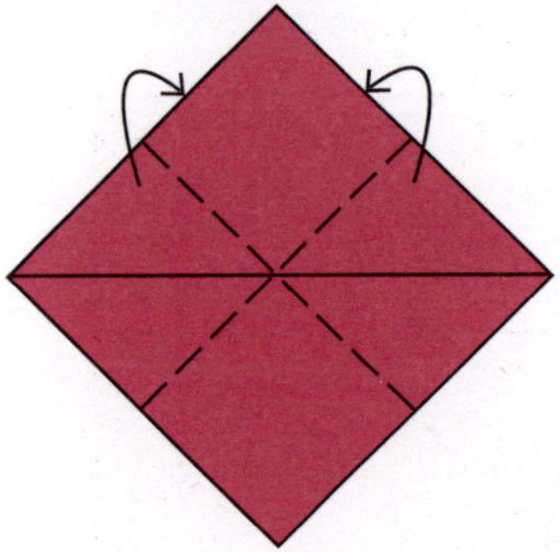

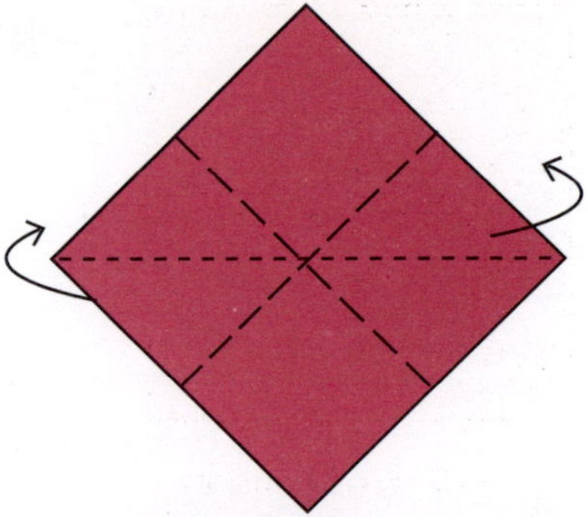

3 如圖 4 所示，沿著虛線朝著箭頭方向翻折。

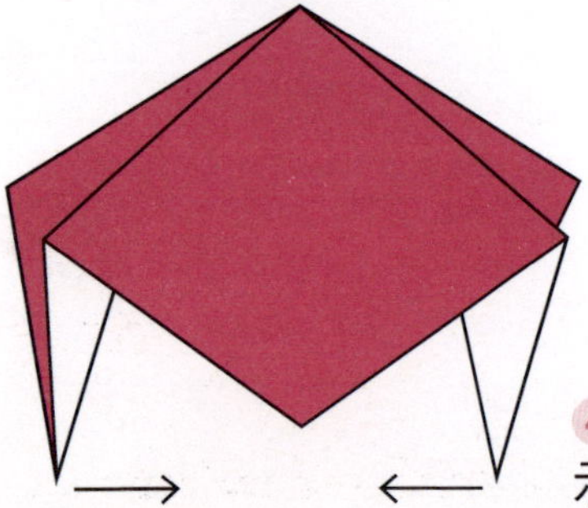

4 如圖 3 所示折疊。

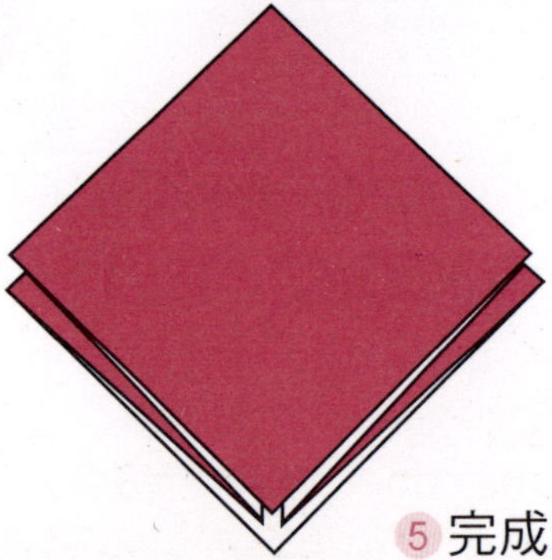

5 完成。

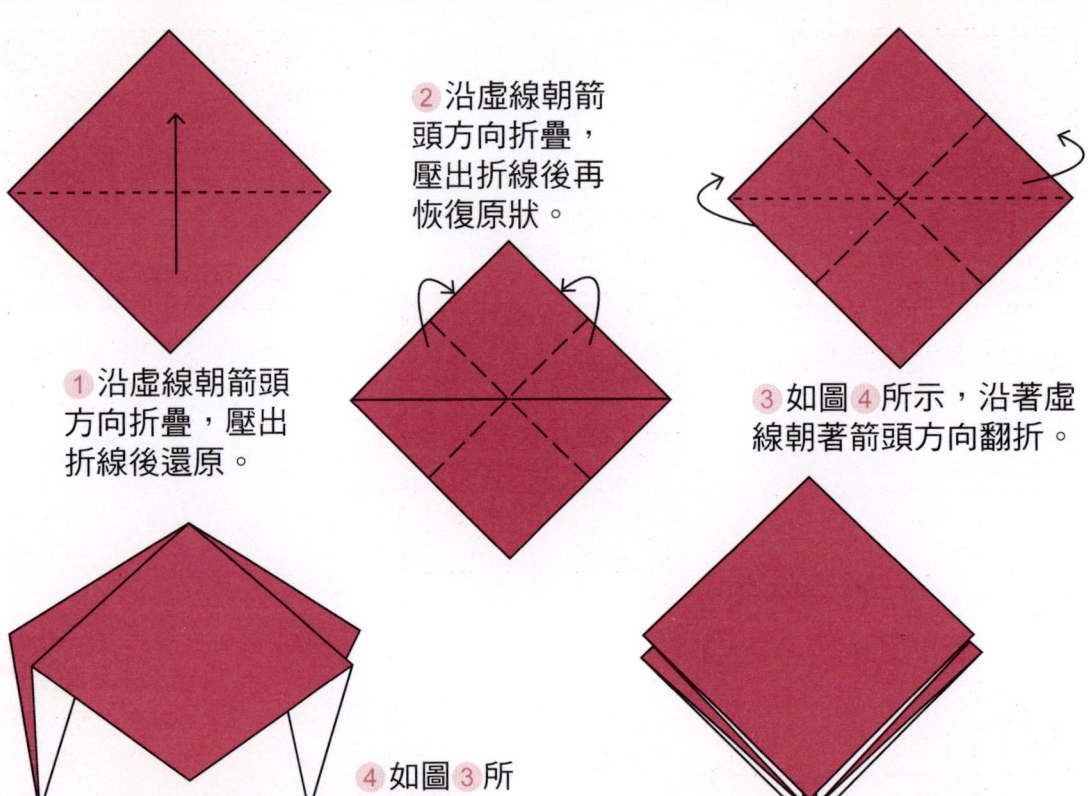

單菱形的折法

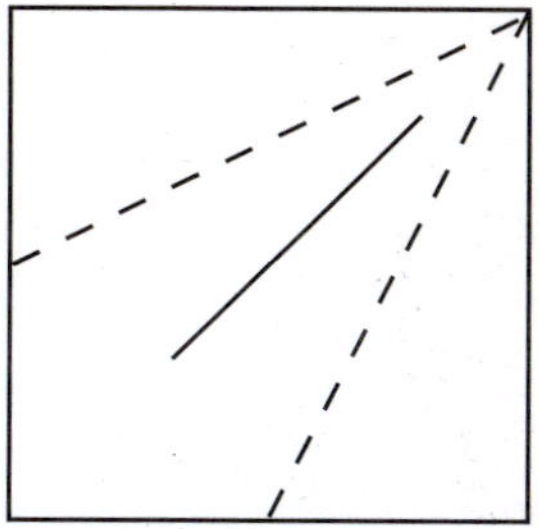

1 沿虛線向中線折疊。

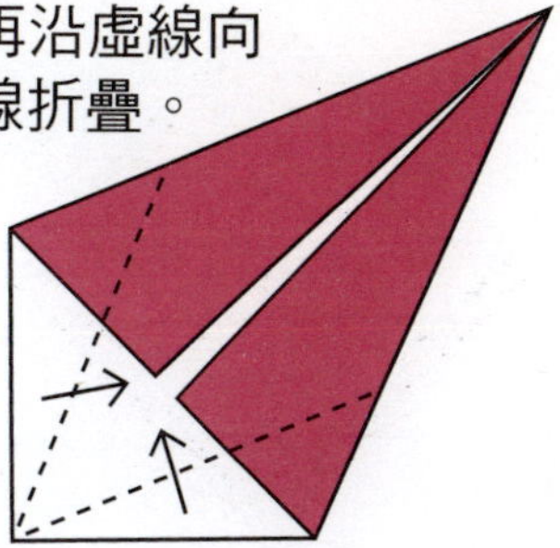

2 再沿虛線向中線折疊。

3 壓出折線後即成菱形，再展開至圖 2 ，繼續折疊單菱形。

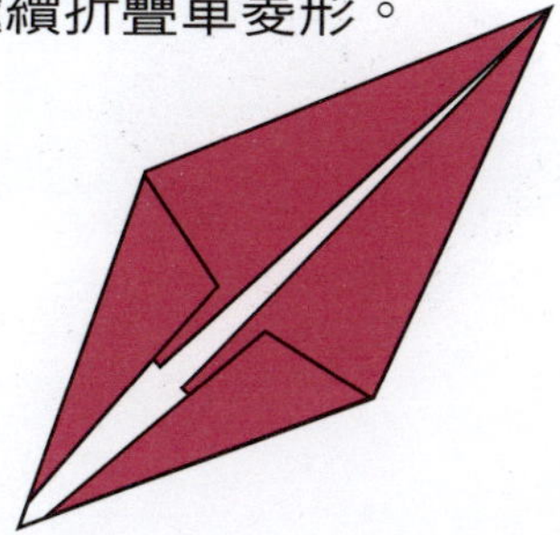

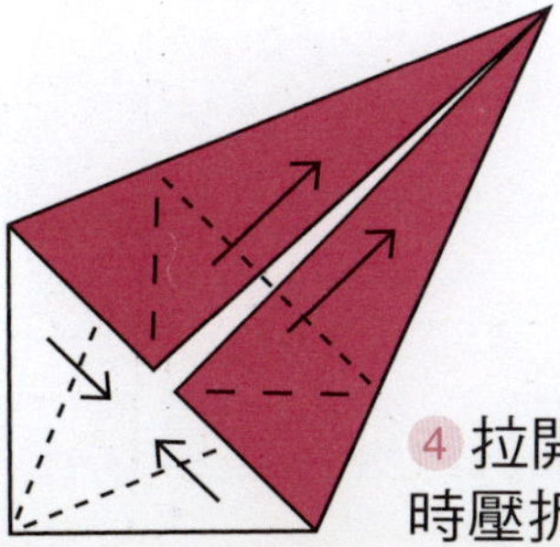

4 拉開中間兩角，同時壓折外邊兩角。

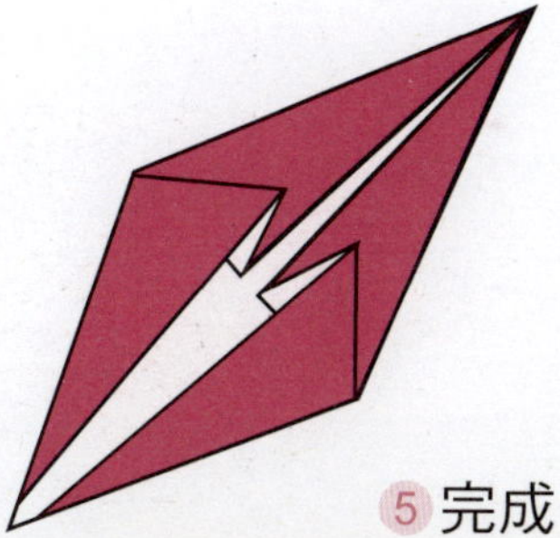

5 完成。

雙菱形的折法

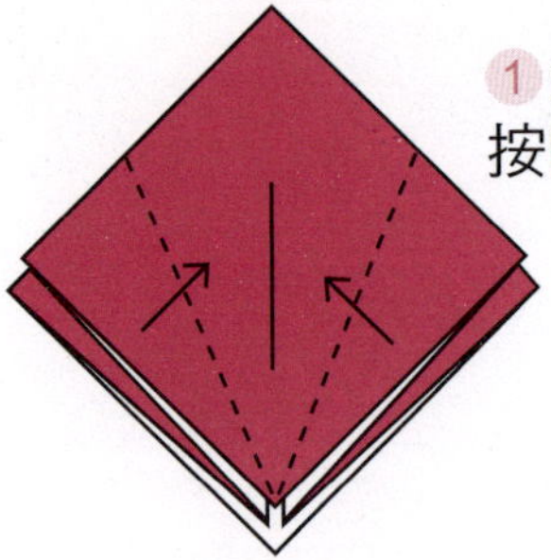

1 先折雙正方形，再按圖示折其中一面。

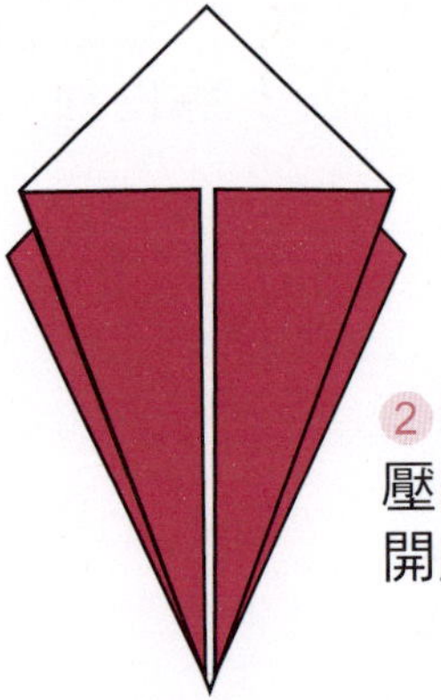

2 背面相同，壓出折線後展開成圖 1 。

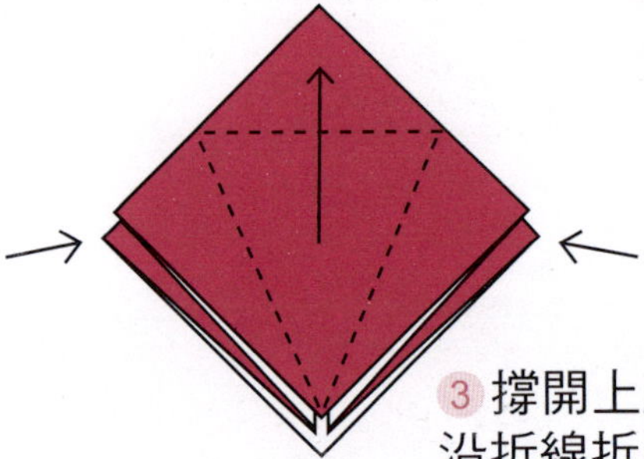

3 撐開上層，同時沿折線折成菱形。

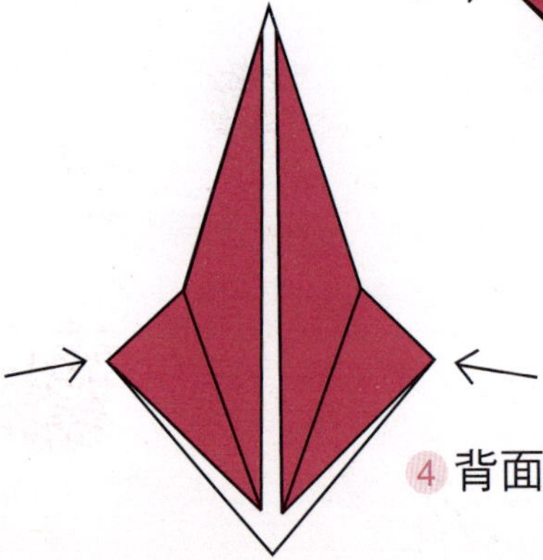

4 背面相同。

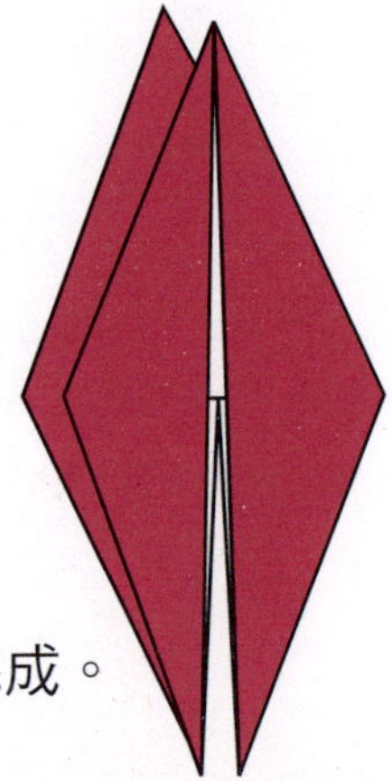

5 完成。

小狗

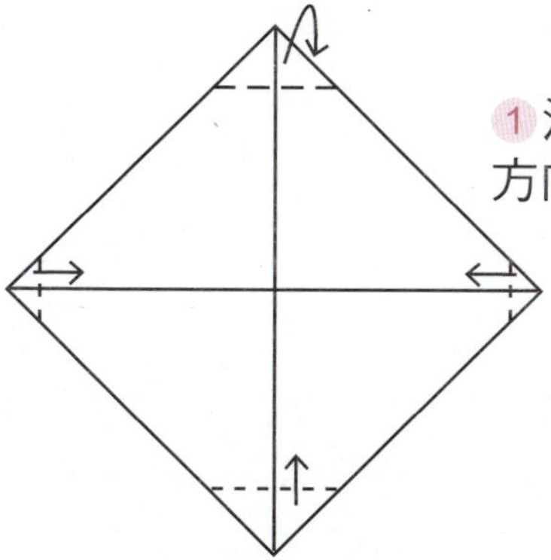

1 沿虛線朝箭頭方向折疊。

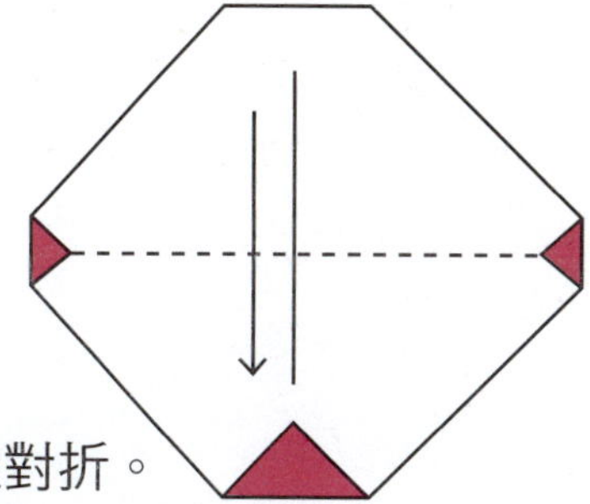

2 沿虛線對折。

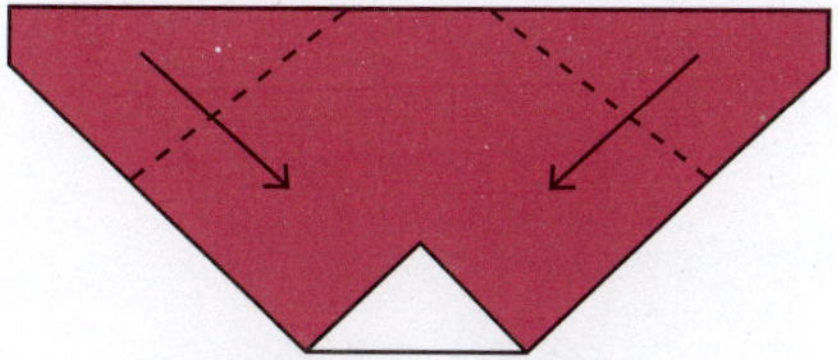

3 沿虛線將前面的三角朝箭頭方向折疊。

4 別担心，小狗明天就會長出身體來。

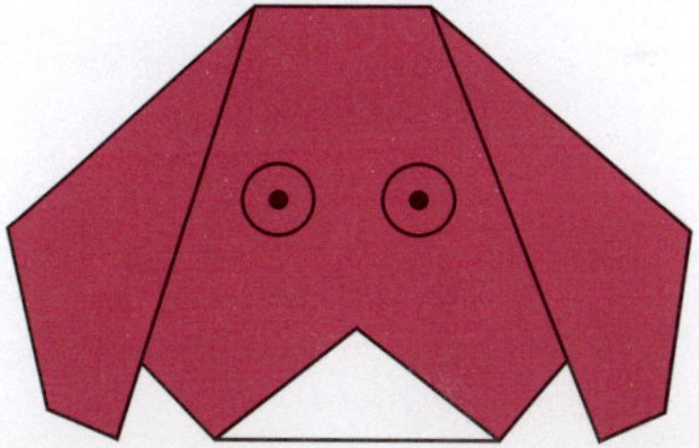

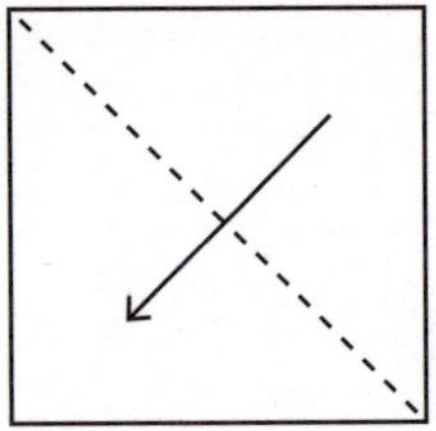

5 另取一張紙，沿虛線對折。

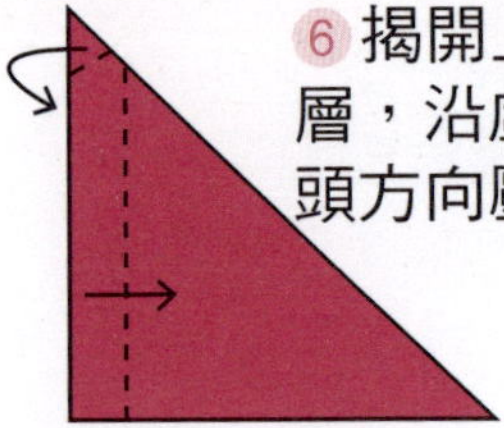

6 揭開上面的一層，沿虛線向箭頭方向壓折。

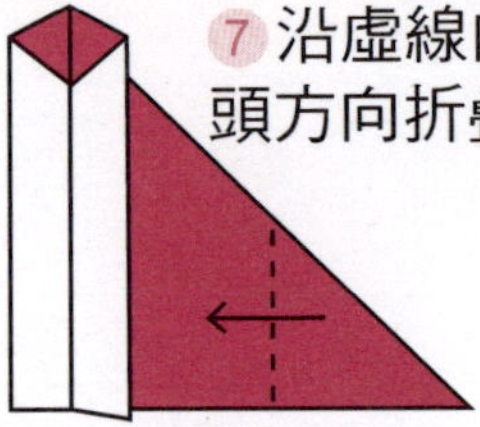

7 沿虛線向箭頭方向折疊。

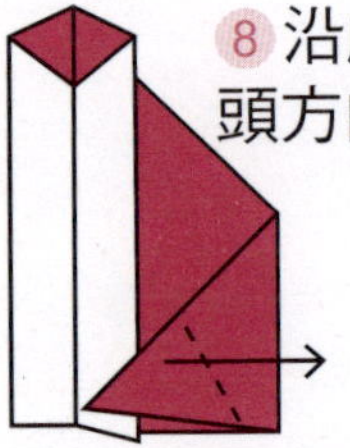

8 沿虛線向箭頭方向折疊。

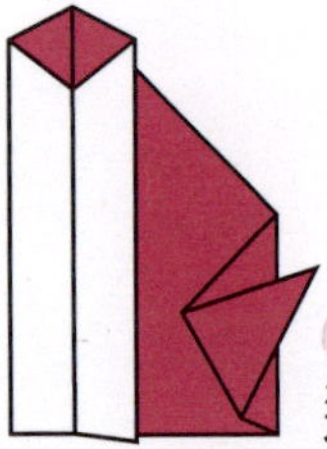

9 壓出折線後還原至圖 7 。

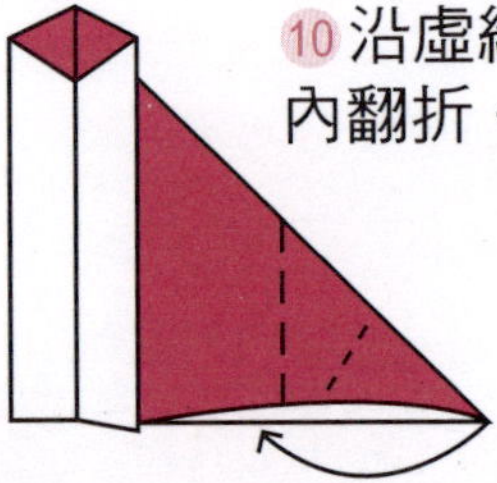

10 沿虛線向內翻折。

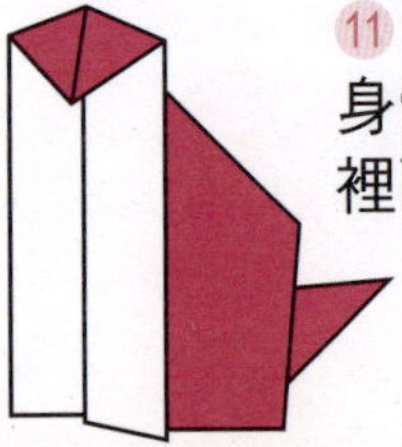

11 只需將小狗的身體插入它的頭裡面。

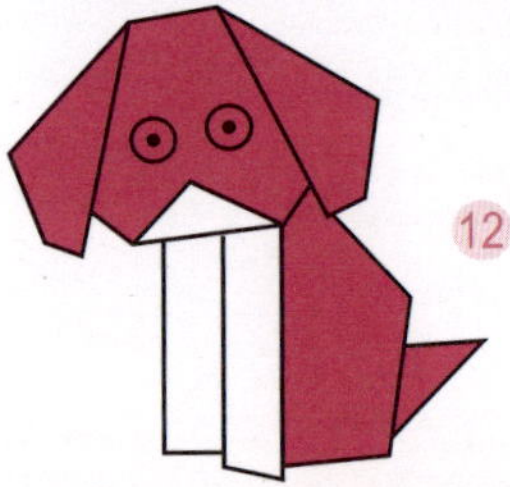

12 完成。

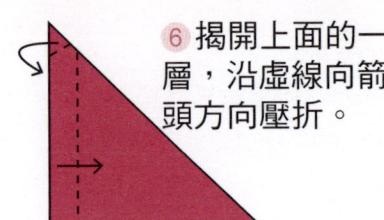

小貓

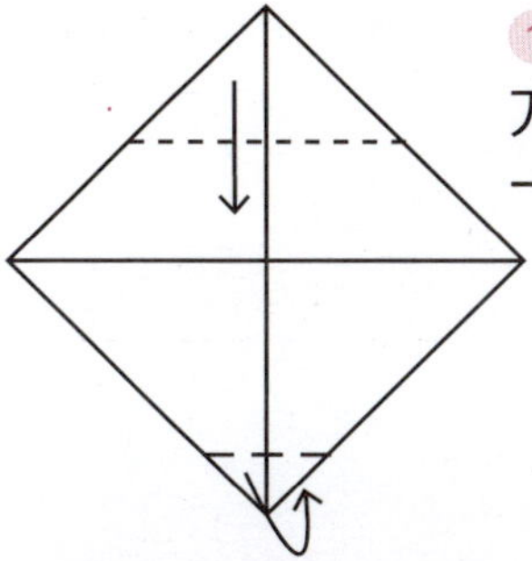

1 沿虛線向箭頭方向折疊，注意一正一反。

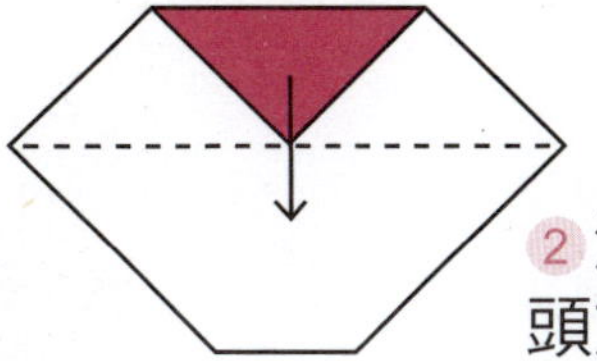

2 沿虛線向箭頭方向折疊。

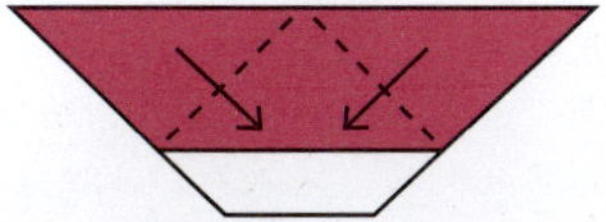

3 沿虛線向箭頭方向折疊。

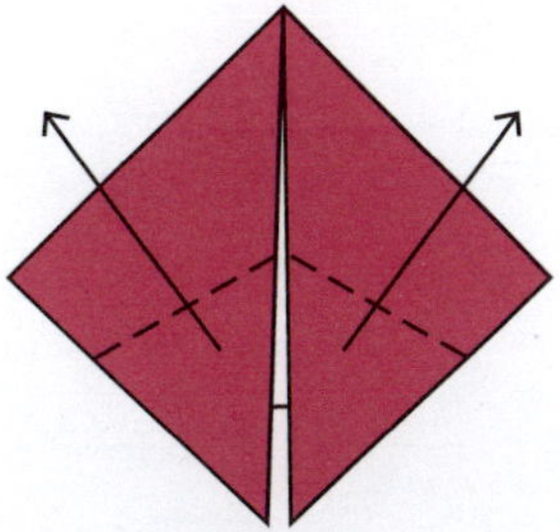

4 沿虛線向箭頭方向折疊。

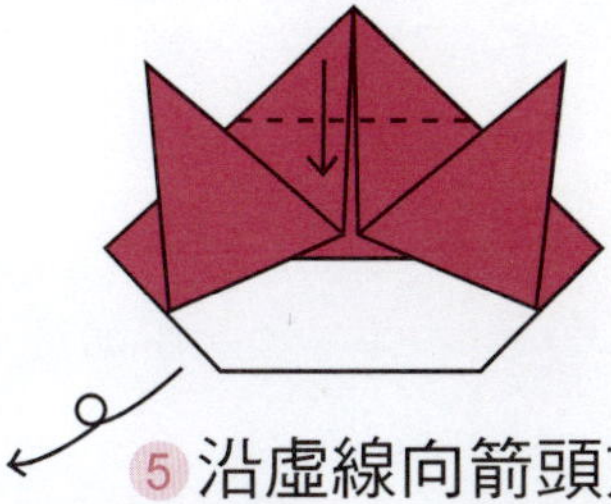

5 沿虛線向箭頭方向折疊，翻過來。

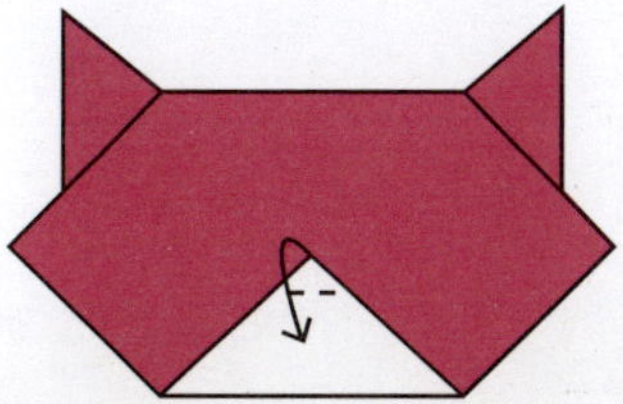

6 沿虛線向箭頭方向折疊。

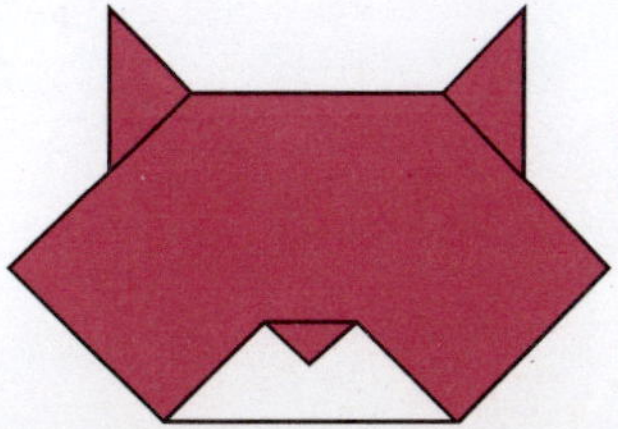

7 今天折頭，明天折身子。

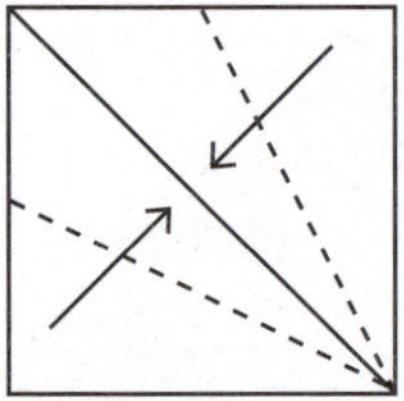

⑧ 另取一張紙，沿虛線向箭頭方向折疊。

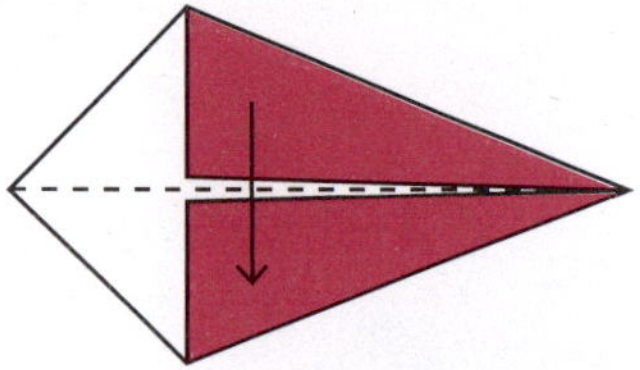

⑨ 沿虛線向箭頭方向折疊。

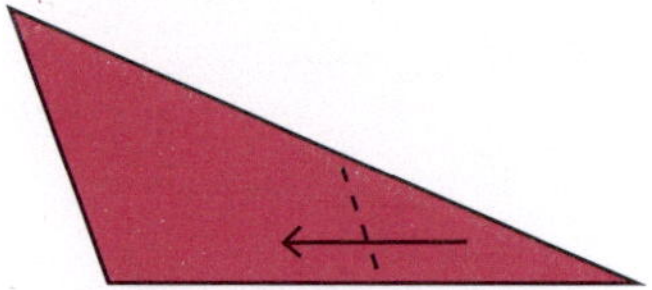

⑩ 沿虛線向箭頭方向折疊。

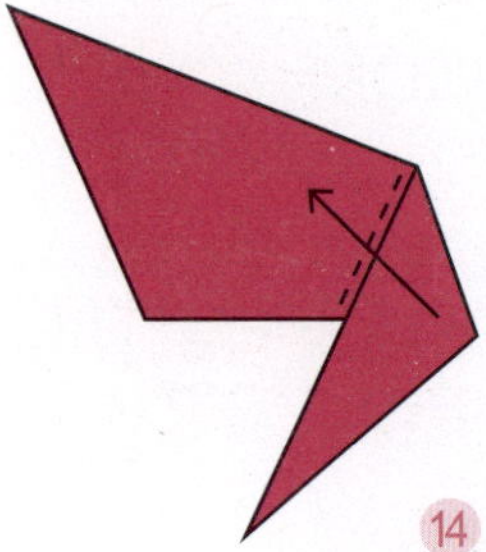

⑪ 沿虛線向箭頭方向折疊，壓出折線後還原。

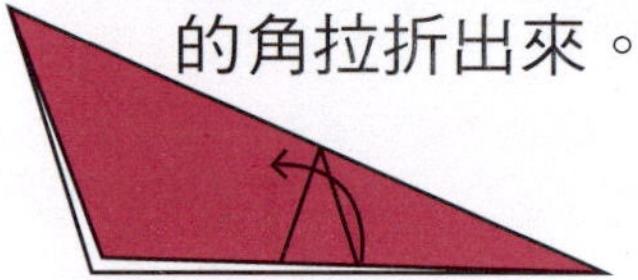

⑫ 沿折線將裡面的角拉折出來。

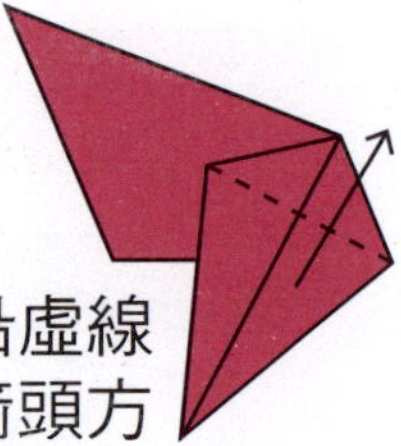

⑬ 沿虛線向箭頭方向折疊。

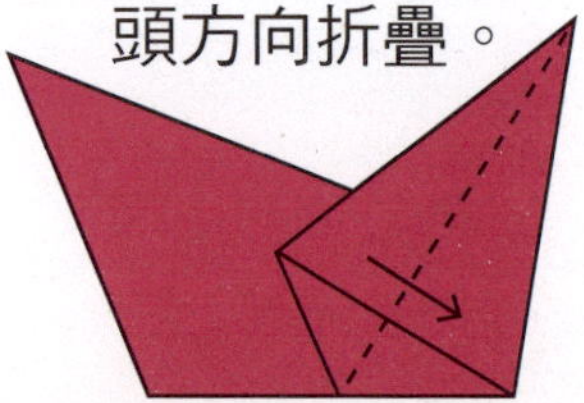

⑭ 沿虛線向箭頭方向折疊。

⑮ 加上頭，喵！

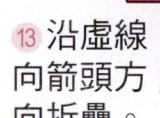

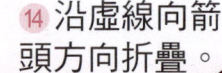

兔子

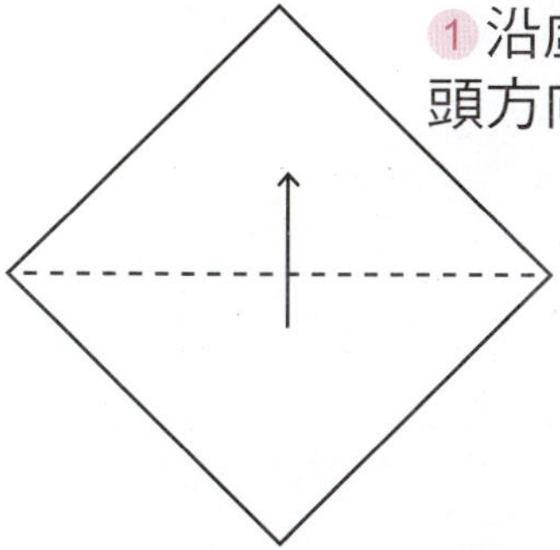

1 沿虛線向箭頭方向折疊。

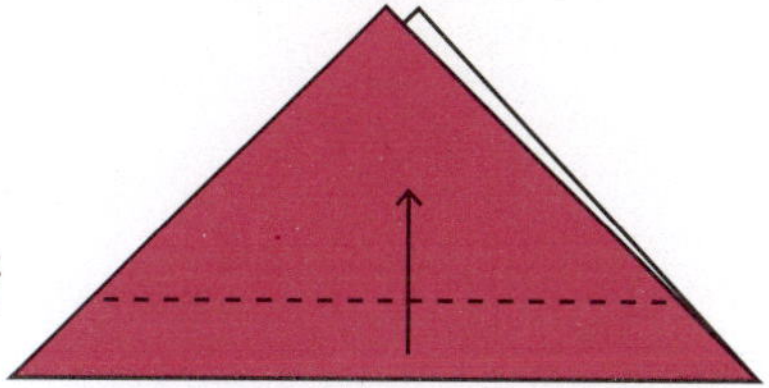

2 沿虛線向箭頭方向折疊。

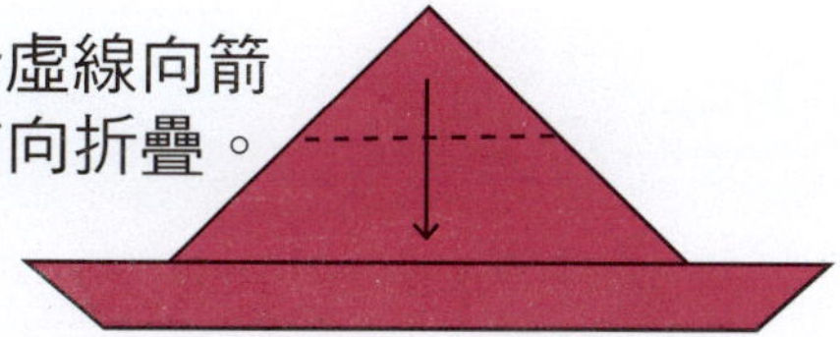

3 沿虛線向箭頭方向折疊。

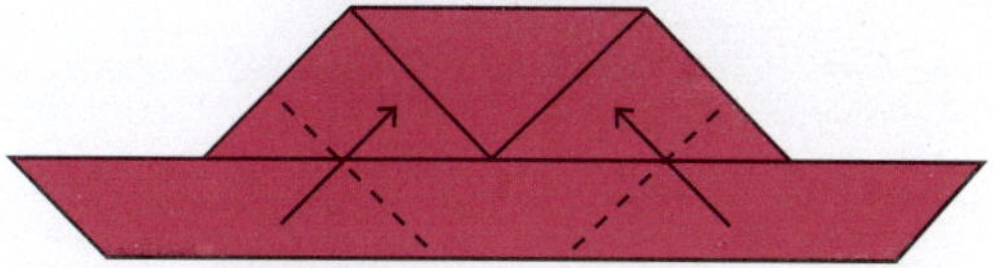

4 沿虛線向箭頭方向折疊。

5 翻過來。

6 畫上眼睛就折成兔子了。

小兔1

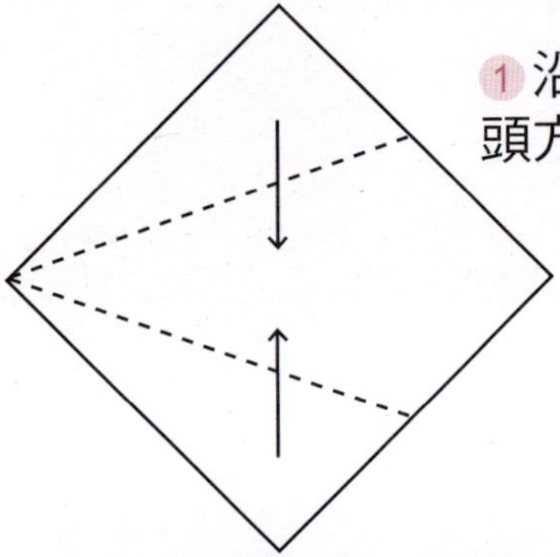

1 沿虛線向箭頭方向折疊。

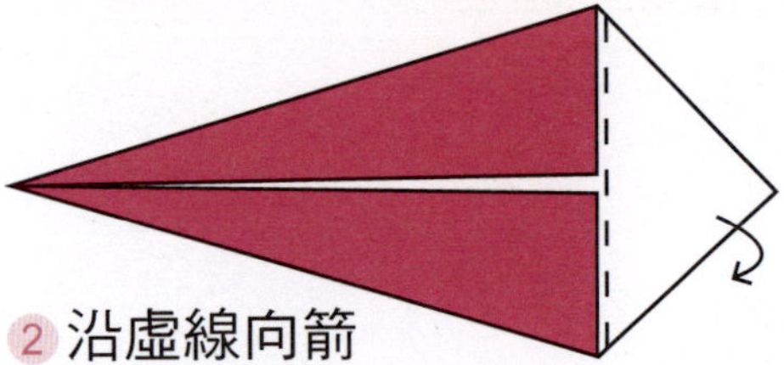

2 沿虛線向箭頭方向折疊。

3 沿虛線向箭頭方向折疊。

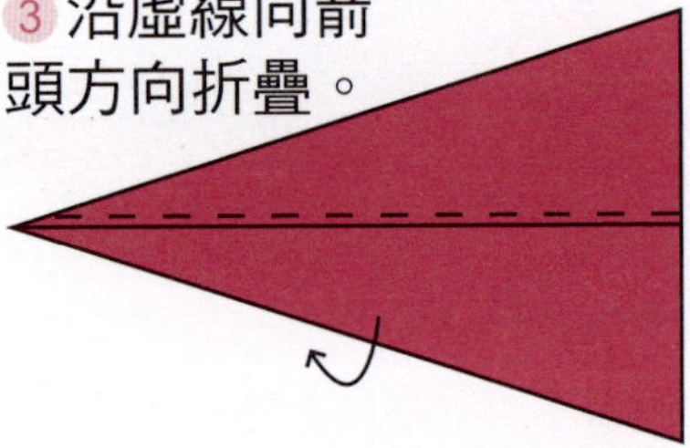

4 沿虛線向箭頭方向折疊。

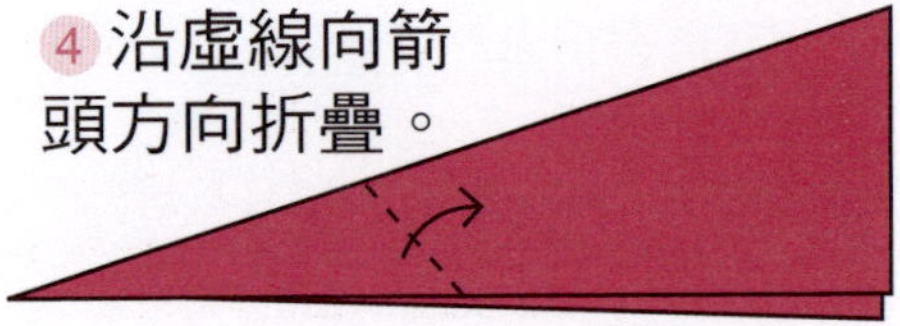

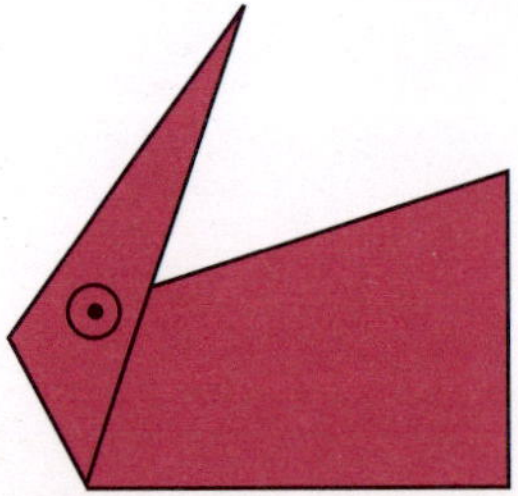

5 畫上眼睛，小兔完成囉。

小兔 2

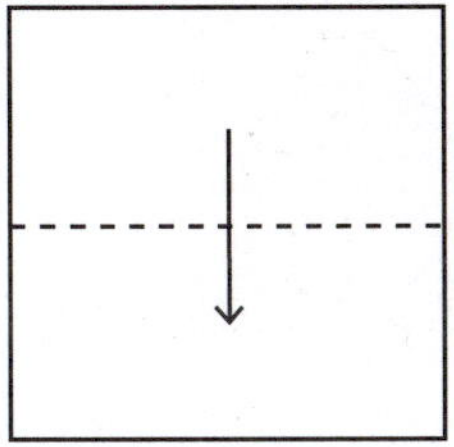

1 沿虛線向箭頭方向折疊。

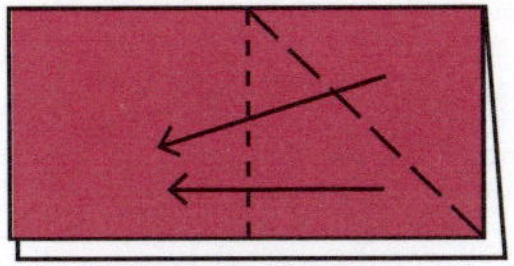

2 沿虛線將右邊提起，向左壓折。

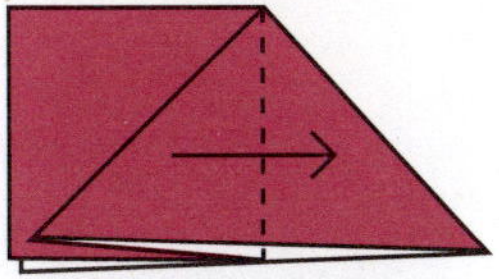

3 沿虛線向箭頭方向折疊。

4 折法與 2 相同，但方向相反。

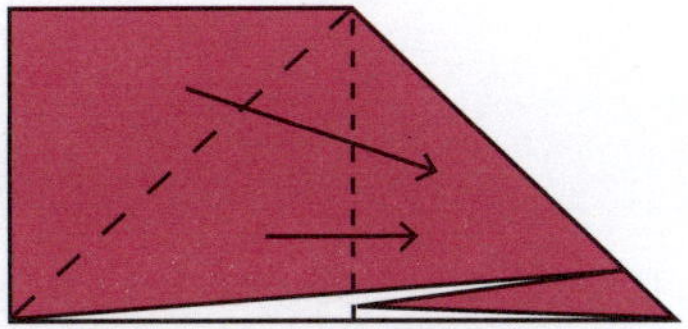

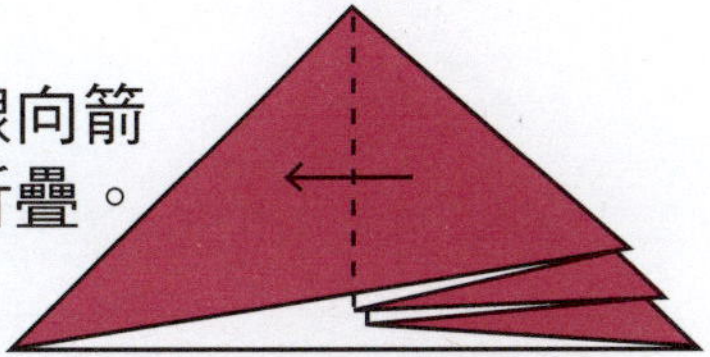

5 沿虛線向箭頭方向折疊。

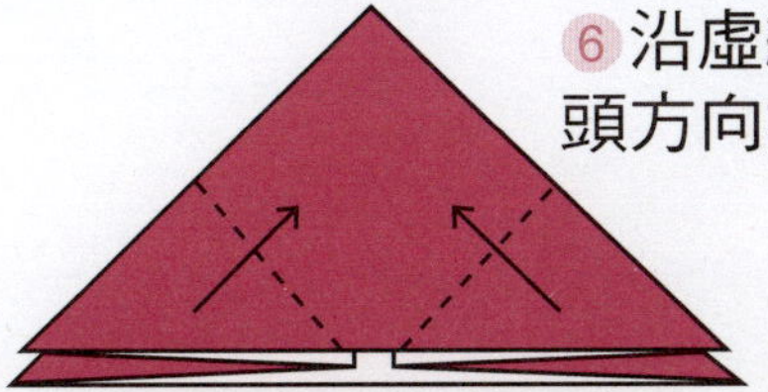

6 沿虛線向箭頭方向折疊。

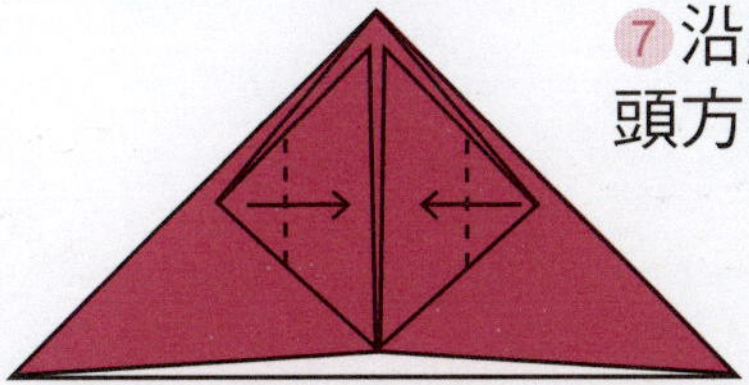

7 沿虛線向箭頭方向折疊。

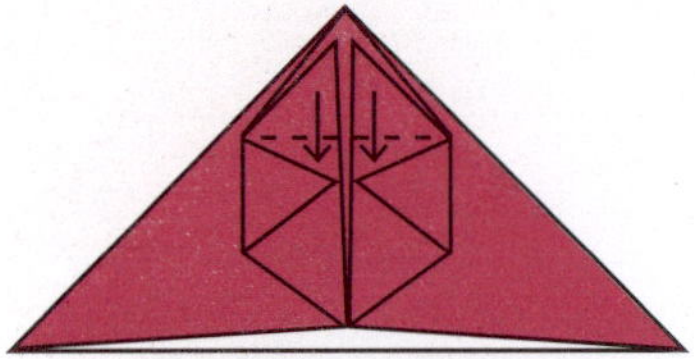

⑧沿虛線向箭頭方向折疊，插入開口內。

⑨翻過來。

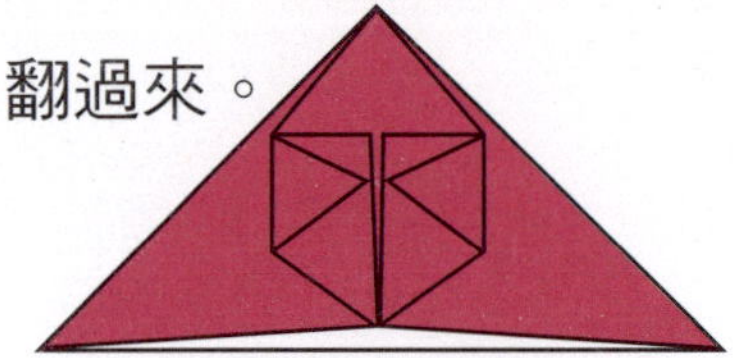

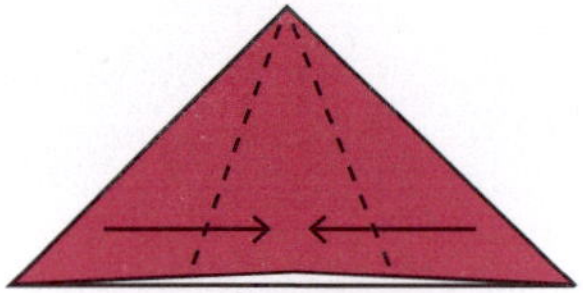

⑩沿虛線向箭頭方向折疊。

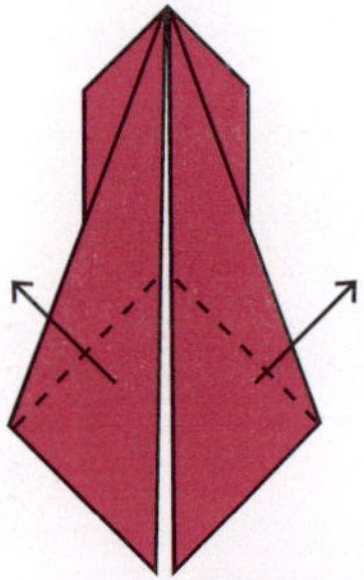

⑪沿虛線向箭頭方向折疊。

⑫沿虛線向箭頭方向折疊。

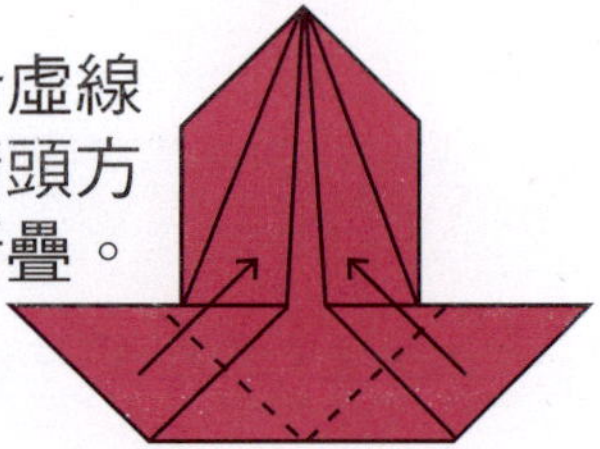

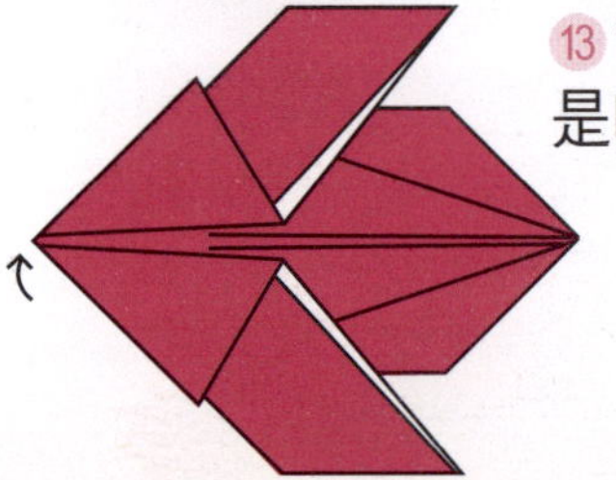

⑬箭頭所指處是吹氣口。

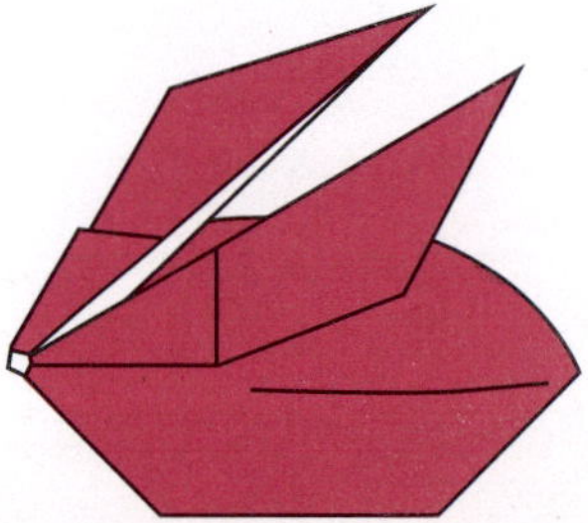

⑭從吹氣口向內吹氣，即成小兔。

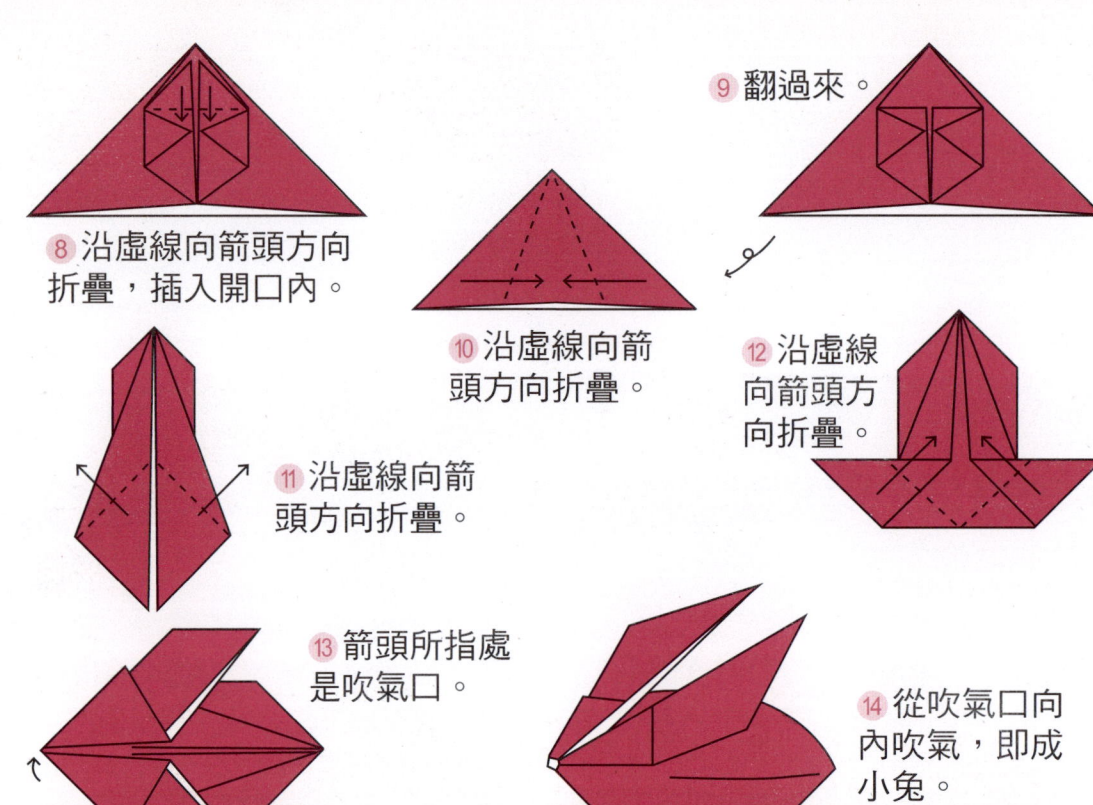

小豬

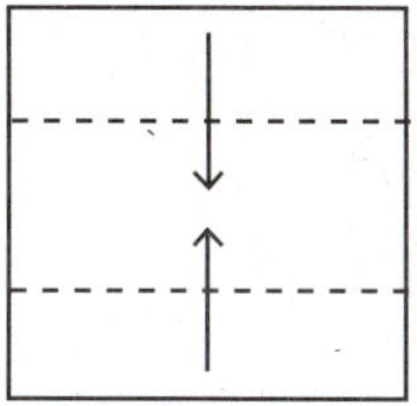

1 沿虛線向箭頭方向折疊。

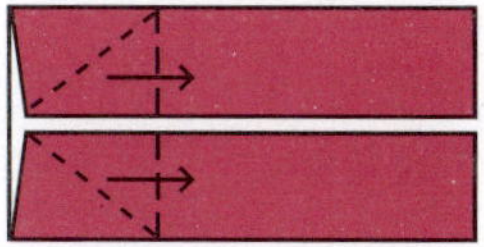

2 沿虛線折成圖 3 形狀。

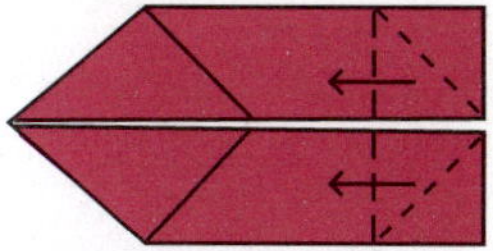

3 右邊折法相同。

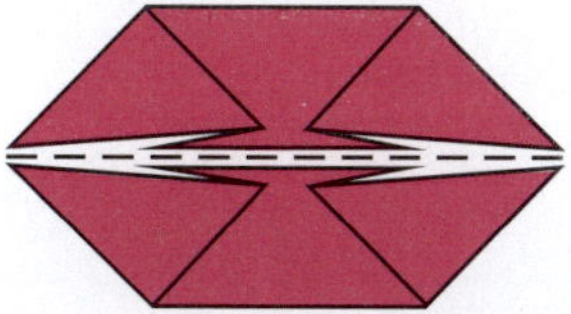

4 沿虛線折疊。

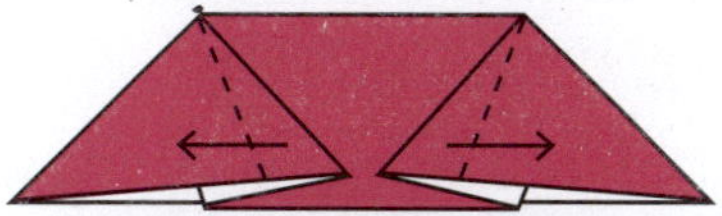

5 沿虛線向箭頭方向折疊。

6 沿虛線翻折。

7 按圖示剪掉，沿虛線折疊。

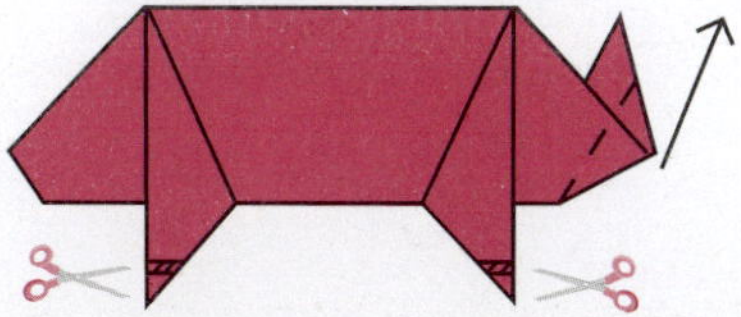

8 畫上眼睛即成豬。

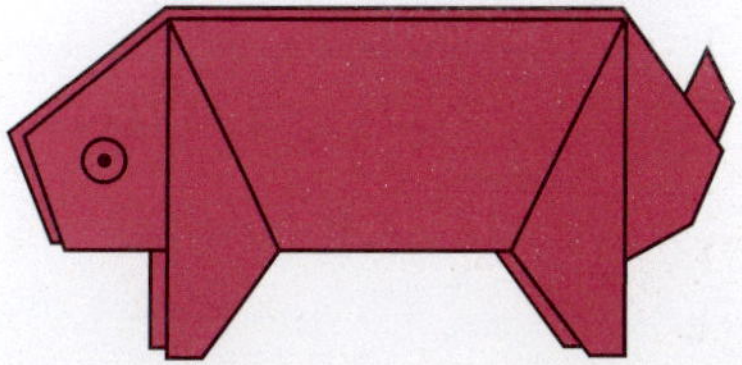

狗頭

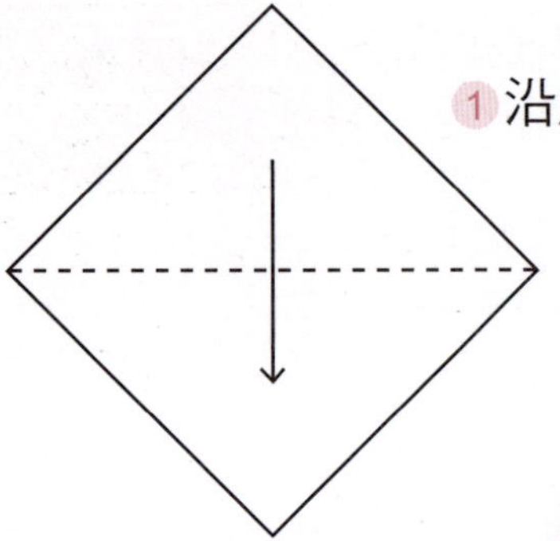

1 沿虛線對折。

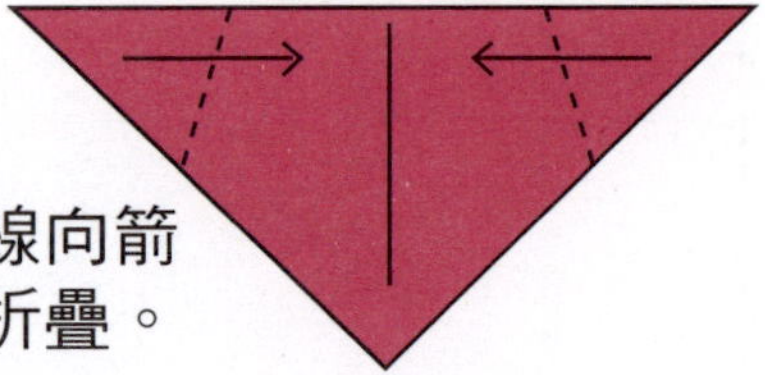

2 沿虛線向箭頭方向折疊。

3 沿虛線向箭頭方向拉折。

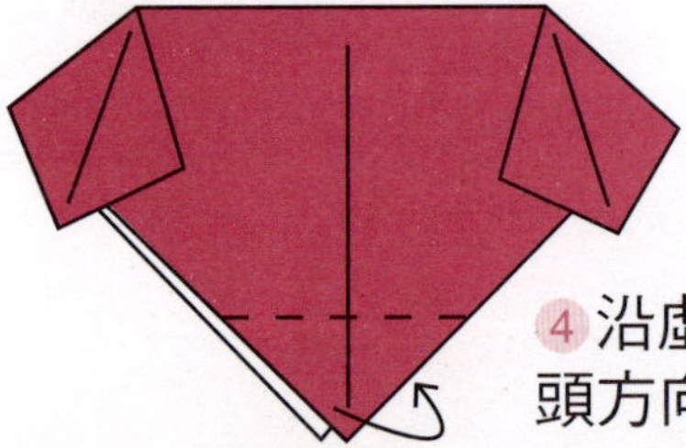

4 沿虛線向箭頭方向折疊。

5 翻轉後畫上眼睛，即成小狗的頭。

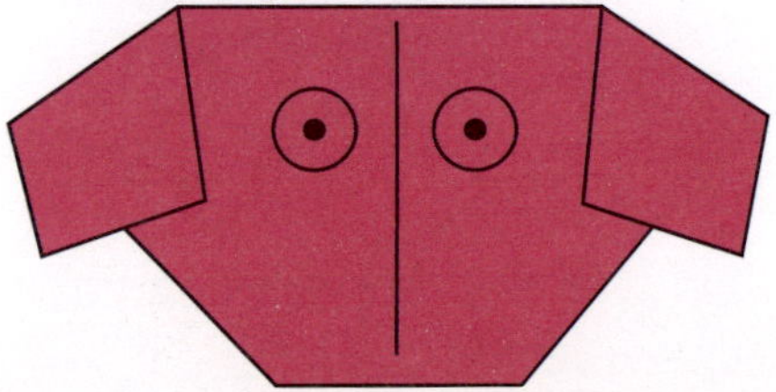

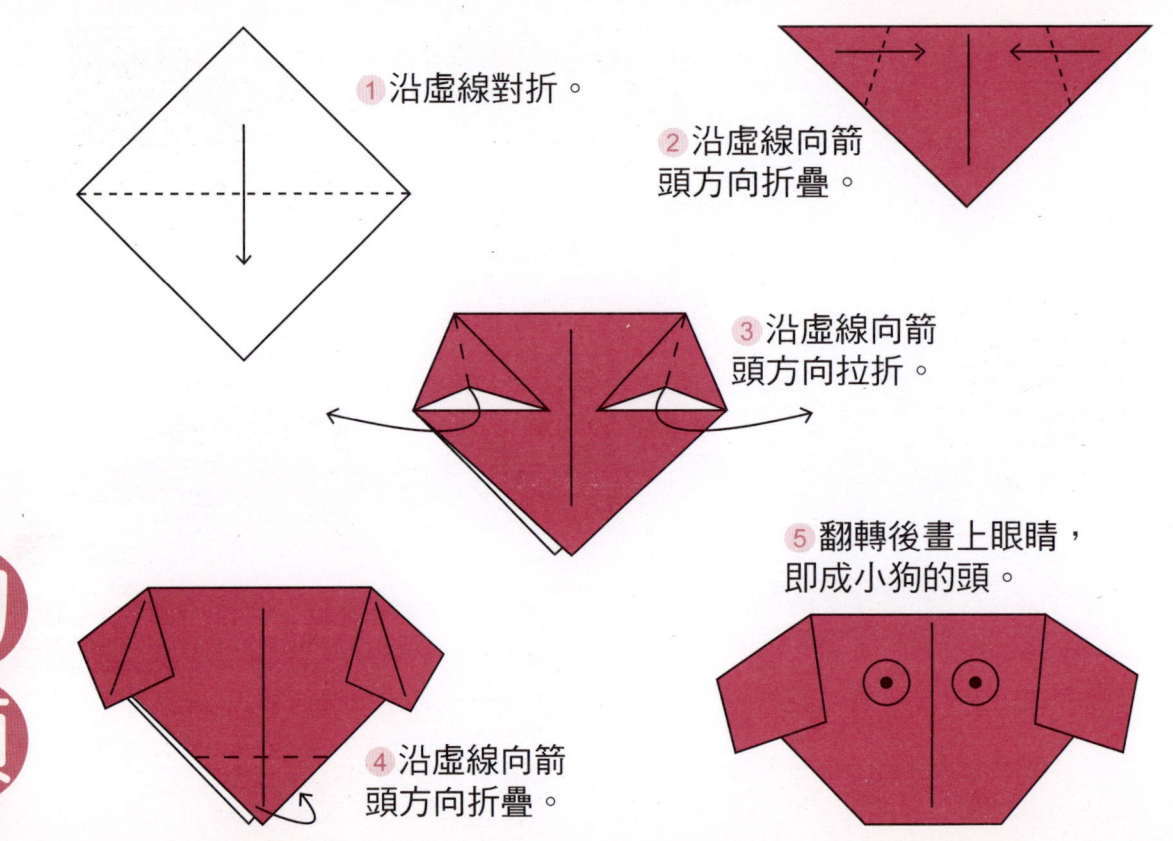

大象

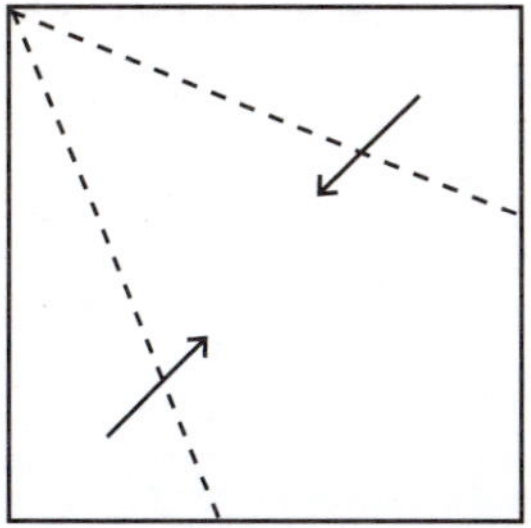

1 沿虛線向箭頭方向折疊。

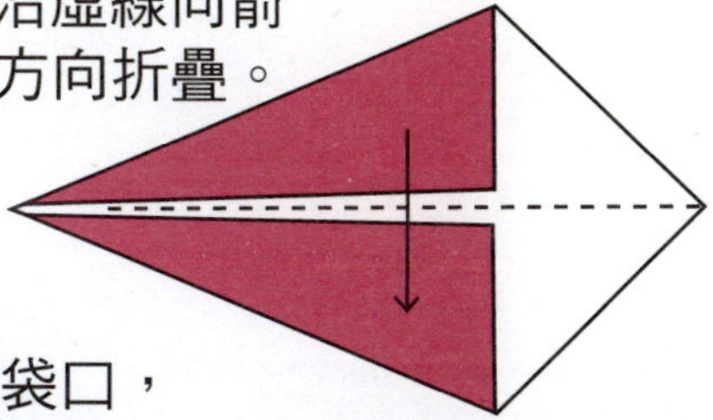

2 沿虛線向箭頭方向折疊。

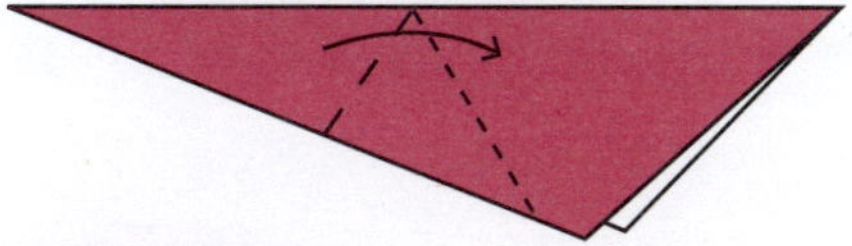

3 沿虛線折疊，再展開留下折印。

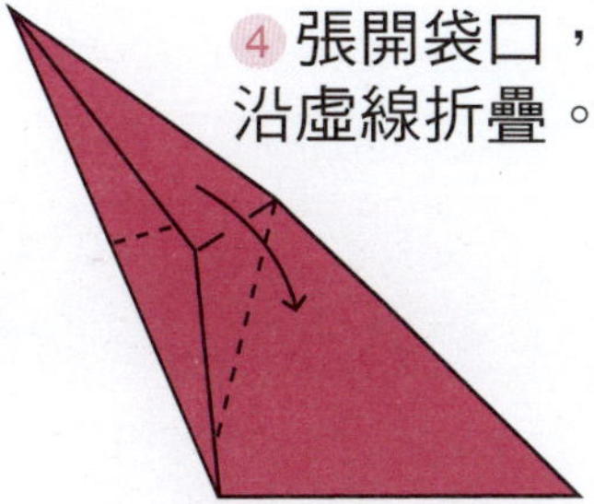

4 張開袋口，沿虛線折疊。

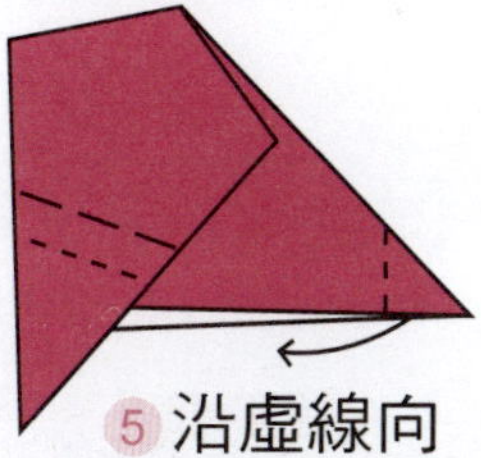

5 沿虛線向內曲折。

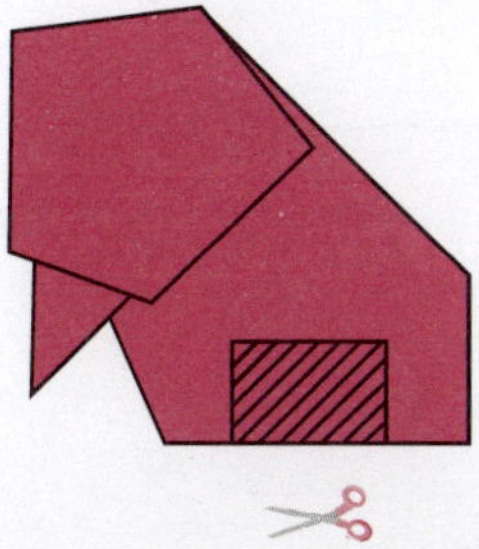

6 按圖示剪掉斜線部分。

7 畫上眼睛即成大象。

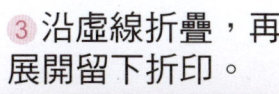

黑熊

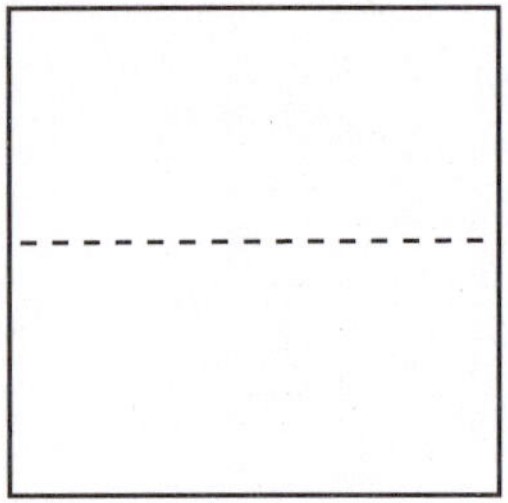

1 沿虛線對折後展開。

2 沿虛線向箭頭方向折疊。

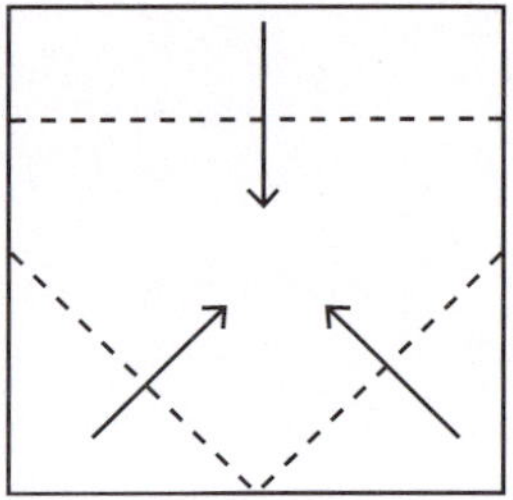

3 沿虛線往裡翻折。

4 把前面的部分沿虛線朝箭頭方向折，翻過來。

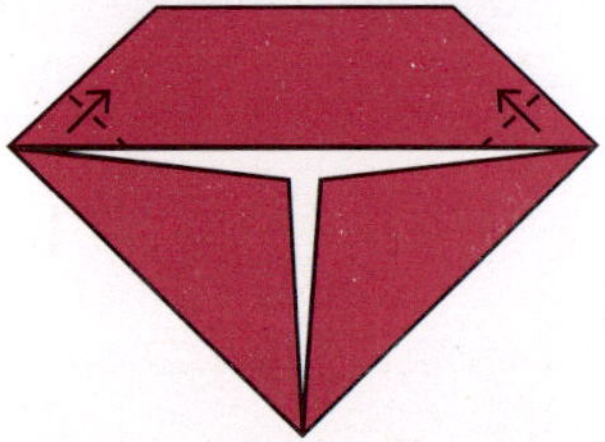

5 沿虛線曲折。

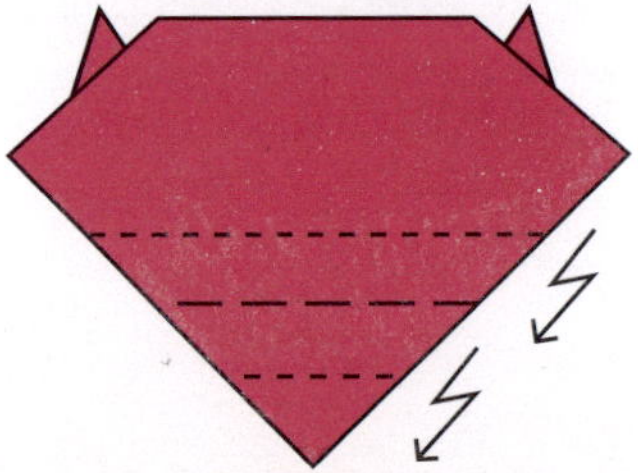

6 折疊出熊頭。

7 另取一張紙，沿虛線向箭頭方向折疊。

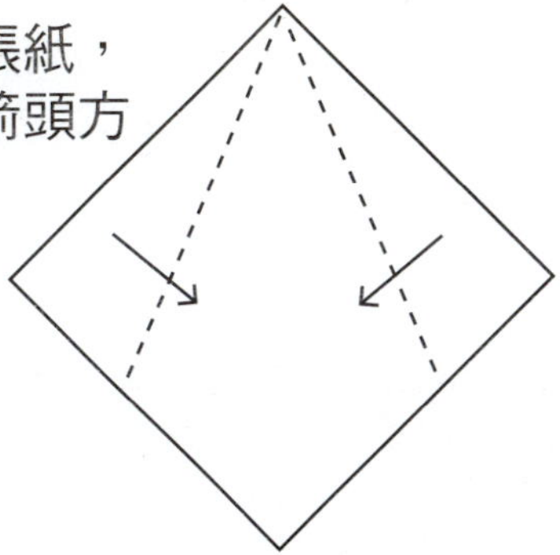

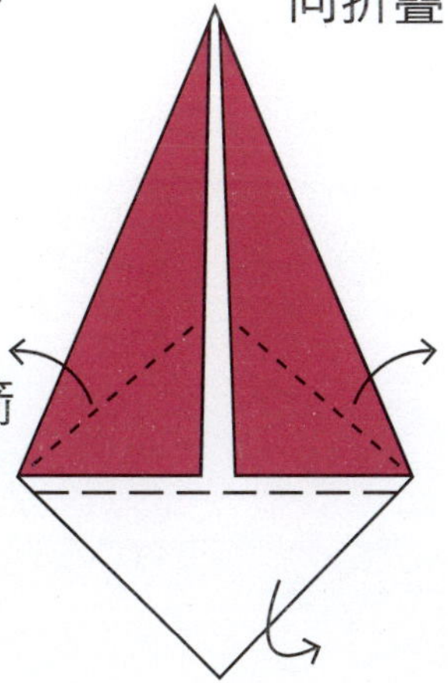

8 沿虛線向箭頭方向折疊。

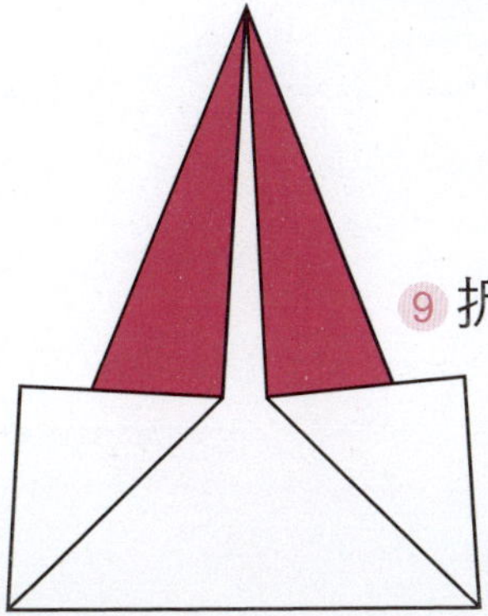

9 折疊成熊身。

10 將圖 6 和圖 9 黏在一起，畫上眼睛，即成為黑熊。

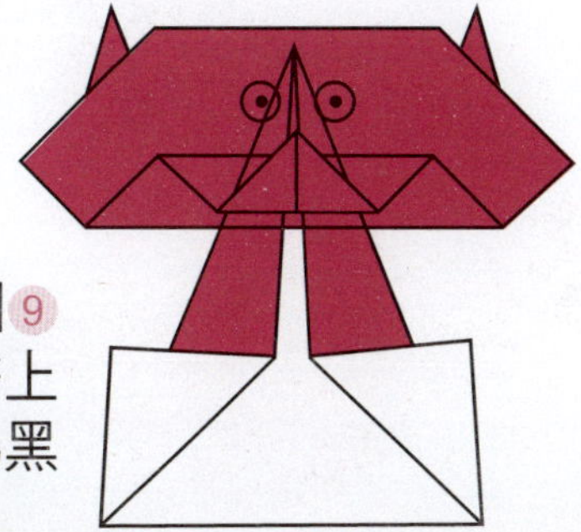

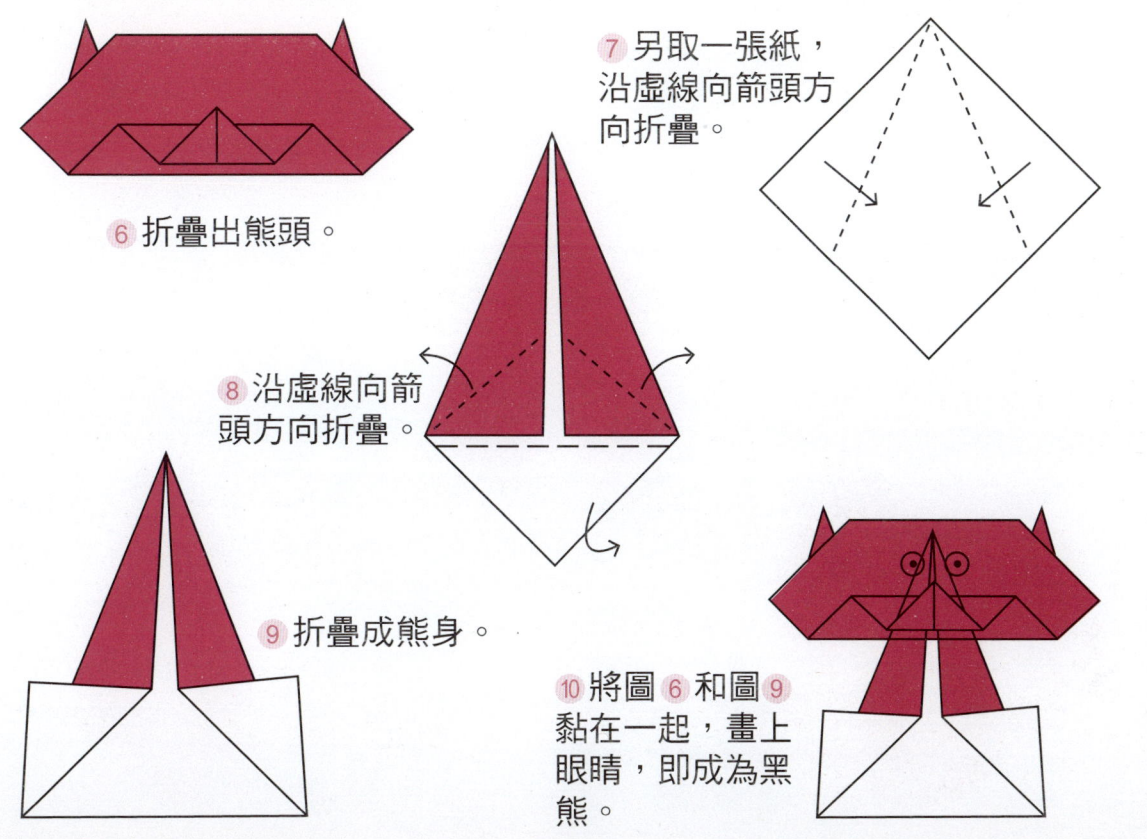

老虎

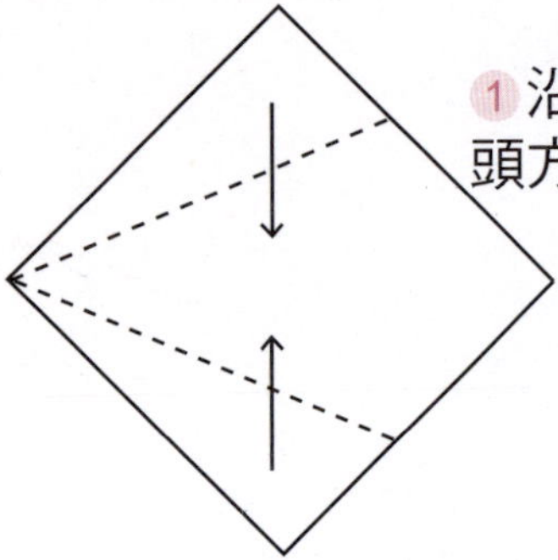

1 沿虛線向箭頭方向折疊。

2 沿虛線向箭頭方向折疊。

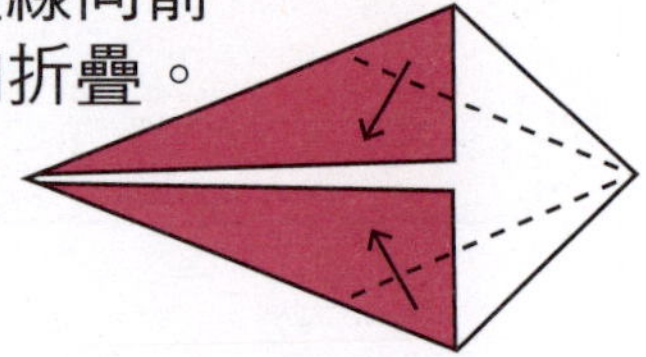

3 沿虛線曲折。

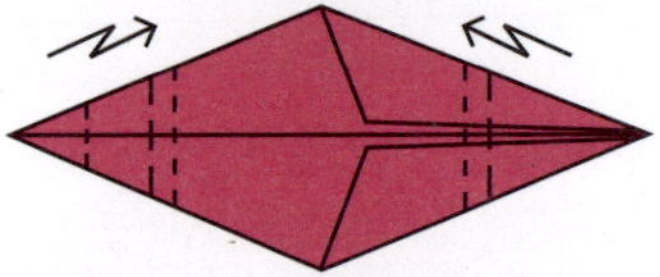

4 沿虛線折成圖 5 形狀。

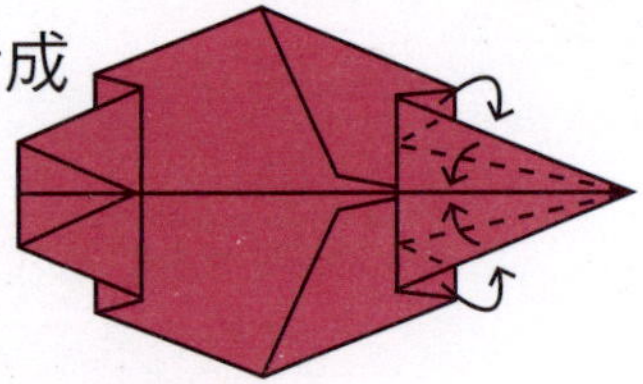

5 沿虛線向箭頭方向折疊。

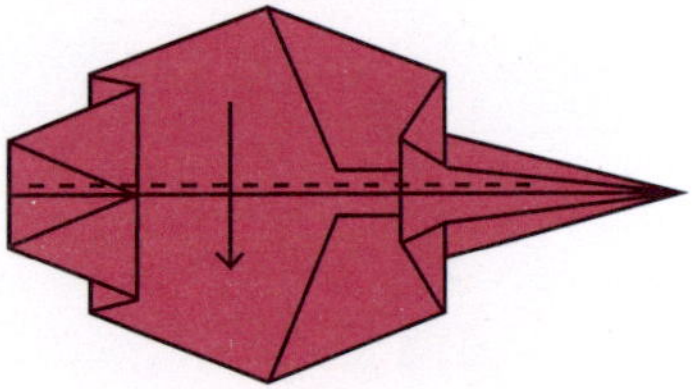

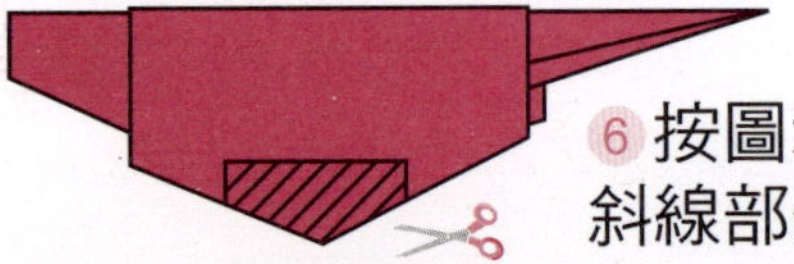

6 按圖示剪掉斜線部分。

7 畫上眼睛，即成老虎。

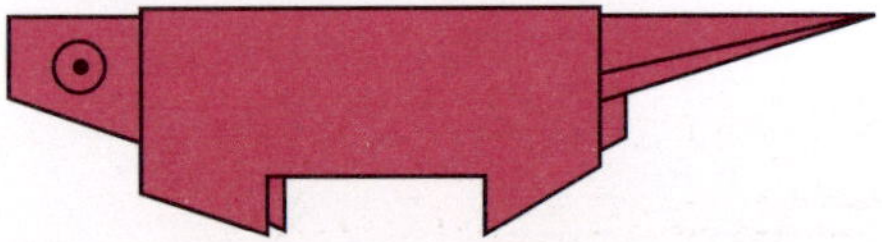

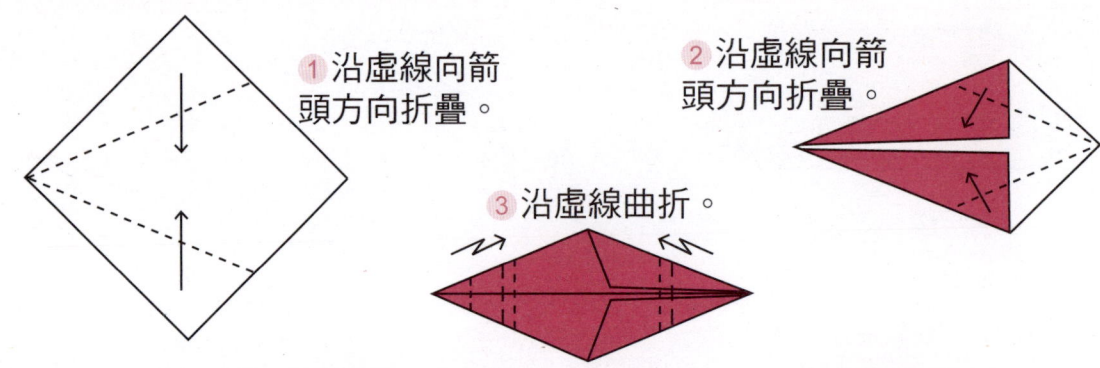

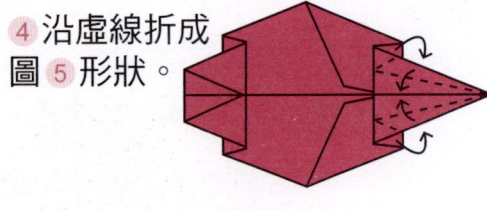

狐狸

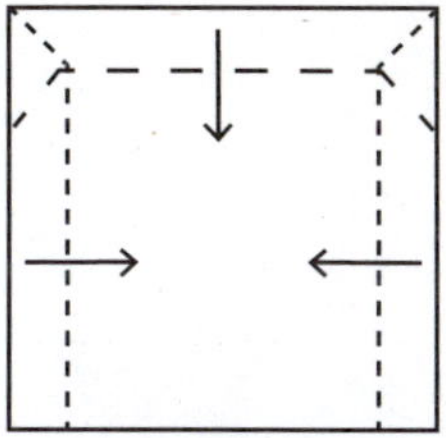

①沿虛線先由左右向中間折，再由上朝下折，然後按兩角虛線由內向下拉折。

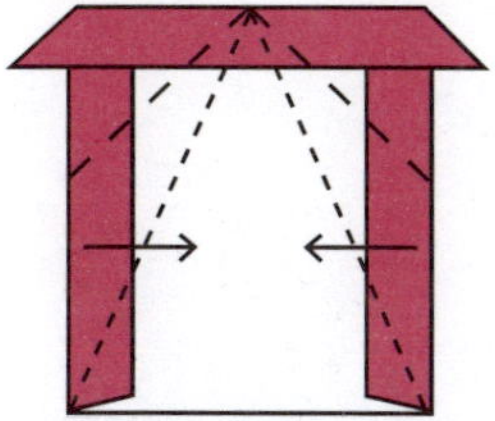

②沿虛線向箭頭方向在紙下折疊。

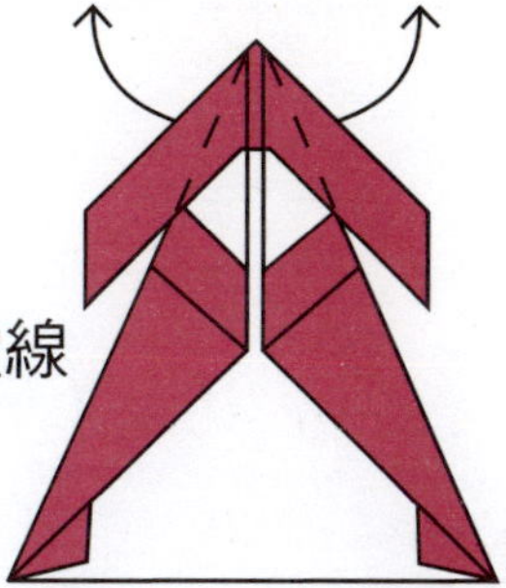

③沿虛線折疊。

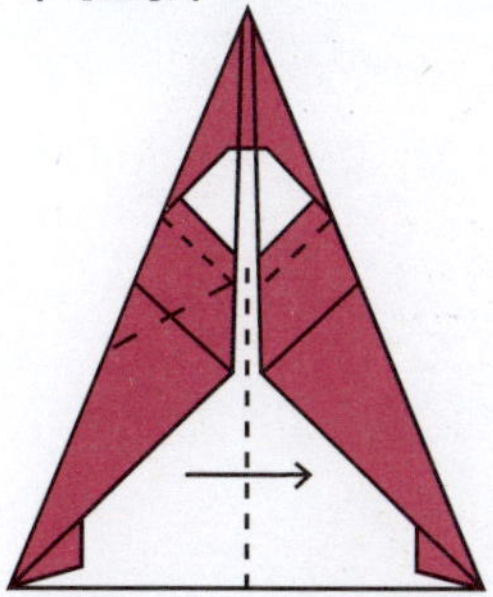

④先沿上部虛線由上向下折，再把下部由左向右折，同時沿左邊中間虛線向後折。

⑤沿虛線折疊。

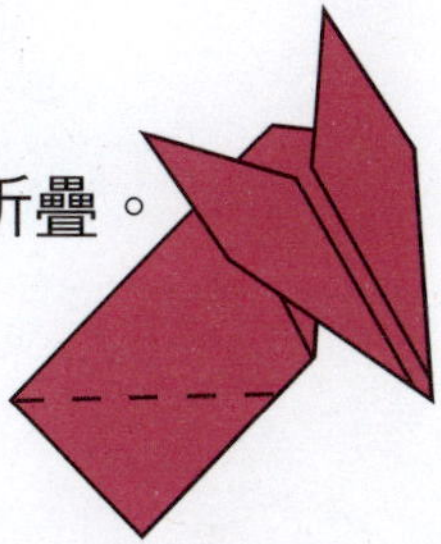

⑥沿虛線折疊。

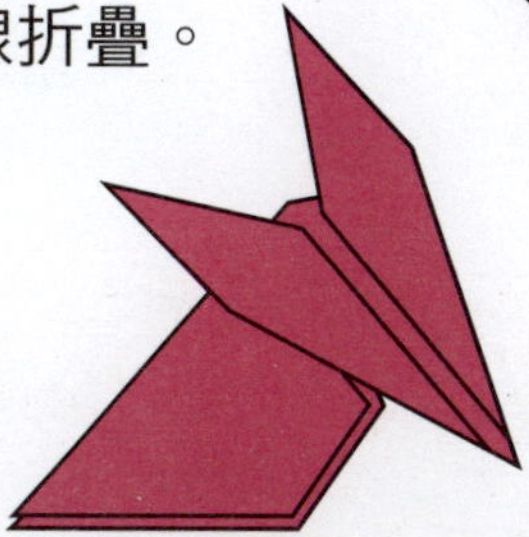

⑦折出狐狸頭。

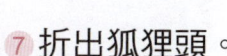

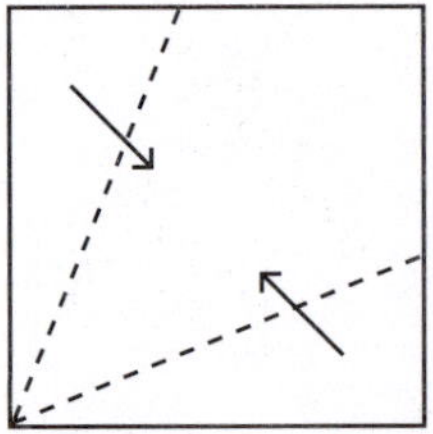

8 另取一張紙，沿虛線向中線方向折疊。

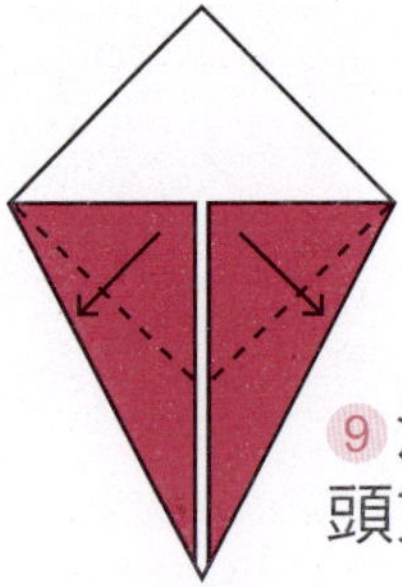

9 沿虛線向箭頭方向折疊。

10 沿虛線向箭頭方向折疊。

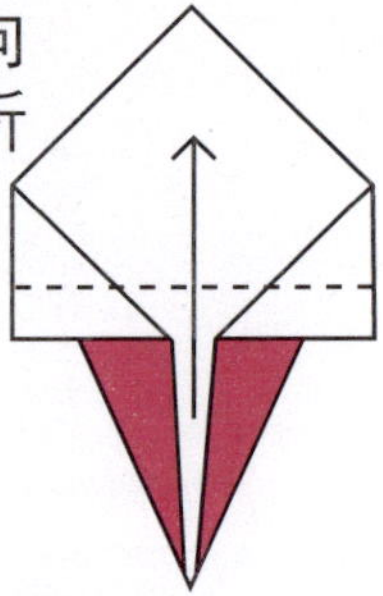

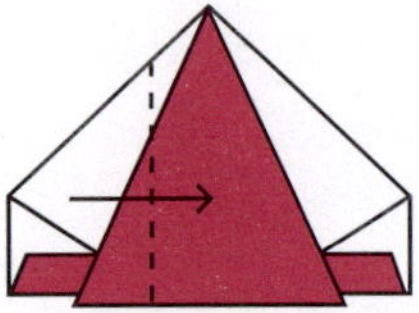

11 沿虛線向箭頭方向折疊。

12 沿虛線向箭頭方向折疊。

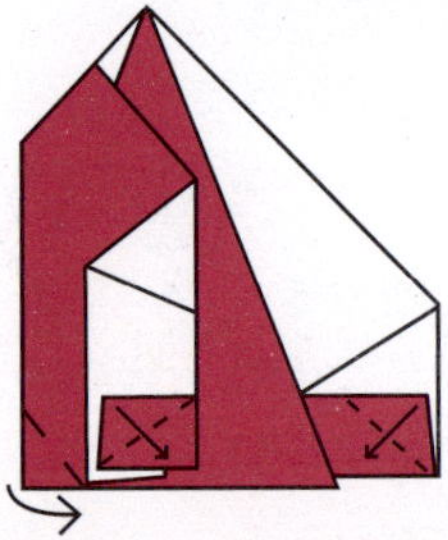

13 沿虛線向箭頭方向折疊，折成狐狸身子。

14 將頭和身子黏在一起，畫上眼睛，狐狸完成。

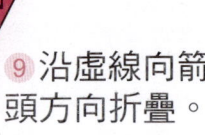

蝙蝠

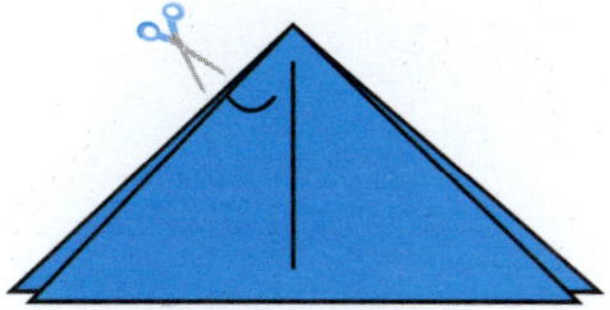

1 先折一個雙三角形，再沿線剪開一個缺口。

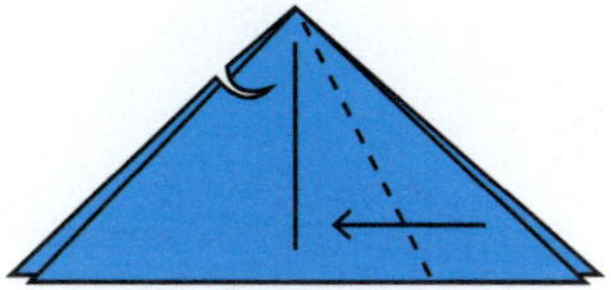

2 沿虛線向箭頭方向折疊。

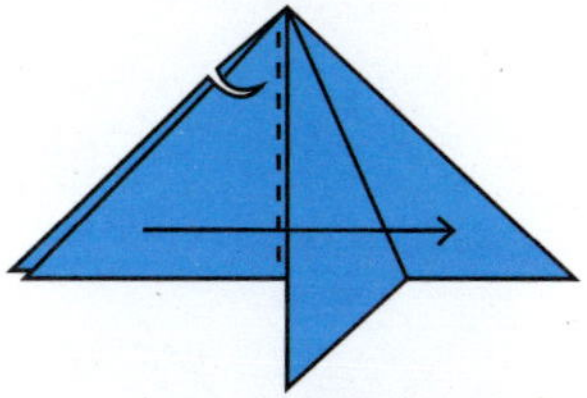

3 沿虛線向箭頭方向折疊。

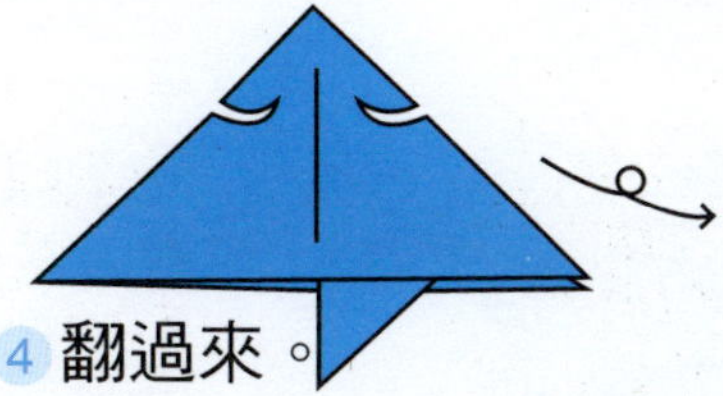

4 翻過來。

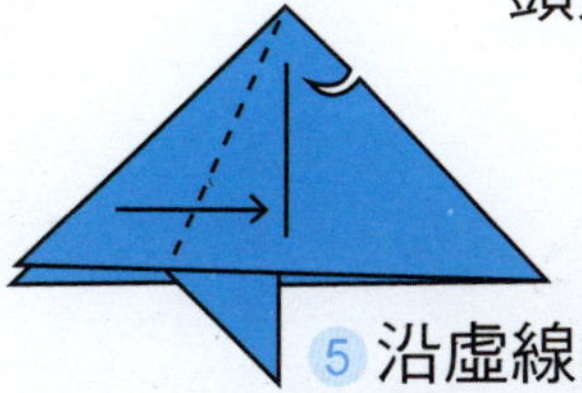

5 沿虛線向箭頭方向折疊。

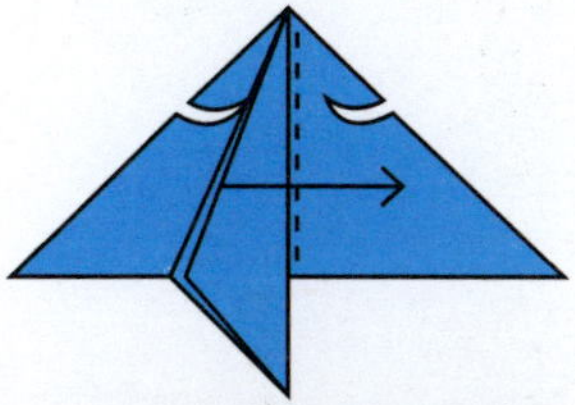

6 沿虛線向箭頭方向翻過來。

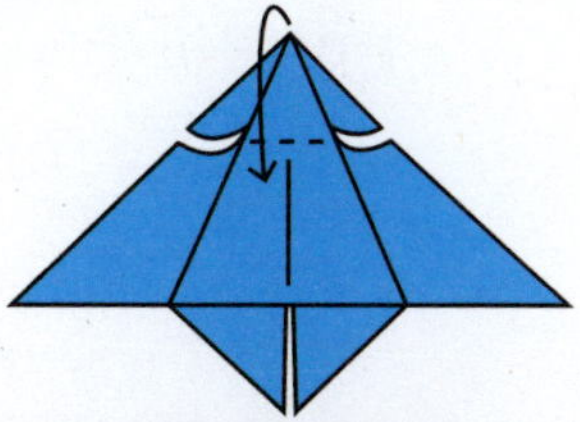

7 沿虛線向箭頭方向折疊。

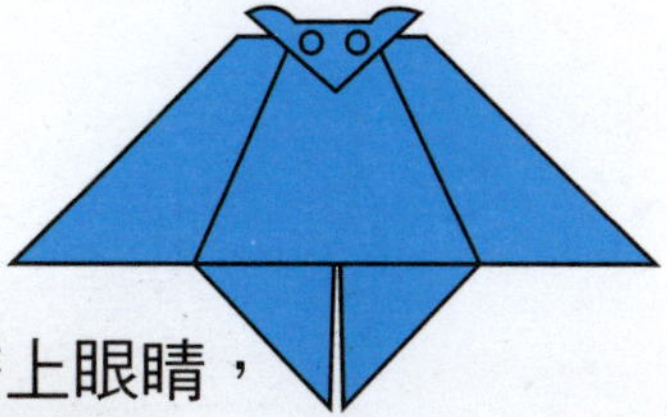

8 畫上眼睛，即成蝙蝠。

烏龜

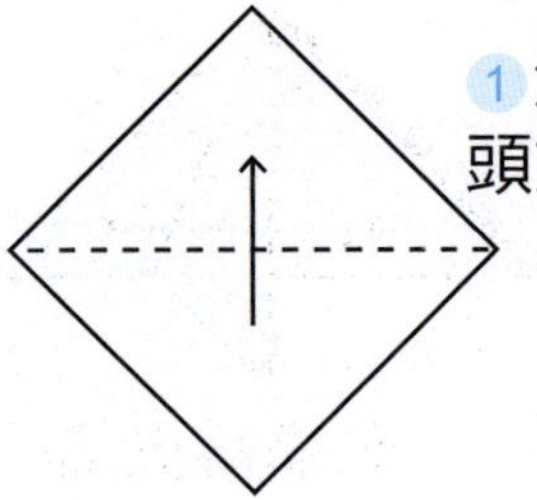

1 沿虛線向箭頭方向折疊。

2 沿虛線向箭頭方向折疊。

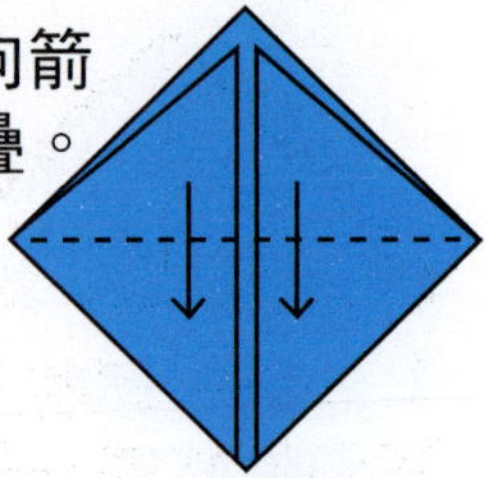

3 沿虛線向箭頭方向折疊。

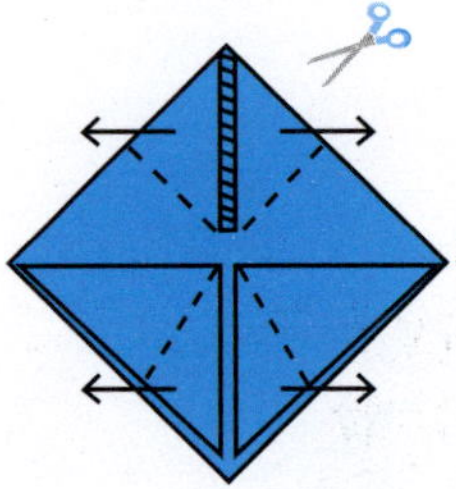

4 按圖示剪開，只剪上層，然後沿虛線朝箭頭方向折疊。

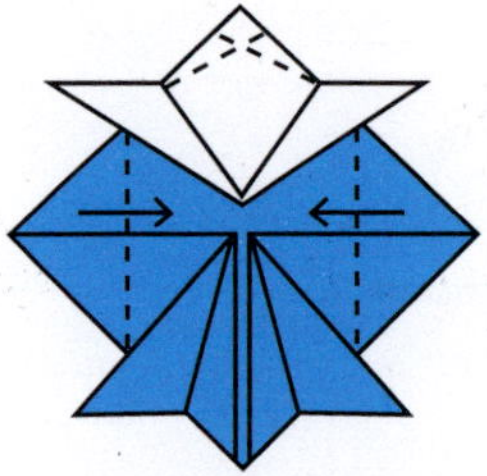

5 沿虛線折疊。

6 沿虛線折疊，先向上折後向下折。

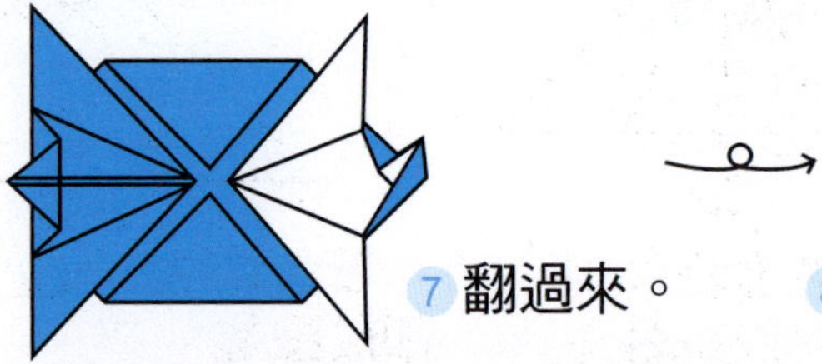

7 翻過來。

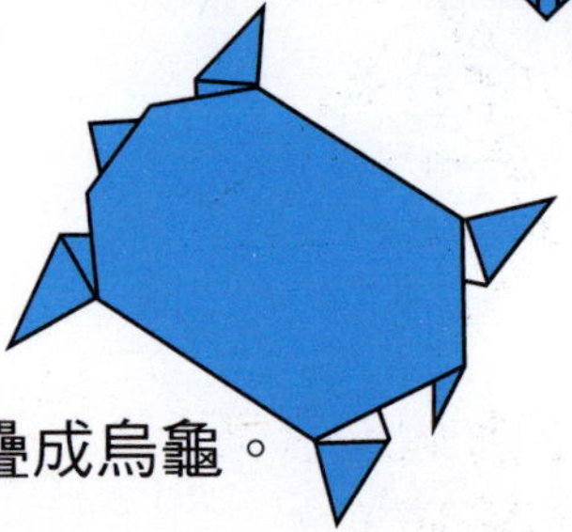

8 折疊成烏龜。

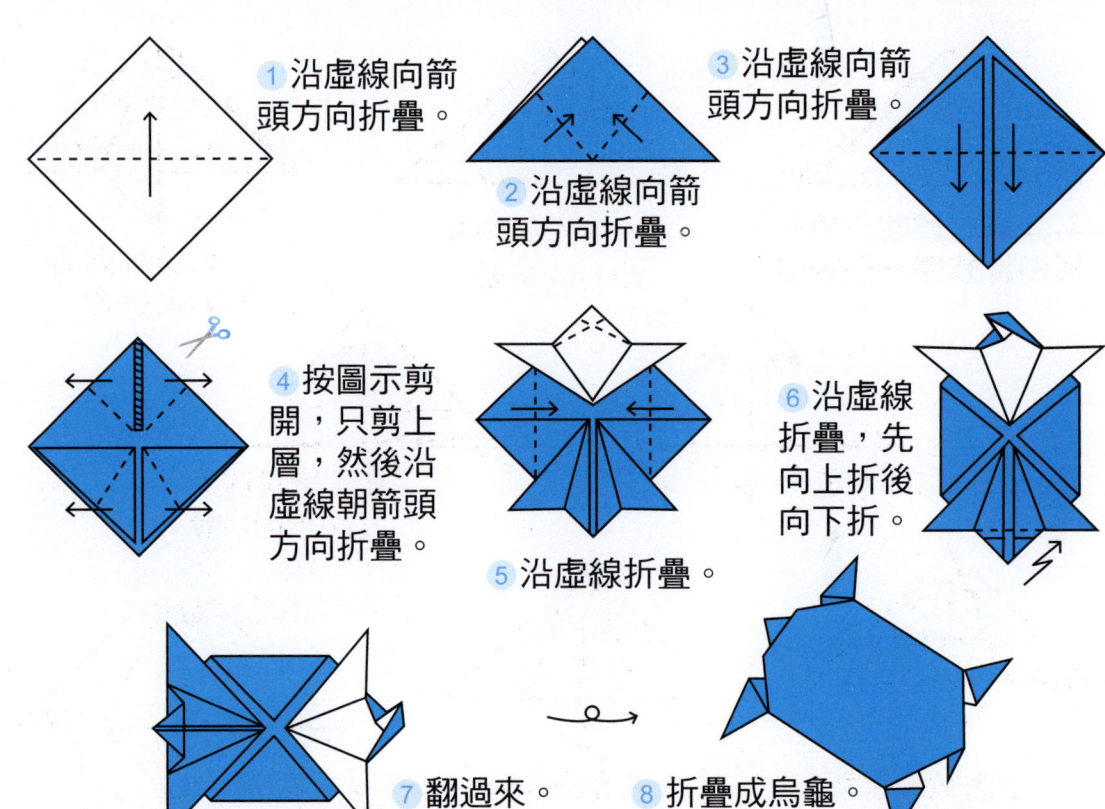

海龜

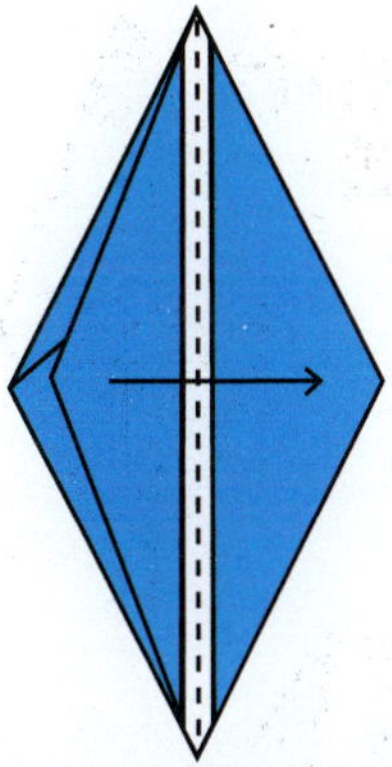

1 先折一個雙菱形，沿虛線向箭頭方向折疊，背面相同。

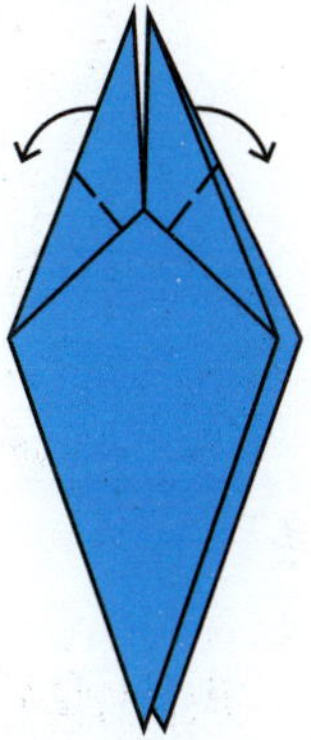

2 沿虛線由內向下翻折。

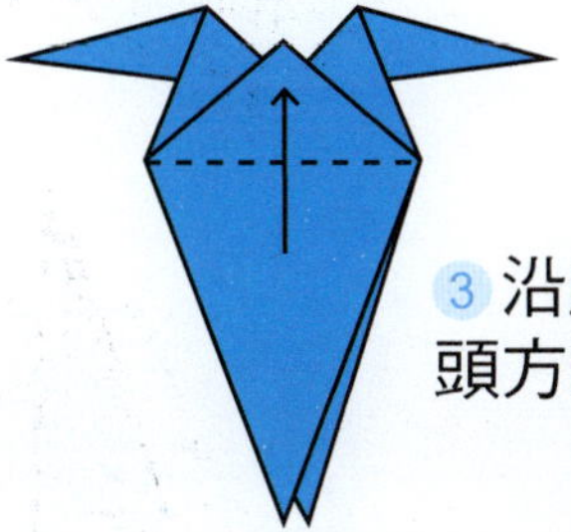

3 沿虛線向箭頭方向折疊。

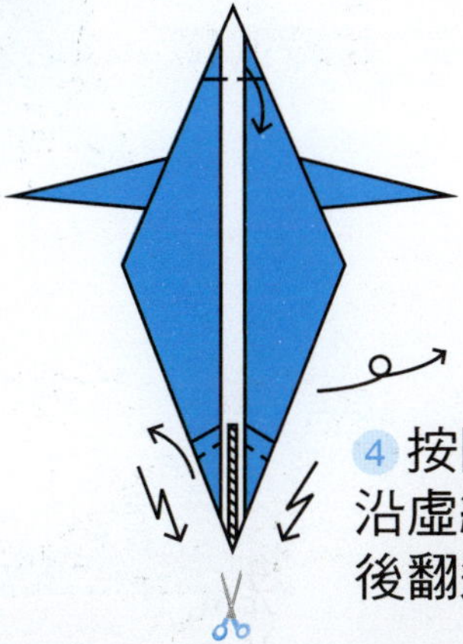

4 按圖示剪開後沿虛線折疊，然後翻過來。

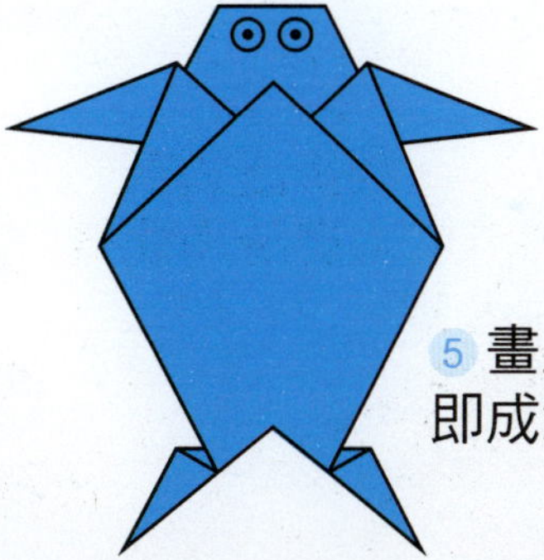

5 畫上眼睛即成海龜。

海豹 1

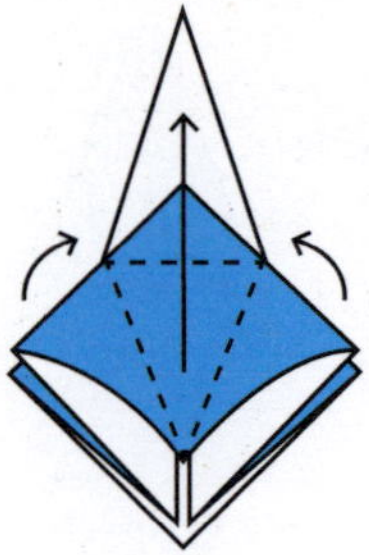

1 折成雙正方形，沿虛線向箭頭方向折疊。

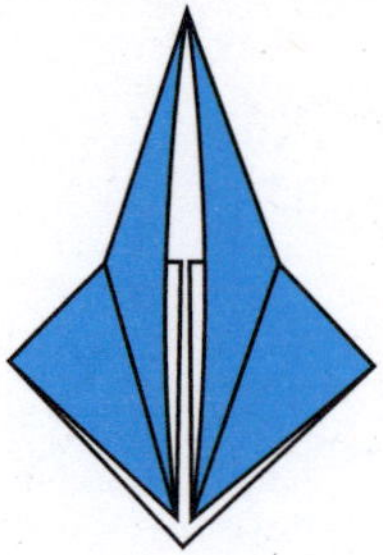

2 背面折法與 1 相同。

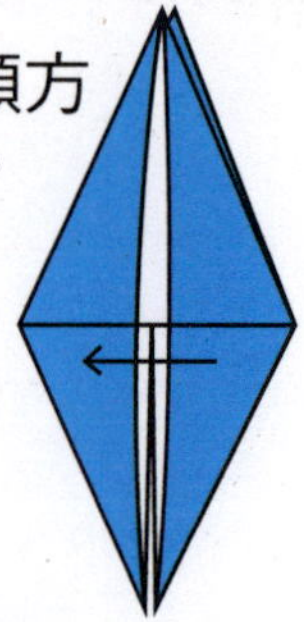

3 沿箭頭方向折疊。

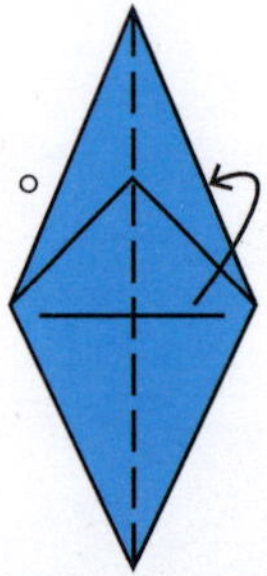

4 向兩邊折。

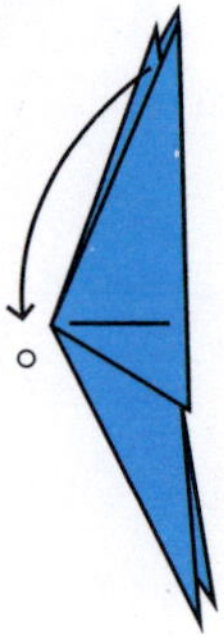

5 向外翻折。

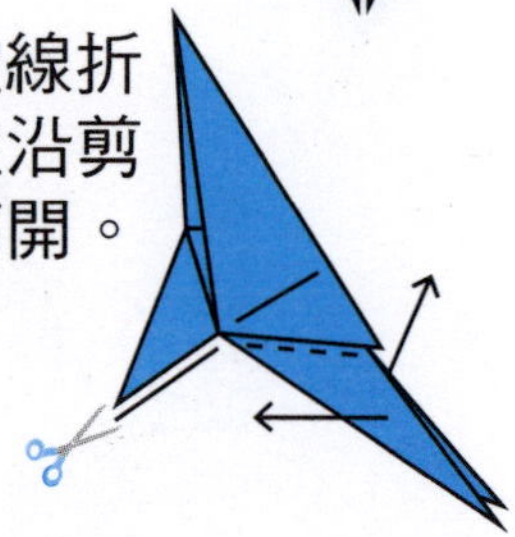

6 沿虛線折疊，並沿剪開線剪開。

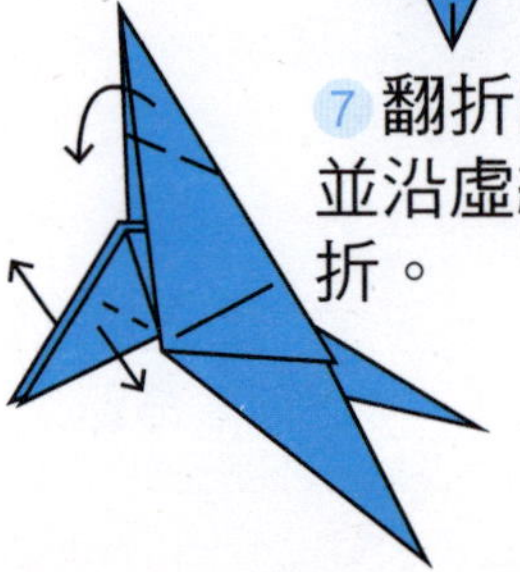

7 翻折出頭部，並沿虛線向兩邊折。

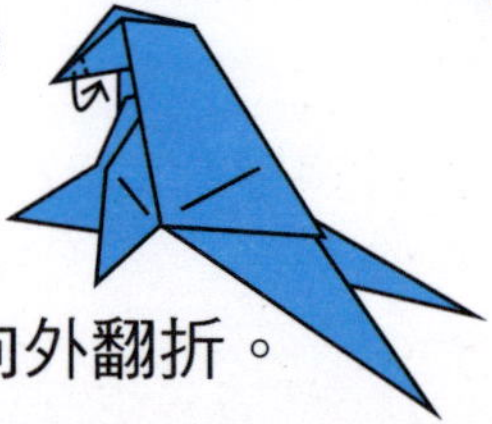

8 向外翻折。

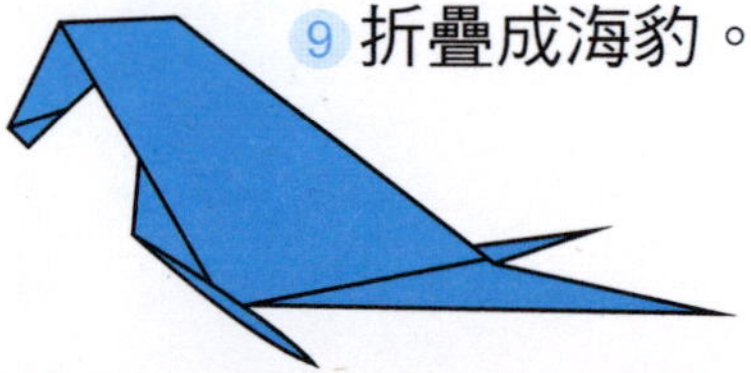

9 折疊成海豹。

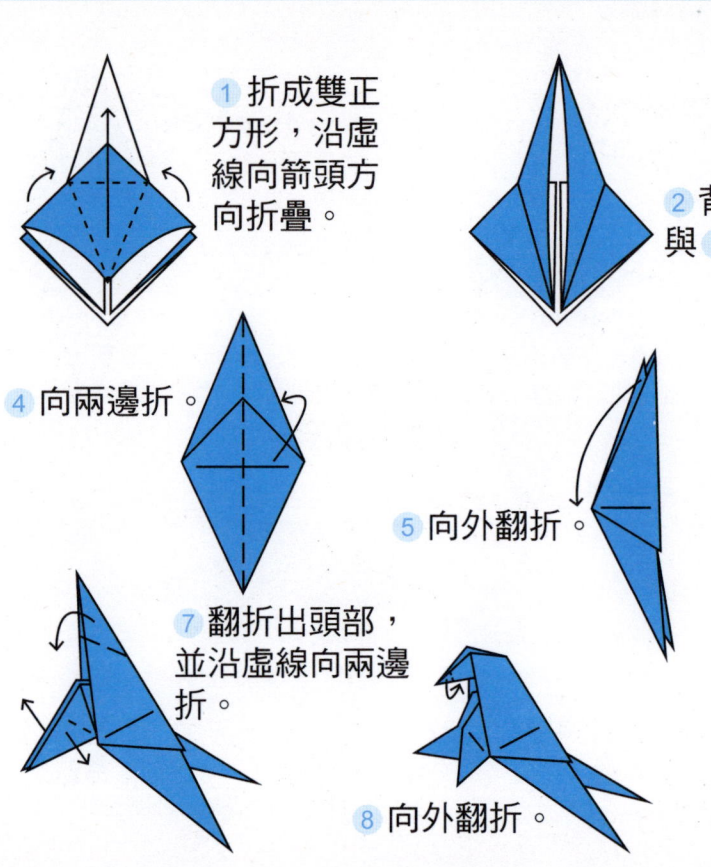

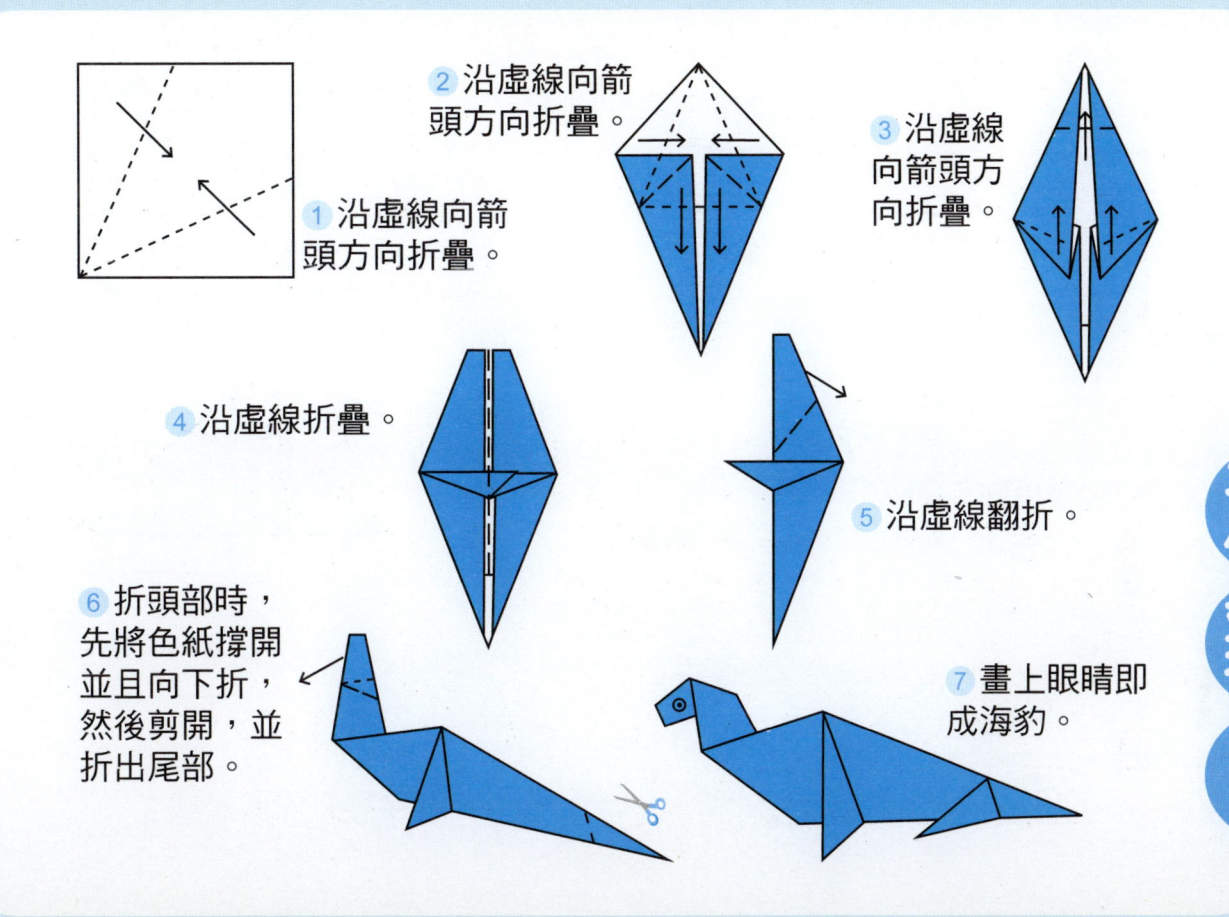

海豹 2

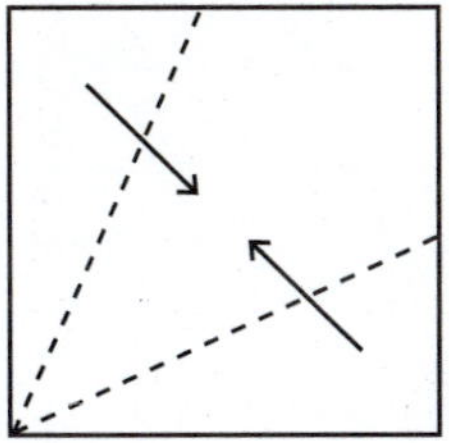

1 沿虛線向箭頭方向折疊。

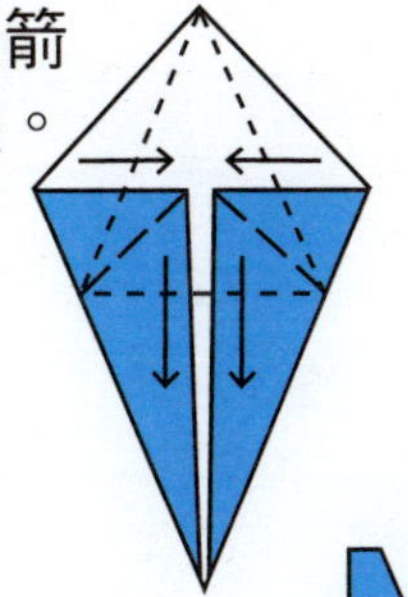

2 沿虛線向箭頭方向折疊。

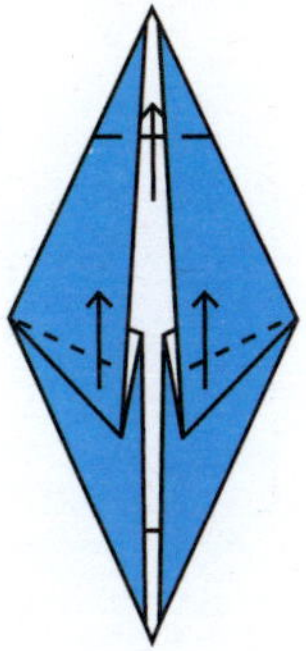

3 沿虛線向箭頭方向折疊。

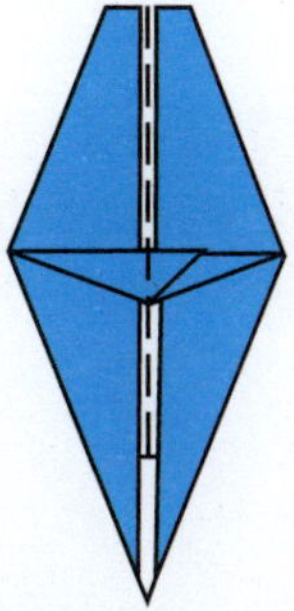

4 沿虛線折疊。

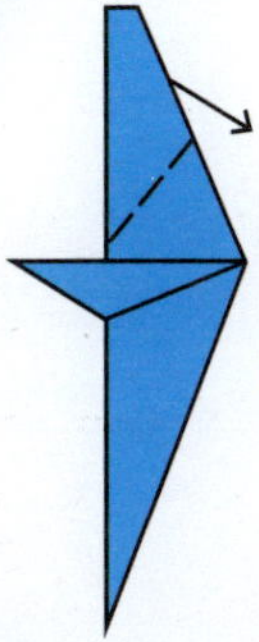

5 沿虛線翻折。

6 折頭部時，先將色紙撐開並且向下折，然後剪開，並折出尾部。

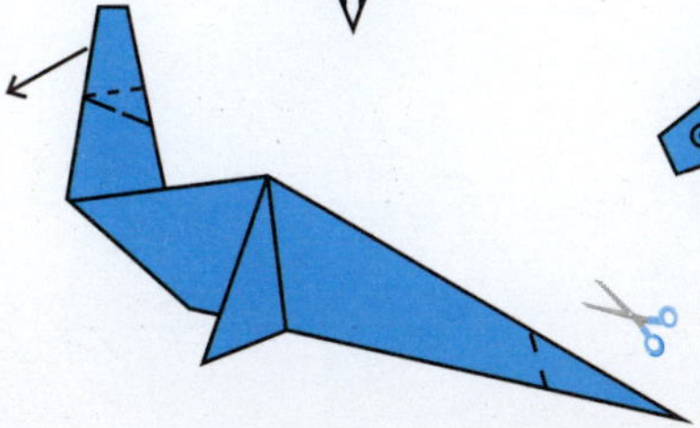

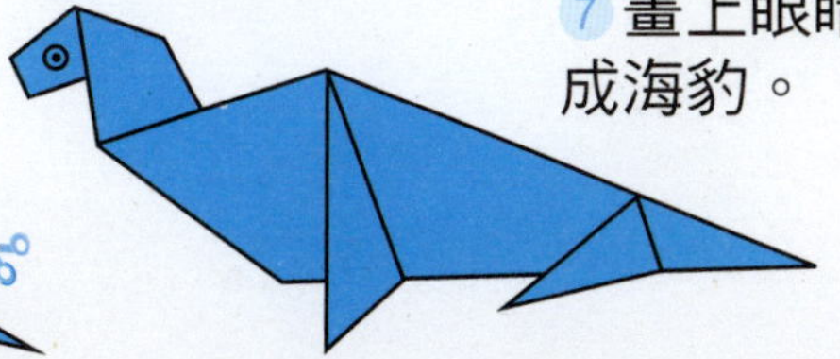

7 畫上眼睛即成海豹。

青蛙

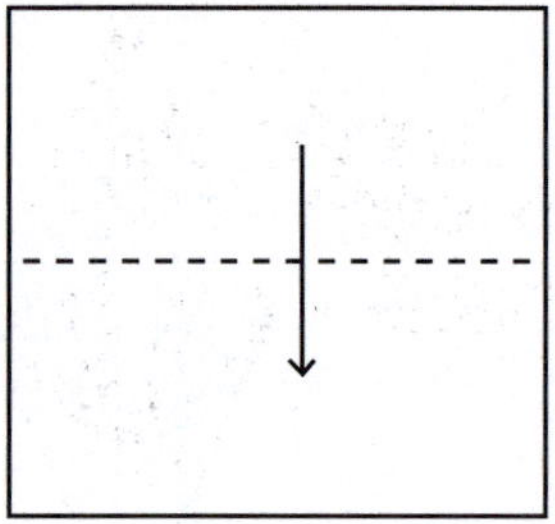

1 沿虛線向箭頭方向折疊。

2 沿虛線向內折。

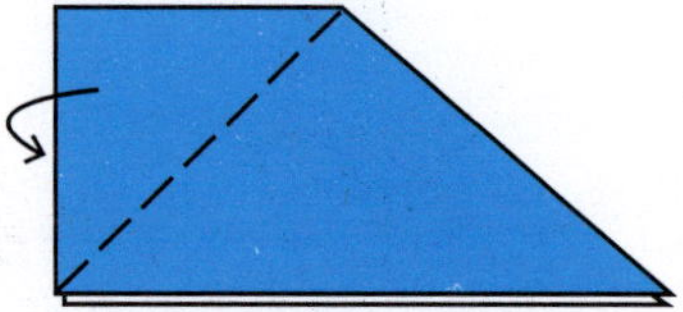

3 左邊也同圖 2 一樣折疊。

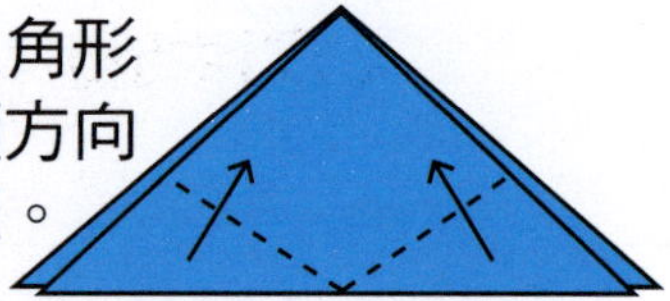

4 將前面的三角形沿虛線朝箭頭方向折疊，翻過來。

5 沿虛線向後折。

6 畫上眼睛即成青蛙。

蟾蜍

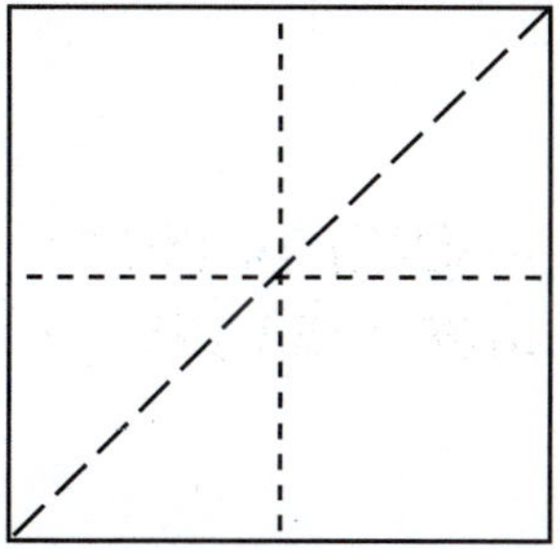

1 沿虛線折疊成雙正方形。

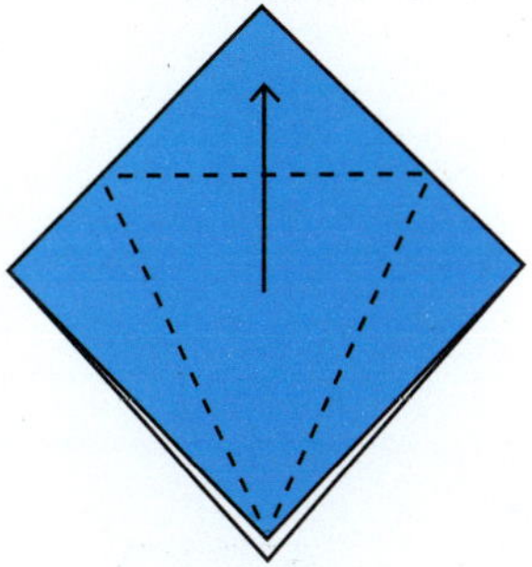

2 沿虛線向箭頭方向折疊成雙菱形，注意前後兩層紙都要折。

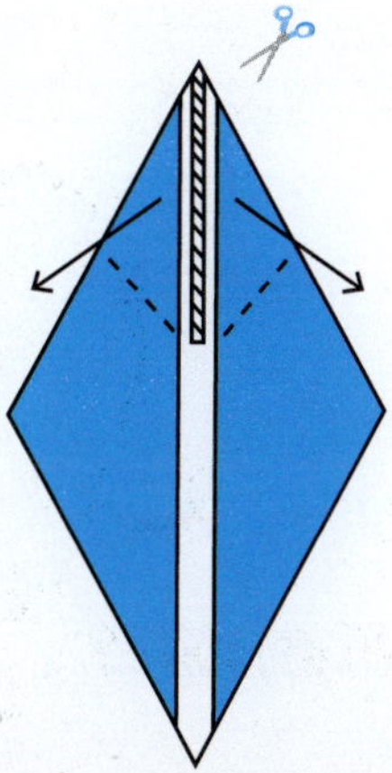

3 先把上面第一層紙剪開，沿虛線朝箭頭方向折疊，再把上方後面的一層紙折下即成圖 4 。

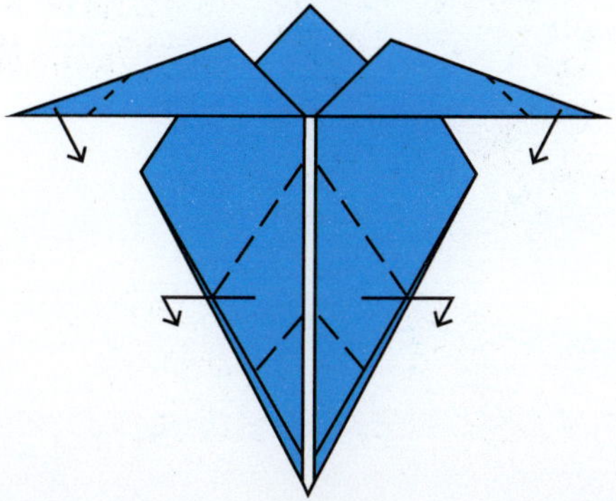

4 沿虛線向箭頭方向折疊。

5 沿虛線向箭頭方向折疊，翻過來。

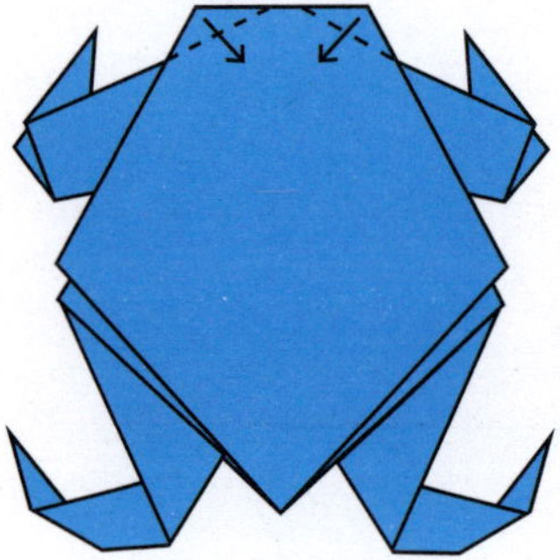

6 沿虛線向箭頭方向折疊。

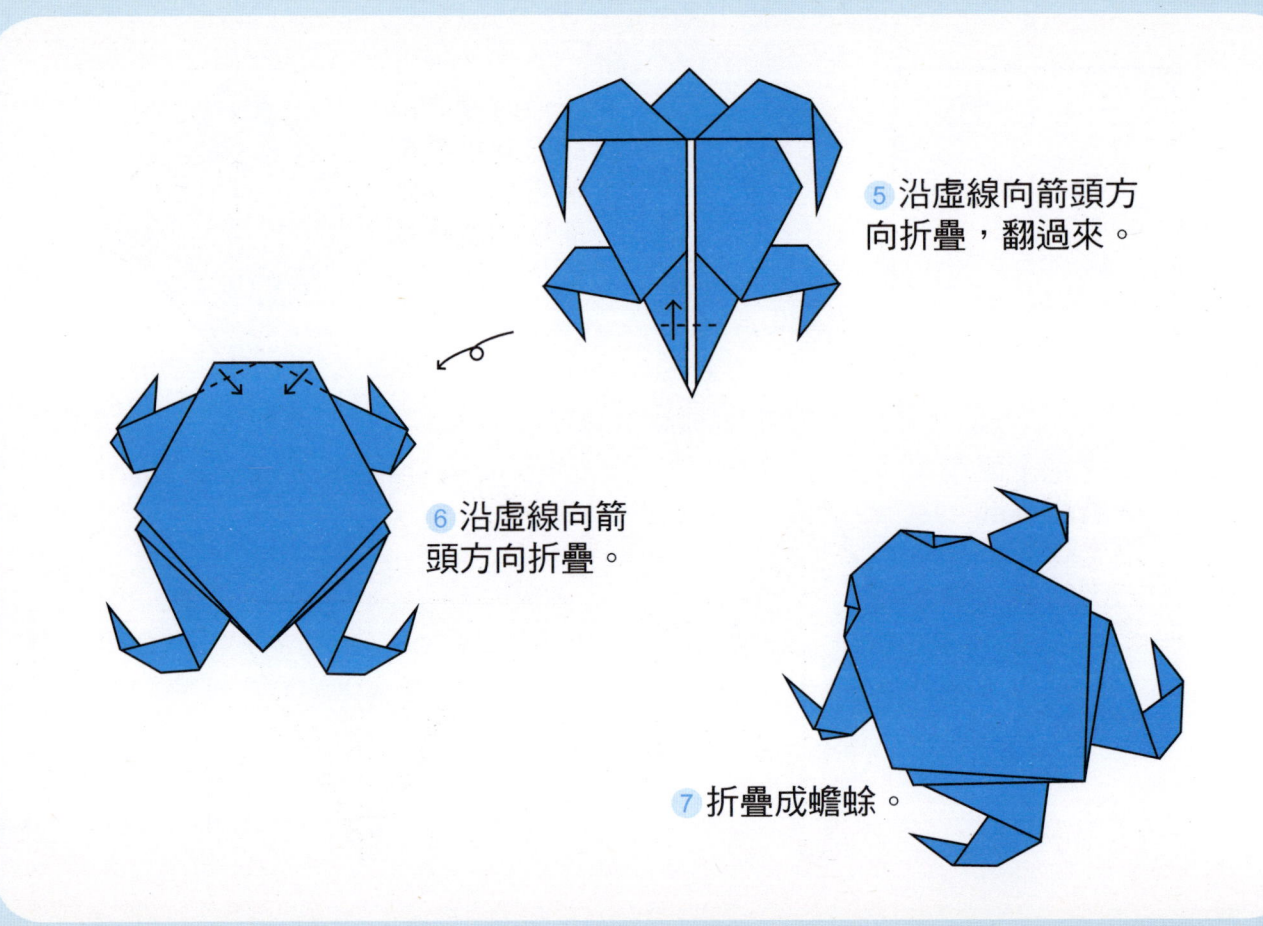

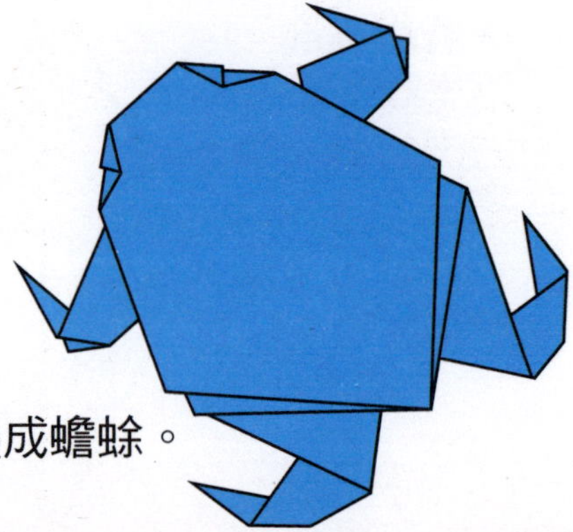

7 折疊成蟾蜍。

貍貓

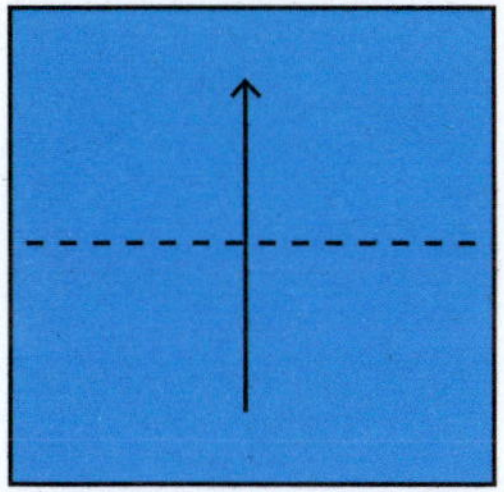

1 沿虛線對折出折痕再展開。

2 沿虛線對折出折痕再展開。

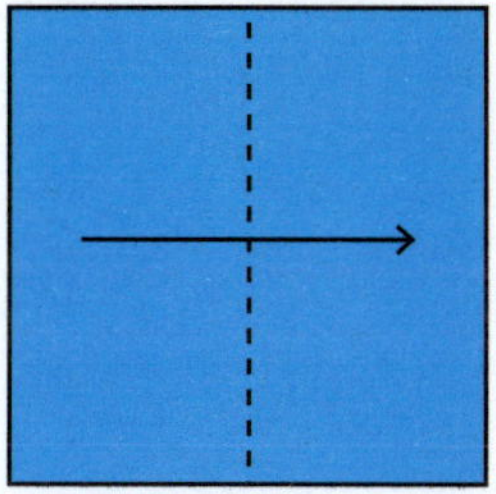

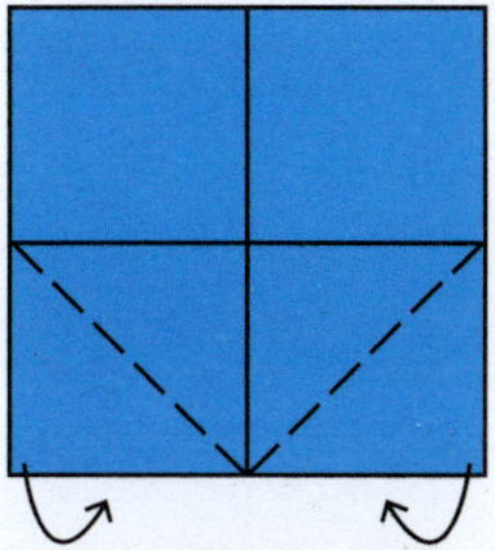

3 沿虛線向箭頭方向折疊。

4 沿虛線向箭頭方向折疊。

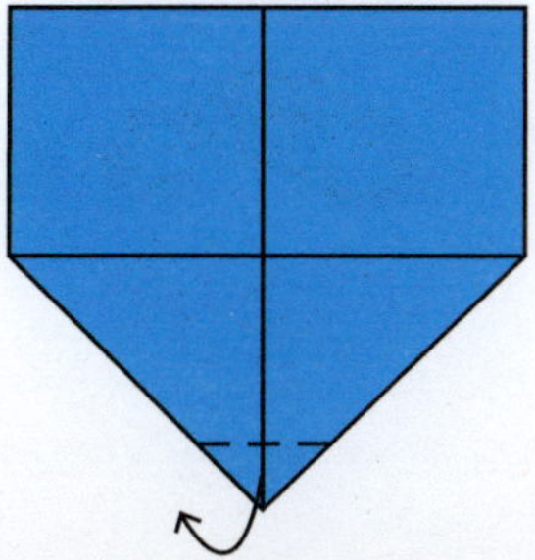

5 沿虛線向箭頭方向折疊。

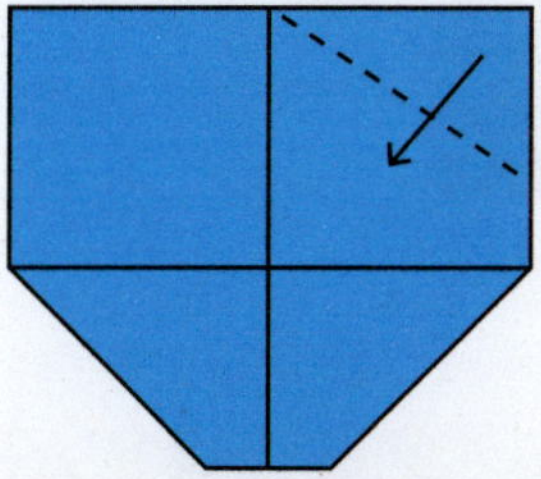

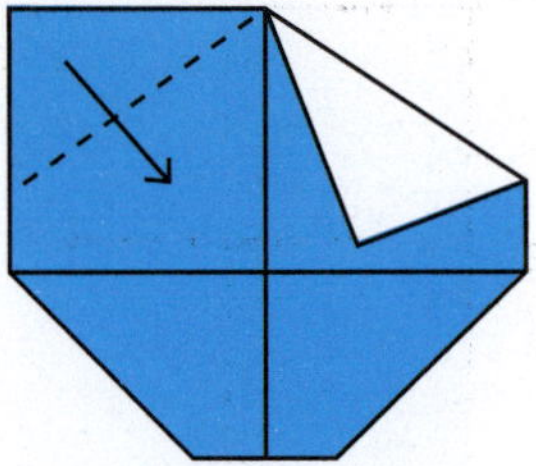

6 沿虛線向箭頭方向折疊。

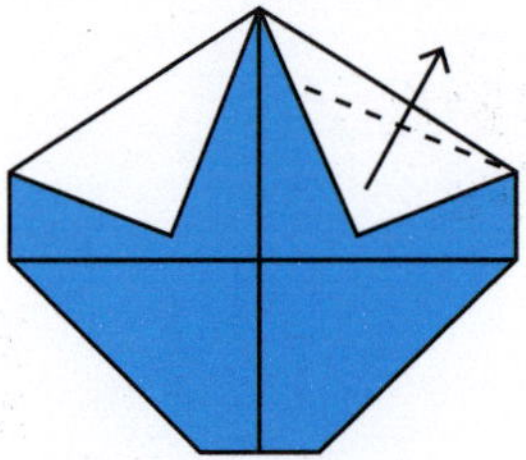

7 沿虛線向箭頭方向折疊。

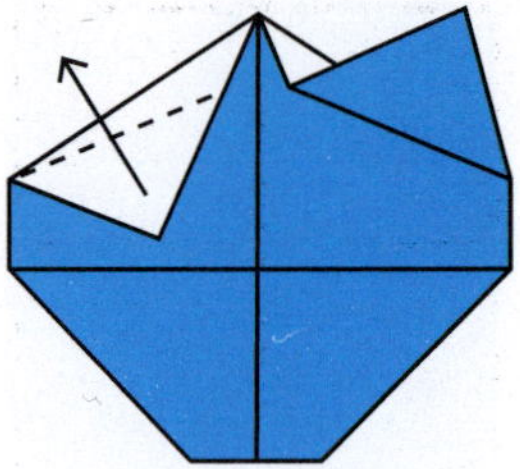

8 沿虛線向箭頭方向折疊。

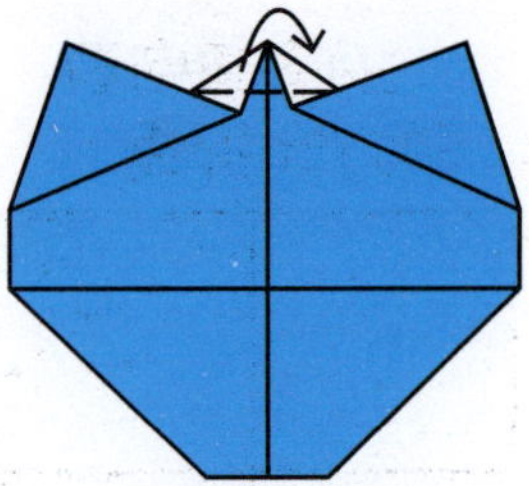

9 依照箭頭方向往後折。

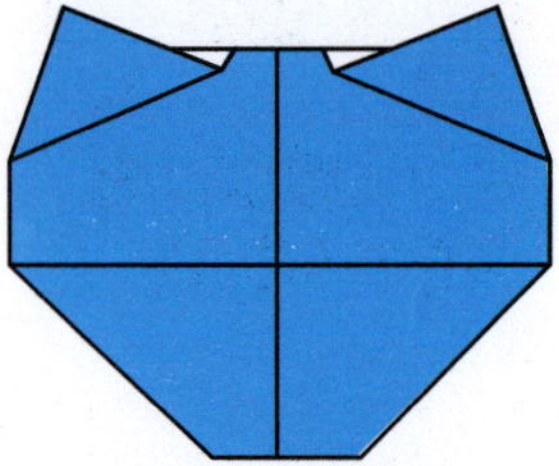

10 畫上眼睛、鼻子、嘴巴。

11 完成。

老鼠

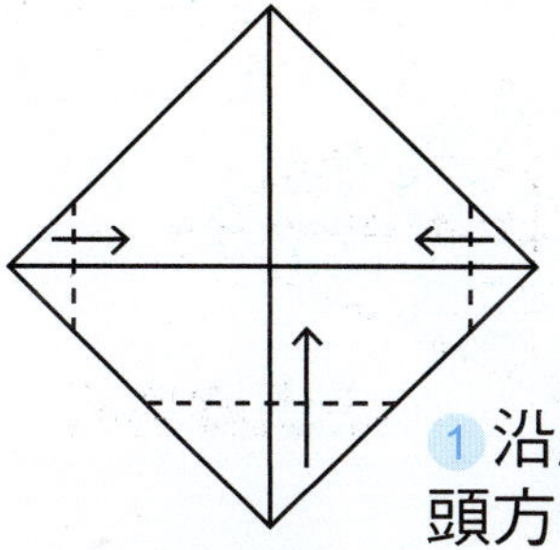

1 沿虛線向箭頭方向折疊。

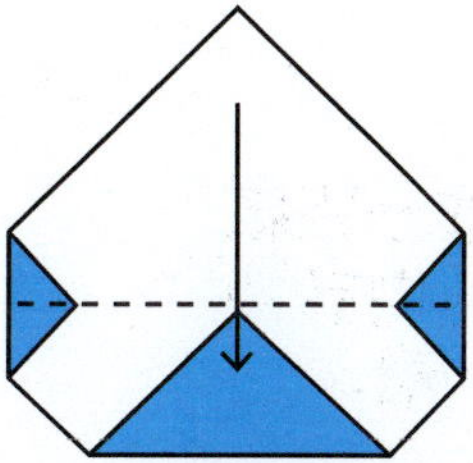

2 沿虛線對折。

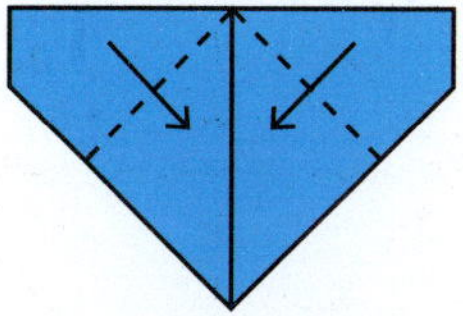

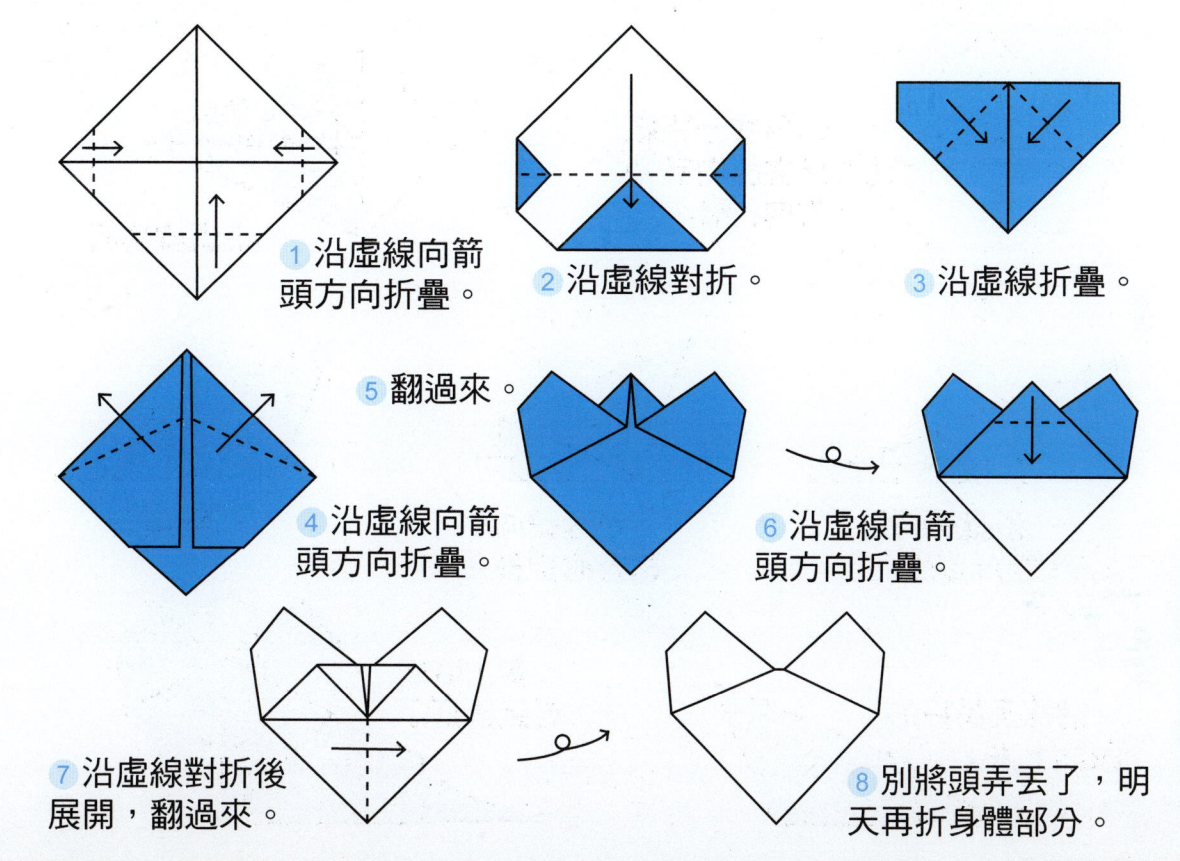

3 沿虛線折疊。

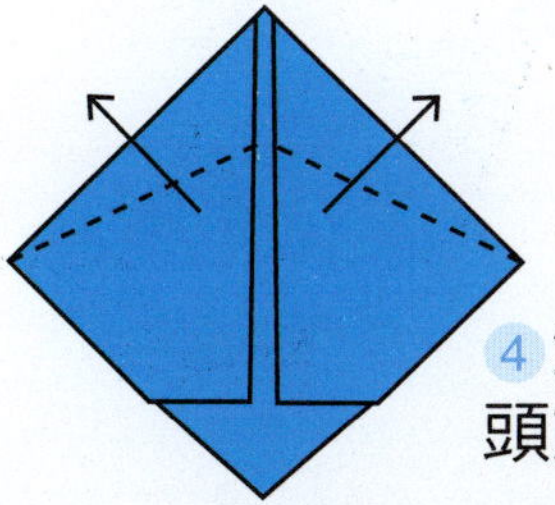

4 沿虛線向箭頭方向折疊。

5 翻過來。

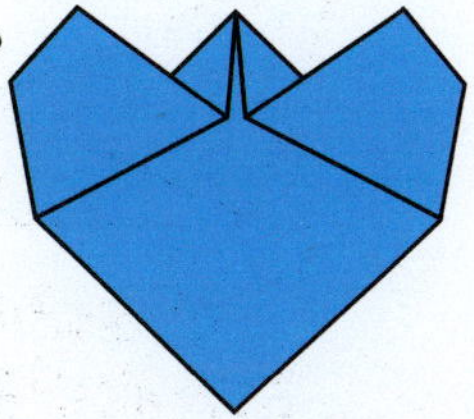

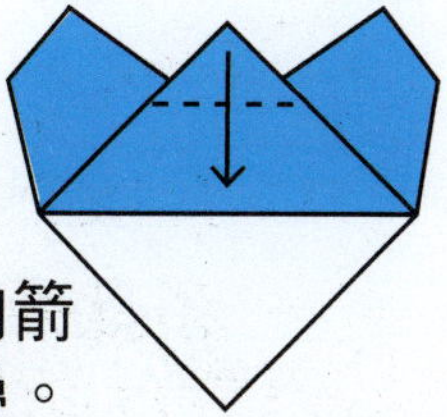

6 沿虛線向箭頭方向折疊。

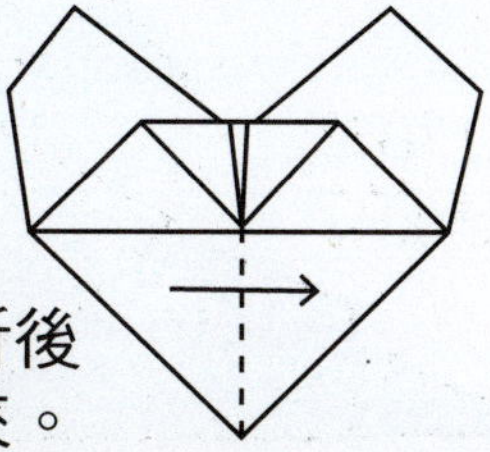

7 沿虛線對折後展開，翻過來。

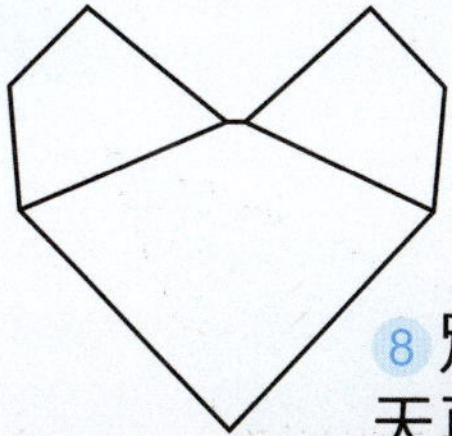

8 別將頭弄丟了，明天再折身體部分。

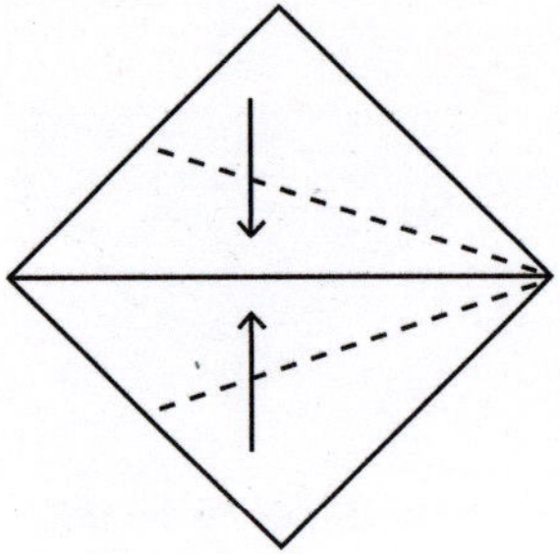

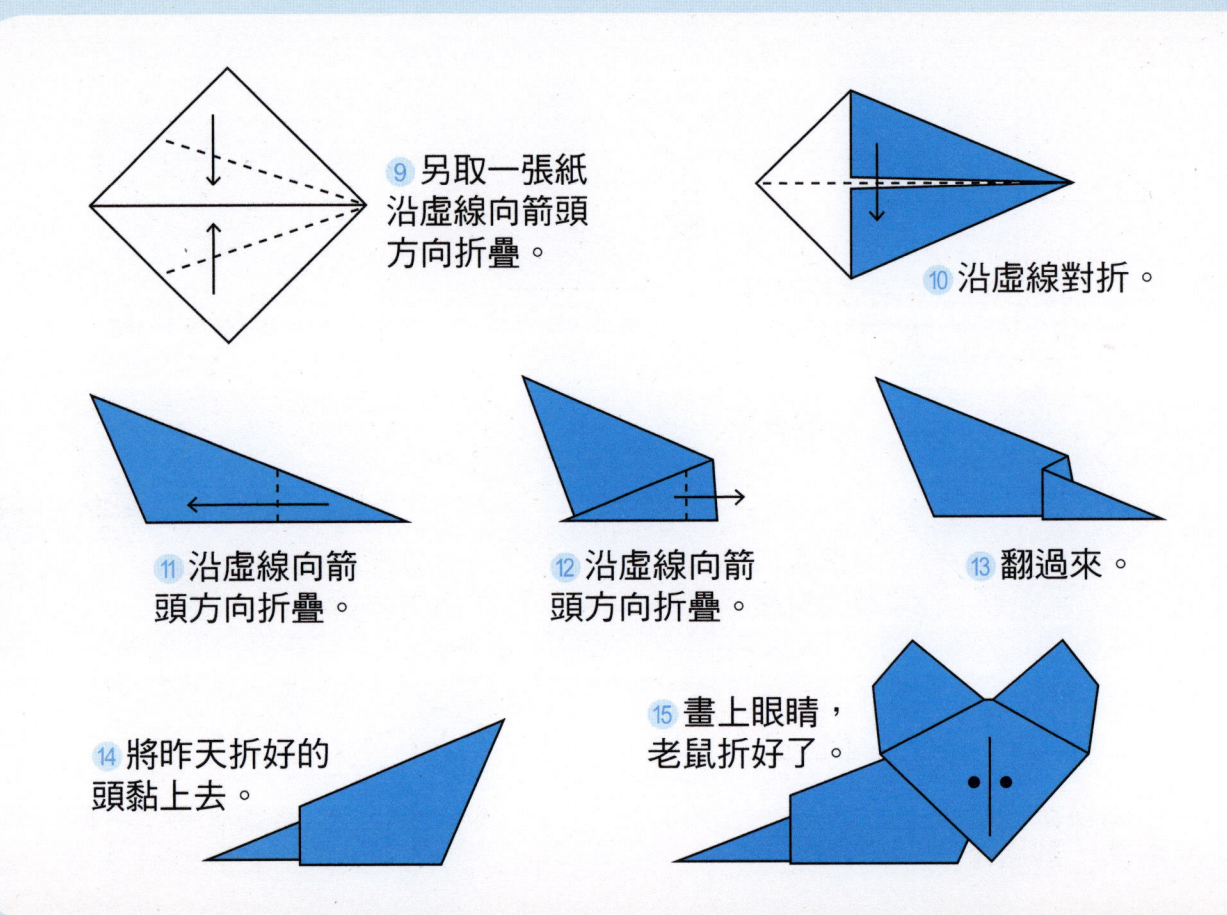

⑨ 另取一張紙沿虛線向箭頭方向折疊。

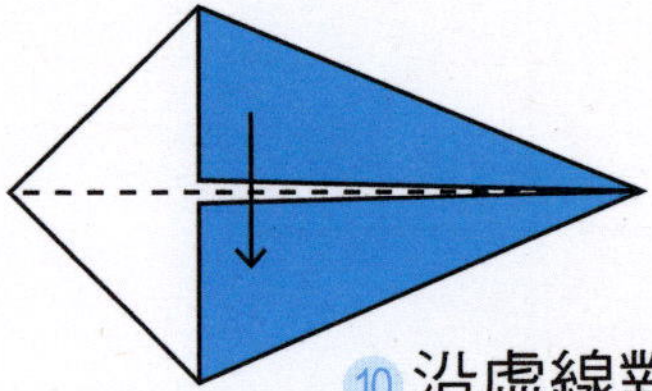

⑩ 沿虛線對折。

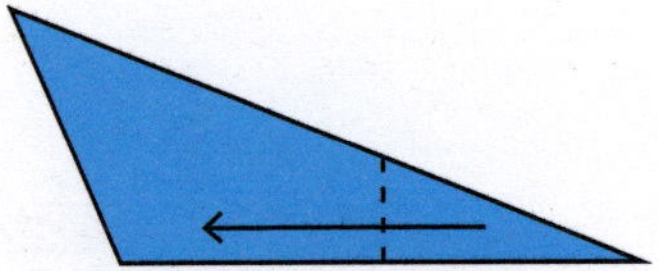

⑪ 沿虛線向箭頭方向折疊。

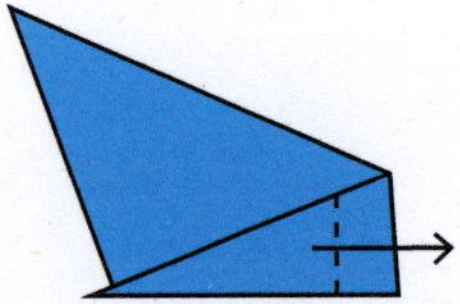

⑫ 沿虛線向箭頭方向折疊。

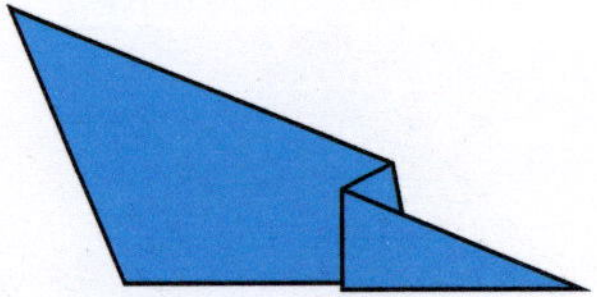

⑬ 翻過來。

⑭ 將昨天折好的頭黏上去。

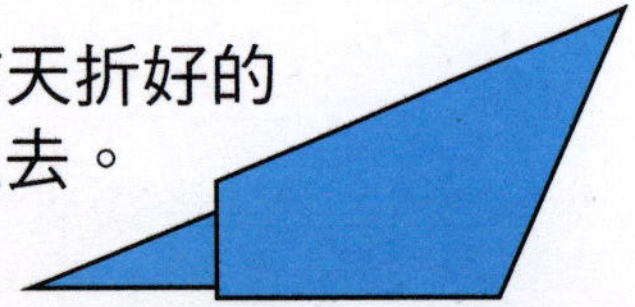

⑮ 畫上眼睛，老鼠折好了。

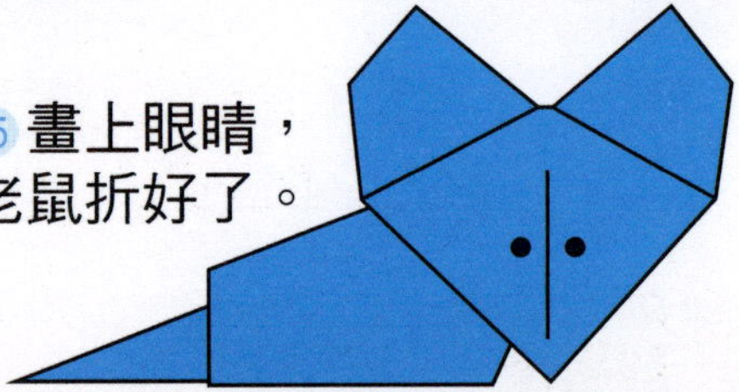

老牛

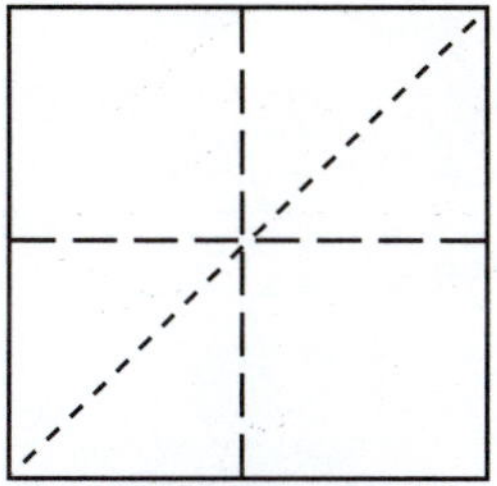

1 沿虛線折疊。

2 沿虛線向箭頭方向折疊。

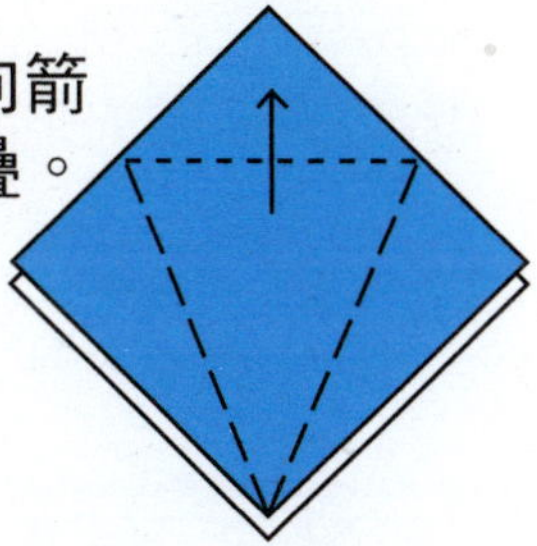

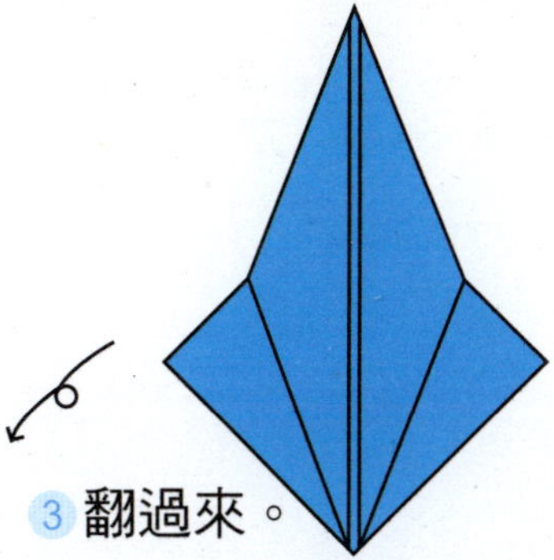

3 翻過來。

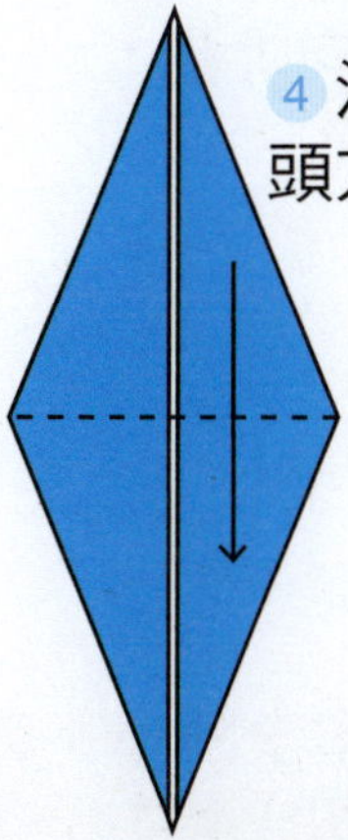

4 沿虛線向箭頭方向折疊。

5 沿虛線向箭頭方向折疊。

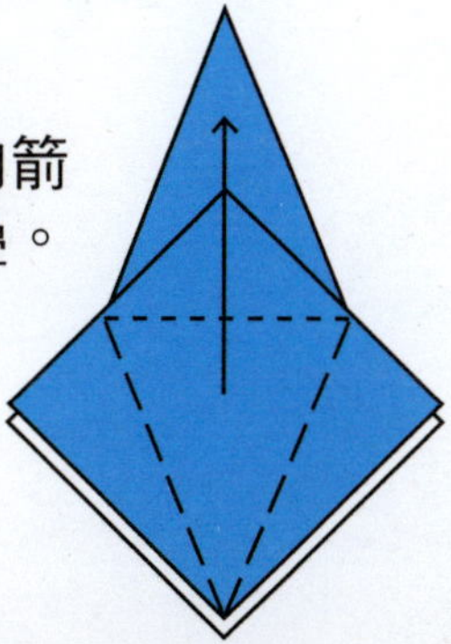

6 把中間的一層紙由左右朝上拉折。

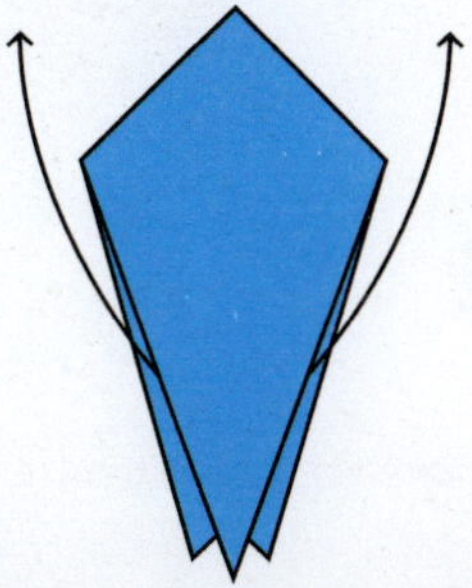

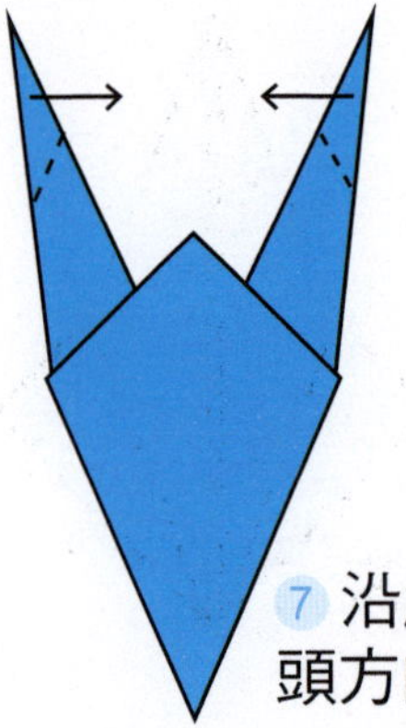

⑦ 沿虛線向箭頭方向折疊。

⑧ 按圖示剪開，然後沿虛線朝箭頭方向折疊。

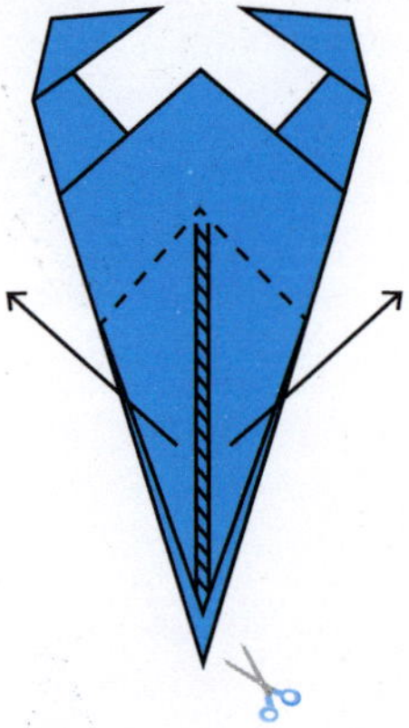

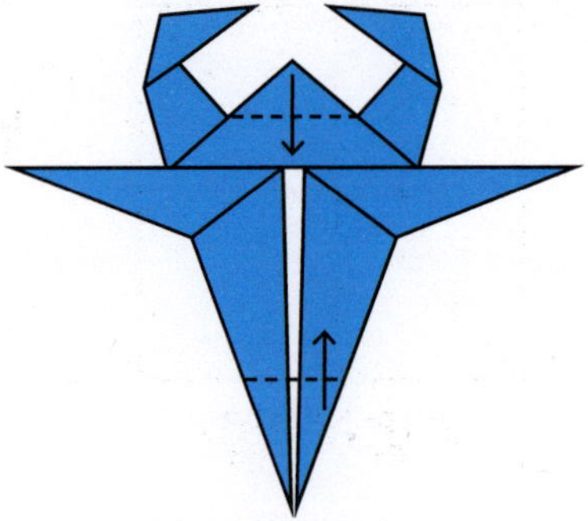

⑨ 沿虛線向箭頭方向折疊。

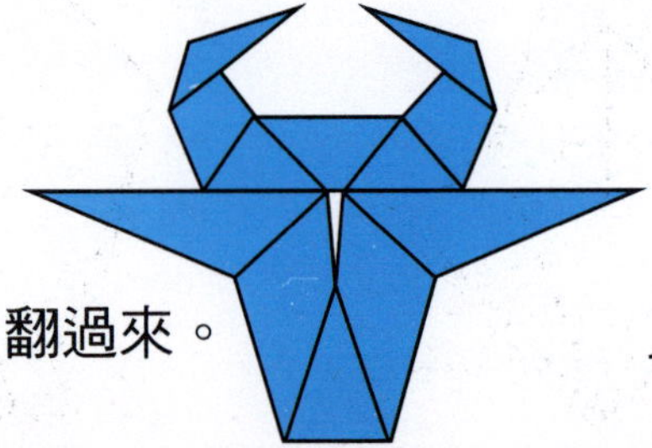

⑩ 翻過來。

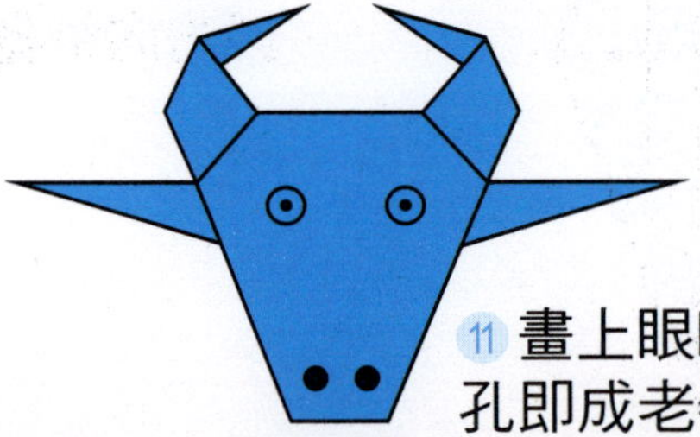

⑪ 畫上眼睛、鼻孔即成老牛。

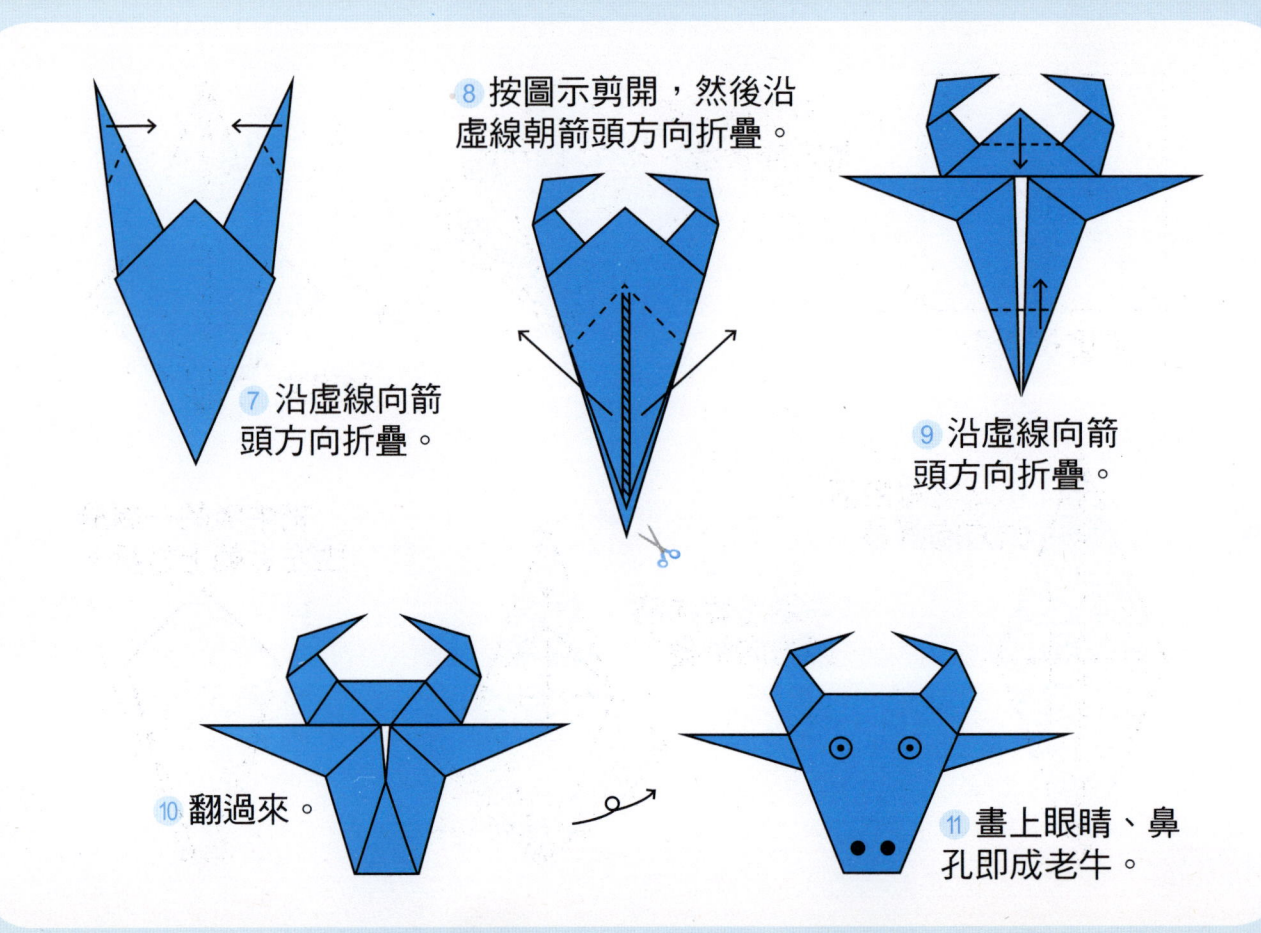

羊

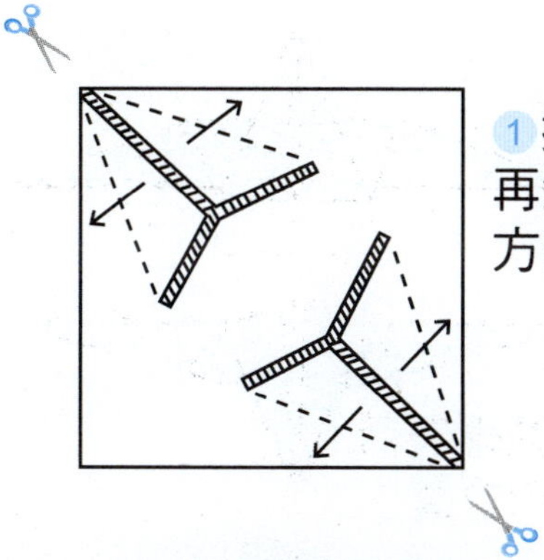

1 按圖示剪開，再沿虛線朝箭頭方向折疊。

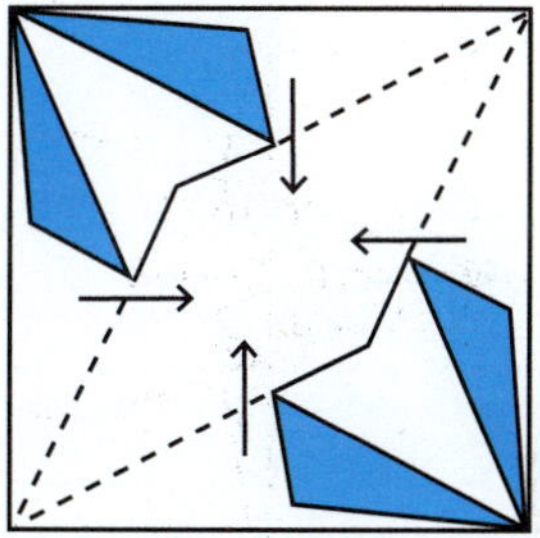

2 沿虛線向箭頭方向折疊。

3 沿虛線先折上面一層紙，後折下面一層紙。

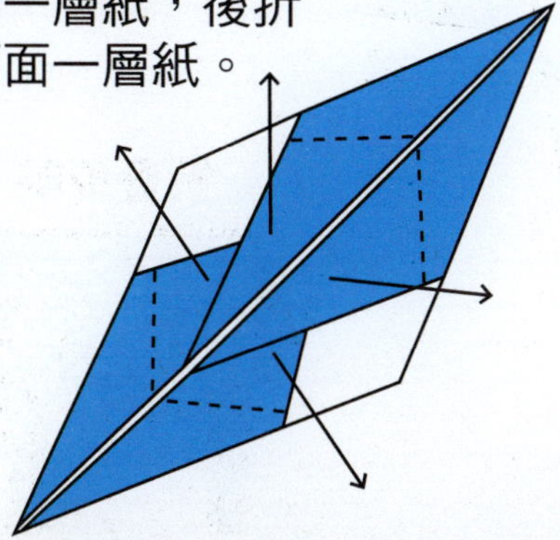

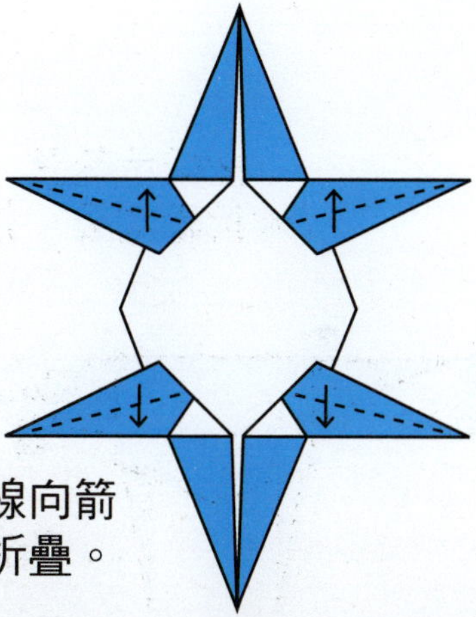

4 沿虛線向箭頭方向折疊。

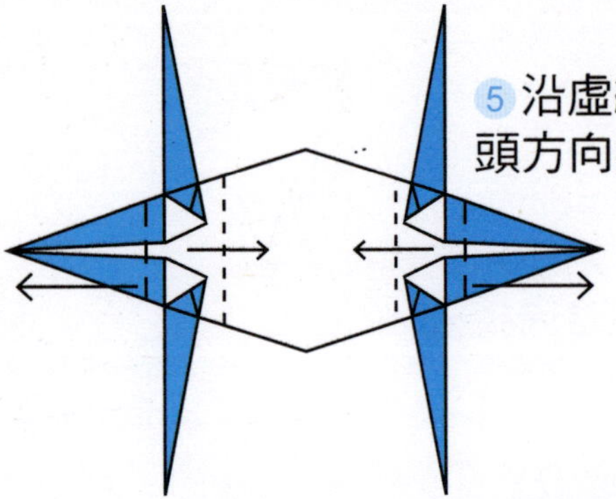

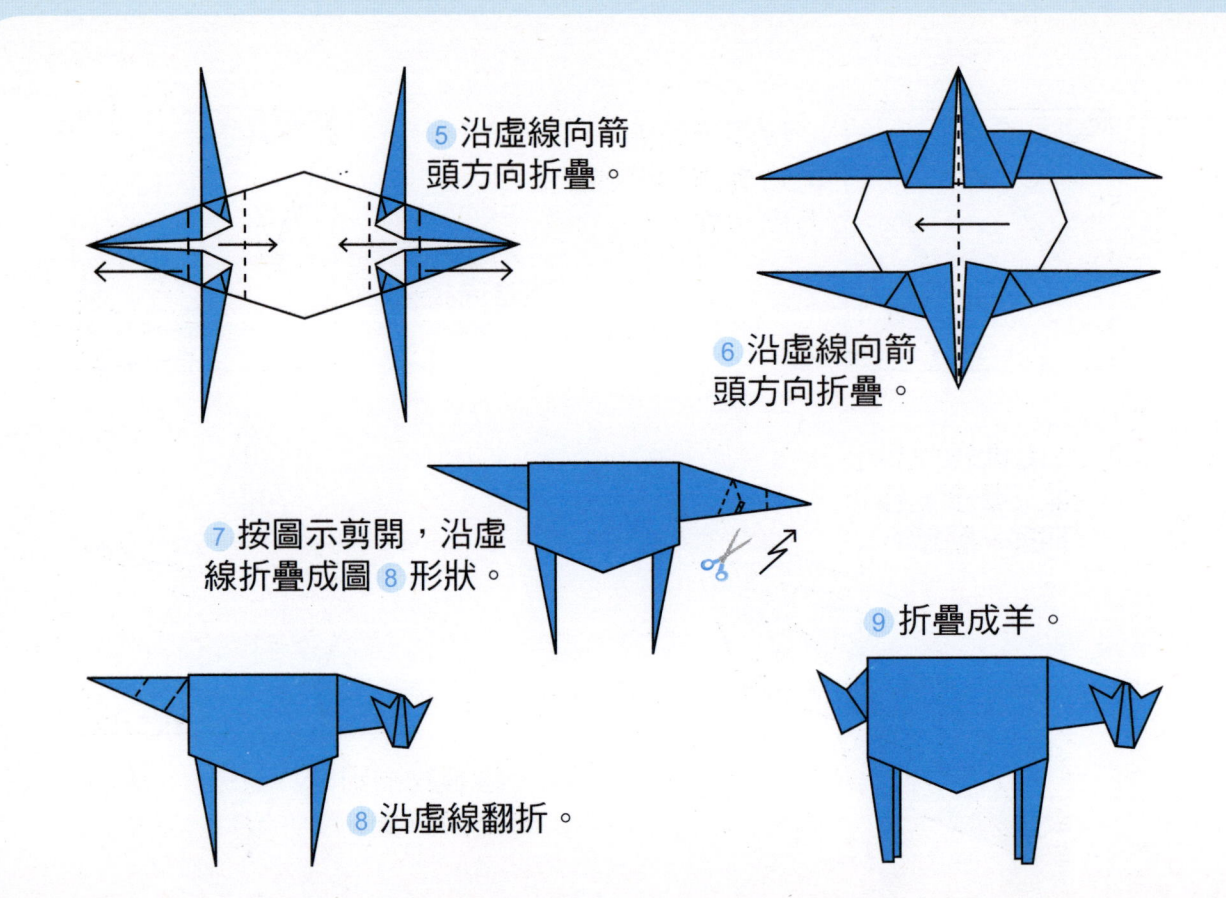

⑤沿虛線向箭頭方向折疊。

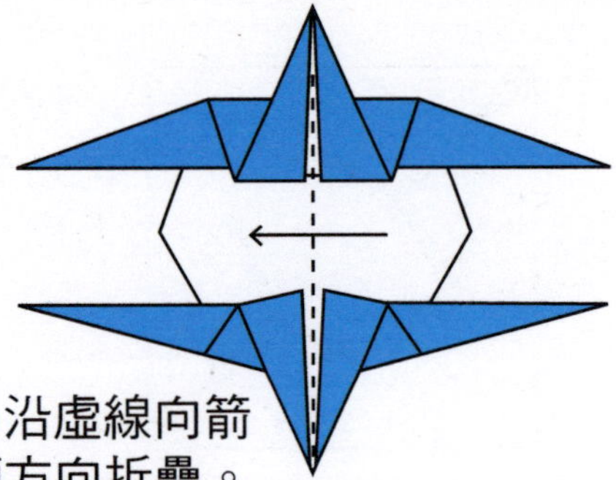

⑥沿虛線向箭頭方向折疊。

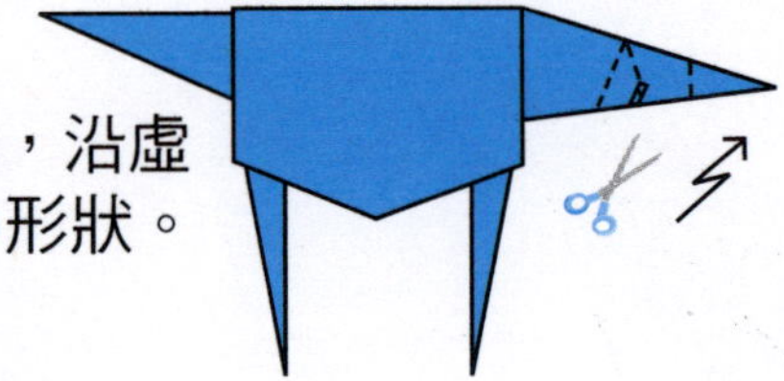

⑦按圖示剪開，沿虛線折疊成圖⑧形狀。

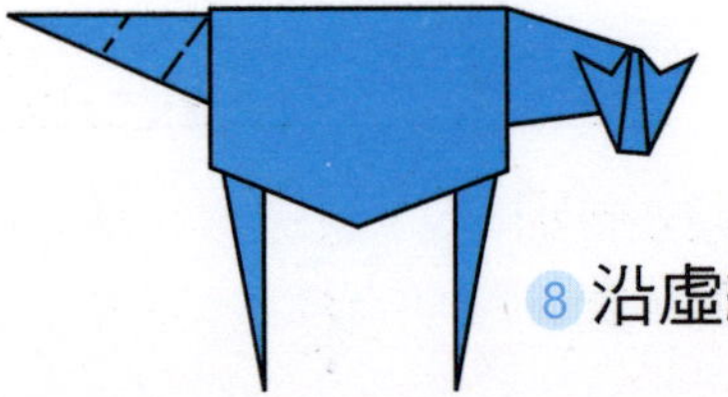

⑧沿虛線翻折。

⑨折疊成羊。

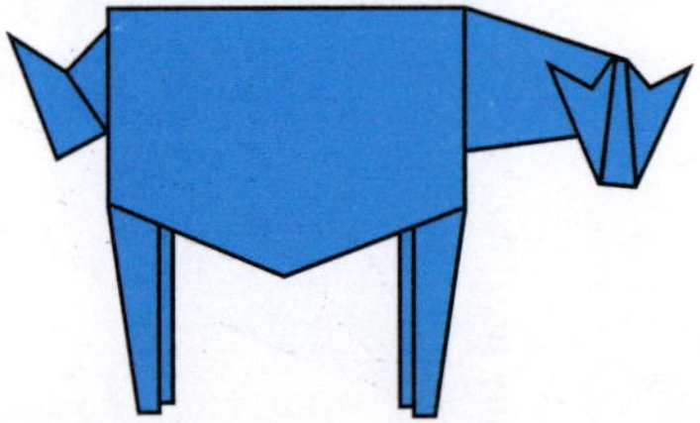

馬

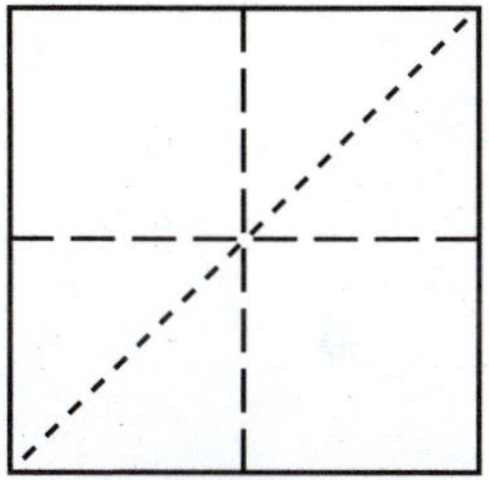

1 沿虛線折疊成雙正方形。

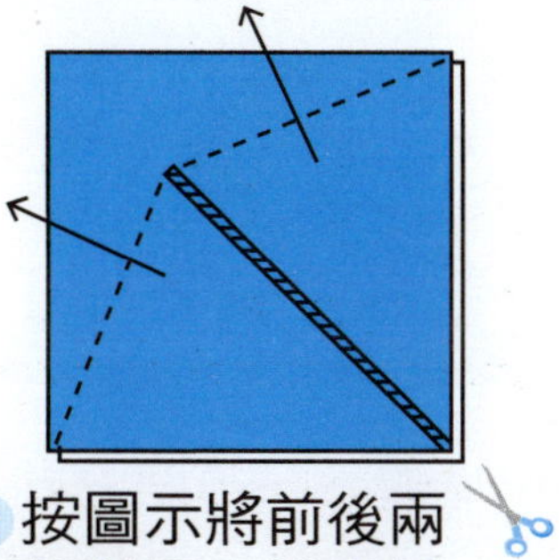

2 按圖示將前後兩層都剪開，沿虛線朝箭頭方向折疊。

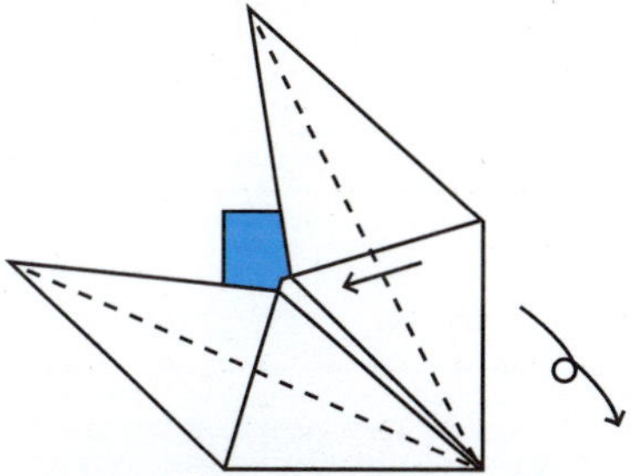

3 沿虛線向箭頭方向折疊，翻過來。

4 沿虛線向箭頭方向折疊，再照圖 3 折，即成圖 5 。

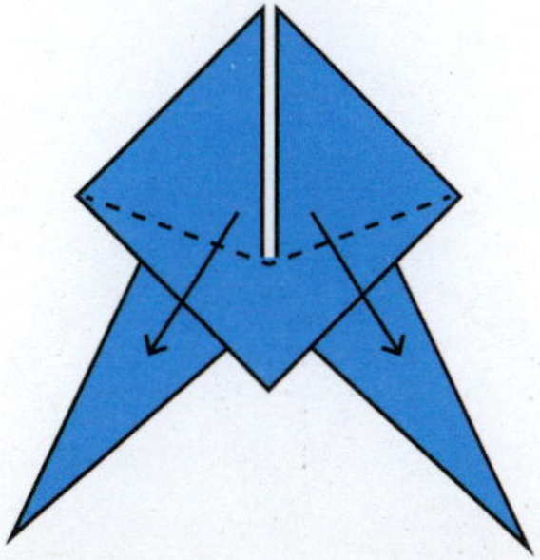

5 沿虛線翻折。

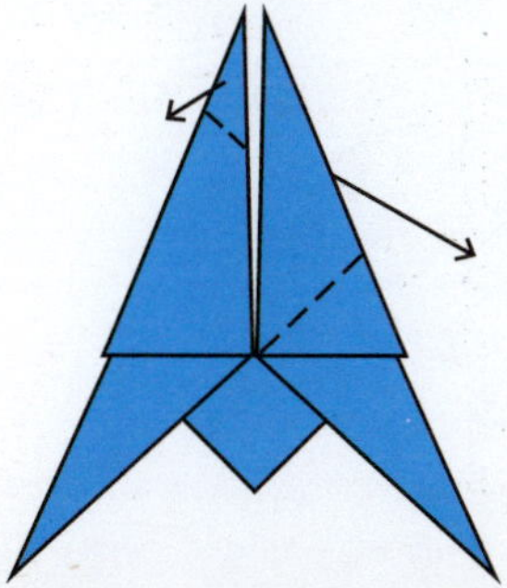

6 折疊成馬。

黑猩猩

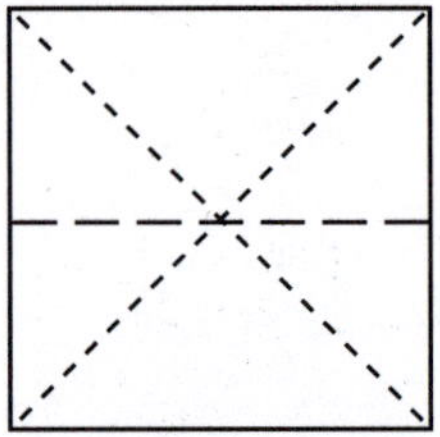

1 沿虛線折疊成雙三角形。

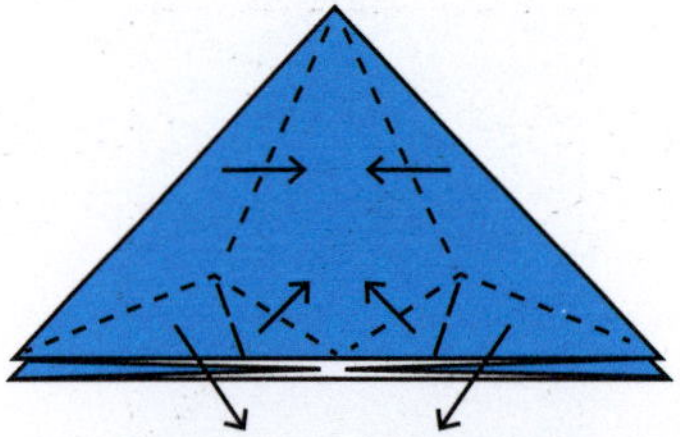

2 沿虛線向箭頭方向折疊，注意前後兩層紙都折，但方向相反。

3 沿虛線向箭頭方向折疊，注意前後兩層紙都折，但方向相反。

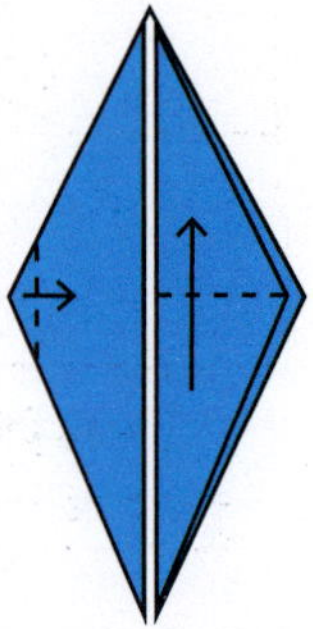

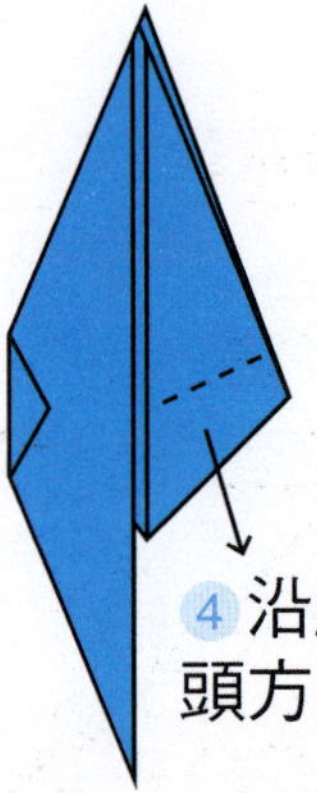

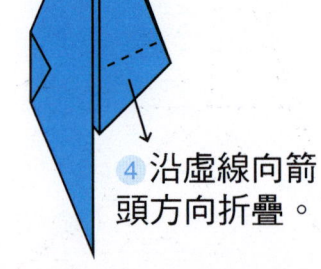

4 沿虛線向箭頭方向折疊。

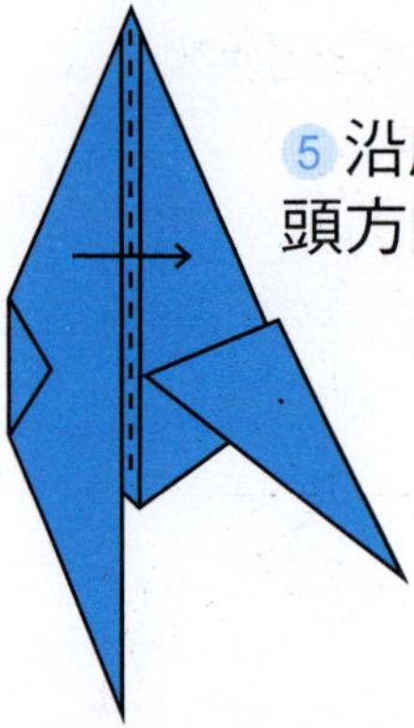

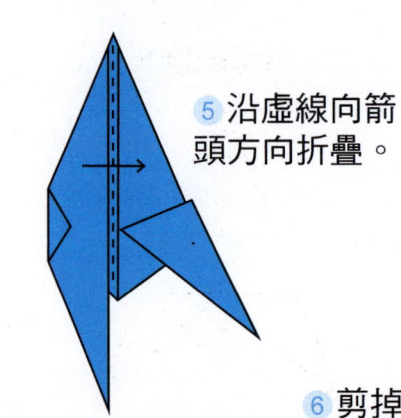

5 沿虛線向箭頭方向折疊。

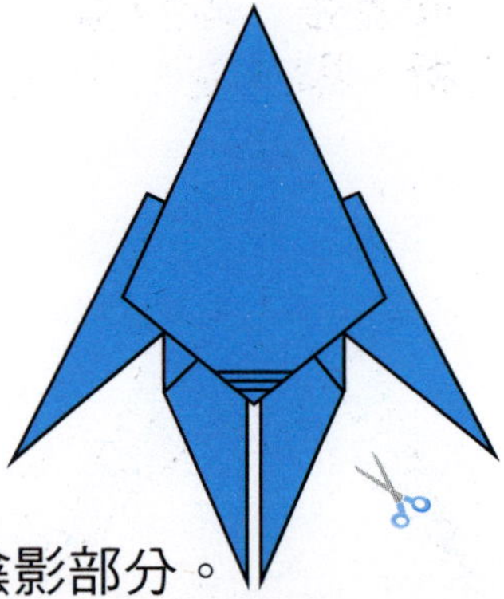

6 剪掉陰影部分。

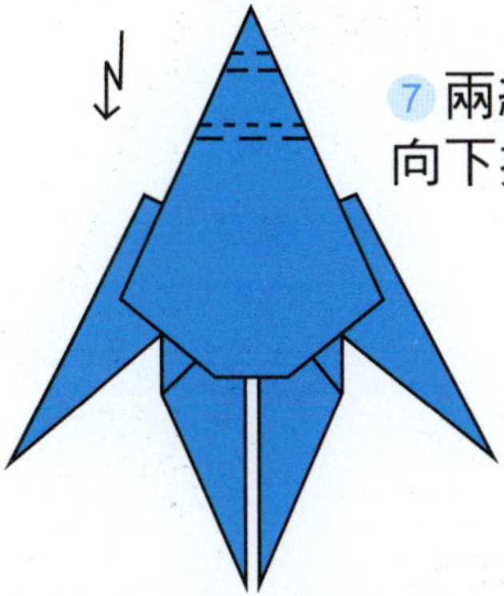

7 兩組折線都是先向下折後向上折。

8 沿虛線向箭頭方向折疊。

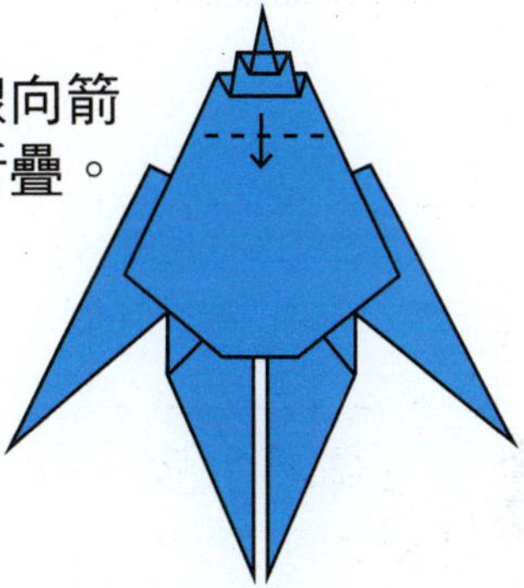

9 沿虛線折疊，都採用翻折法。

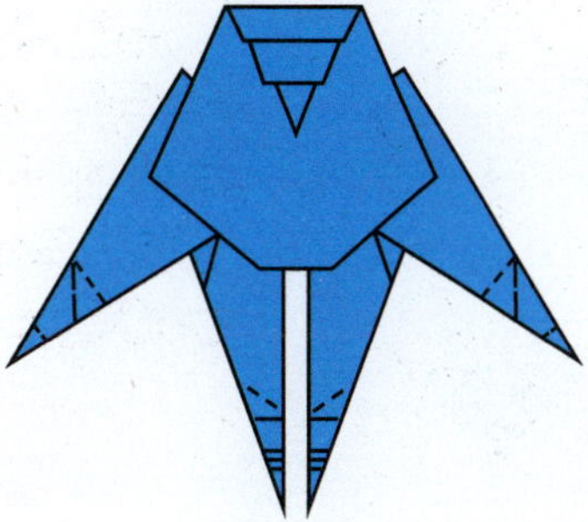

10 沿虛線折疊。

11 折疊成黑猩猩。

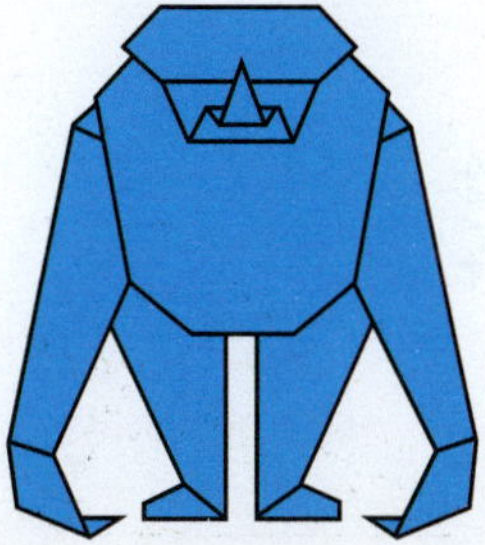

長頸鹿

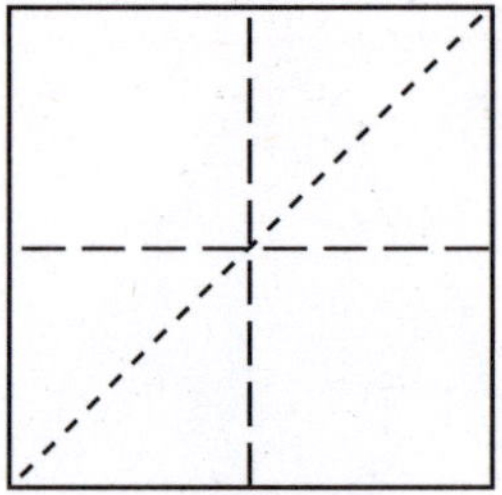

1 沿虛線折疊成雙三角形。

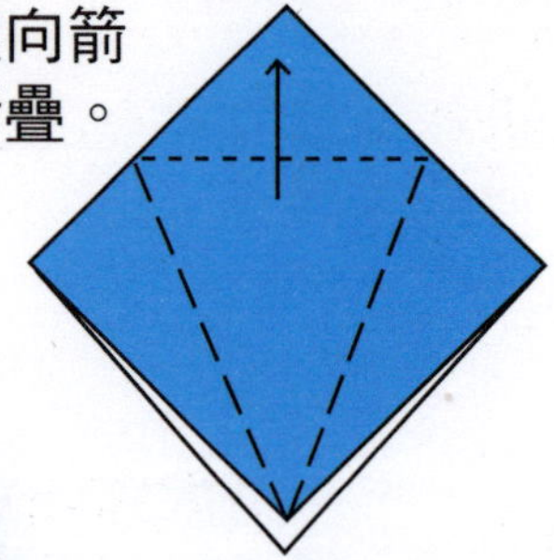

2 沿虛線向箭頭方向折疊。

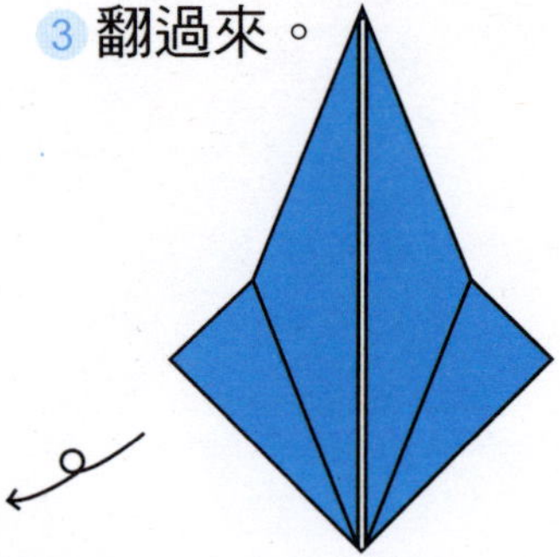

3 翻過來。

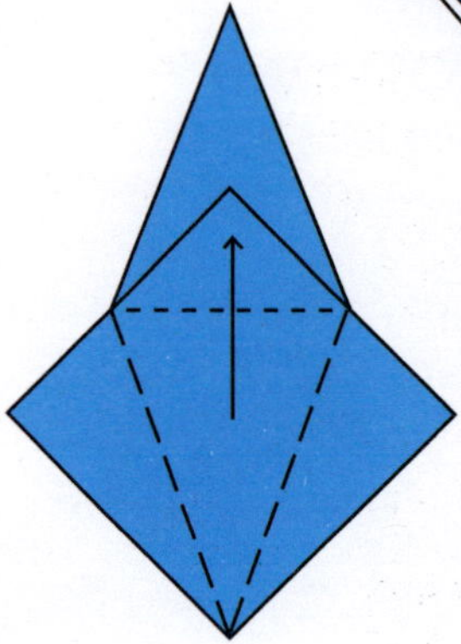

4 沿虛線向箭頭方向折疊，先把第一層紙由下角提起向上折，再由兩邊向中間壓折。

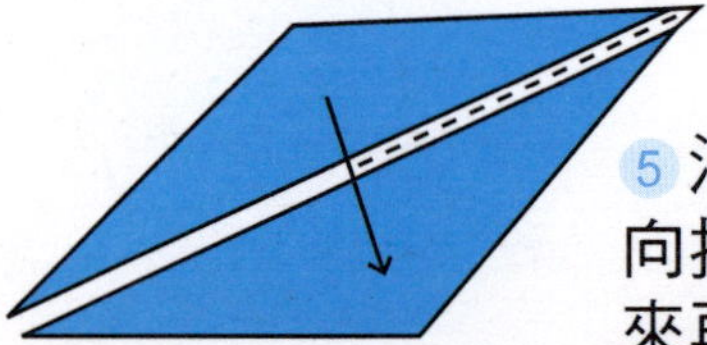

5 沿虛線向箭頭方向折疊，把紙翻過來再由上向下折。

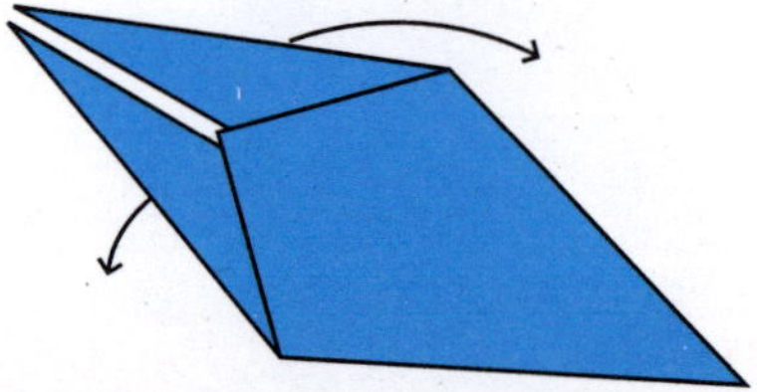

6 按圖示折成圖 7 形狀。

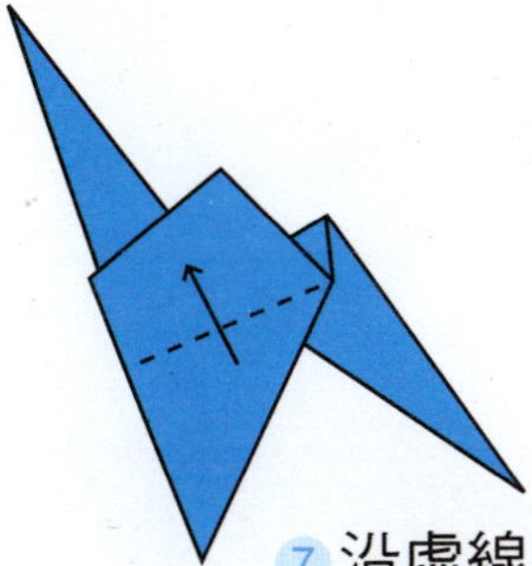

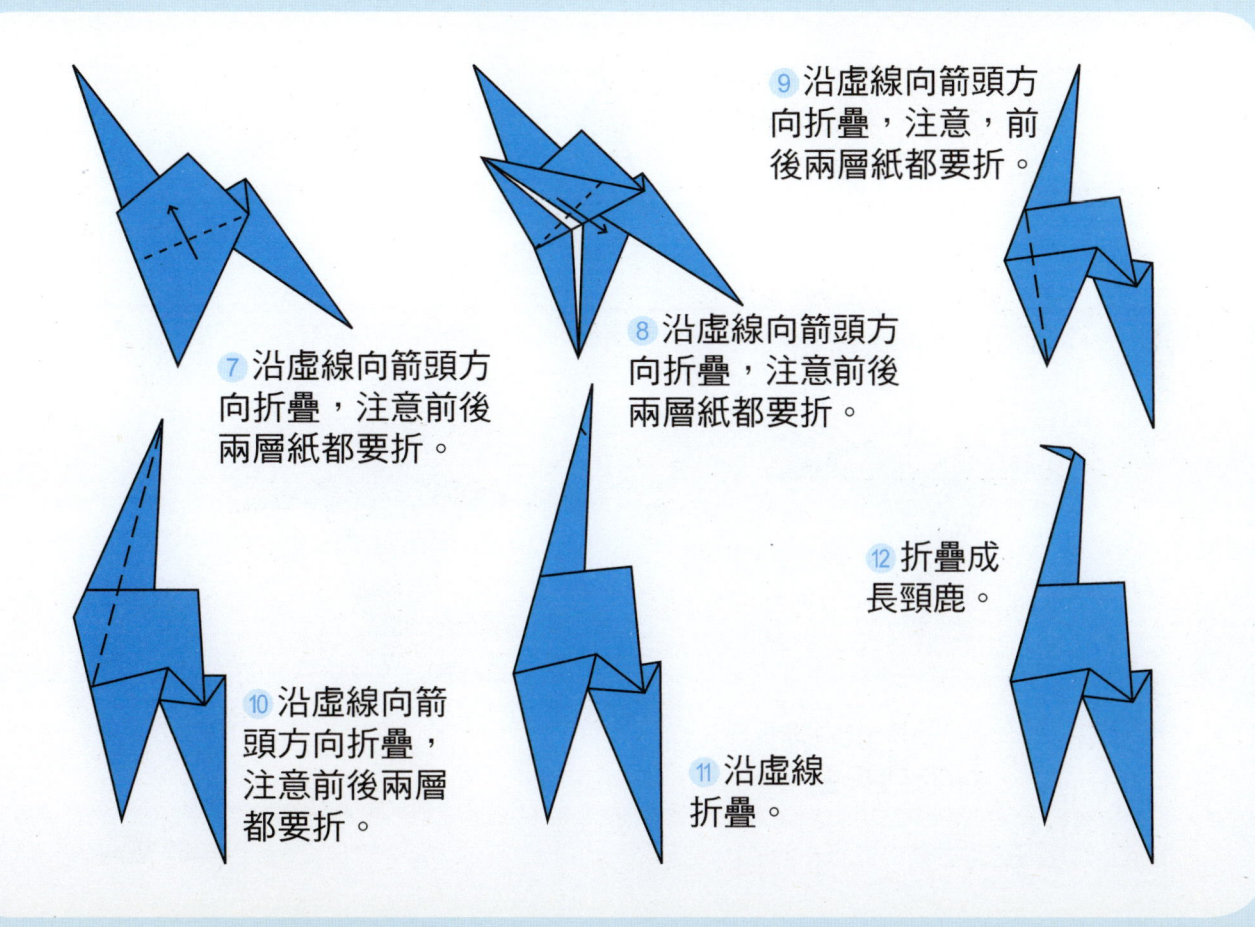

⑦沿虛線向箭頭方向折疊，注意前後兩層紙都要折。

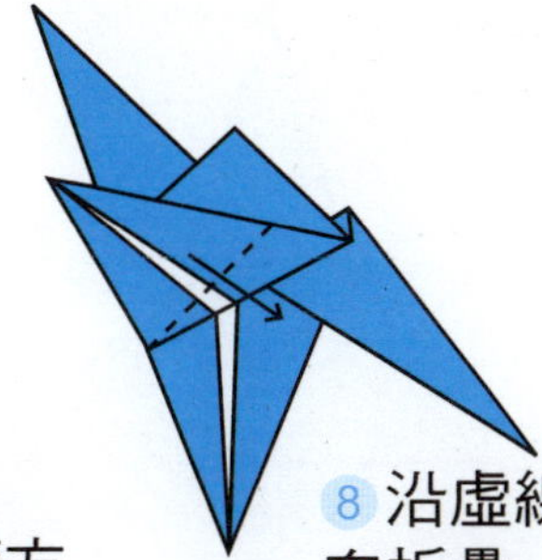

⑧沿虛線向箭頭方向折疊，注意前後兩層紙都要折。

⑨沿虛線向箭頭方向折疊，注意，前後兩層紙都要折。

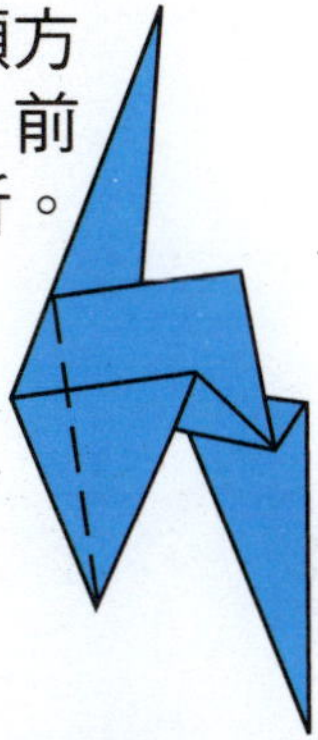

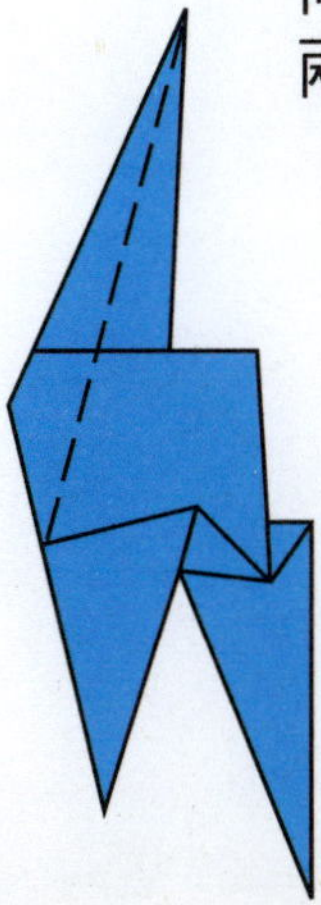

⑩沿虛線向箭頭方向折疊，注意前後兩層都要折。

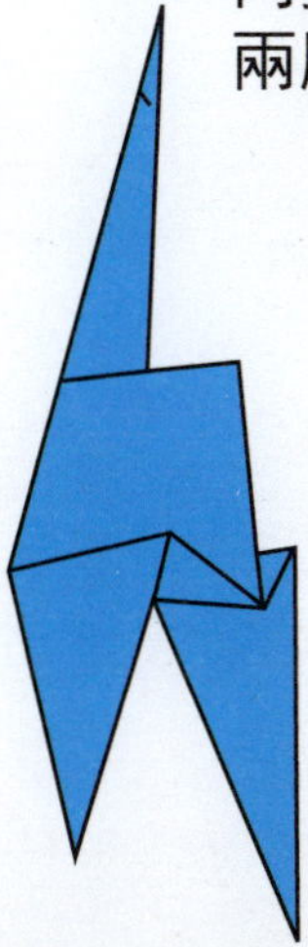

⑪沿虛線折疊。

⑫折疊成長頸鹿。

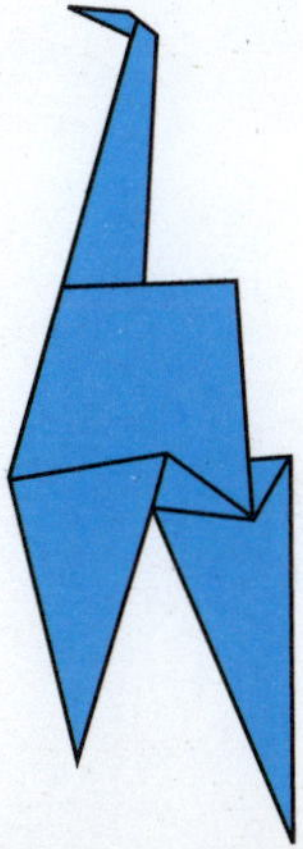

浣熊

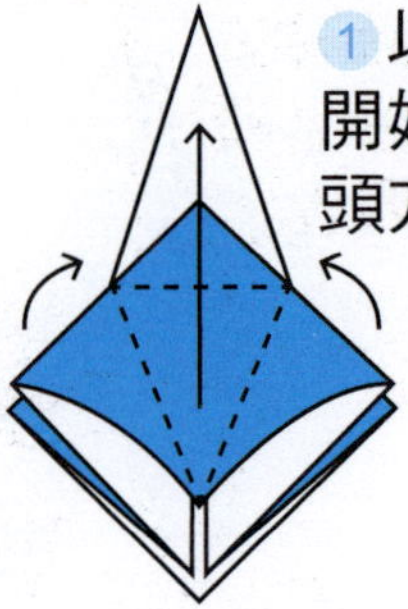

① 以雙正方形折法開始，沿虛線向箭頭方向折疊。

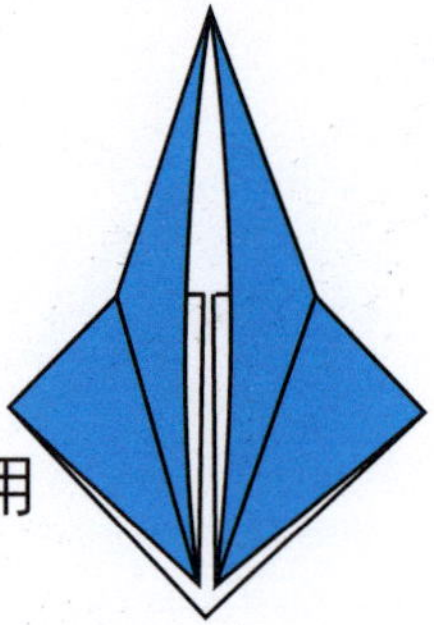

② 另一面也採用同樣折法。

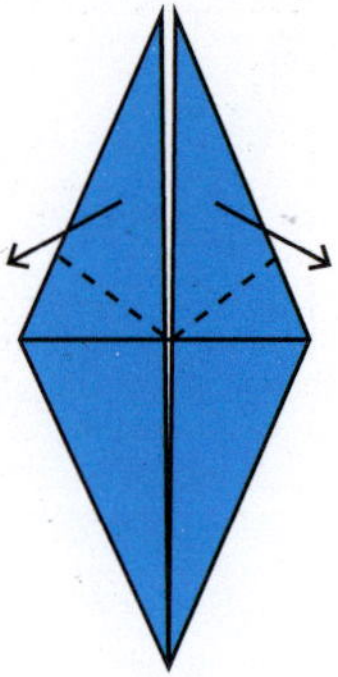

③ 沿虛線向箭頭方向折疊。

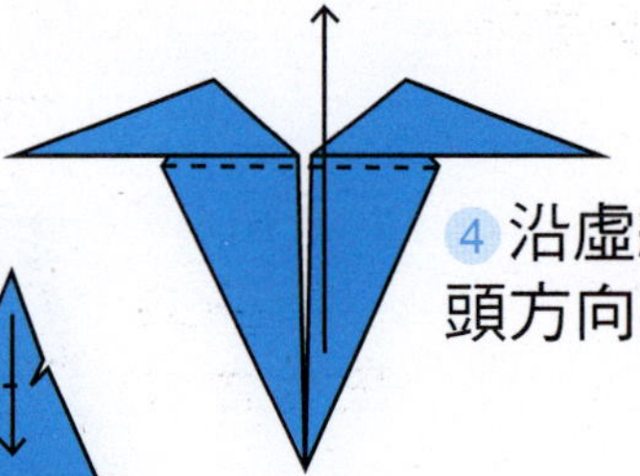

④ 沿虛線向箭頭方向折疊。

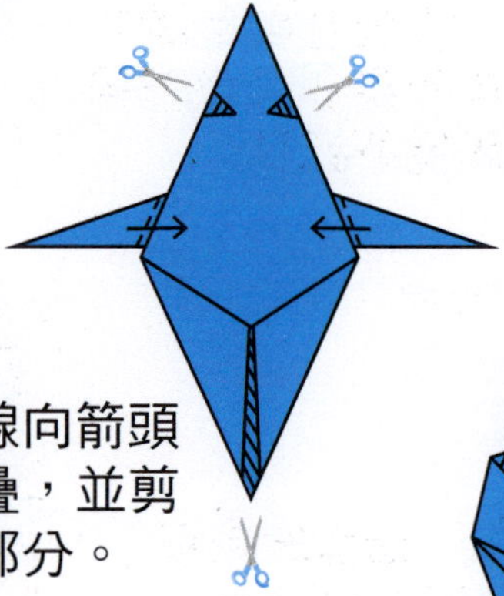

⑤ 沿虛線向箭頭方向折疊，並剪開陰影部分。

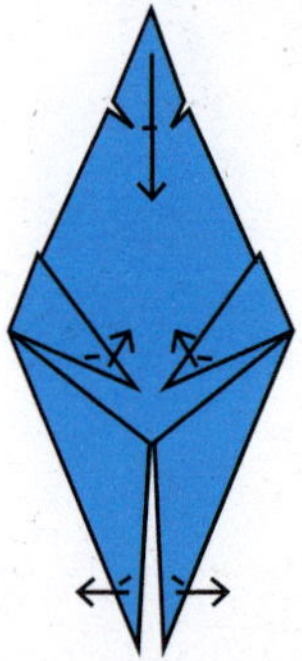

⑥ 沿虛線向箭頭方向折疊。

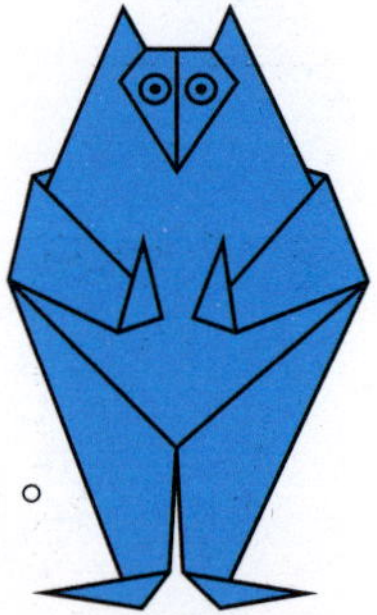

⑦ 折疊成浣熊。

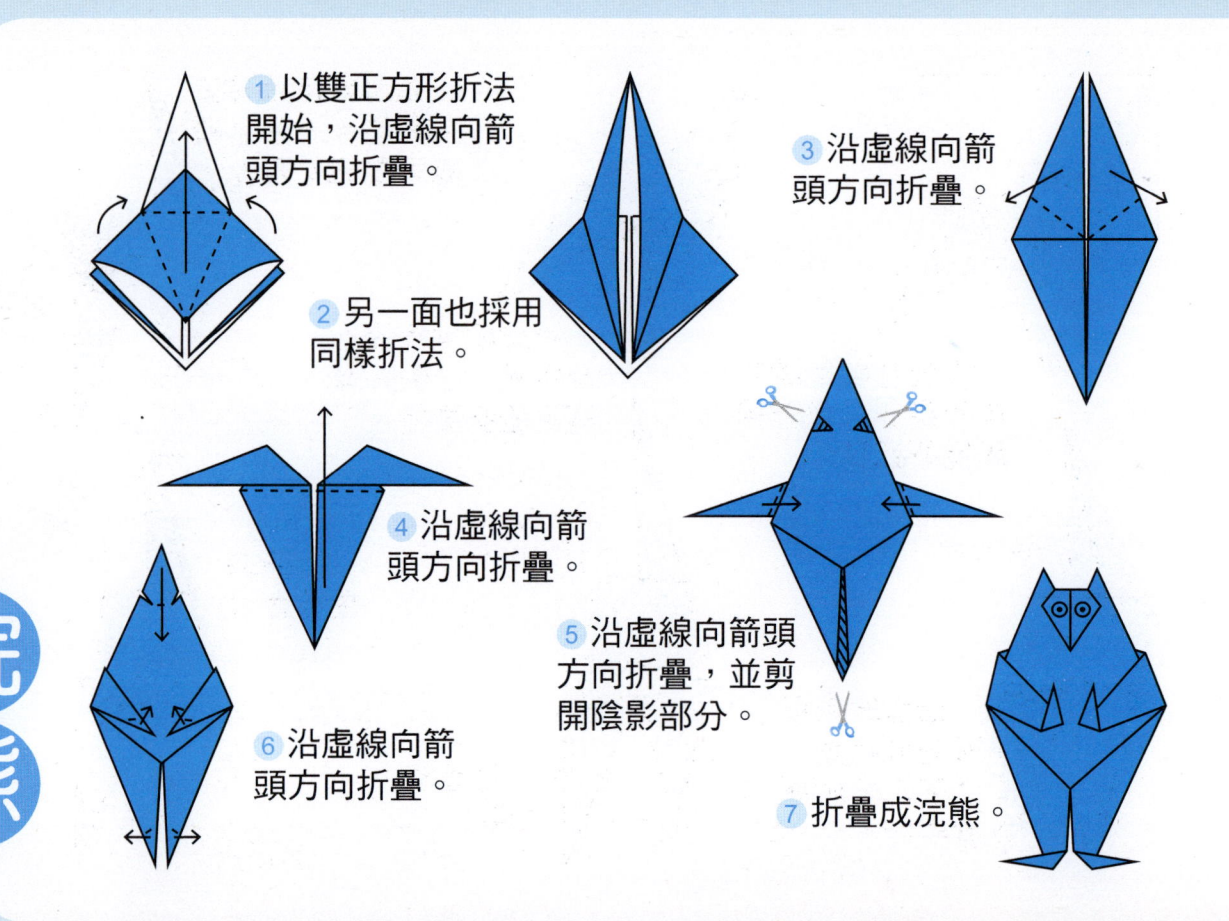

駱駝

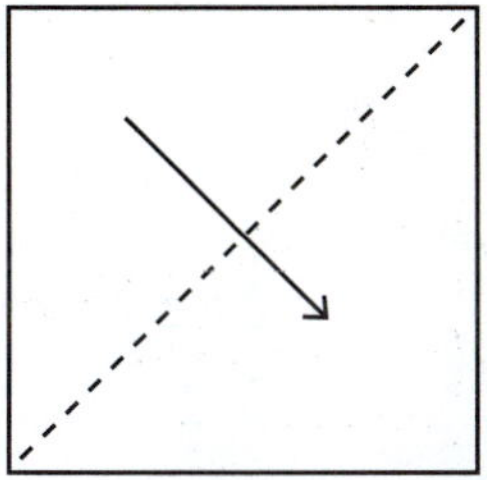

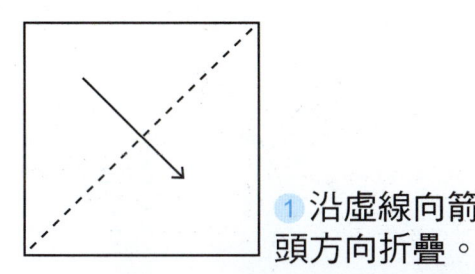

1 沿虛線向箭頭方向折疊。

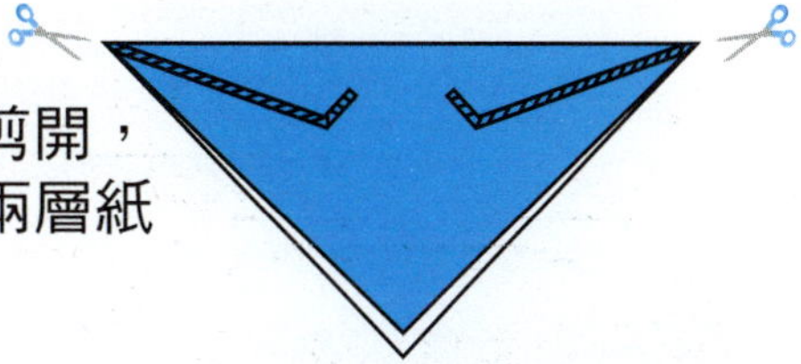

2 按圖示剪開，注意前後兩層紙都要剪。

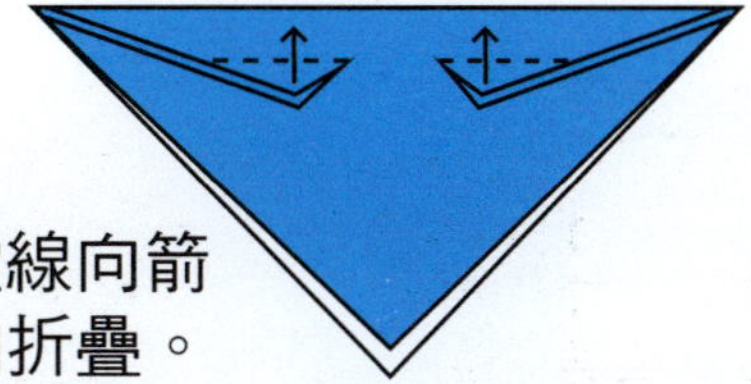

3 沿虛線向箭頭方向折疊。

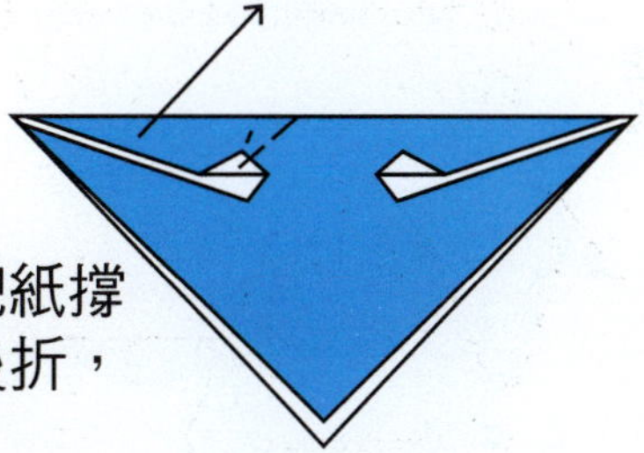

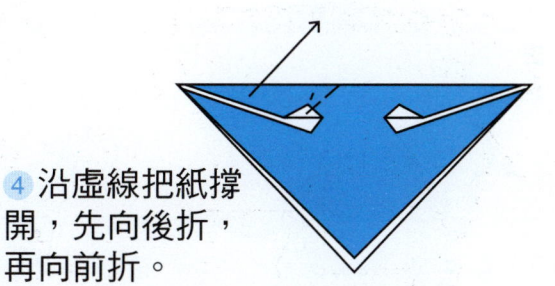

4 沿虛線把紙撐開，先向後折，再向前折。

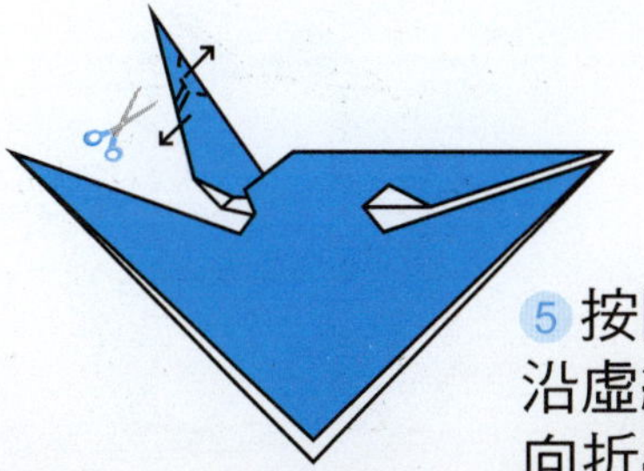

5 按圖示剪開，沿虛線朝箭頭方向折疊。

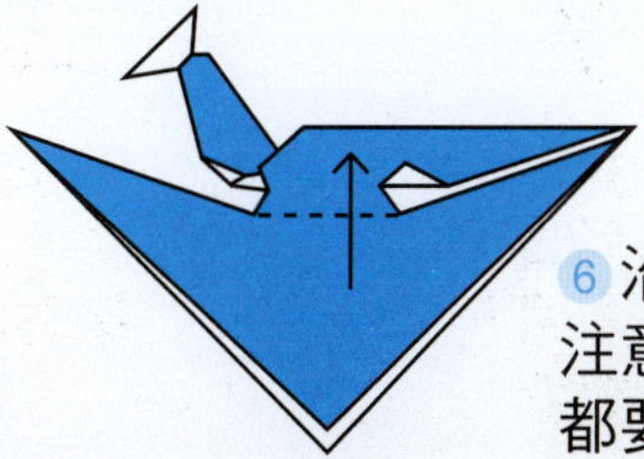

6 沿虛線折疊，注意前後兩層紙都要折。

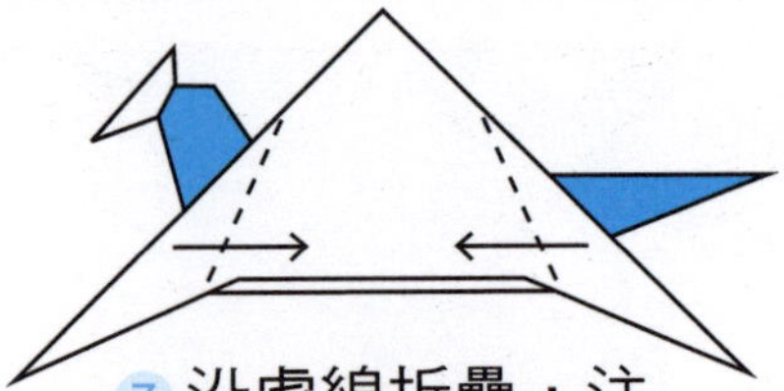

⑦ 沿虛線折疊，注意前後兩層紙都要折。

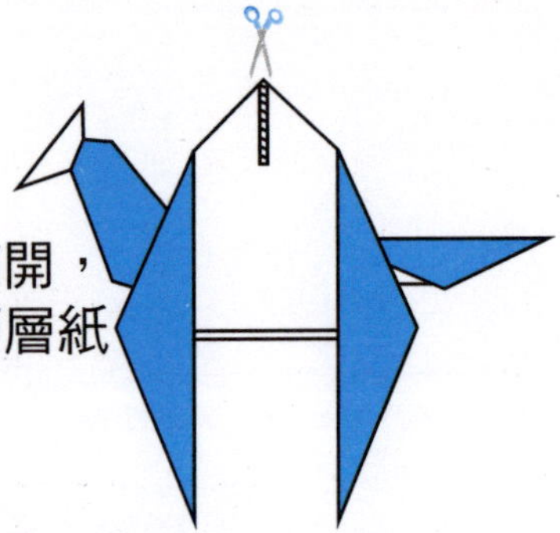

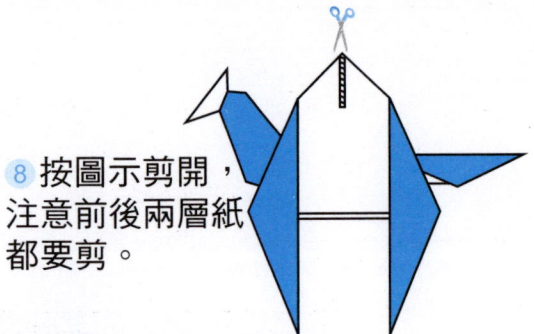

⑧ 按圖示剪開，注意前後兩層紙都要剪。

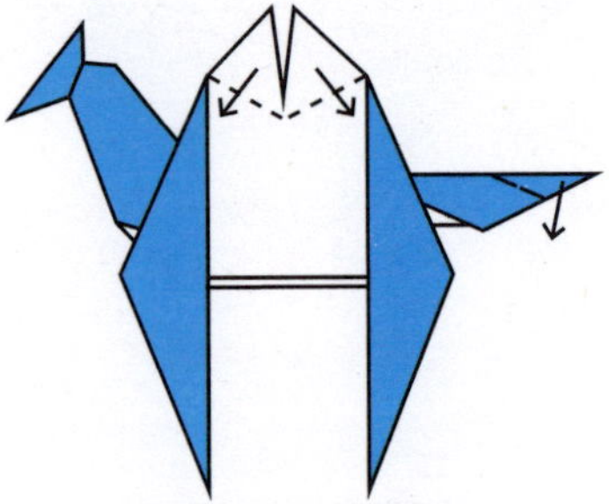

⑨ 沿虛線折疊，注意前後兩層紙都要折，折尾巴時注意要翻折。

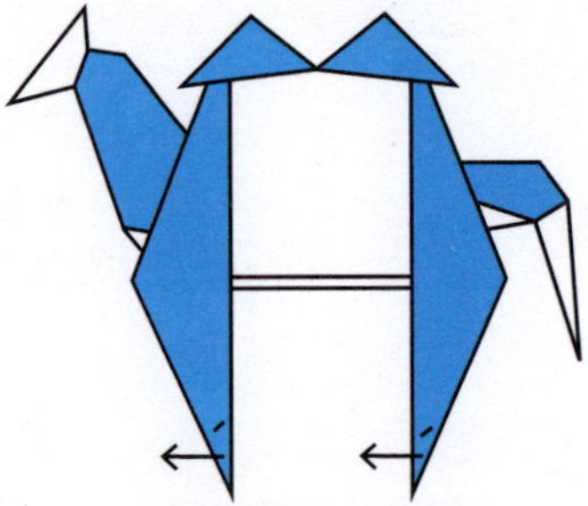

⑩ 按圖示剪開，注意前後兩層紙都要剪。

⑪ 駱駝完成了。

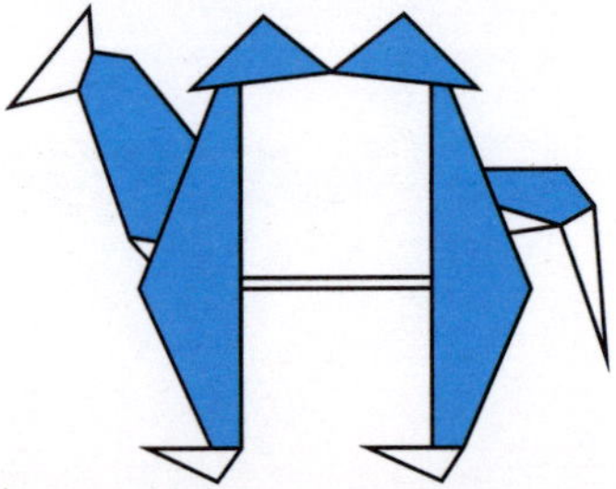

象頭

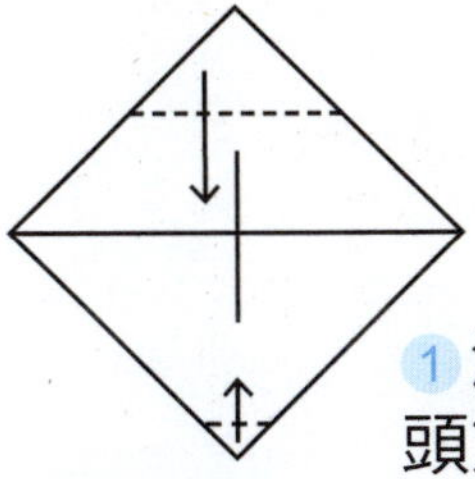

1 沿虛線向箭頭方向折疊。

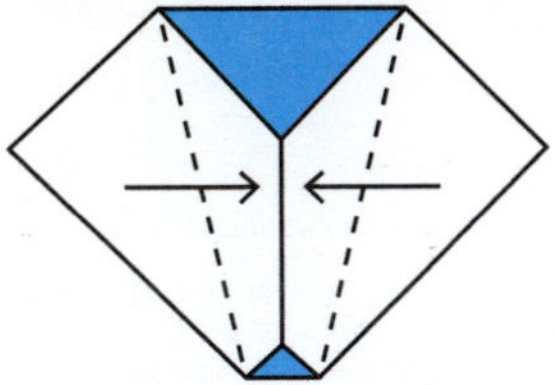

2 沿虛線向箭頭方向折疊。

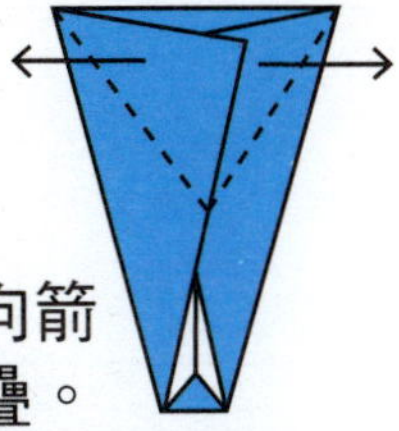

3 沿虛線向箭頭方向折疊。

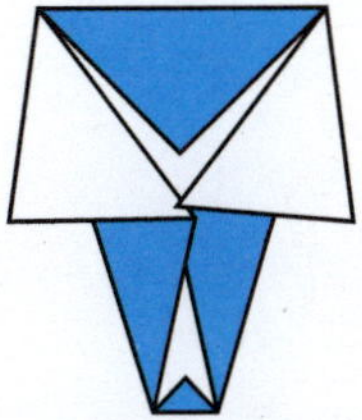

4 翻過來。

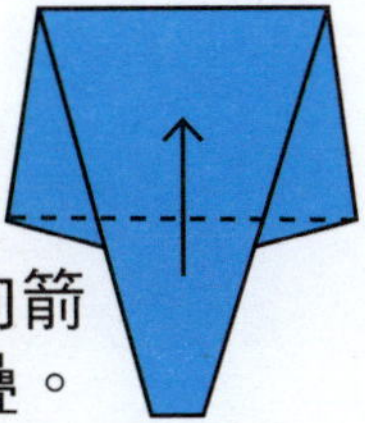

5 沿虛線向箭頭方向折疊。

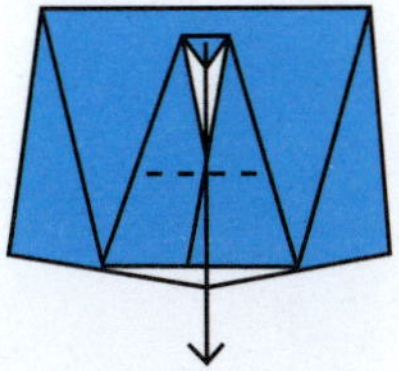

6 沿虛線向箭頭方向折疊。

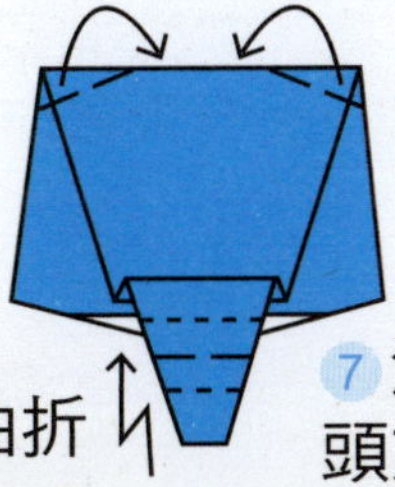

7 沿虛線向箭頭方向折疊。

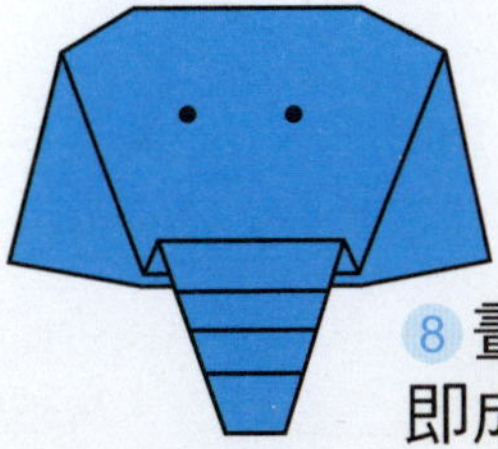

8 畫上眼睛即成象頭。

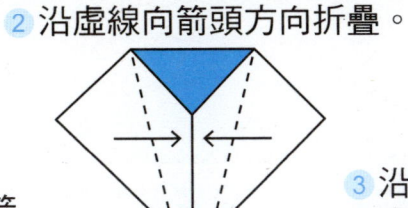

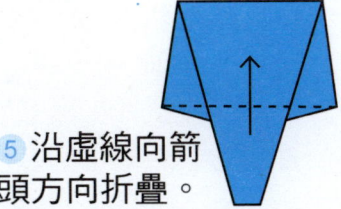

松鼠

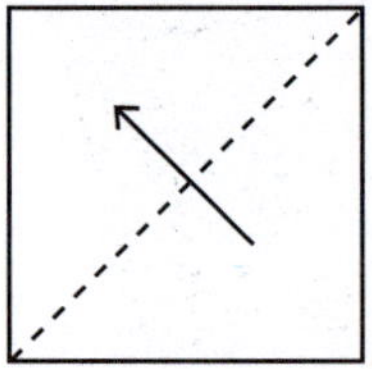

1 沿虛線向箭頭方向折疊。

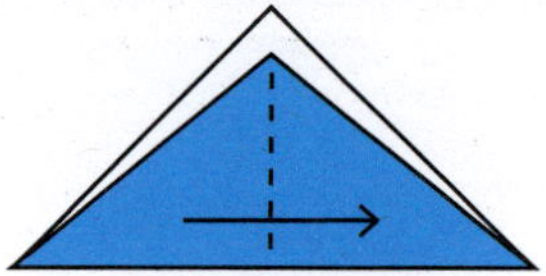

2 沿虛線向箭頭方向折疊。

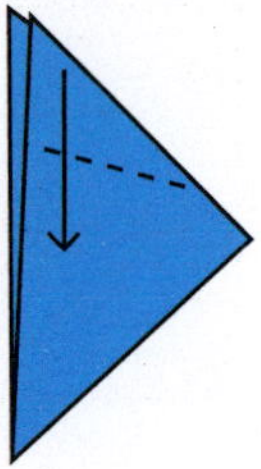

3 沿虛線向箭頭方向折疊，注意前後兩層紙都要折。

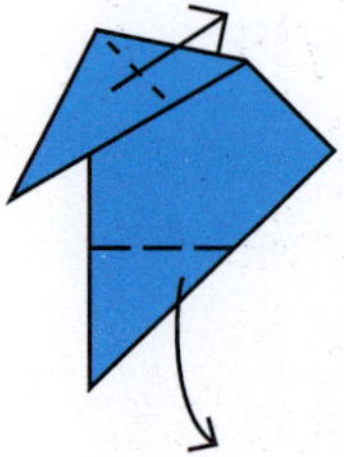

4 沿虛線向箭頭方向折疊，注意前後兩層紙都要折。

5 折成松鼠頭。

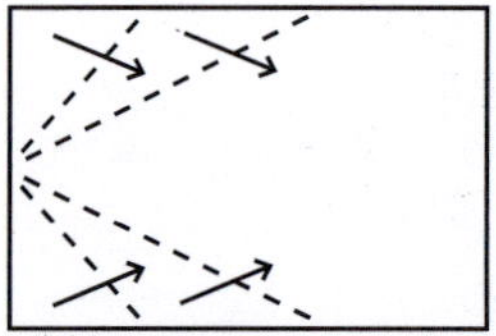

6 另取一張長方形的紙，沿虛線向箭頭方向折疊。

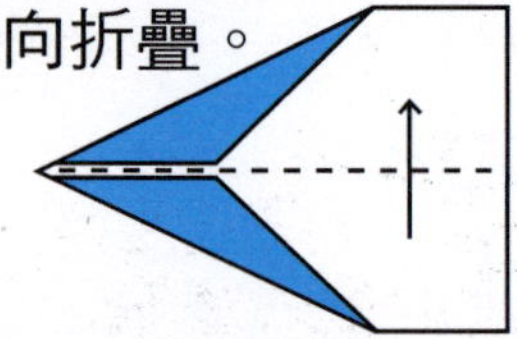

7 沿虛線向箭頭方向折疊。

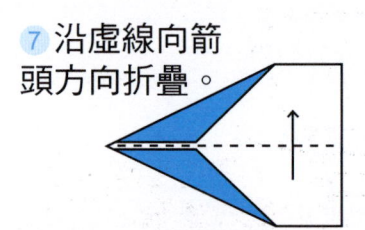

8 按圖示剪下陰影區域後，沿虛線朝箭頭方向折疊。

9 折成松鼠尾巴。

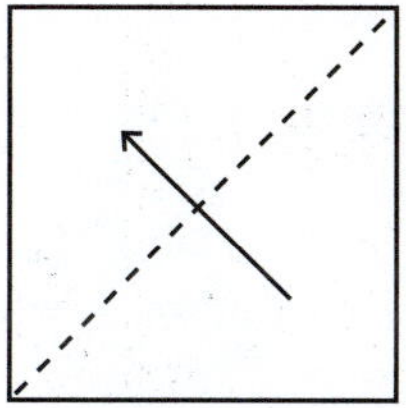

10 另取一張紙，沿虛線向箭頭方向折疊。

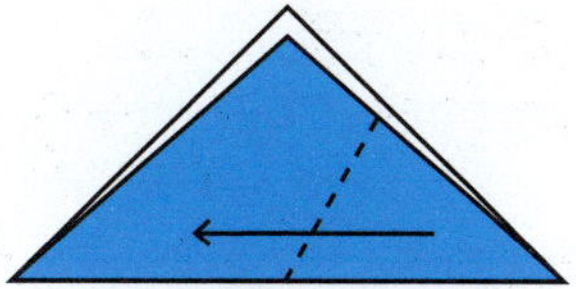

11 沿虛線向箭頭方向折疊。

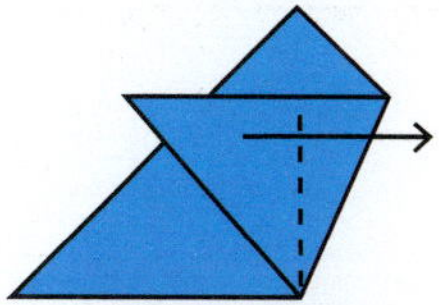

12 沿虛線向箭頭方向折疊。

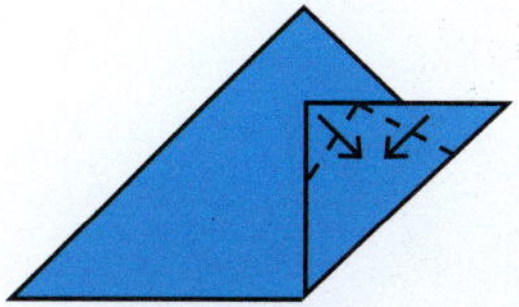

13 沿虛線向箭頭方向折疊。

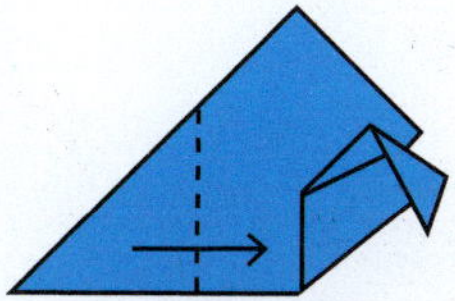

14 沿虛線向箭頭方向折疊。

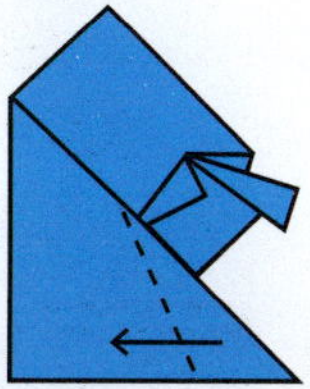

15 沿虛線向箭頭方向折疊。

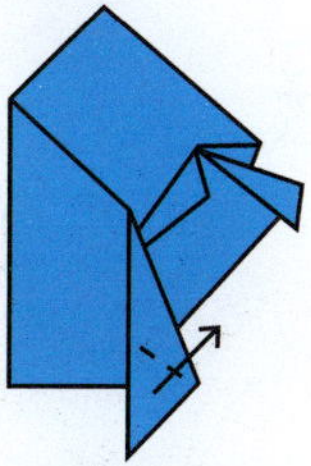

16 沿虛線向箭頭方向折疊。

17 沿虛線折疊。

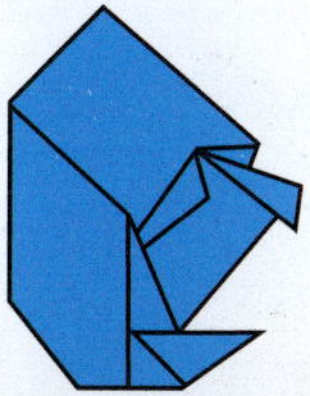

18 折成松鼠身子。

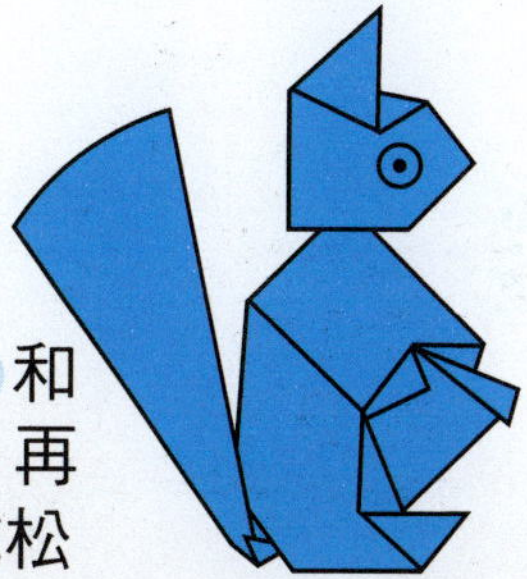

19 把圖 5 、圖 9 和圖 18 黏在一起，再畫上眼睛，即成松鼠。

公雞1

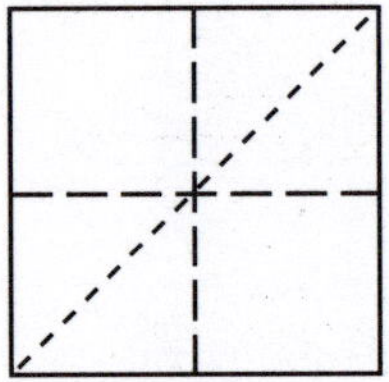

1 沿虛線折疊成一個雙正方形。

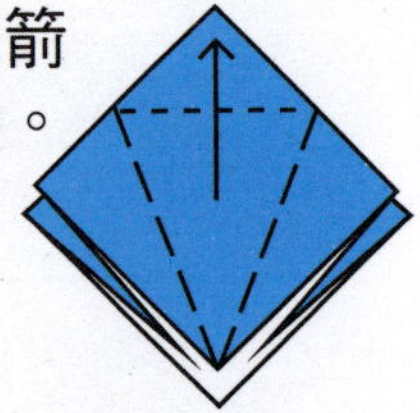

2 沿虛線向箭頭方向折疊。

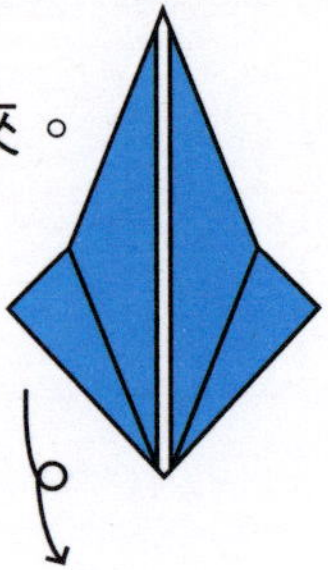

3 翻過來。

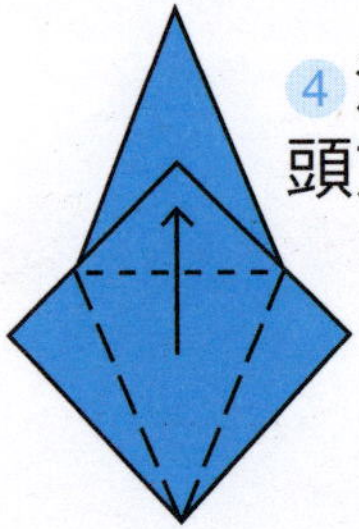

4 沿虛線向箭頭方向折疊。

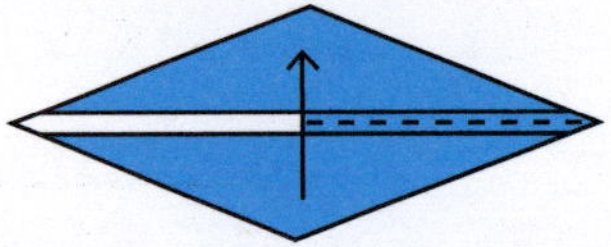

5 沿虛線向箭頭方向折疊。

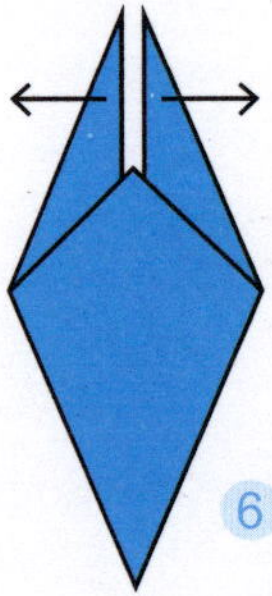

6 向左右拉開。

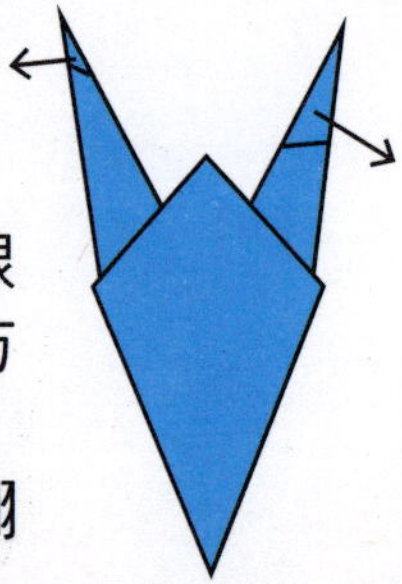

7 沿虛線向箭頭方向折疊，注意要翻折。

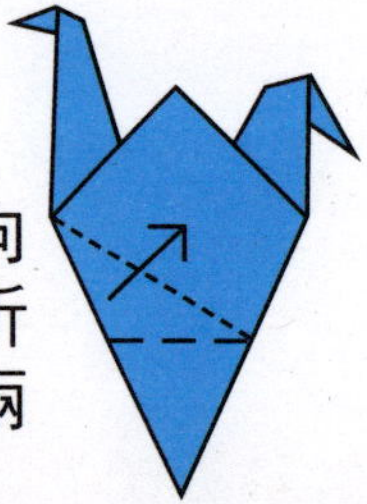

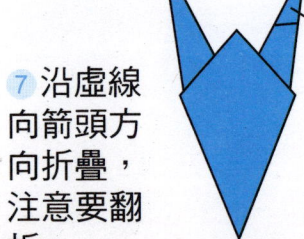

8 沿虛線向箭頭方向折疊，前後兩層都折。

9 折疊成為公雞。

公雞2

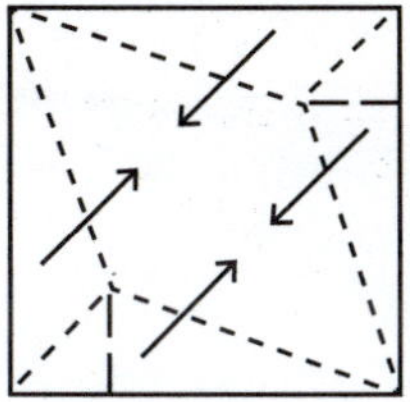

1 沿虛線折疊，先折長線後折短線。

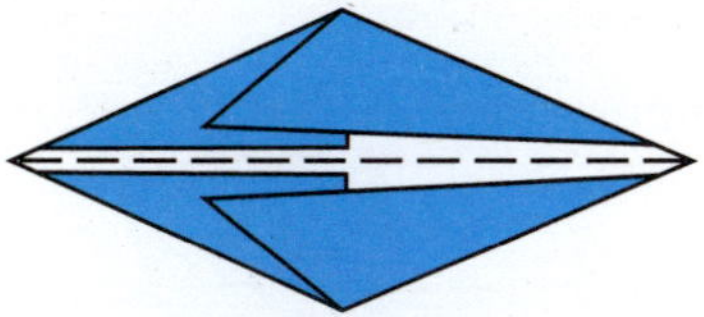

2 沿虛線折疊。

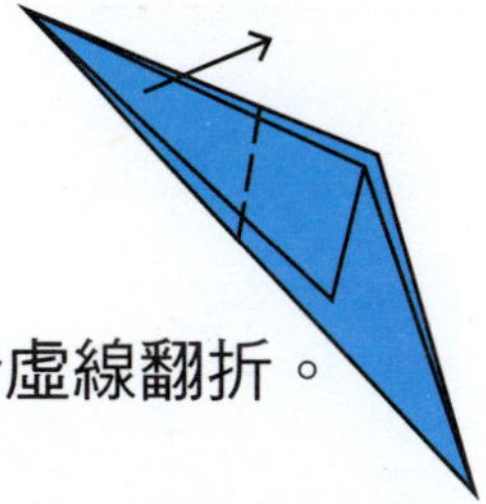

3 沿虛線翻折。

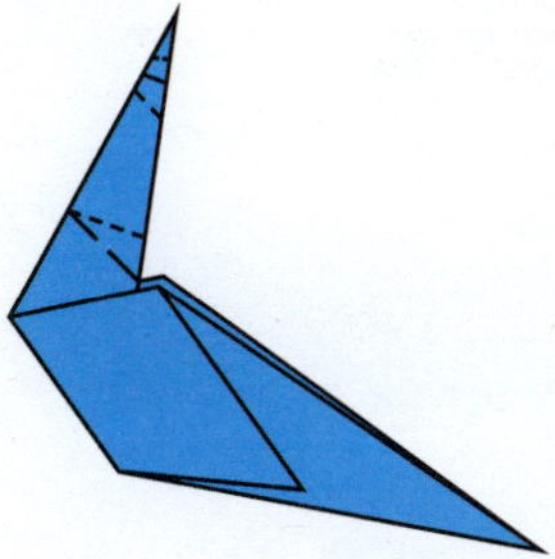

4 沿虛線翻折。

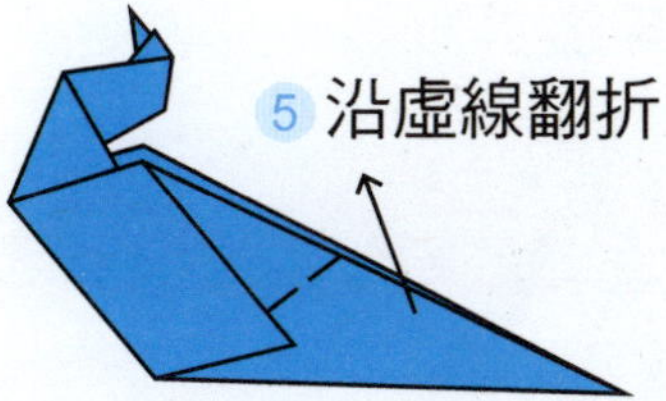

5 沿虛線翻折。

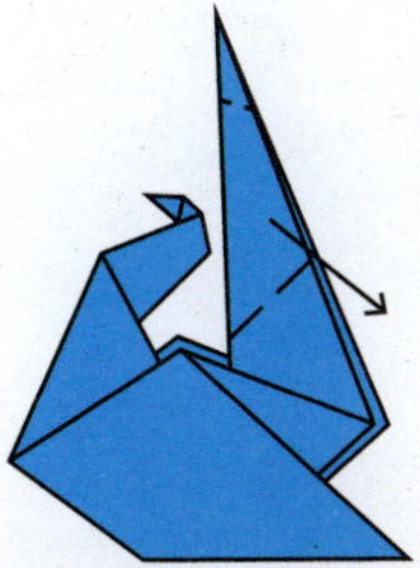

6 沿虛線翻折。

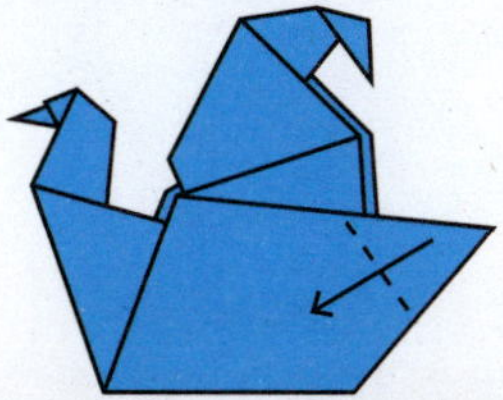

7 沿虛線朝箭頭方向折疊。

8 折疊出公雞。

公雞 3

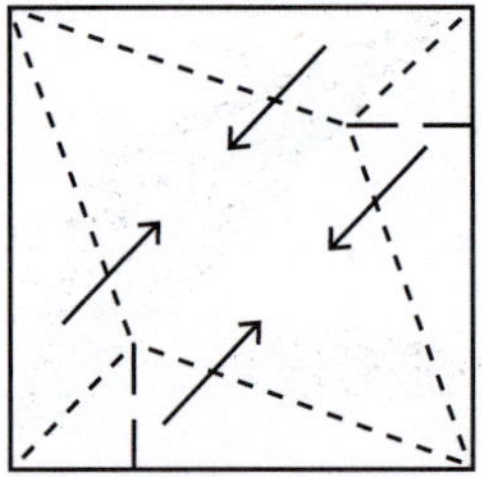

1 沿虛線折疊，先折長線後折短線。

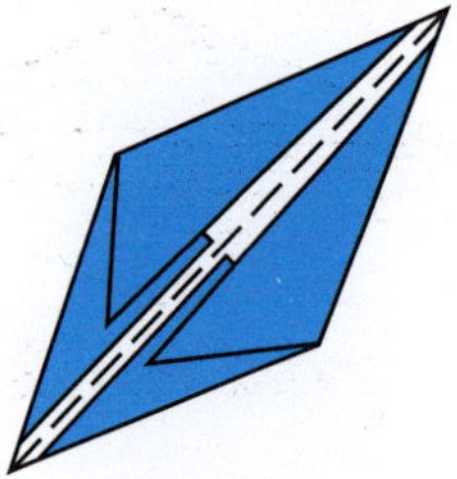

2 沿虛線折疊。

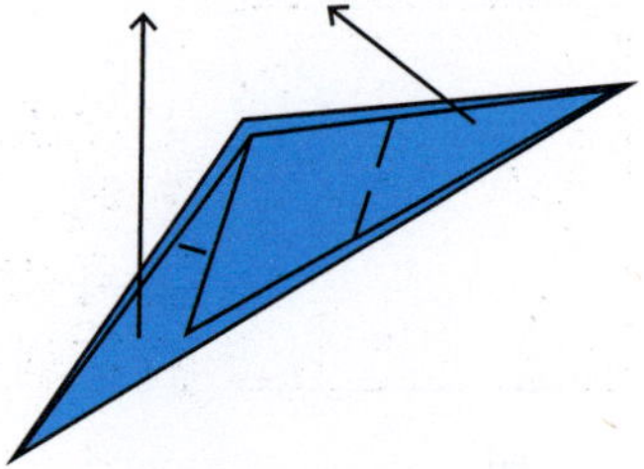

3 沿虛線朝箭頭方向折疊，注意，都要翻折。

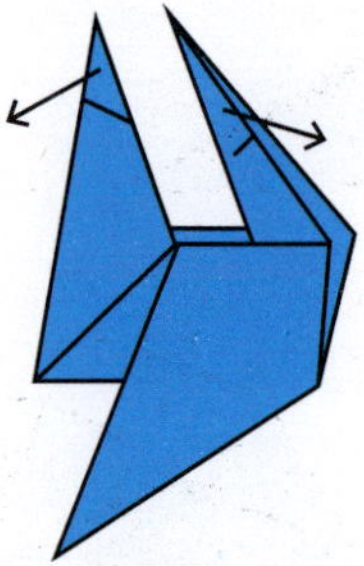

4 沿虛線朝箭頭方向折疊，注意都要翻折。

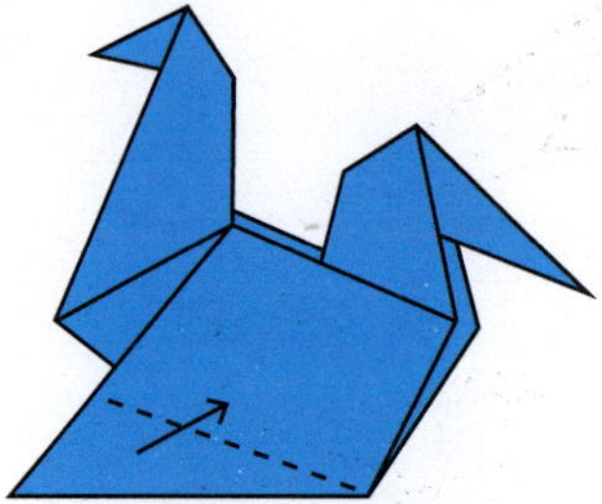

5 沿虛線朝箭頭方向折疊，前後兩層都折。

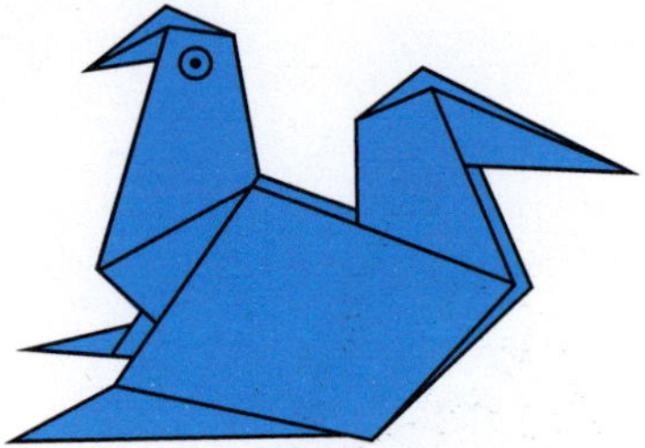

6 公雞便完成了。

母雞 1

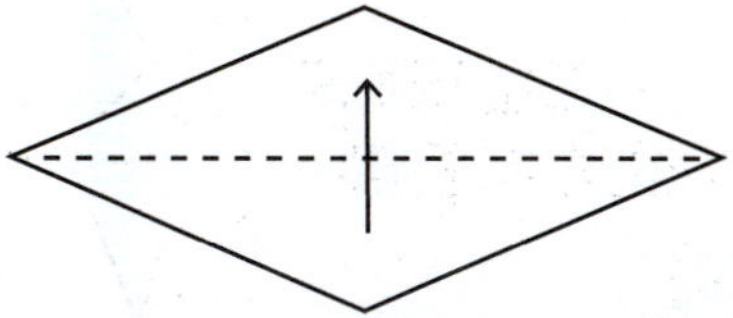

1 沿虛線朝箭頭方向折疊。

2 沿虛線翻折。

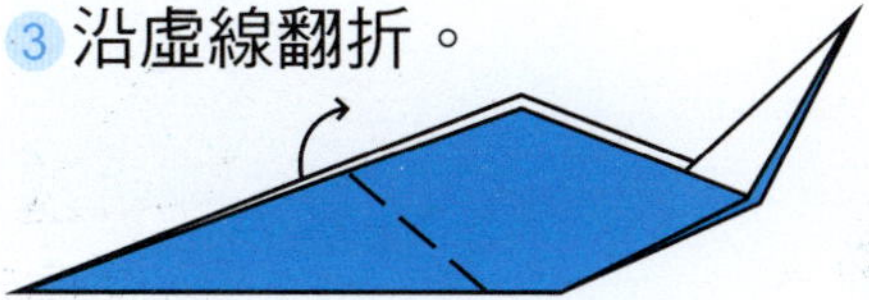

3 沿虛線翻折。

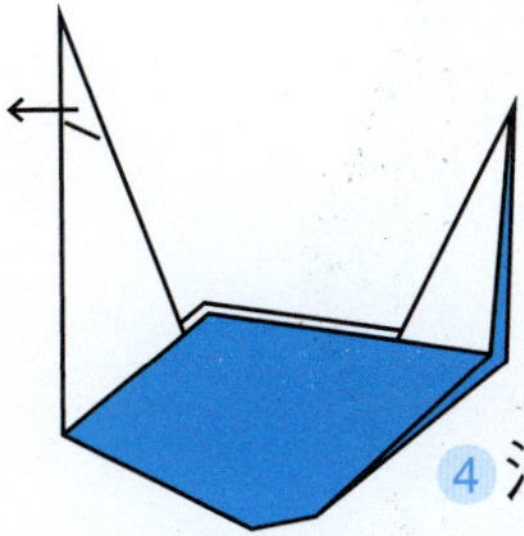

4 沿虛線翻折。

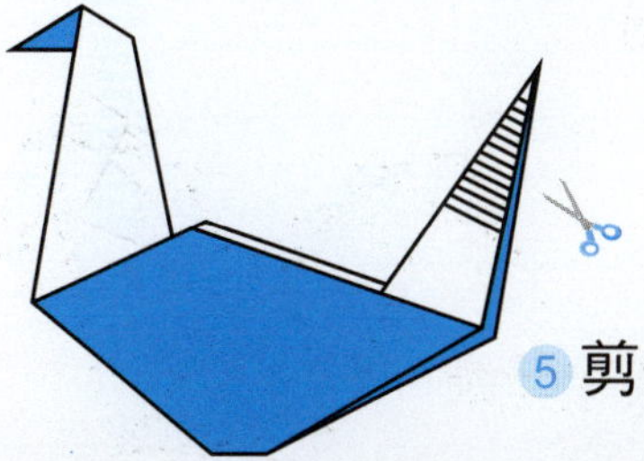

5 剪去斜線部分。

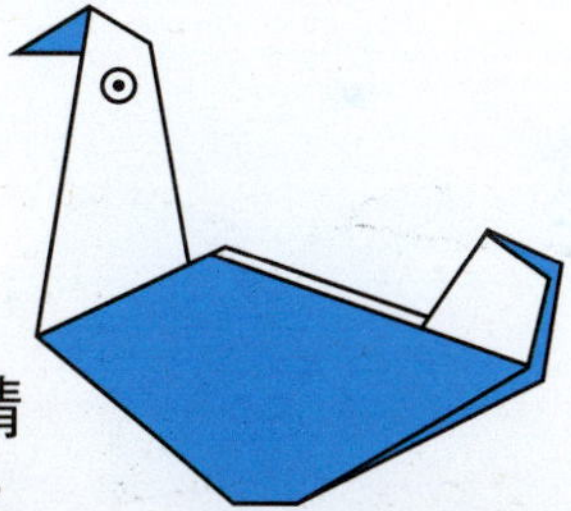

6 畫上眼睛即成母雞。

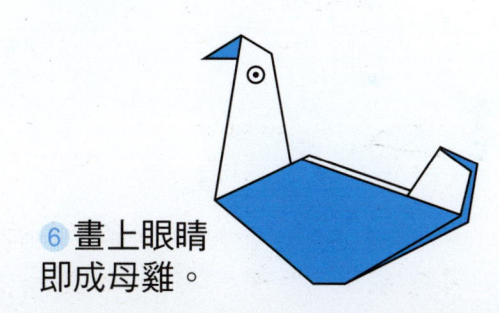

母雞 2

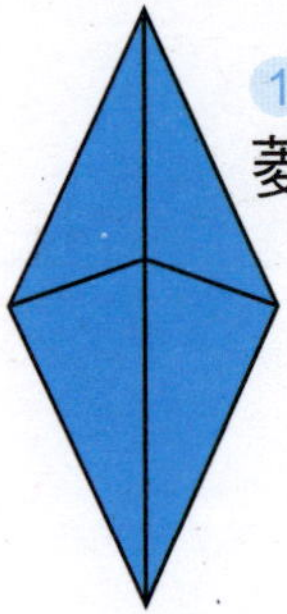

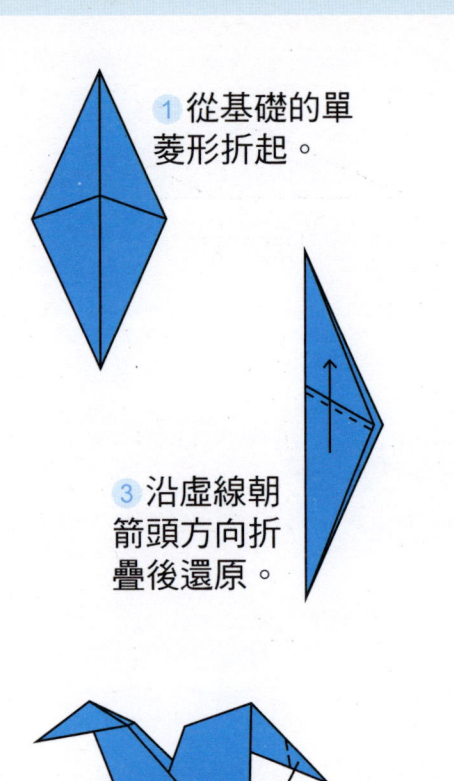

1 從基礎的單菱形折起。

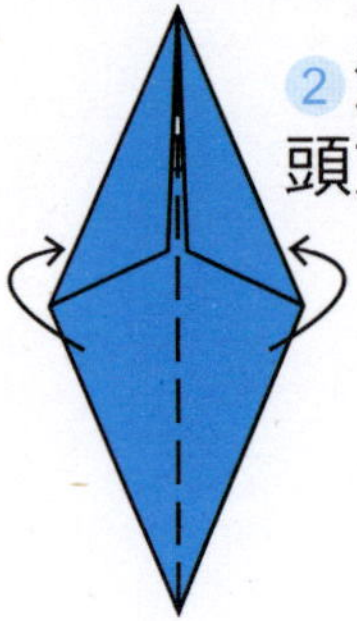

2 沿虛線朝箭頭方向折疊。

3 沿虛線朝箭頭方向折疊後還原。

4 沿虛線向內翻折。

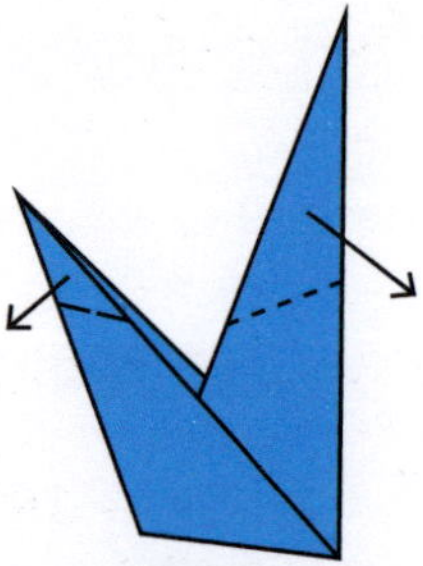

5 沿虛線向內翻折。

6 沿虛線朝箭頭方向翻折。

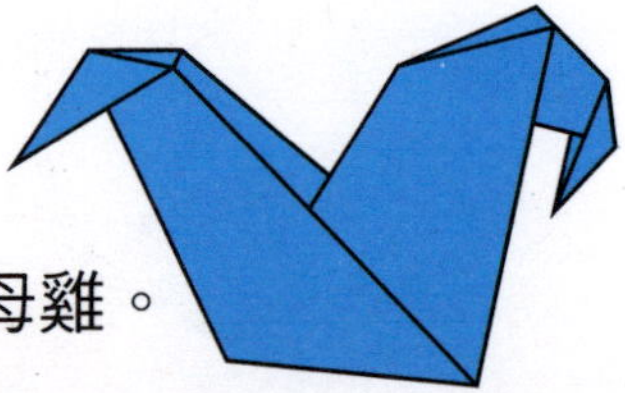

7 折疊成母雞。

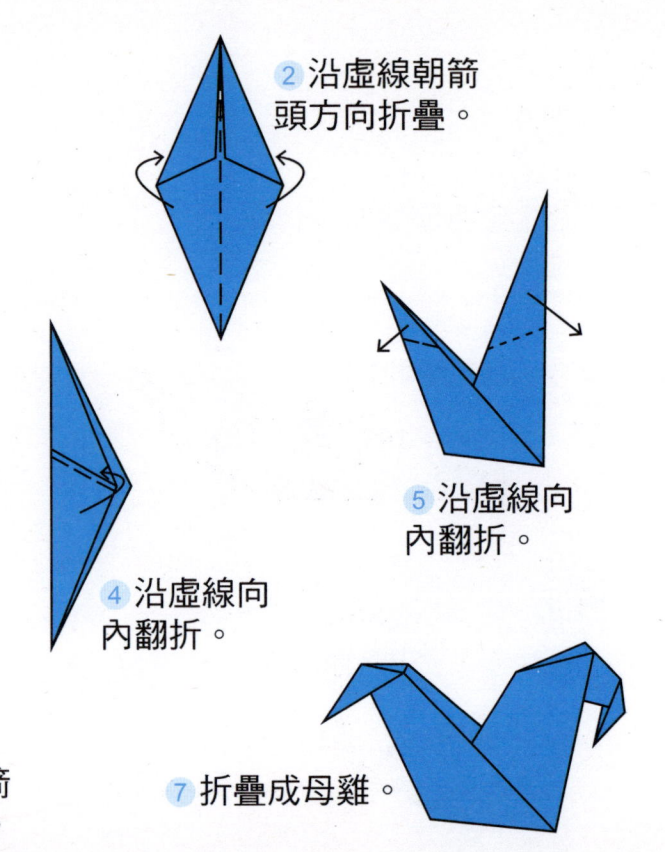

母雞 3

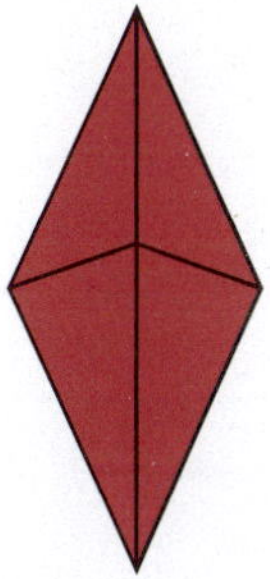

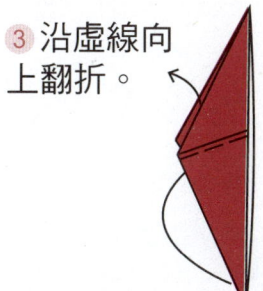

1 從單菱形基礎折起。

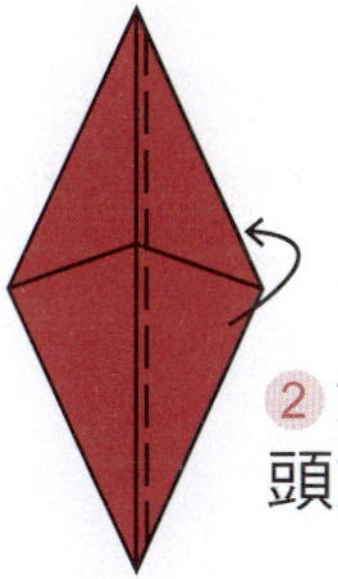

2 沿虛線朝箭頭方向折疊。

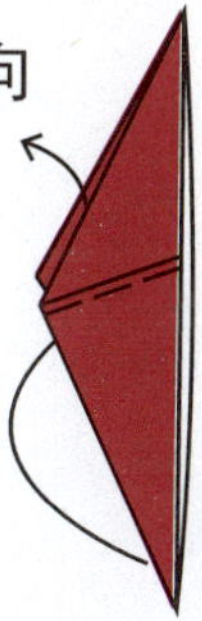

3 沿虛線向上翻折。

4 沿虛線朝箭頭方向折疊。

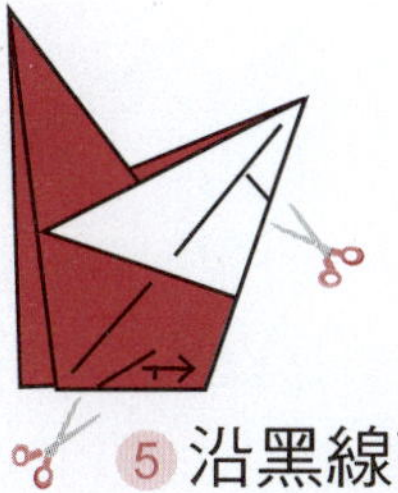

5 沿黑線剪開。

6 沿虛線朝箭頭方向翻折。

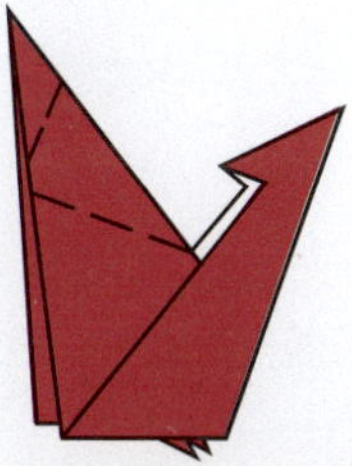

7 沿虛線方向翻折。

8 母雞完成了。

小鴨

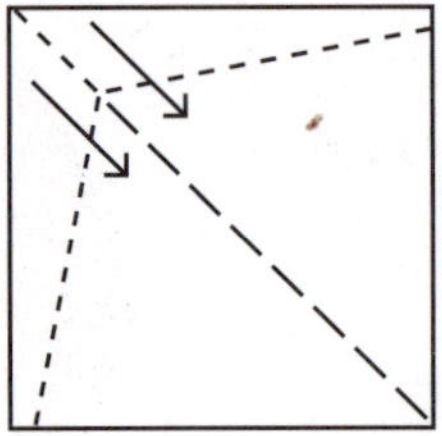

1 先把左上角提起，沿虛線朝右下方折，再由左下方向後折成圖 2 。

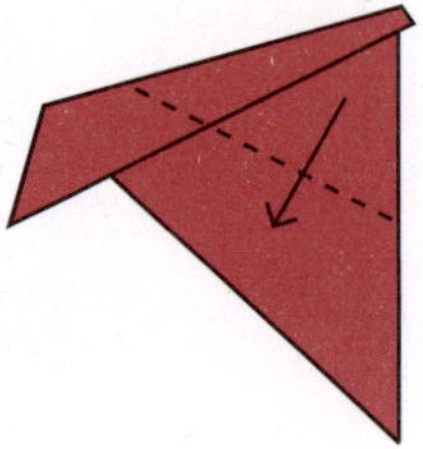

2 沿虛線朝箭頭方向折疊，前後兩層紙都要折。

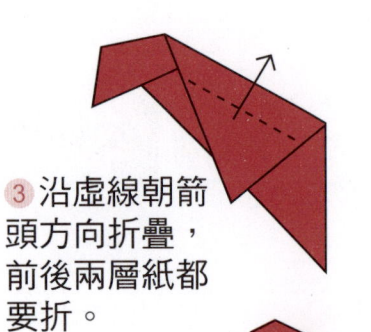

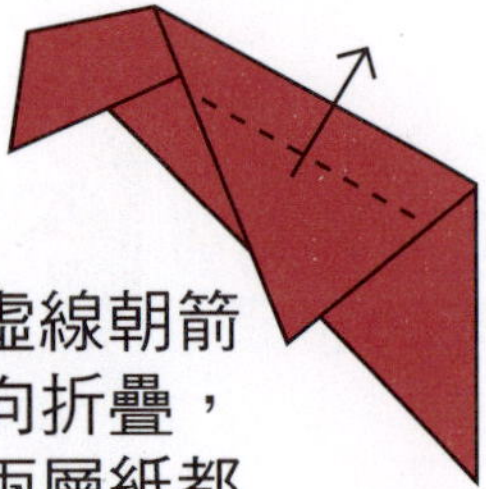

3 沿虛線朝箭頭方向折疊，前後兩層紙都要折。

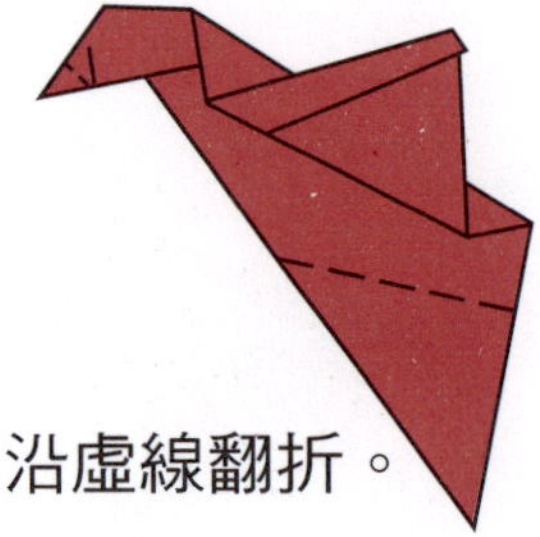

4 沿虛線翻折。

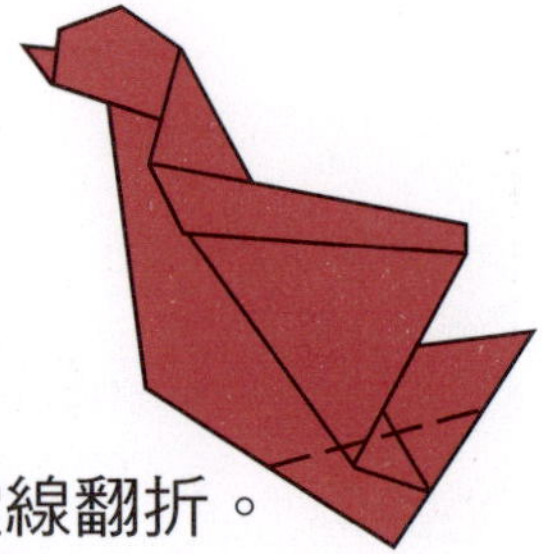

5 沿虛線翻折。

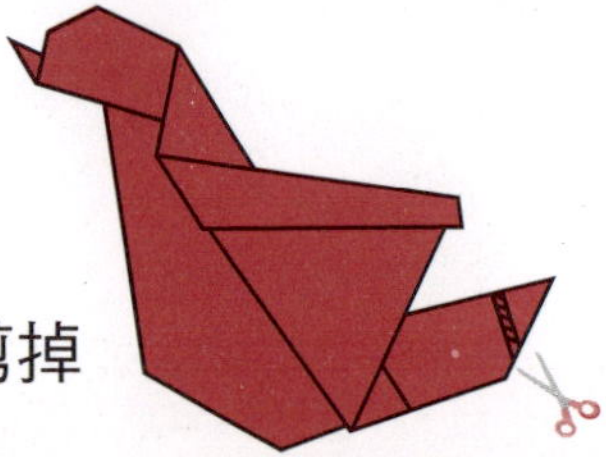

6 按圖示剪掉斜線區域。

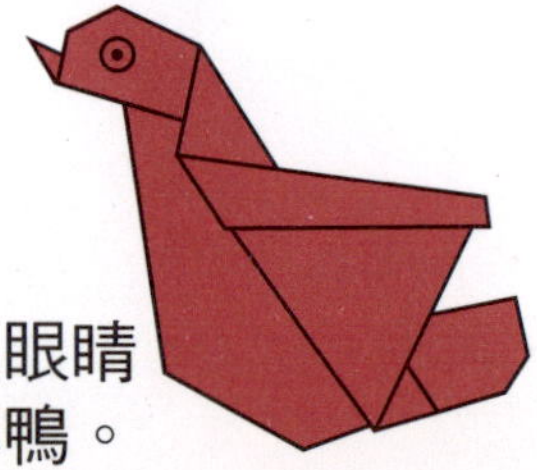

7 畫上眼睛即成小鴨。

鴨子1

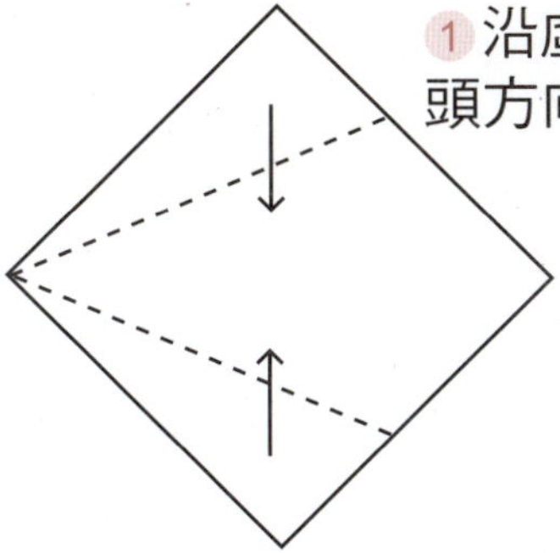

1 沿虛線朝箭頭方向折疊。

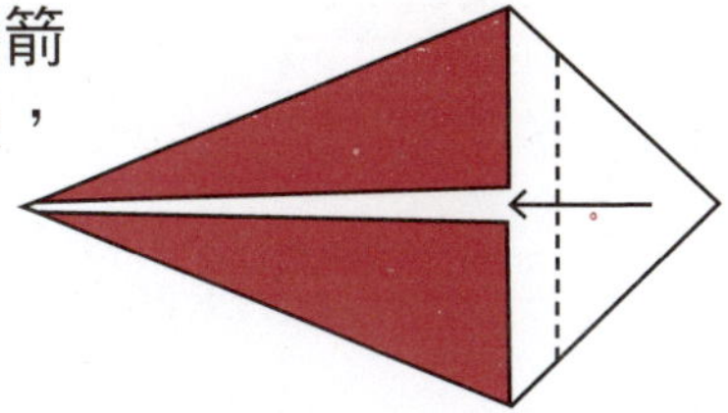

2 沿虛線朝箭頭方向折疊，塞到裡面。

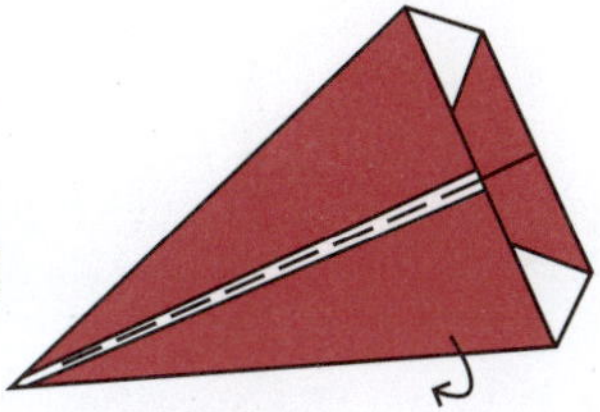

3 沿虛線向背面折疊。

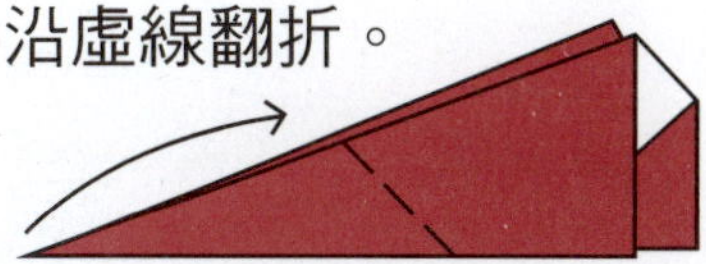

4 沿虛線翻折。

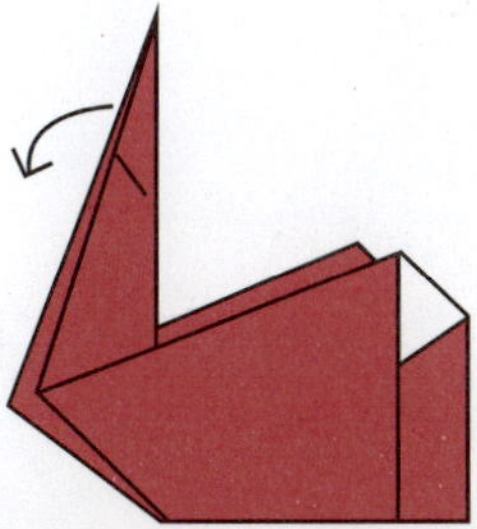

5 沿虛線翻折。

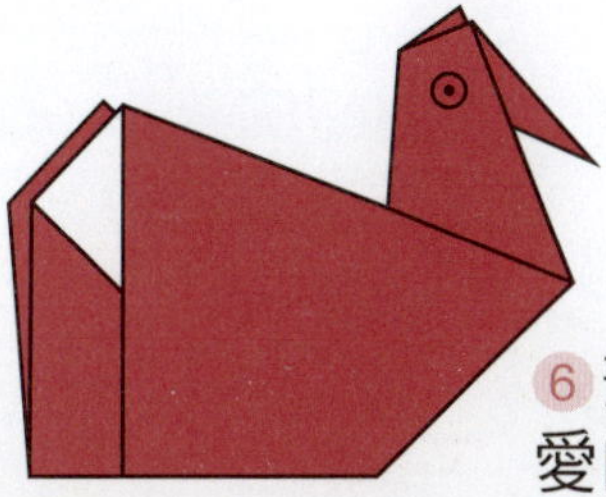

6 畫上眼睛，可愛的鴨子完成。

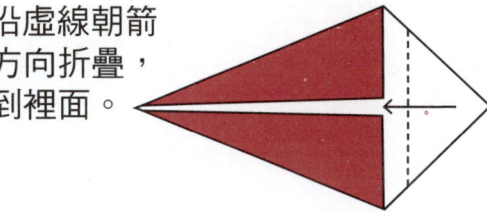

鴨子2

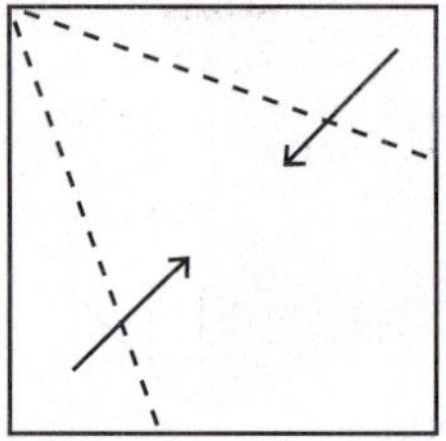

①沿虛線朝箭頭方向折疊。

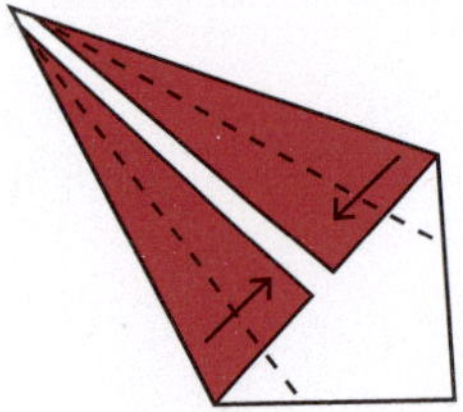

②沿虛線朝箭頭方向折疊。

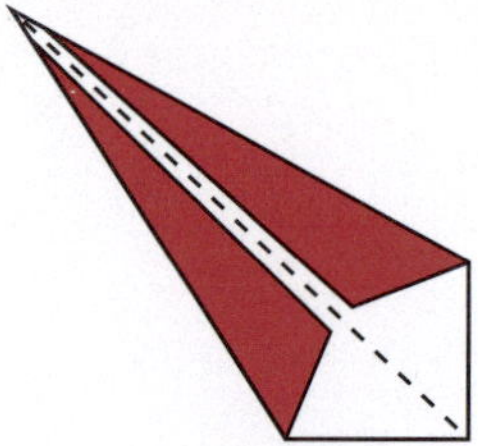

③沿虛線折疊。

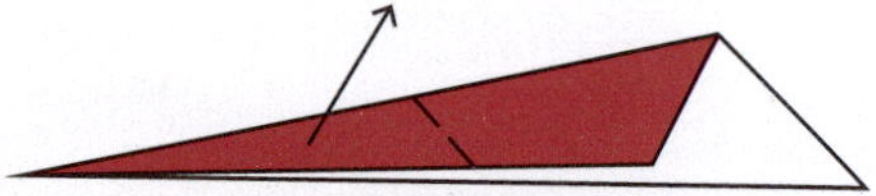

④沿虛線朝箭頭方向折疊，注意要翻折。

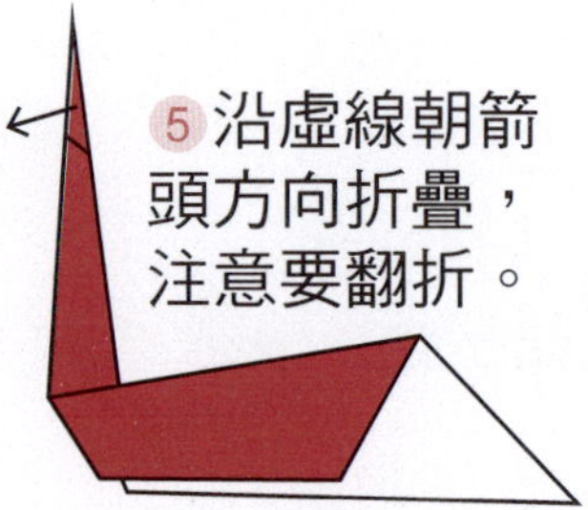

⑤沿虛線朝箭頭方向折疊，注意要翻折。

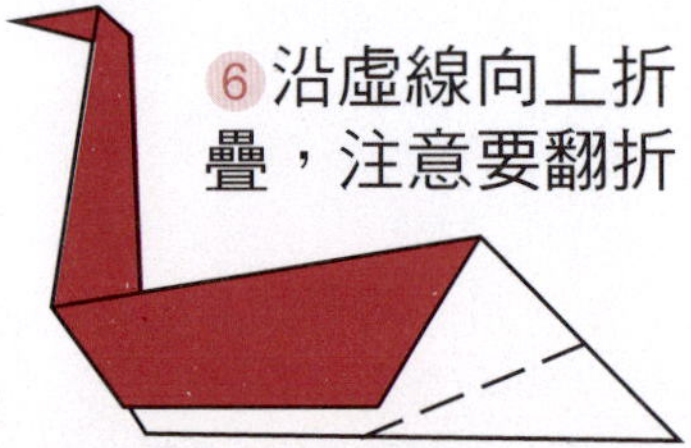

⑥沿虛線向上折疊，注意要翻折。

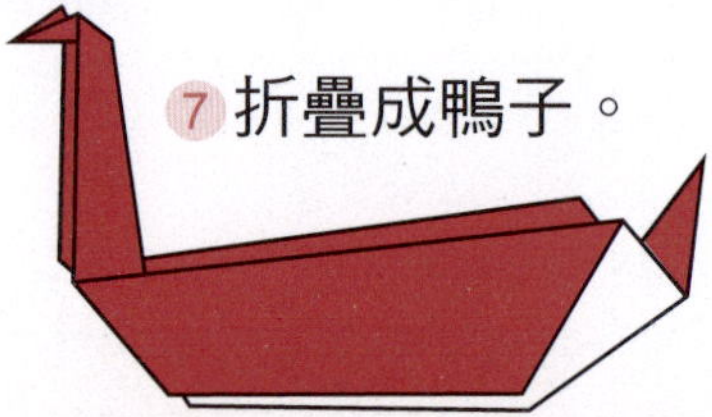

⑦折疊成鴨子。

鴨子3

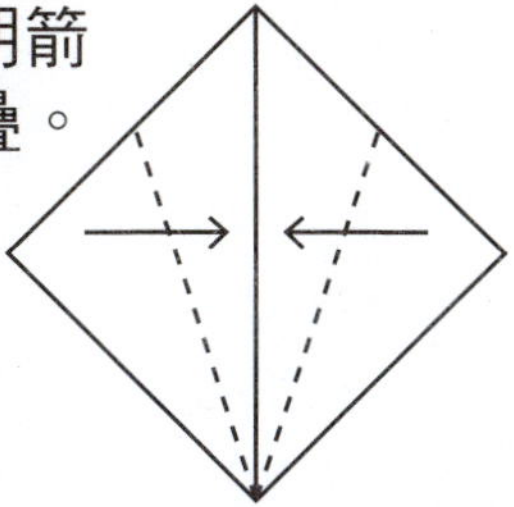

1 沿虛線朝箭頭方向折疊。

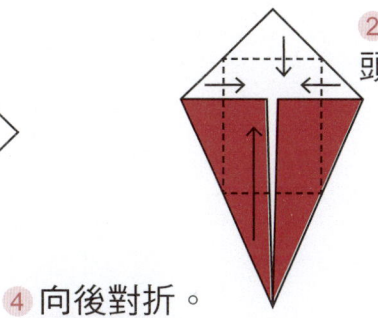

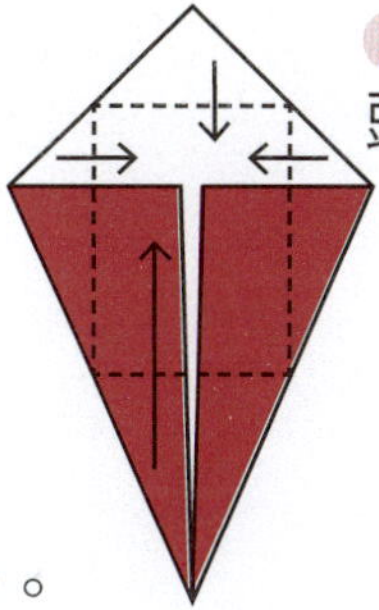

2 沿虛線朝箭頭方向折疊。

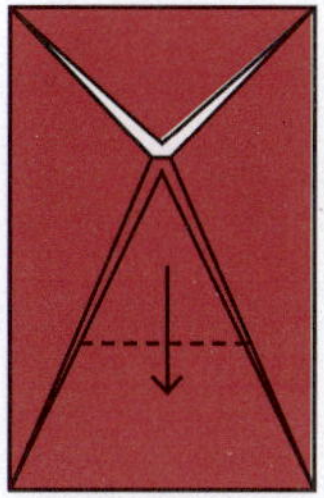

3 沿虛線向下折疊。

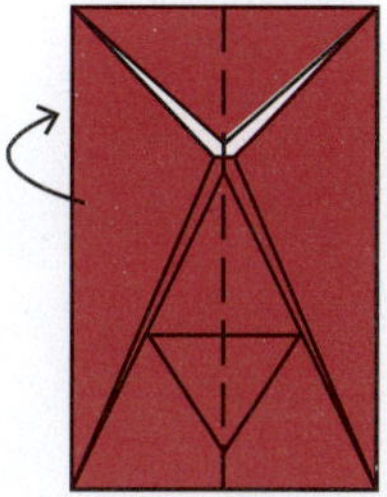

4 向後對折。

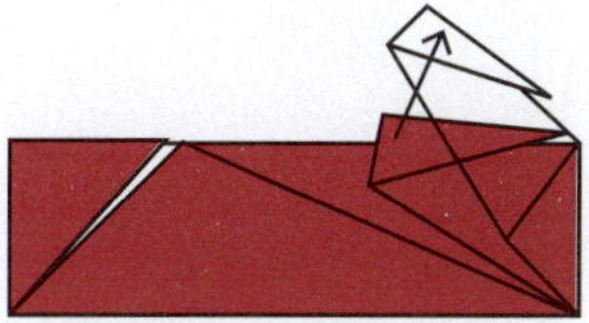

5 將頭部向上拉起。

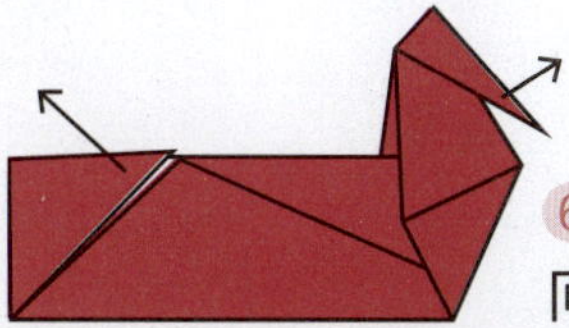

6 沿箭頭方向翻折。

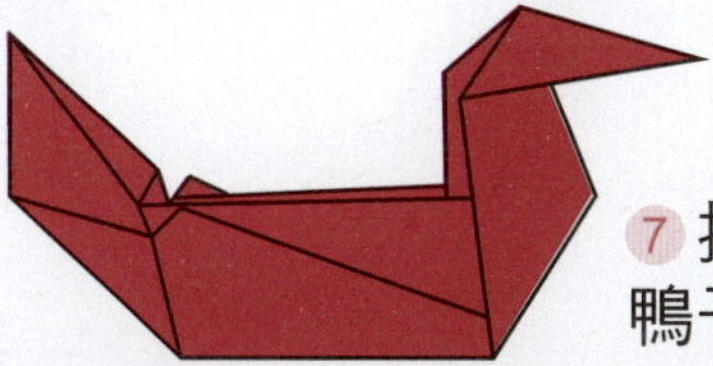

7 折疊成鴨子。

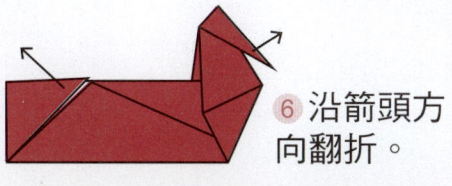

鵝 1

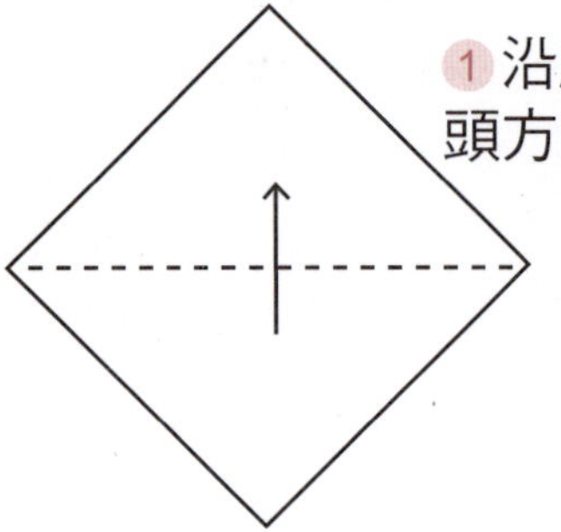

1 沿虛線朝箭頭方向折疊。

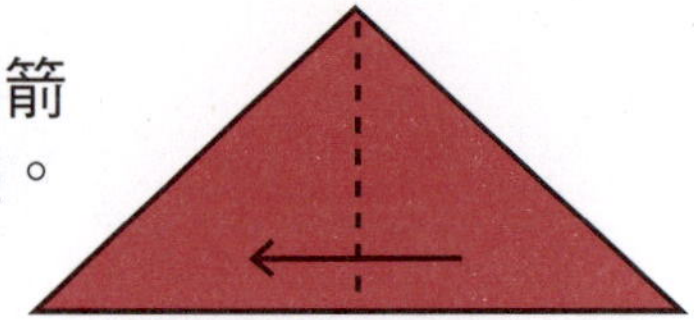

2 沿虛線朝箭頭方向折疊。

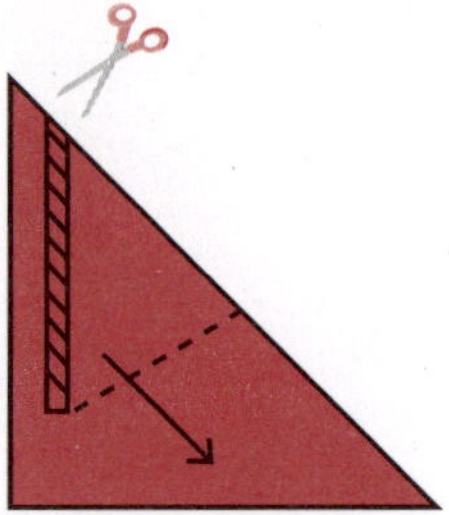

3 用剪刀按圖示剪開，再沿虛線朝箭頭方向折疊，注意上下兩層紙要向反方向折疊。

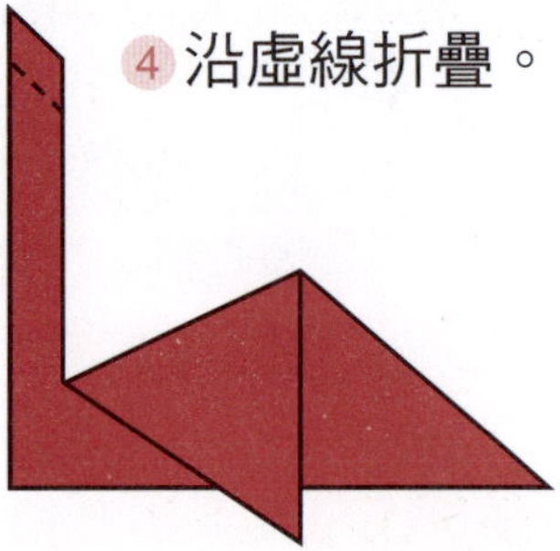

4 沿虛線折疊。

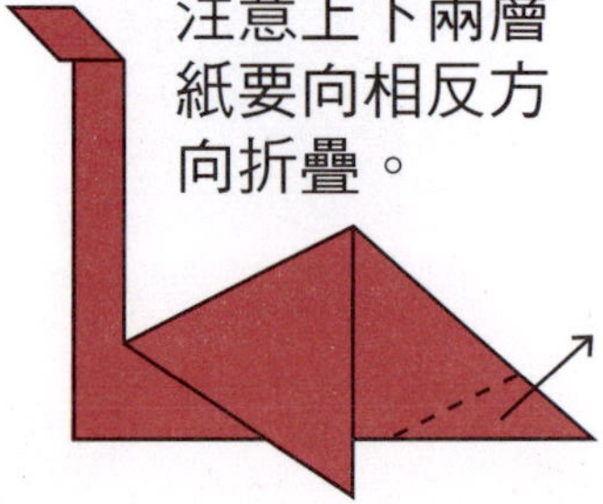

5 沿虛線朝箭頭方向折疊，注意上下兩層紙要向相反方向折疊。

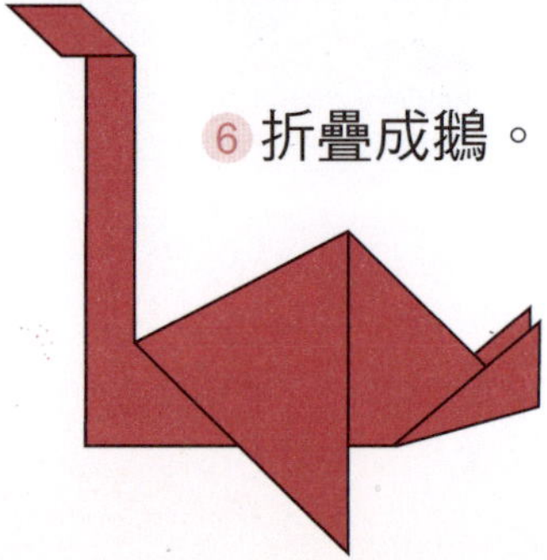

6 折疊成鵝。

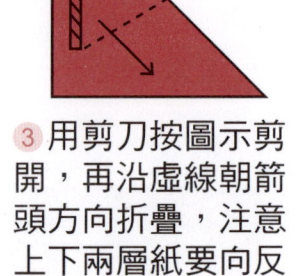

鵝 2

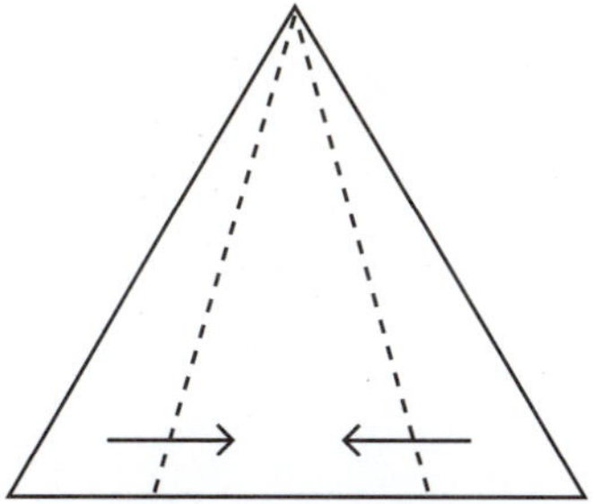

1 先將色紙對折成三角形，沿虛線朝箭頭方向折疊。

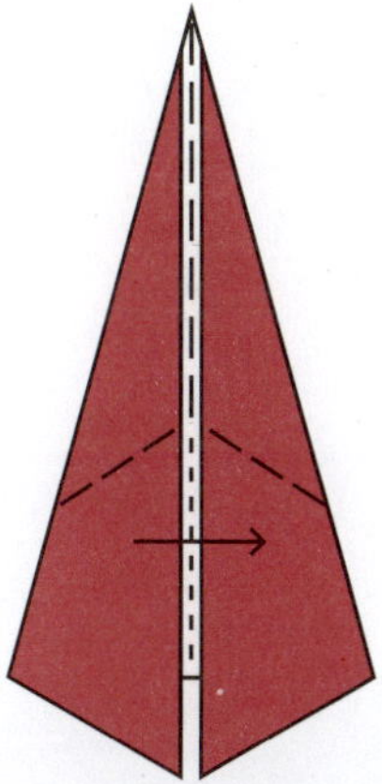

2 沿虛線對折後再向上翻折。

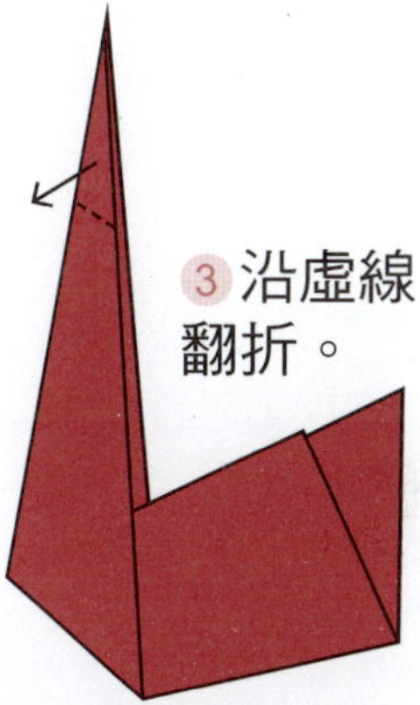

3 沿虛線翻折。

4 沿虛線曲折。

5 翻過來即成鵝。

鵝 3

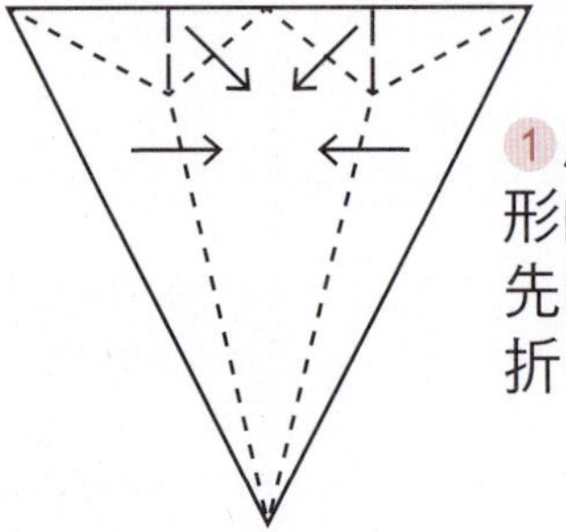

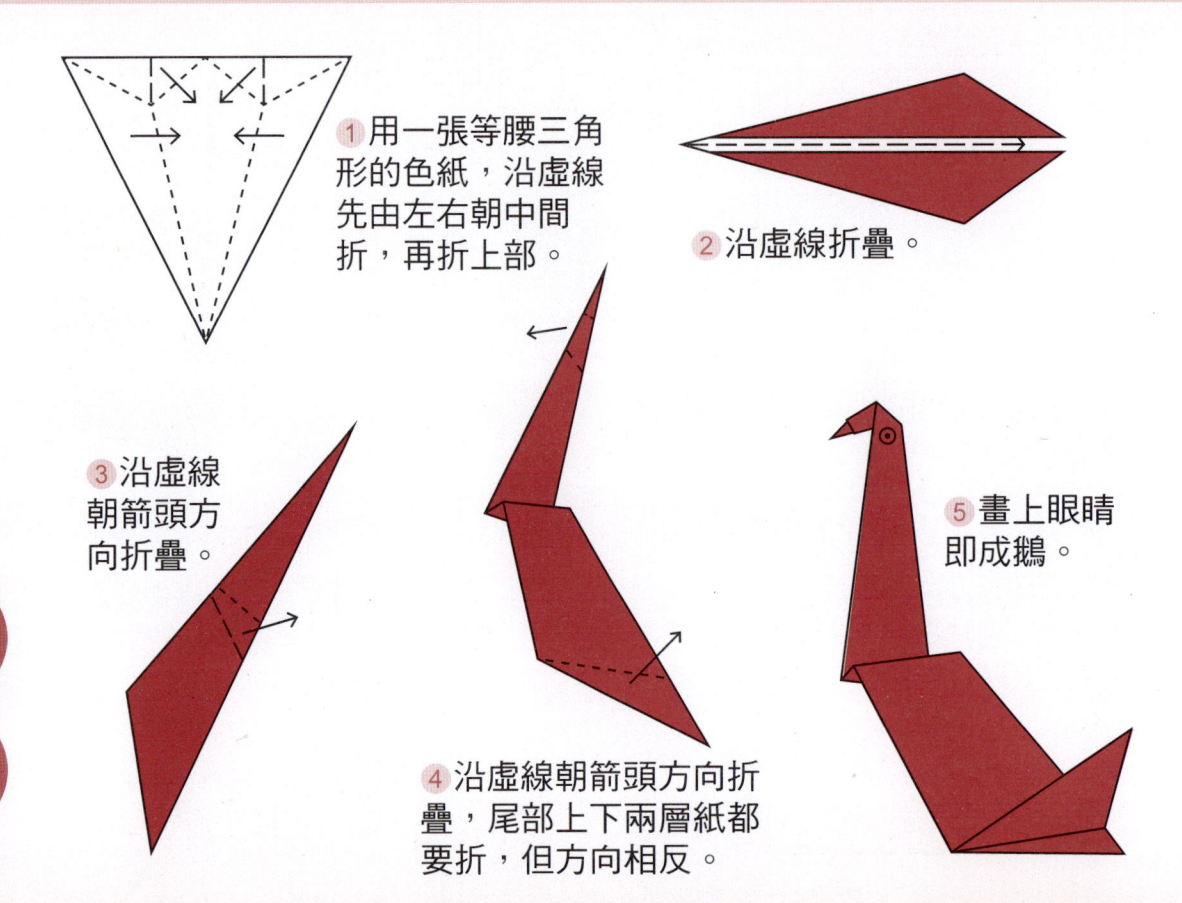

1 用一張等腰三角形的色紙，沿虛線先由左右朝中間折，再折上部。

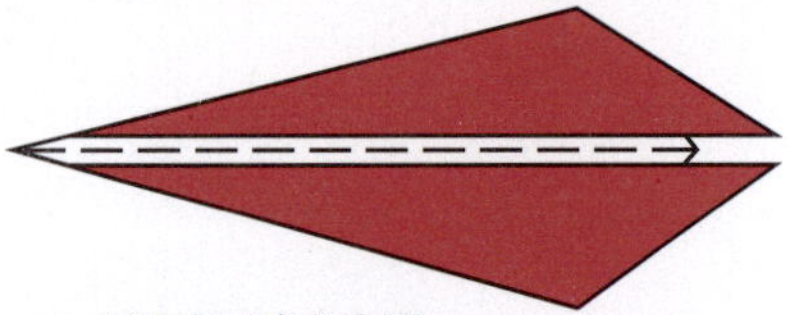

2 沿虛線折疊。

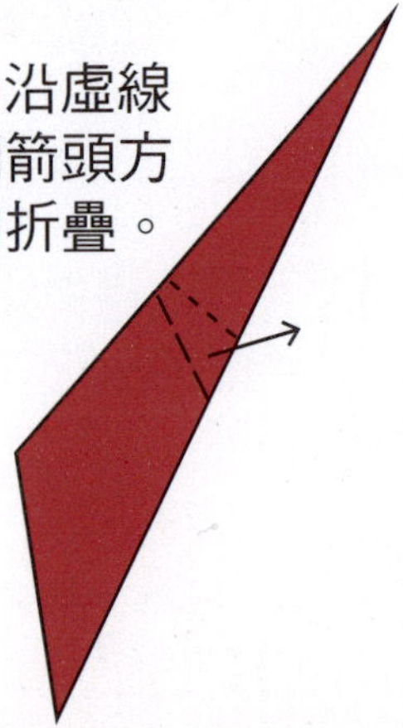

3 沿虛線朝箭頭方向折疊。

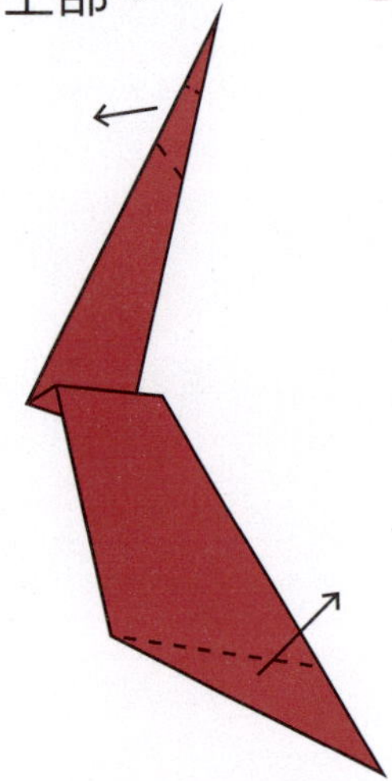

4 沿虛線朝箭頭方向折疊，尾部上下兩層紙都要折，但方向相反。

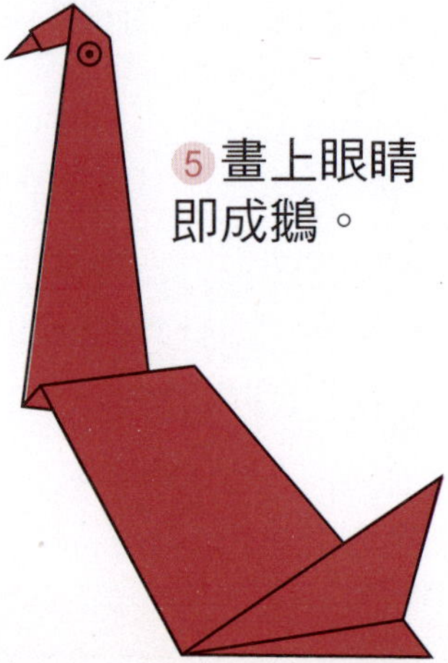

5 畫上眼睛即成鵝。

鴿子 1

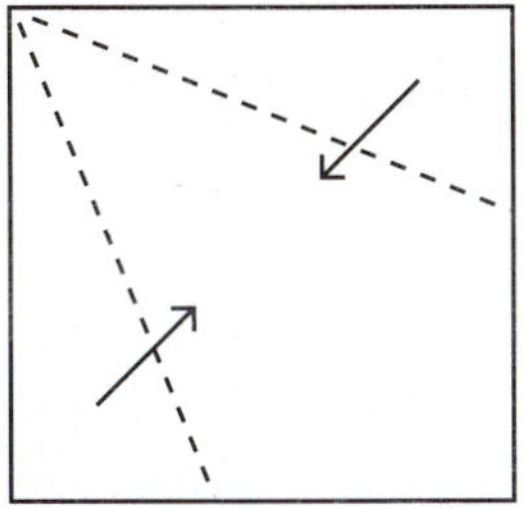

1 沿虛線朝箭頭方向折疊。

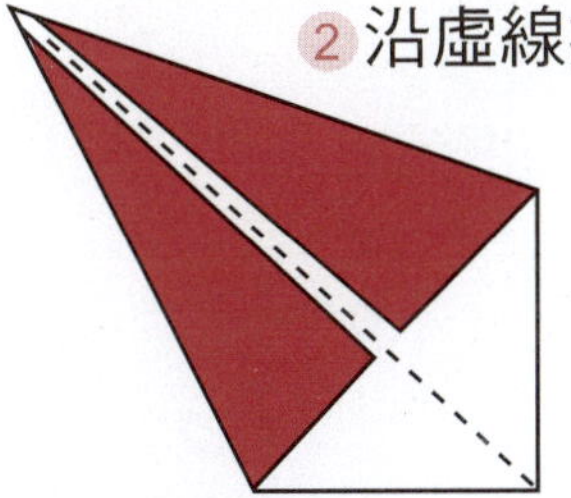

2 沿虛線折疊。

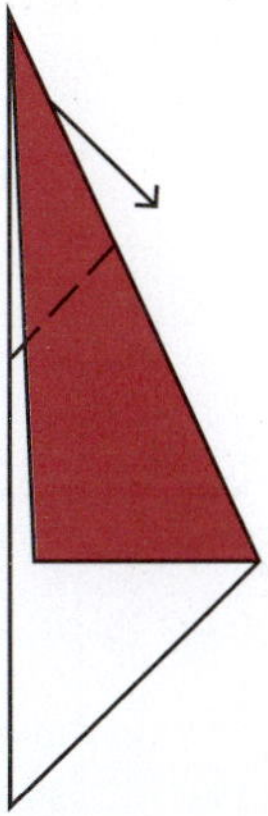

3 沿虛線朝箭頭方向折疊，注意要翻折。

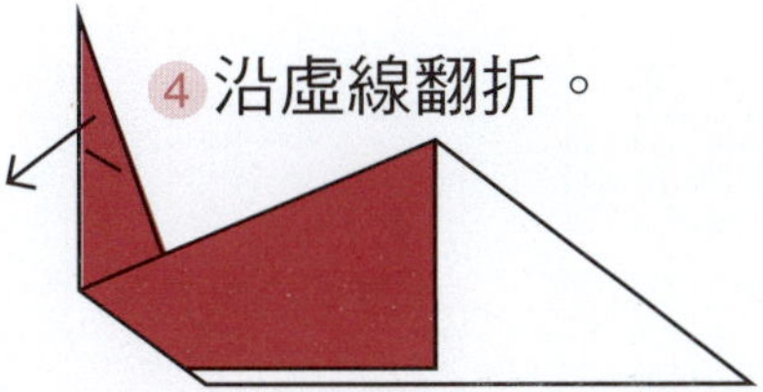

4 沿虛線翻折。

5 沿虛線朝箭頭方向折疊，注意前後兩層紙要向相反方向折。

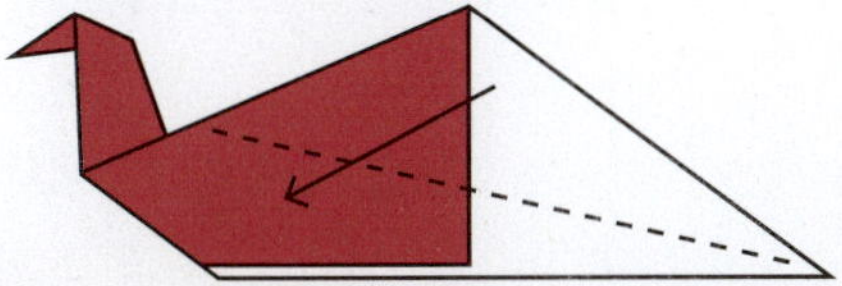

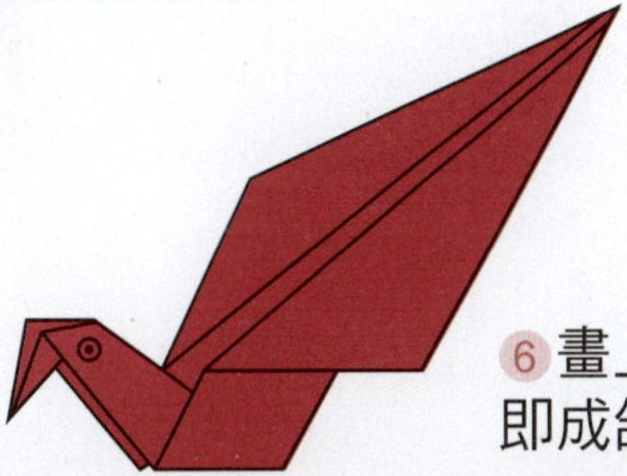

6 畫上眼睛即成鴿子。

鴿子2

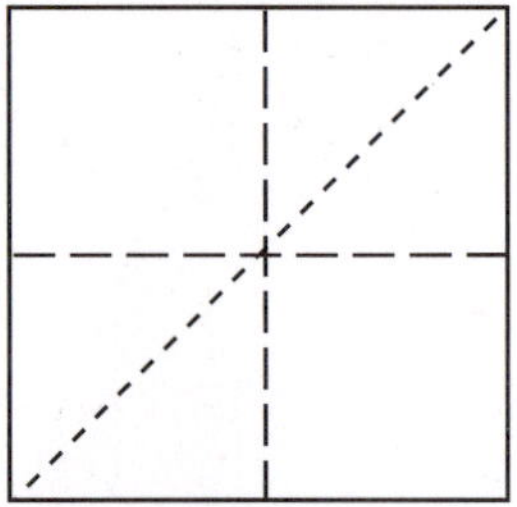

1 沿虛線翻折成雙正方形。

2 沿虛線朝箭頭方向折疊。

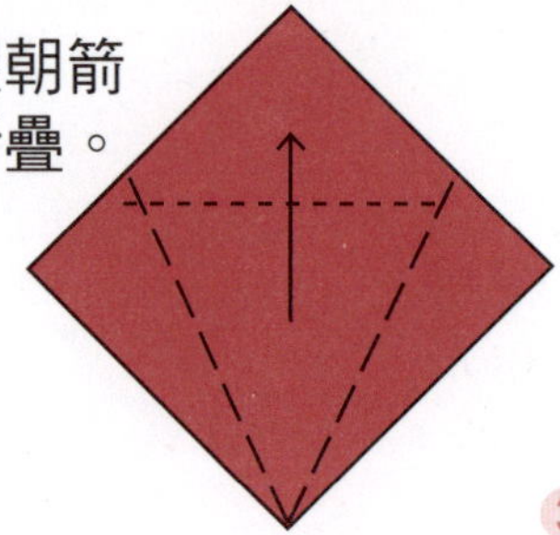

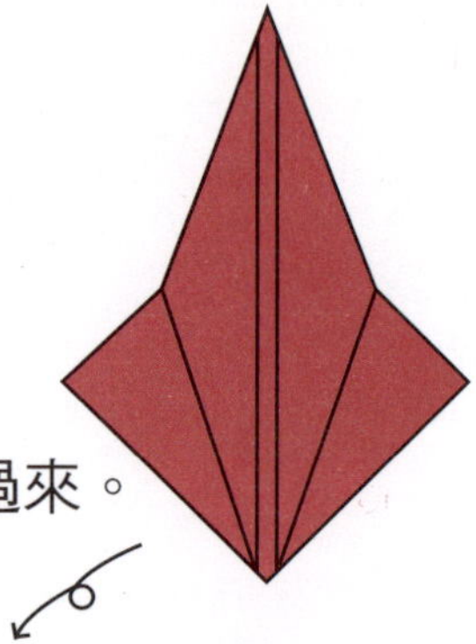

3 翻過來。

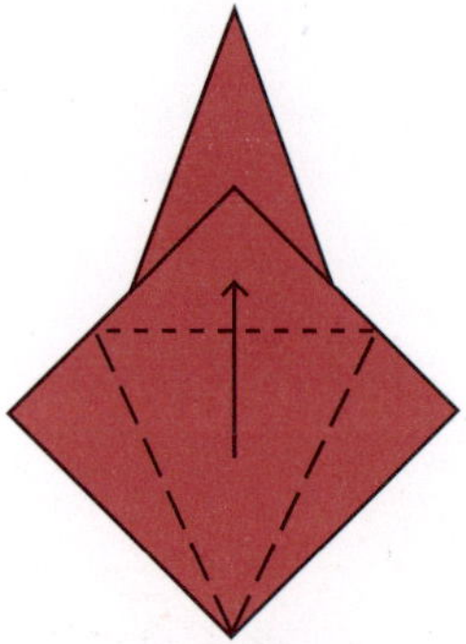

4 沿虛線朝箭頭方向折疊。

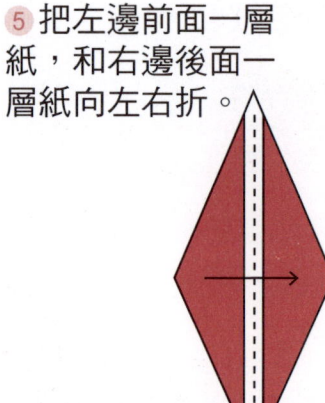

5 把左邊前面一層紙，和右邊後面一層紙向左右折。

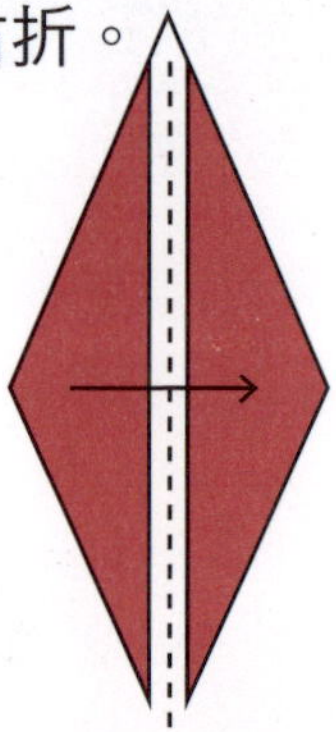

6 沿虛線朝箭頭方向折疊，注意兩層都要折。

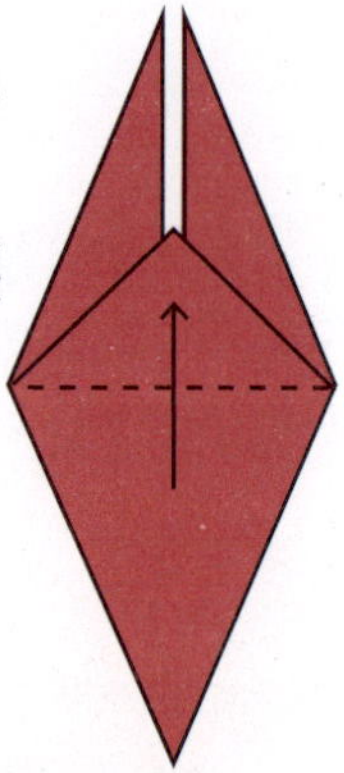

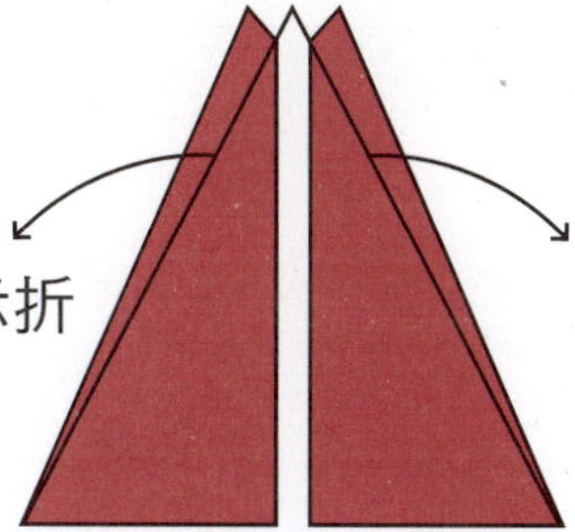

⑦按圖示折成圖⑧。

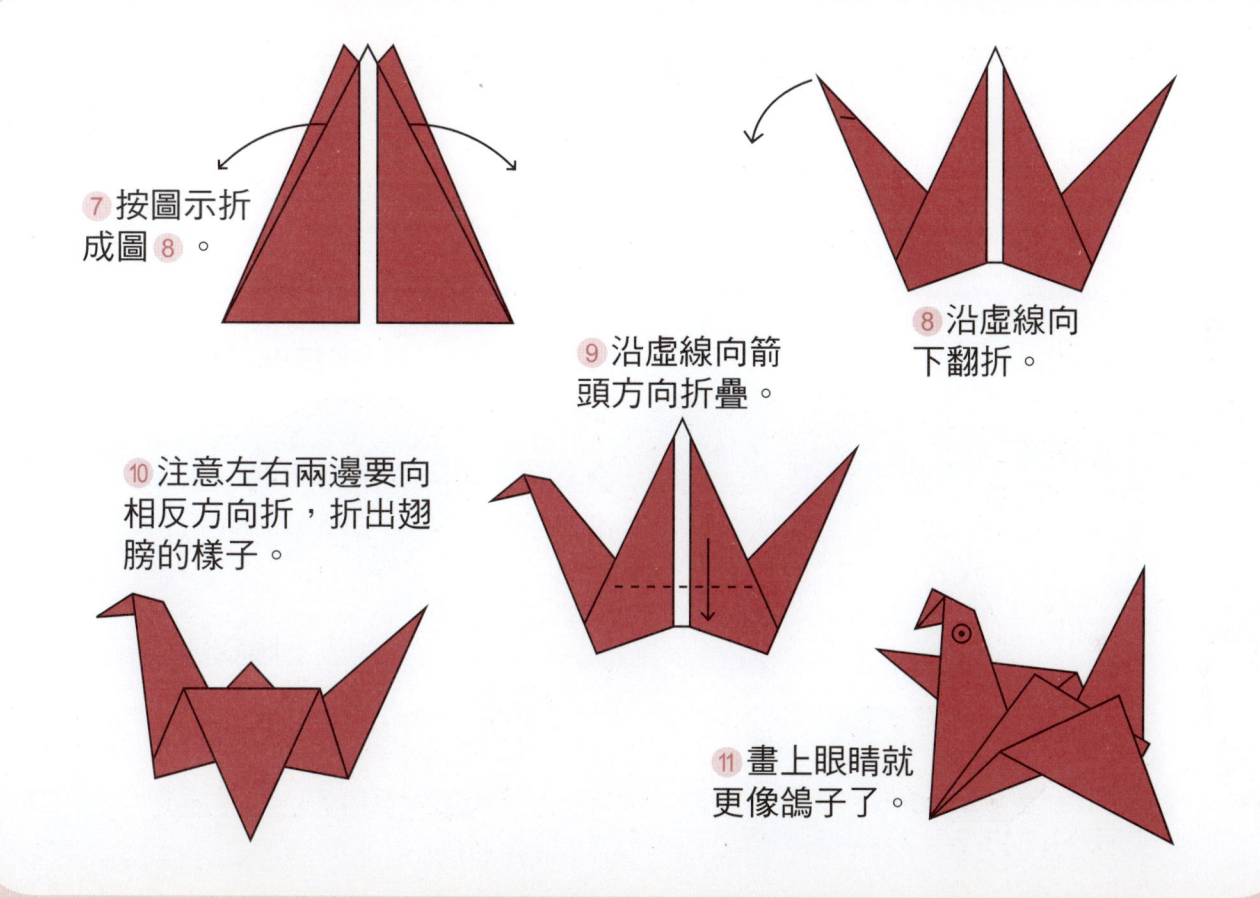

⑧沿虛線向下翻折。

⑨沿虛線向箭頭方向折疊。

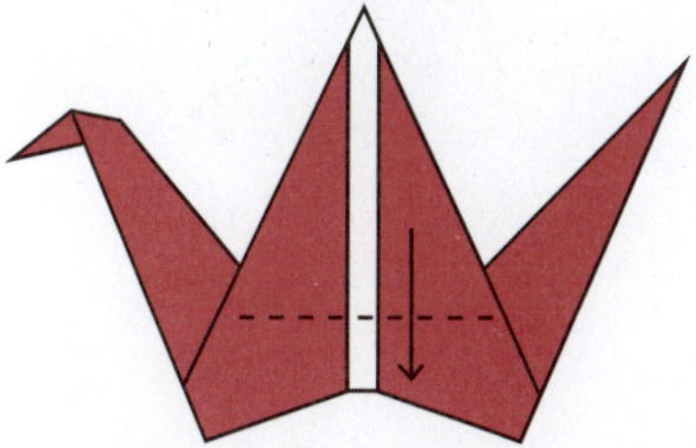

⑩注意左右兩邊要向相反方向折，折出翅膀的樣子。

⑪畫上眼睛就更像鴿子了。

小鳥

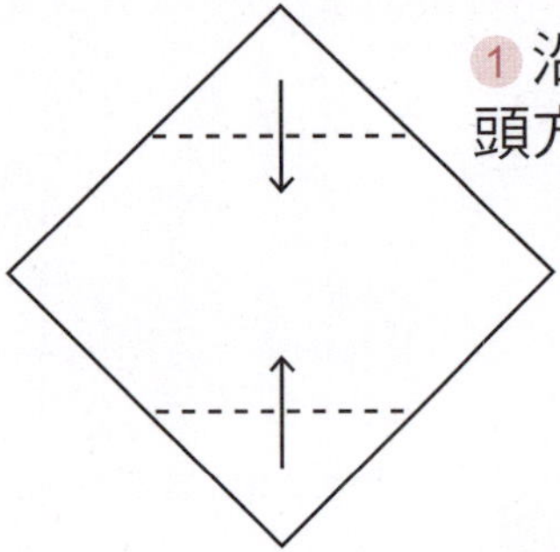

1 沿虛線朝箭頭方向折疊。

2 翻過來。

3 沿虛線朝箭頭方向折疊。

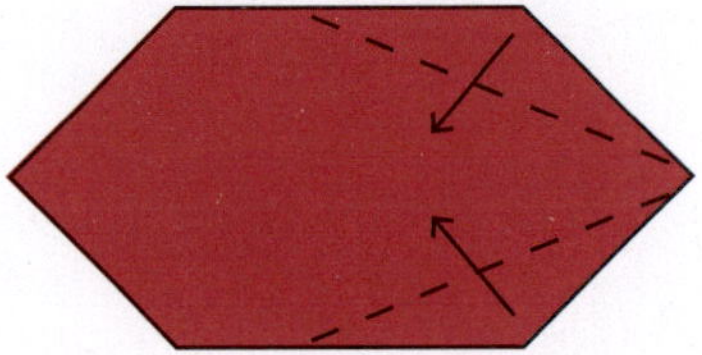

4 沿虛線向後對折。

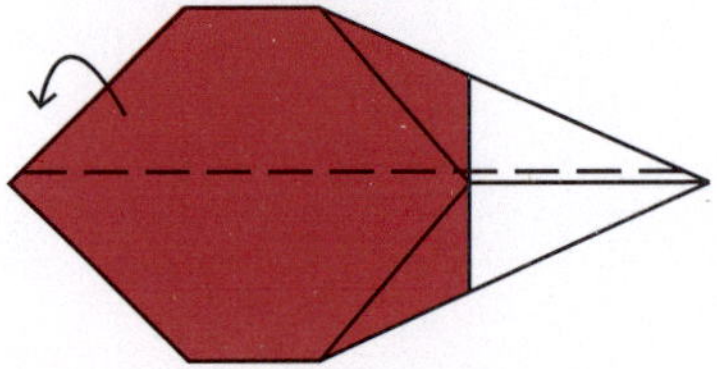

5 沿虛線翻折。

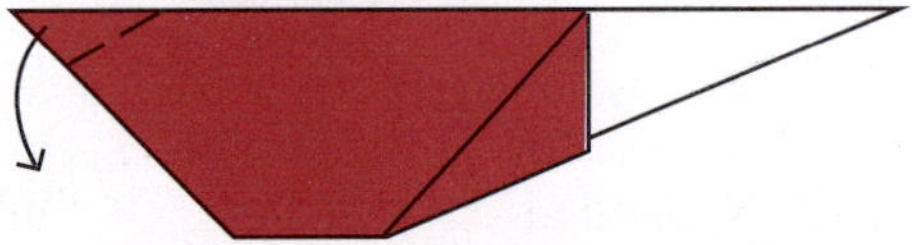

6 畫上眼睛即成小鳥。

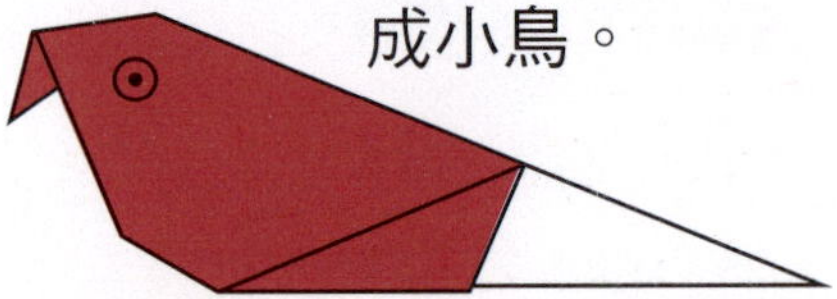

鶴 1

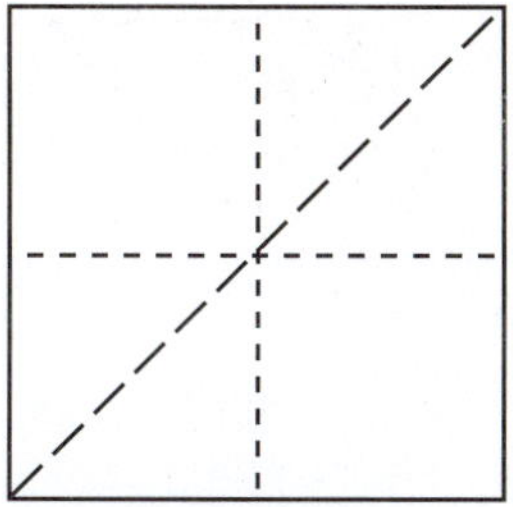

1 沿虛線折疊。

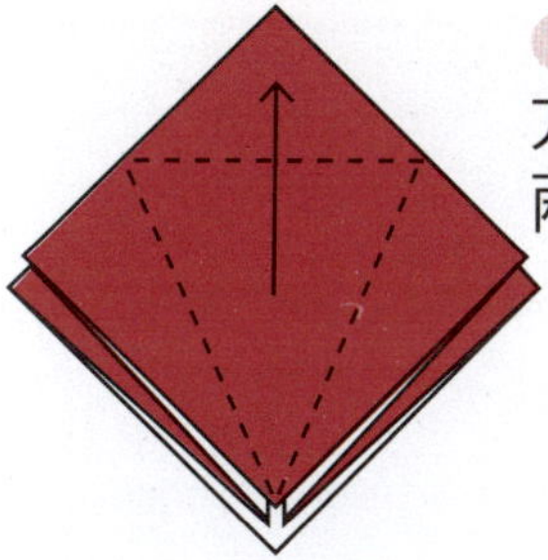

2 沿虛線朝箭頭方向折疊，前後兩層都折。

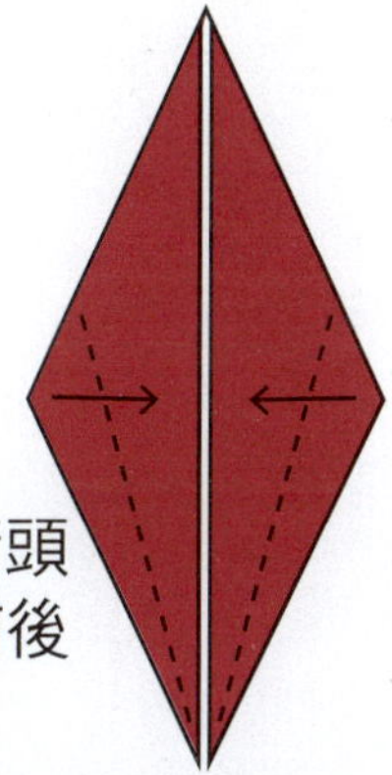

3 沿虛線朝箭頭方向折疊，前後兩層都折。

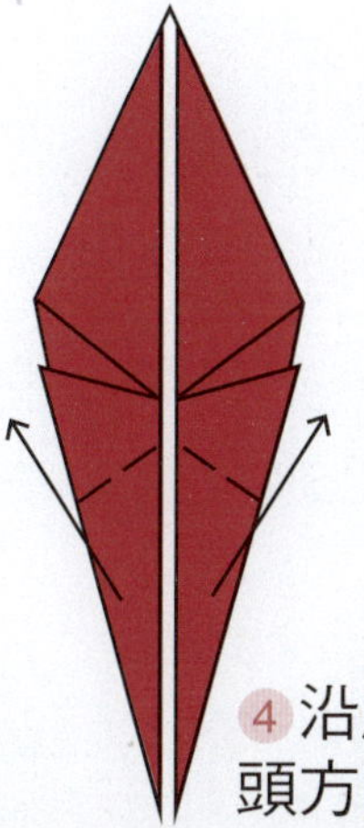

4 沿虛線朝箭頭方向翻折。

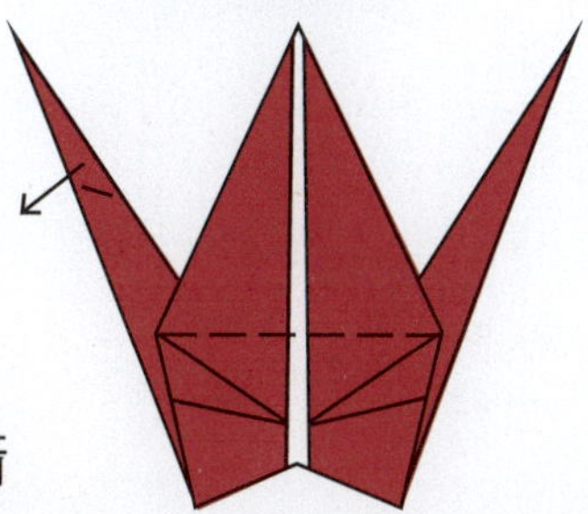

5 沿虛線將翅膀折成圖 6 形狀，頭部要翻折。

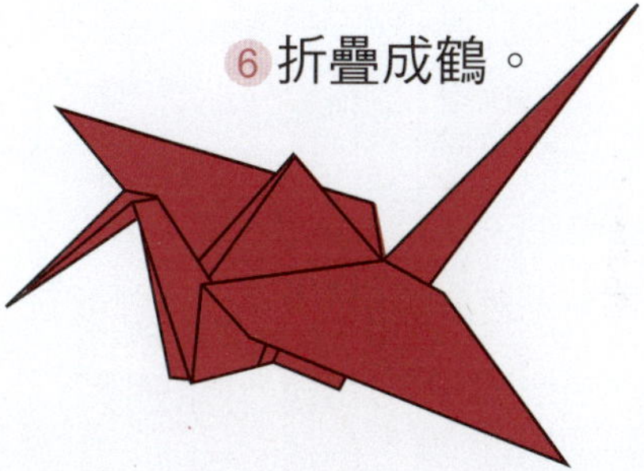

6 折疊成鶴。

鶴 2

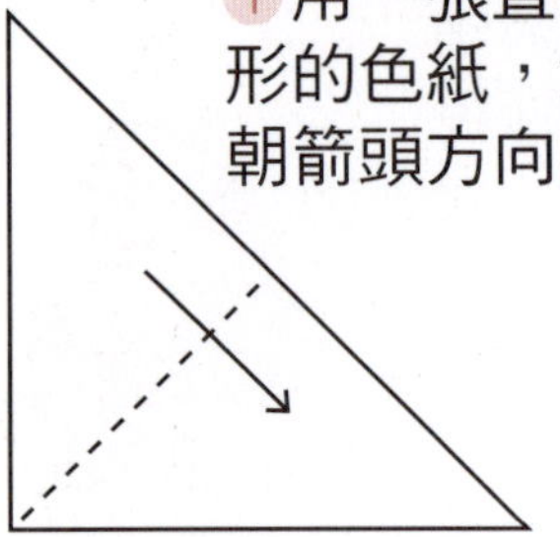

1 用一張直角三角形的色紙，沿虛線朝箭頭方向折疊。

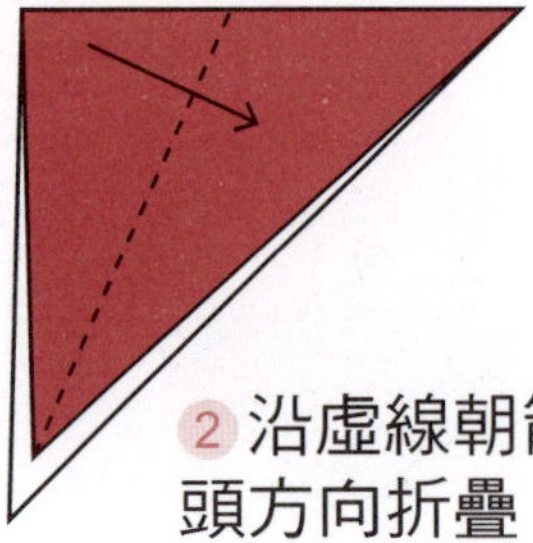

2 沿虛線朝箭頭方向折疊。

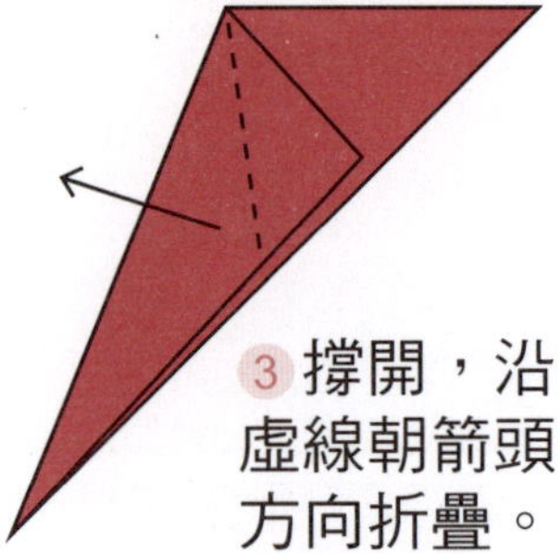

3 撐開，沿虛線朝箭頭方向折疊。

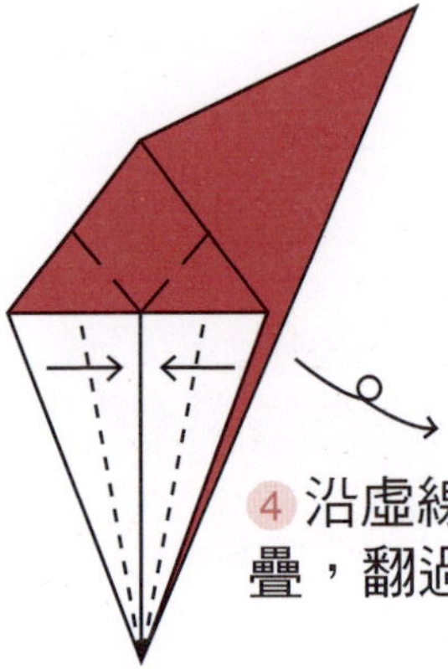

4 沿虛線折疊，翻過來。

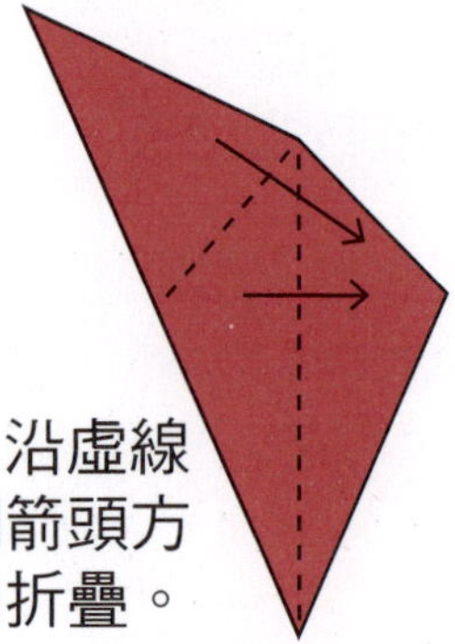

5 沿虛線朝箭頭方向折疊。

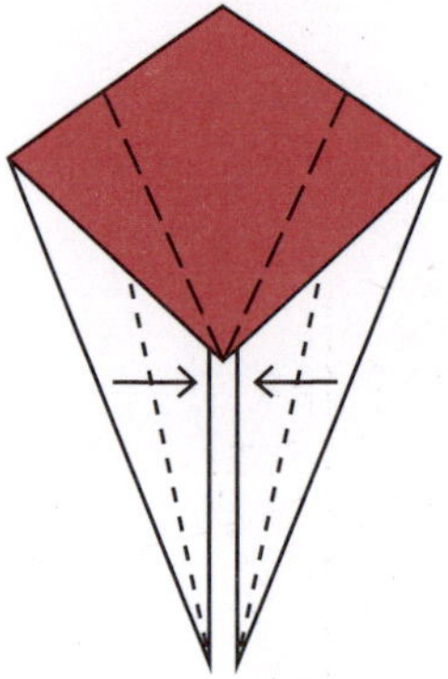

6 將第一層紙提起後由外向裡折。

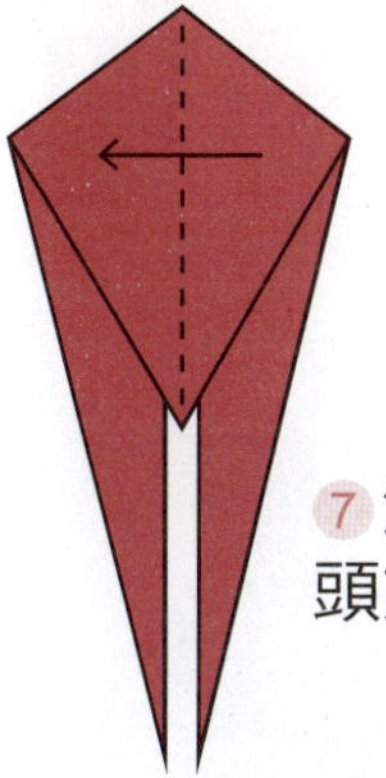

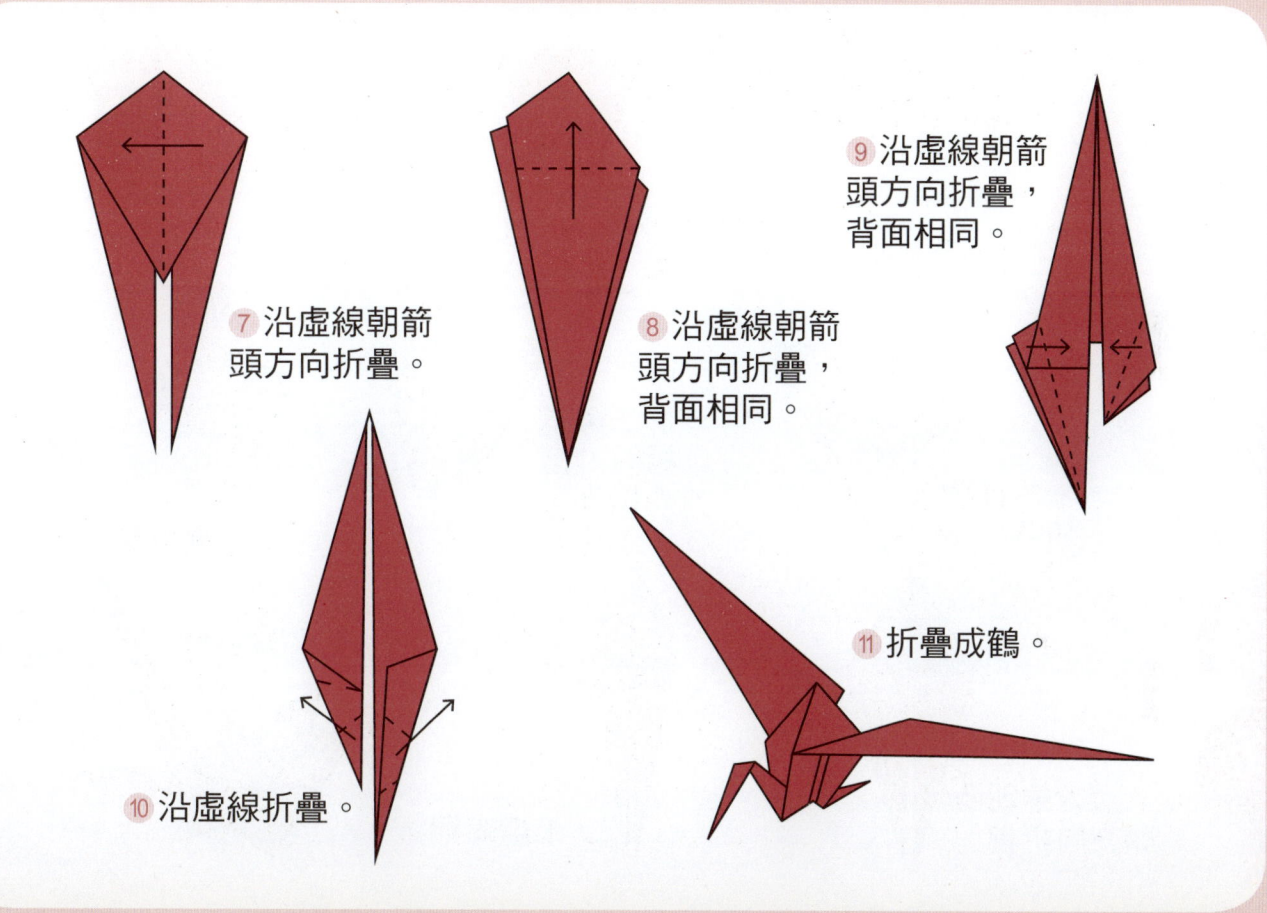

7 沿虛線朝箭頭方向折疊。

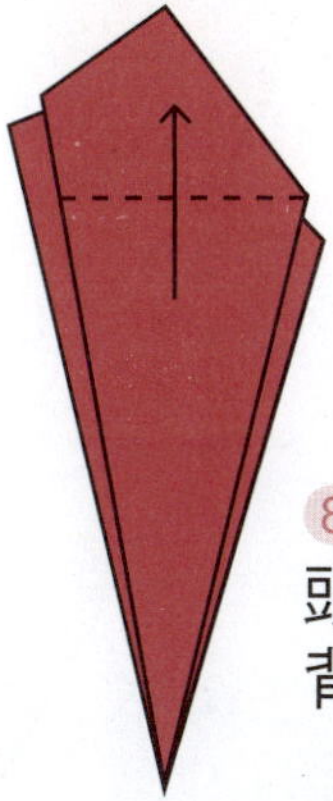

8 沿虛線朝箭頭方向折疊，背面相同。

9 沿虛線朝箭頭方向折疊，背面相同。

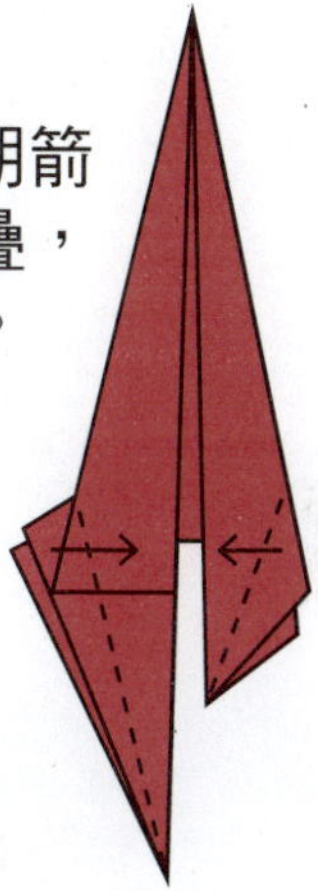

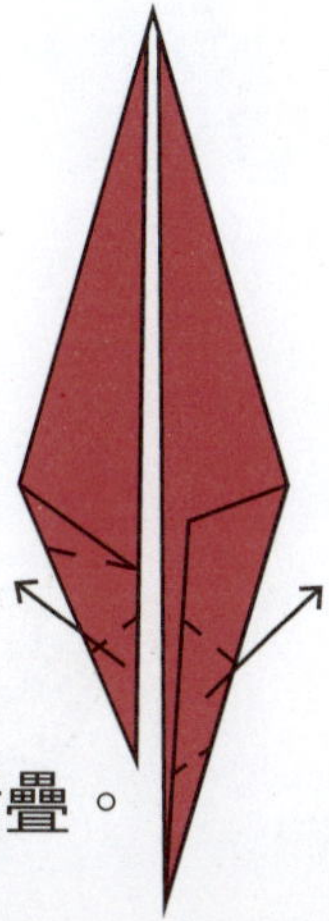

10 沿虛線折疊。

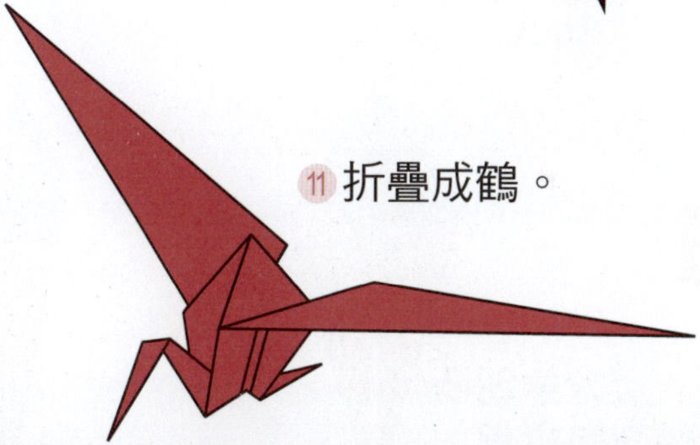

11 折疊成鶴。

鶴 3

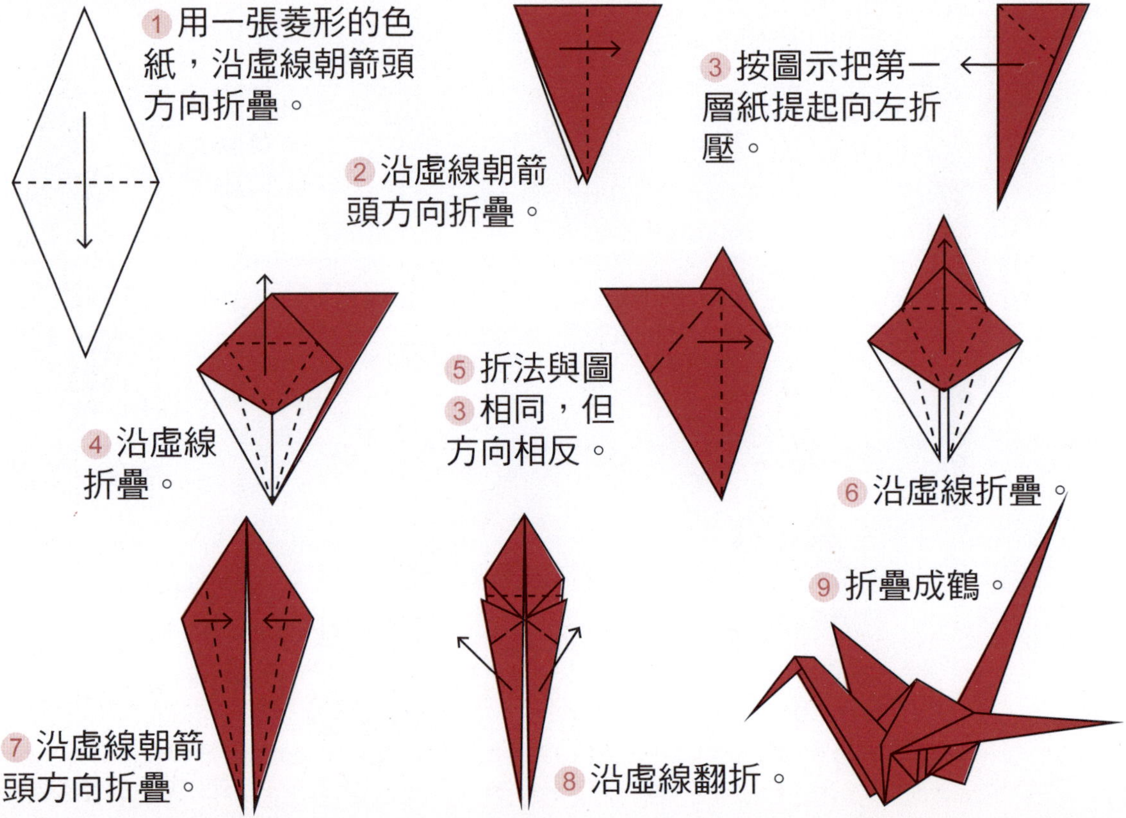

1 用一張菱形的色紙，沿虛線朝箭頭方向折疊。

2 沿虛線朝箭頭方向折疊。

3 按圖示把第一層紙提起向左折壓。

4 沿虛線折疊。

5 折法與圖3相同，但方向相反。

6 沿虛線折疊。

7 沿虛線朝箭頭方向折疊。

8 沿虛線翻折。

9 折疊成鶴。

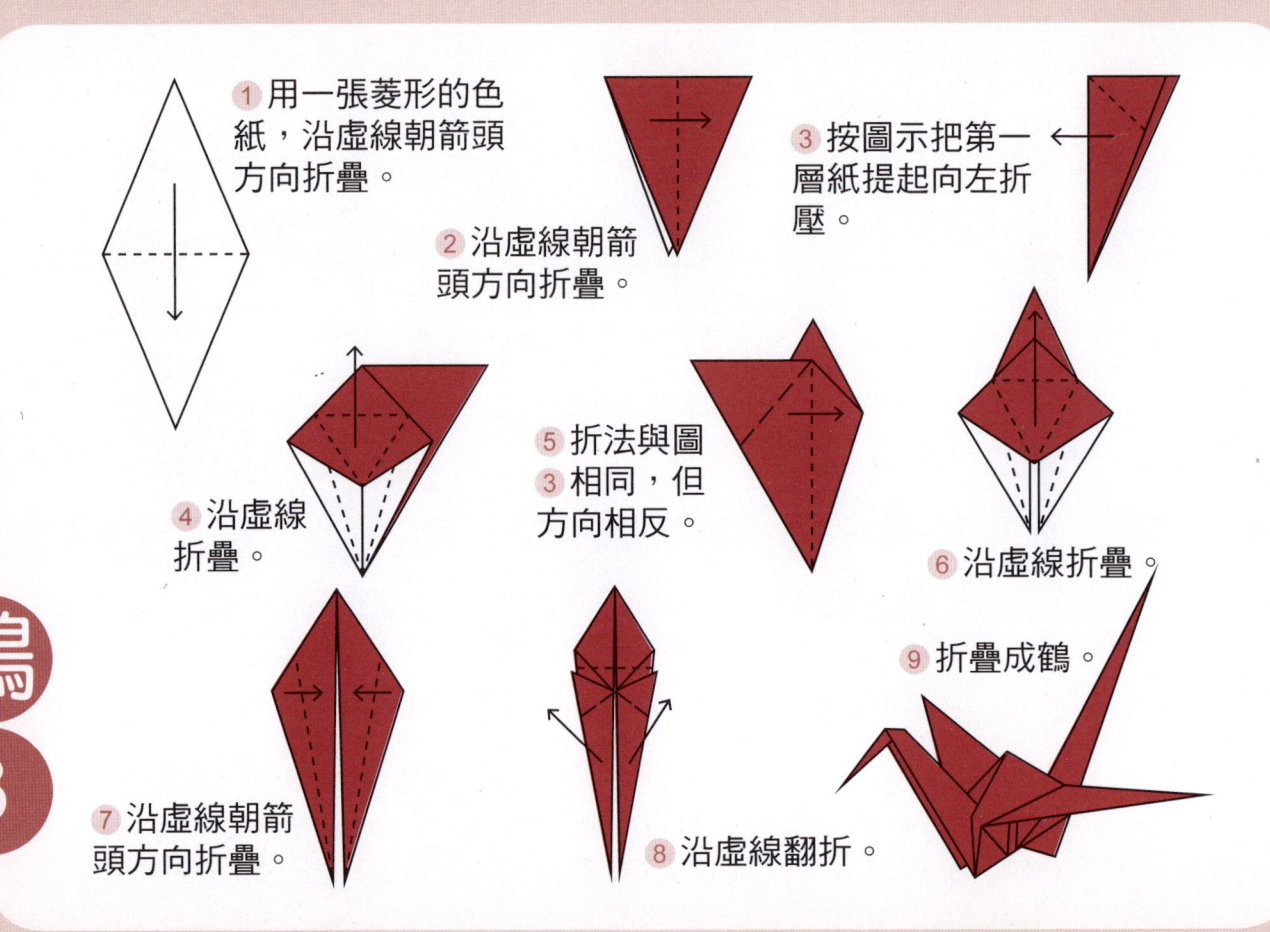

天鵝

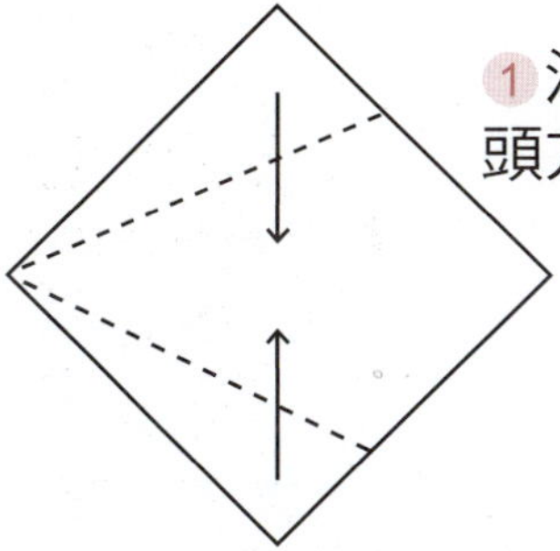

1 沿虛線朝箭頭方向折疊。

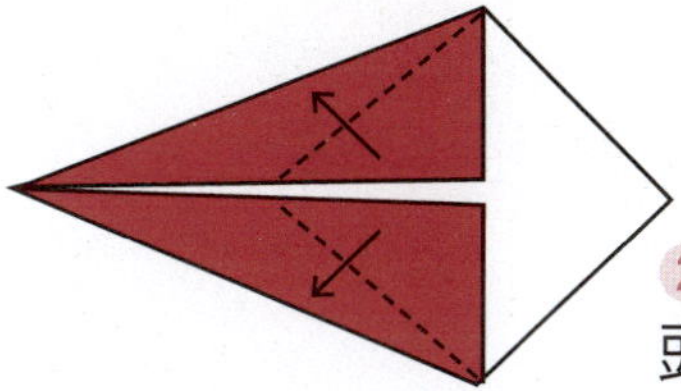

2 沿虛線朝箭頭方向折疊。

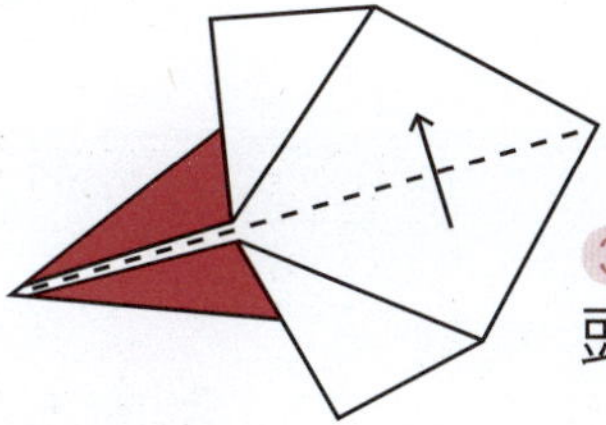

3 沿虛線朝箭頭方向折疊。

4 沿虛線向內翻折。

5 沿虛線向內翻折。

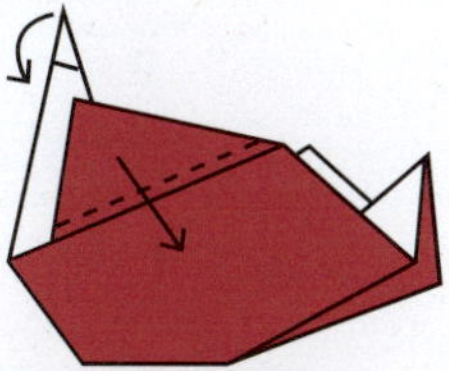

6 沿虛線朝箭頭方向折疊。

7 折疊成天鵝。

金絲雀

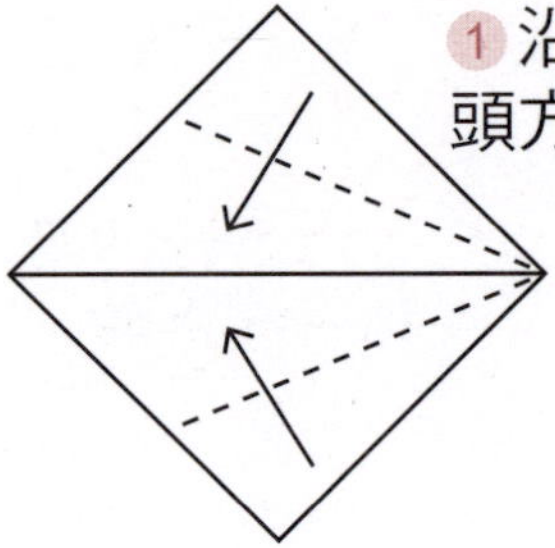

1 沿虛線朝箭頭方向折疊。

2 沿虛線向箭頭方向折疊，翻過來。

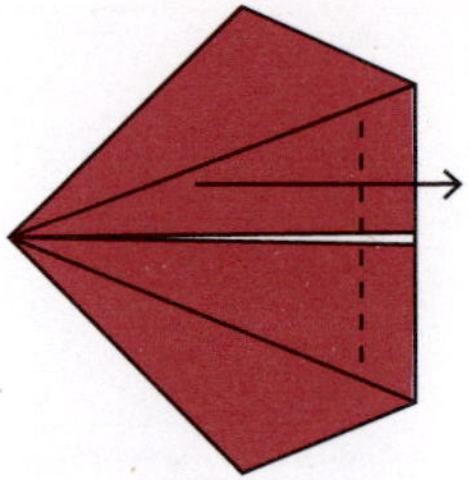

3 上面的一層沿虛線折疊。

4 沿虛線對折。

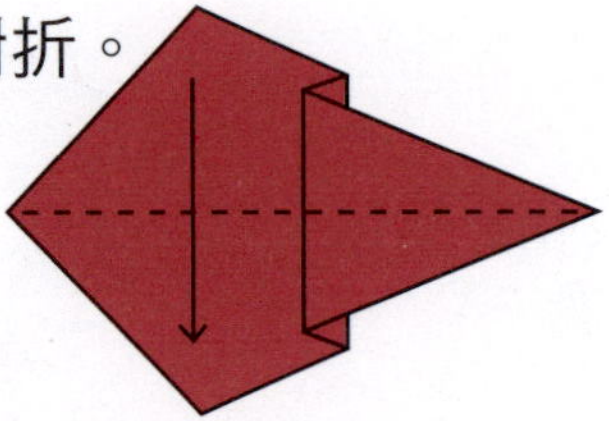

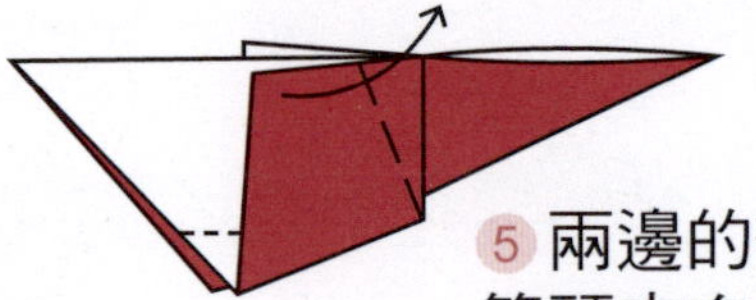

5 兩邊的部分依照箭頭方向拉開，往上壓折。

6 沿虛線朝箭頭方向翻折。

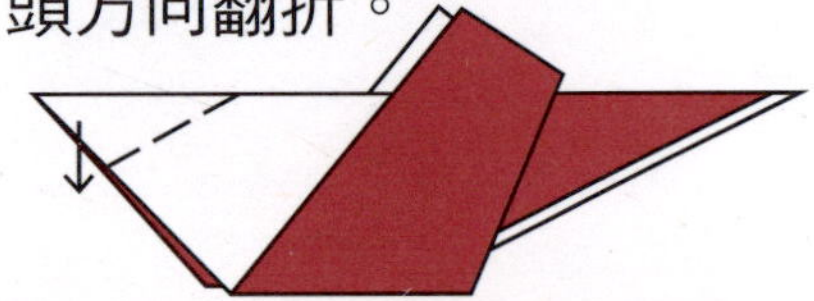

7 畫上眼睛，完成。

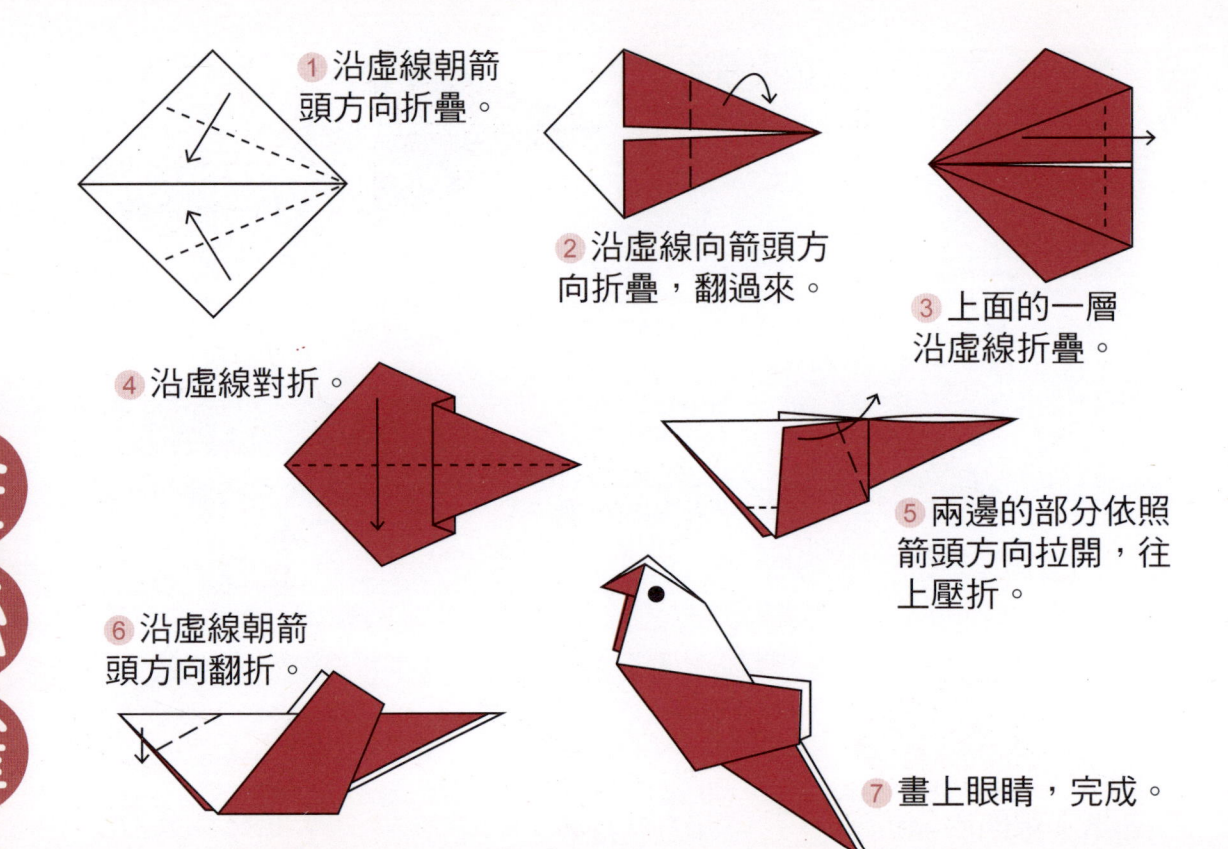

麻雀

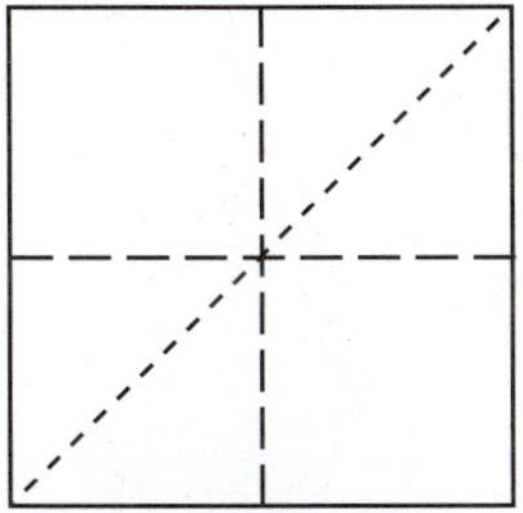

1 沿虛線折疊。

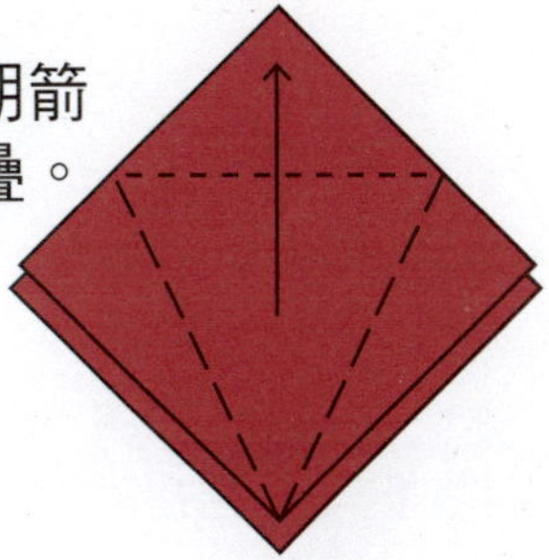

2 沿虛線朝箭頭方向折疊。

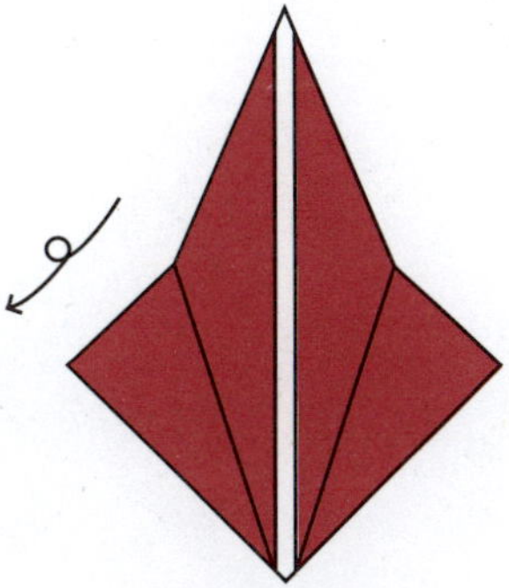

3 翻過來。

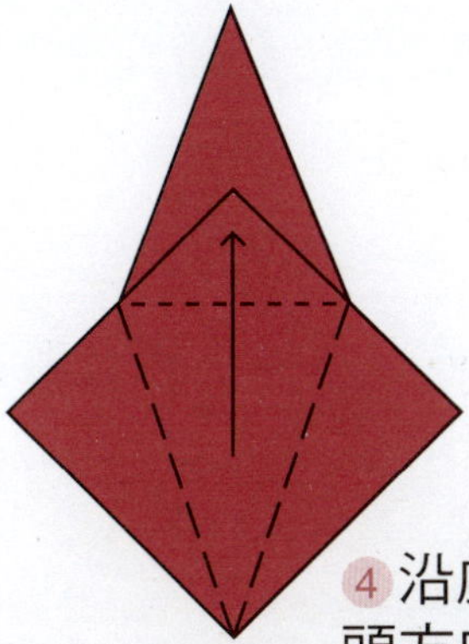

4 沿虛線朝箭頭方向折疊。

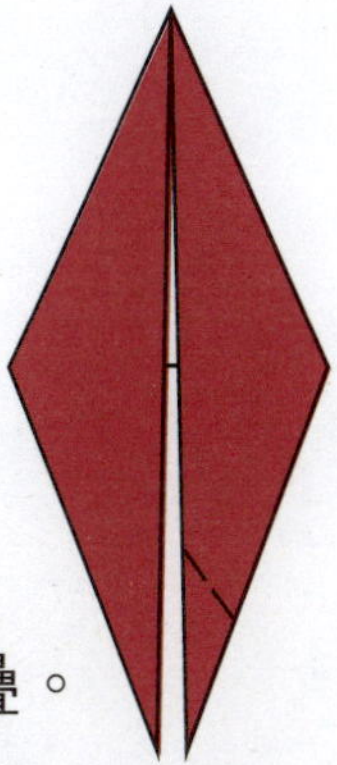

5 沿虛線折疊。

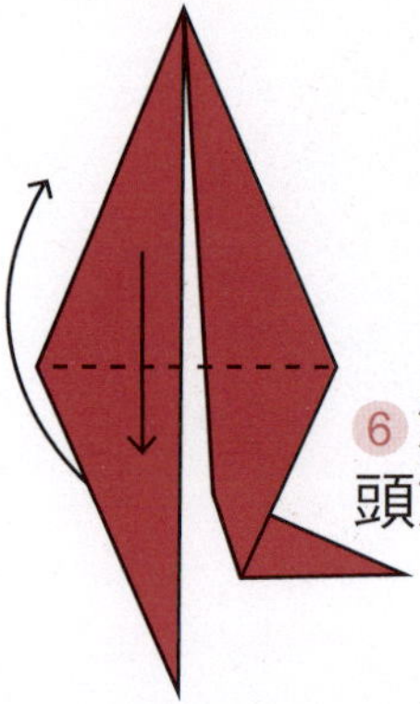

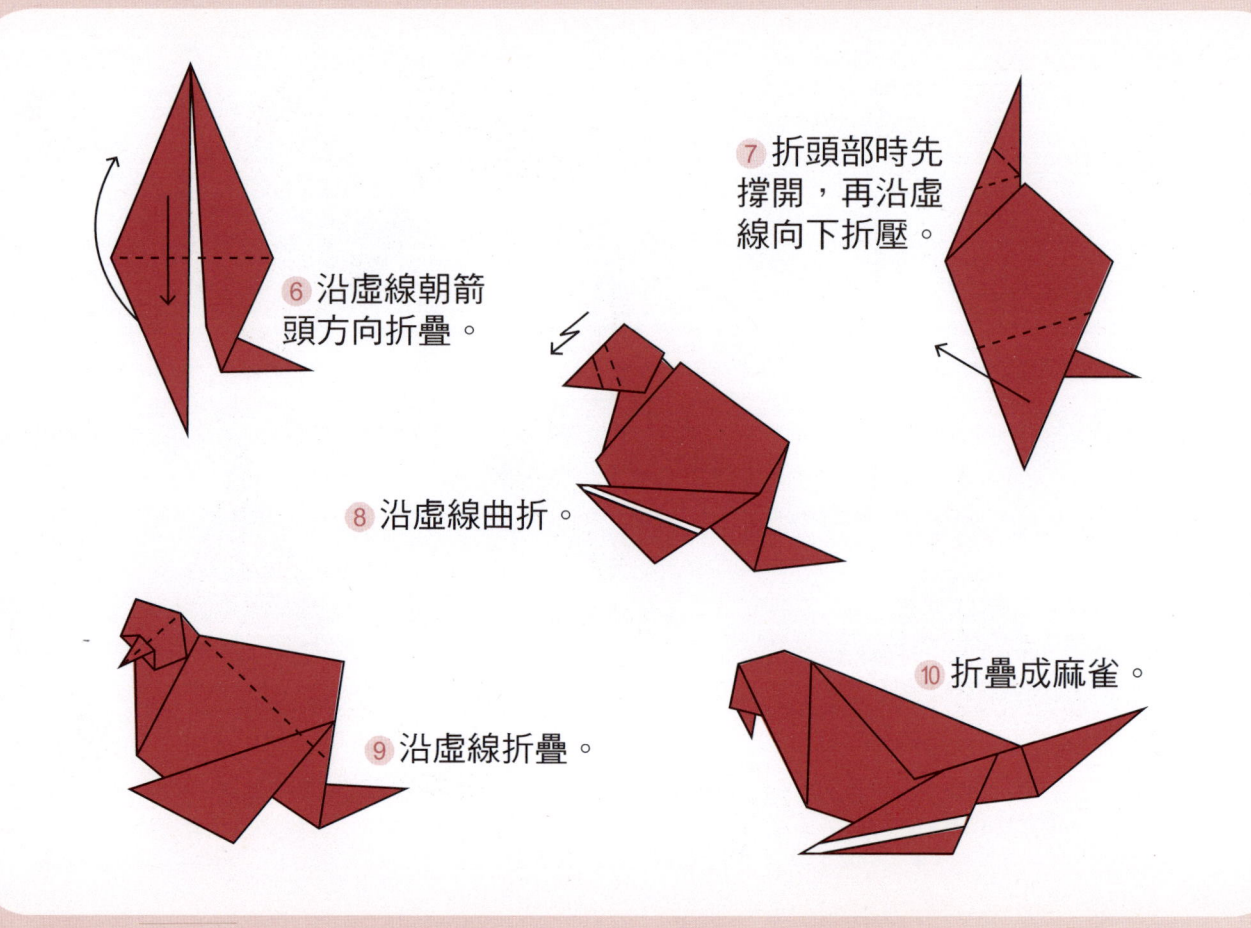

6 沿虛線朝箭頭方向折疊。

7 折頭部時先撐開，再沿虛線向下折壓。

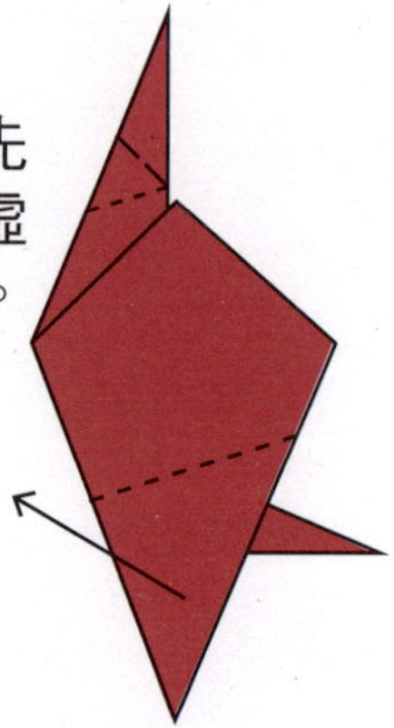

8 沿虛線曲折。

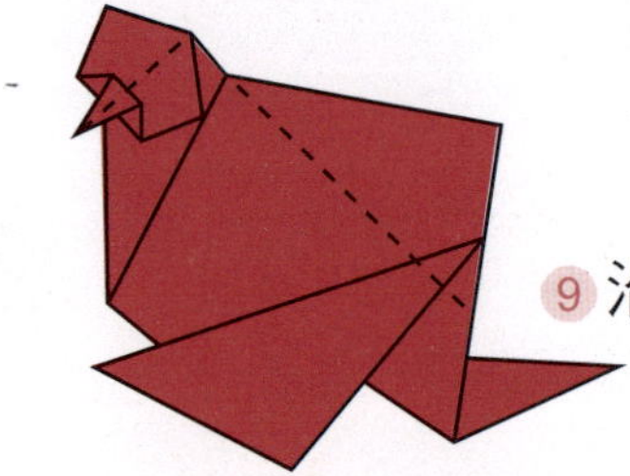

9 沿虛線折疊。

10 折疊成麻雀。

喜鵲

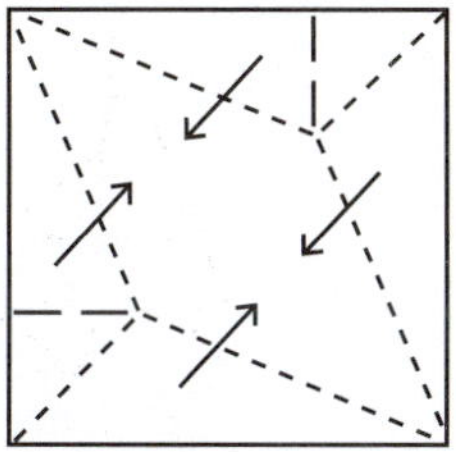

1 沿虛線朝箭頭方向折疊，先折長線，後折短線。

2 沿虛線對折。

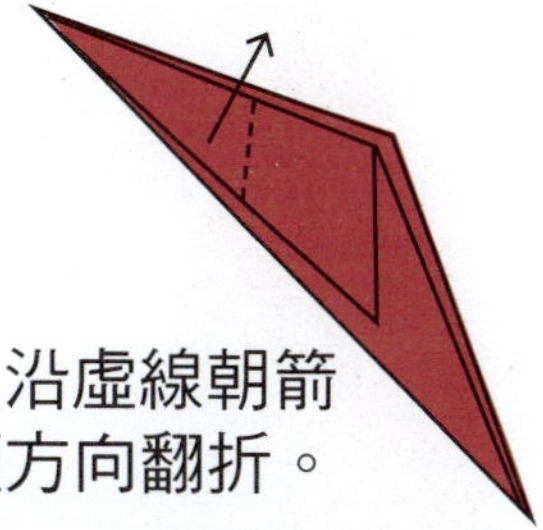

3 沿虛線朝箭頭方向翻折。

4 沿虛線朝箭頭方向折疊。

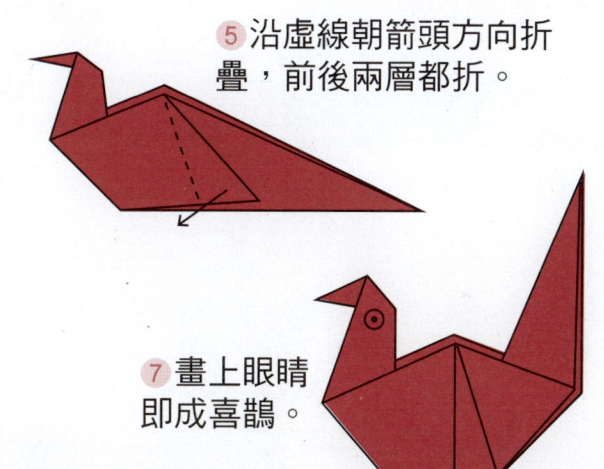

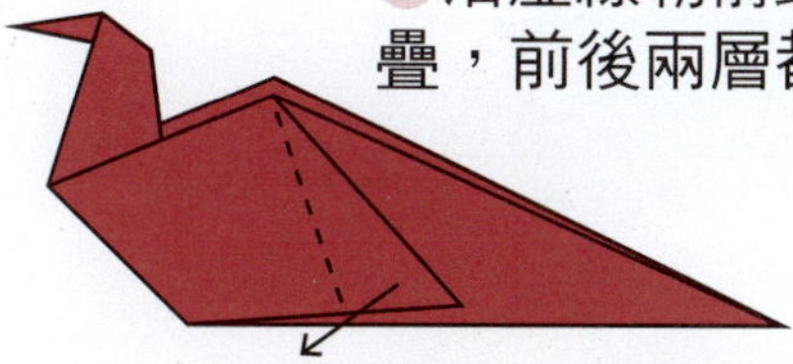

5 沿虛線朝箭頭方向折疊，前後兩層都折。

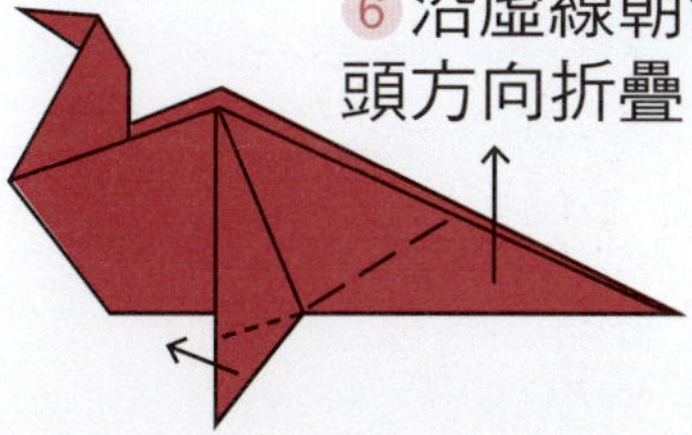

6 沿虛線朝箭頭方向折疊。

7 畫上眼睛即成喜鵲。

燕子

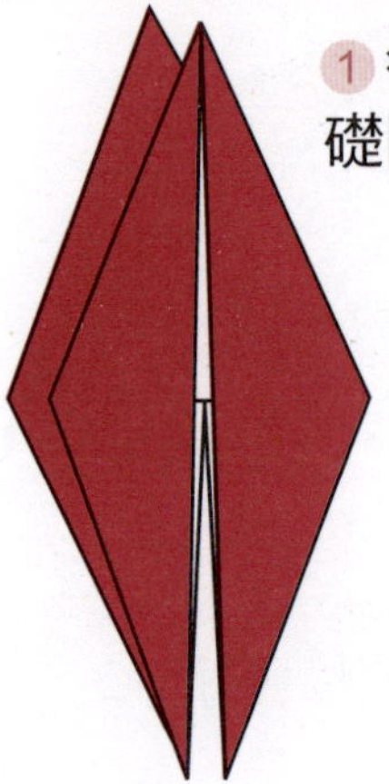

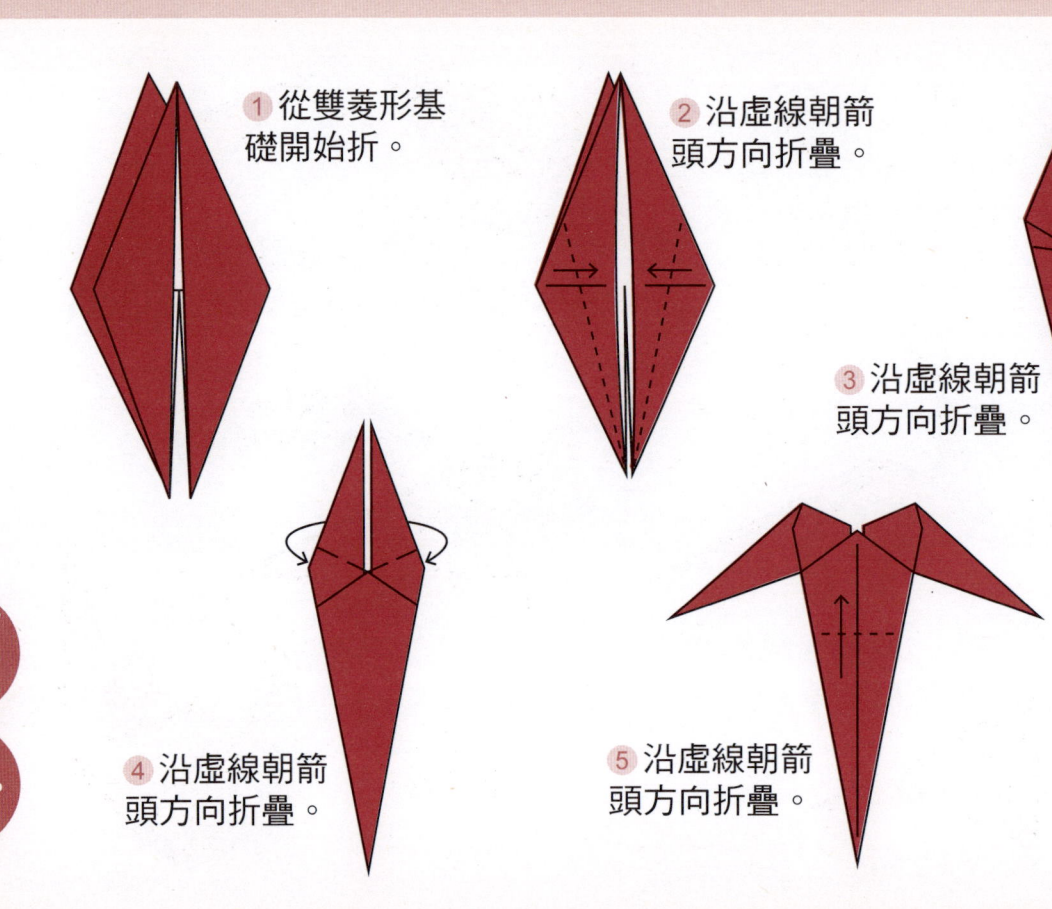

1 從雙菱形基礎開始折。

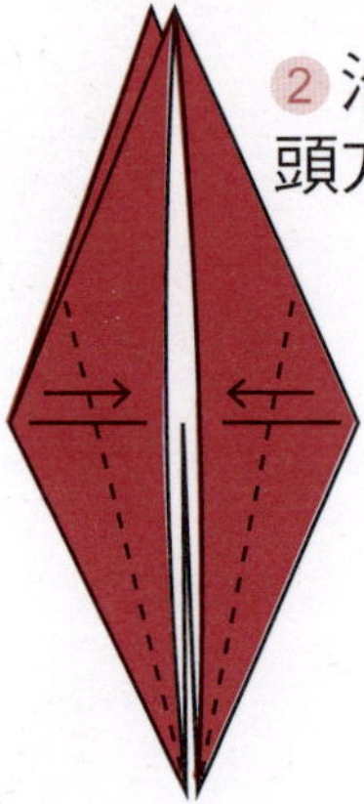

2 沿虛線朝箭頭方向折疊。

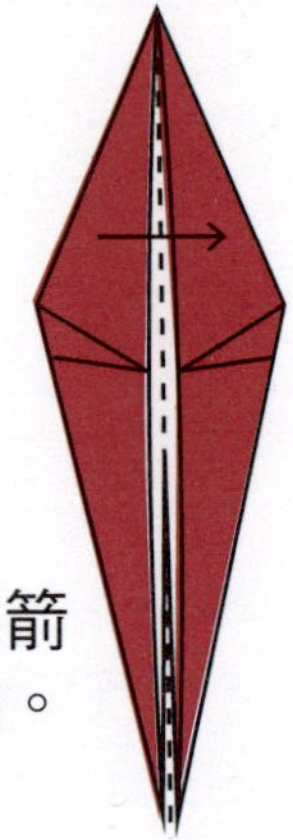

3 沿虛線朝箭頭方向折疊。

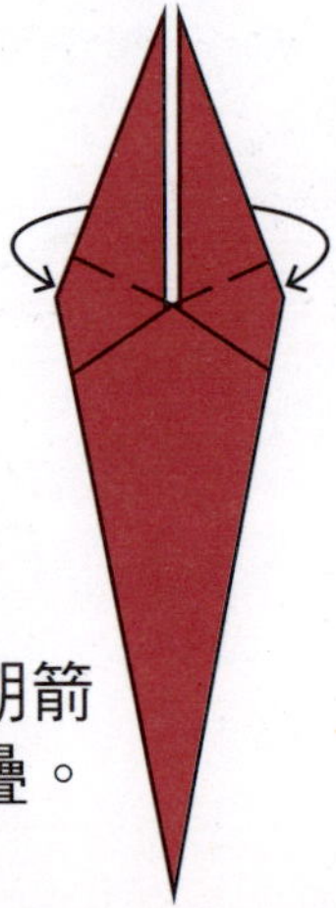

4 沿虛線朝箭頭方向折疊。

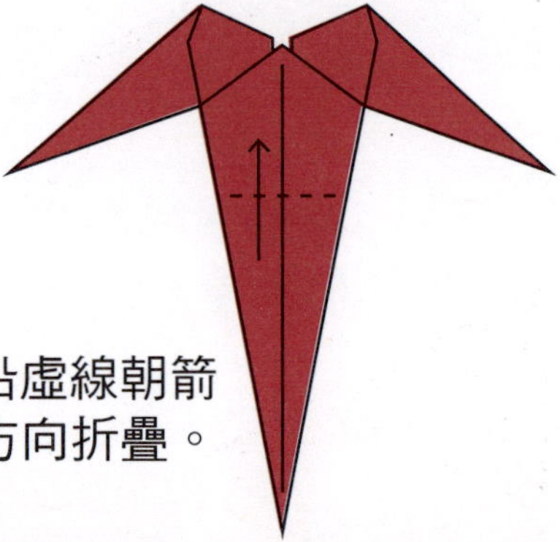

5 沿虛線朝箭頭方向折疊。

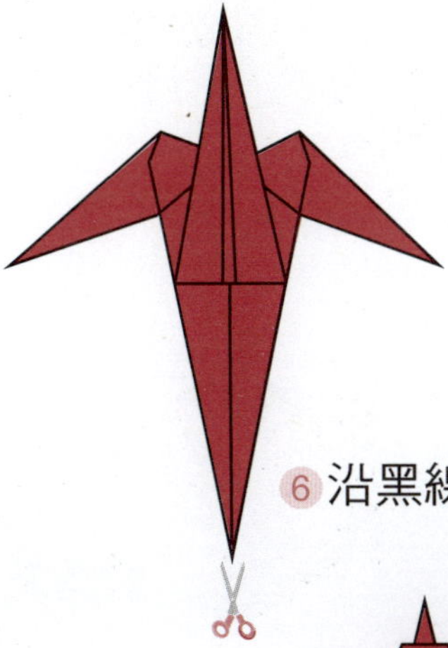

⑥沿黑線剪開。

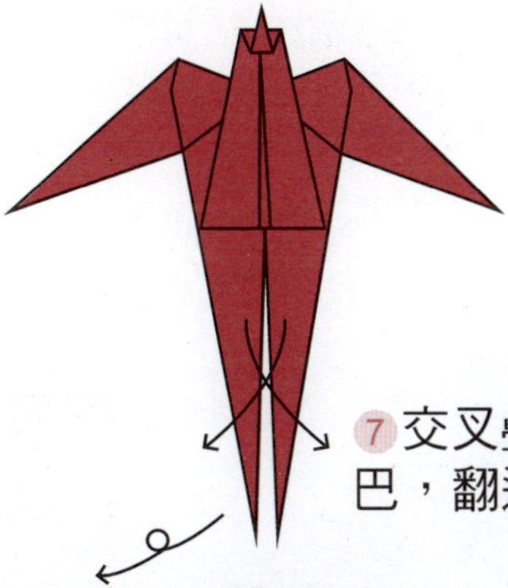

⑦交叉疊成尾巴，翻過來。

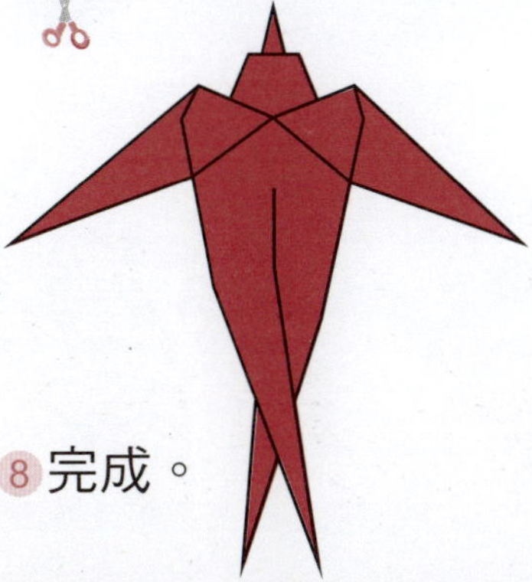

⑧完成。

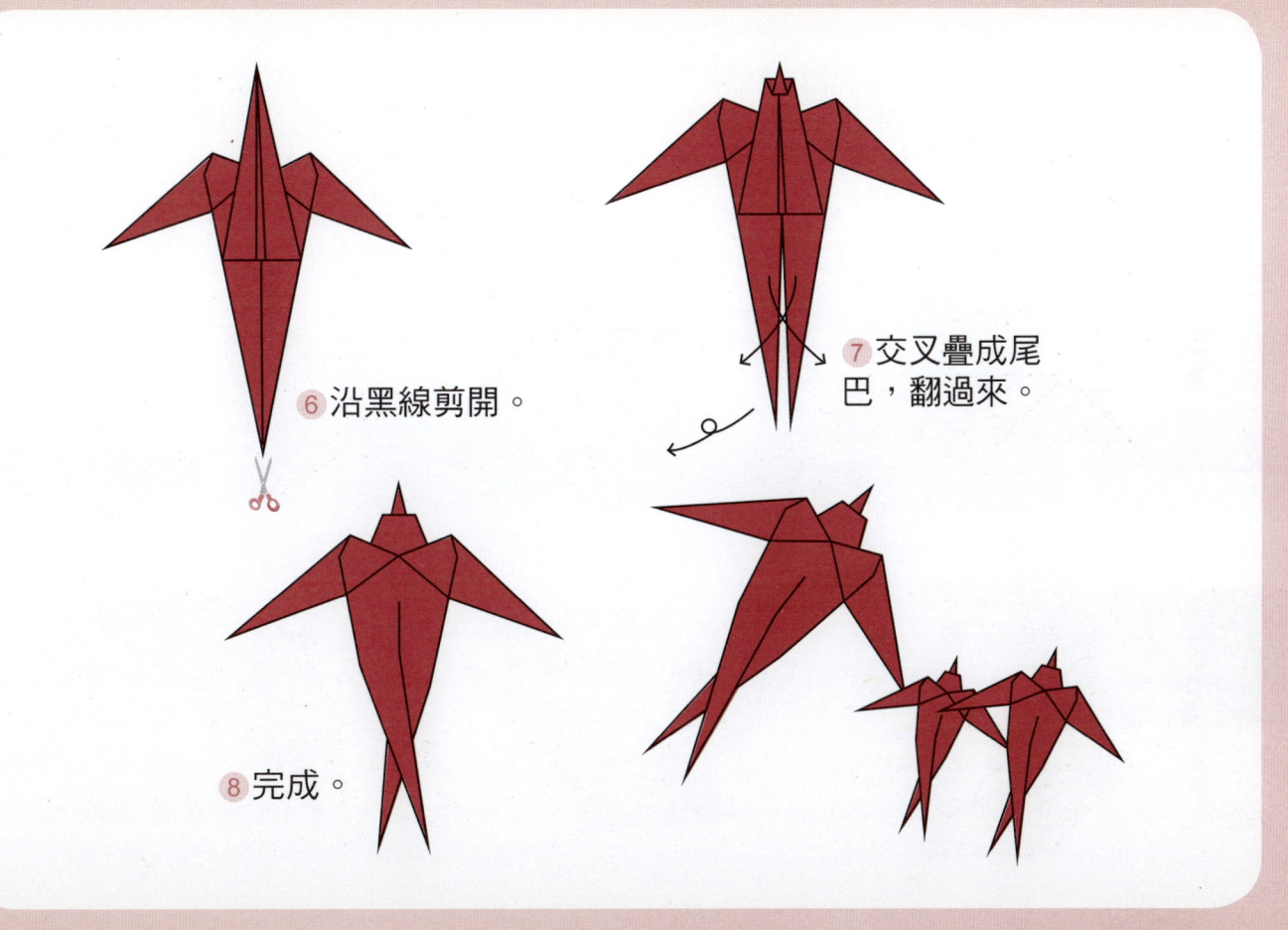

海鷗

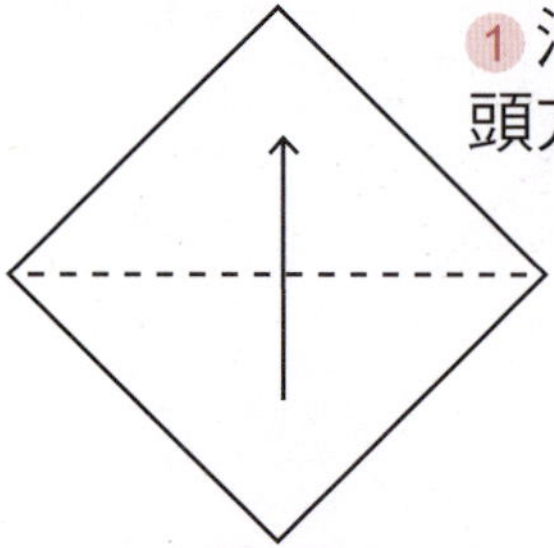

1 沿虛線朝箭頭方向折疊。

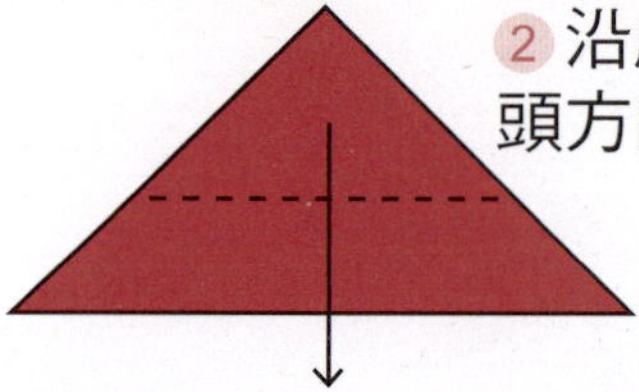

2 沿虛線朝箭頭方向折疊。

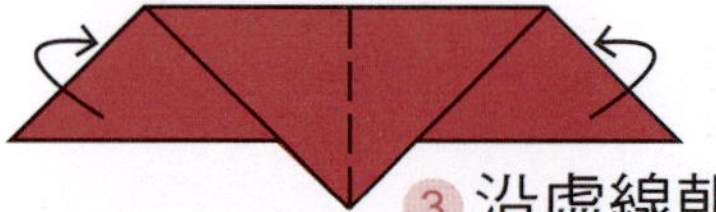

3 沿虛線朝箭頭方向折疊。

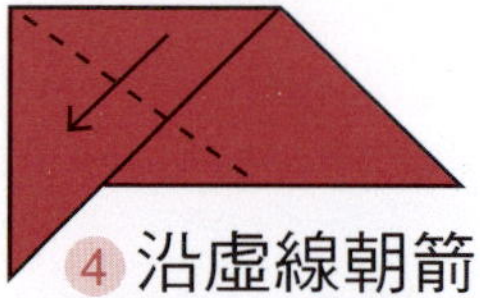

4 沿虛線朝箭頭方向折疊。

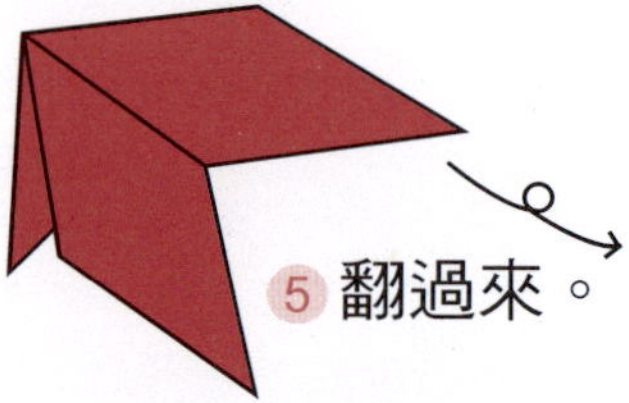

5 翻過來。

6 沿虛線朝箭頭方向折疊。

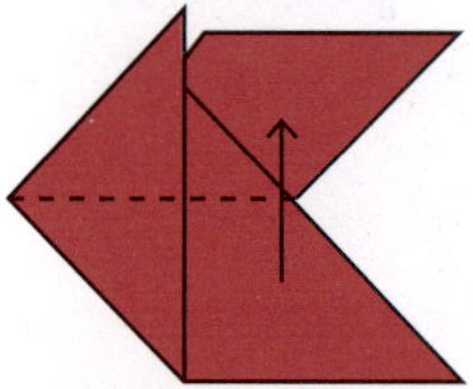

7 沿虛線朝箭頭方向折疊。

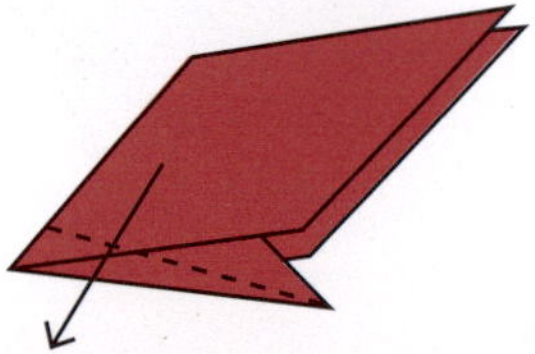

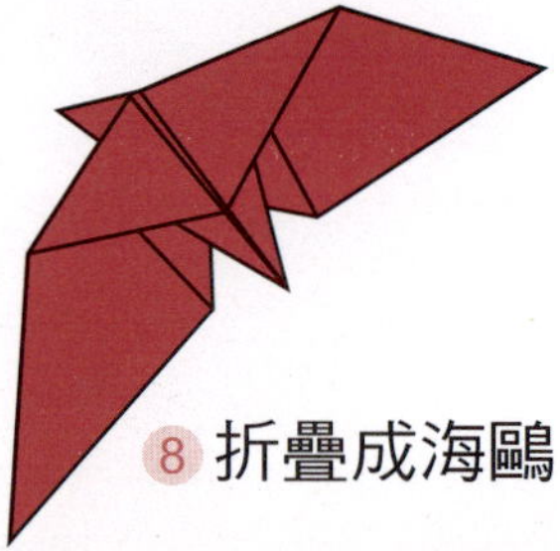

8 折疊成海鷗。

啄木鳥

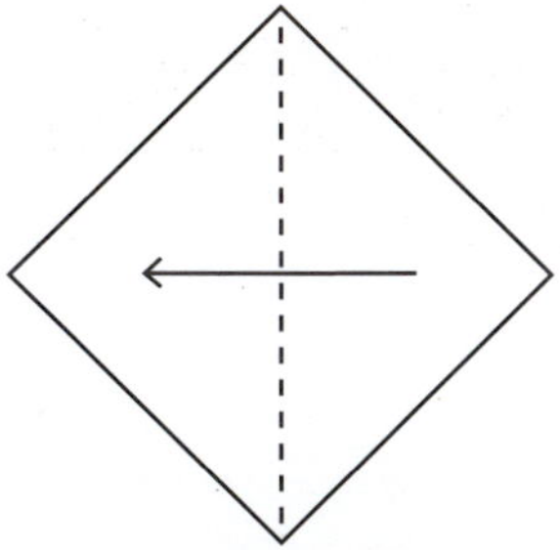

1 沿虛線朝箭頭方向折疊。

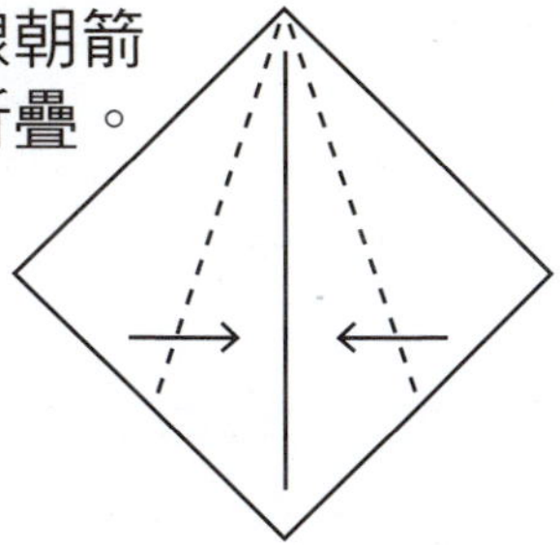

2 沿虛線朝箭頭方向折疊。

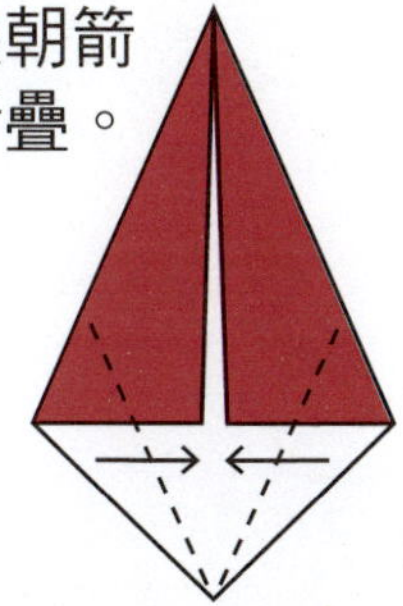

3 沿虛線朝箭頭方向折疊。

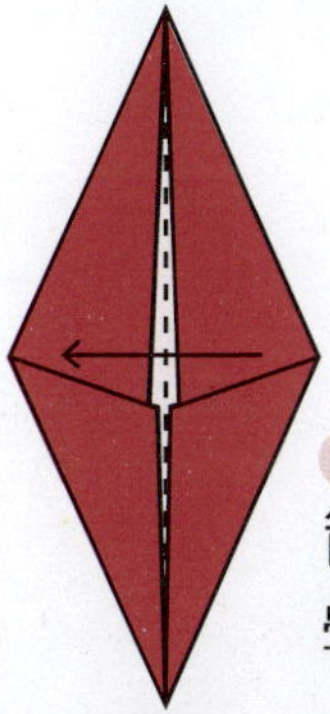

4 沿虛線朝箭頭方向折疊。

5 沿虛線朝箭頭方向折疊。

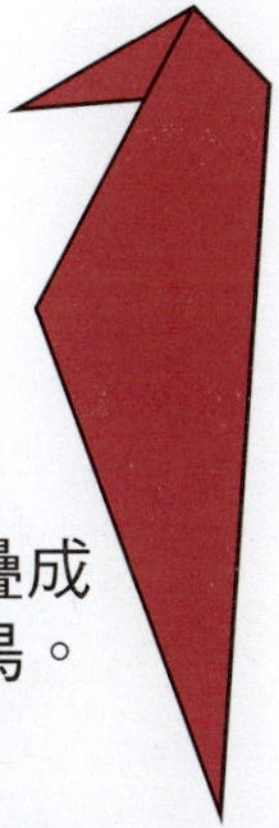

6 折疊成啄木鳥。

錦雞

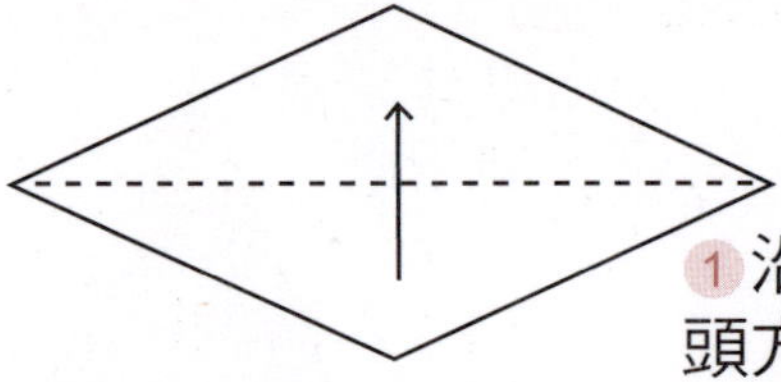

1 沿虛線朝箭頭方向折疊。

2 沿虛線翻折。

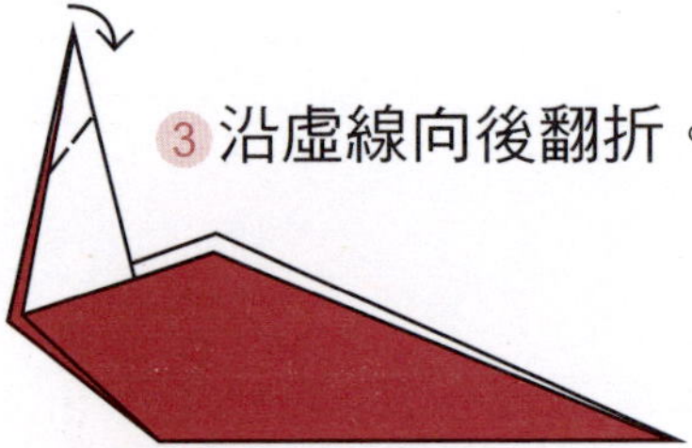

3 沿虛線向後翻折。

4 沿虛線向前翻折。

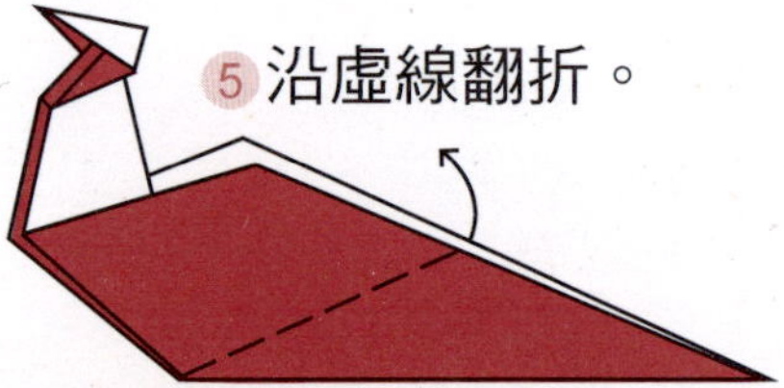

5 沿虛線翻折。

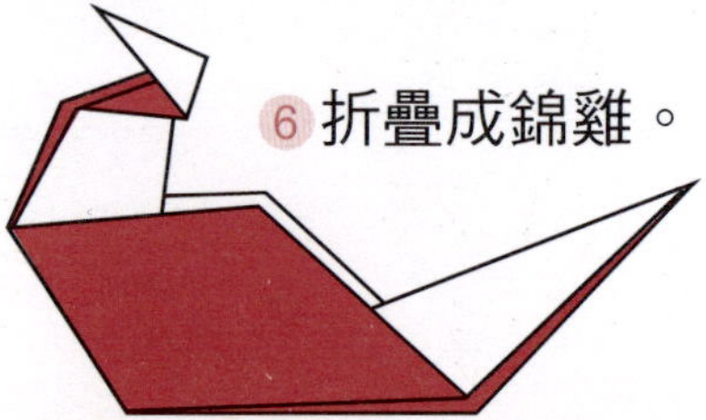

6 折疊成錦雞。

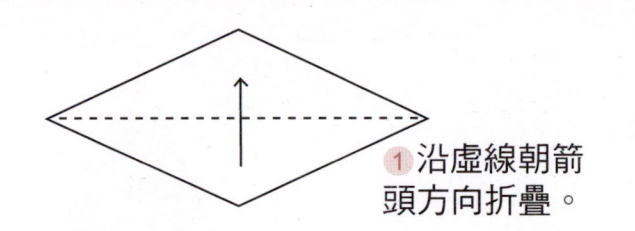

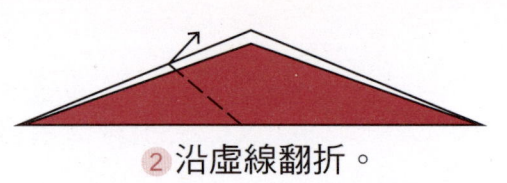

孔雀 1

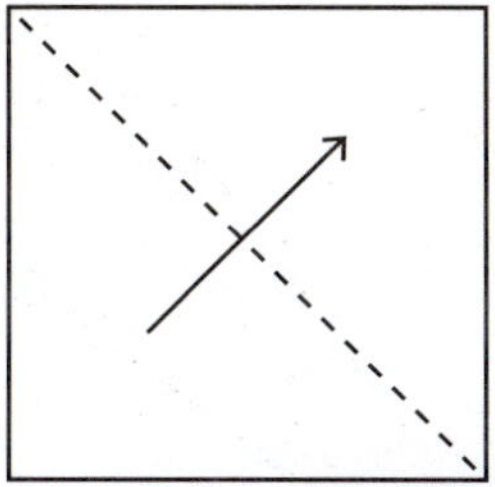

1 沿虛線朝箭頭方向折疊，折出折痕後再展開。

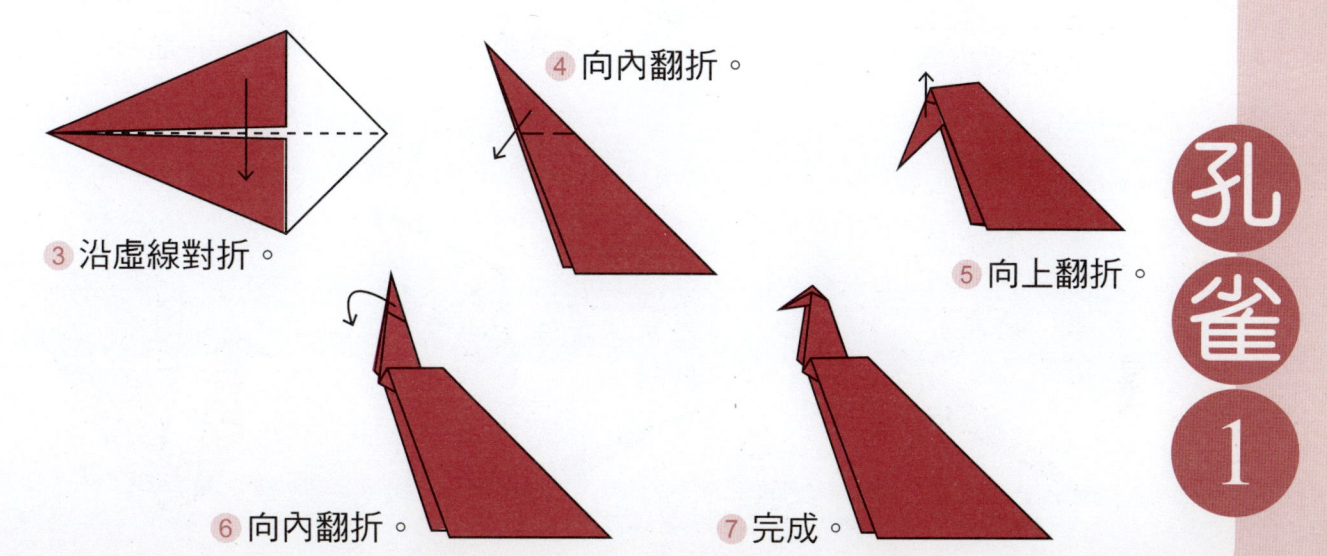

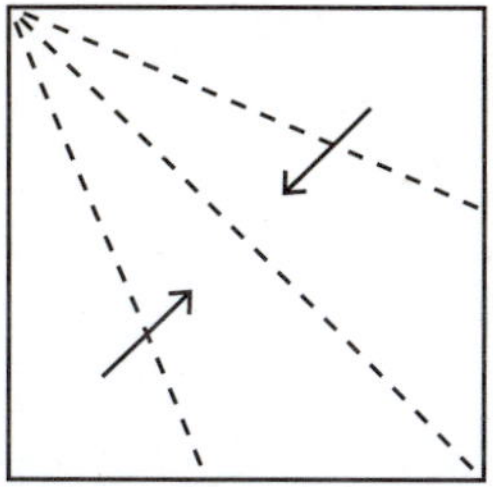

2 沿虛線朝箭頭方向折疊。

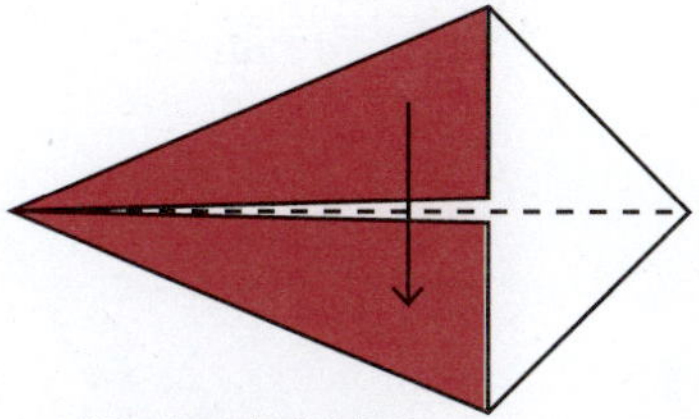

3 沿虛線對折。

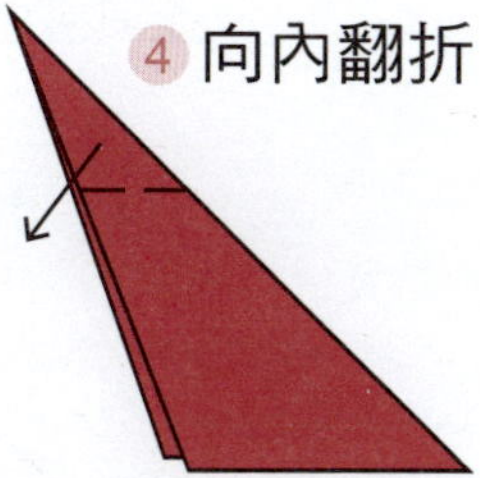

4 向內翻折。

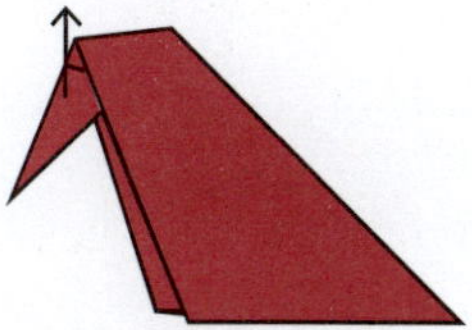

5 向上翻折。

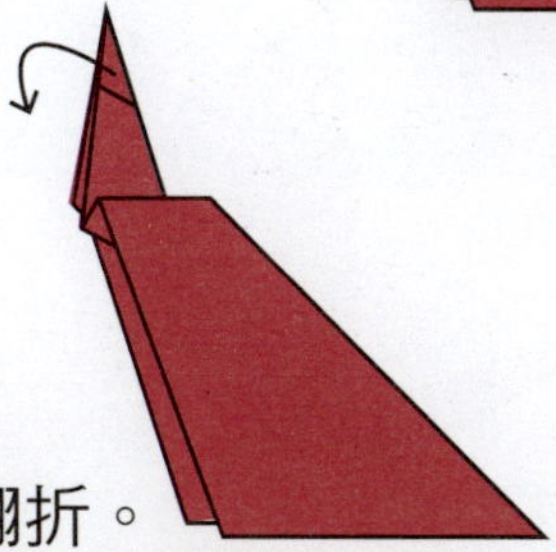

6 向內翻折。

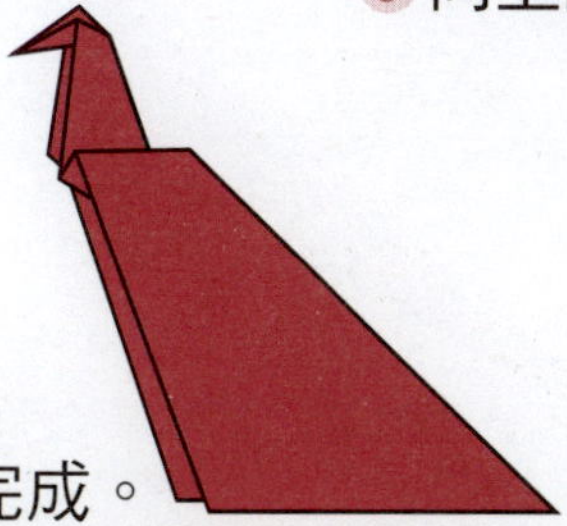

7 完成。

孔雀 2

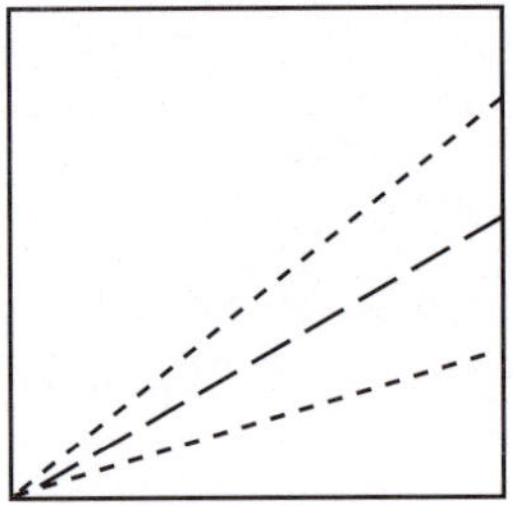

1 沿虛線折疊。

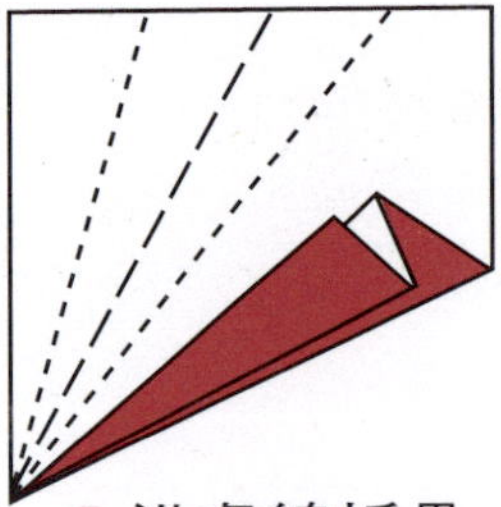

2 沿虛線折疊。

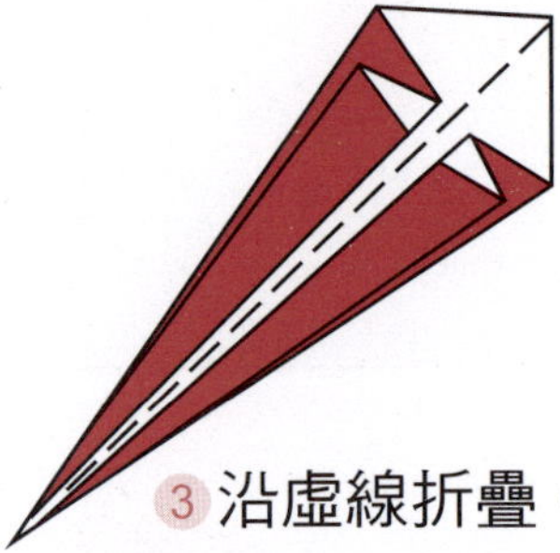

3 沿虛線折疊。

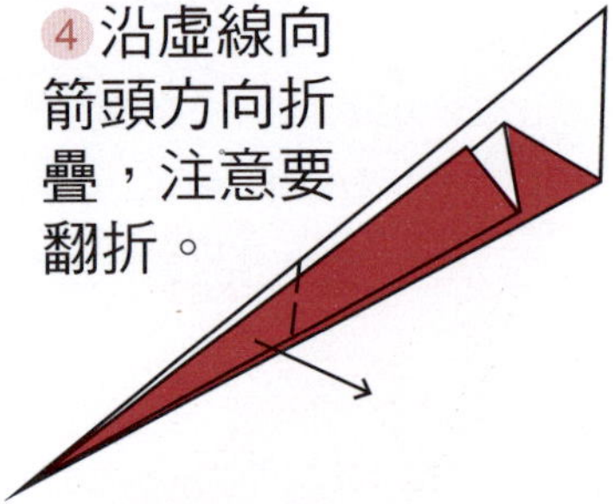

4 沿虛線向箭頭方向折疊，注意要翻折。

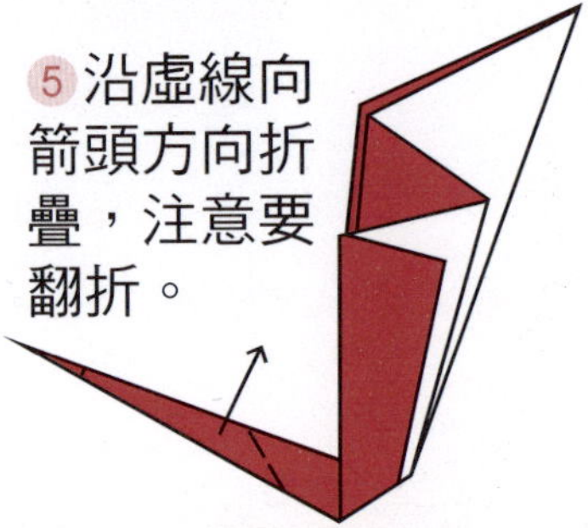

5 沿虛線向箭頭方向折疊，注意要翻折。

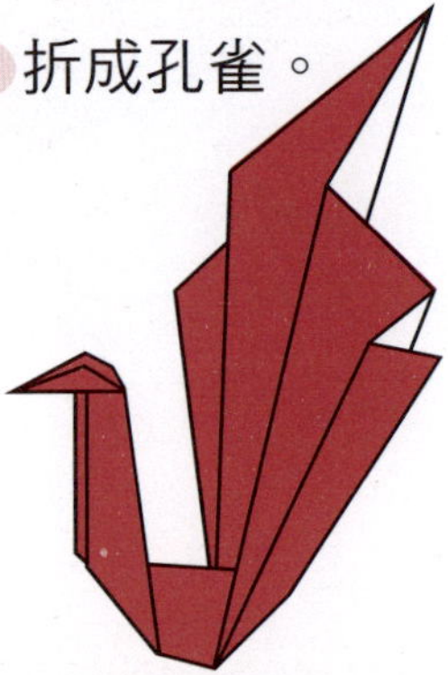

6 折成孔雀。

孔雀3

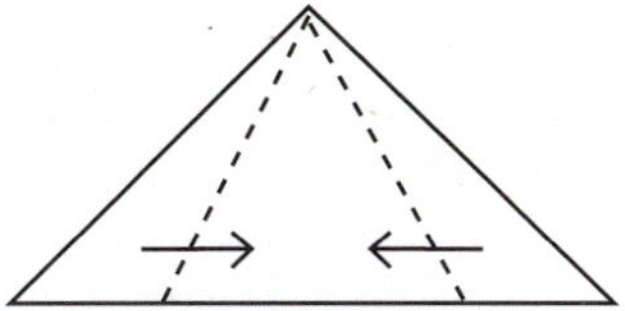

1 沿虛線向箭頭方向折疊。

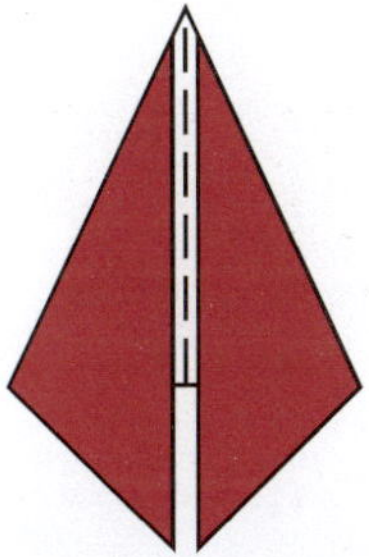

2 沿虛線折疊。

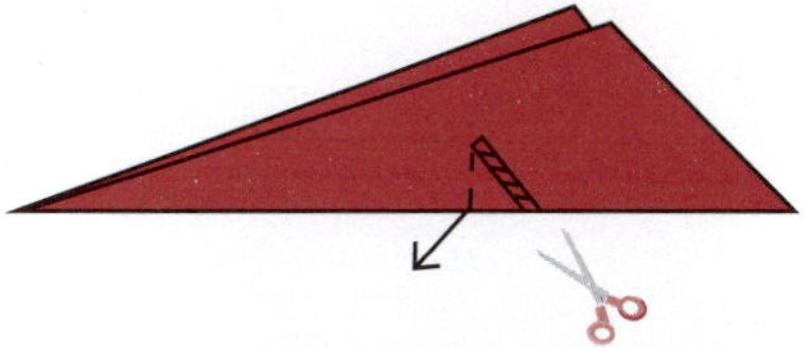

3 將斜線區塊剪開後，沿虛線朝箭頭方向折疊。

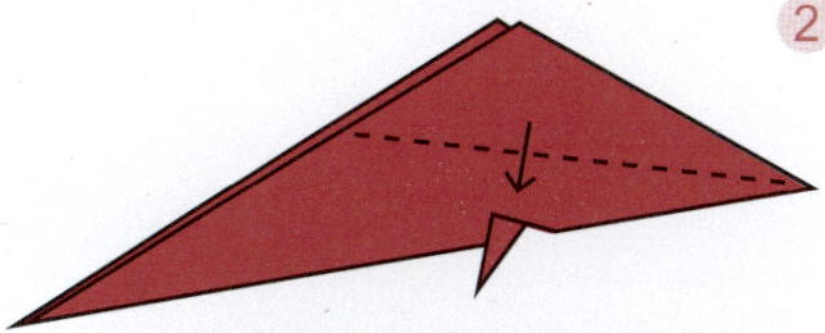

4 沿虛線向箭頭方向折疊，前後兩層都要折。

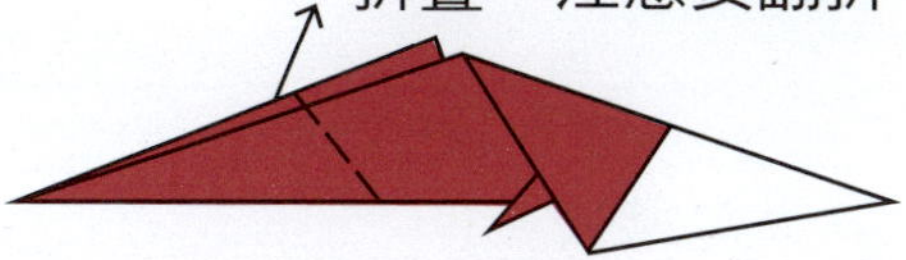

5 沿虛線向箭頭方向折疊，注意要翻折。

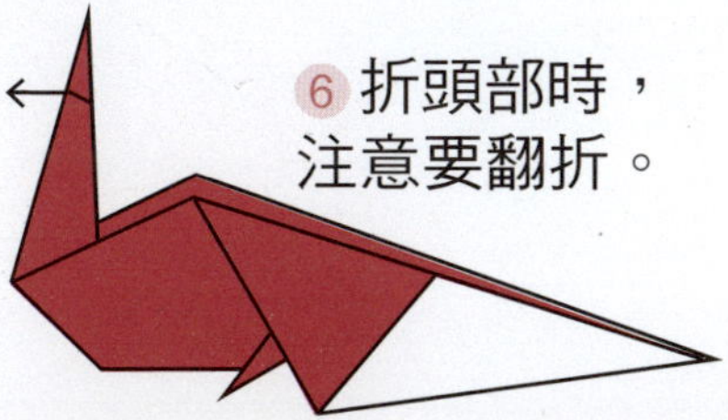

6 折頭部時，注意要翻折。

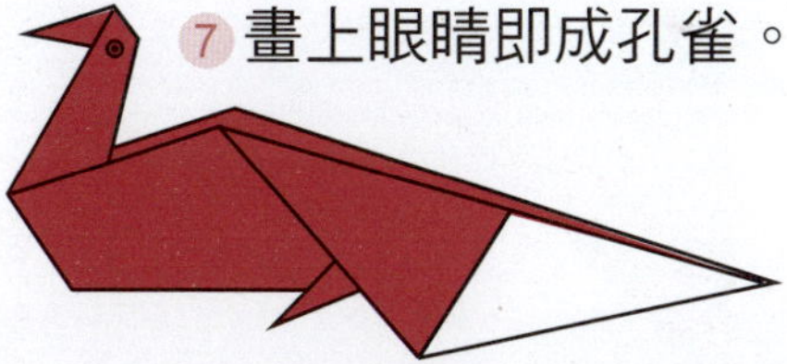

7 畫上眼睛即成孔雀。

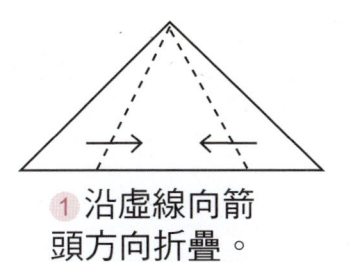

夜鶯

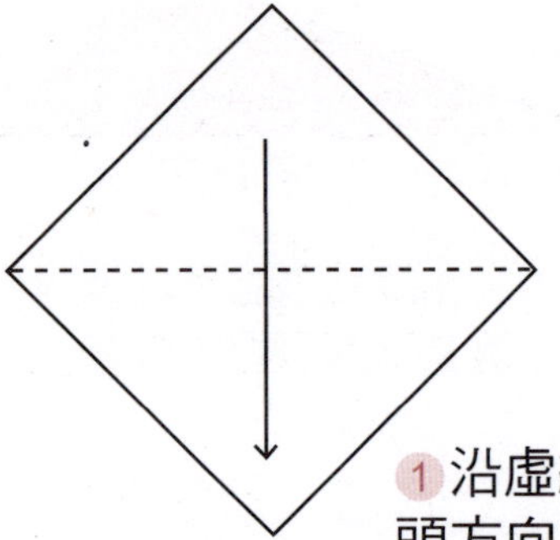

1 沿虛線向箭頭方向折疊。

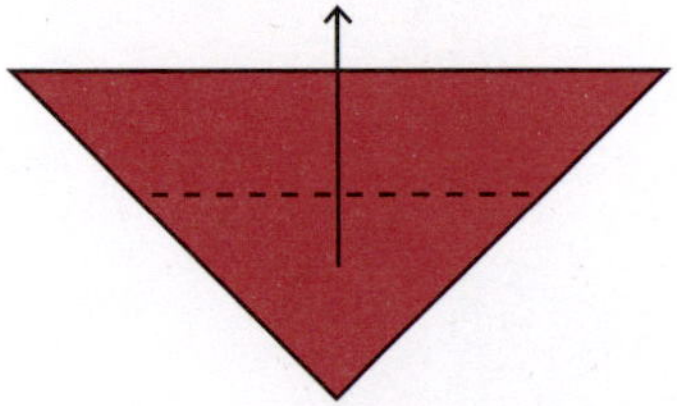

2 沿虛線向箭頭方向折疊。

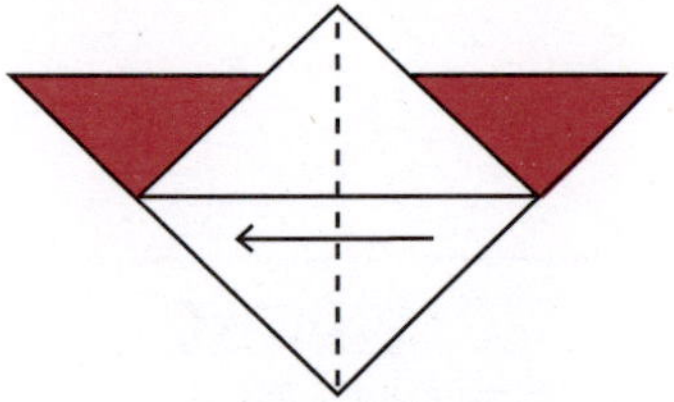

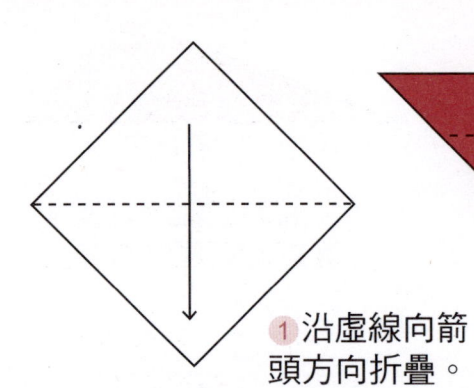

3 沿虛線向箭頭方向折疊。

4 沿虛線向箭頭方向折疊。

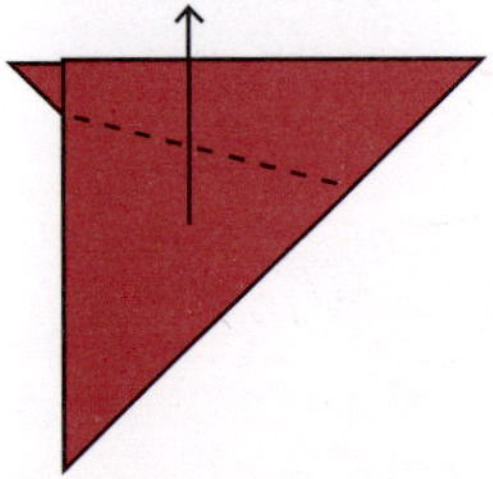

5 沿虛線向箭頭方向折疊。

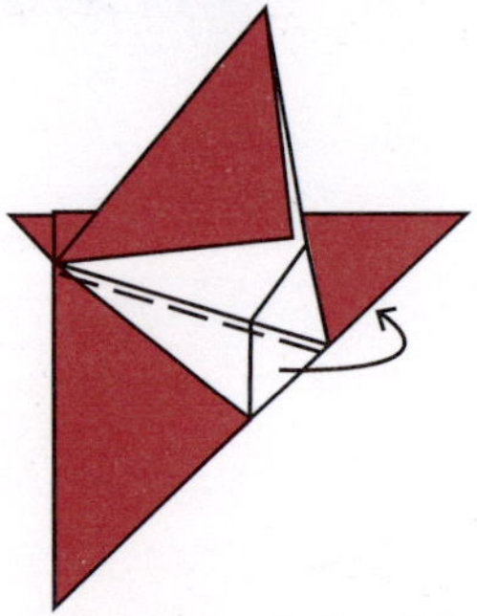

6 折成夜鶯。

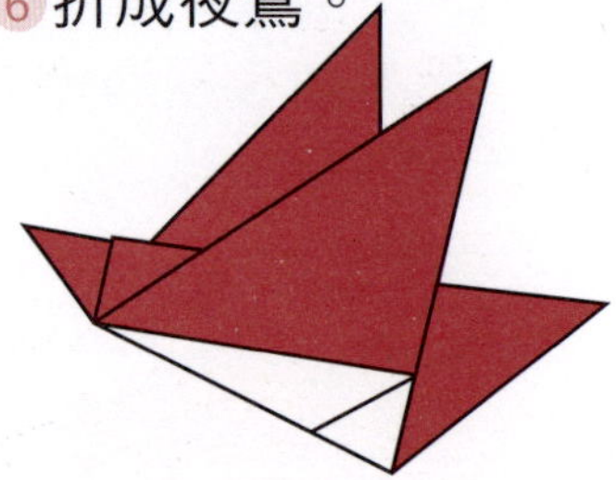

貓頭鷹

1 從雙菱形折法開始，沿虛線向箭頭方向折疊，反面用一樣的方法折疊。

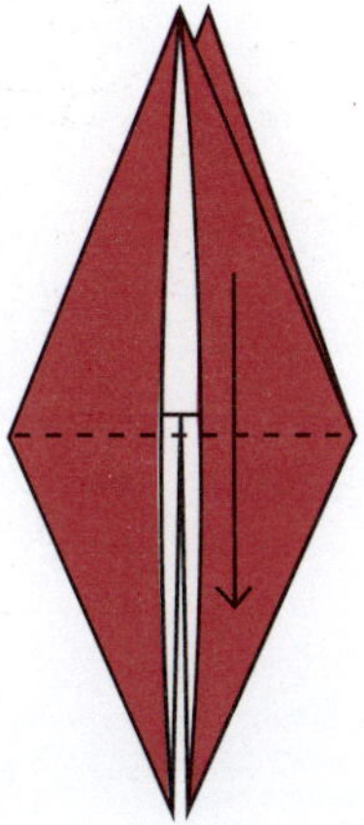

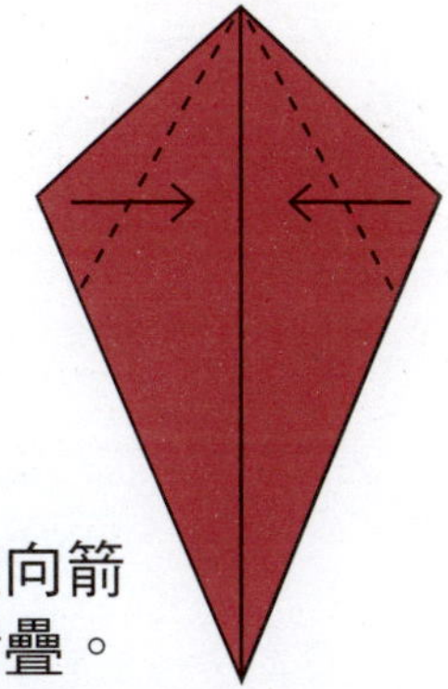

2 沿虛線向箭頭方向折疊。

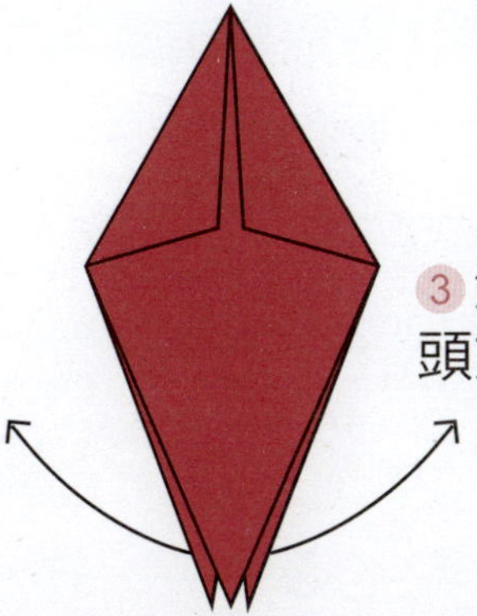

3 沿虛線向箭頭方向拉折。

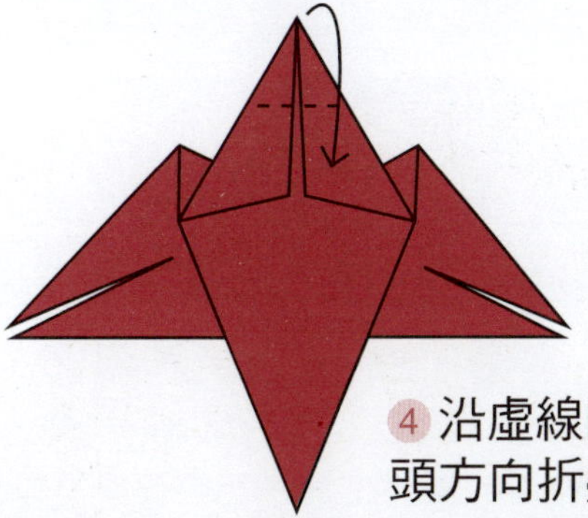

4 沿虛線向箭頭方向折疊。

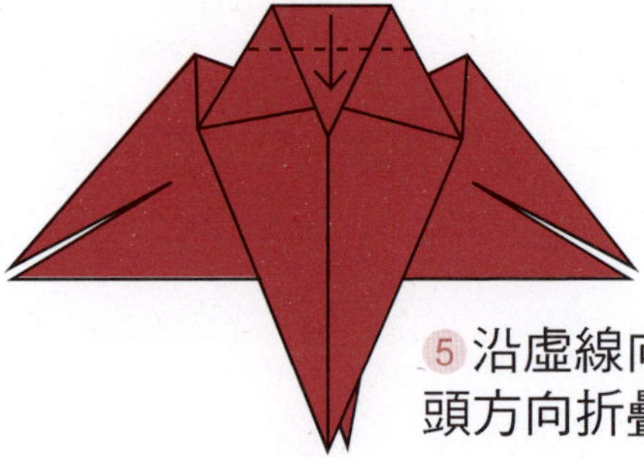

5 沿虛線向箭頭方向折疊。

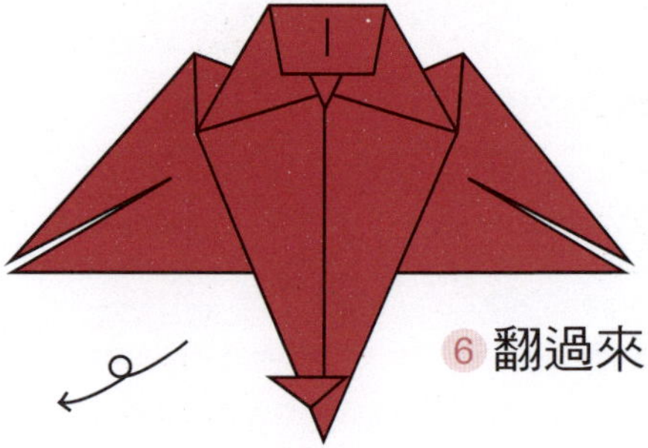

6 翻過來。

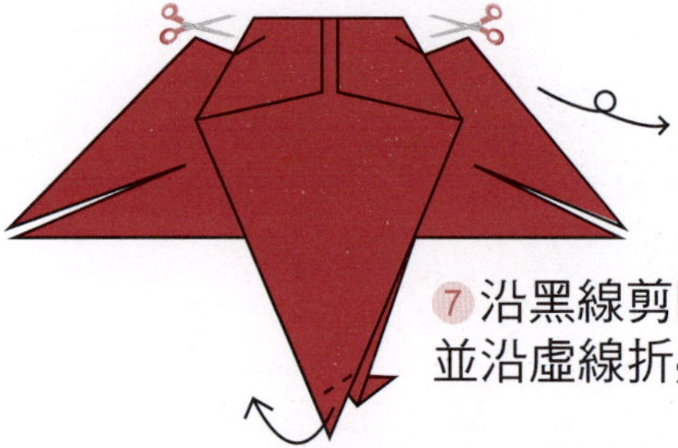

7 沿黑線剪開，並沿虛線折疊。

8 折疊成貓頭鷹。

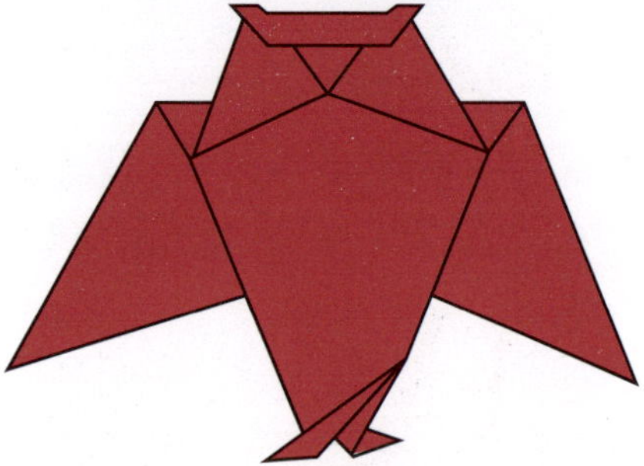

八哥

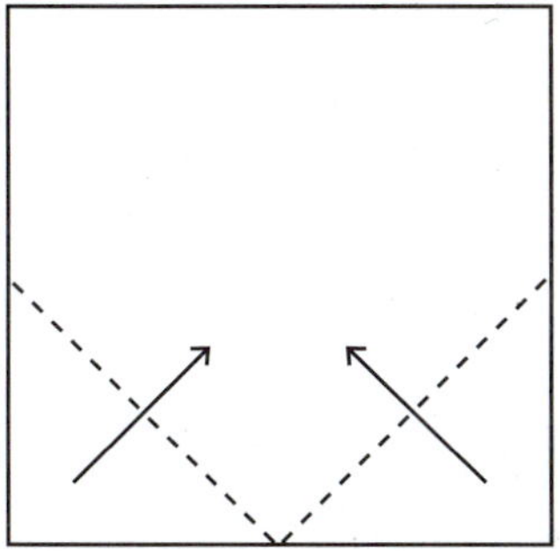

1 沿虛線向箭頭方向折疊。

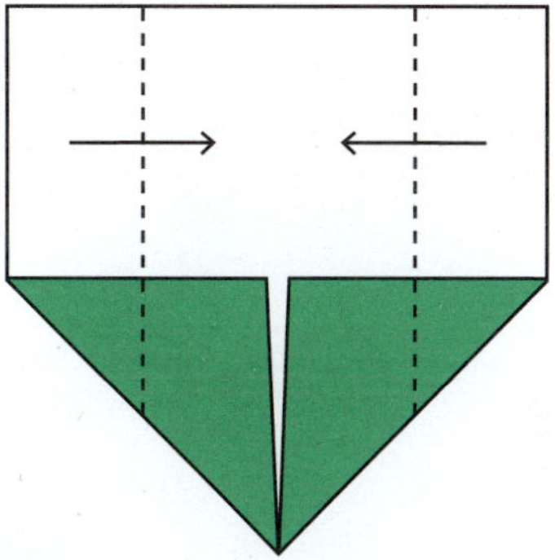

2 沿虛線向箭頭方向折疊。

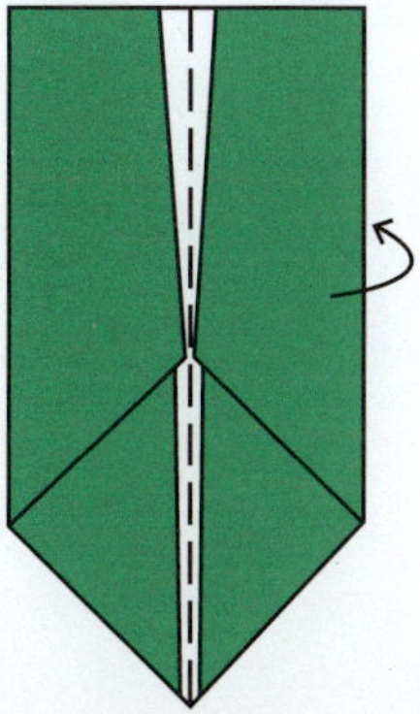

3 沿虛線向箭頭方向折疊。

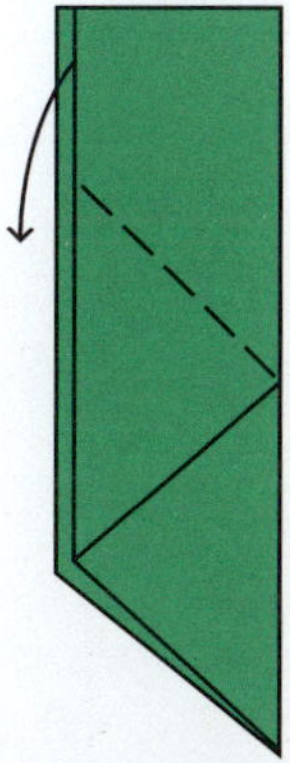

4 沿虛線向內翻折。

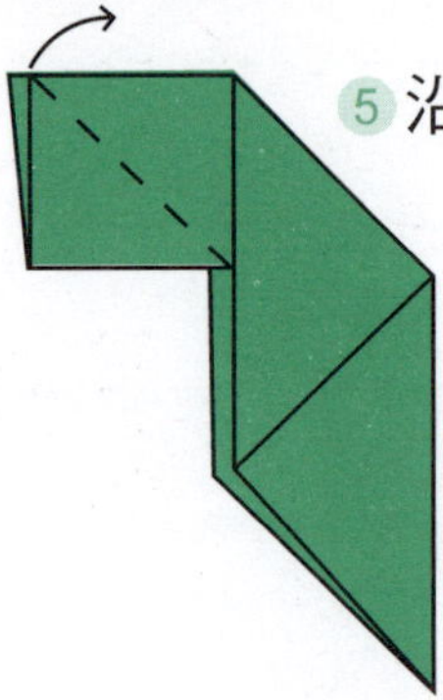

5 沿虛線向內翻折。

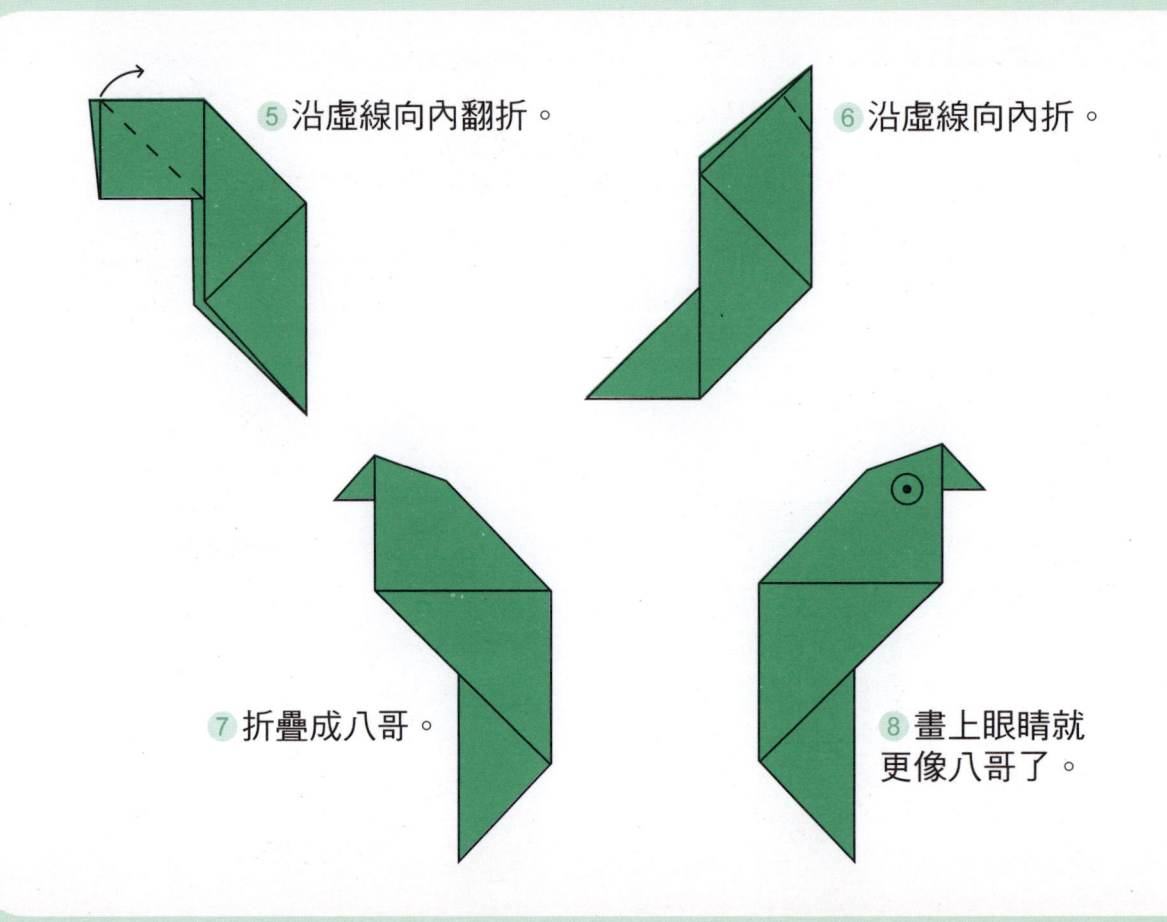

6 沿虛線向內折。

7 折疊成八哥。

8 畫上眼睛就更像八哥了。

鸚鵡 1

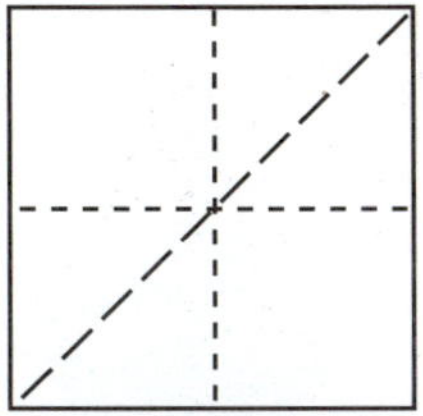

1 沿虛線折疊。

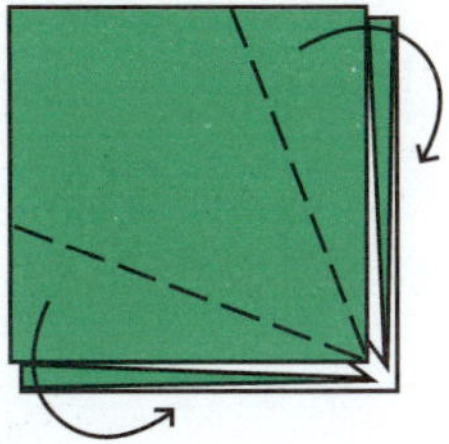

2 沿虛線向箭頭方向折疊。

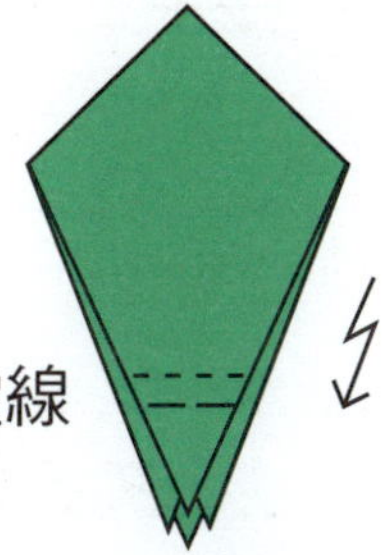

3 沿虛線曲折。

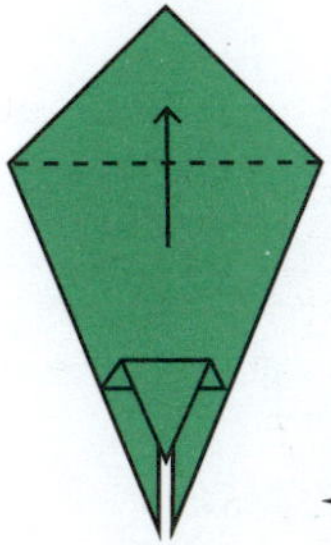

4 沿虛線向箭頭方向折疊。

5 沿虛線折疊。

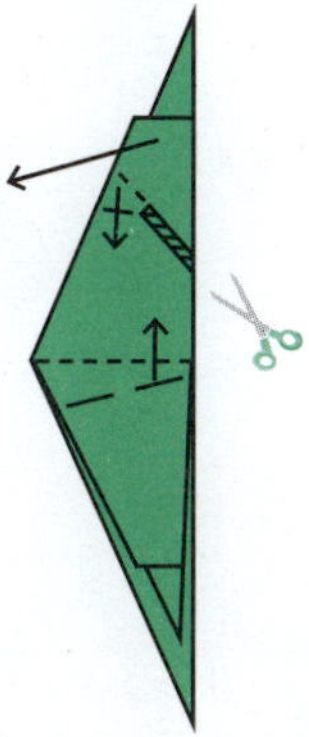

6 按圖示剪開，沿虛線朝箭頭方向折疊。

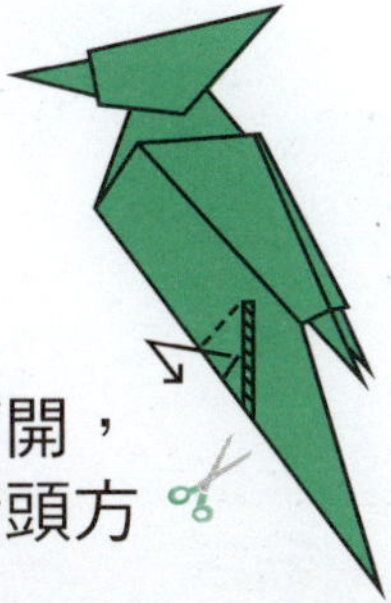

7 按圖示剪開，沿虛線朝箭頭方向折疊。

8 畫上眼睛即成鸚鵡。

鸚鵡 2

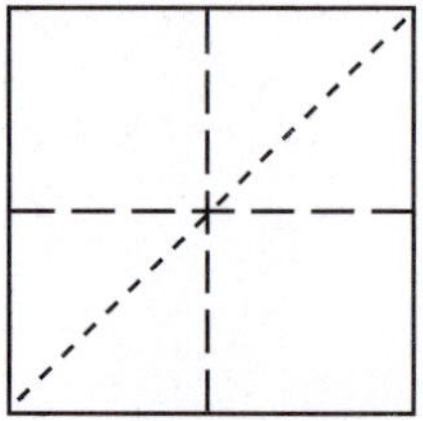

1 沿虛線折疊。

2 沿虛線折疊，翻過來。

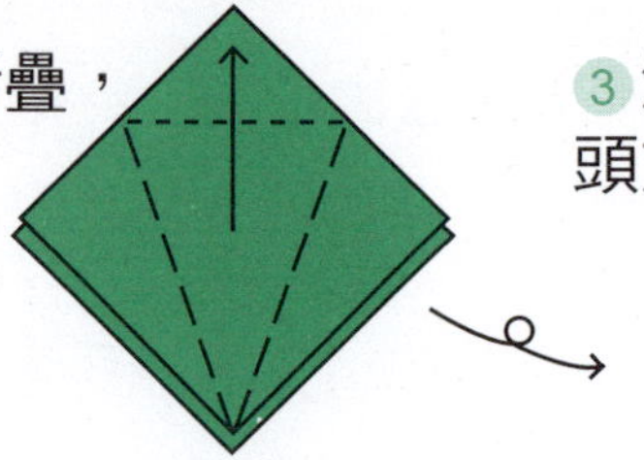

3 沿虛線向箭頭方向折疊。

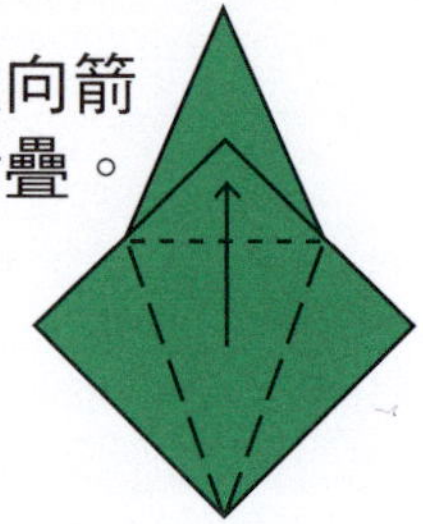

4 沿虛線折疊。

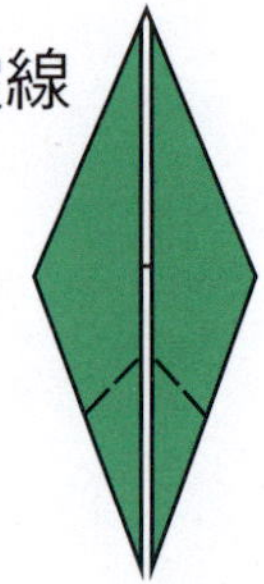

5 沿虛線折疊，翻過來。

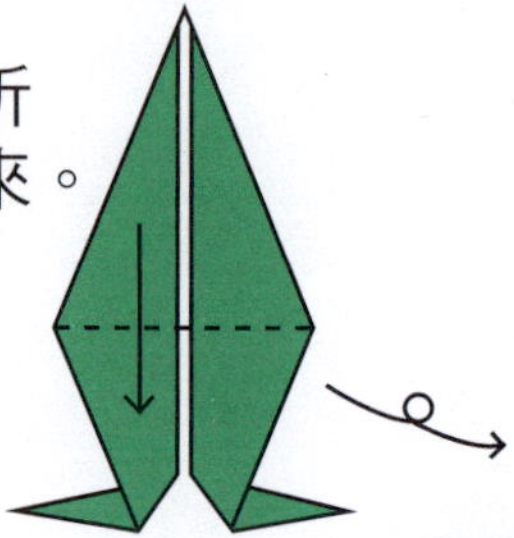

6 沿虛線折疊。

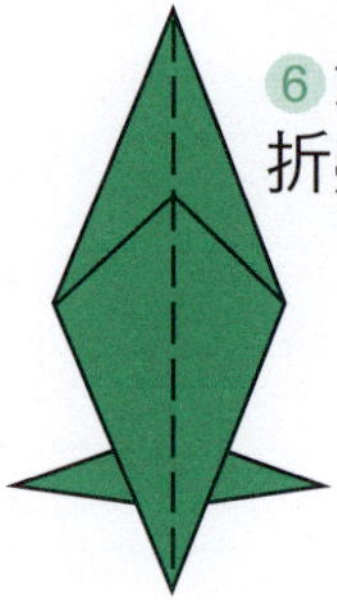

7 沿虛線折疊。

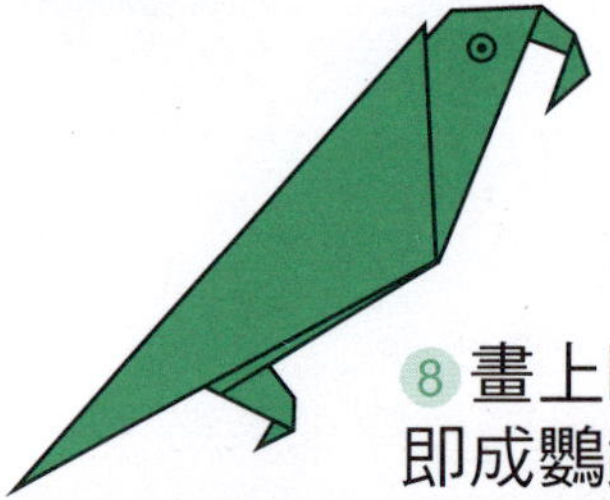

8 畫上眼睛即成鸚鵡。

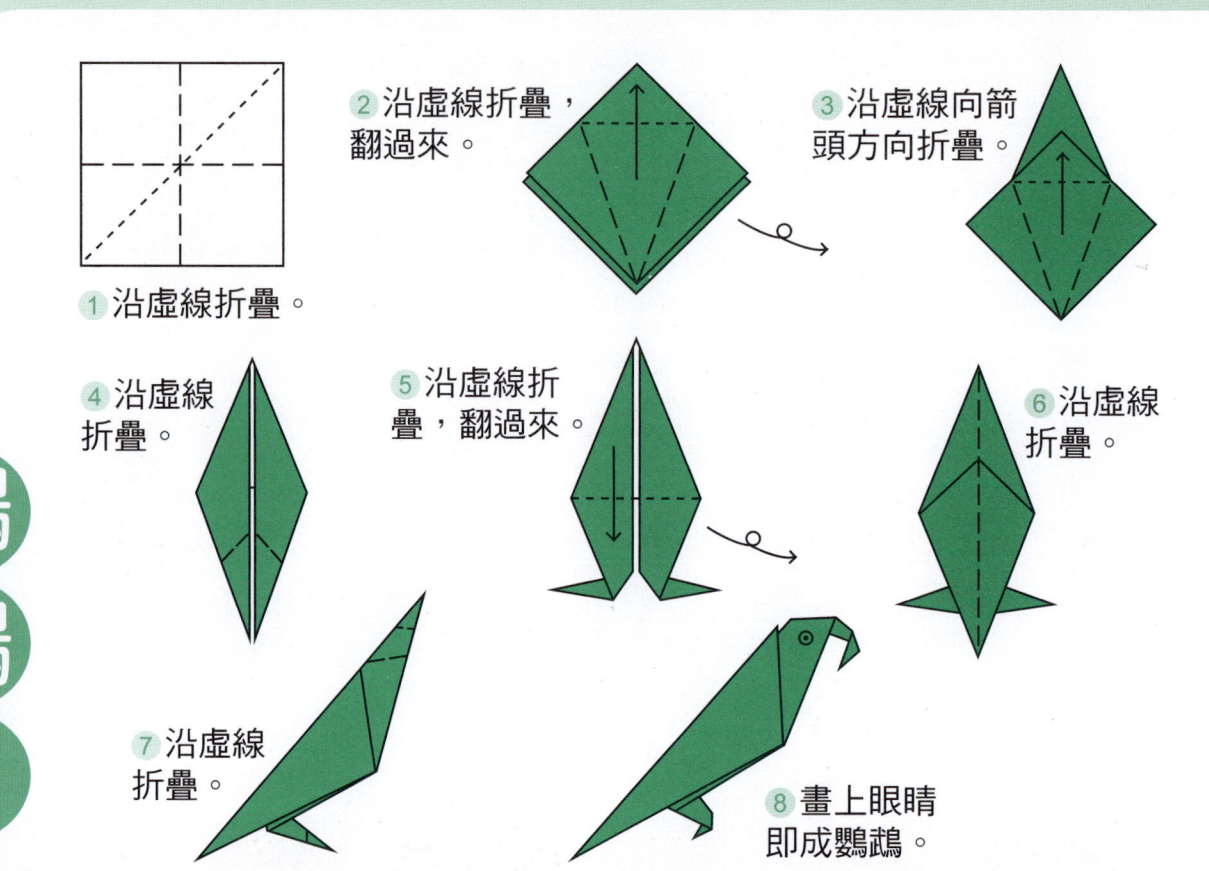

虎皮鸚鵡

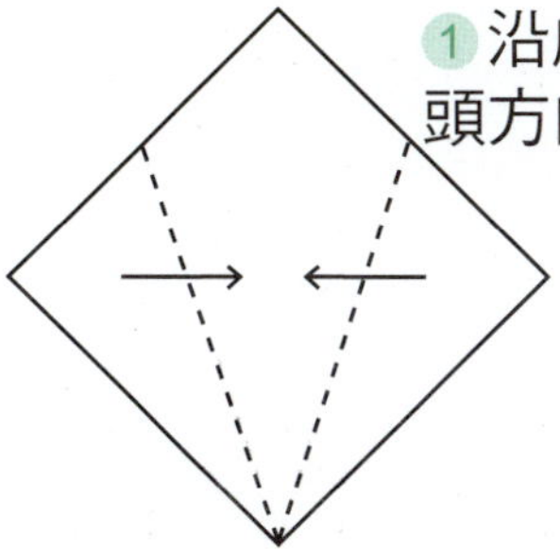

1 沿虛線向箭頭方向折疊。

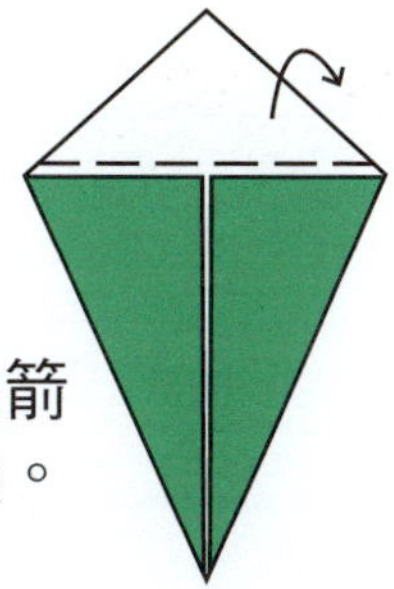

2 沿虛線向箭頭方向折疊。

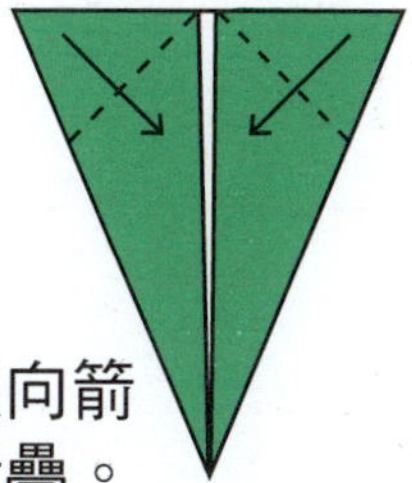

3 沿虛線向箭頭方向折疊。

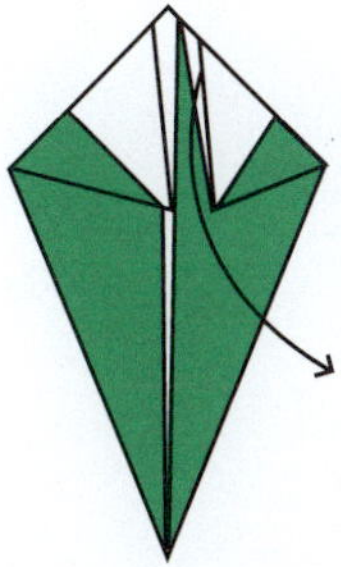

4 按箭頭所指方向將裡層紙拉出。

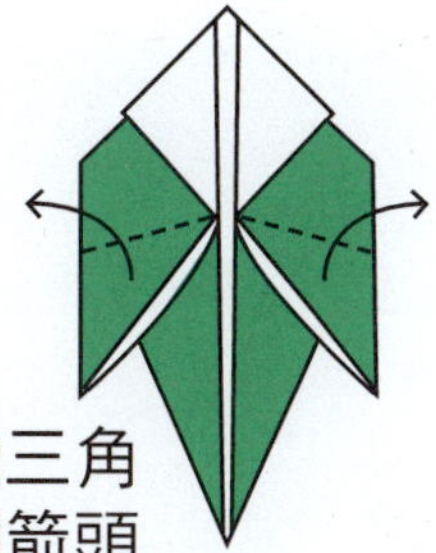

5 將前面的三角形沿虛線朝箭頭方向折疊。

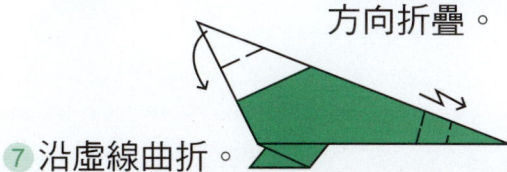

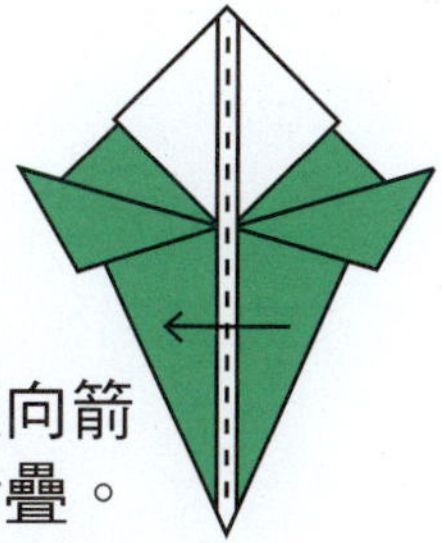

6 沿虛線向箭頭方向折疊。

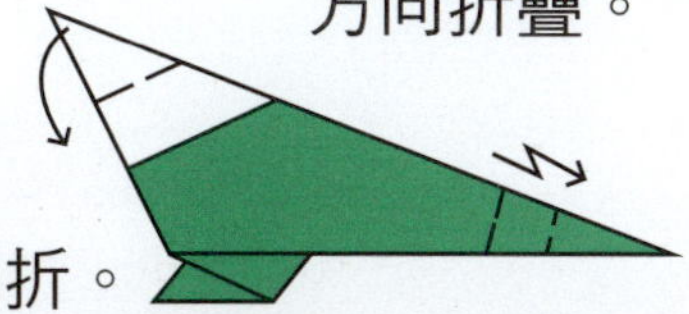

7 沿虛線曲折。

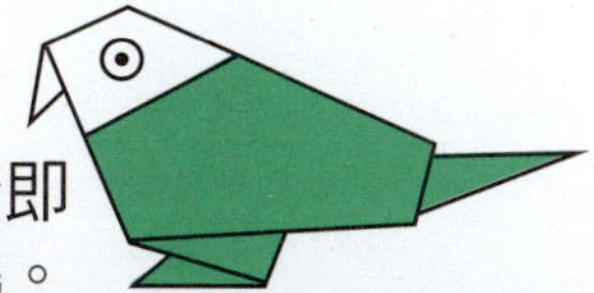

8 畫上眼睛即成虎皮鸚鵡。

鴛鴦 1

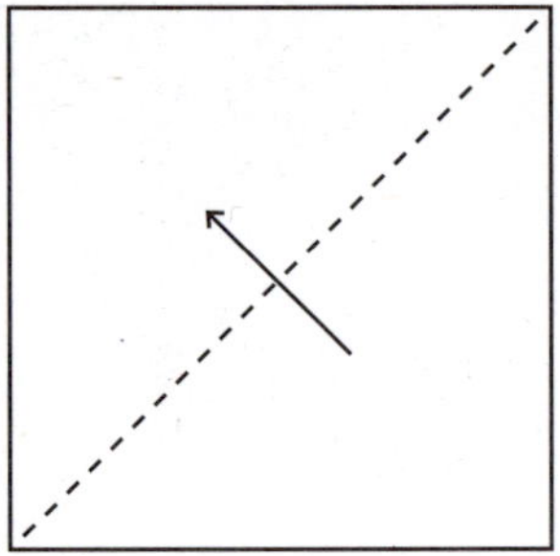

1 沿虛線向箭頭方向折疊。

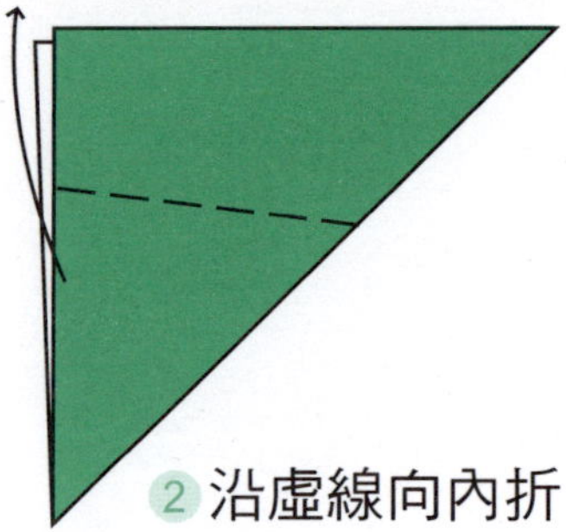

2 沿虛線向內折。

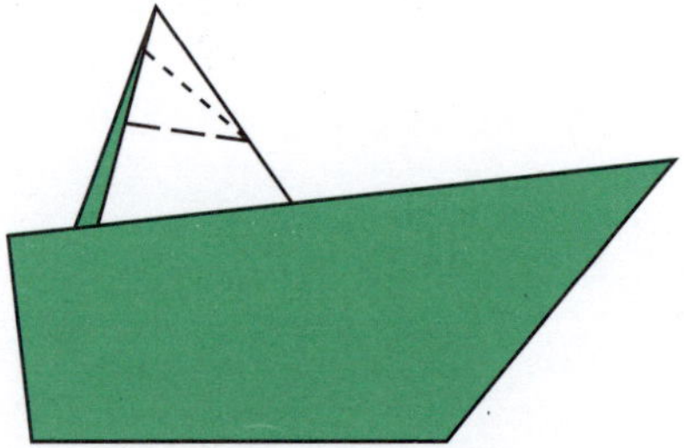

3 沿虛線曲折出頭。

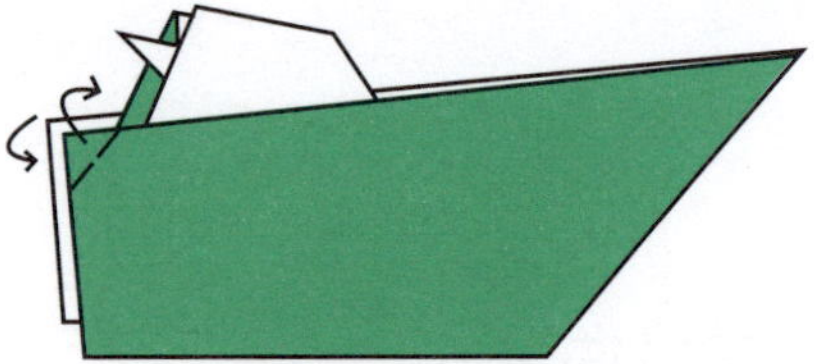

4 沿虛線向內折。

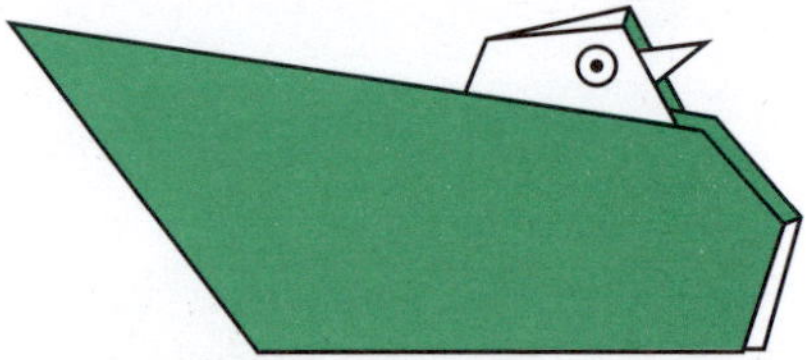

5 畫上眼睛即成鴛鴦。

鴛鴦 2

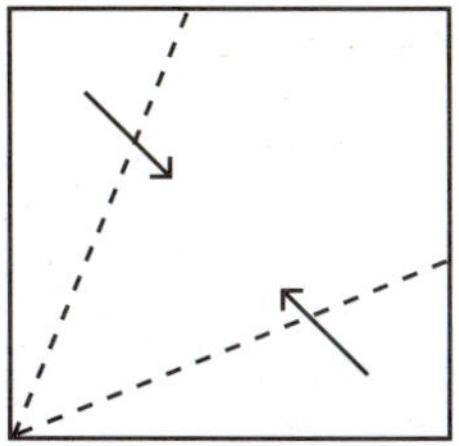

1 沿虛線向箭頭方向折疊。

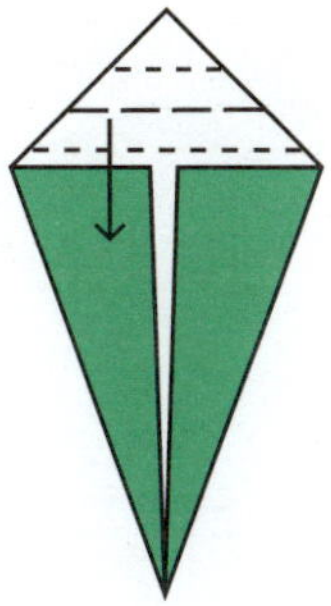

2 沿虛線向箭頭方向折疊成圖 3 。

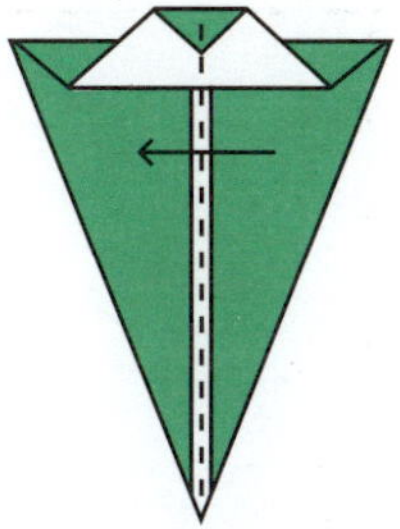

3 沿虛線向箭頭方向折疊。

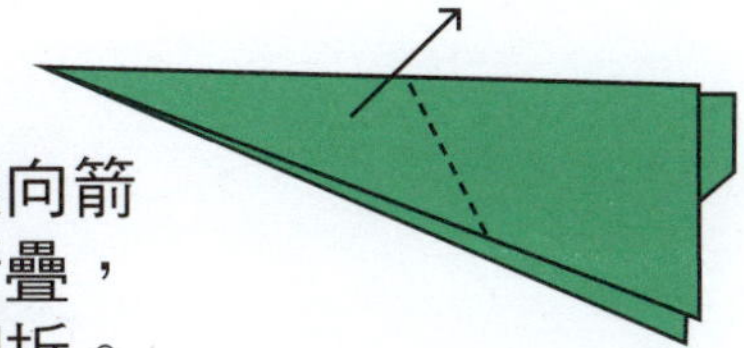

4 沿虛線向箭頭方向折疊，注意要翻折。

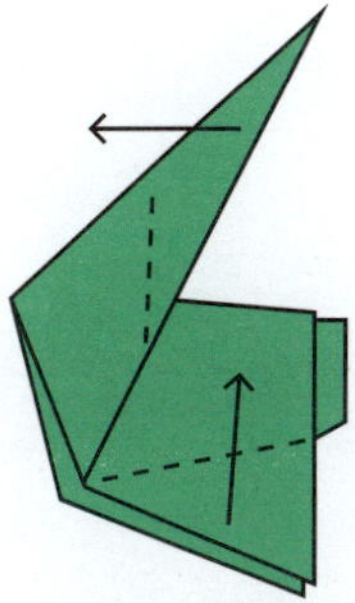

5 沿虛線向箭頭方向折疊，折頭部時要向下翻折。

6 沿虛線折疊，注意要翻折。

7 折成鴛鴦。

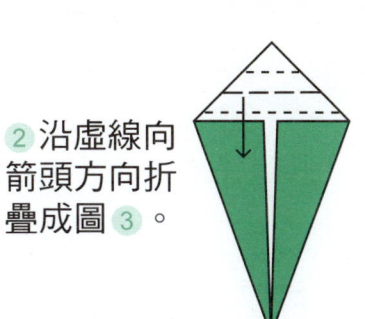

企鵝 1

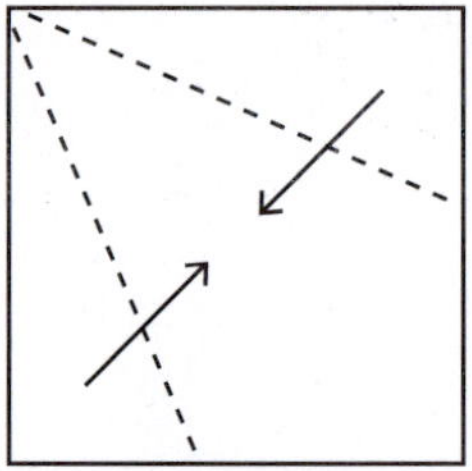

1 沿虛線向箭頭方向折疊。

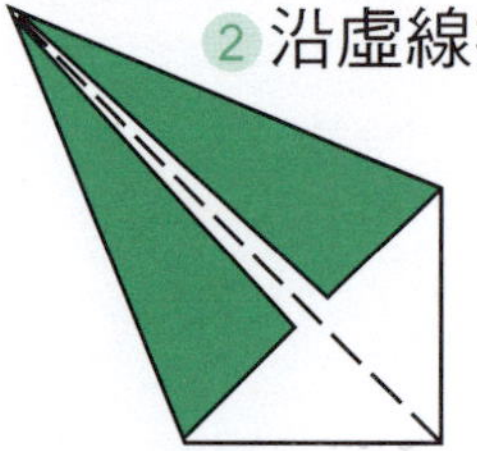

2 沿虛線折疊。

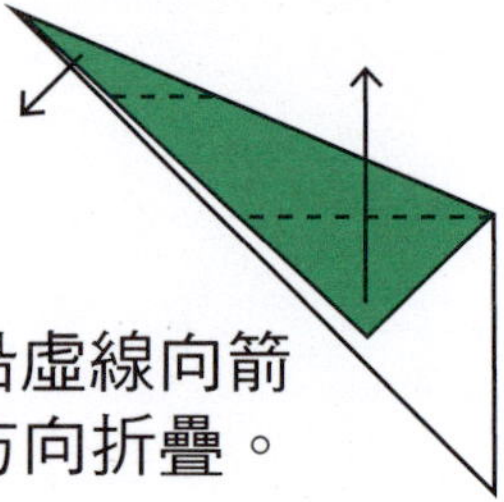

3 沿虛線向箭頭方向折疊。

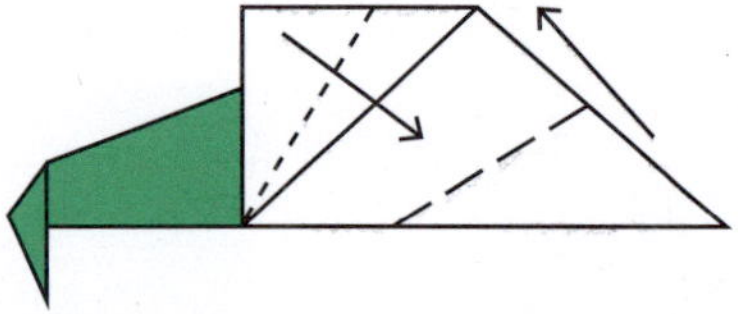

4 沿虛線向箭頭方向折疊，折企鵝的腳部時，注意要翻折。

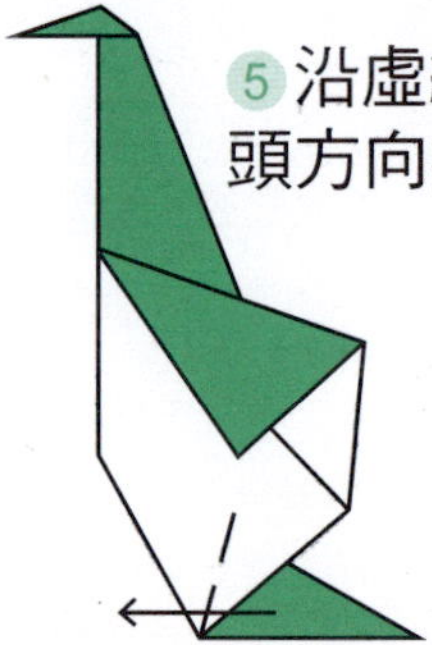

5 沿虛線向箭頭方向折疊。

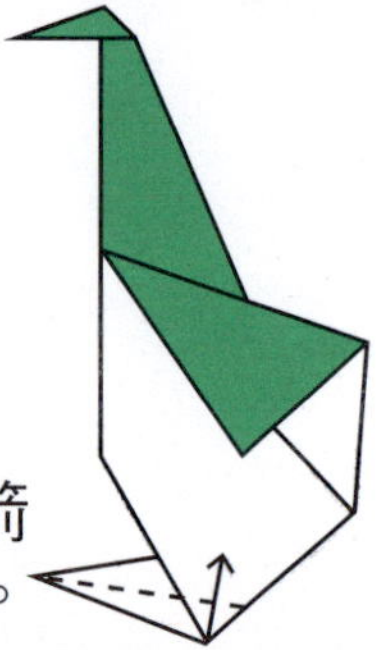

6 沿虛線向箭頭方向折疊。

7 折疊成企鵝。

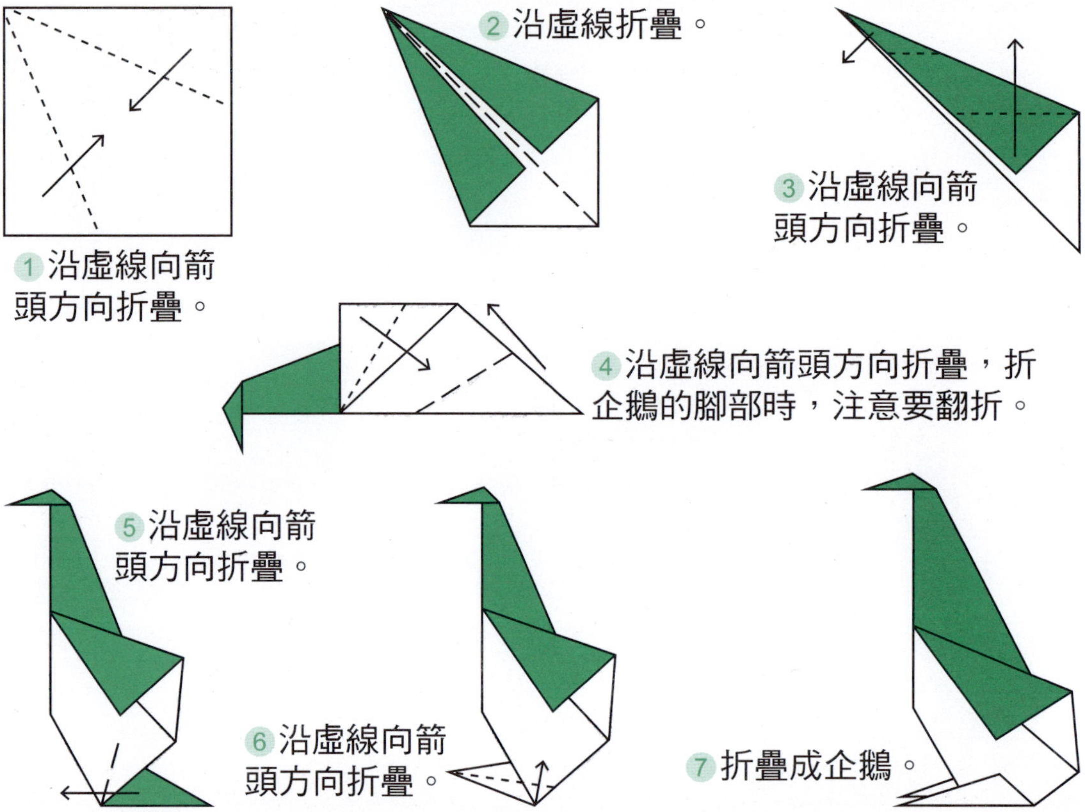

企鵝 2

1 沿虛線向箭頭方向折疊。

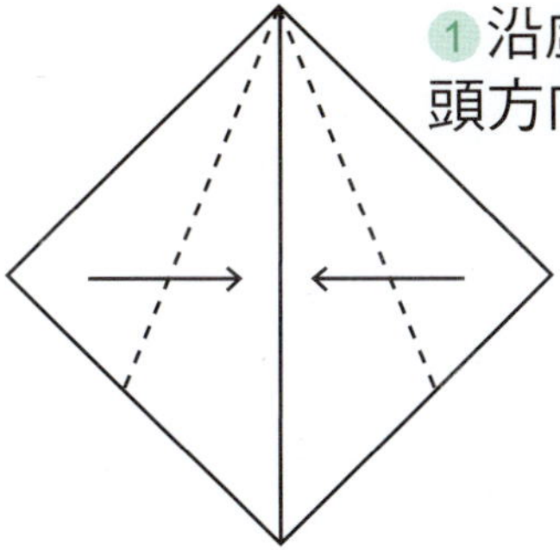

2 沿虛線向箭頭方向折疊。

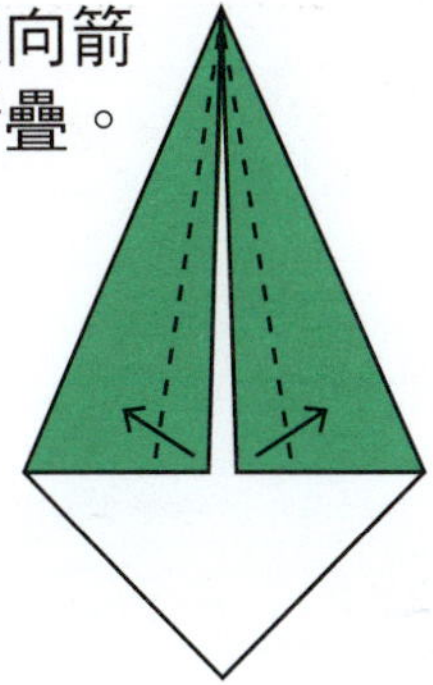

3 沿虛線曲折。

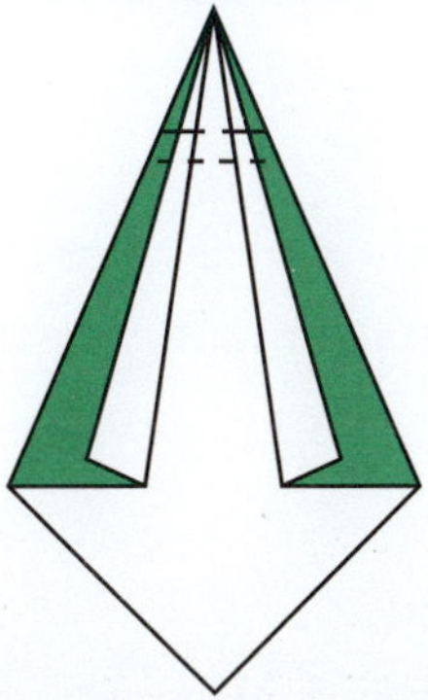

4 沿虛線折向紙內。

5 沿虛線向後對折。

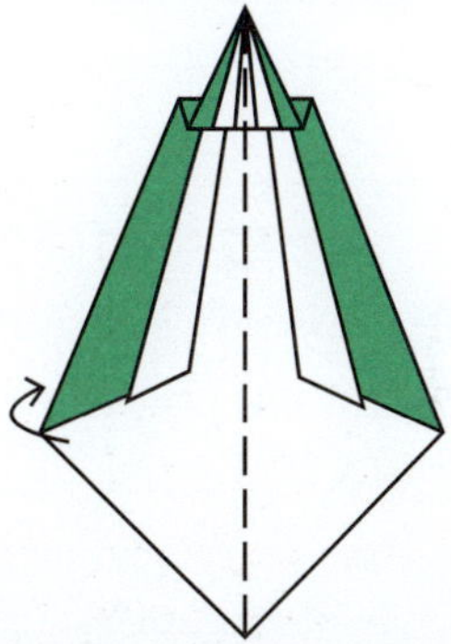

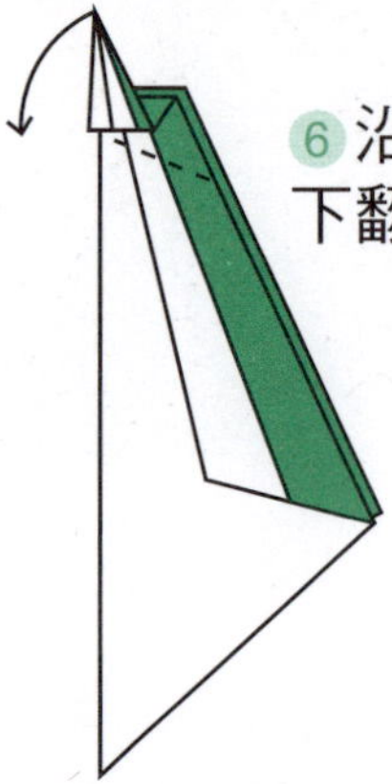

6 沿虛線向下翻折。

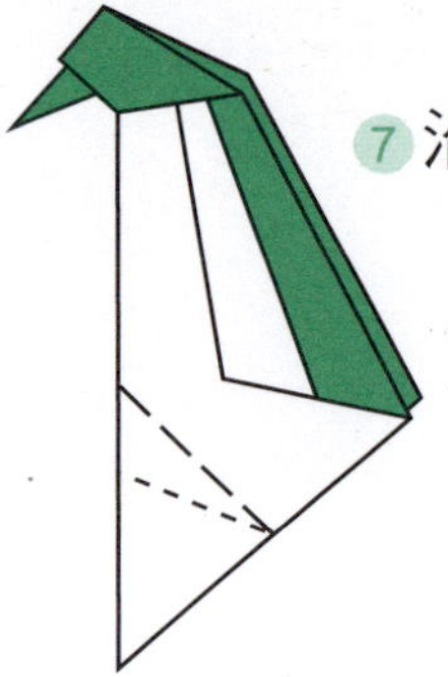

7 沿虛線翻折。

8 用剪刀剪開，做出雙腳。

9 點上眼睛，完成。

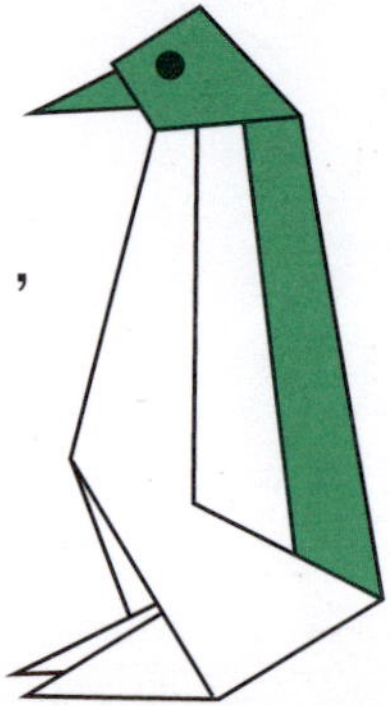

金魚1

1 沿虛線向箭頭方向折疊。

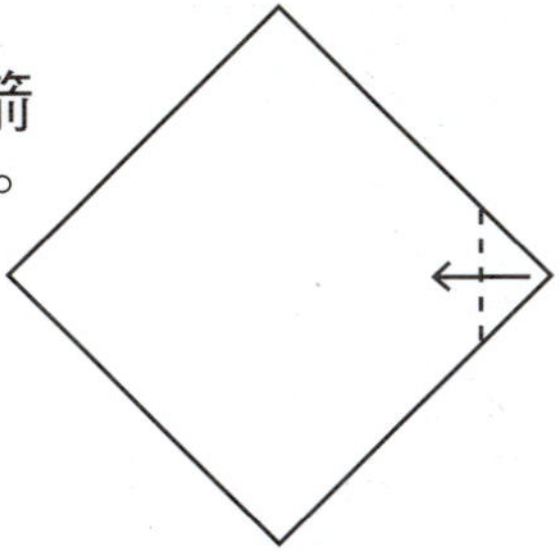

2 沿虛線向箭頭方向折疊。

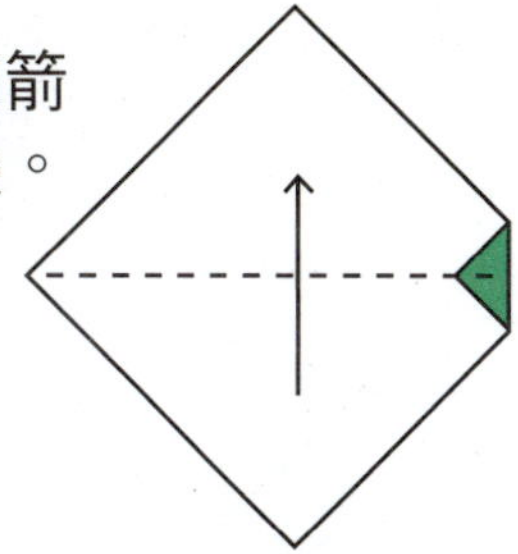

3 沿虛線向箭頭方向折疊。

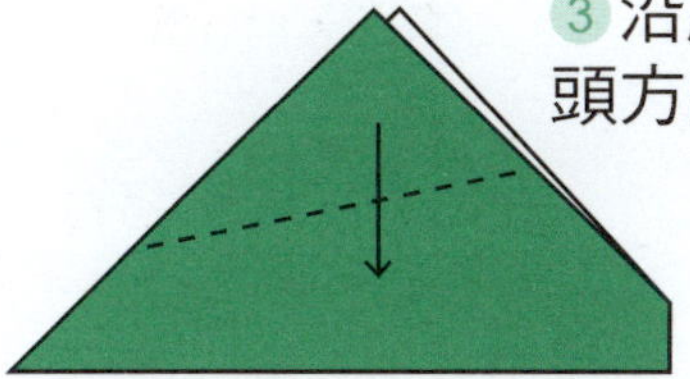

4 沿虛線向箭頭方向折疊。

5 沿虛線向箭頭方向折疊。

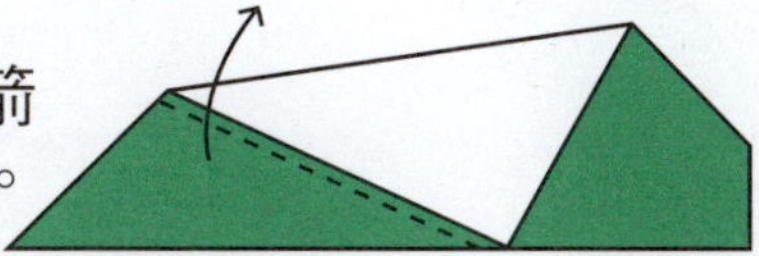

6 畫上眼睛即成金魚。

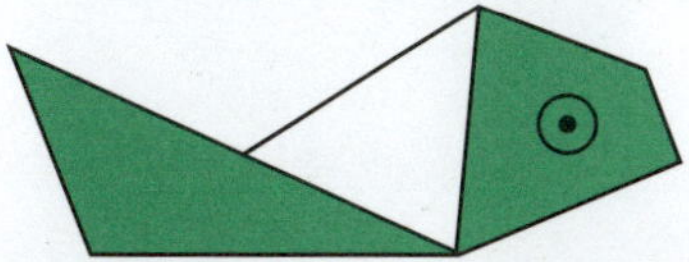

金魚2

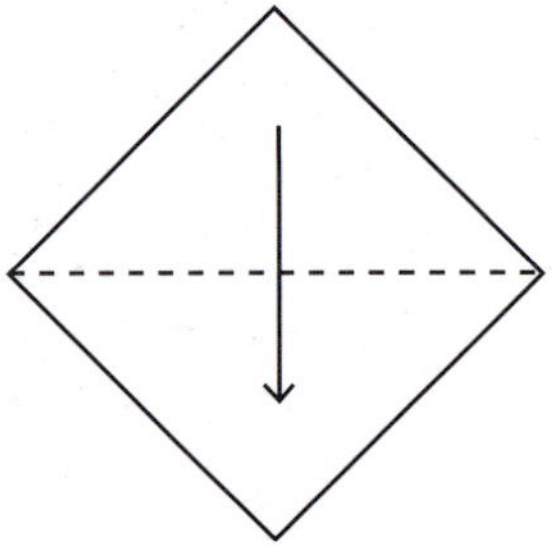

1 沿虛線對折。

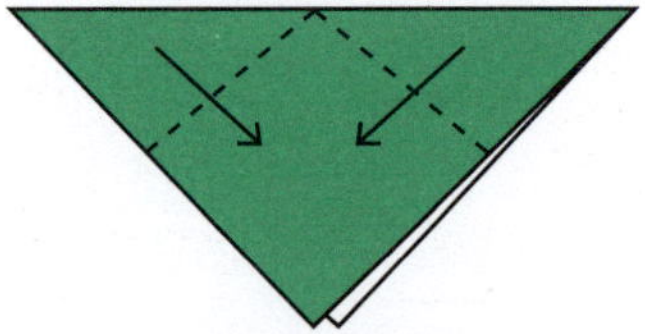

2 沿虛線向箭頭方向折疊。

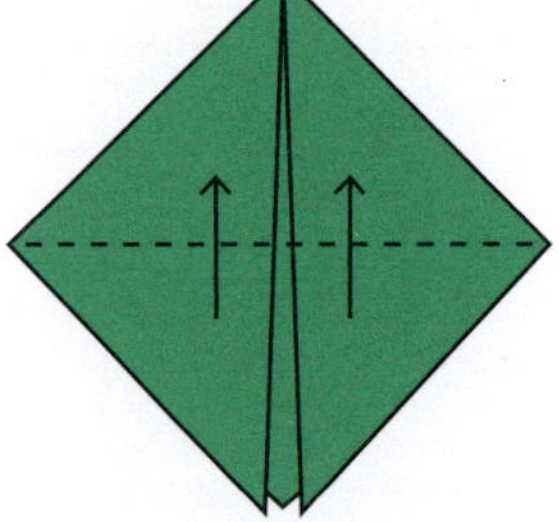

3 沿虛線向箭頭方向折疊。

4 沿虛線向箭頭方向折疊。

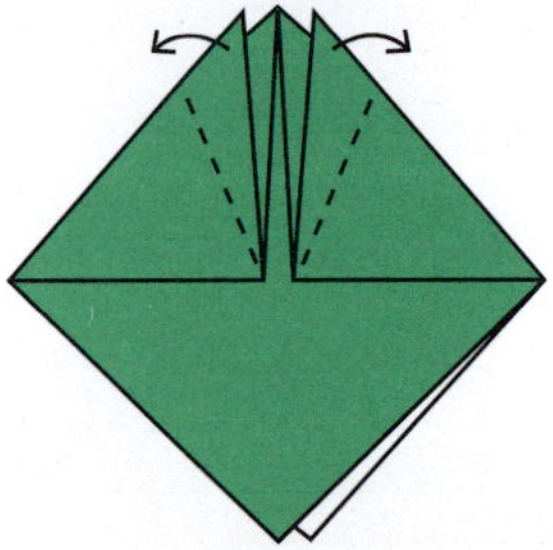

5 沿虛線向箭頭方向折疊。

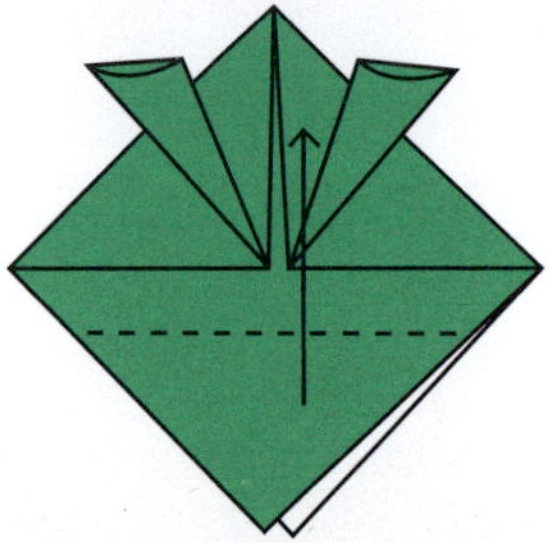

6 沿虛線向箭頭方向折疊。

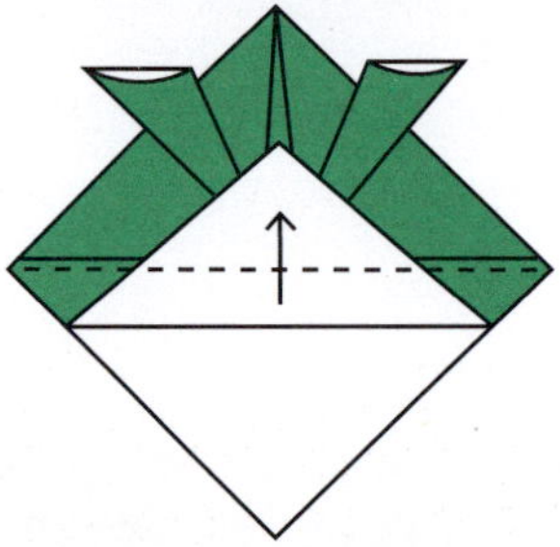

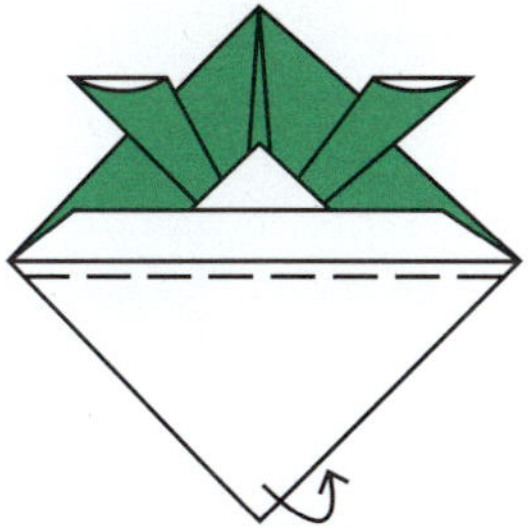

⑦沿虛線向箭頭方向折疊。

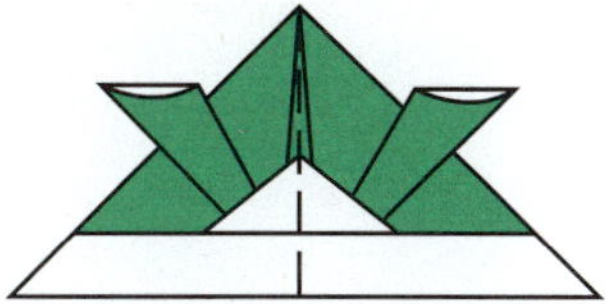

⑧展開，如圖⑨。

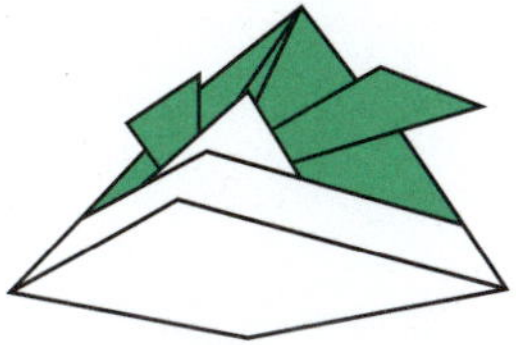

⑨如圖⑩壓折成四角形。

⑩兩層同時剪開。

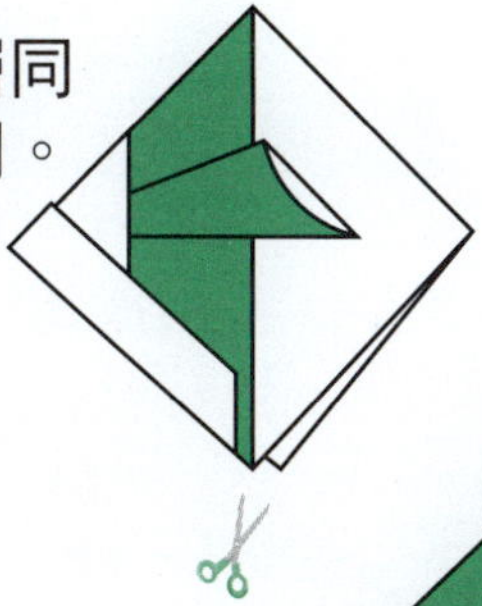

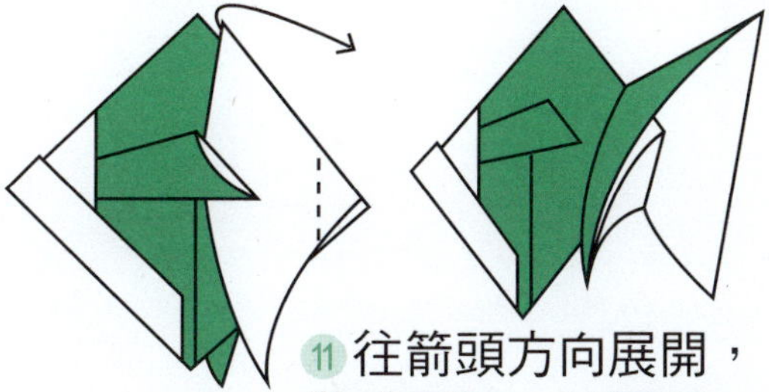

⑪往箭頭方向展開，做成尾巴，如圖示。

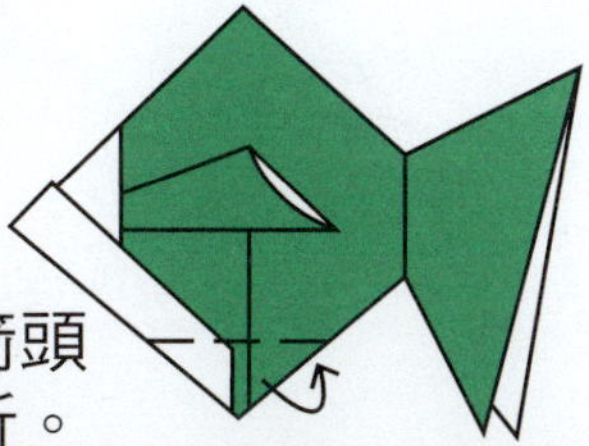

⑫沿虛線依箭頭方向往內翻折。

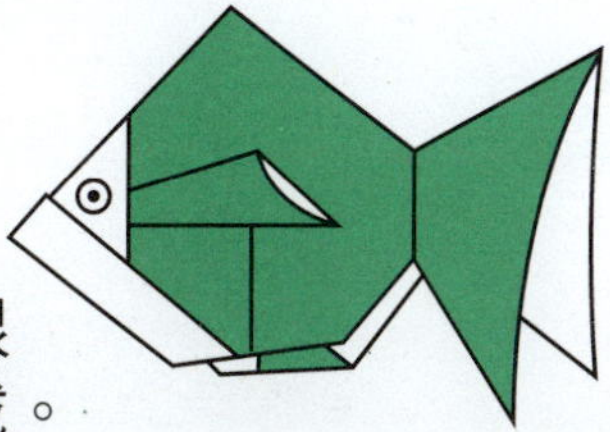

⑬畫上眼睛，完成。

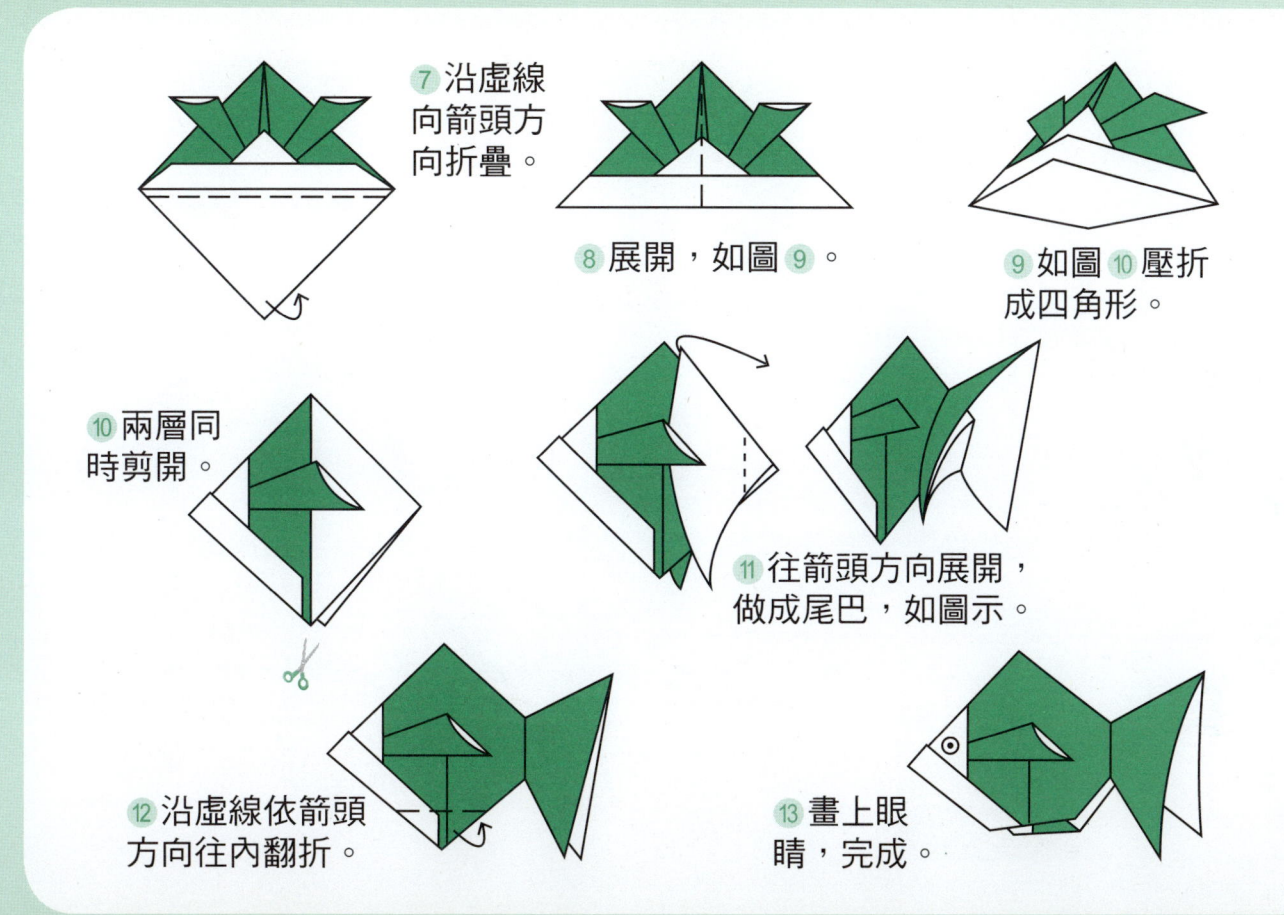

熱帶魚 1

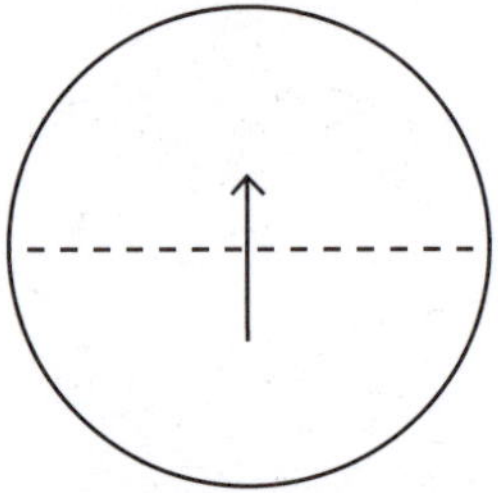

1 拿一張圓形的色紙，沿虛線向箭頭方向折疊。

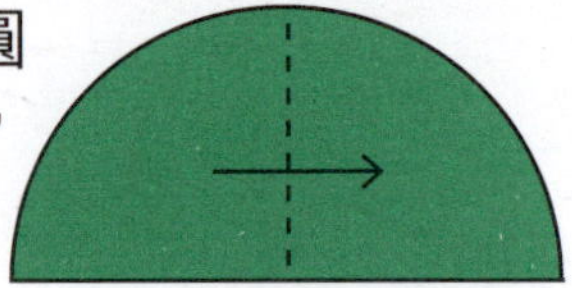

2 沿虛線向箭頭方向折疊。

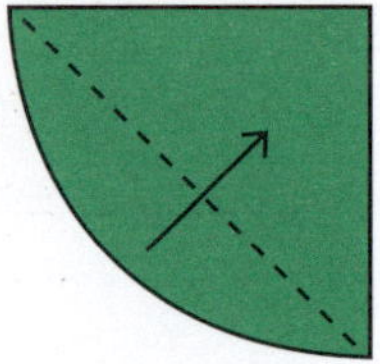

3 沿虛線向箭頭方向折疊。

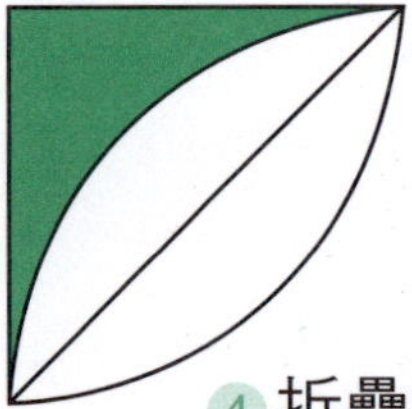

4 折疊成魚身。

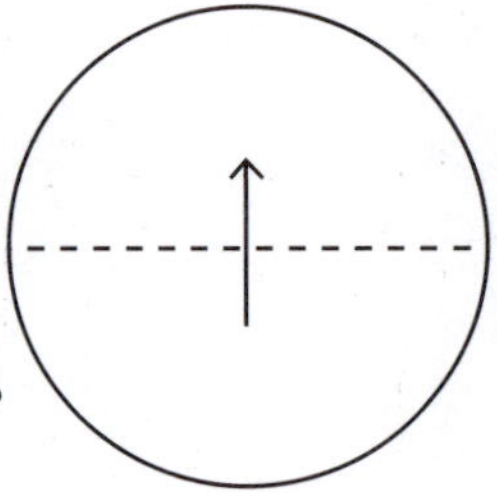

5 另取一張圓形紙，沿虛線向箭頭方向折疊。

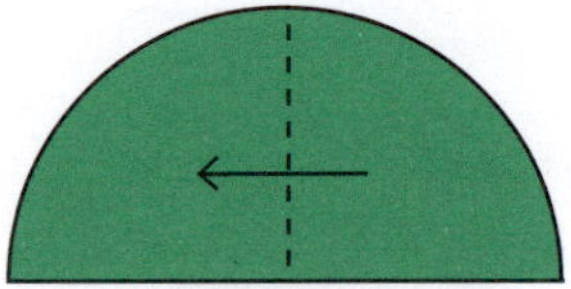

6 沿虛線向箭頭方向折疊。

7 折疊成魚尾。

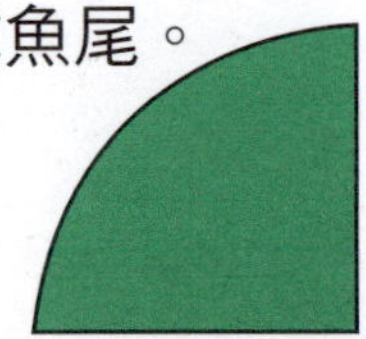

8 將魚身、魚尾黏在一起，畫上眼睛即成熱帶魚。

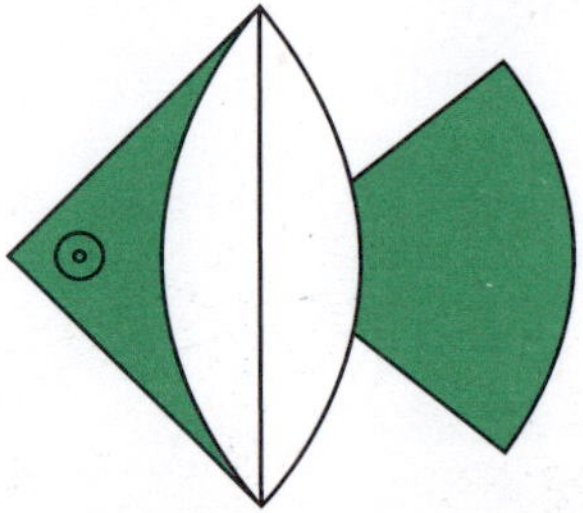

熱帶魚2

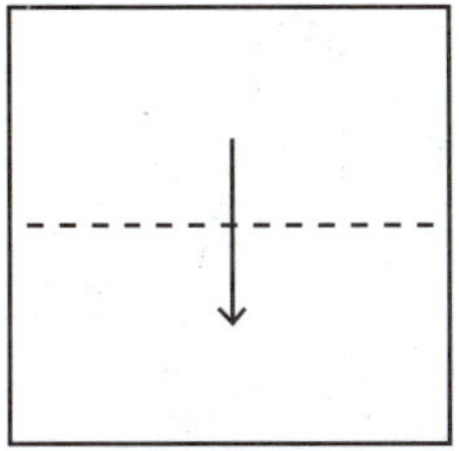

1 沿虛線向箭頭方向折疊。

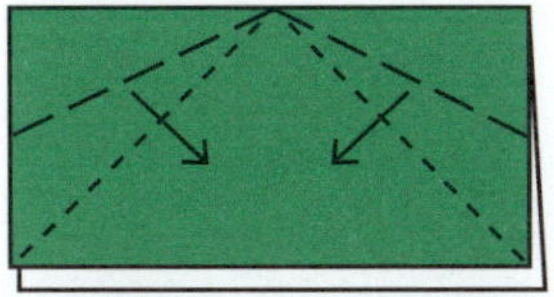

2 把紙從左右撐開，沿虛線先向中間折後再向左右壓折成圖 3。

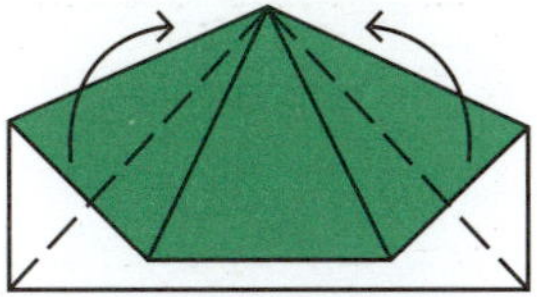

3 沿虛線向箭頭方向折疊。

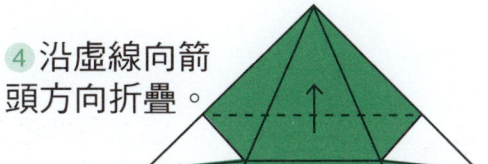

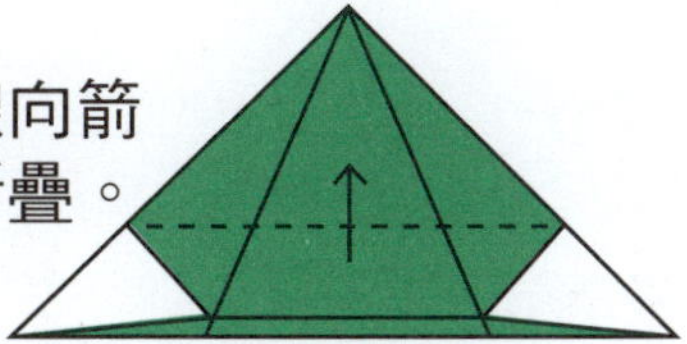

4 沿虛線向箭頭方向折疊。

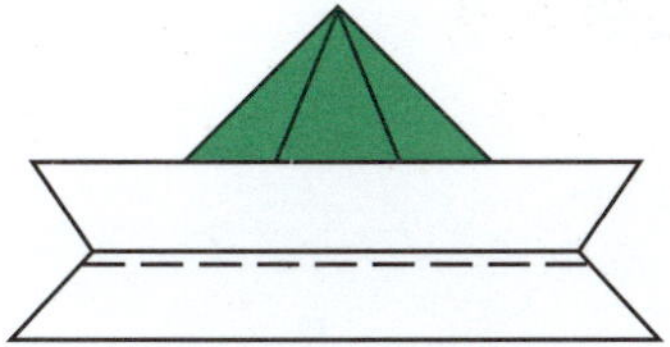

5 沿虛線折疊。

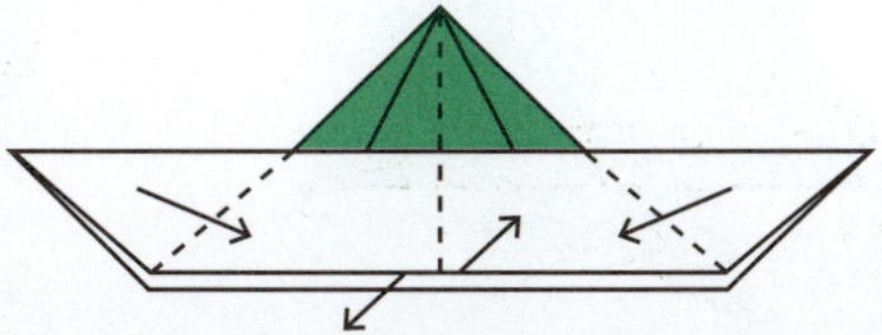

6 左右的上下兩層紙都往內折，再從中間開口處撐開，沿中線折壓。

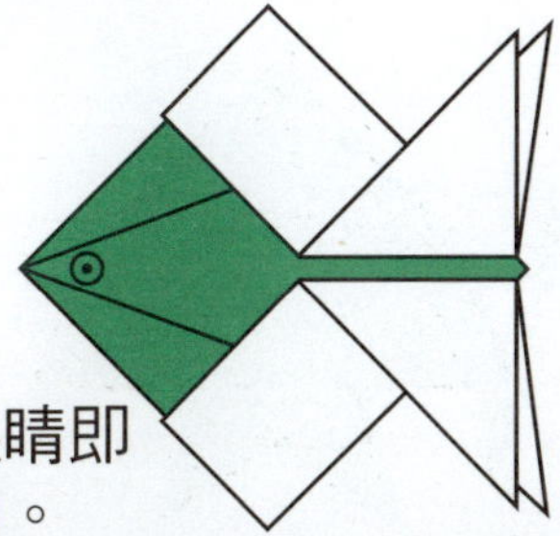

7 畫上眼睛即成熱帶魚。

熱帶魚 3

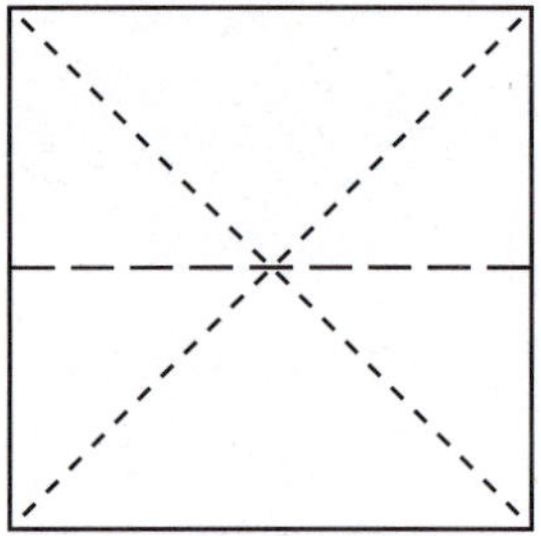

1 沿虛線折疊。

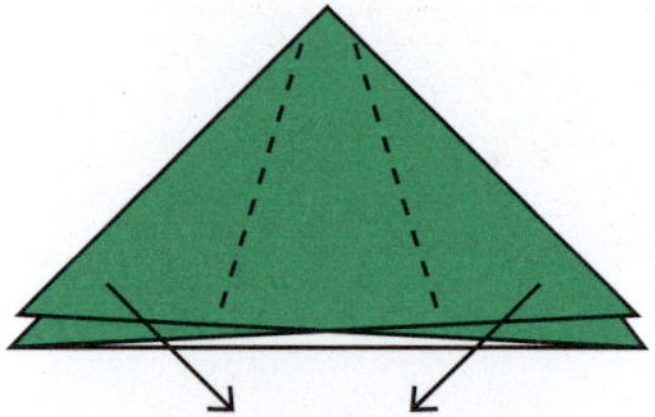

2 沿虛線向箭頭方向折疊，注意只折前面的一層紙。

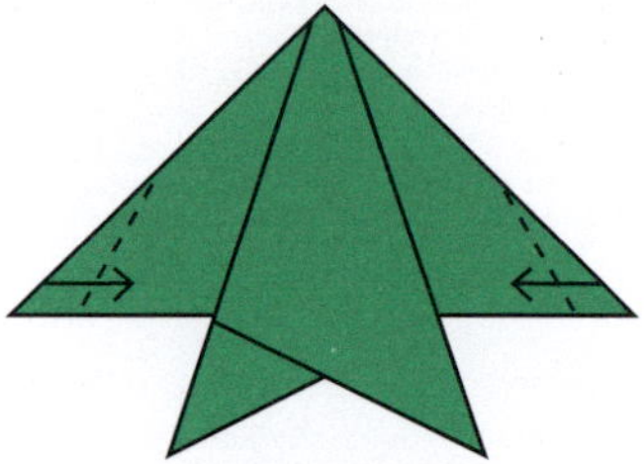

3 沿虛線向箭頭方向折疊。

4 翻過來。

5 先按圖示剪開，再沿虛線折疊。

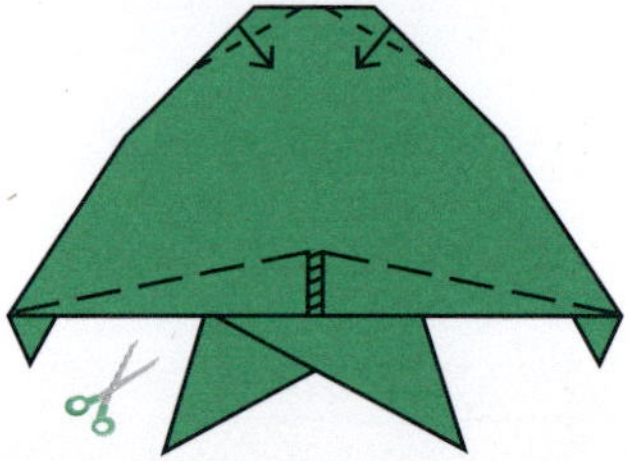

6 畫上眼睛即成熱帶魚。

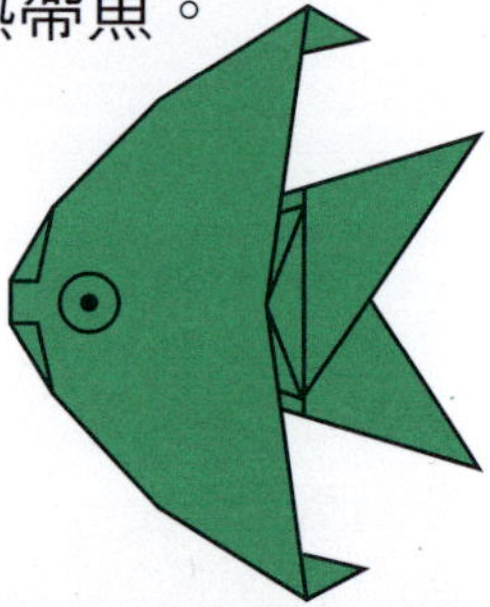

胖頭魚

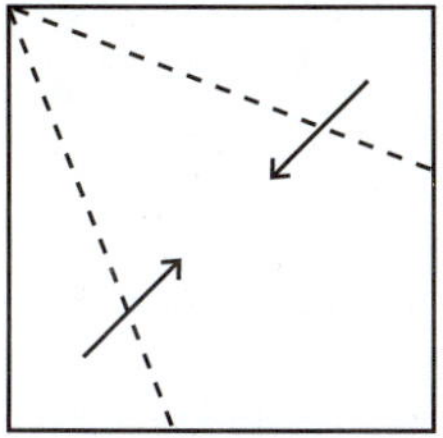

1 沿虛線向箭頭方向折疊。

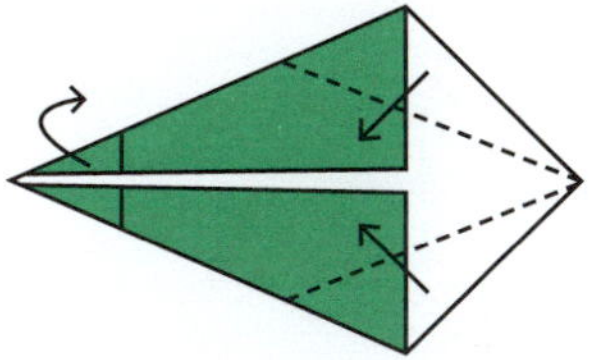

2 沿虛線向箭頭方向折疊。

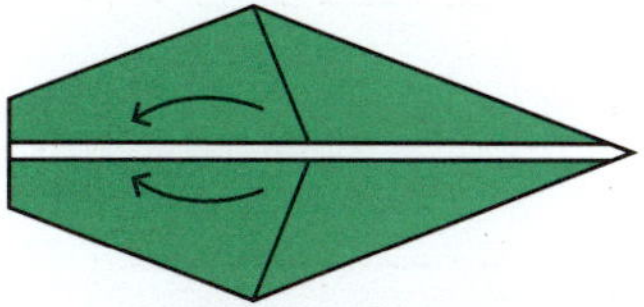

3 按圖示朝箭頭方向拉出再折疊成圖 4 形狀。

4 沿虛線向箭頭方向折疊。

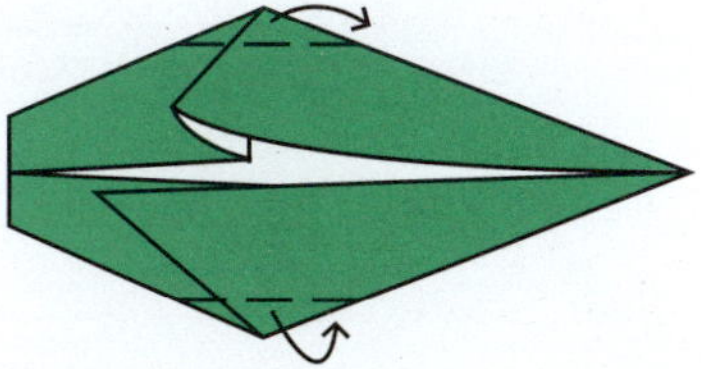

5 沿虛線向箭頭方向折疊。

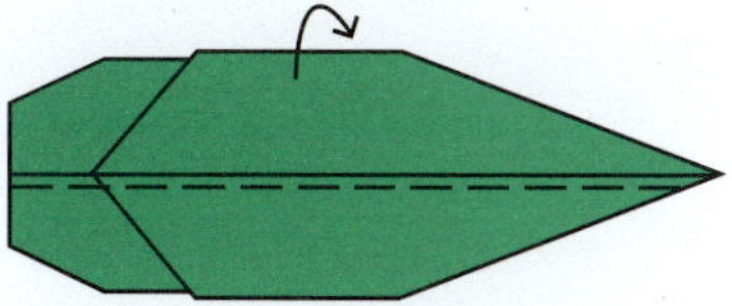

6 沿虛線向箭頭方向折疊。

7 畫上眼睛即成胖頭魚。

燕魚

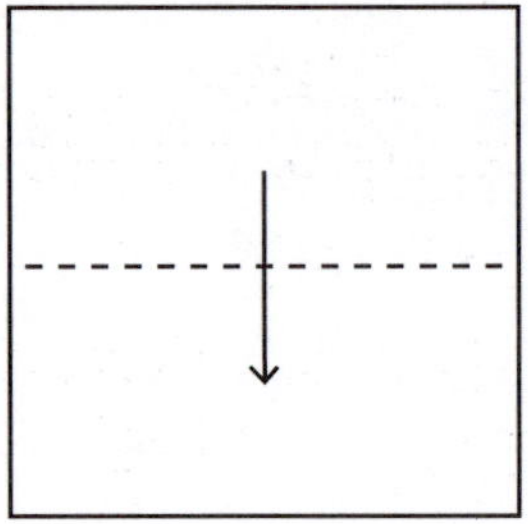

1 沿虛線向箭頭方向折疊。

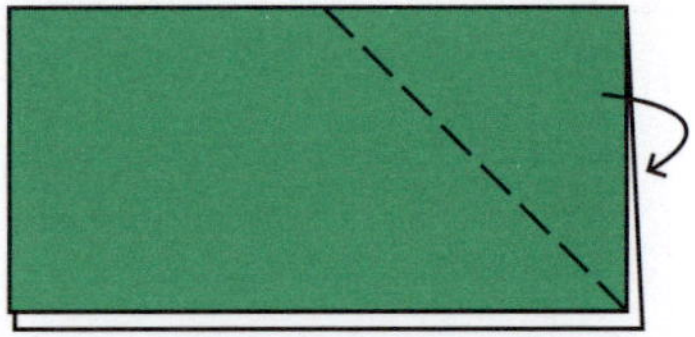

2 沿虛線往裡折進去。

3 沿虛線往裡折進去。

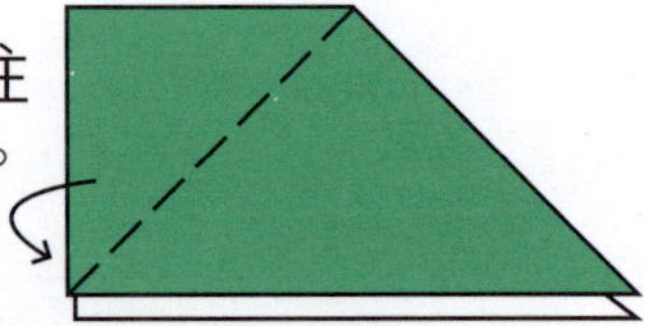

4 沿虛線向箭頭方向折疊。

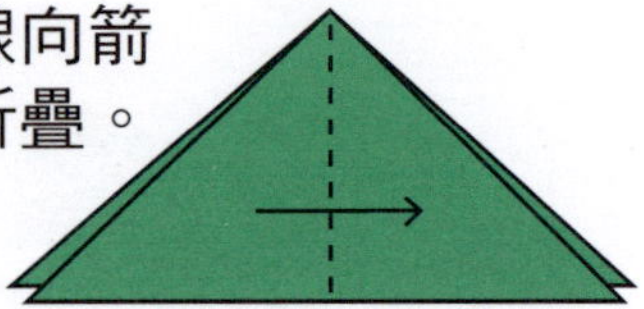

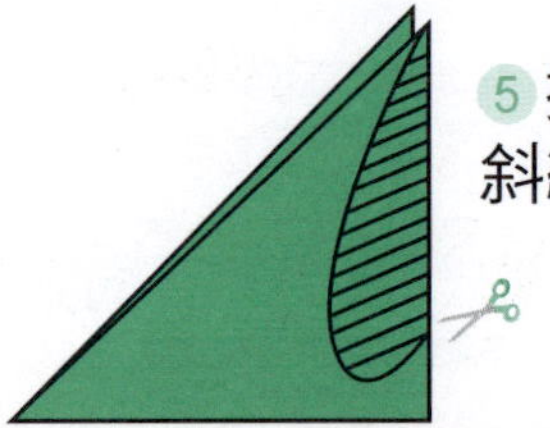

5 按圖示剪掉斜線部分。

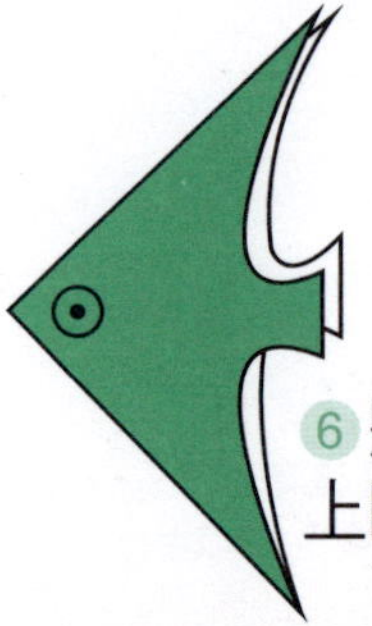

6 將圖 5 展開，畫上眼睛即成燕魚。

神仙魚

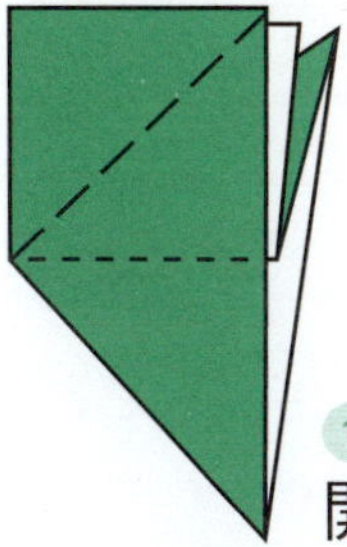

1 從雙三角形開始折疊。

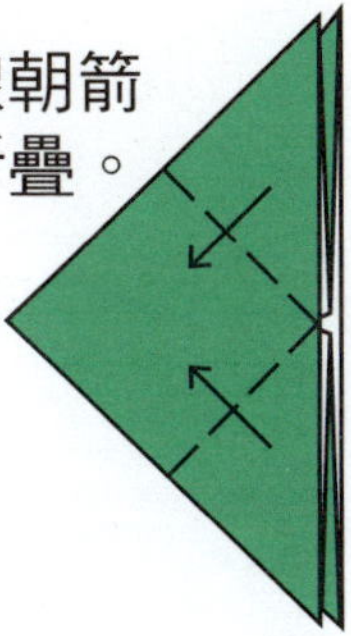

2 沿虛線朝箭頭方向折疊。

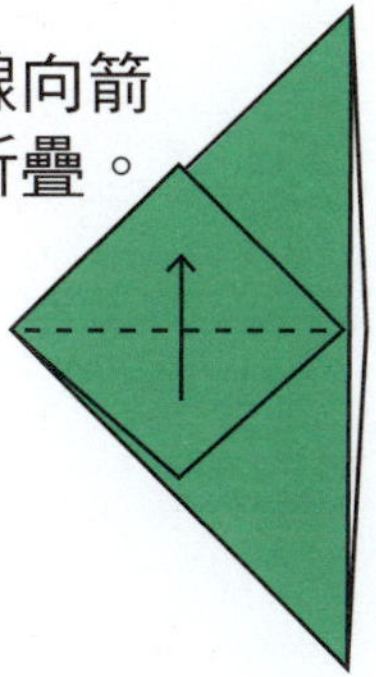

3 沿虛線向箭頭方向折疊。

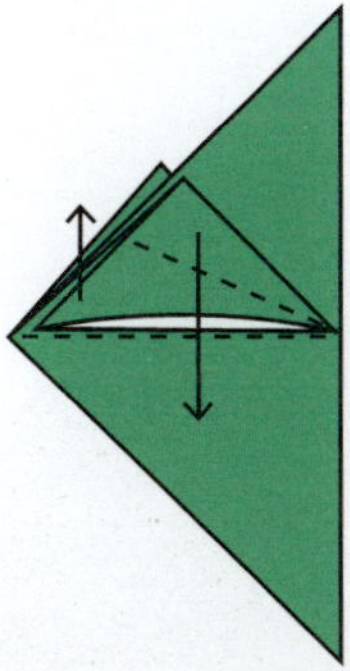

4 沿虛線向箭頭方向折疊。

5 用剪刀剪掉斜線部分。

6 完成。

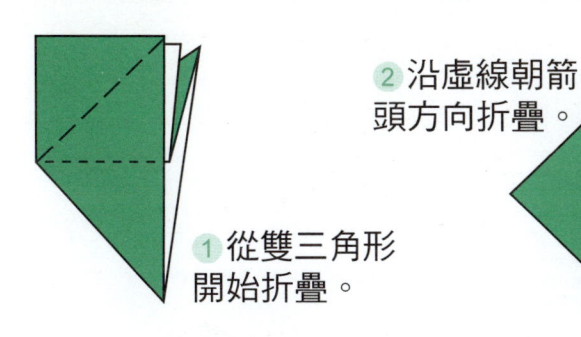

魷魚

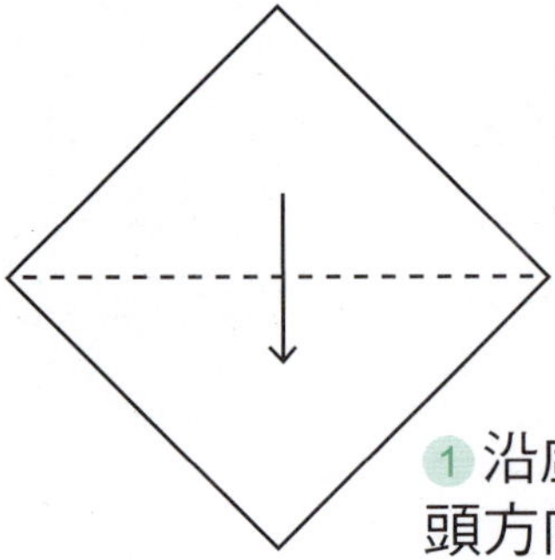

1 沿虛線向箭頭方向折疊。

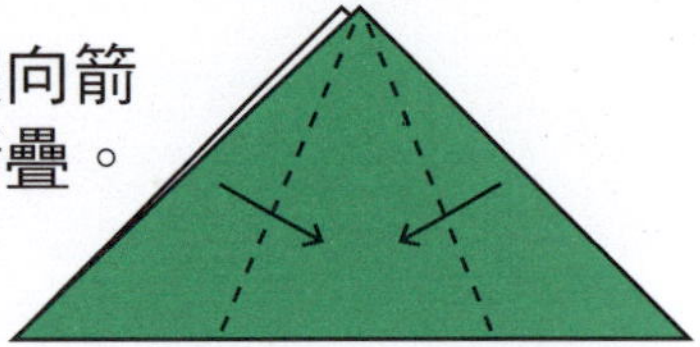

2 沿虛線向箭頭方向折疊。

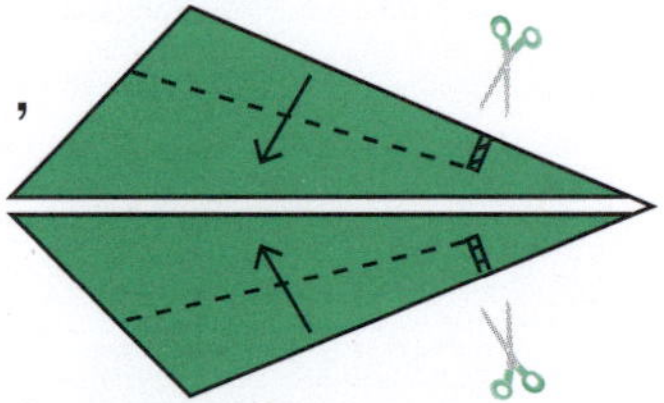

3 按圖示剪開，沿虛線折疊。

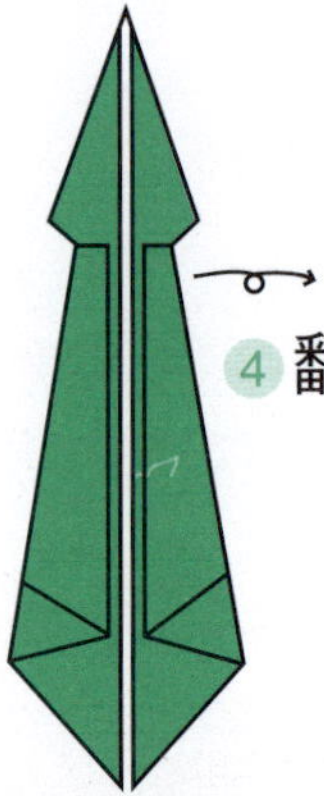

4 翻過來。

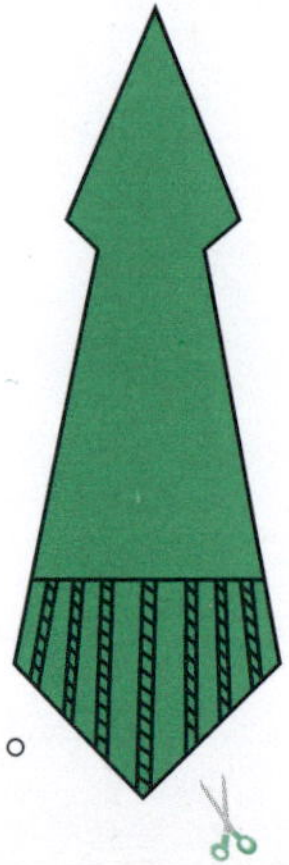

5 按圖示剪開。

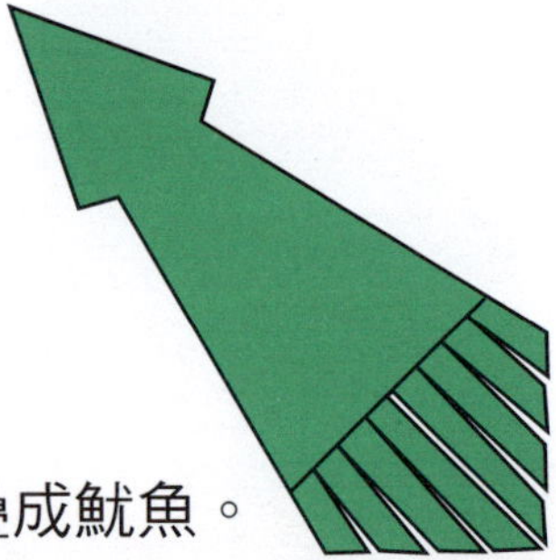

6 折疊成魷魚。

章魚

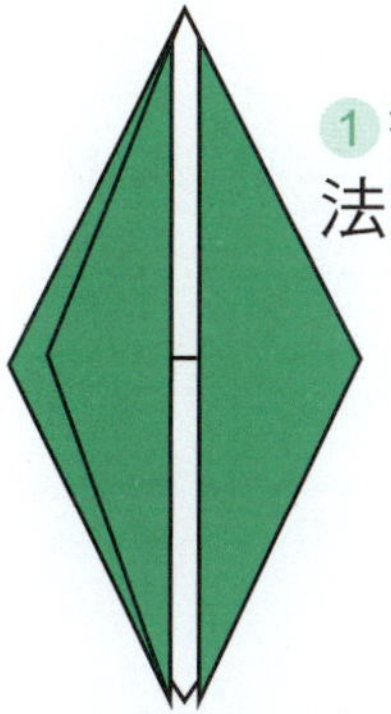

1 從雙菱形折法開始折。

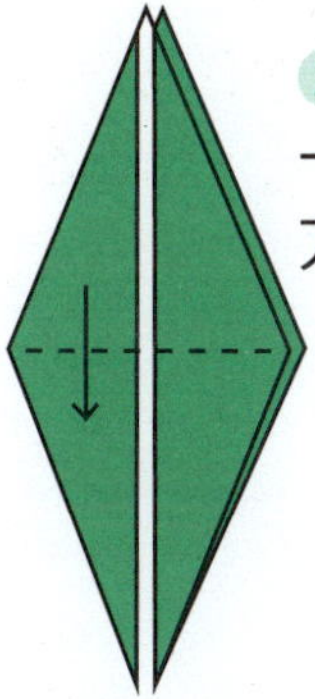

2 只把上面的一層依照箭頭方向往下折。

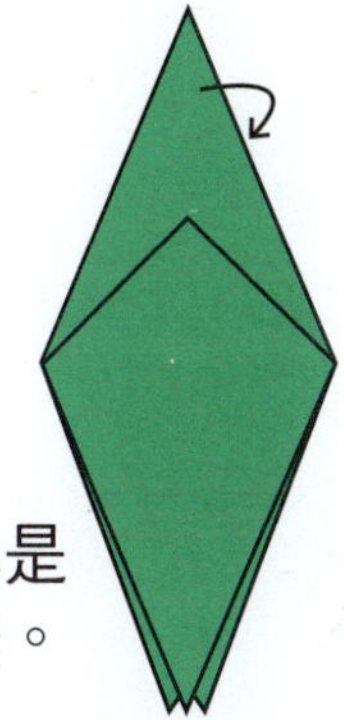

3 另一面也是相同的折法。

4 兩邊剪出切口。

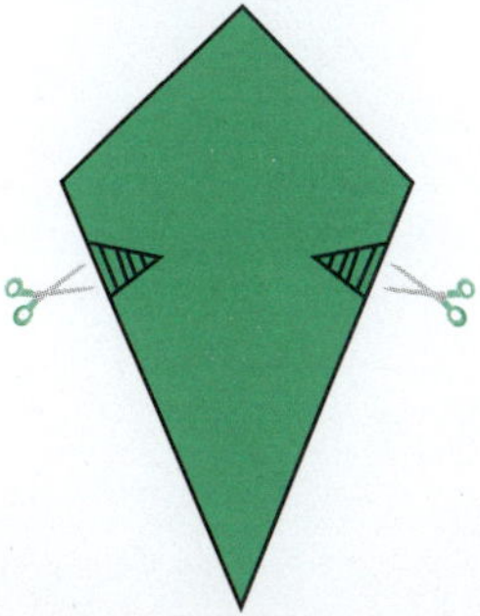

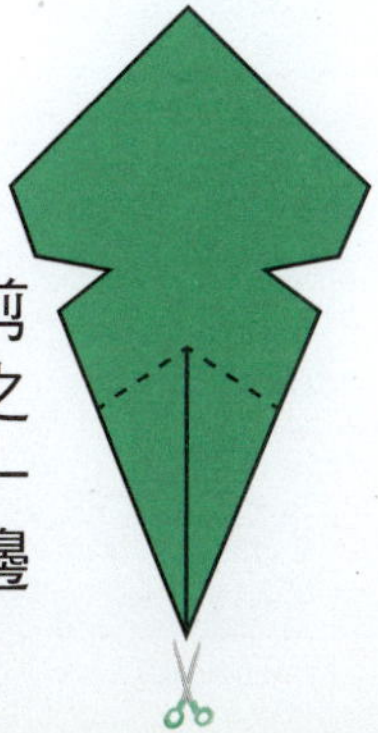

5 沿黑線剪開，剪好之後再一層一層地往旁邊折。

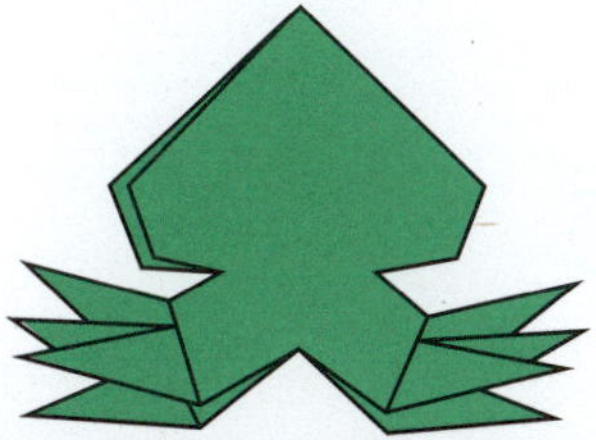

6 完成。

鯨魚

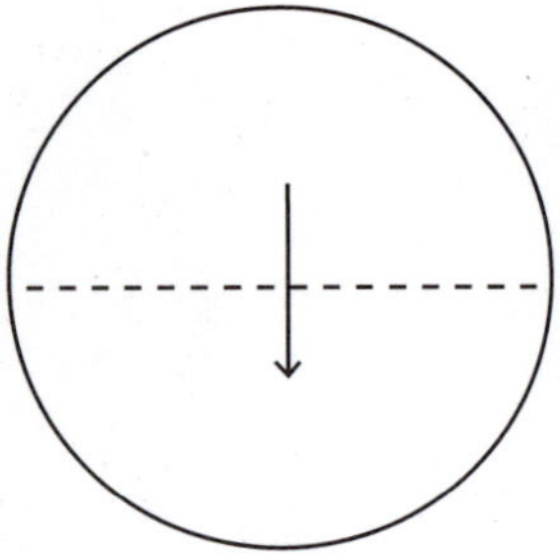

1 用一張圓形的色紙，沿虛線向箭頭方向折疊。

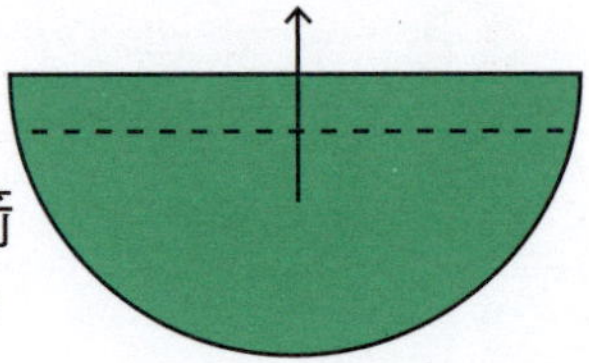

2 沿虛線向箭頭方向折疊。

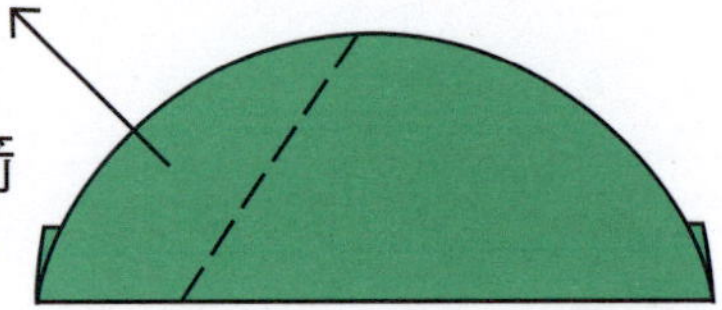

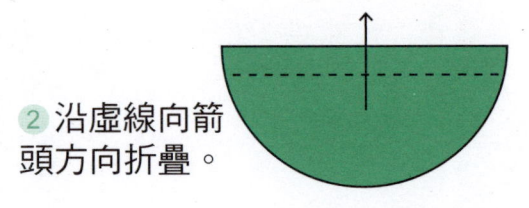

3 沿虛線向箭頭方向折疊。

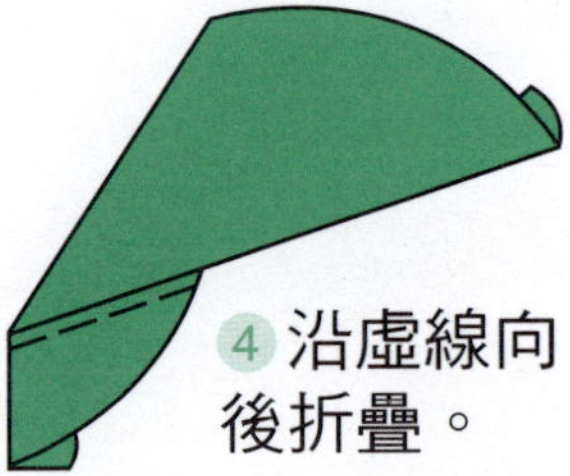

4 沿虛線向後折疊。

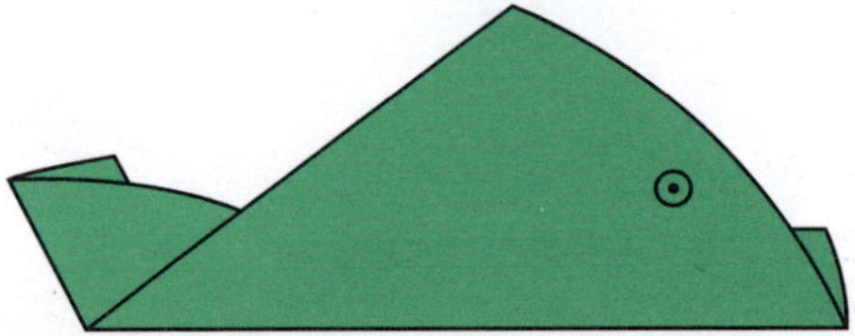

5 畫上眼睛即成鯨魚。

水母

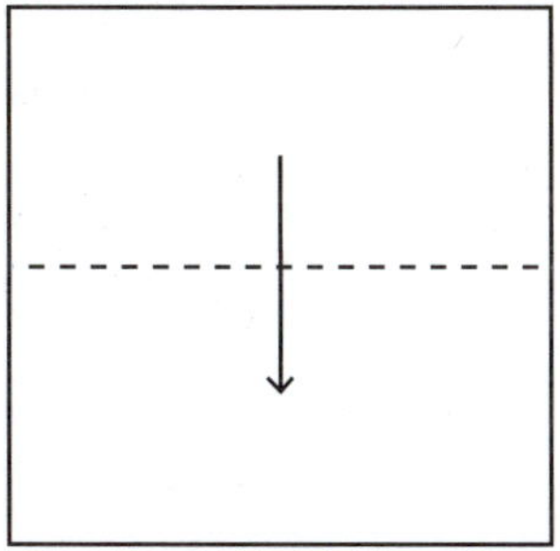

1 沿虛線向箭頭方向折疊。

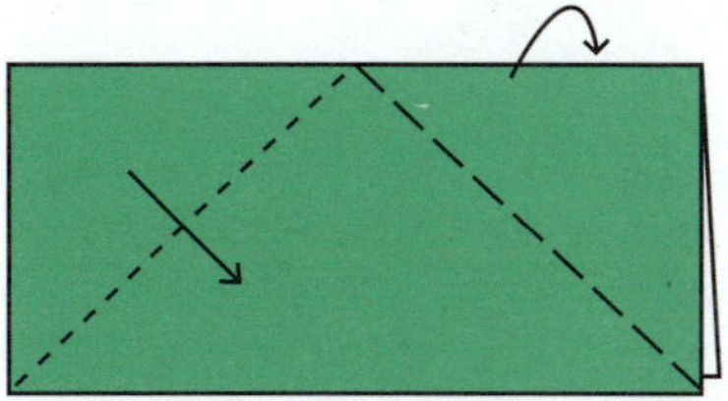

2 沿虛線向箭頭方向折疊。

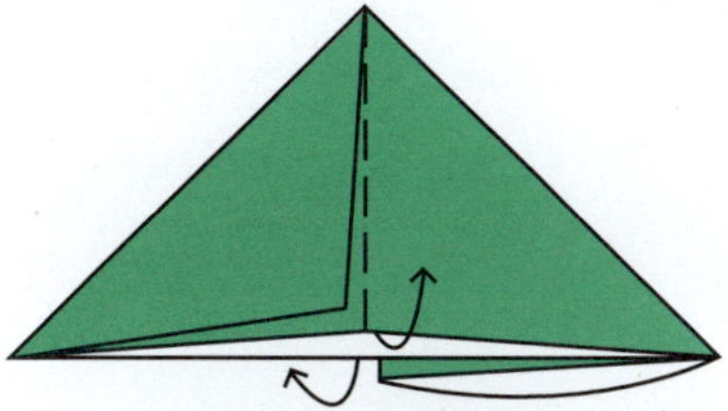

3 從下面撐開，沿虛線折疊。

4 沿虛線向箭頭方向折疊。

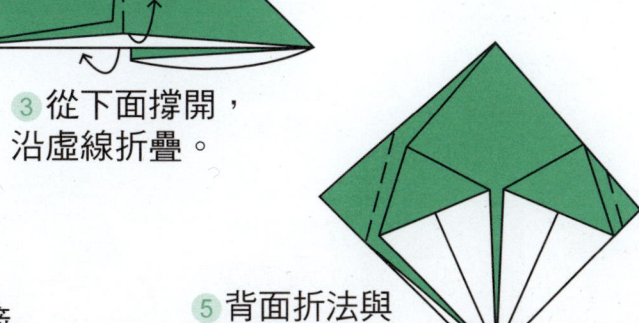

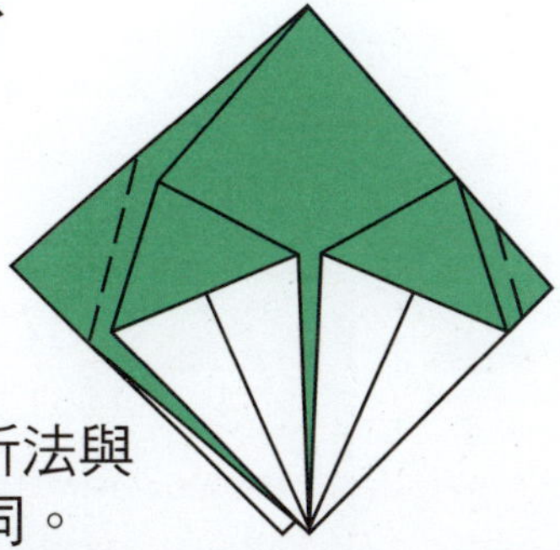

5 背面折法與圖 4 相同。

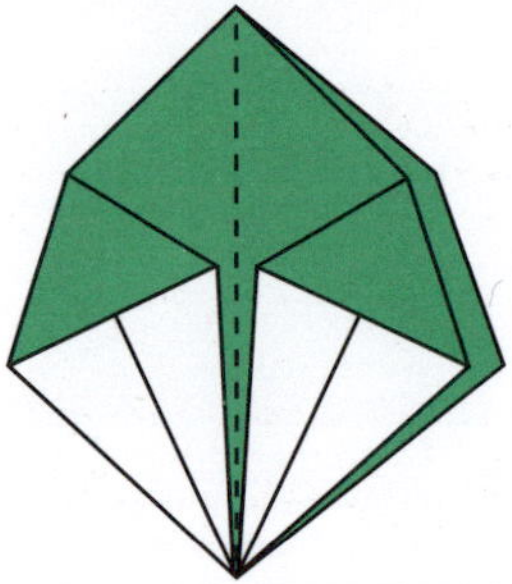

6 沿虛線折疊成圖 7 形狀，背面相同。

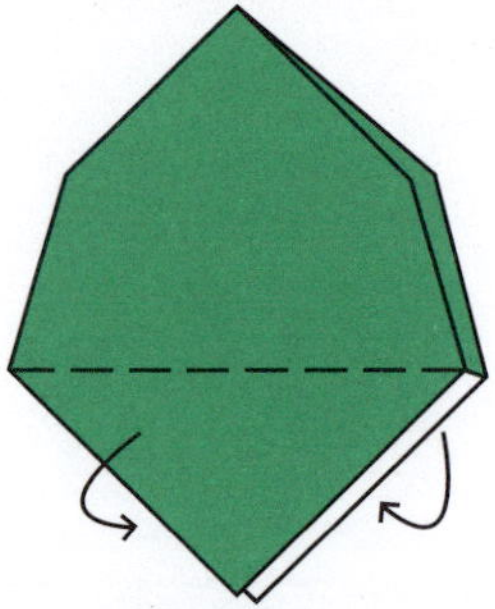

7 沿虛線向內折，背面相同。

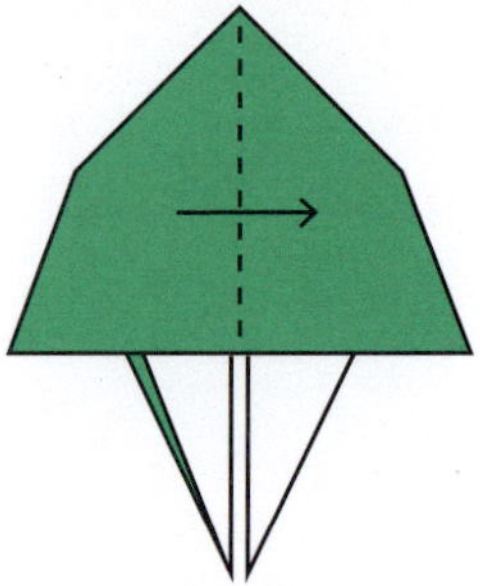

8 沿虛線向箭頭方向折疊，背面相同。

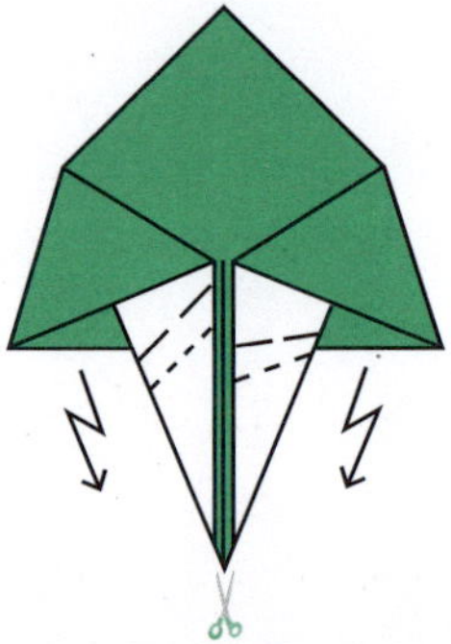

9 按圖示剪開，沿虛線曲折，背面相同。

10 沿虛線向箭頭方向折疊，背面相同。

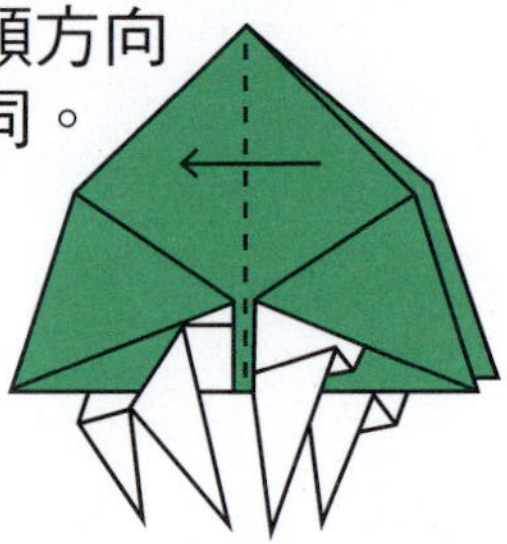

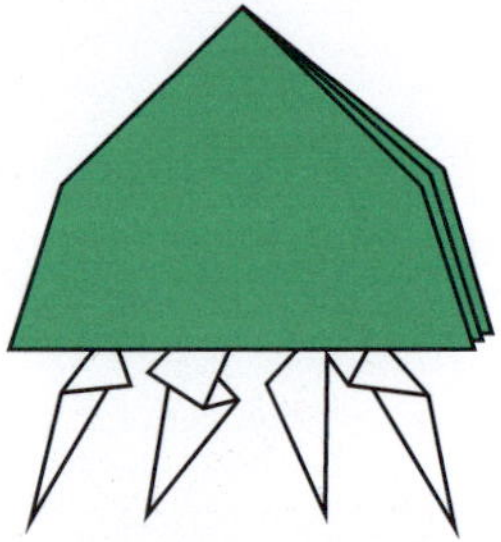

11 折疊成水母。

龍蝦

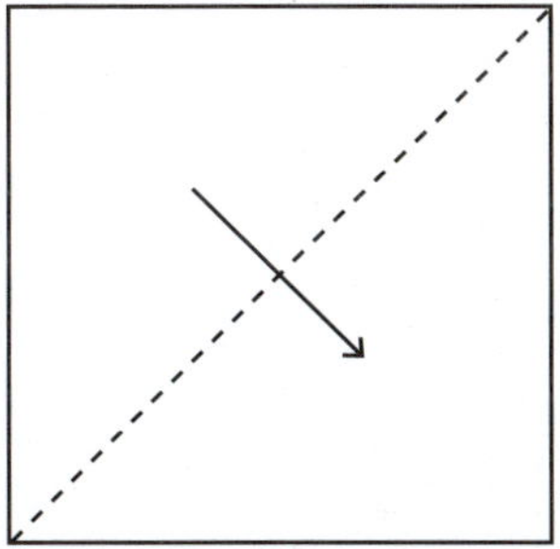

1 沿虛線向箭頭方向折疊。

2 沿虛線向箭頭方向折疊，翻過來。

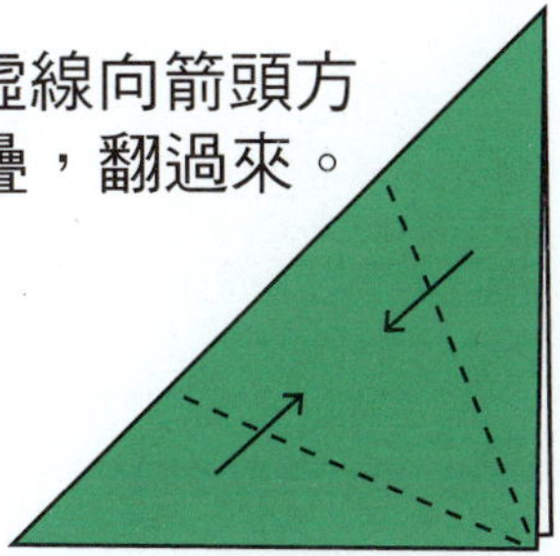

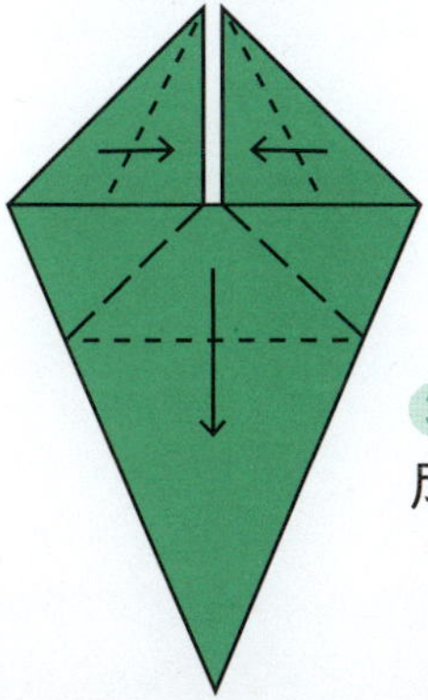

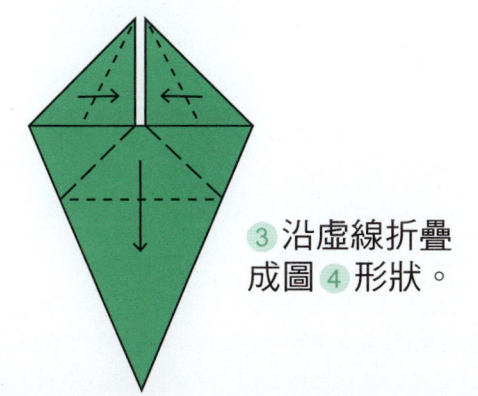

3 沿虛線折疊成圖 4 形狀。

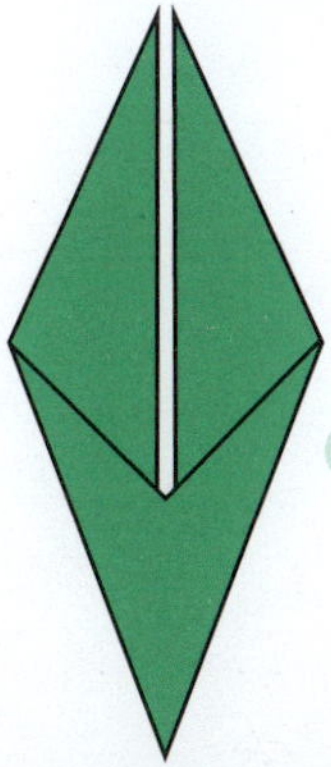

4 翻過來。

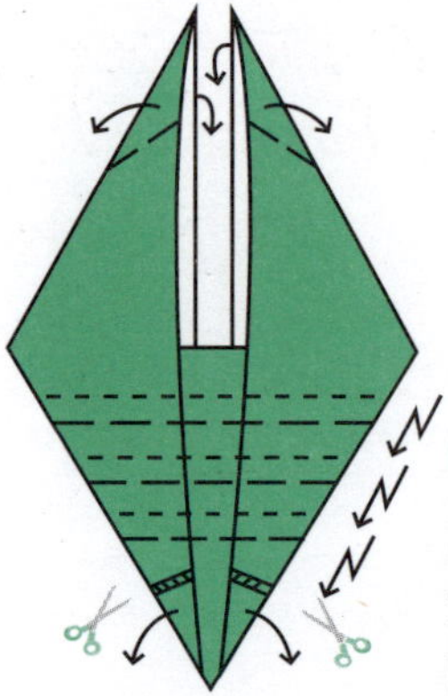

5 沿虛線朝箭頭方向折疊，下角按圖示從中間向兩邊剪開，然後往兩邊折疊。

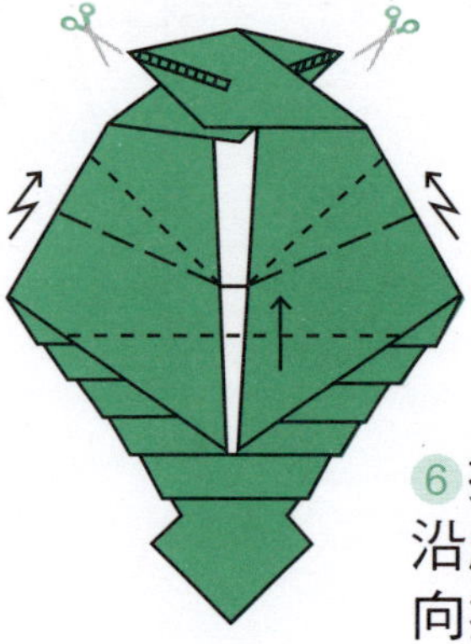

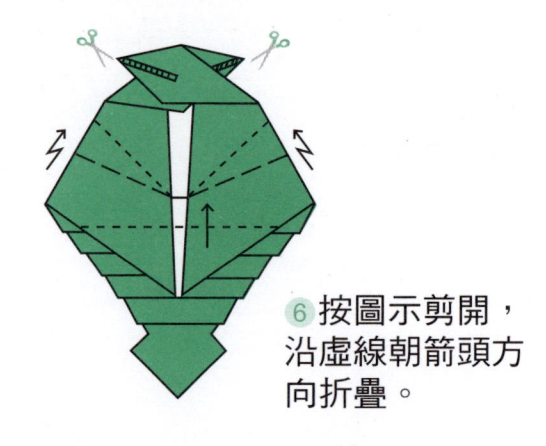

6 按圖示剪開，沿虛線朝箭頭方向折疊。

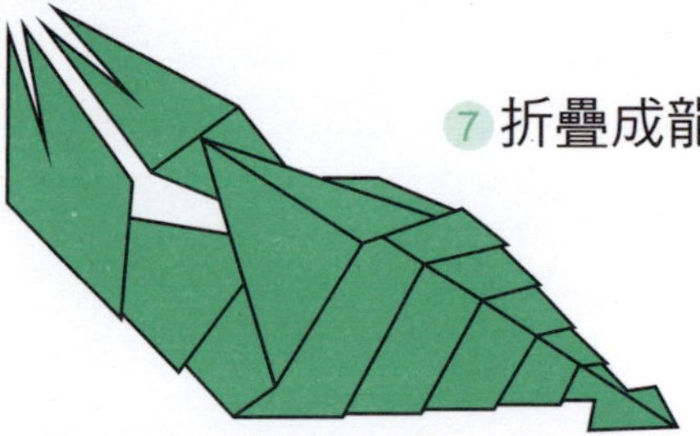

7 折疊成龍蝦。

烏龜

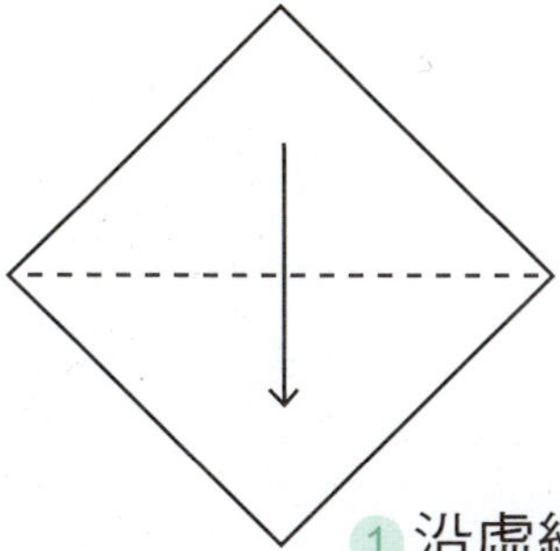

1 沿虛線向箭頭方向對折。

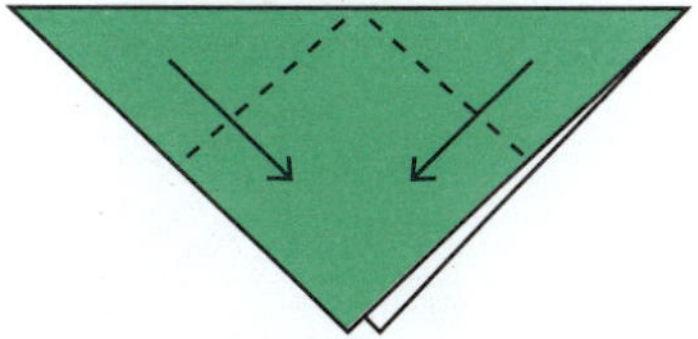

2 沿虛線向箭頭方向折疊。

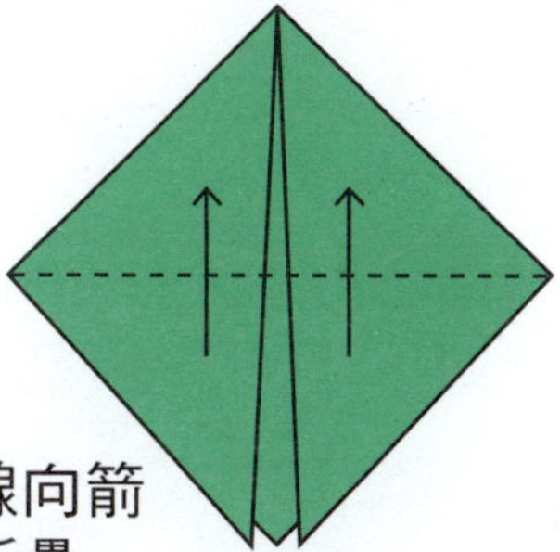

3 沿虛線向箭頭方向折疊。

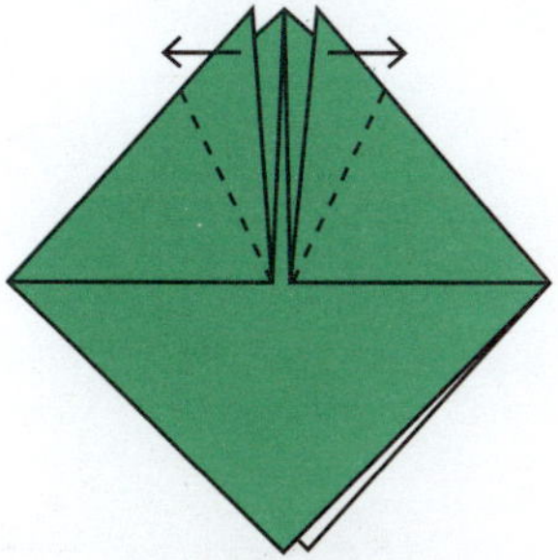

4 沿虛線向箭頭方向折疊。

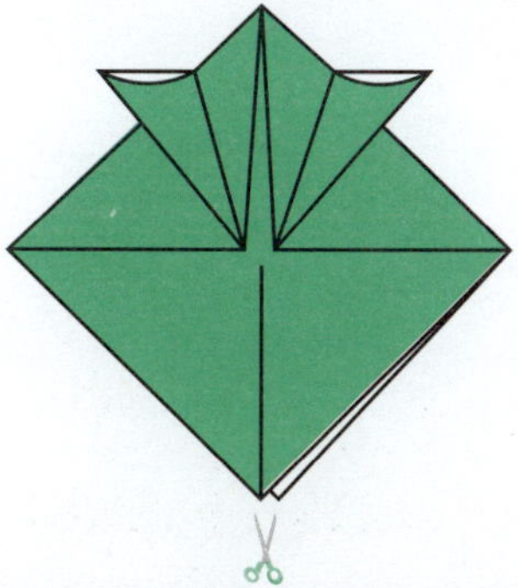

5 只剪開上面一層。

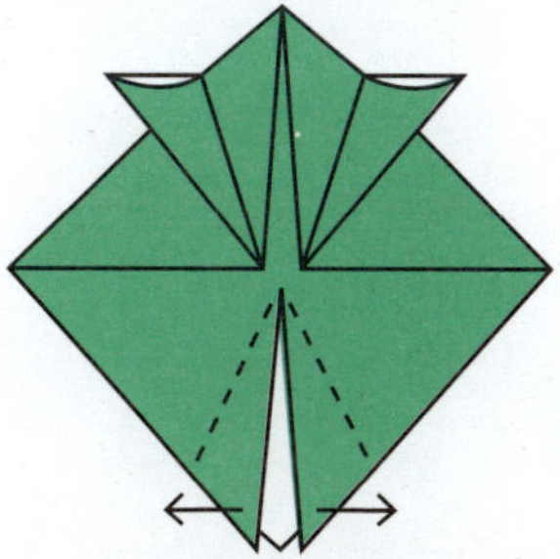

6 沿虛線向箭頭方向折疊。

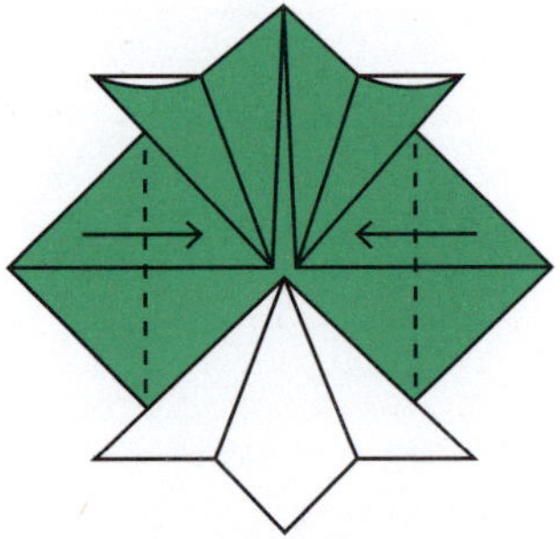

⑦沿虛線向箭頭方向折疊。

⑧沿虛線向箭頭方向折疊。

⑨沿虛線向箭頭方向折疊。

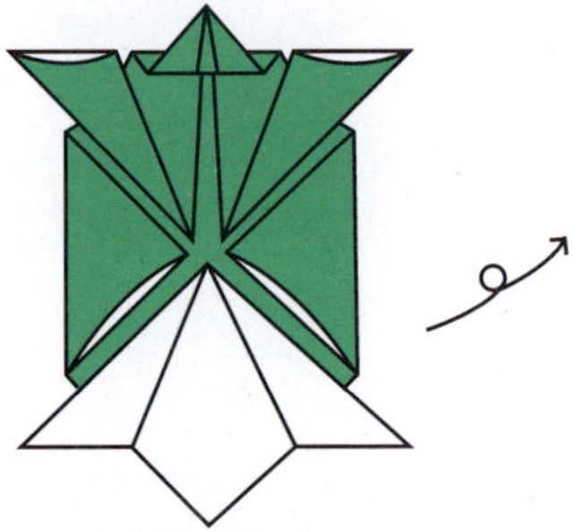

⑩翻過來。

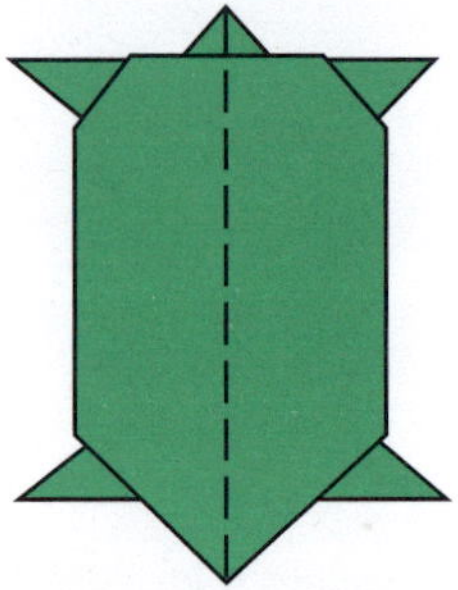

⑪沿虛線折出折痕後還原。

⑫完成。

螃蟹

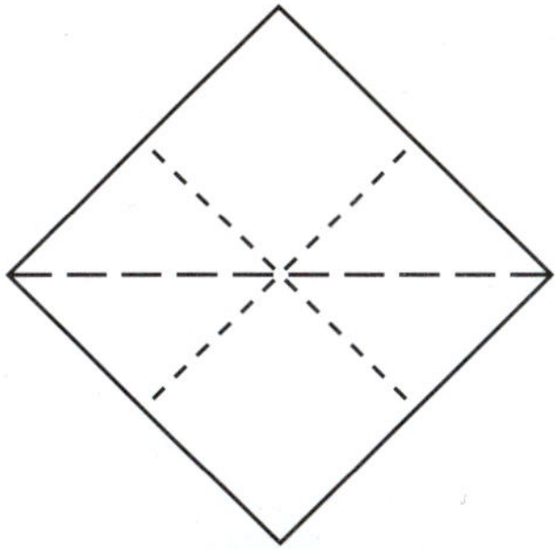

1 沿虛線折疊。

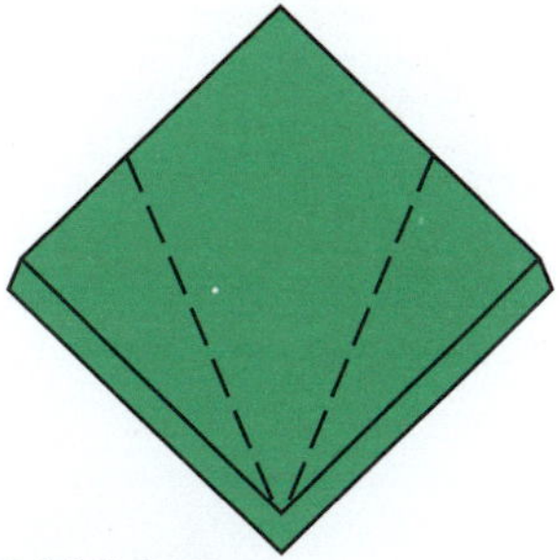

2 沿虛線折疊，前後兩層都折。

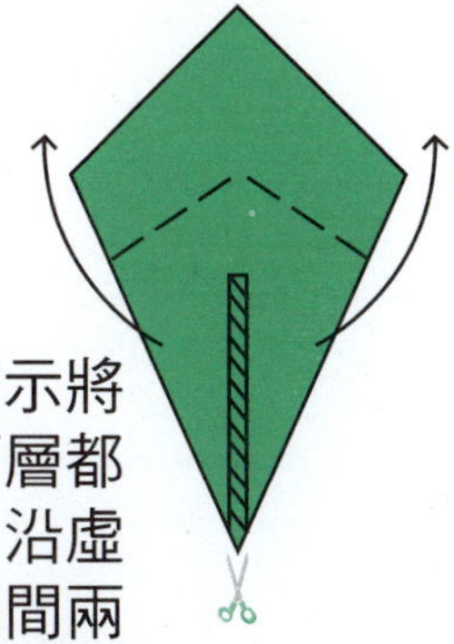

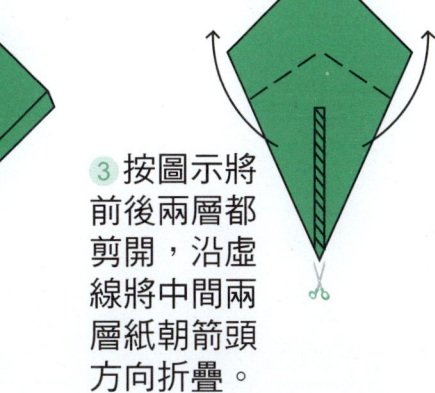

3 按圖示將前後兩層都剪開，沿虛線將中間兩層紙朝箭頭方向折疊。

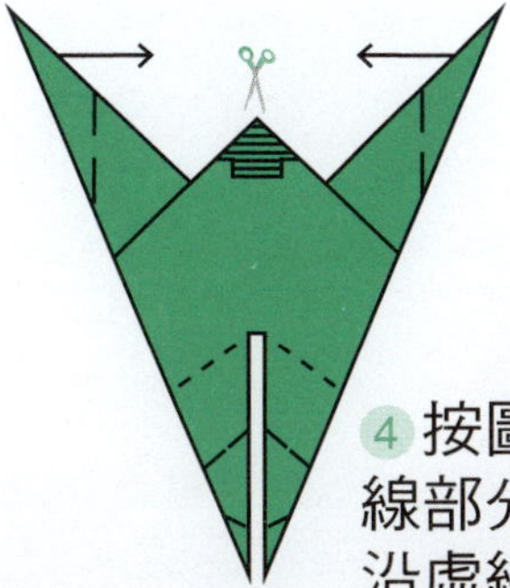

4 按圖示將橫線部分剪掉，沿虛線折疊。

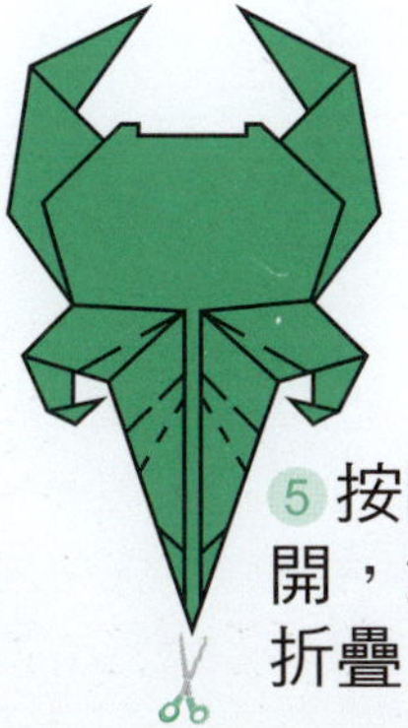

5 按圖示剪開，沿虛線折疊。

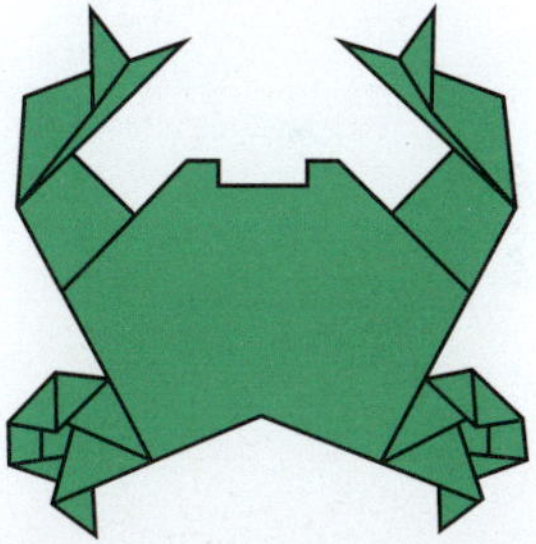

6 折疊成螃蟹。

小瓢蟲 1

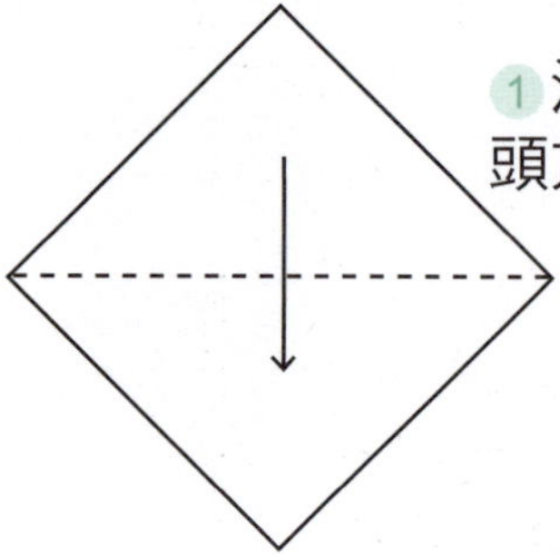

1 沿虛線向箭頭方向折疊。

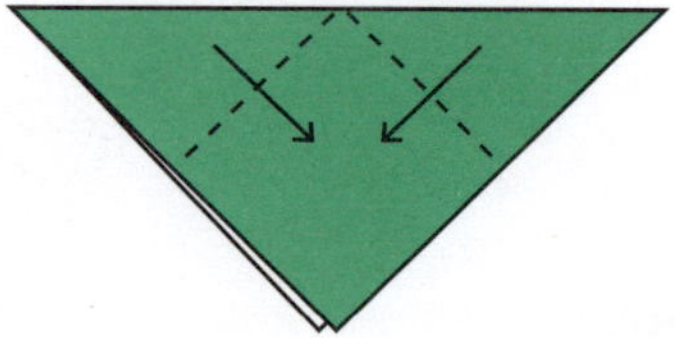

2 沿虛線向箭頭方向折疊。

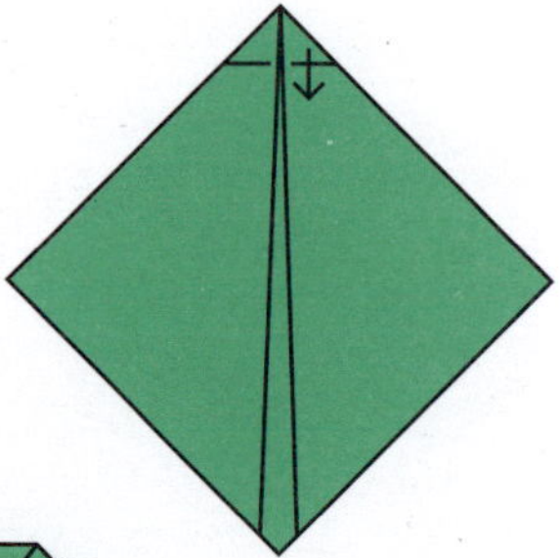

3 沿虛線向箭頭方向折疊。

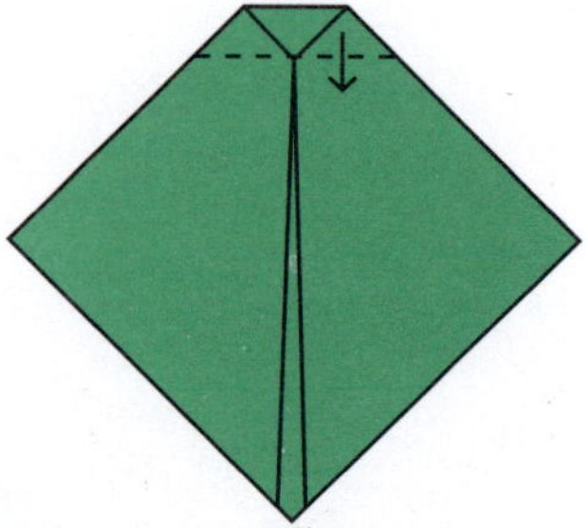

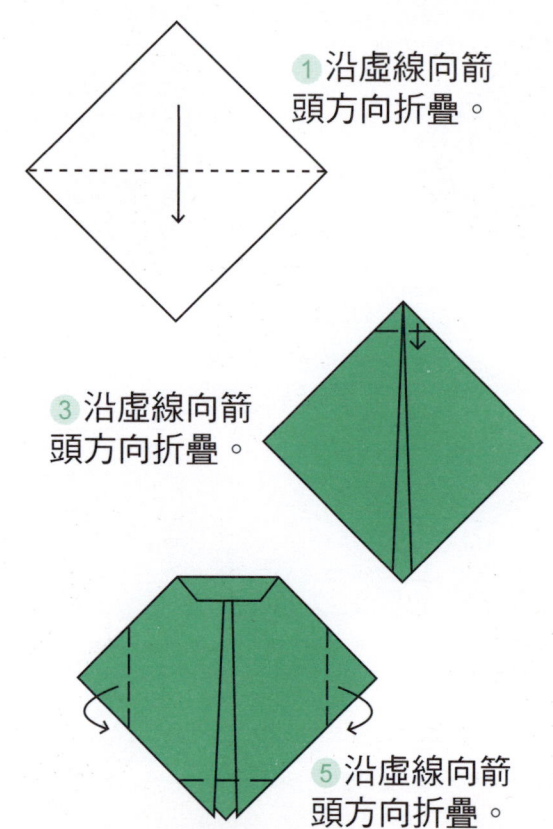

4 沿虛線向箭頭方向折疊。

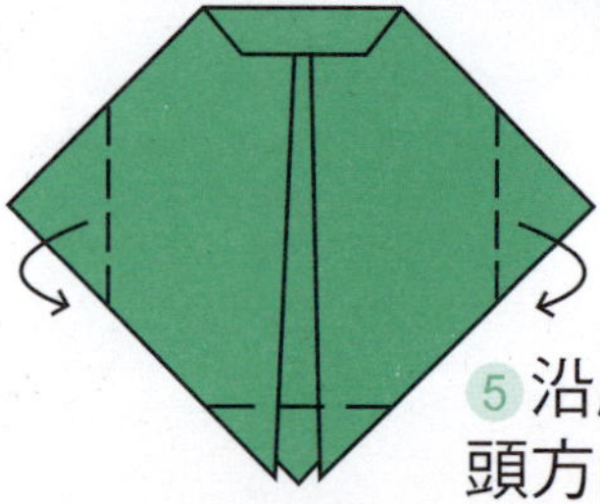

5 沿虛線向箭頭方向折疊。

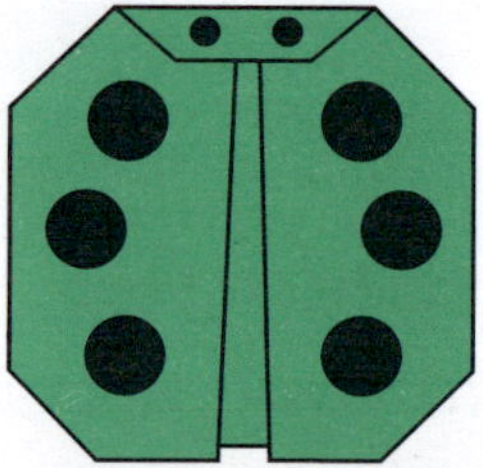

6 畫上黑點點即成瓢蟲。

小瓢蟲 2

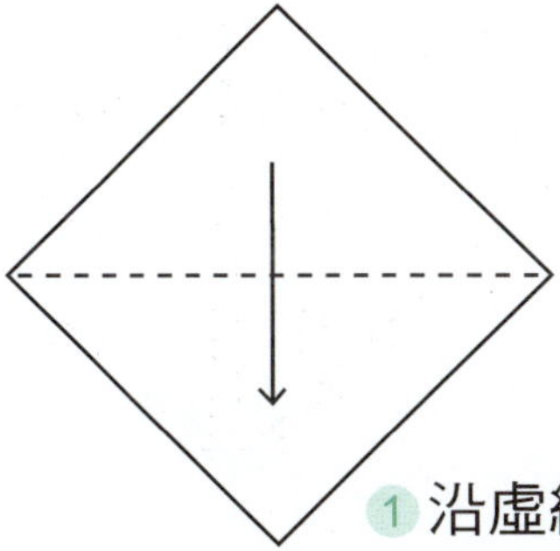

1 沿虛線對折。

2 沿虛線向箭頭方向折疊。

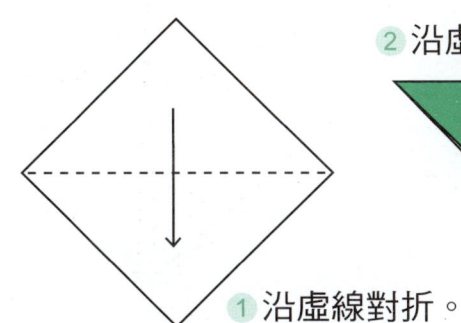

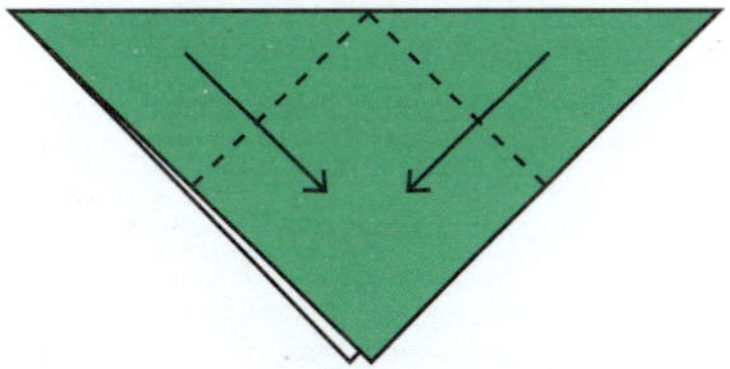

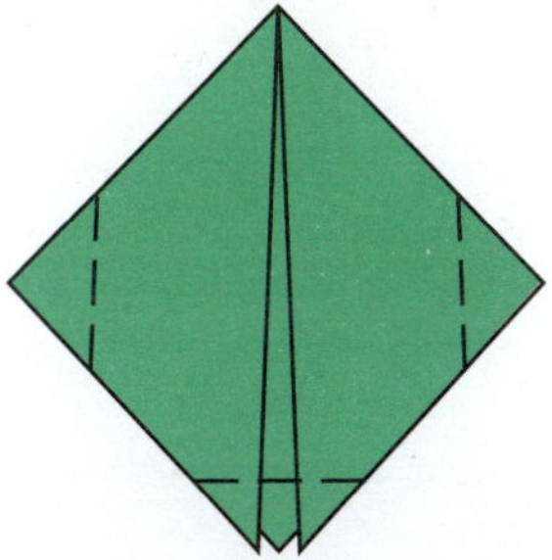

3 沿虛線折向背面。

4 剪下一個半圓形，貼於頭部。

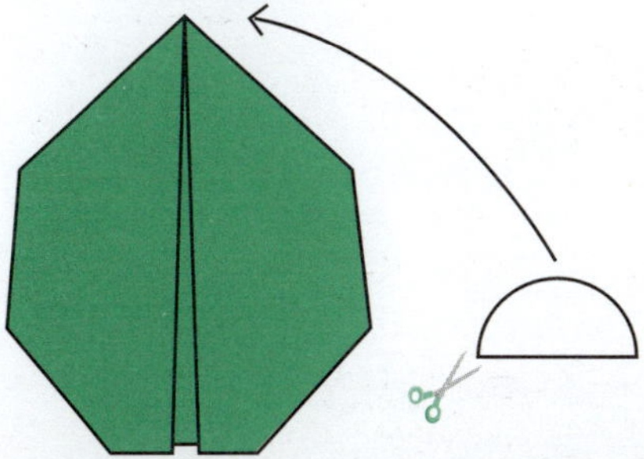

5 畫上眼睛、觸腳和背部的黑點。

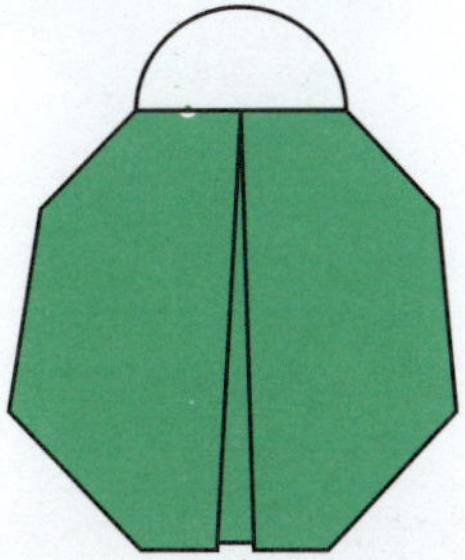

6 完成。

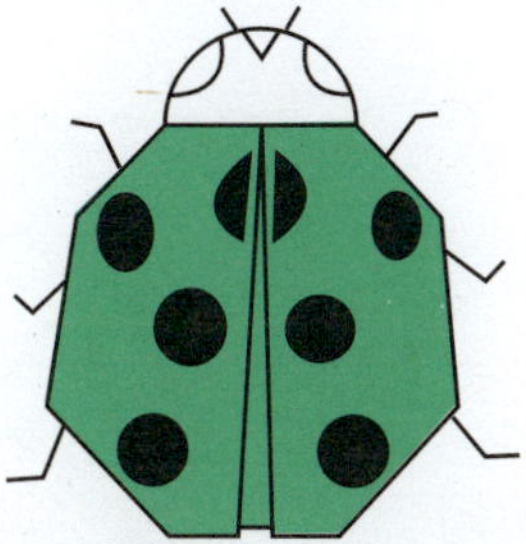

知了1

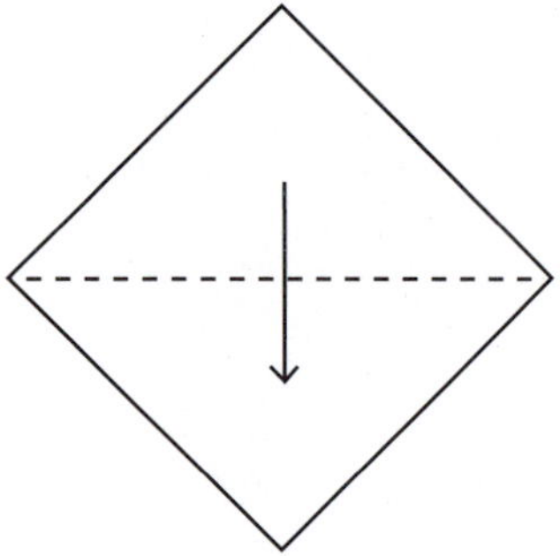

1 沿虛線向箭頭方向折疊。

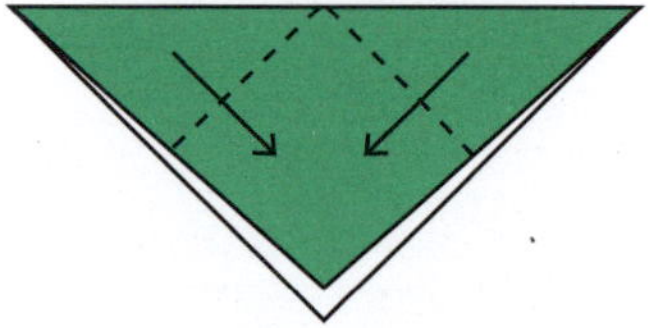

2 沿虛線向箭頭方向折疊。

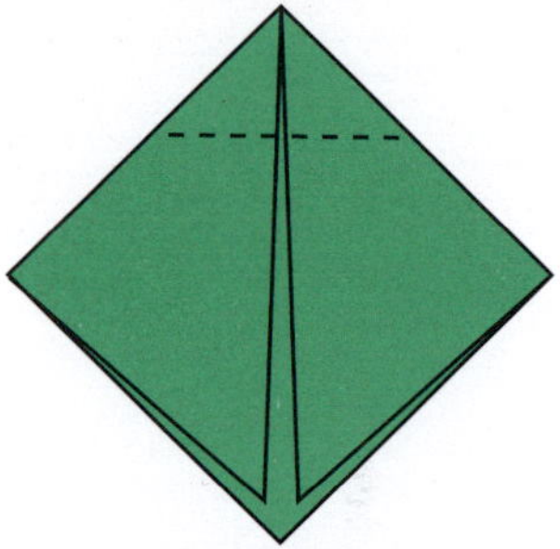

3 沿虛線向下折疊。

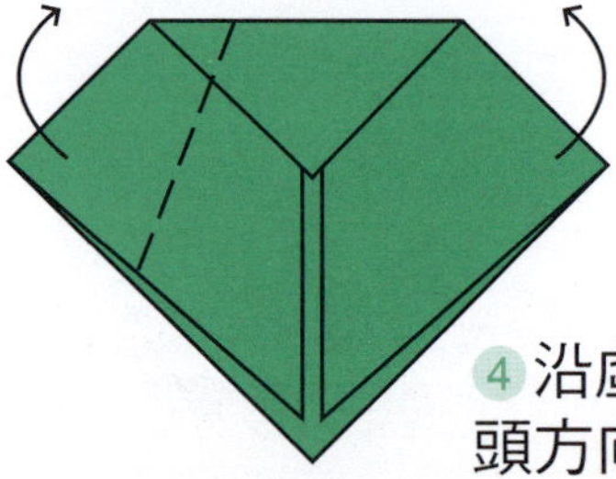

4 沿虛線向箭頭方向折疊。

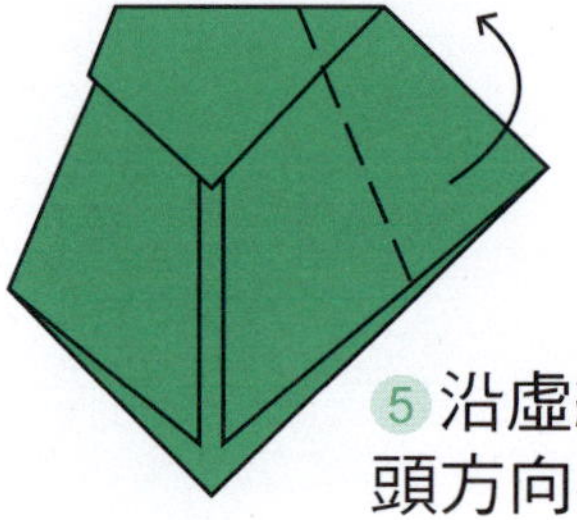

5 沿虛線向箭頭方向折疊。

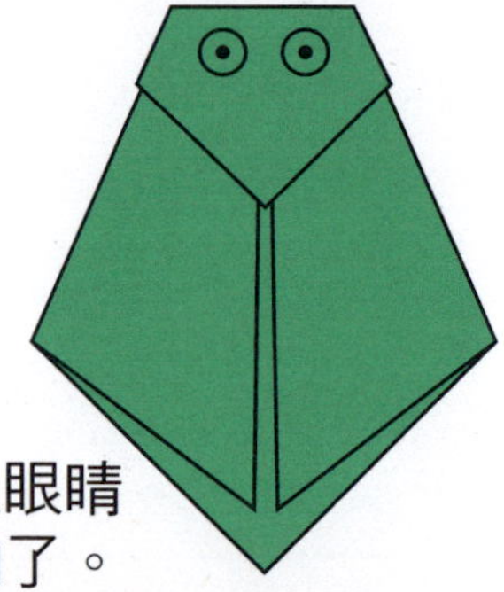

6 畫上眼睛即成知了。

知了2

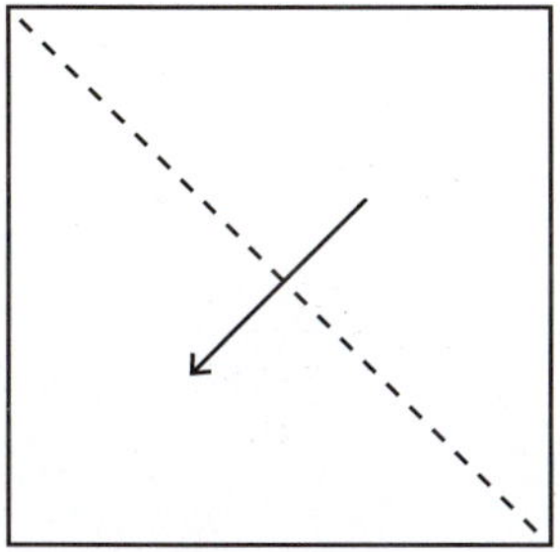

1 沿虛線向箭頭方向折疊。

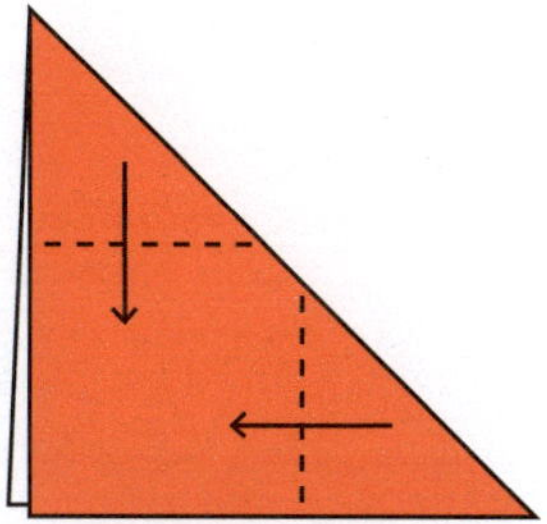

2 沿虛線向箭頭方向折疊。

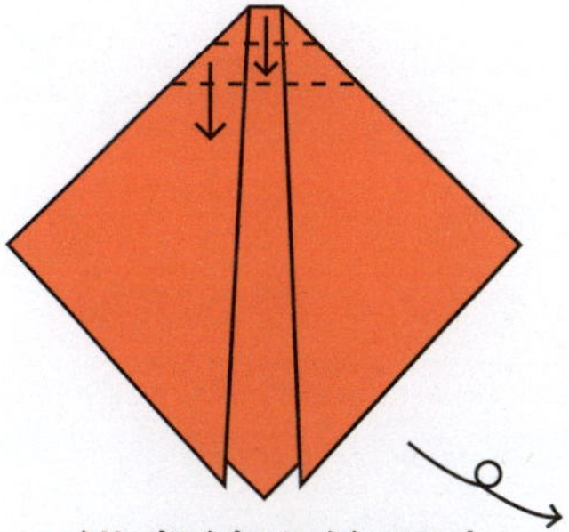

3 沿虛線向箭頭方向折疊，翻過來。

4 沿虛線向箭頭方向折疊。

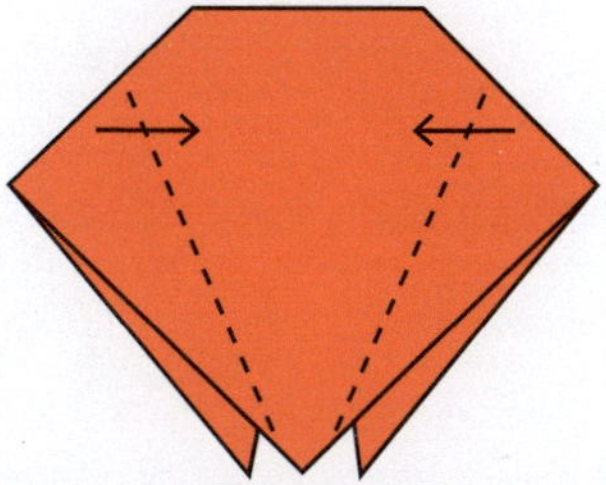

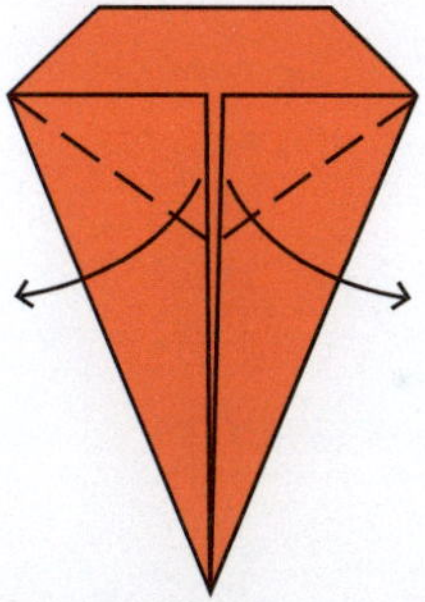

5 沿虛線向左右折壓成圖 6 形狀。

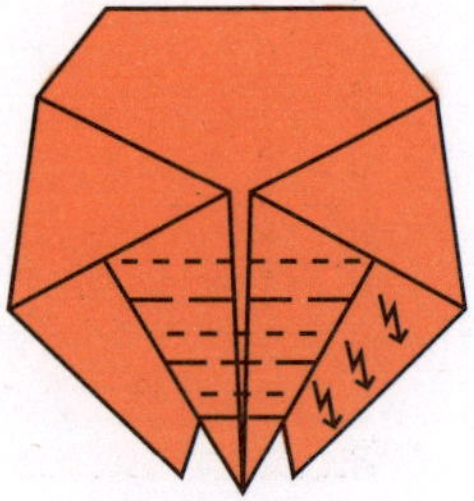

6 沿虛線向下曲折。

7 沿虛線向箭頭方向折疊。

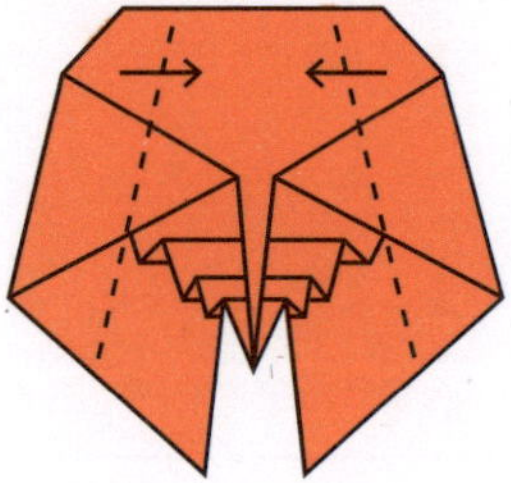

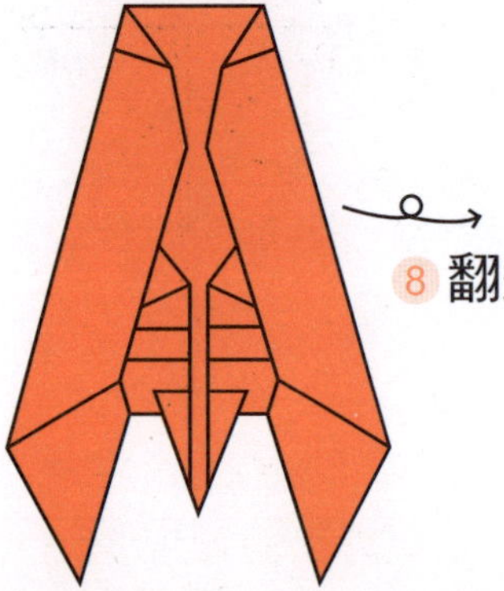

8 翻過來。

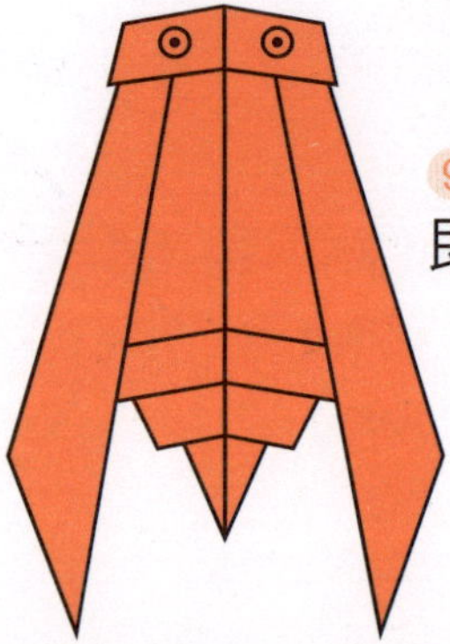

9 畫上眼睛即成知了。

知了3

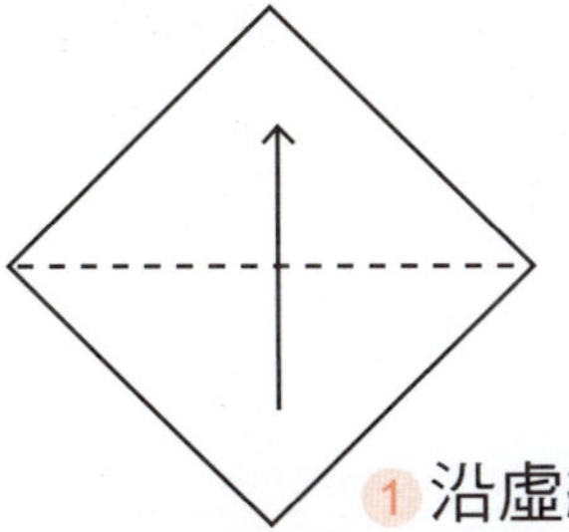

1 沿虛線對折。

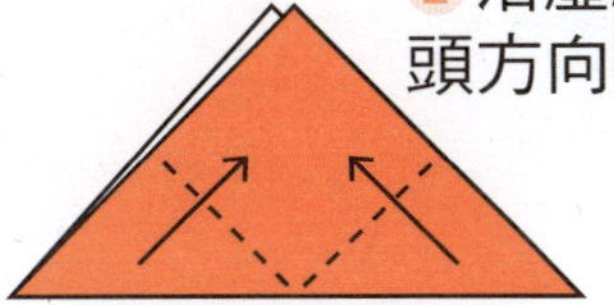

2 沿虛線向箭頭方向折疊。

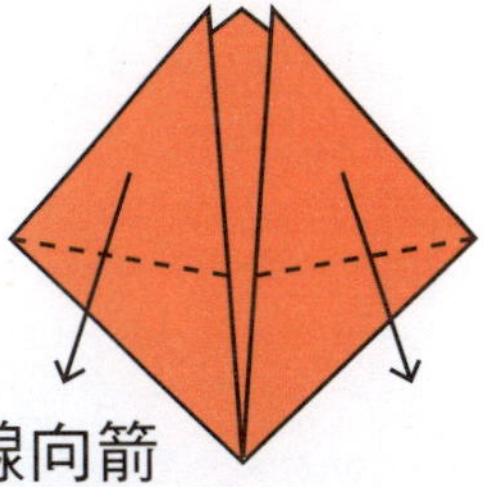

3 沿虛線向箭頭方向折疊。

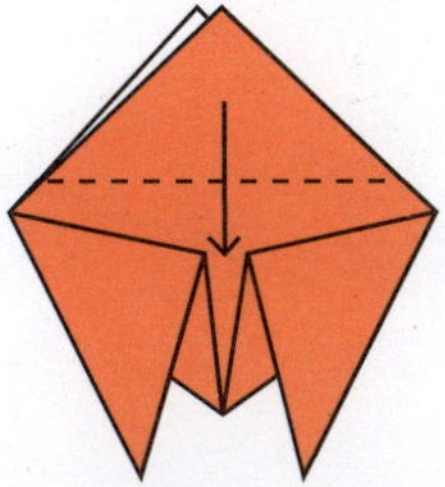

4 上面的一層依照箭頭方向往下折。

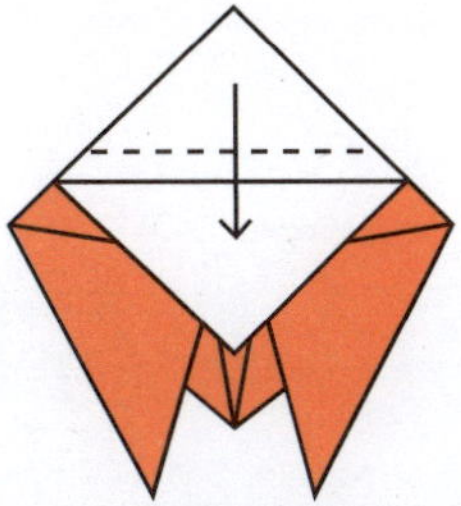

5 另一層同樣依箭頭方向往下折。

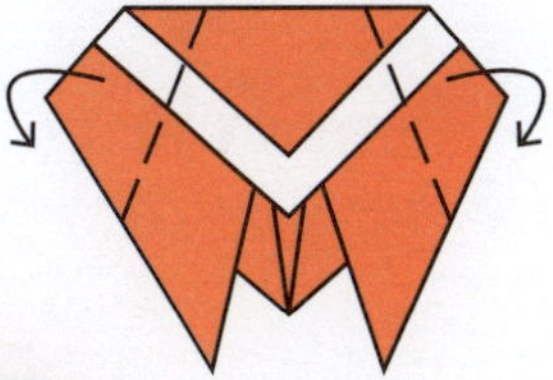

6 兩端往後折。

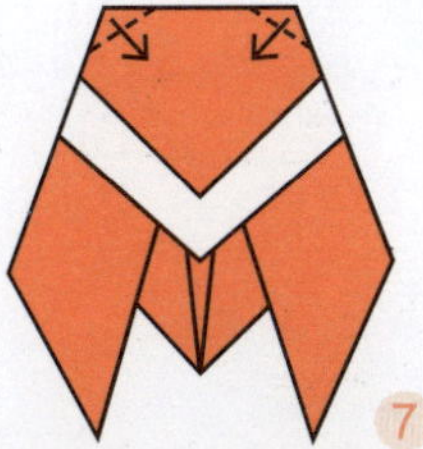

7 沿虛線往前折。

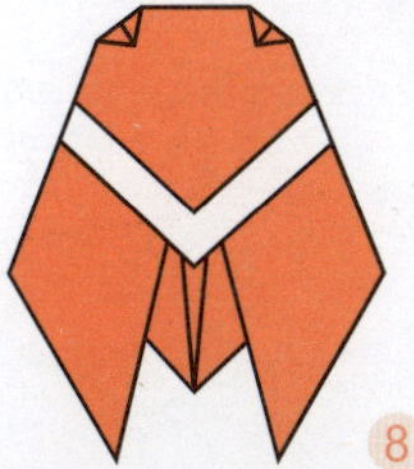

8 完成。

蝗蟲 1

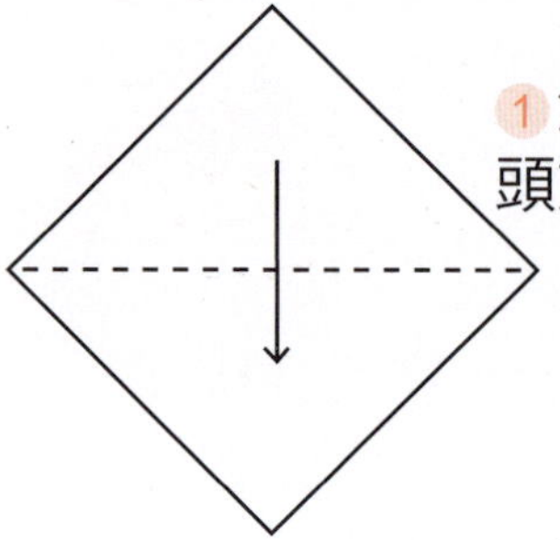

1 沿虛線向箭頭方向折疊。

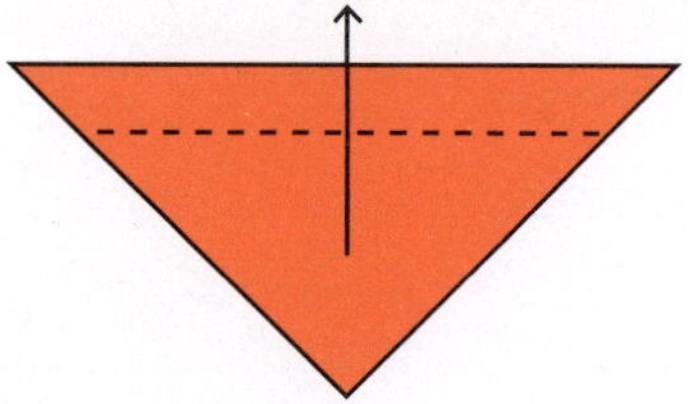

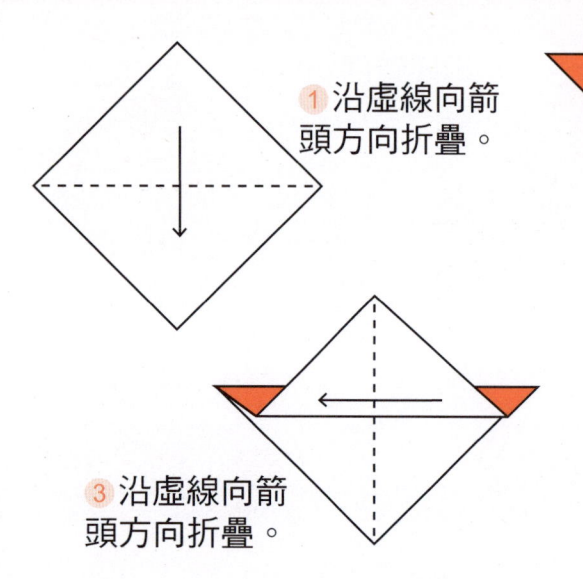

2 沿虛線將前面的三角形朝箭頭方向折疊。

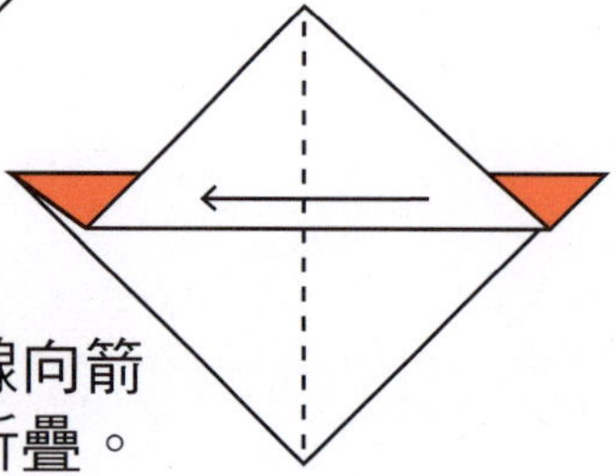

3 沿虛線向箭頭方向折疊。

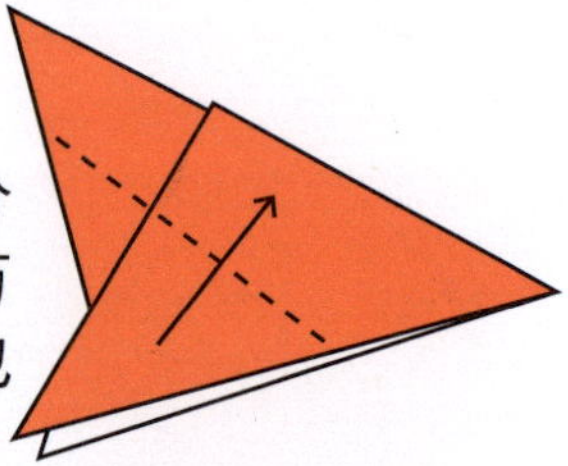

4 將前面的部分沿虛線朝箭頭方向折疊，背面也同樣折疊。

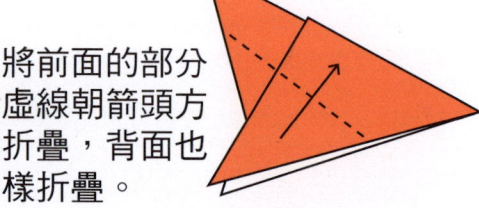

5 沿虛線向內翻折。

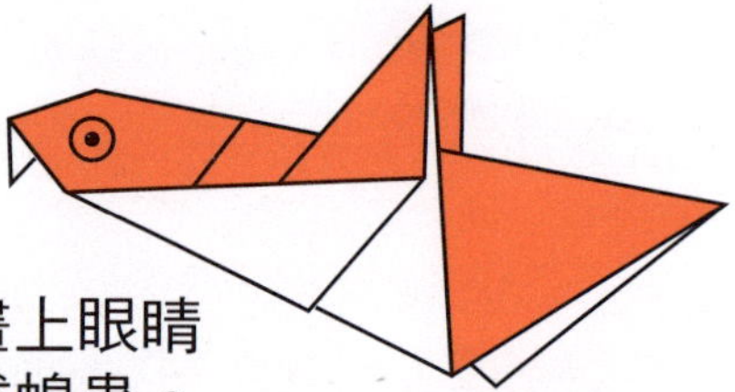

6 畫上眼睛即成蝗蟲。

蝗蟲 2

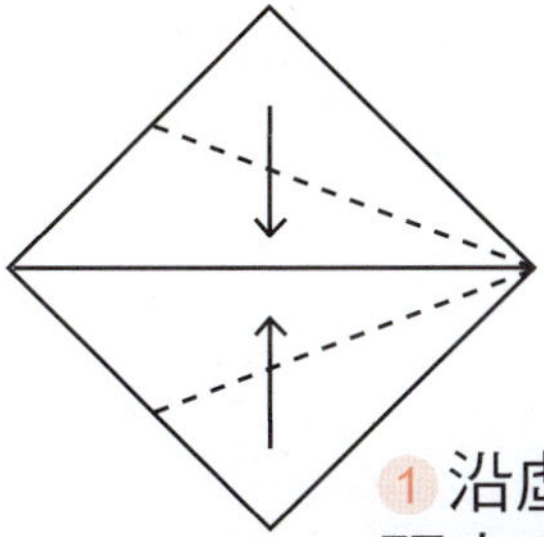

1 沿虛線向箭頭方向折疊。

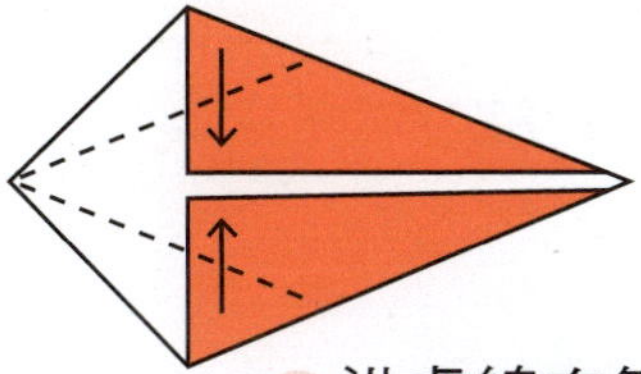

2 沿虛線向箭頭方向折疊。

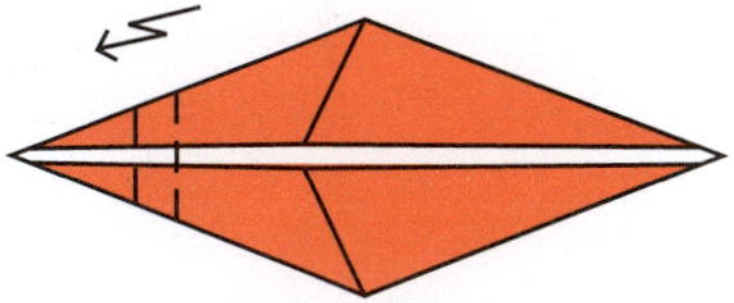

3 曲折。

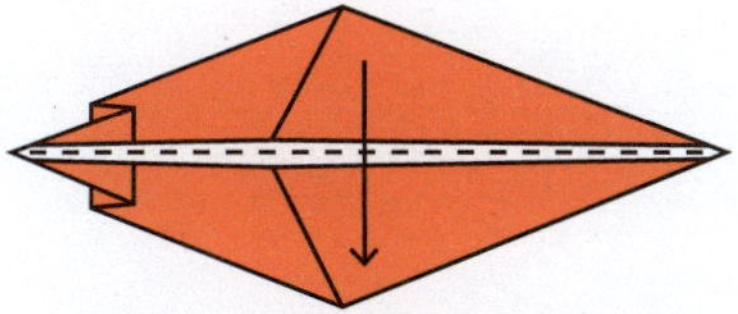

4 沿虛線向箭頭方向折疊。

5 頭部朝箭頭方向往上拉。

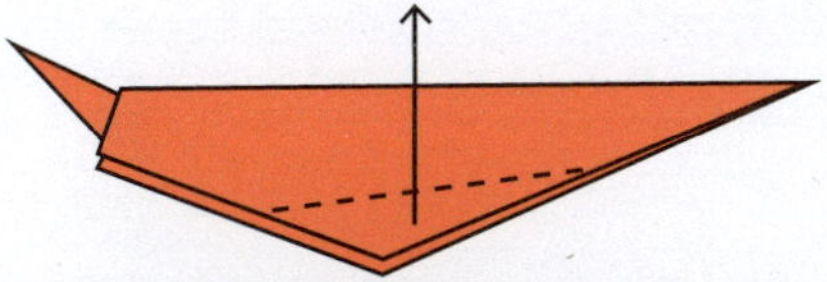

6 兩邊依照箭頭方向往上折。

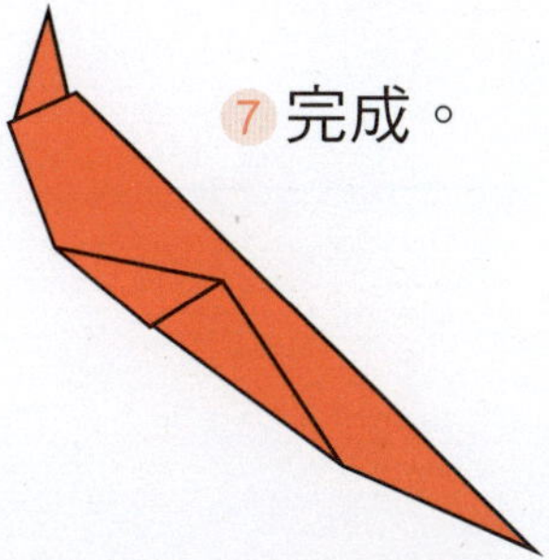

7 完成。

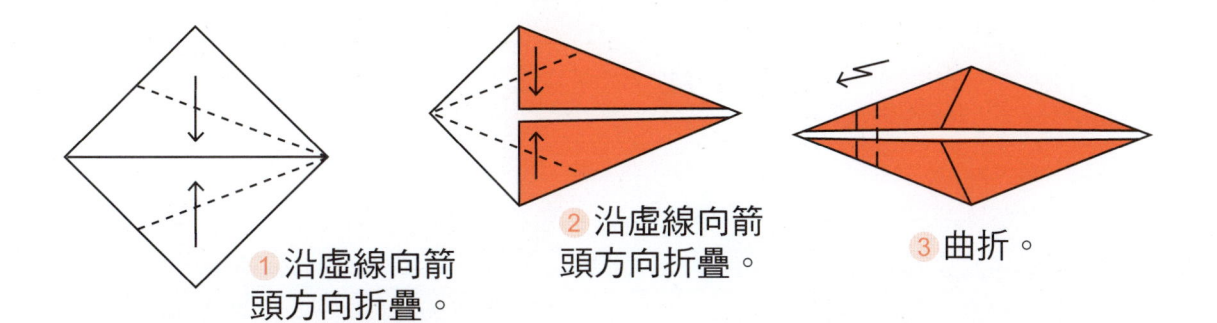

蝗蟲 3

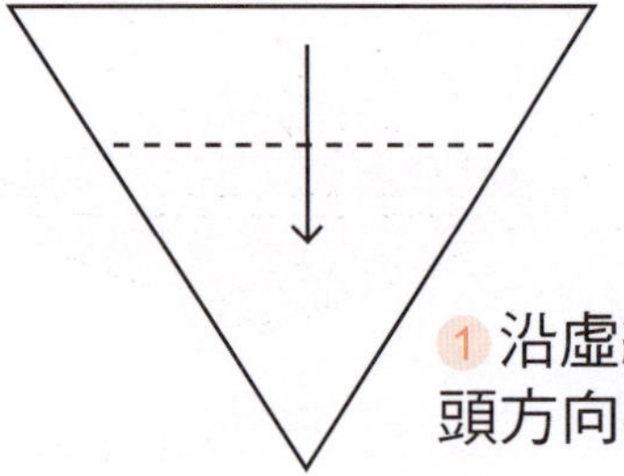

1 沿虛線向箭頭方向折疊。

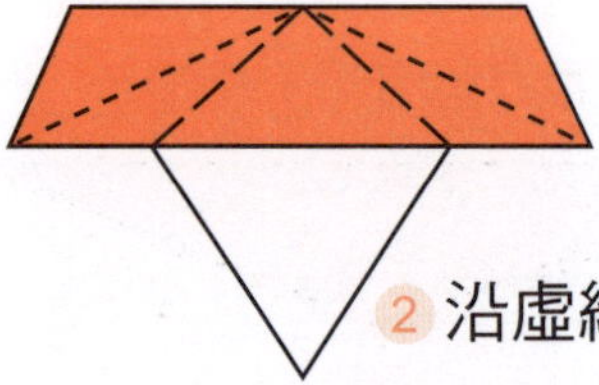

2 沿虛線折疊。

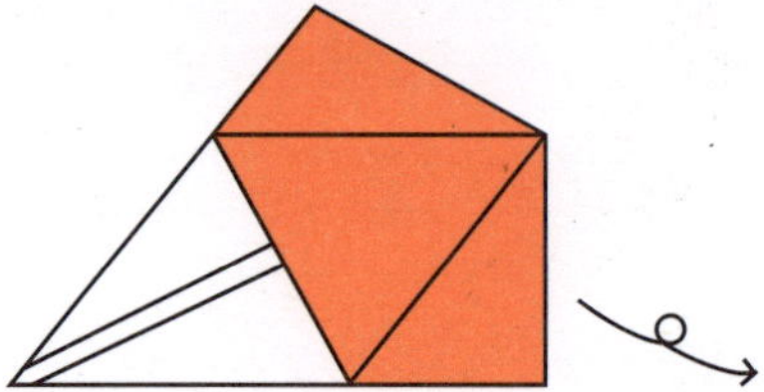

3 翻過來。

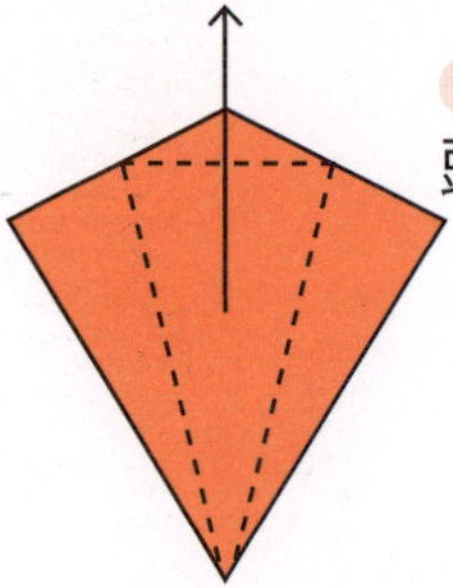

4 沿虛線向箭頭方向折疊。

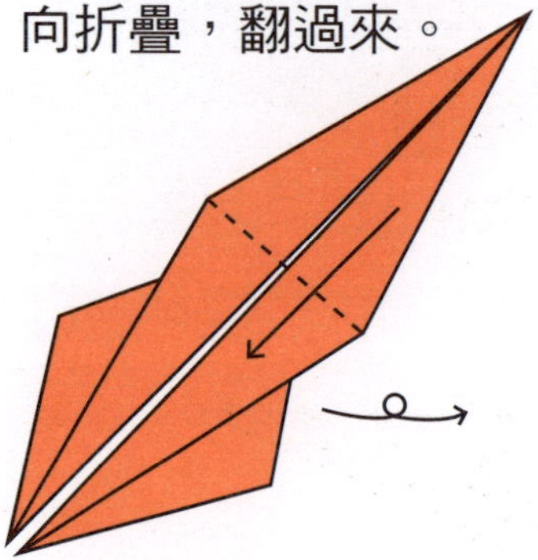

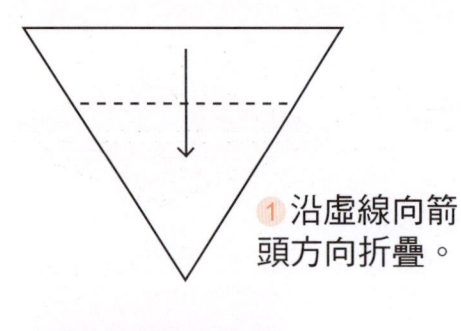

5 沿虛線向箭頭方向折疊，翻過來。

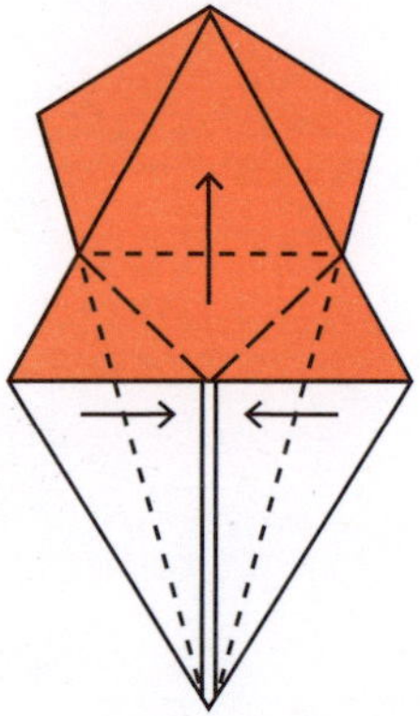

6 先把第一層紙提起，沿虛線由下朝上折，再由左右朝中間折。

⑦ 沿虛線折疊。

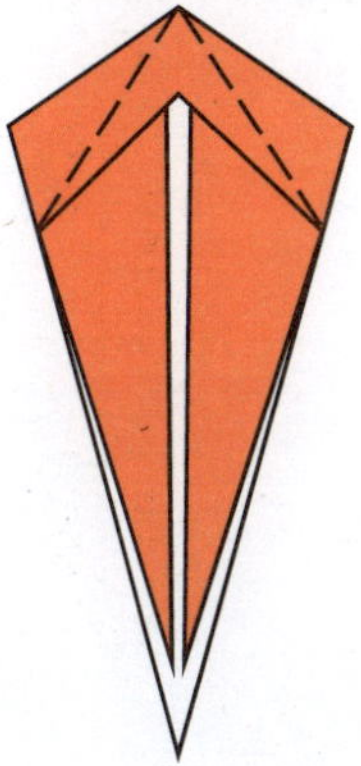

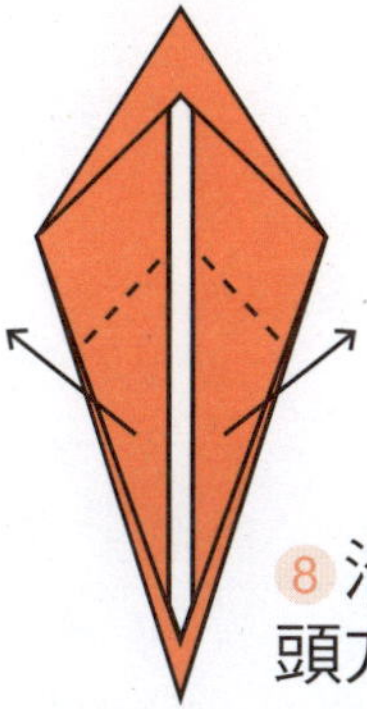

⑧ 沿虛線向箭頭方向折疊。

⑨ 沿虛線向箭頭方向折疊，翻過來。

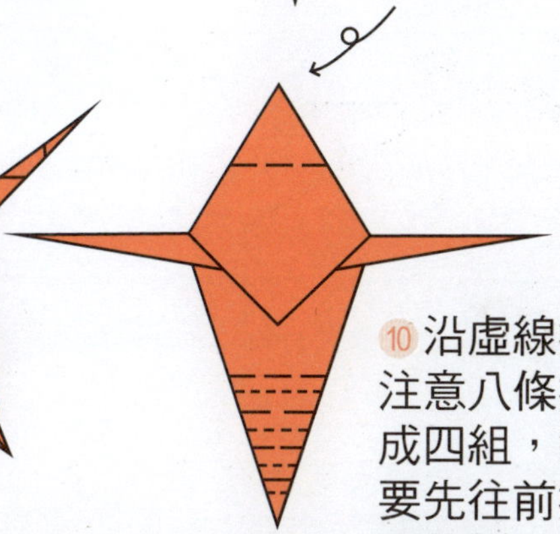

⑩ 沿虛線折疊，注意八條折線分成四組，每組都要先往前折，再向後折。

⑪ 沿虛線向箭頭方向折疊。

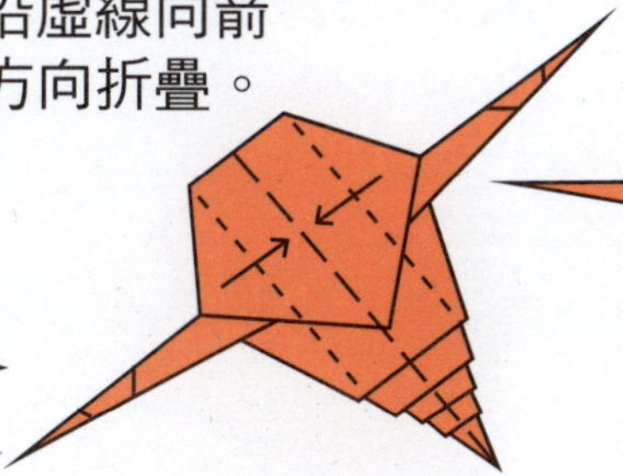

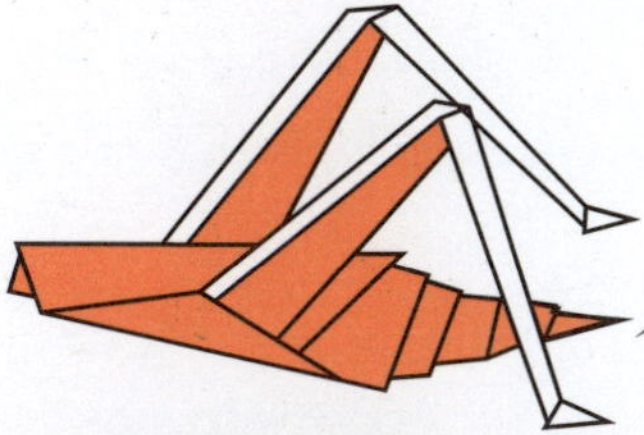

⑫ 折疊成蝗蟲。

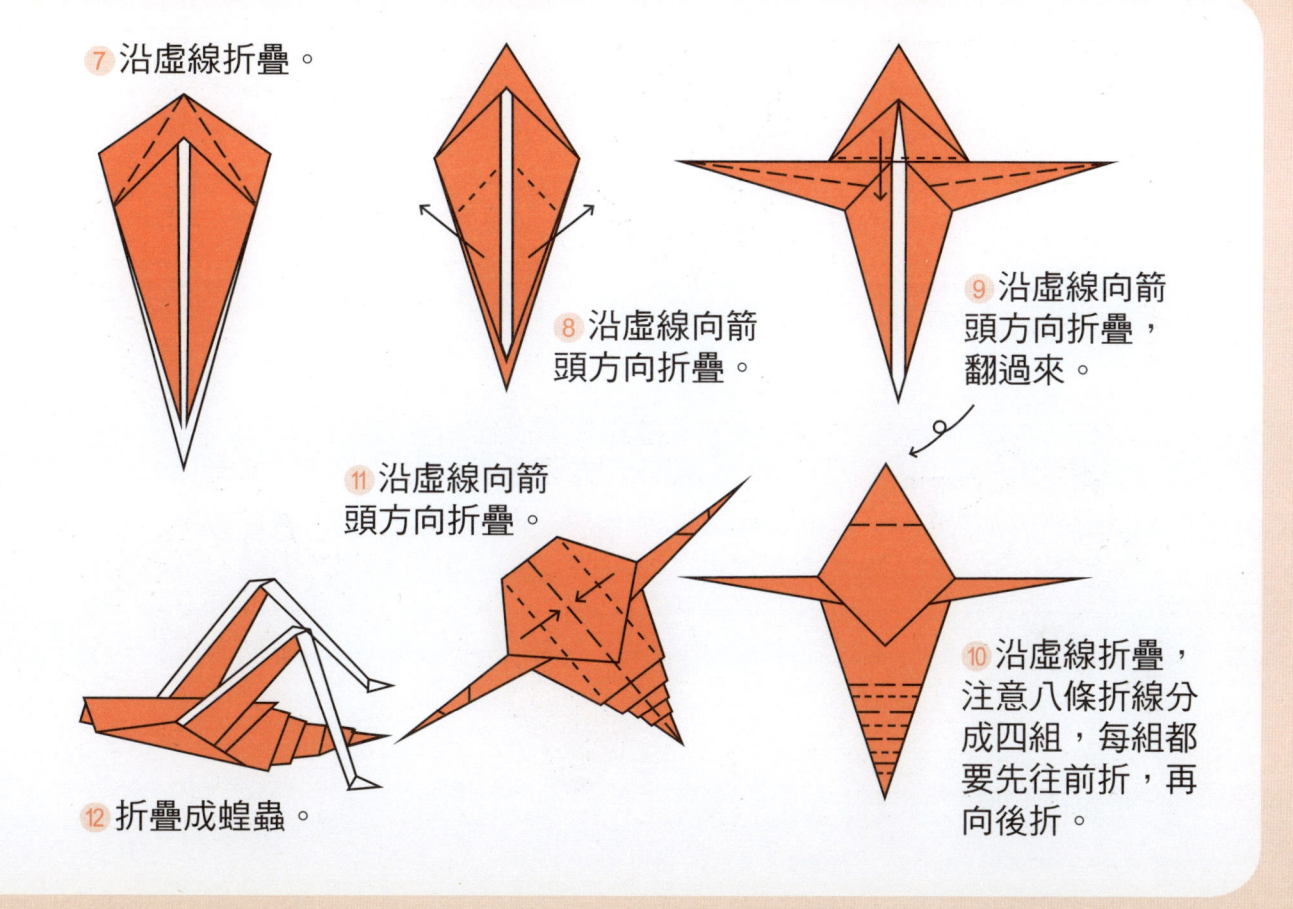

甲蟲

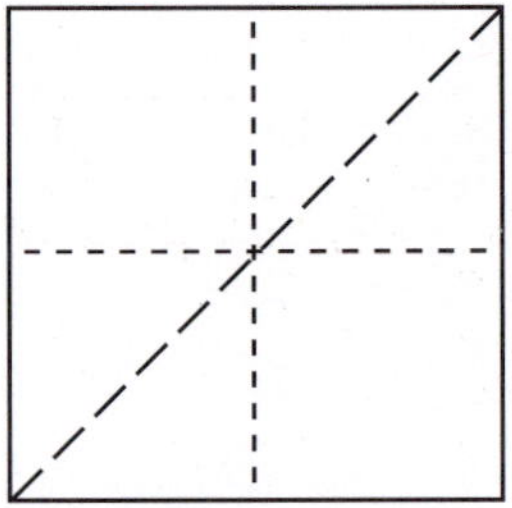

1 沿虛線折疊。

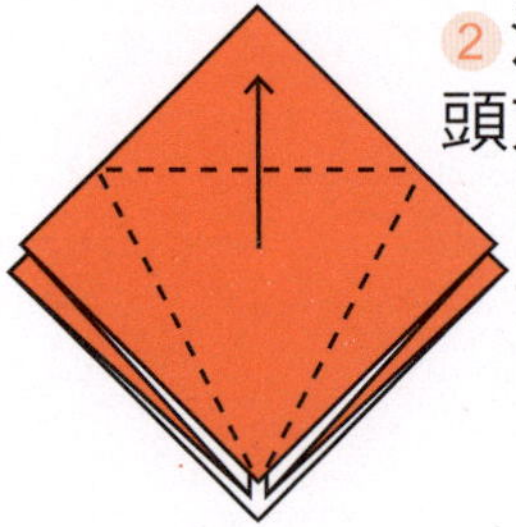

2 沿虛線向箭頭方向折疊。

3 先把上方所示斜線部分剪開，再沿虛線折疊，翻過來即成圖 4 。

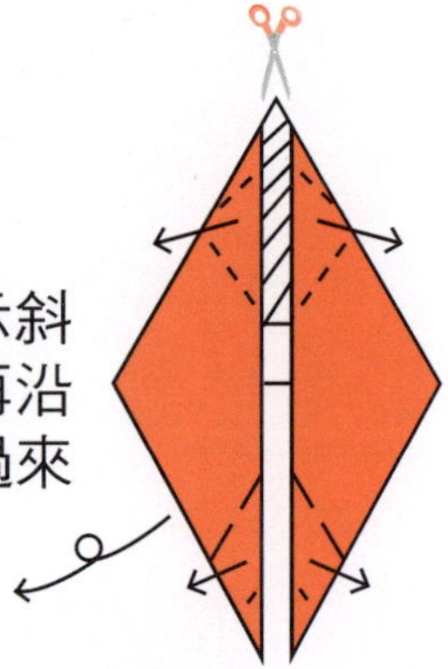

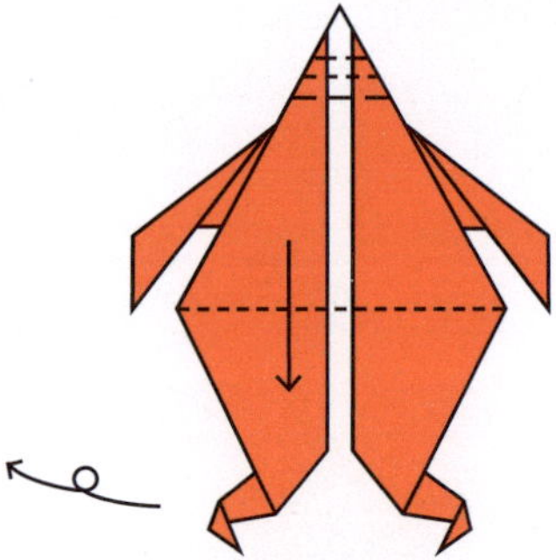

4 沿虛線折疊，翻過來。

5 這是甲蟲被翻過來時的樣子。

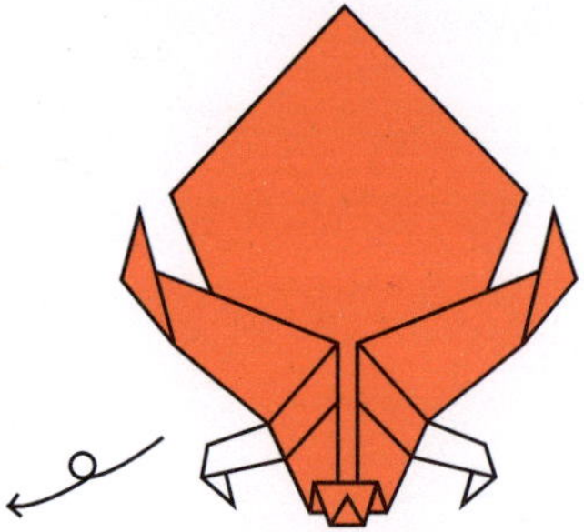

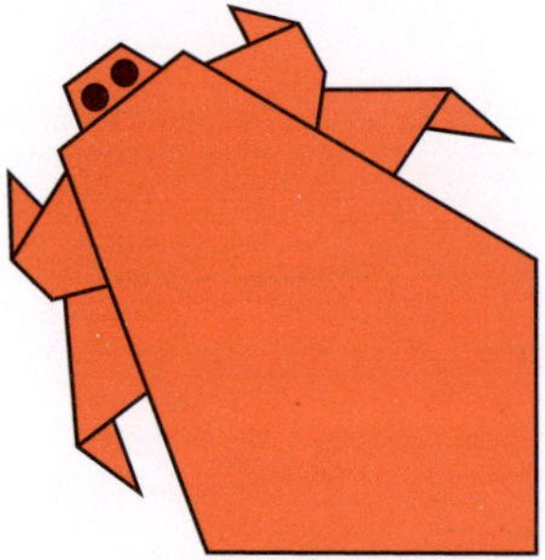

6 將 5 再翻過來就成了甲蟲爬行時的樣子了。

蝸牛 1

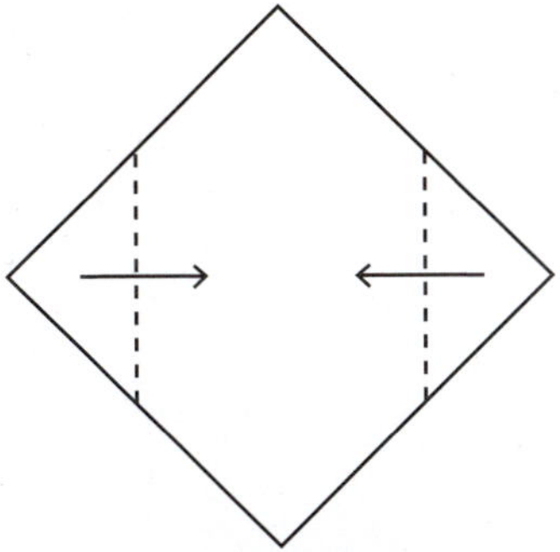

1 沿虛線向箭頭方向折疊。

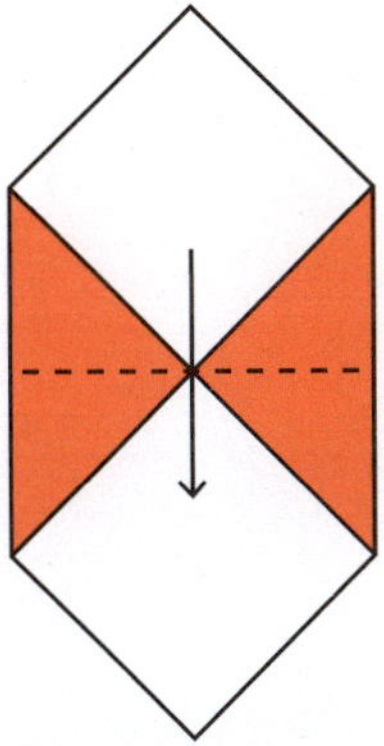

2 沿虛線向箭頭方向折疊。

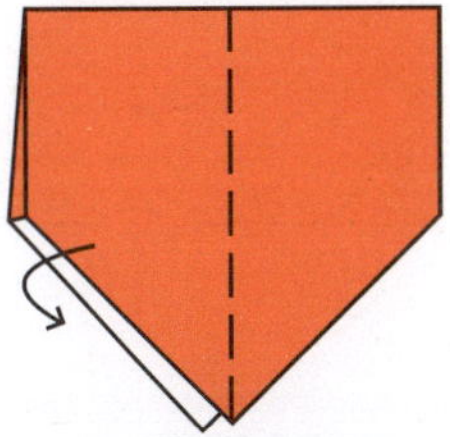

3 沿虛線向箭頭方向折疊。

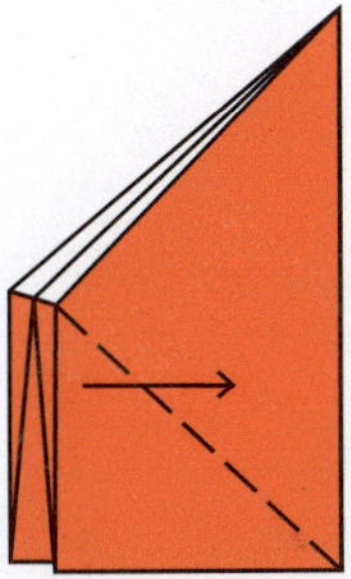

4 將前面的口袋部分展開，沿虛線折成圖 5 形狀。

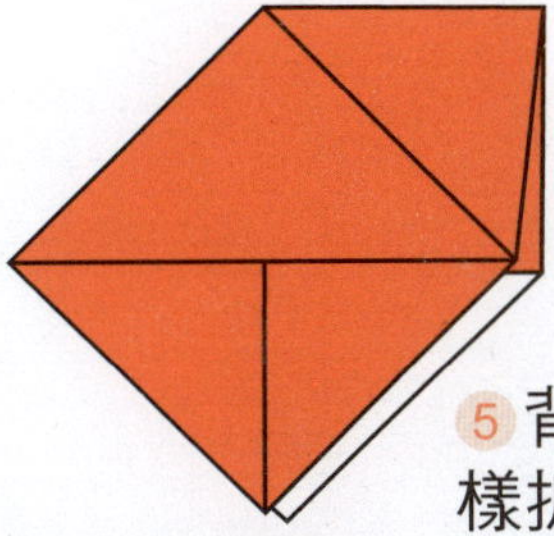

5 背面也同圖 4 一樣折疊。

6 沿虛線向箭頭方向折疊。

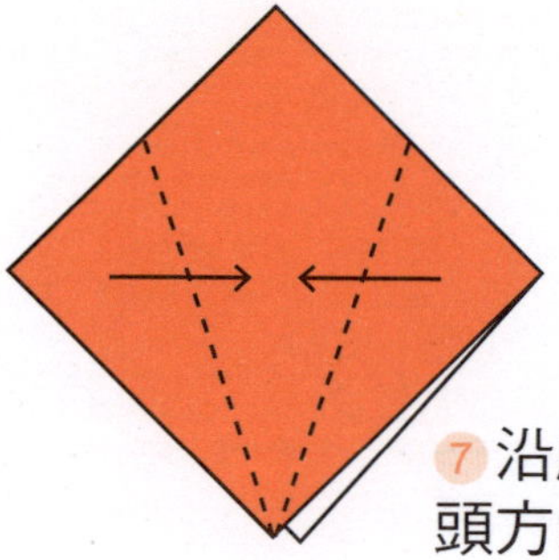

7 沿虛線向箭頭方向折疊。

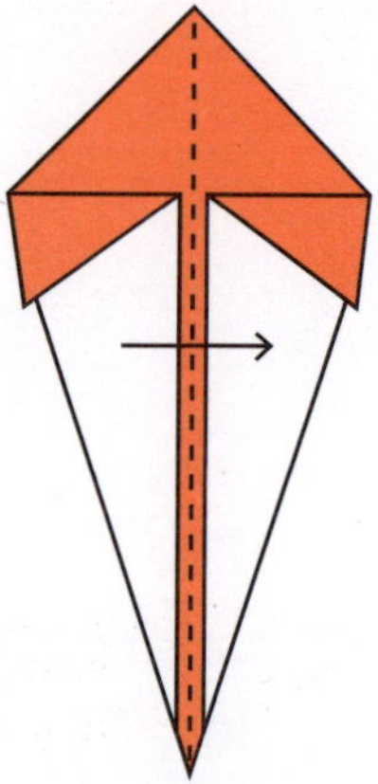

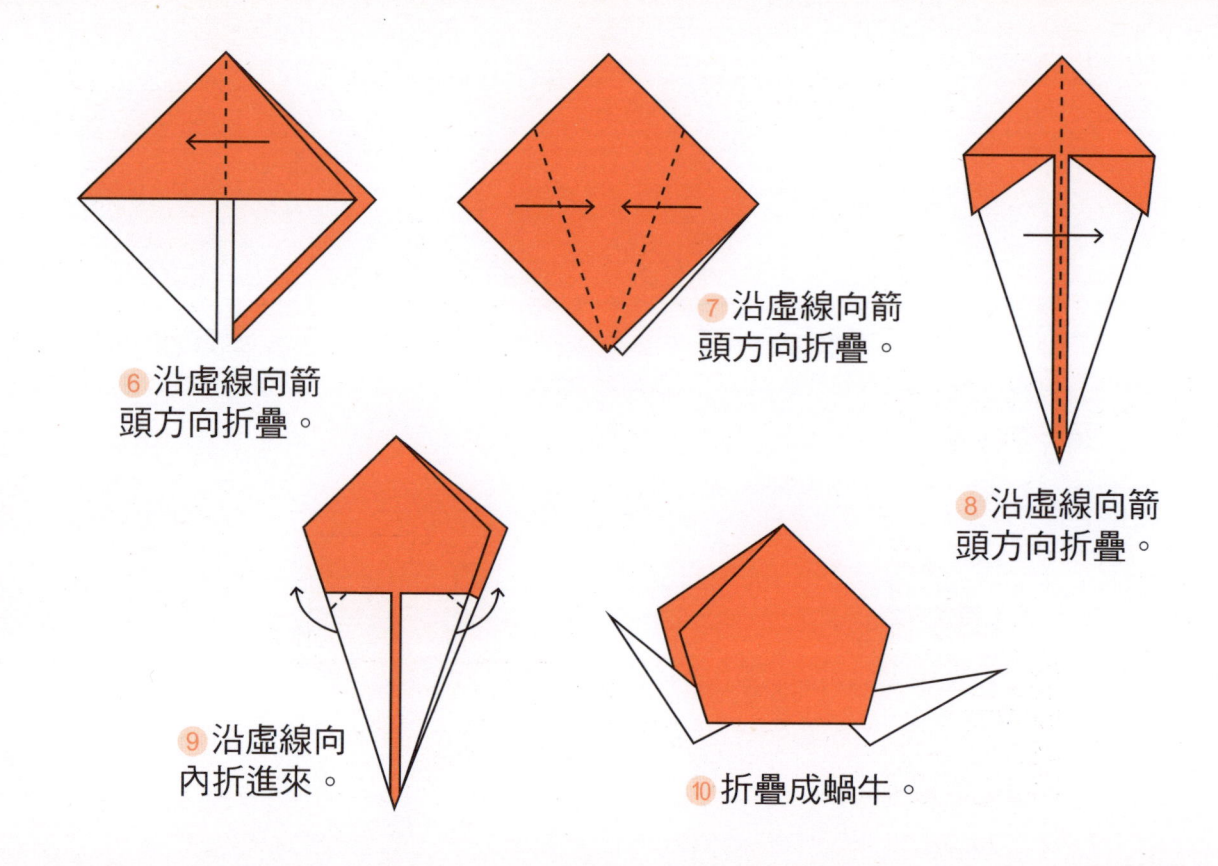

8 沿虛線向箭頭方向折疊。

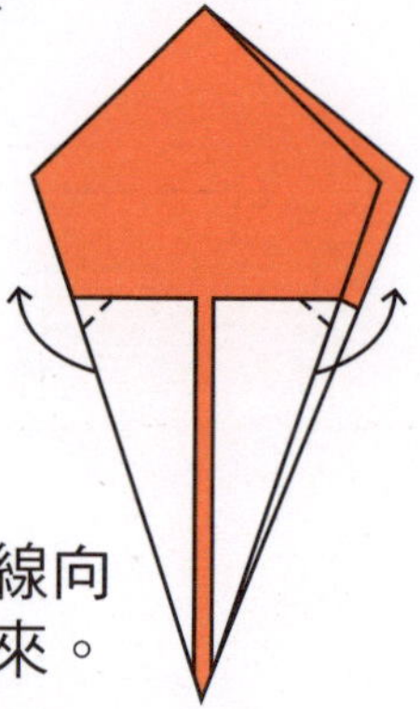

9 沿虛線向內折進來。

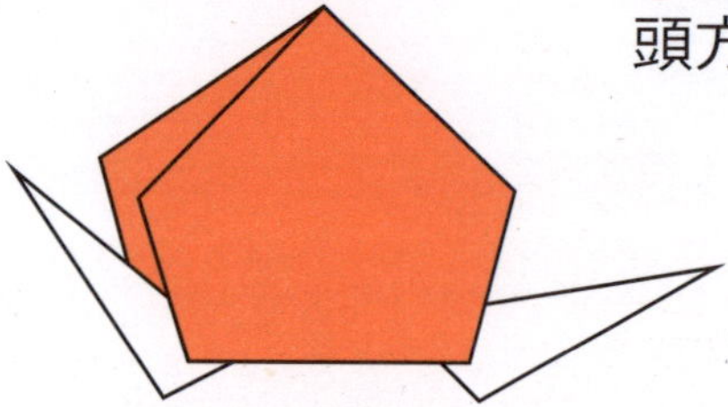

10 折疊成蝸牛。

蝸牛2

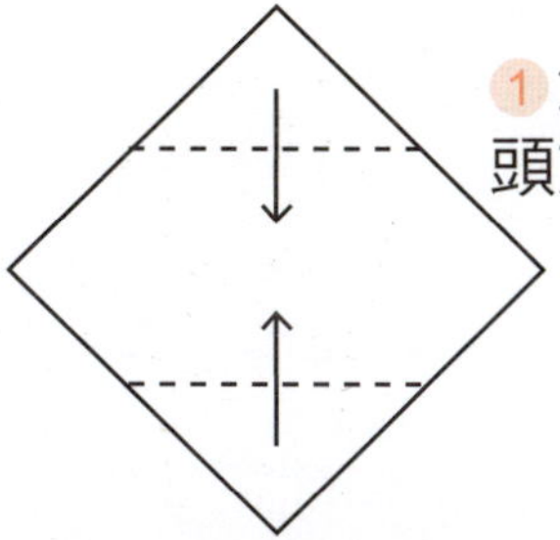

1 沿虛線向箭頭方向折疊。

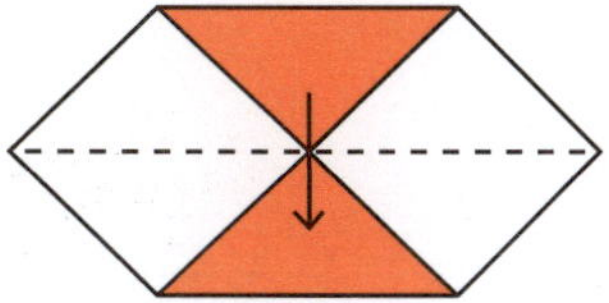

2 沿虛線向箭頭方向折疊。

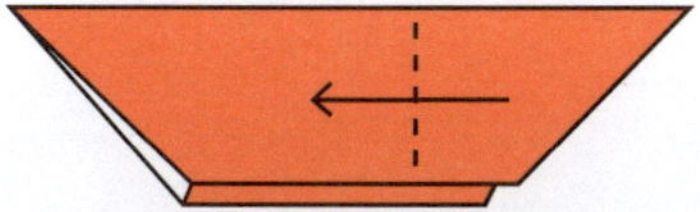

3 沿虛線向箭頭方向折疊。

4 將左邊撐開，沿虛線壓折成圖 5 。

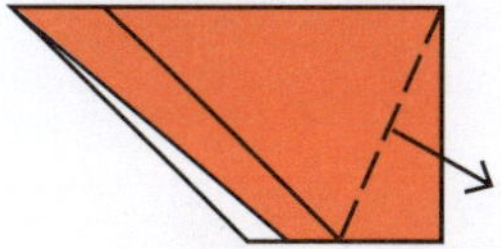

5 沿虛線向箭頭方向折疊。

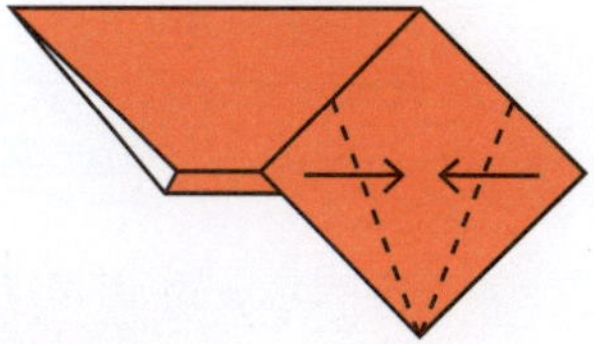

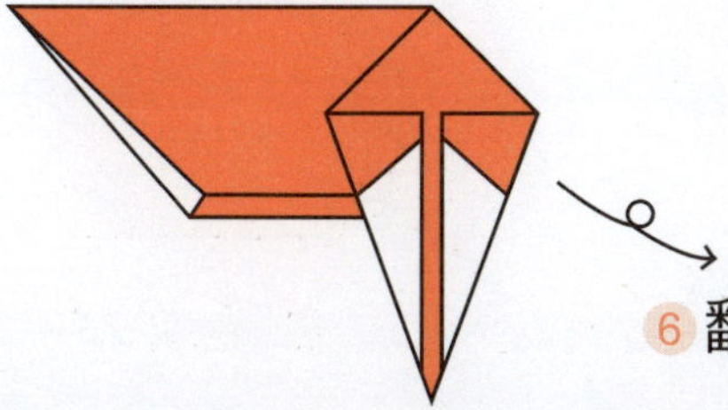

6 翻過來。

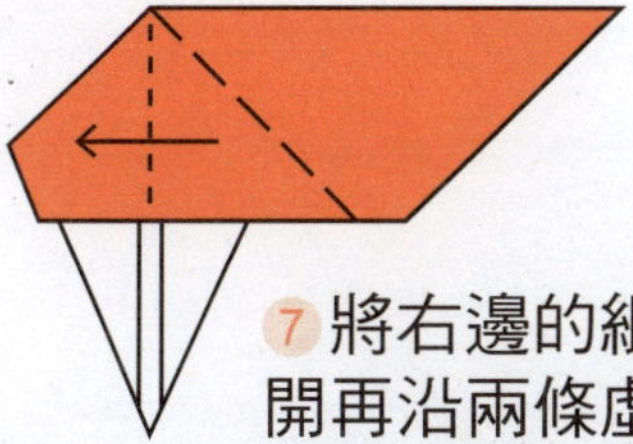

7 將右邊的紙撐開再沿兩條虛線壓折成圖 8 。

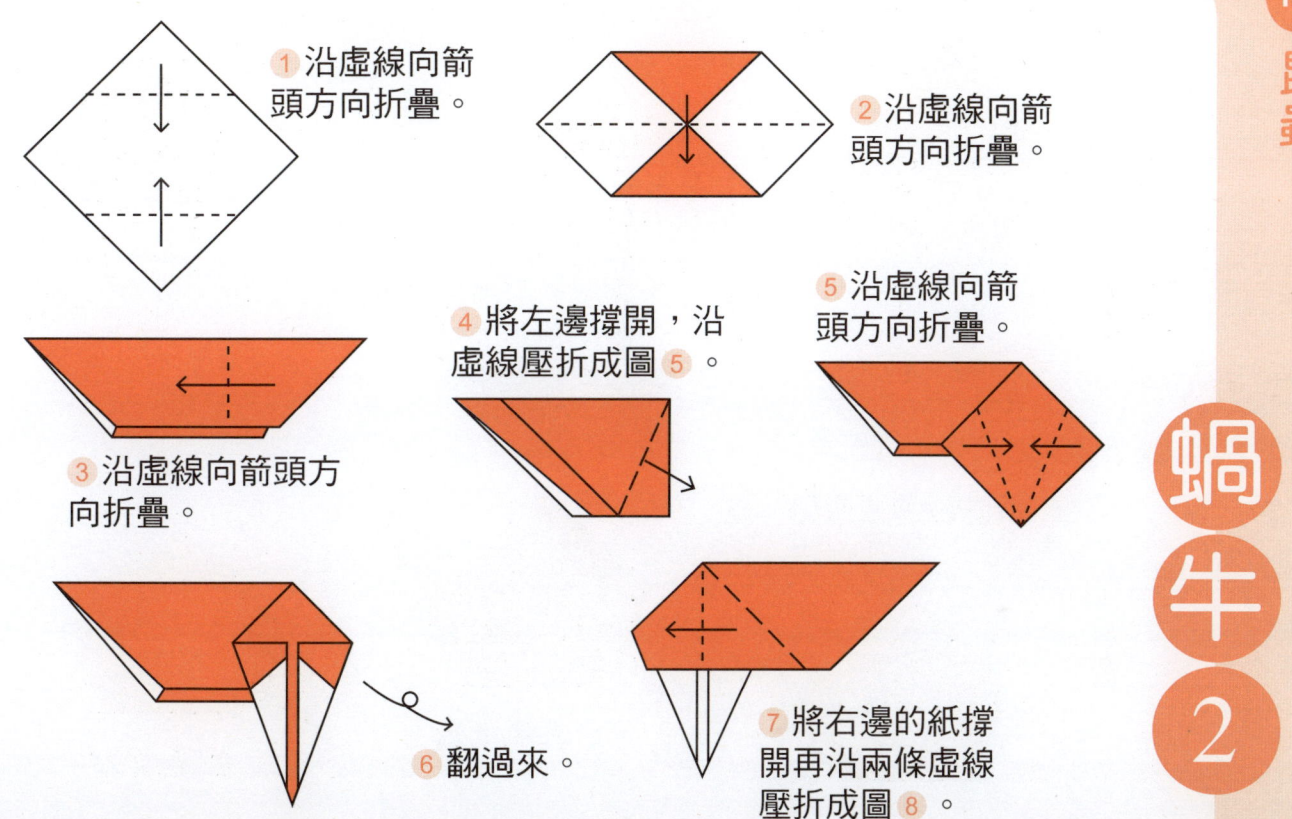

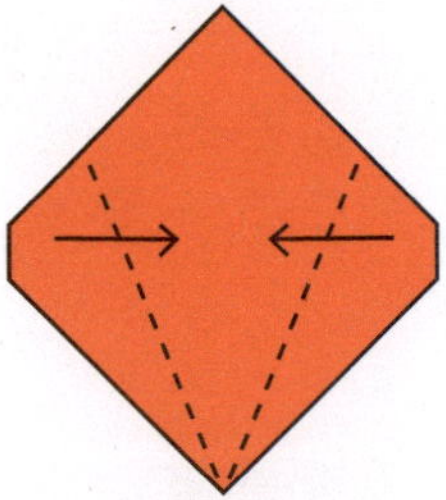

8 沿虛線向箭頭方向折疊。

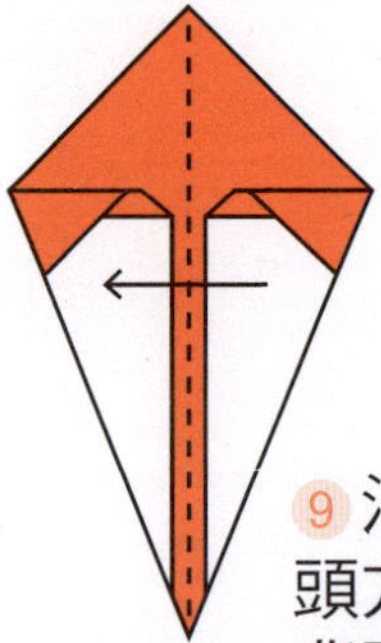

9 沿虛線向箭頭方向折疊，背面相同。

10 將兩角沿虛線向上翻折。

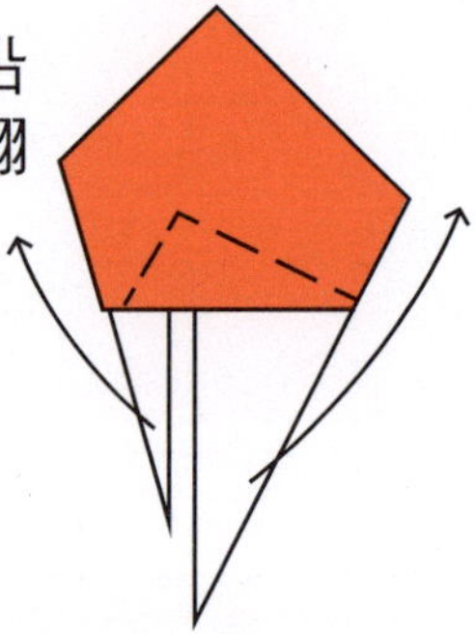

11 沿虛線將紙撐開，先向前折，再向後折。

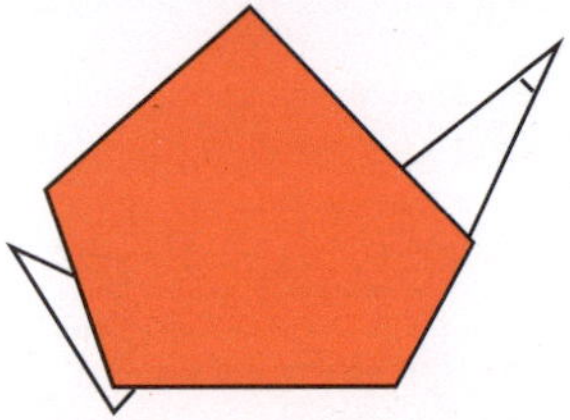

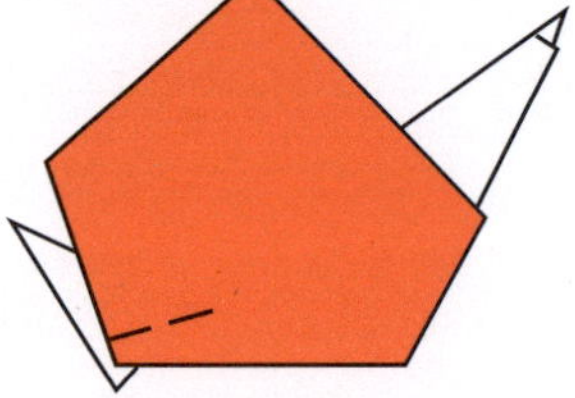

12 沿虛線折疊。

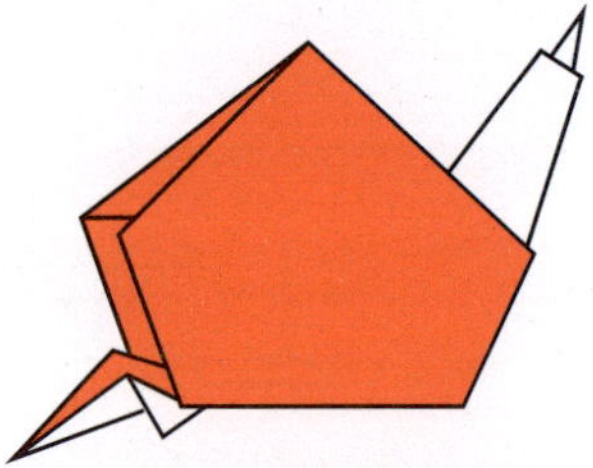

13 折疊成蝸牛。

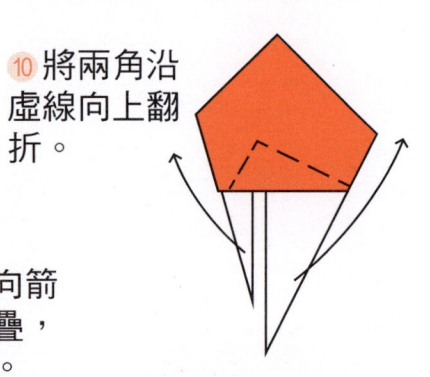

蛾

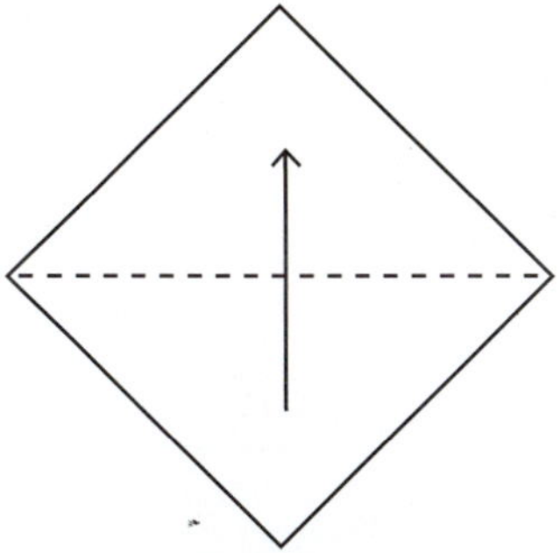

1 沿虛線對折。

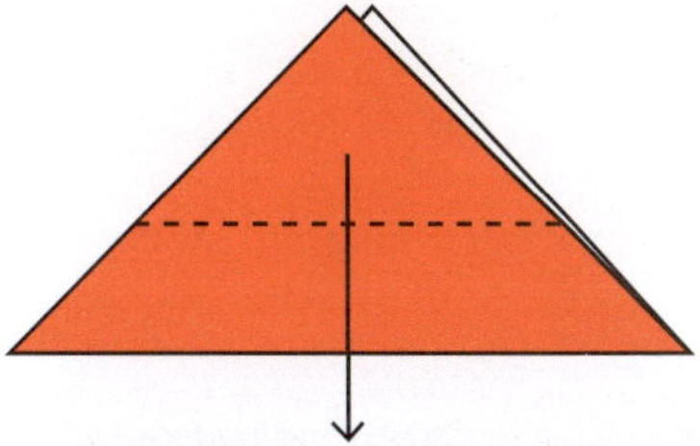

2 沿虛線向箭頭方向折疊。

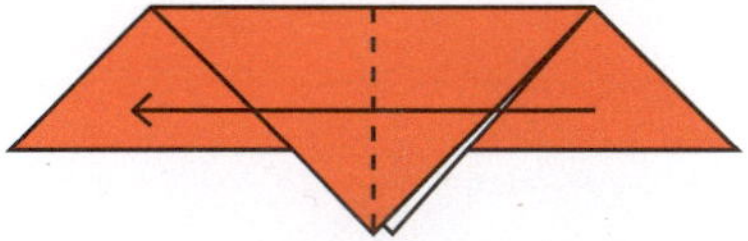

3 沿虛線向箭頭方向折疊。

4 沿虛線向箭頭方向折疊。

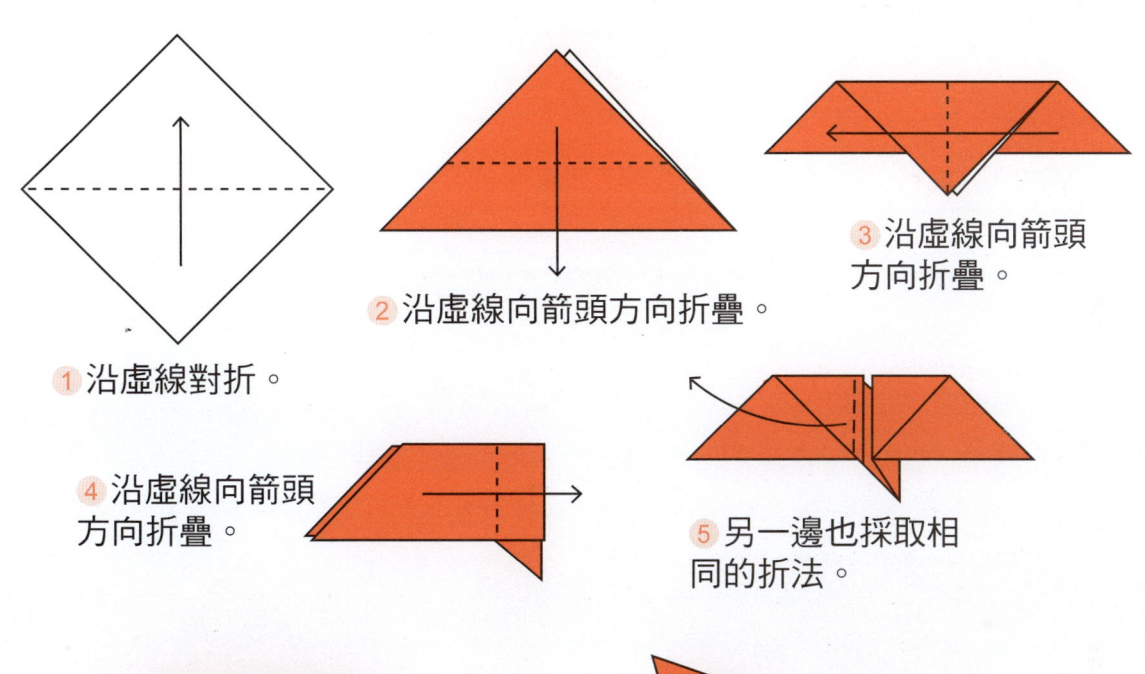

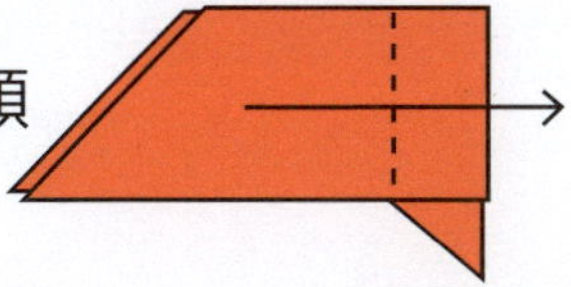

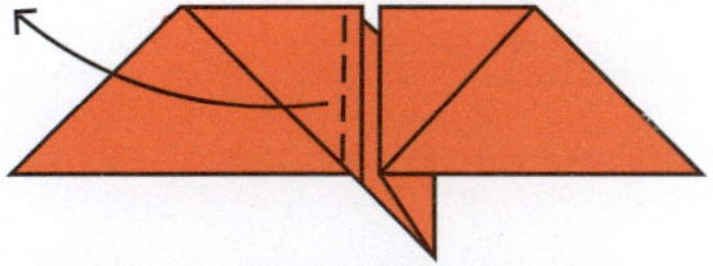

5 另一邊也採取相同的折法。

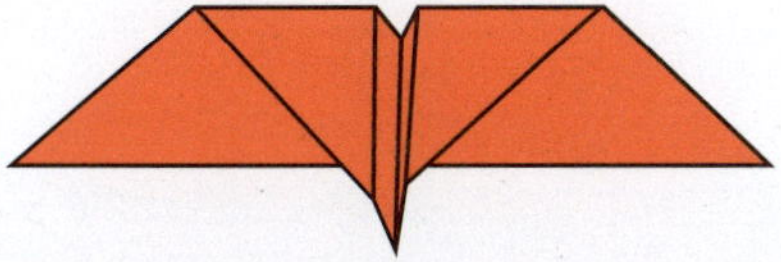

6 完成。

蝴蝶 1

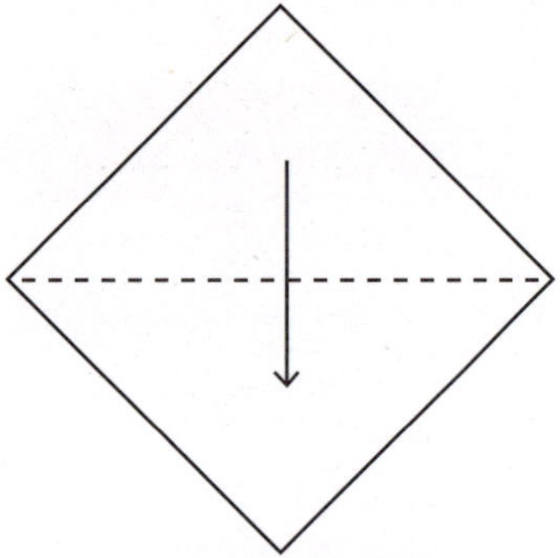

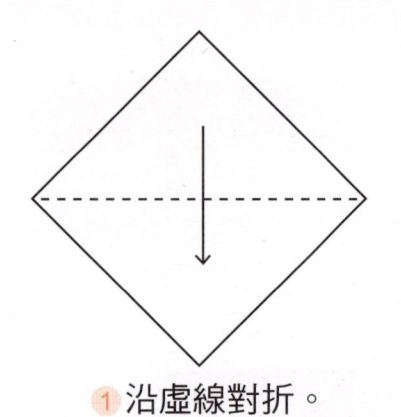

1 沿虛線對折。

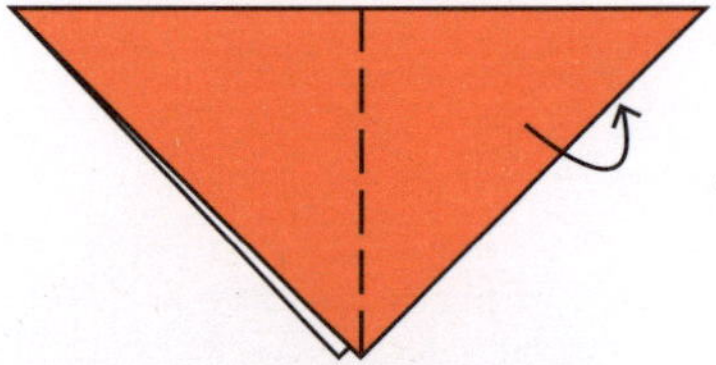

2 依照箭頭方向往後折，做出折線再展開。

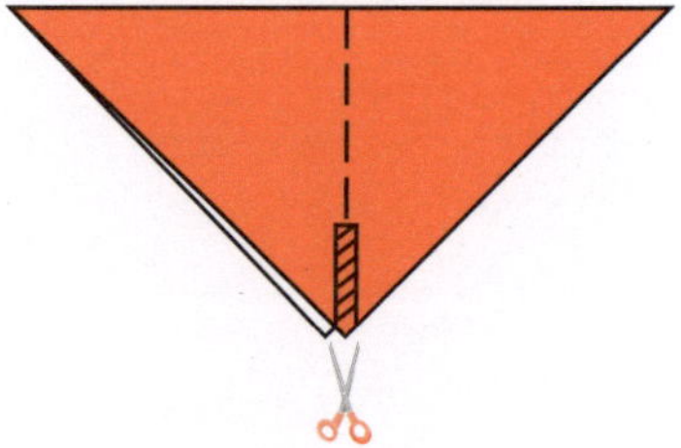

3 用剪刀將上下兩面剪出切口。

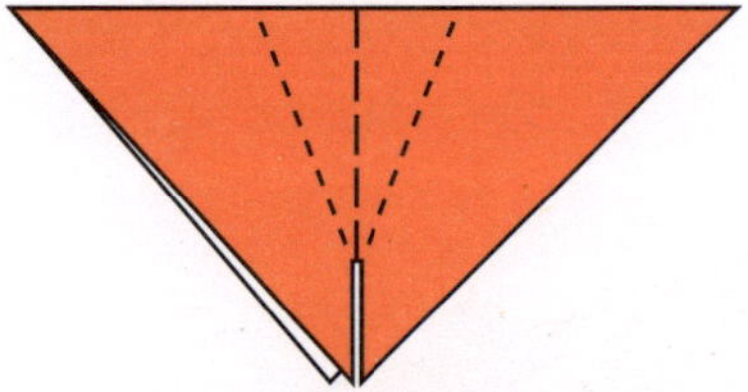

4 沿虛線折疊。

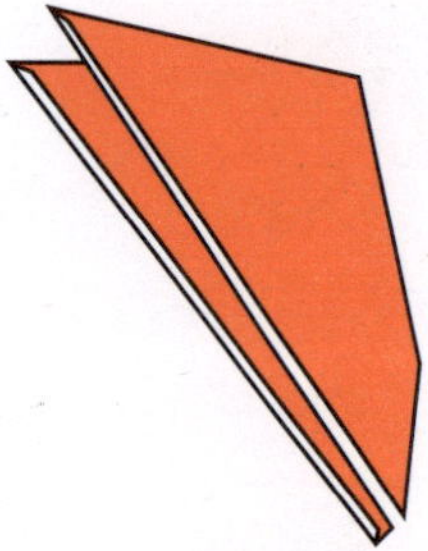

5 展開翅膀。

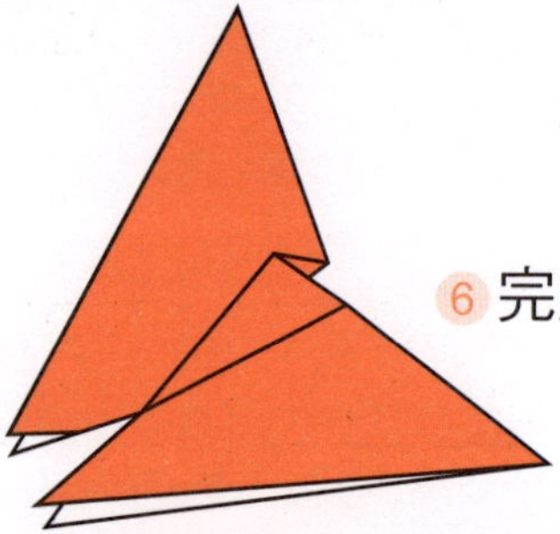

6 完成。

蝴蝶2

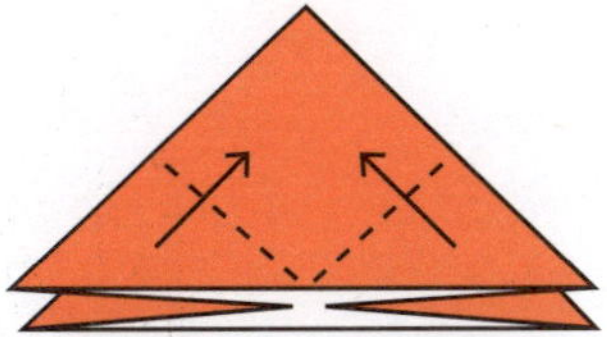

1 先折成一個雙三角形，然後沿虛線向箭頭方向折疊。

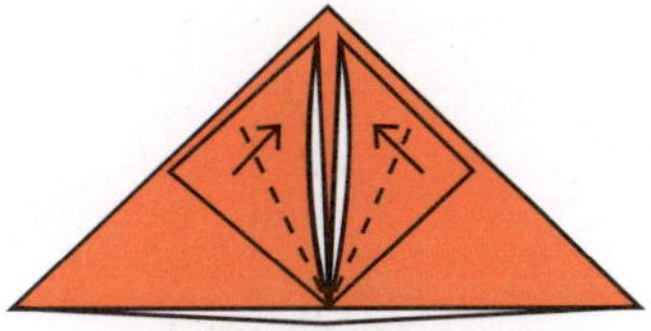

2 沿虛線向箭頭方向折疊，再還原。

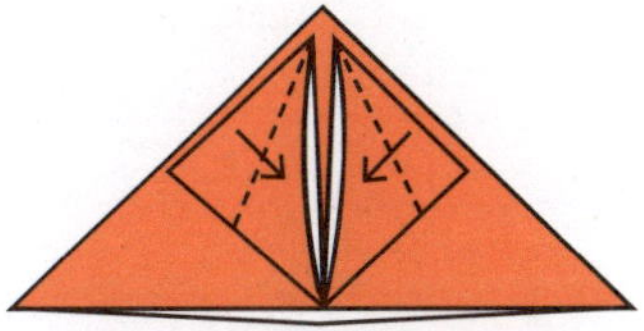

3 沿虛線向箭頭方向折疊，再還原。

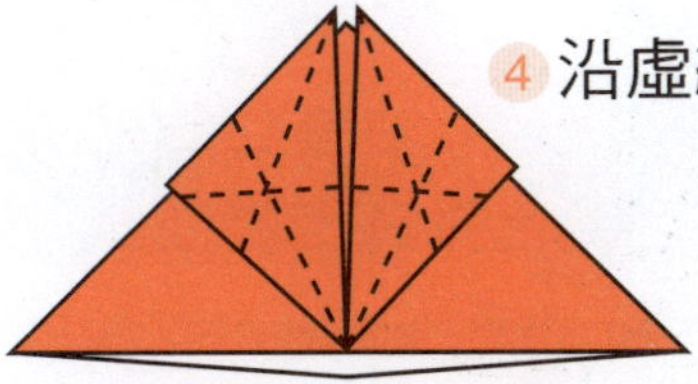

4 沿虛線壓折。

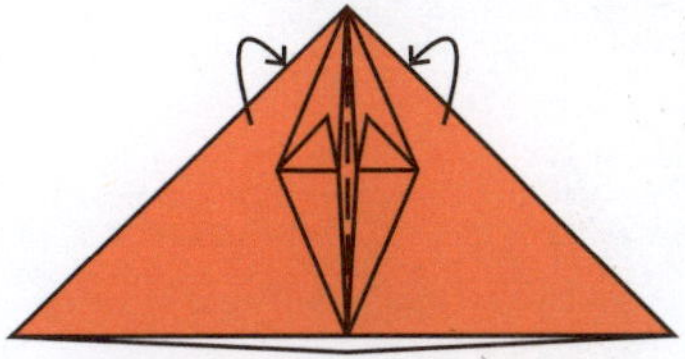

5 沿虛線向箭頭方向折疊。

6 完成。

蜻蜓

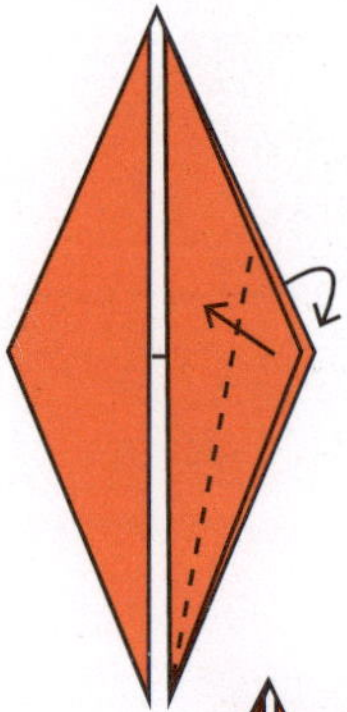

1 先折一個雙菱形，再沿虛線向箭頭方向折疊，前後都要折。

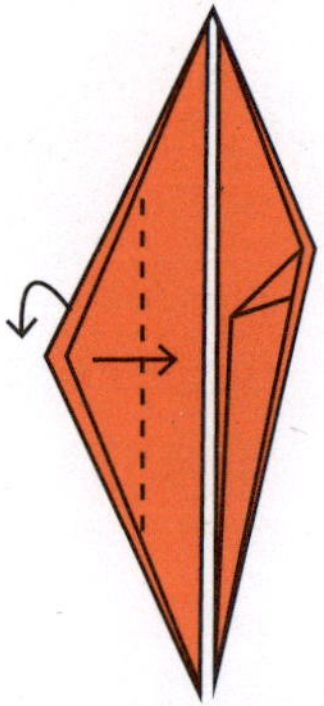

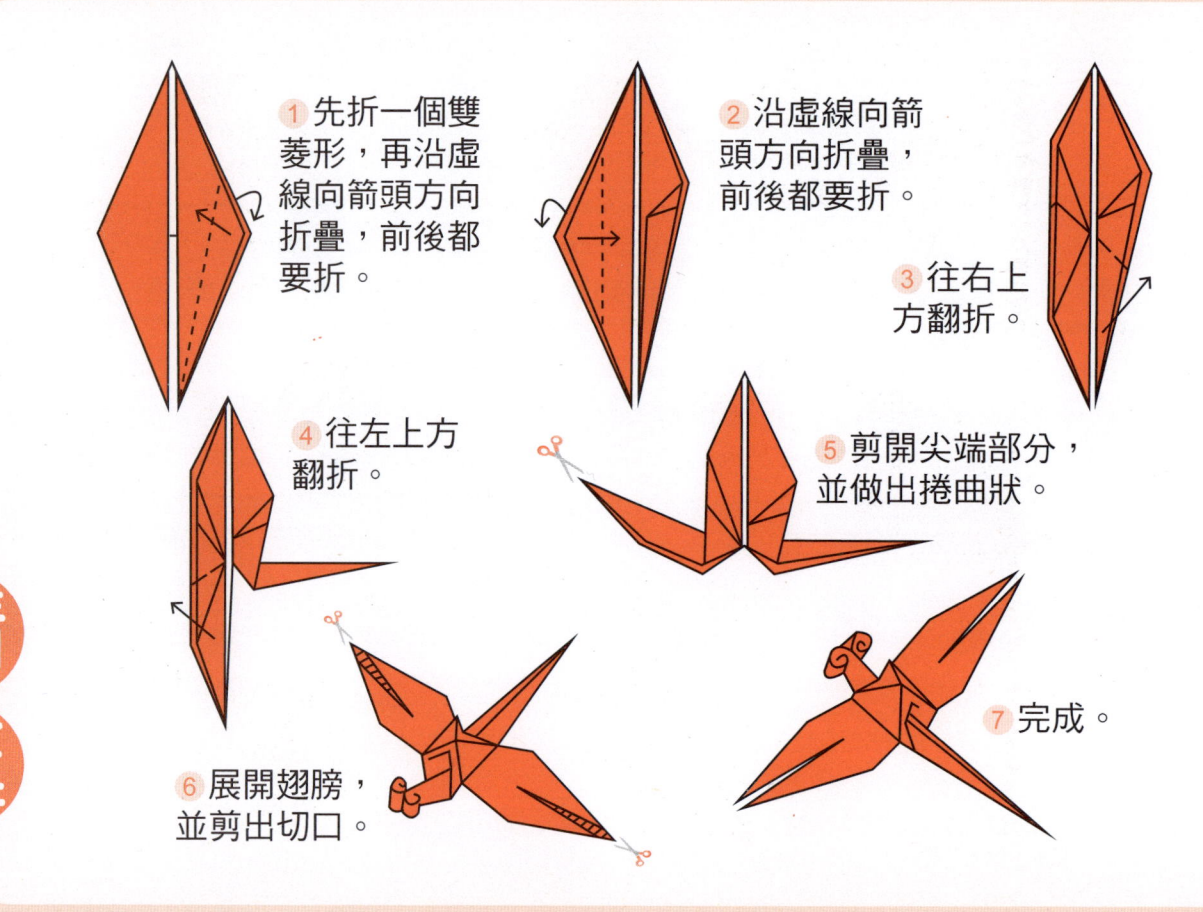

2 沿虛線向箭頭方向折疊，前後都要折。

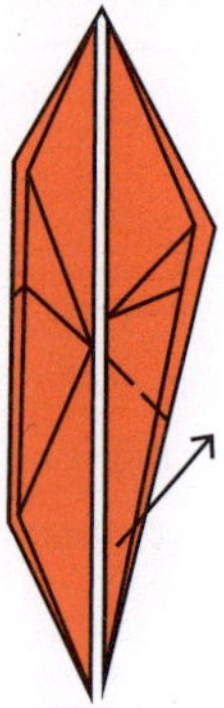

3 往右上方翻折。

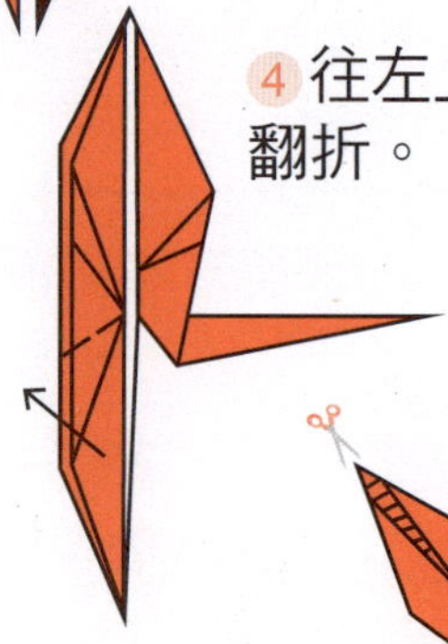

4 往左上方翻折。

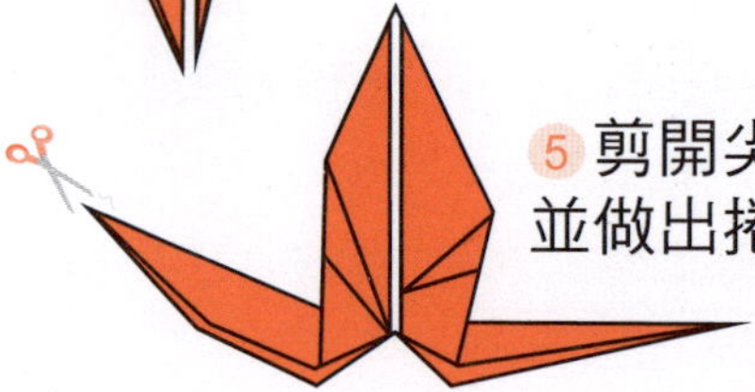

5 剪開尖端部分，並做出捲曲狀。

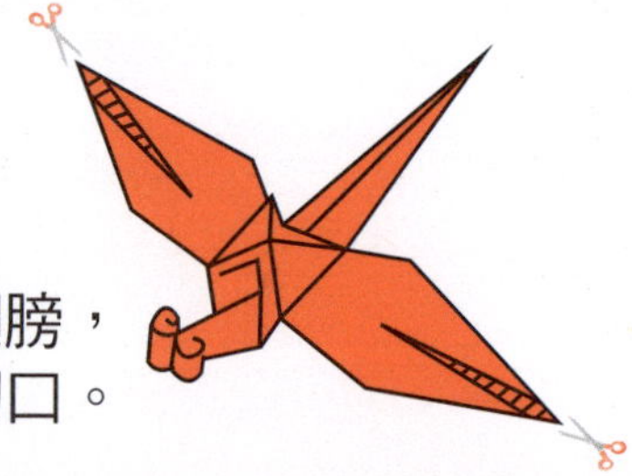

6 展開翅膀，並剪出切口。

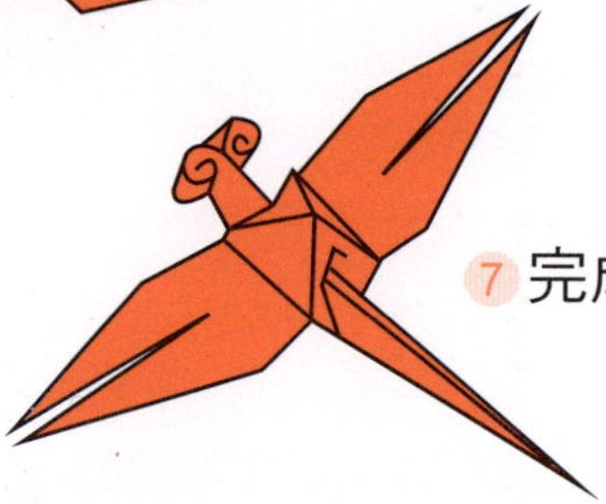

7 完成。

向日葵

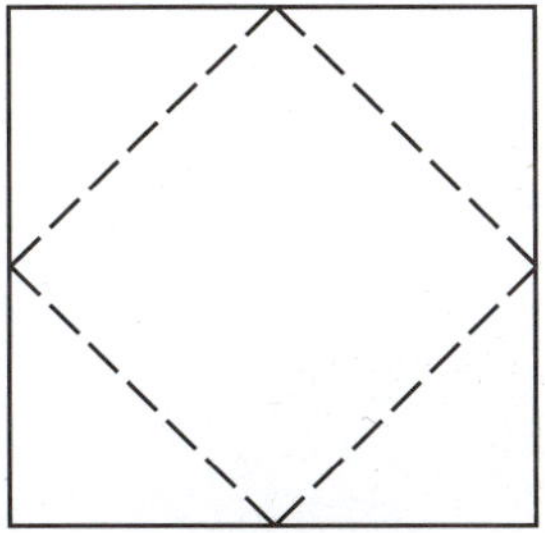

1 沿虛線折疊。

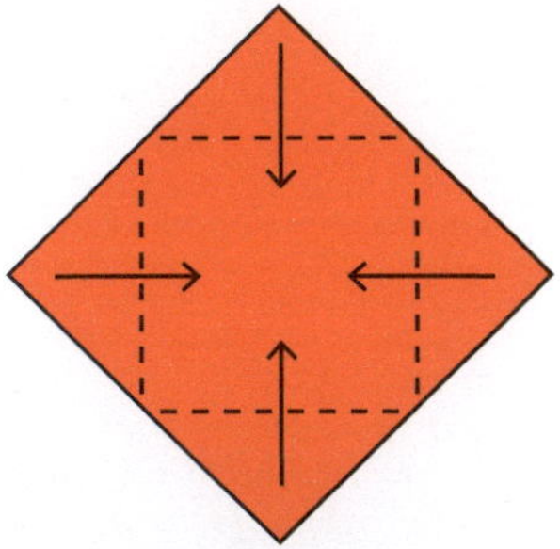

2 沿虛線向箭頭方向折疊。

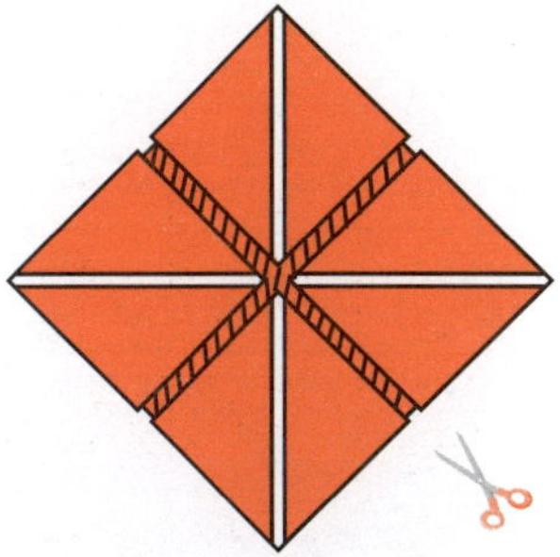

3 沿陰影處剪開。

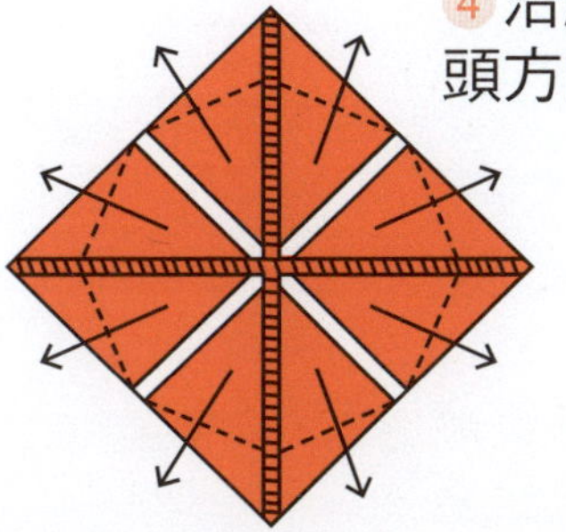

4 沿虛線向箭頭方向折疊。

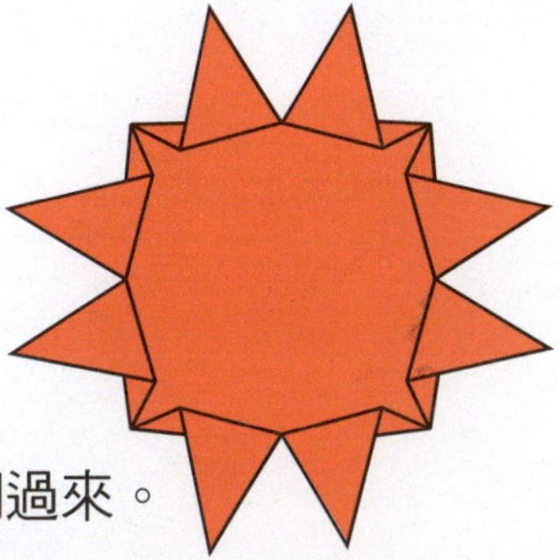

5 翻過來。

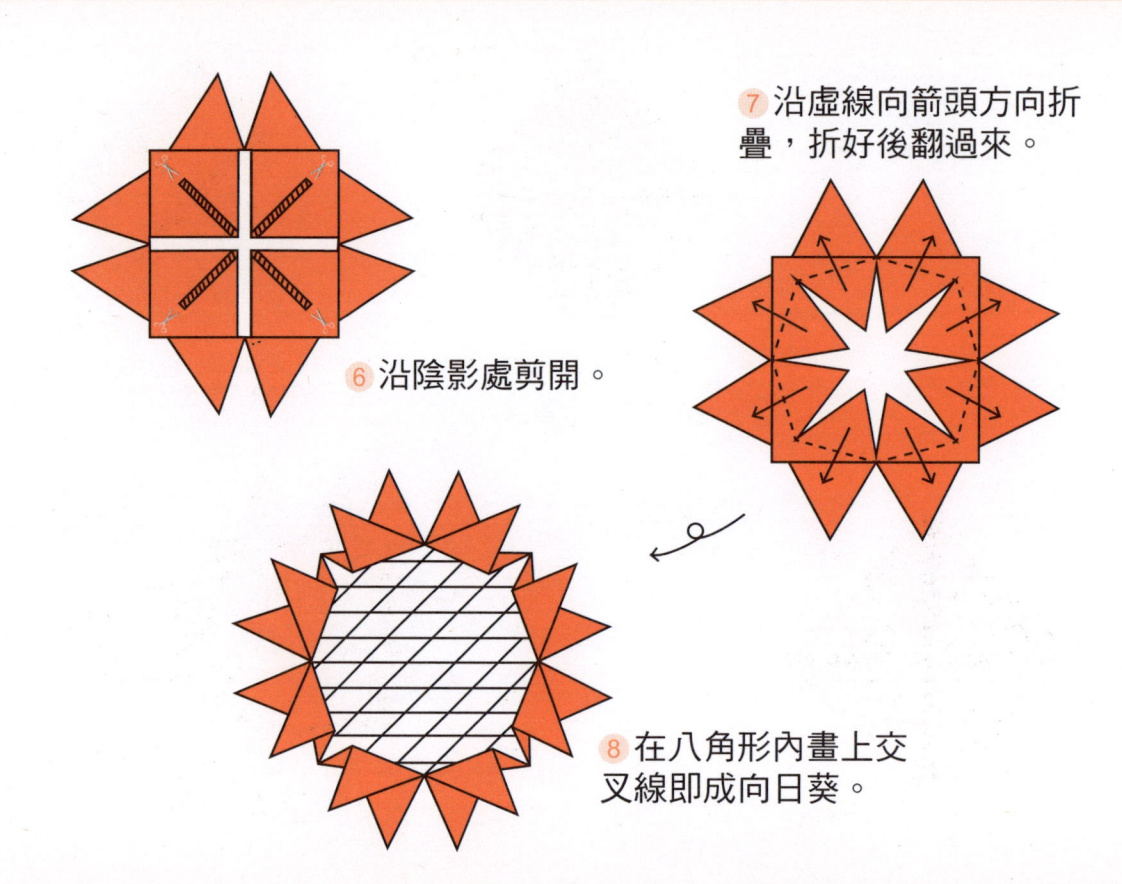

6 沿陰影處剪開。

7 沿虛線向箭頭方向折疊，折好後翻過來。

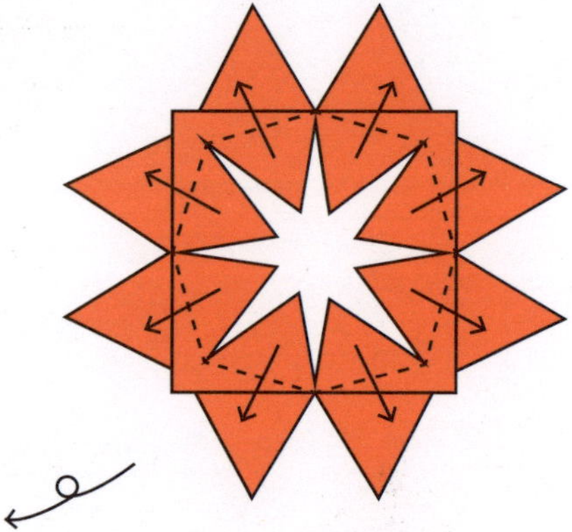

8 在八角形內畫上交叉線即成向日葵。

花蕾

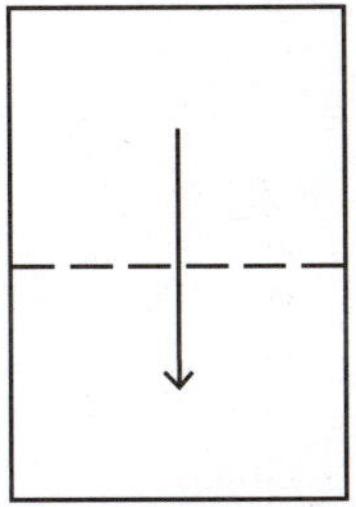

1 沿虛線向箭頭方向折疊。

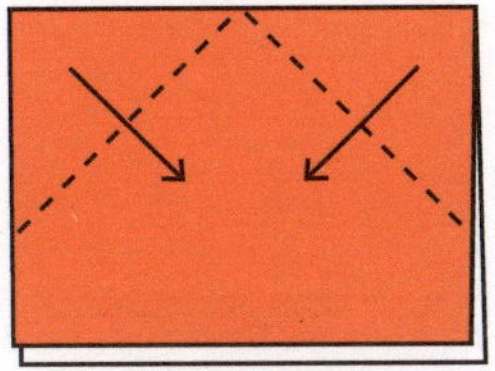

2 沿虛線向箭頭方向折疊。

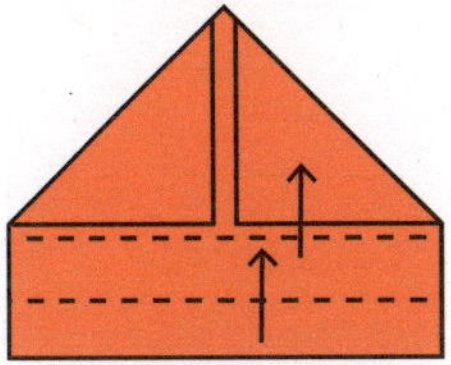

3 沿虛線向箭頭方向折疊，前後都折。

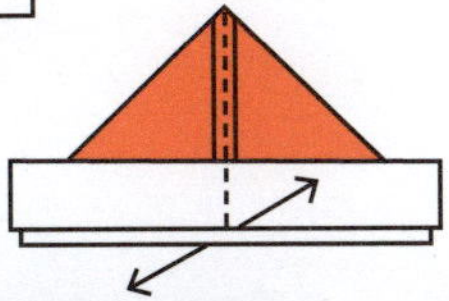

4 先從下邊開口處撐開，再沿虛線折疊。

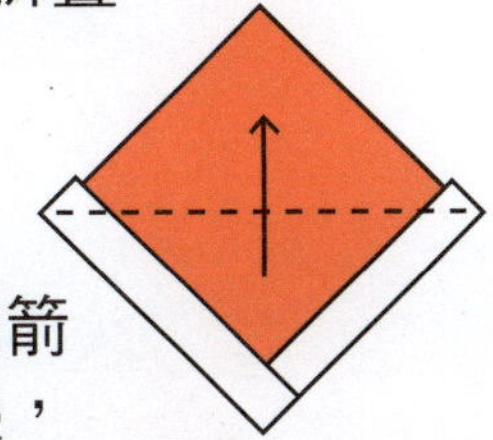

5 沿虛線向箭頭方向折疊，前後都折。

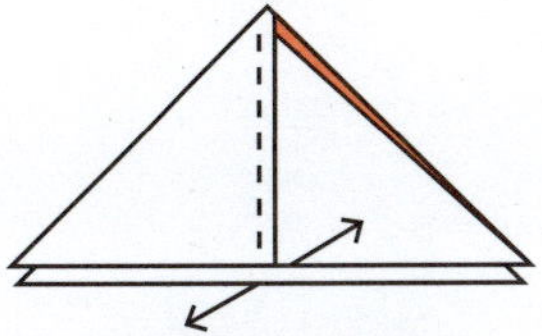

6 先從下邊開口處撐開，再沿虛線折疊。

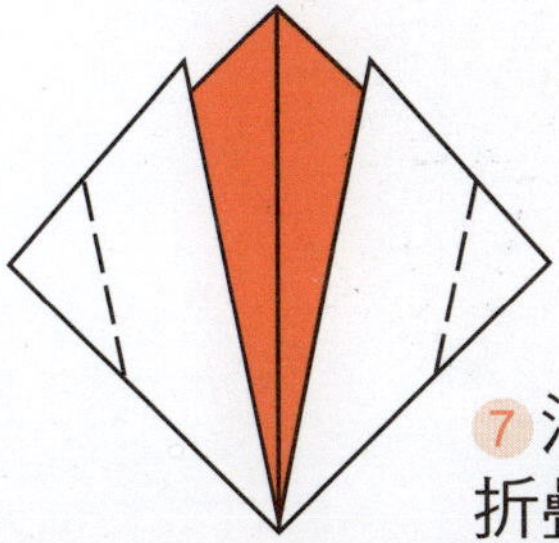

7 沿虛線向後折疊。

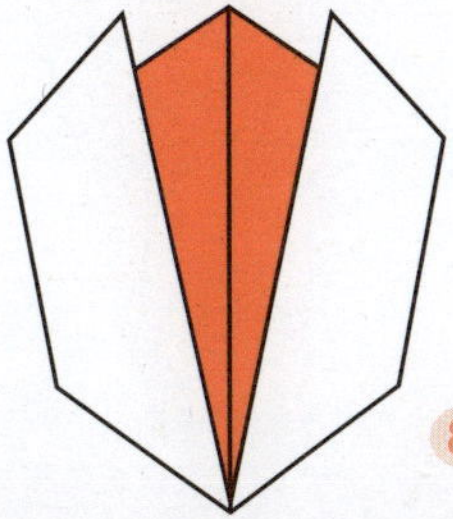

8 折疊成花蕾。

石竹花

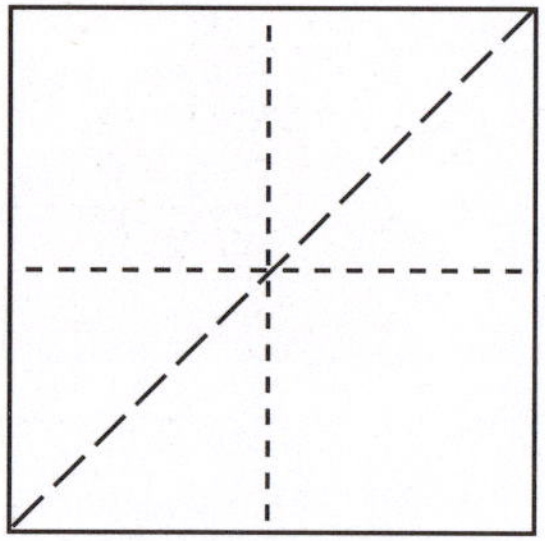

1 沿虛線折疊成雙正方形。

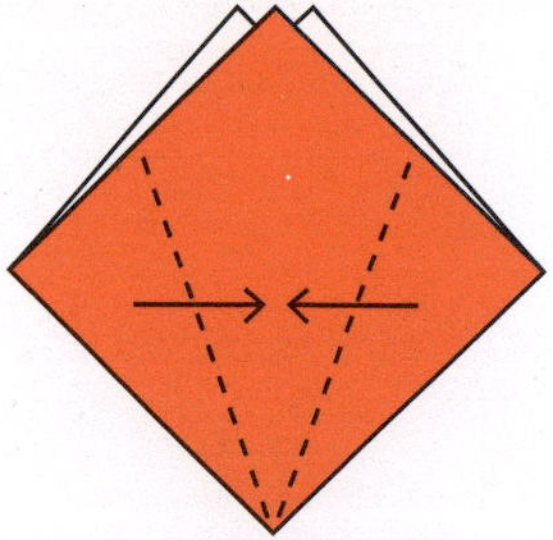

2 沿虛線向箭頭方向折疊，前後都折。

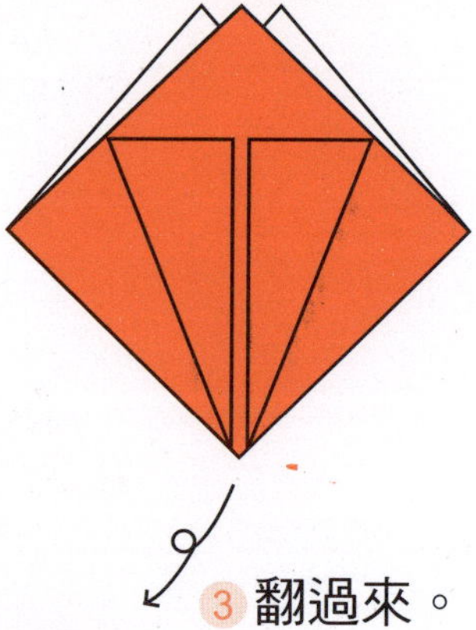

3 翻過來。

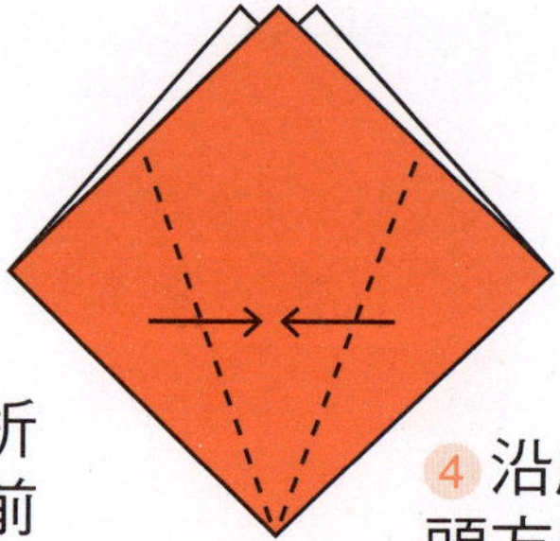

4 沿虛線向箭頭方向折疊，前後都折。

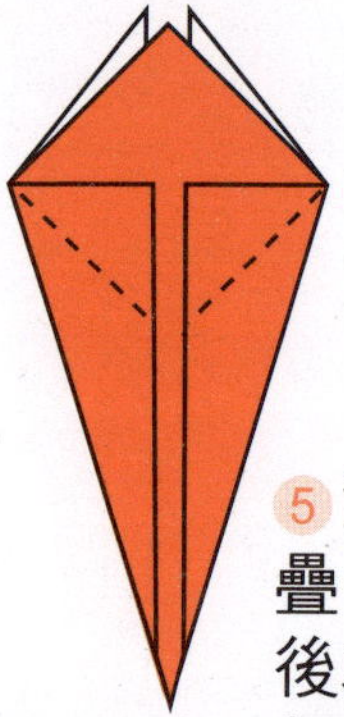

5 沿虛線折疊，注意前後左右四方都折。

6 折疊成石竹花。

牽牛花

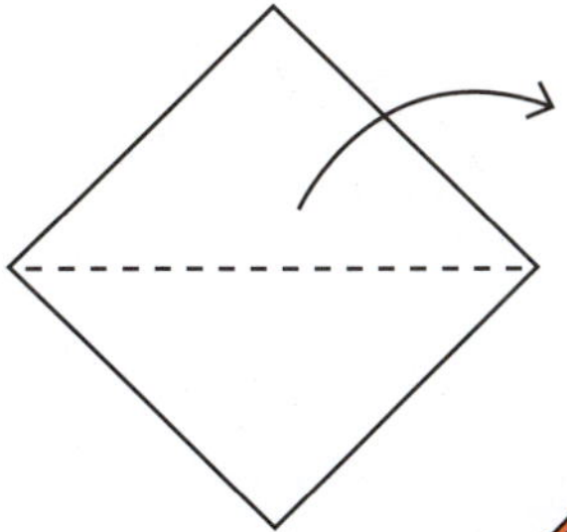

1 沿虛線向箭頭方向折疊。

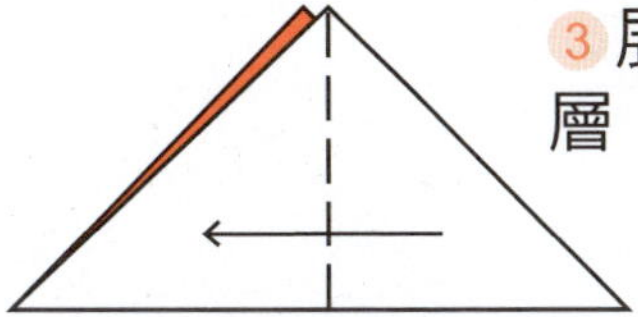

2 沿虛線向箭頭方向折疊。

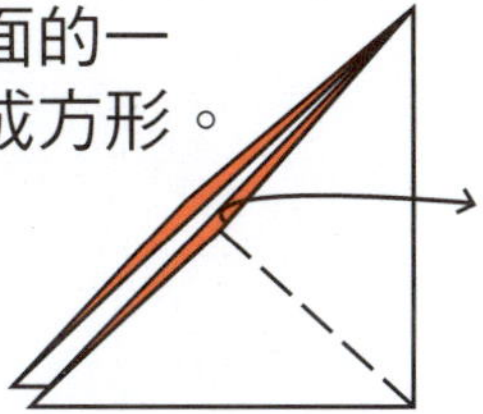

3 展開上面的一層，折疊成方形。

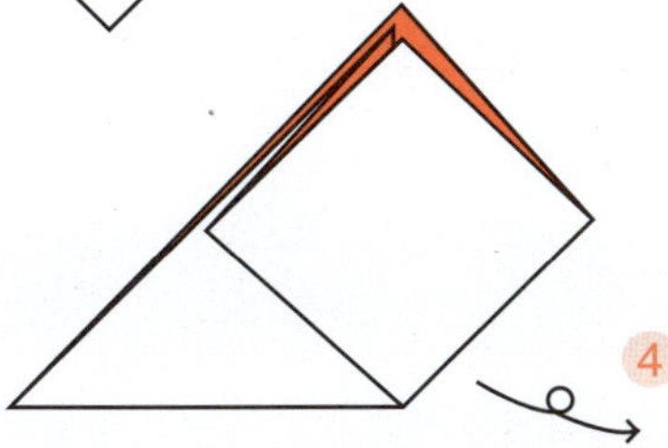

4 翻過來。

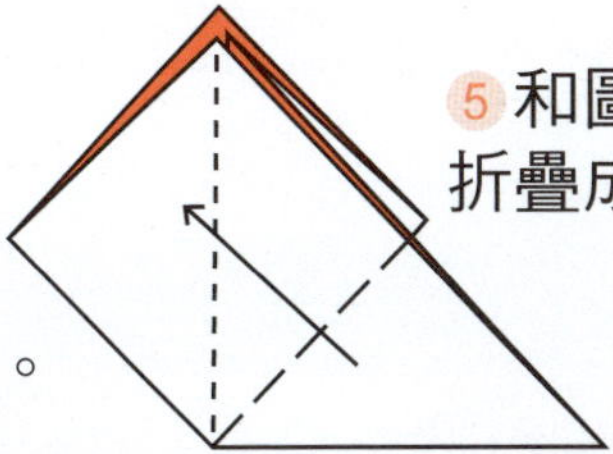

5 和圖 3 一樣，折疊成方形。

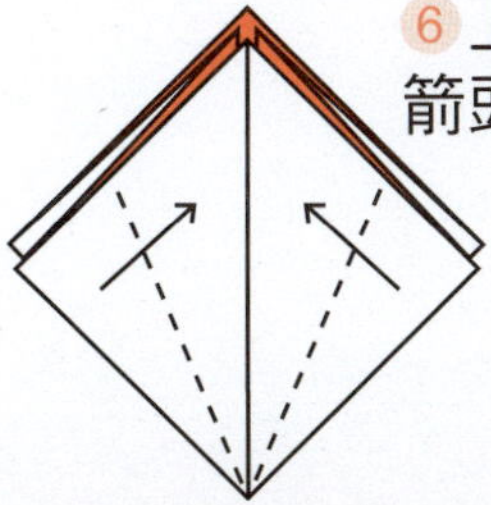

6 上面的一層向箭頭方向折。

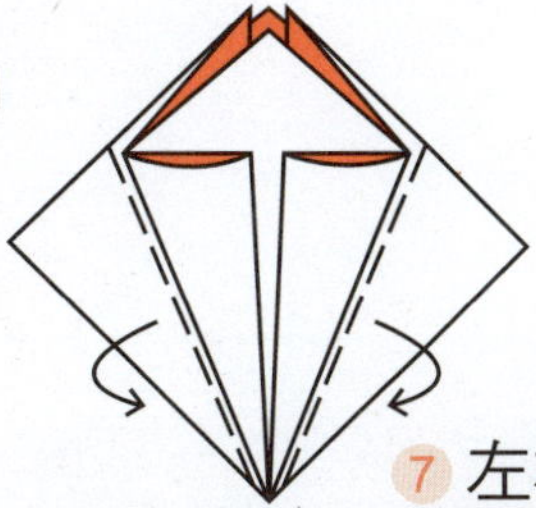

7 左右依照箭頭方向往後面折。

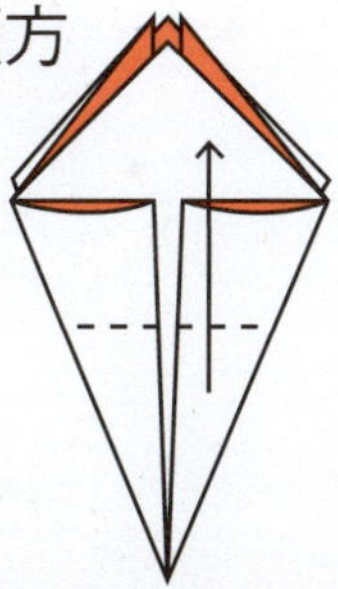

8 依照箭頭方向往上折。

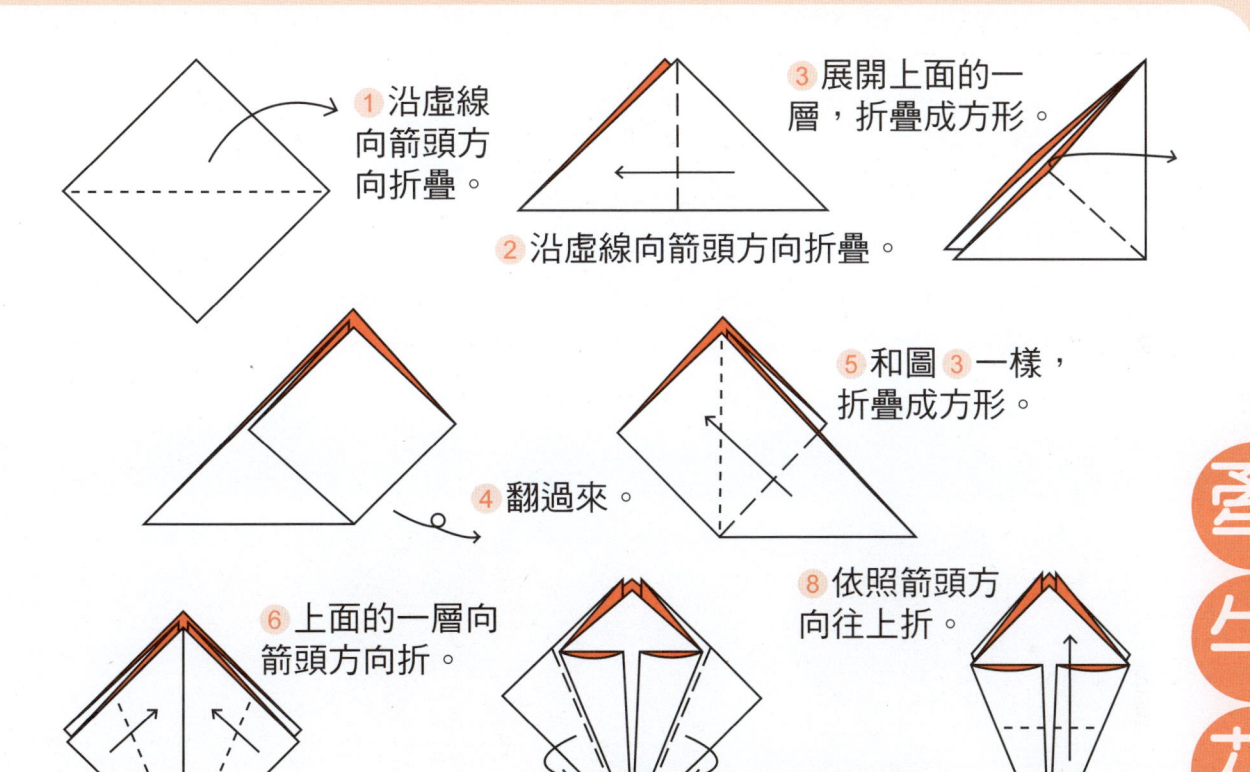

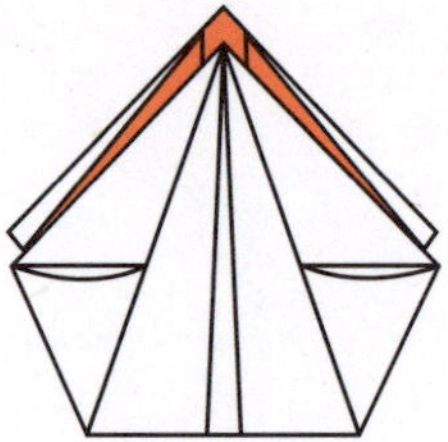

9 回復原狀。

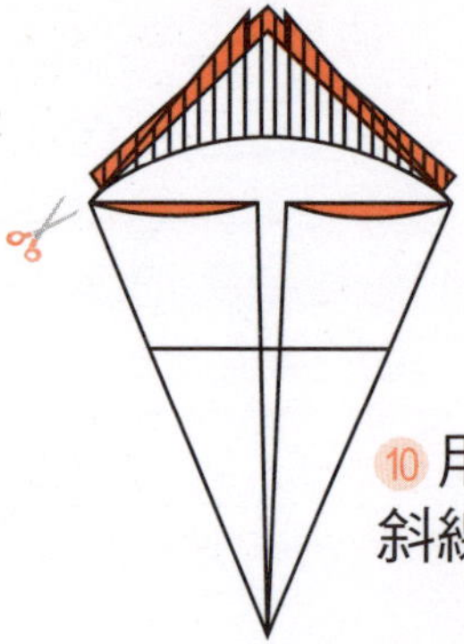

10 用剪刀剪去斜線部分。

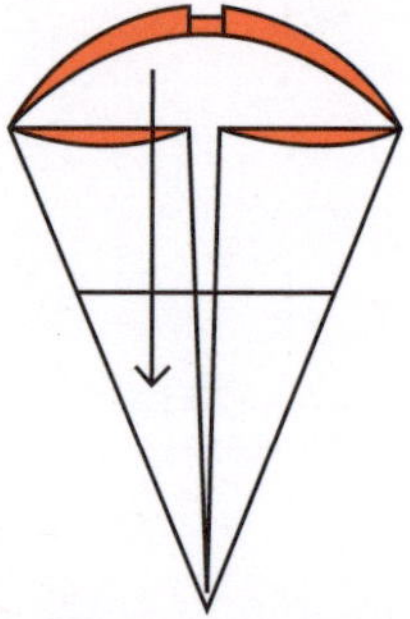

11 如圖 12 所示，依照箭頭方向展開。

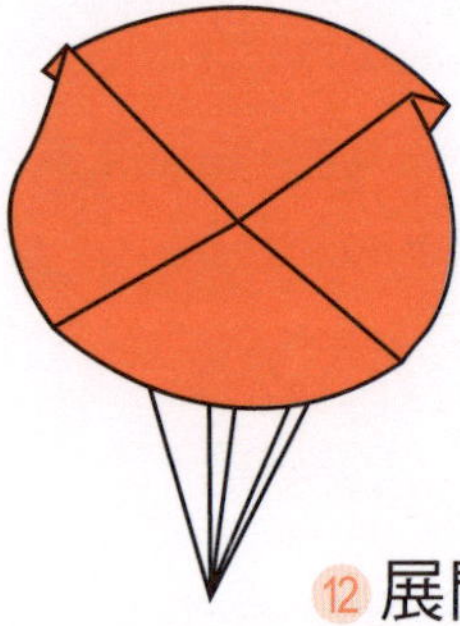

12 展開。

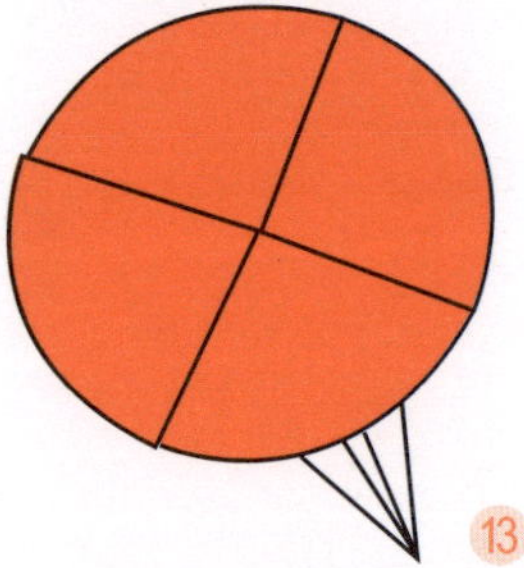

13 完成。

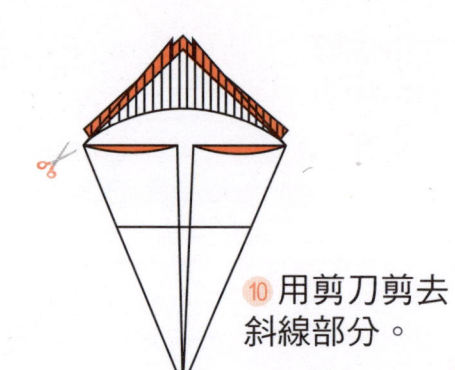

百合花

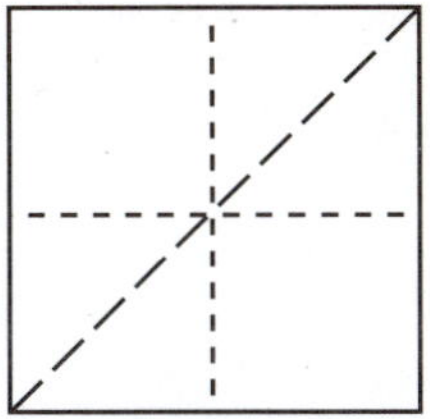

1 沿虛線折疊出雙正方形。

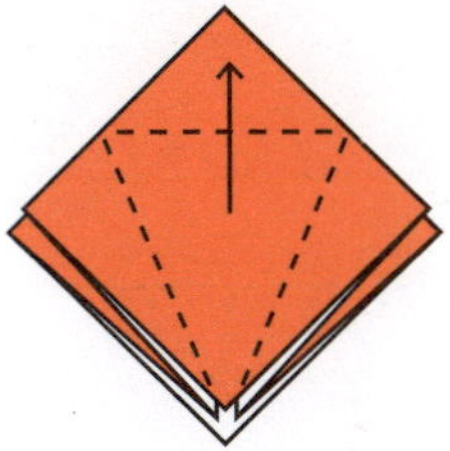

2 沿虛線向箭頭方向折疊，前後兩層都折。

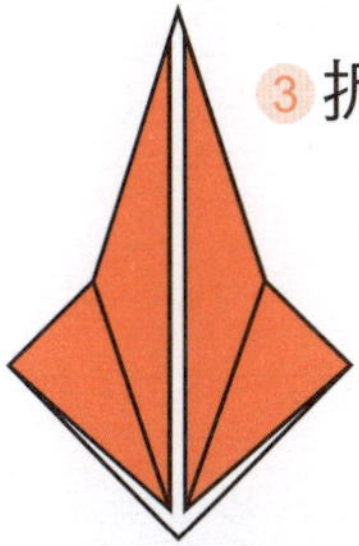

3 折疊成圖 4 。

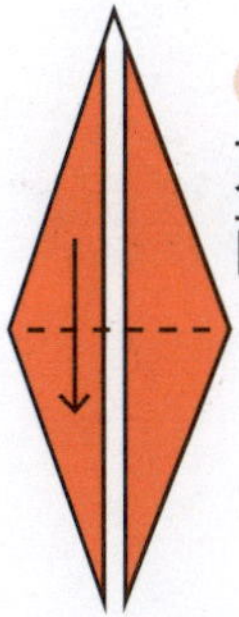

4 沿虛線向箭頭方向折疊，前後兩層都折。

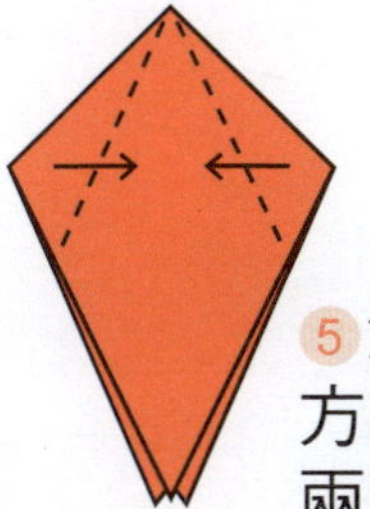

5 沿虛線向箭頭方向折疊，前後兩層都折。

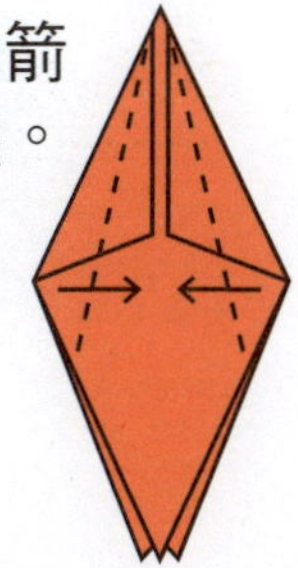

6 沿虛線向箭頭方向折疊。

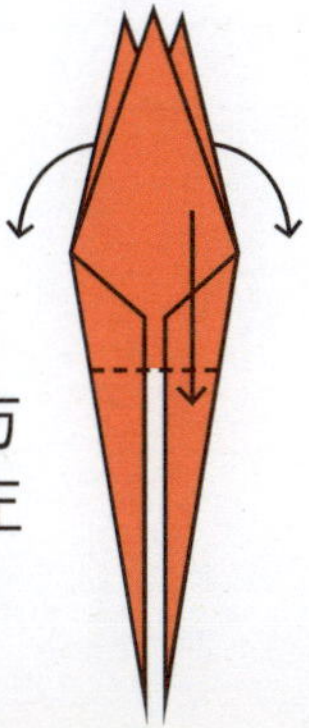

7 沿虛線向箭頭方向折疊，向前後左右四個方向折。

8 折疊成百合花。

杜鵑花

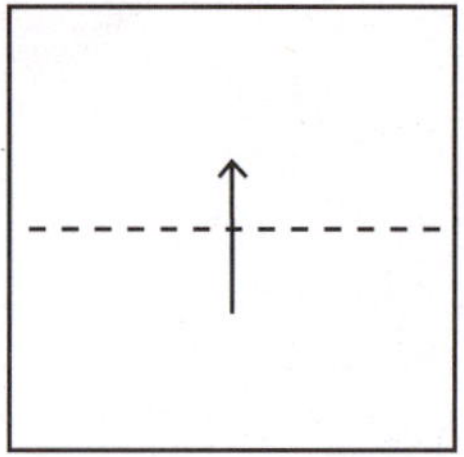

1 沿虛線向箭頭方向折疊。

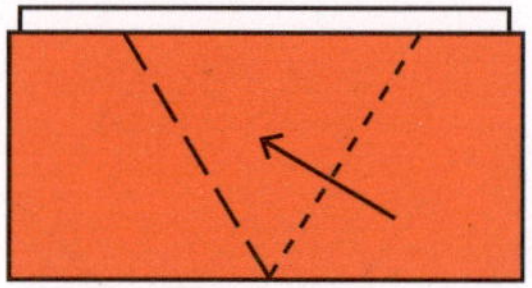

2 沿虛線向箭頭方向折疊。

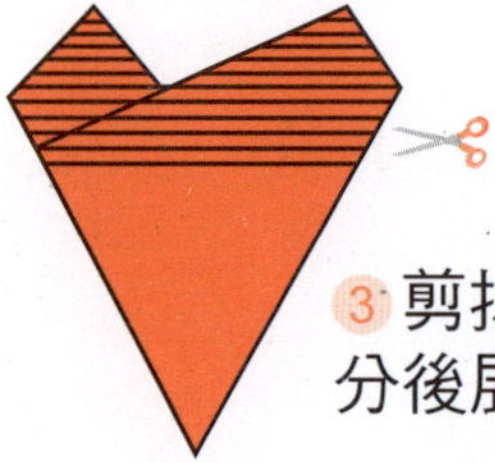

3 剪掉橫線部分後展開。

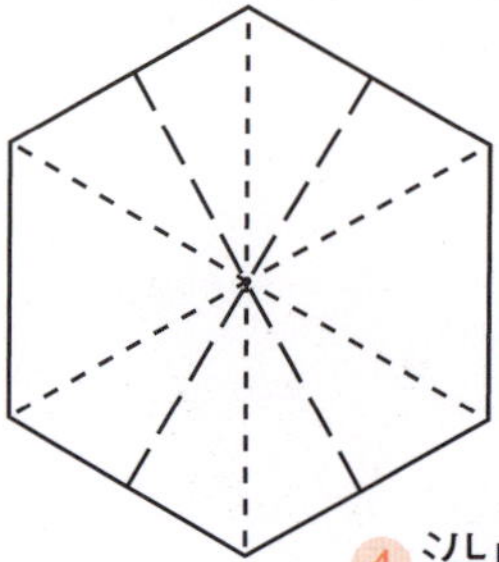

4 沿虛線折疊。

5 先從上向下折，同時從左向右折，只折三面。

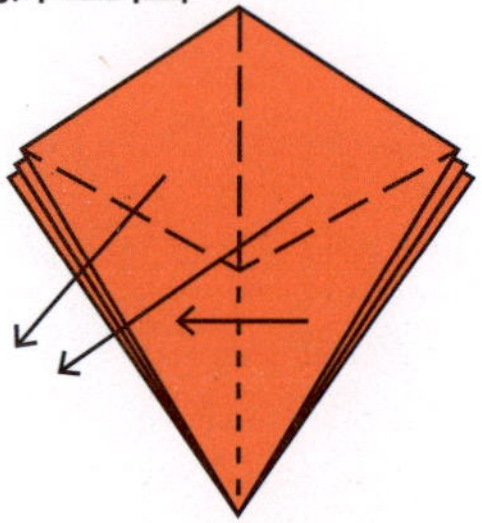

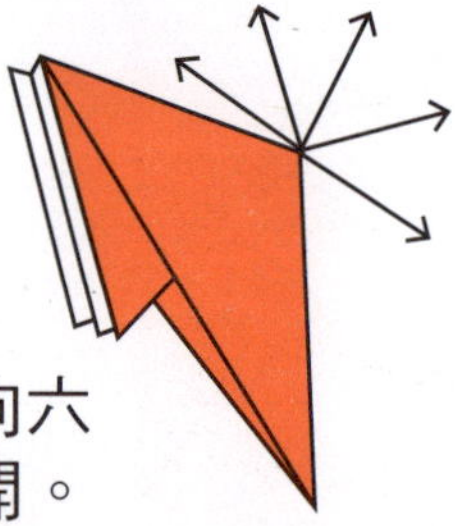

6 按圖示向六個方向拉開。

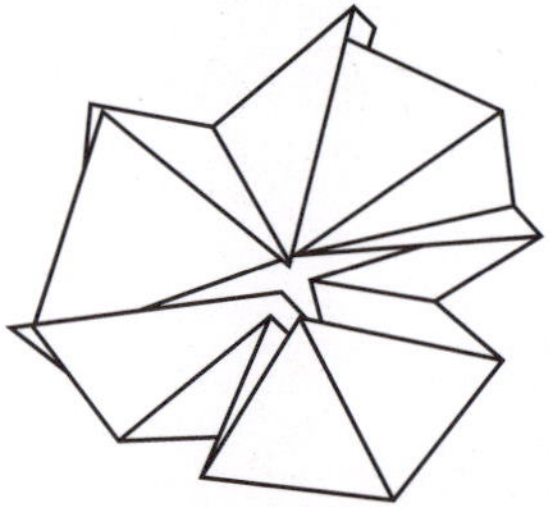

7 折疊出杜鵑花。

菊花

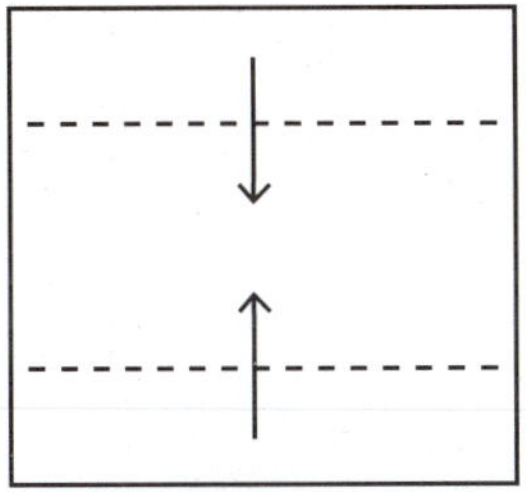

1 沿虛線向箭頭方向折疊。

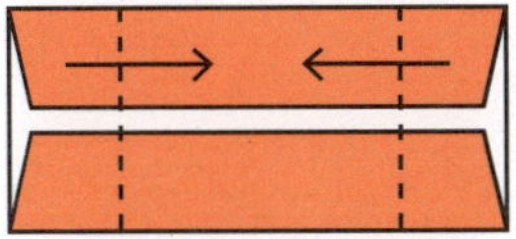

2 沿虛線向箭頭方向折疊。

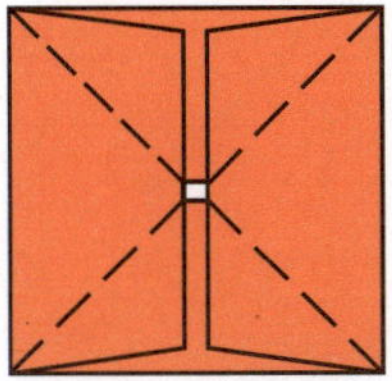

3 將第一層紙提起，向左右拉開，再由上向中間折。

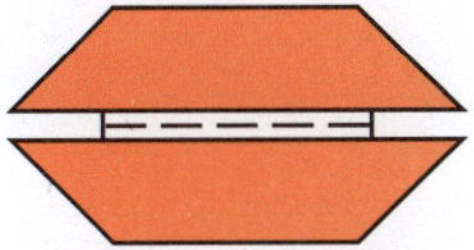

4 沿虛線折疊。

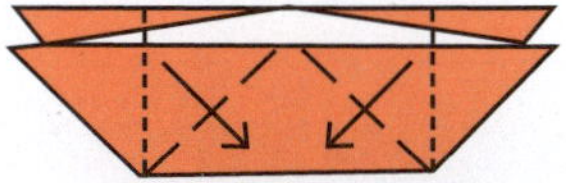

5 沿虛線向箭頭方向折疊。

6 沿虛線向箭頭方向折疊。

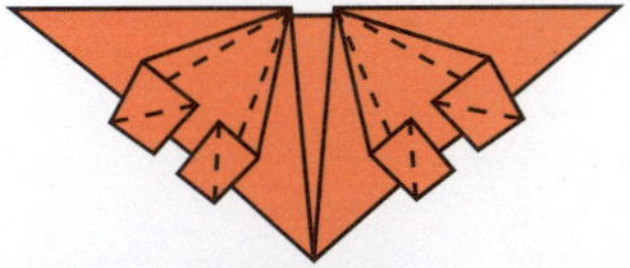

7 沿虛線折疊。

8 沿虛線折疊。

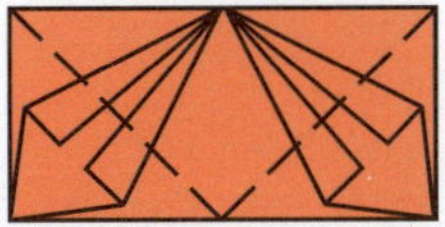

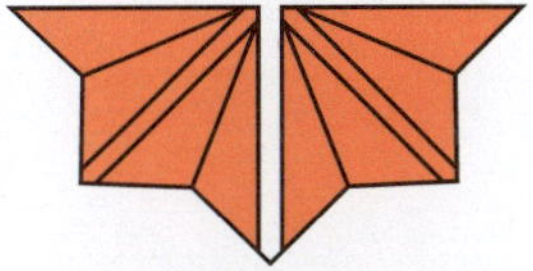

9 將背面的花折到前面。

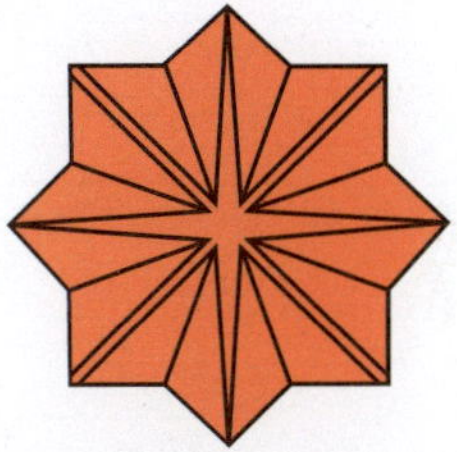

10 折疊成菊花。

蘭花

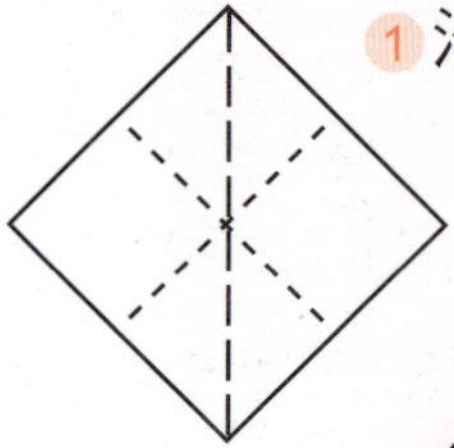

1 沿虛線折疊。

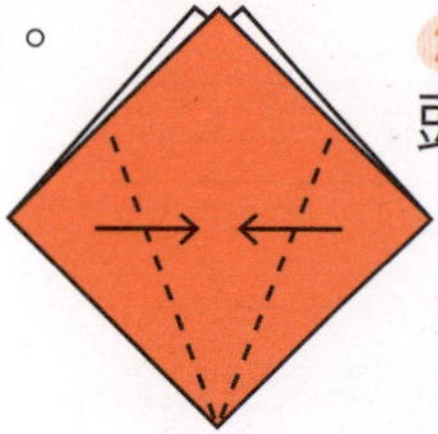

2 沿虛線向箭頭方向折疊。

3 沿虛線向箭頭方向折疊。

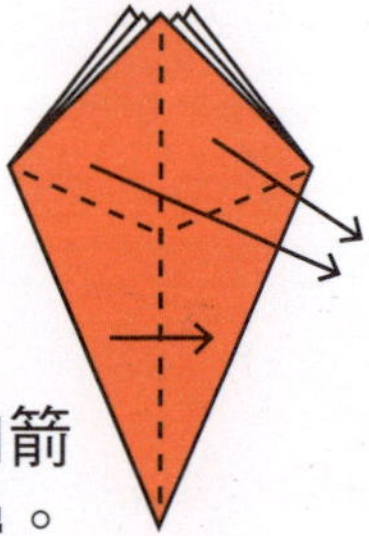

4 沿虛線向箭頭方向折疊。

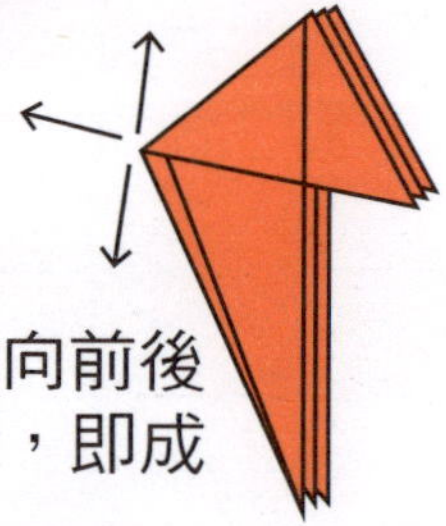

5 按圖示向前後左右拉折，即成花朵。

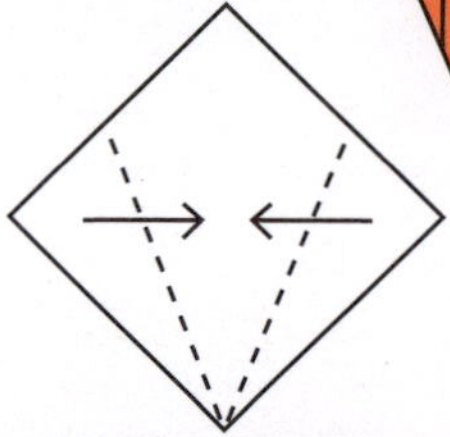

6 另取一張紙，沿虛線向箭頭方向折疊。

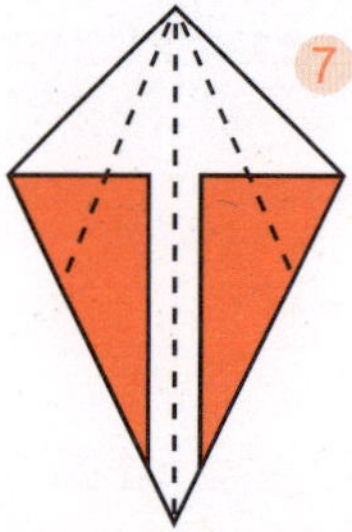

7 沿虛線折疊。

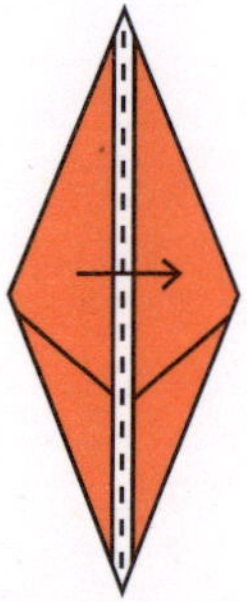

8 沿虛線向箭頭方向折疊，即成花葉（折兩個）。

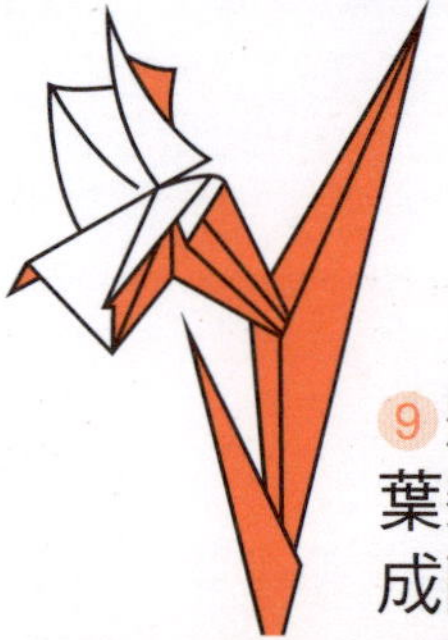

9 將花朵和花葉黏在一起即成蘭花。

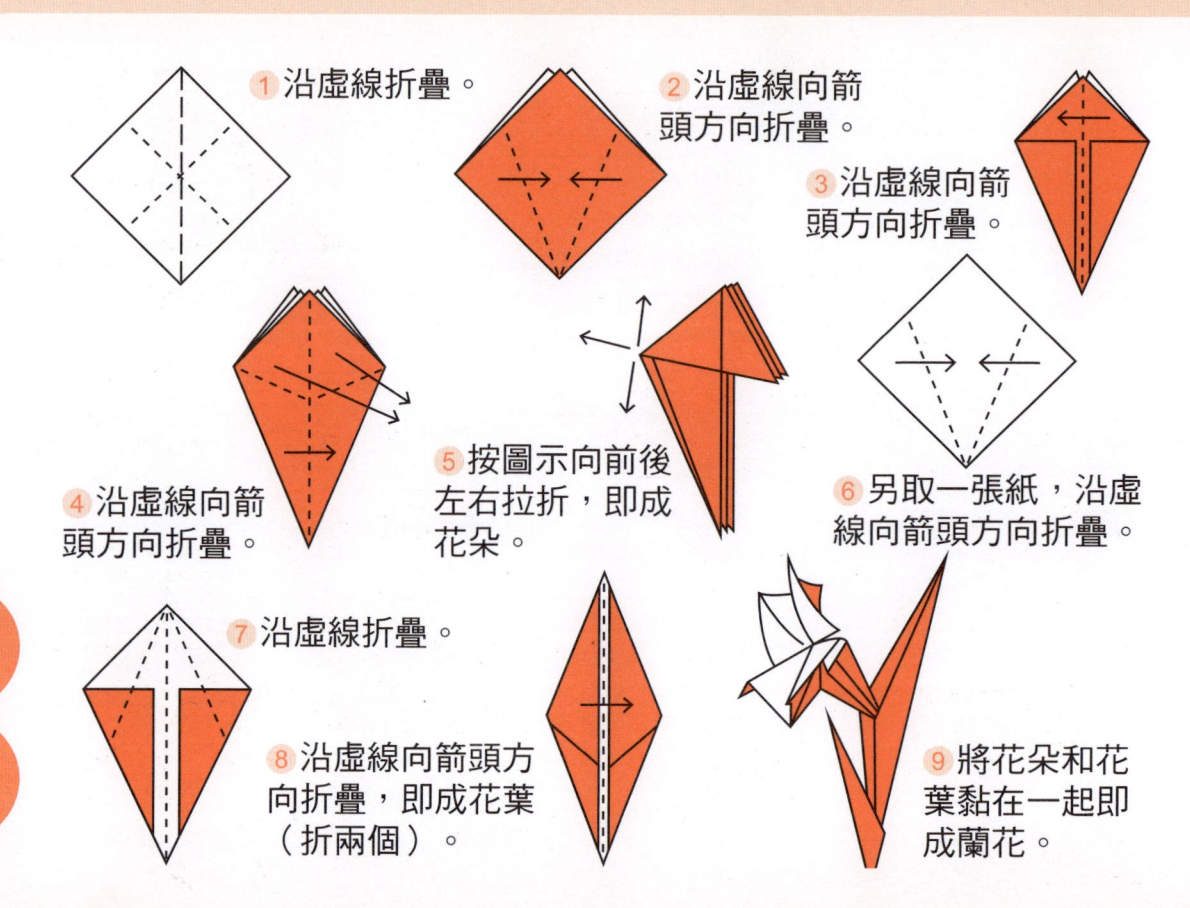

鬱金香 1

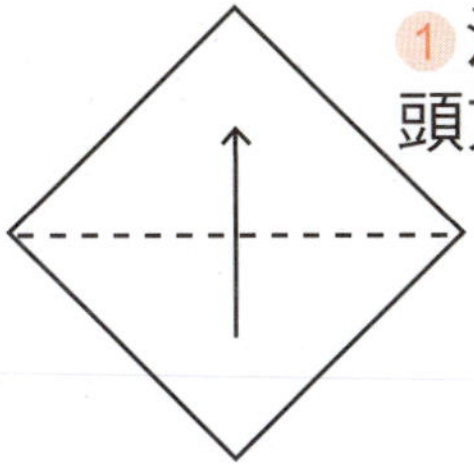

① 沿虛線向箭頭方向折疊。

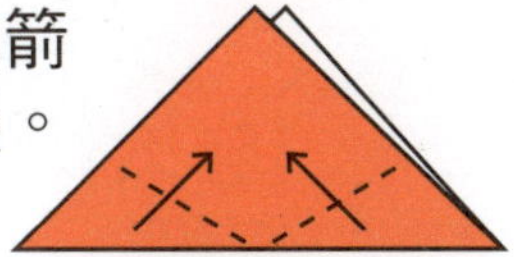

② 沿虛線向箭頭方向折疊。

③ 沿虛線向箭頭方向折疊。

④ 折疊成花朵。

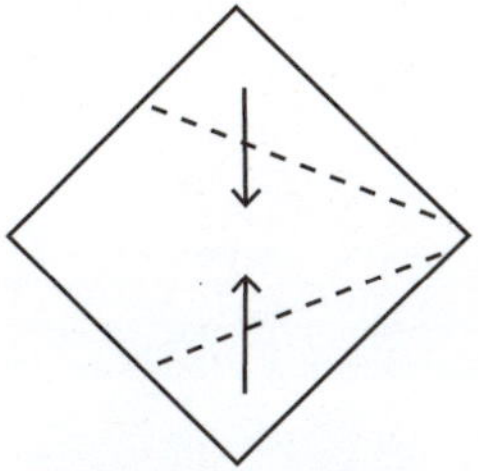

⑤ 另取一張紙，沿虛線向箭頭方向折疊。

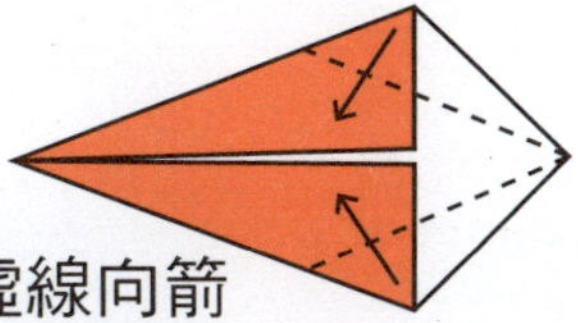

⑥ 沿虛線向箭頭方向折疊。

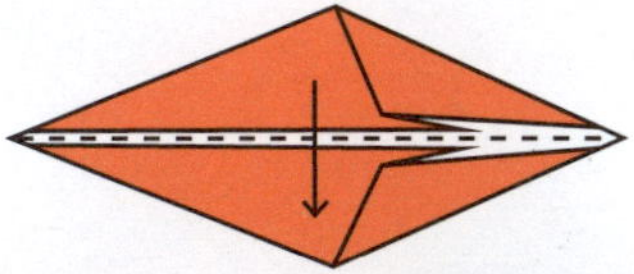

⑦ 沿虛線向箭頭方向折疊。

⑧ 折疊成花葉，用相同折法折出另一片花葉。

⑨ 將兩片葉子黏在一起。

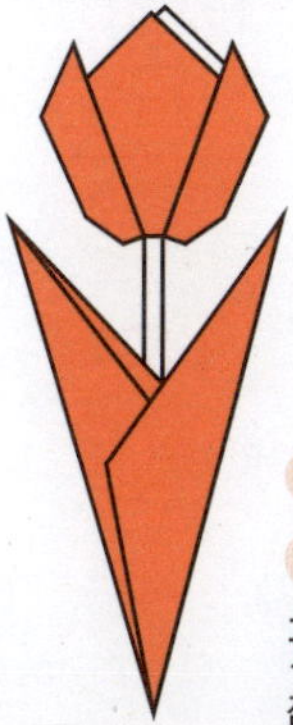

⑩ 將圖④和圖⑨黏在紙上，畫上花梗即成鬱金香。

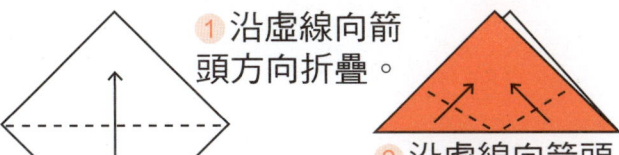

鬱金香 2

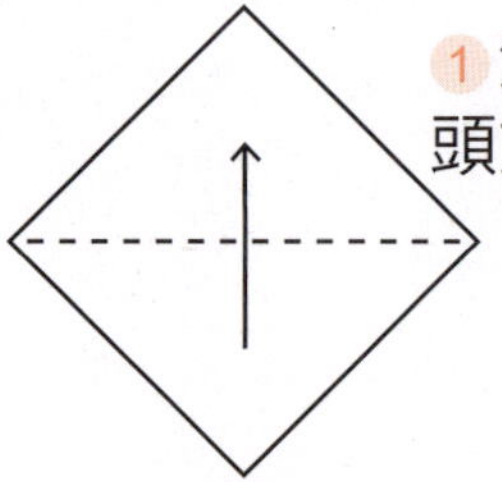

1 沿虛線向箭頭方向折疊。

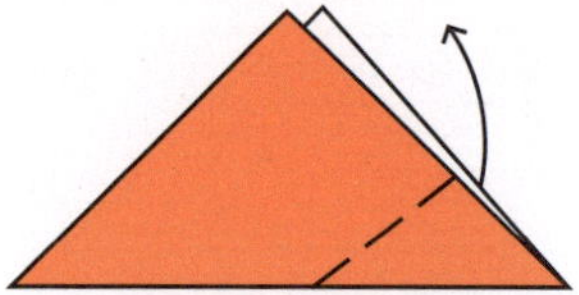

2 沿虛線向內翻折。

3 沿虛線向內翻折。

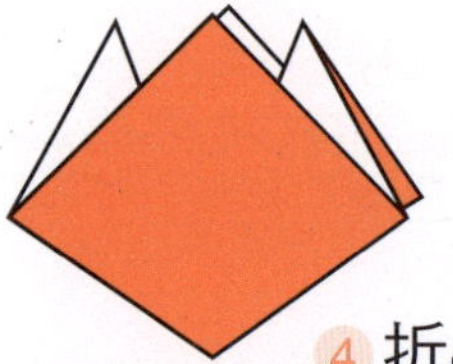

4 折疊成花朵。

5 另取一張紙，沿虛線向箭頭方向折疊。

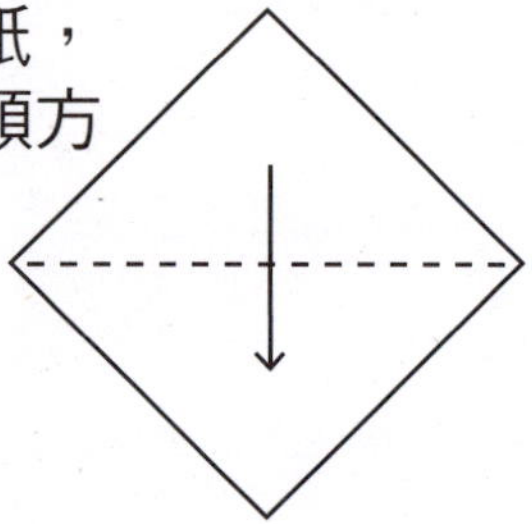

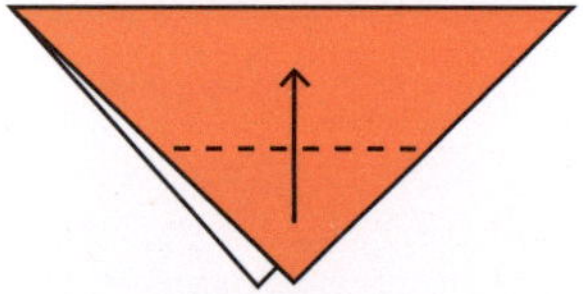

6 沿虛線向箭頭方向折疊，前後兩層都折。

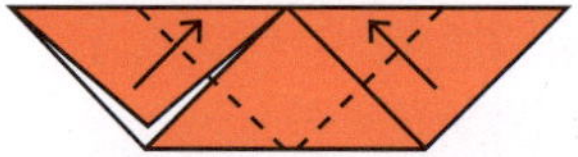

7 沿虛線向箭頭方向折疊。

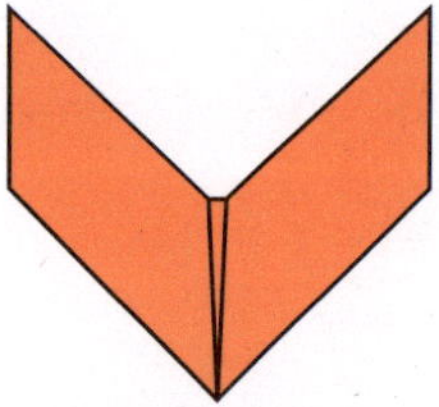

8 折疊成花葉。

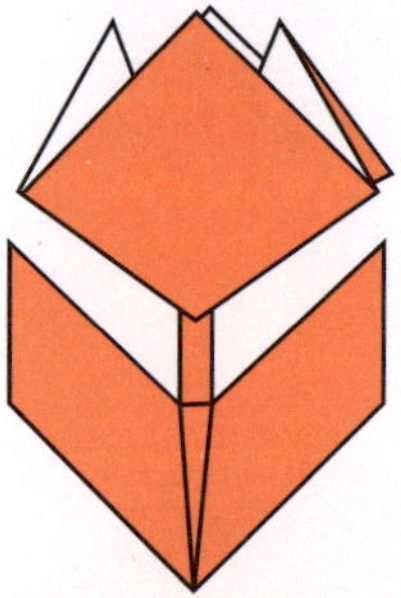

9 將圖 4 和圖 8 黏在紙上，畫上花梗，即成鬱金香。

仙客來

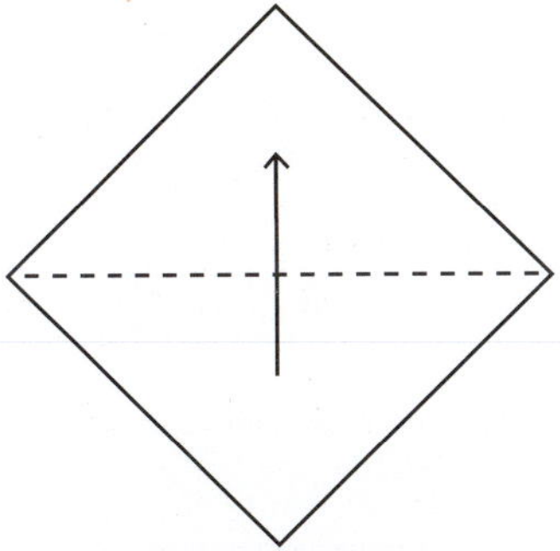

1 沿虛線對折。

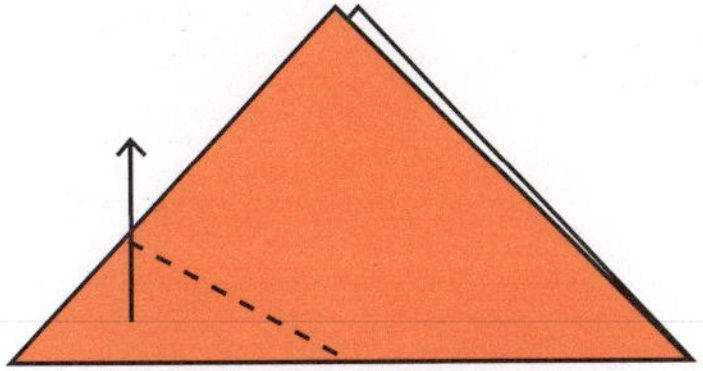

2 沿虛線向箭頭方向折疊。

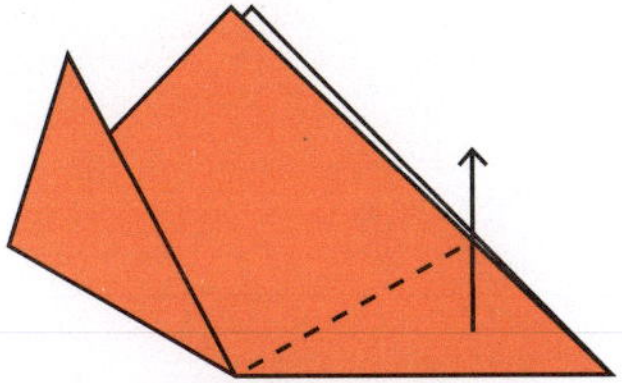

3 沿虛線向箭頭方向折疊。

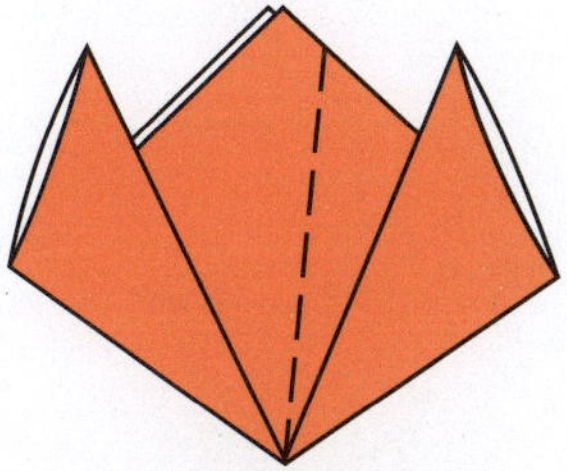

4 沿虛線往後折。

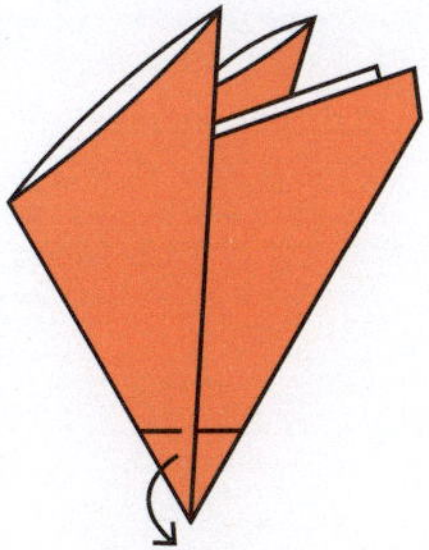

5 沿虛線往後折。

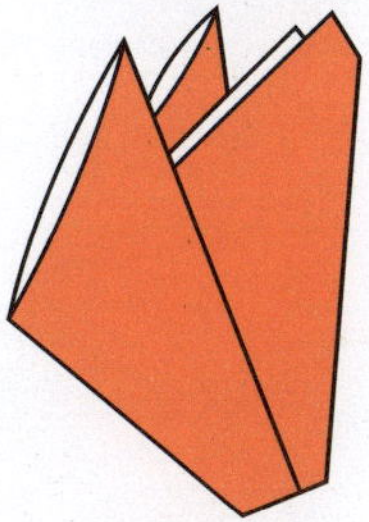

6 完成。

繡球花

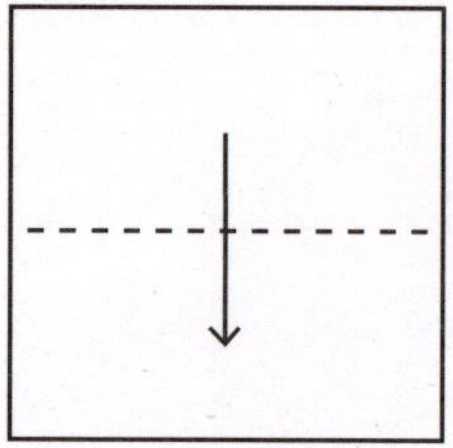

1 沿虛線向箭頭方向折疊。

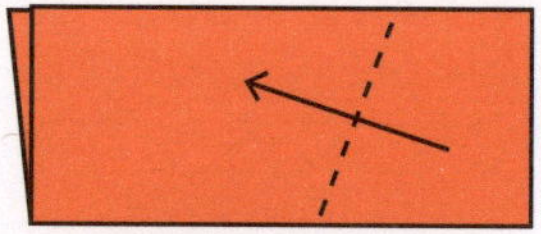

2 沿虛線向箭頭方向折疊。

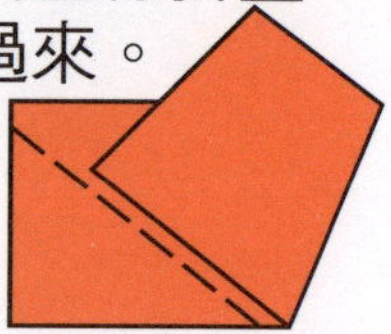

3 沿虛線折疊，翻過來。

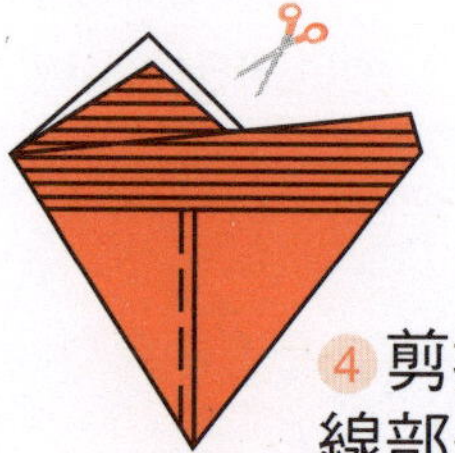

4 剪掉橫線部分。

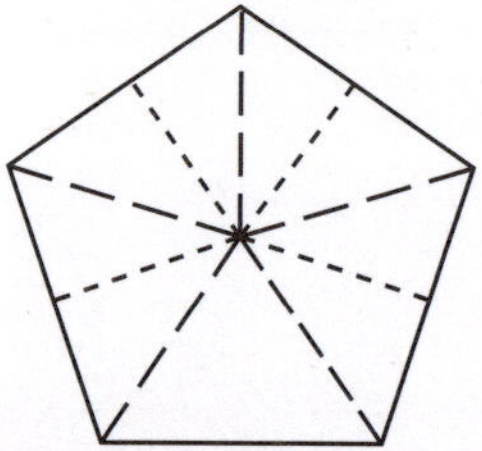

5 沿虛線折疊，注意五面都要折。

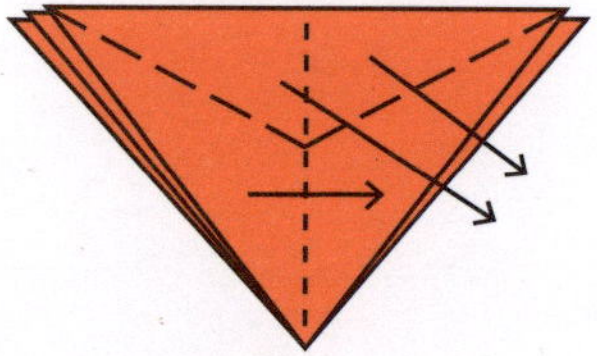

6 沿虛線折疊。

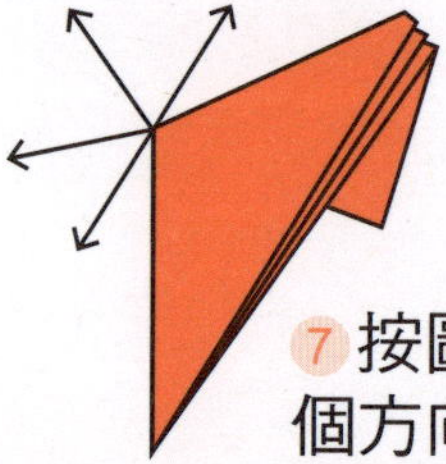

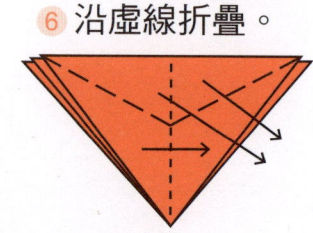

7 按圖示向五個方向展開。

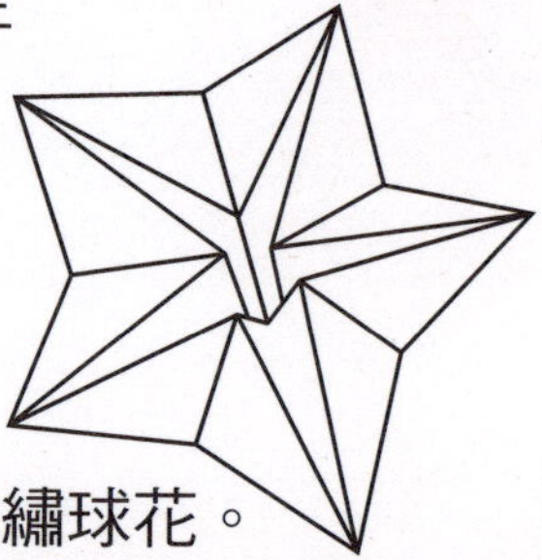

8 折疊成繡球花。

櫻花

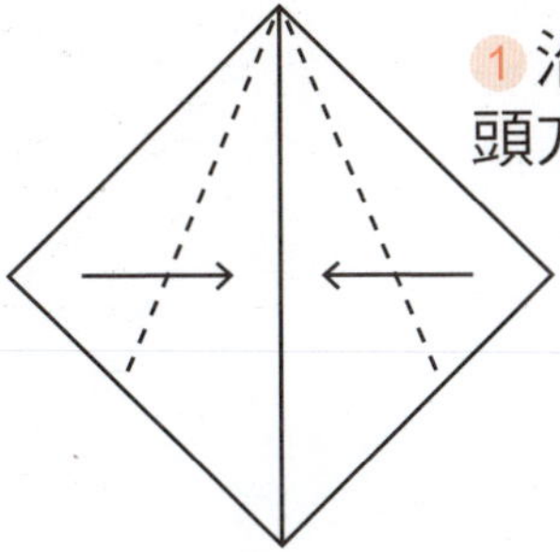

1 沿虛線向箭頭方向折疊。

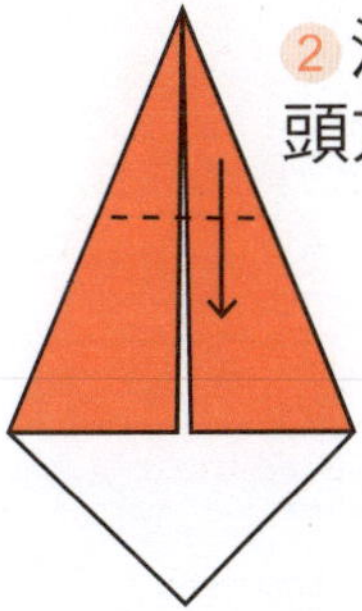

2 沿虛線向箭頭方向折疊。

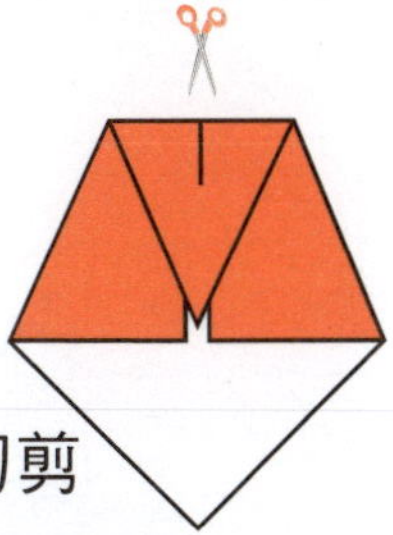

3 用剪刀剪出切口。

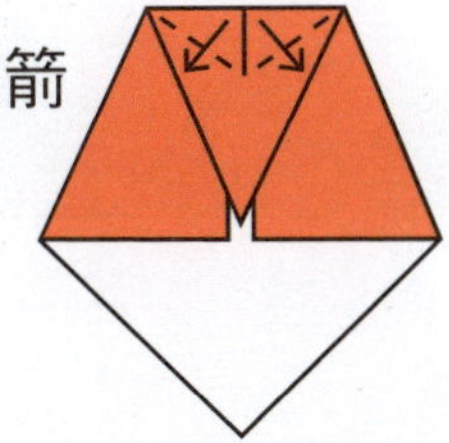

4 左右依照箭頭方向折。

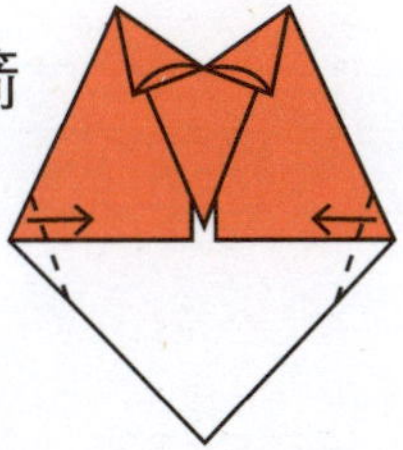

5 沿虛線向箭頭方向折疊，翻過來。

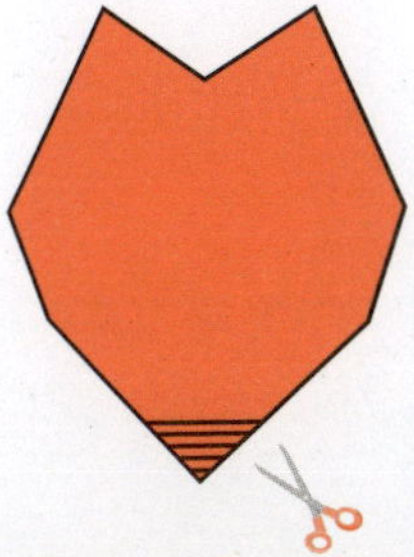

6 將橫線部分剪掉，依照順序黏上五片，做成花瓣。

7 完成。

麥穗

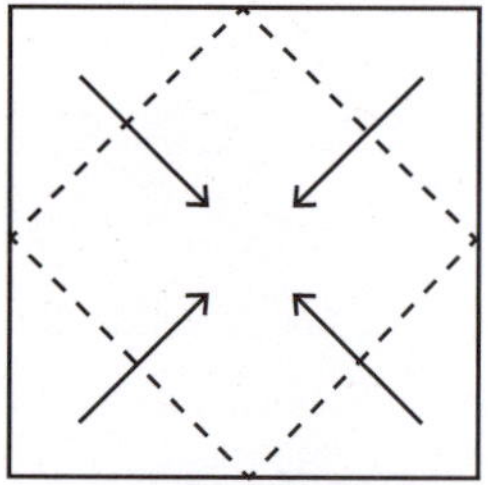

1 沿虛線向箭頭方向折疊。

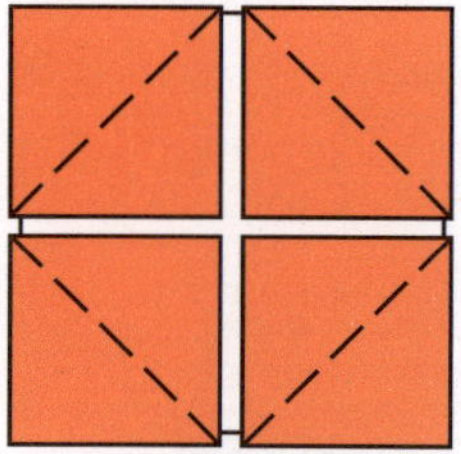

2 沿虛線折疊。

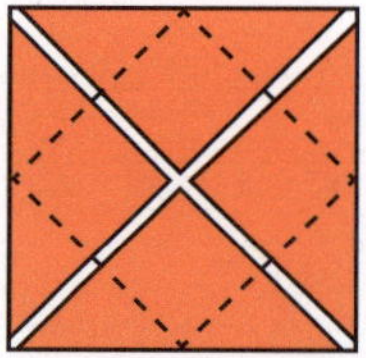

3 沿虛線折疊。

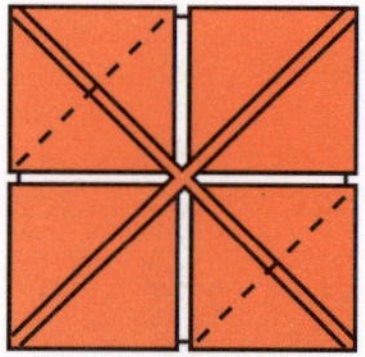

4 沿虛線撐開。

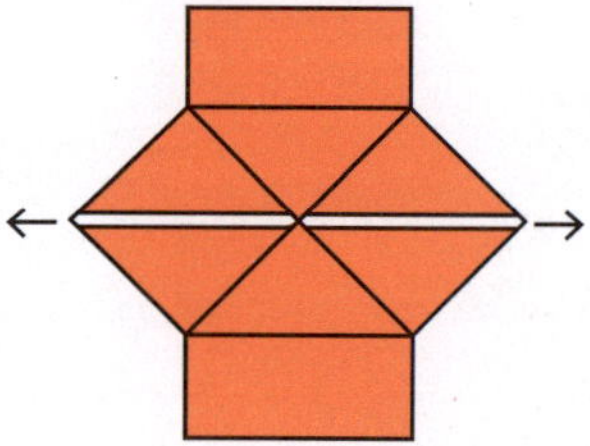

5 從中間把一、二層紙提起向左右拉開後向背面折，同時由下向上折。

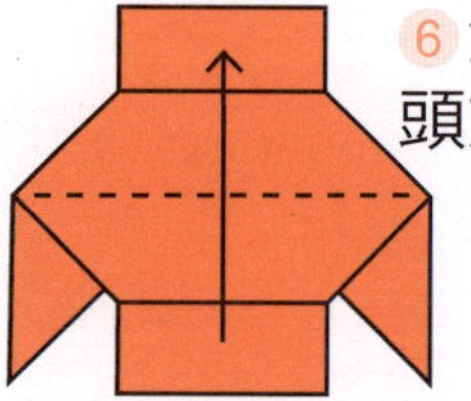

6 沿虛線向箭頭方向折疊。

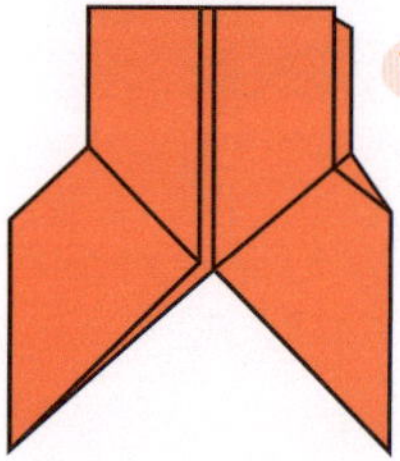

7 折成此狀。

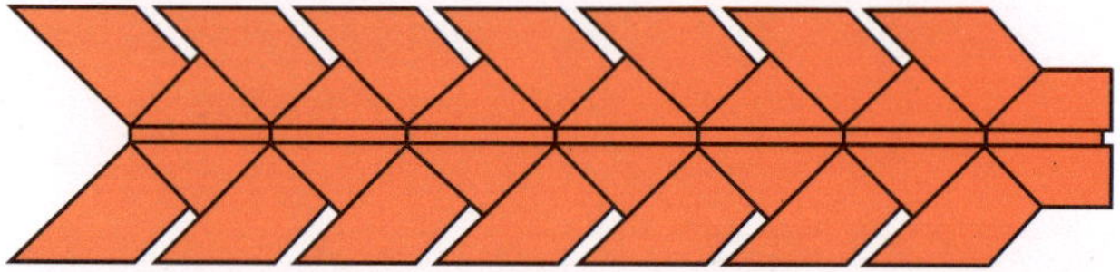

8 將數個圖 7 穿插在一起即成麥穗。

桃子

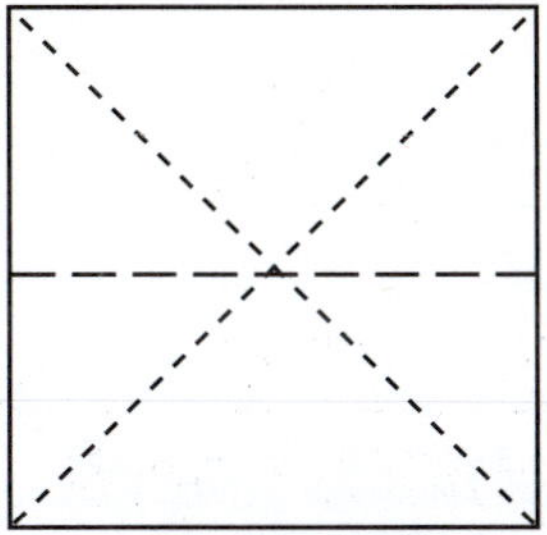

1 沿虛線折疊。

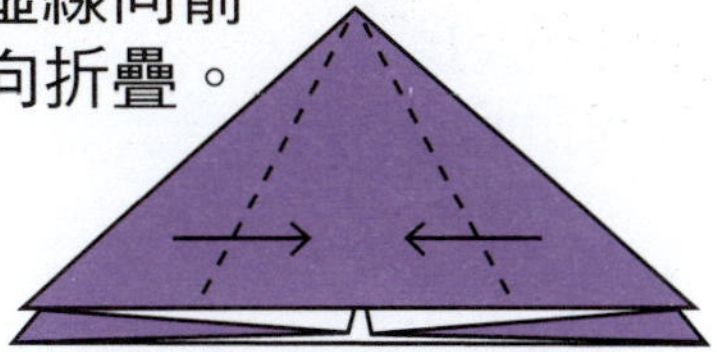

2 沿虛線向箭頭方向折疊。

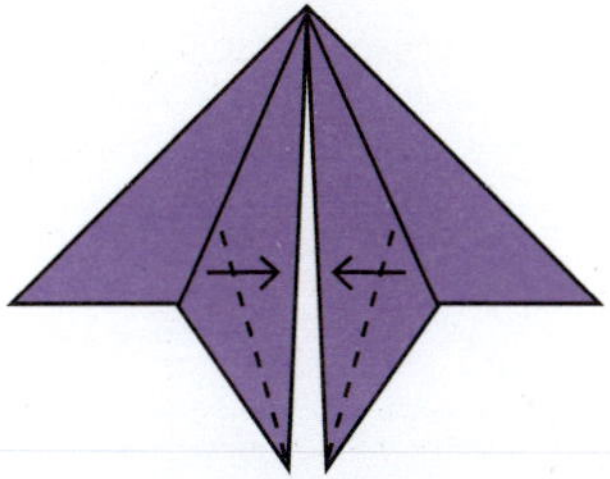

3 沿虛線向箭頭方向折疊。

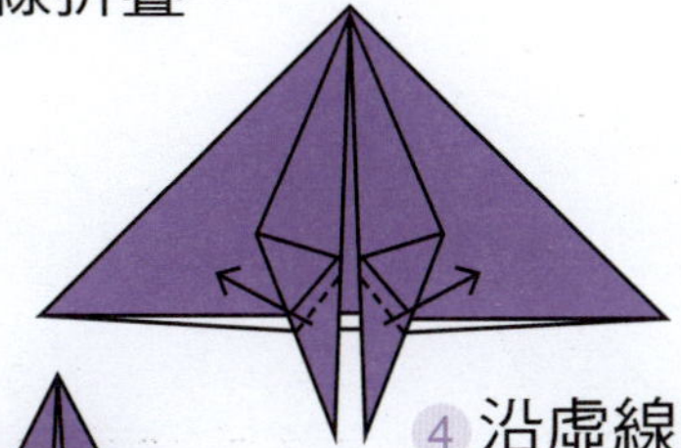

4 沿虛線向箭頭方向折疊。

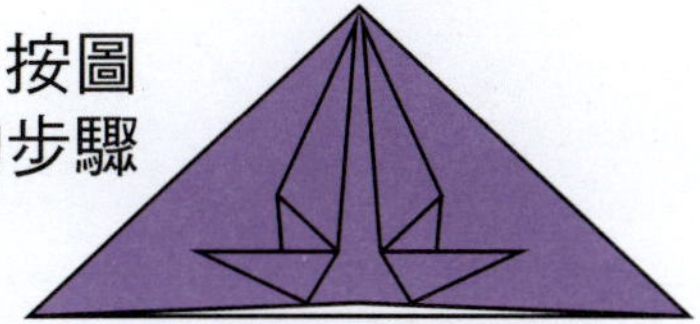

5 翻過來，按圖 2 到圖 4 的步驟折成圖 6。

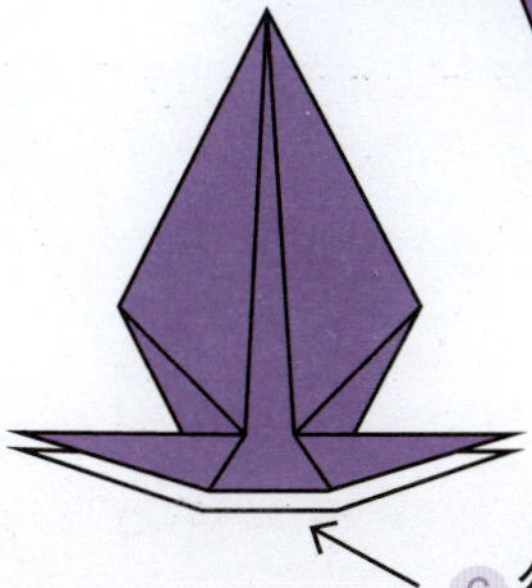

6 從箭頭所指處吹氣。

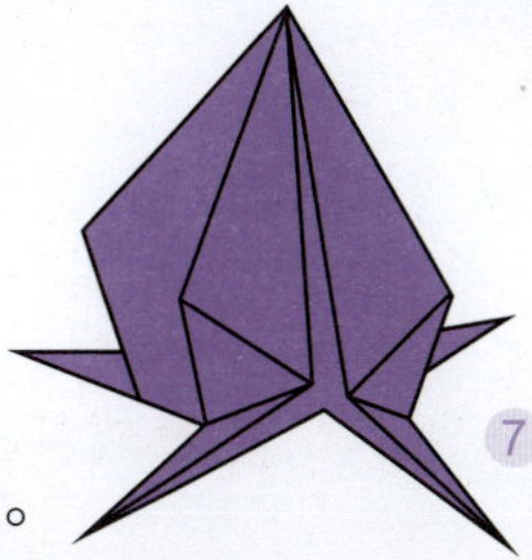

7 折疊成桃子。

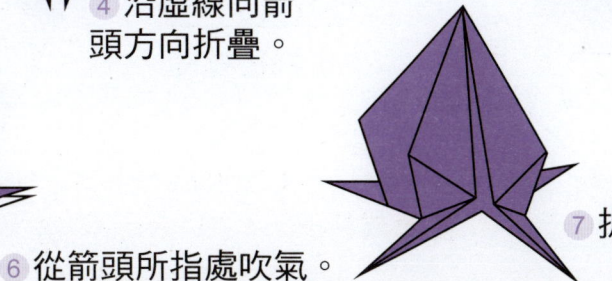

杯子

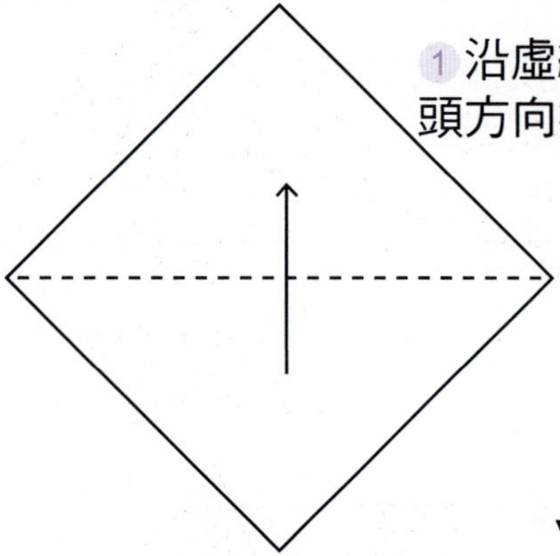

1 沿虛線向箭頭方向折疊。

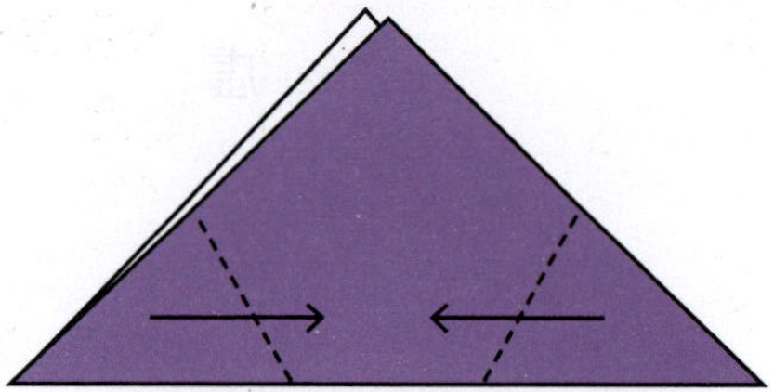

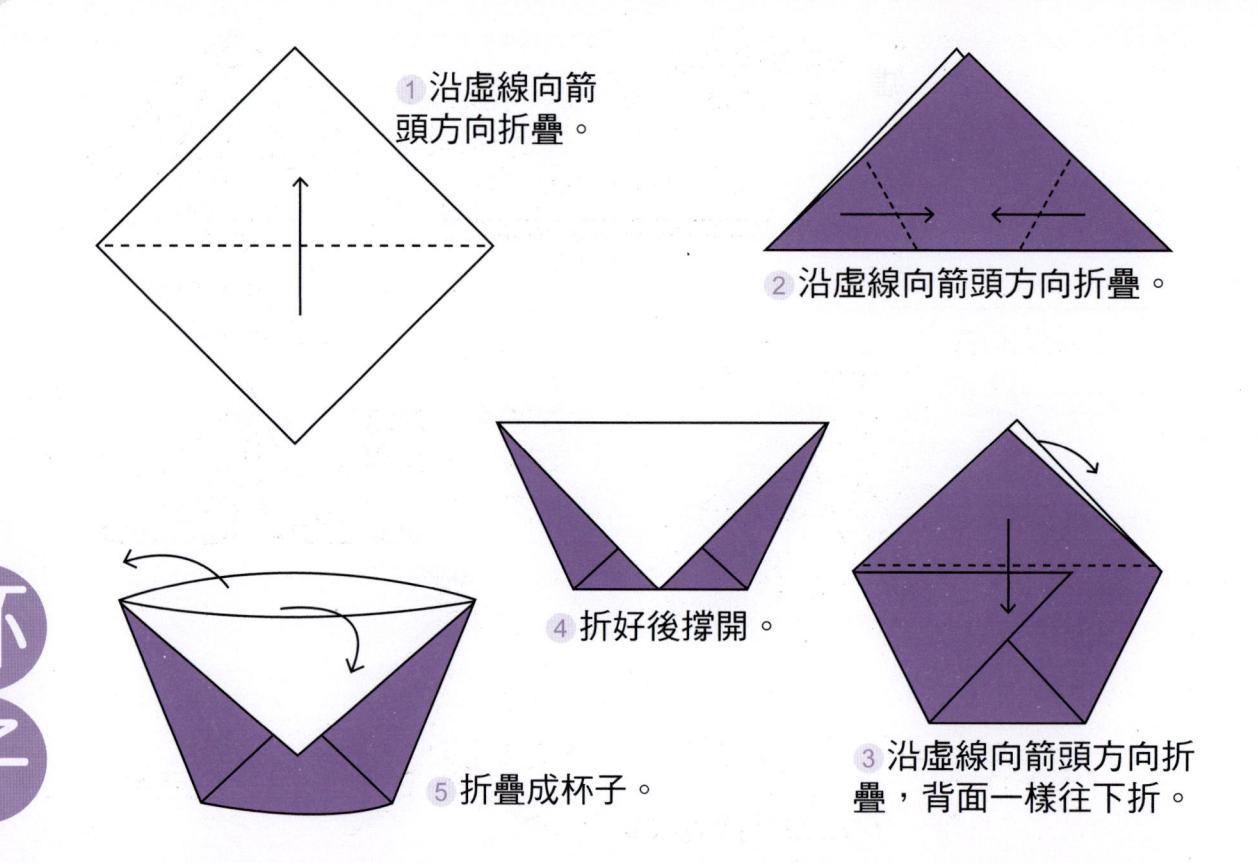

2 沿虛線向箭頭方向折疊。

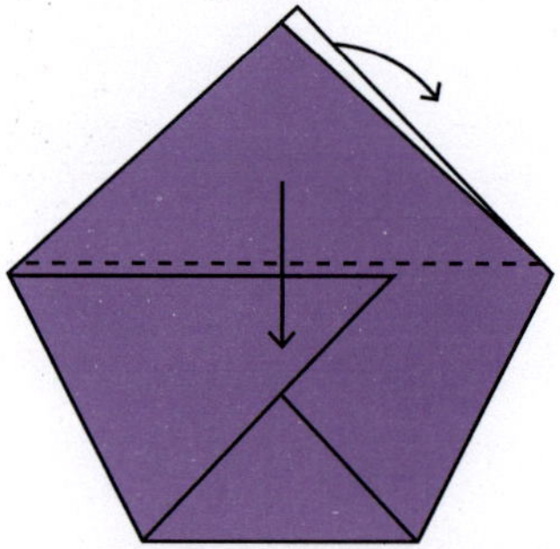

3 沿虛線向箭頭方向折疊，背面一樣往下折。

4 折好後撐開。

5 折疊成杯子。

碗

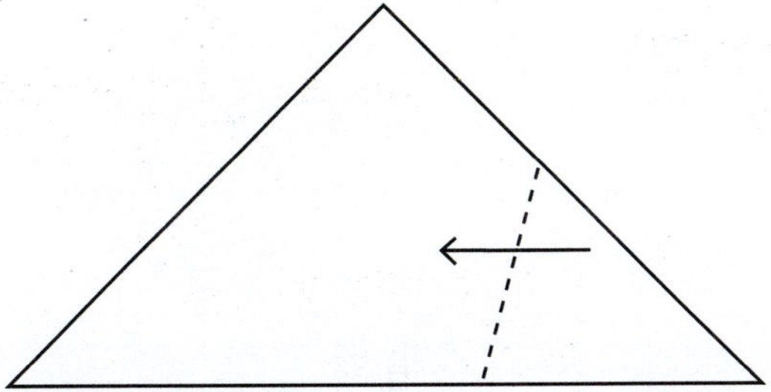

1 取一張三角形的色紙，沿虛線向箭頭方向折疊。

2 沿虛線向箭頭方向折疊。

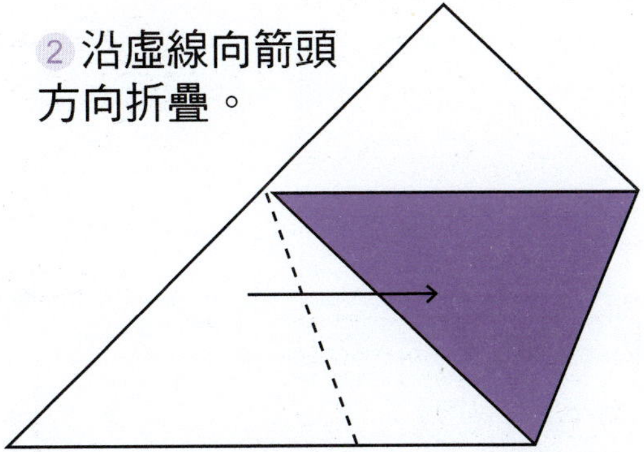

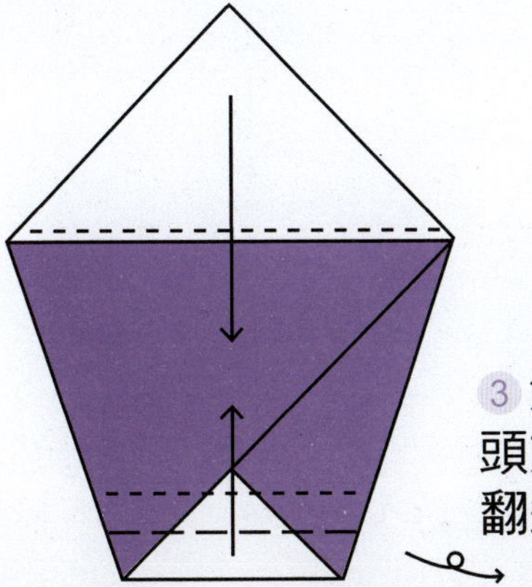

3 沿虛線向箭頭方向折疊，翻過來。

4 折疊成碗。

水壺

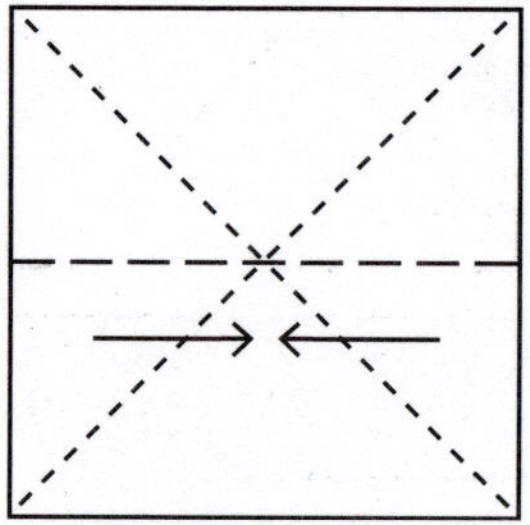

1 沿虛線折出折線後壓折出雙三角。

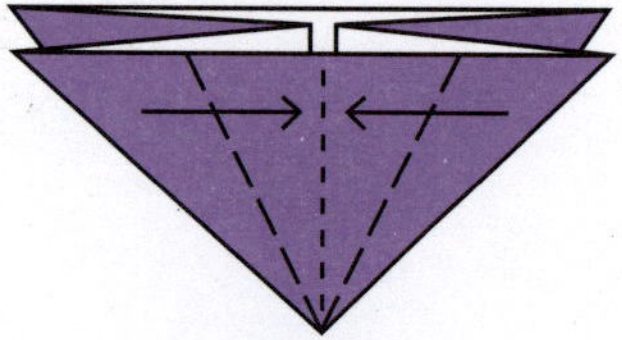

2 如圖壓折。

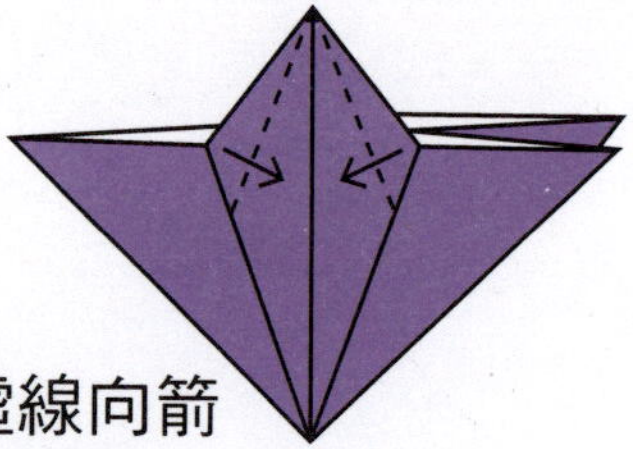

3 沿虛線向箭頭方向折疊。

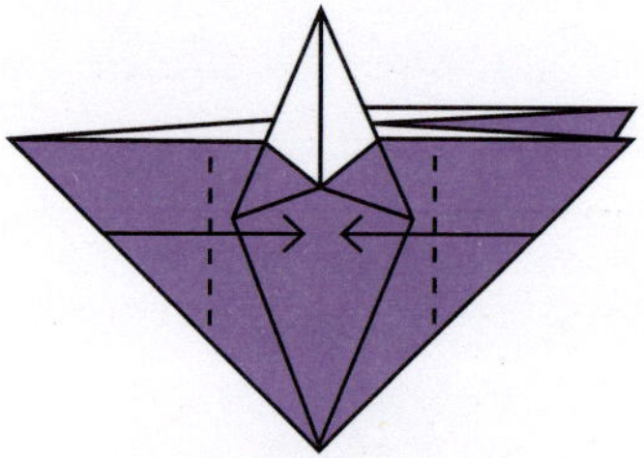

4 沿虛線向箭頭方向折疊。

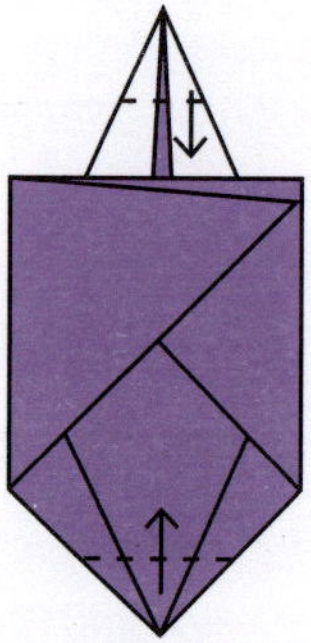

5 沿虛線向箭頭方向折疊。

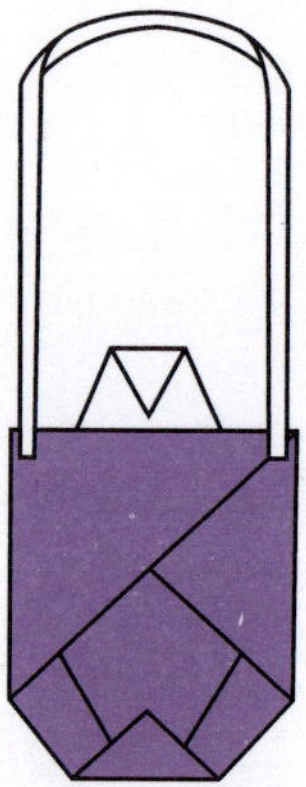

6 黏上帶子，再翻面。

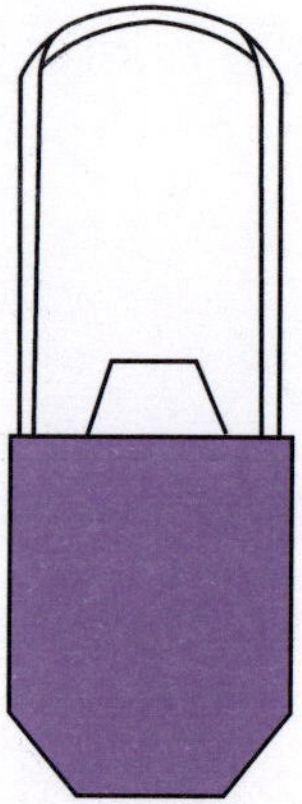

7 完成。

保溫瓶

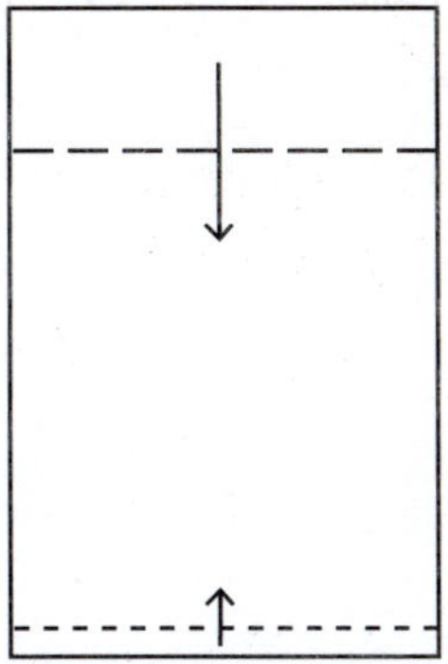

①沿虛線向箭頭方向折疊。

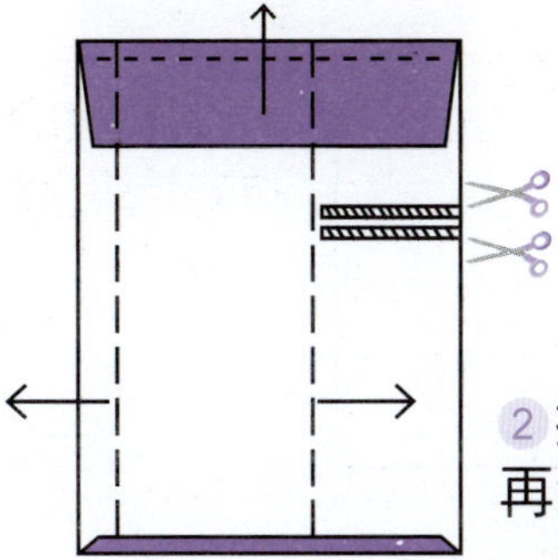

②按圖示剪開後再沿虛線折疊。

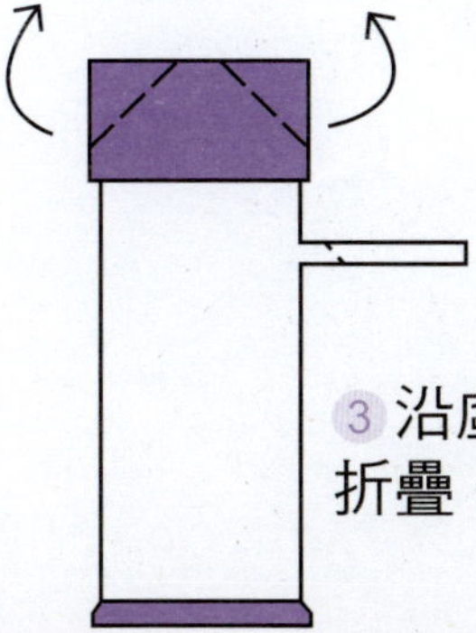

③沿虛線折疊。

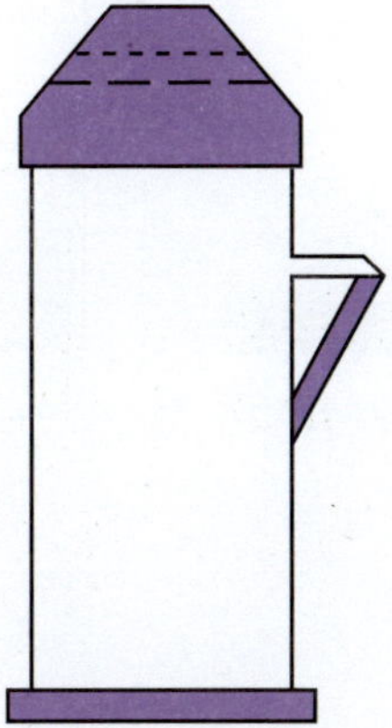

④沿虛線曲折。

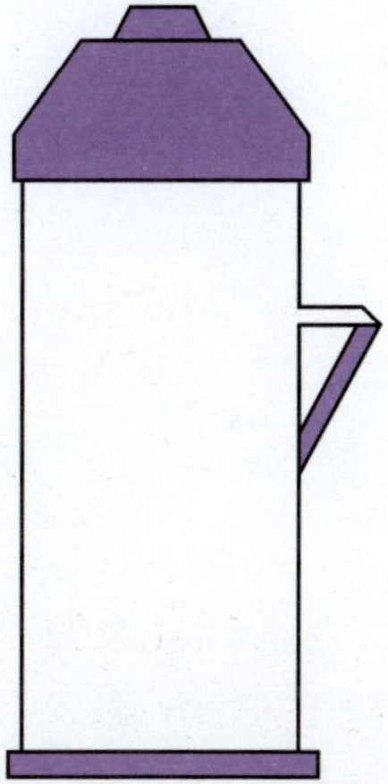

⑤就成了保溫瓶。

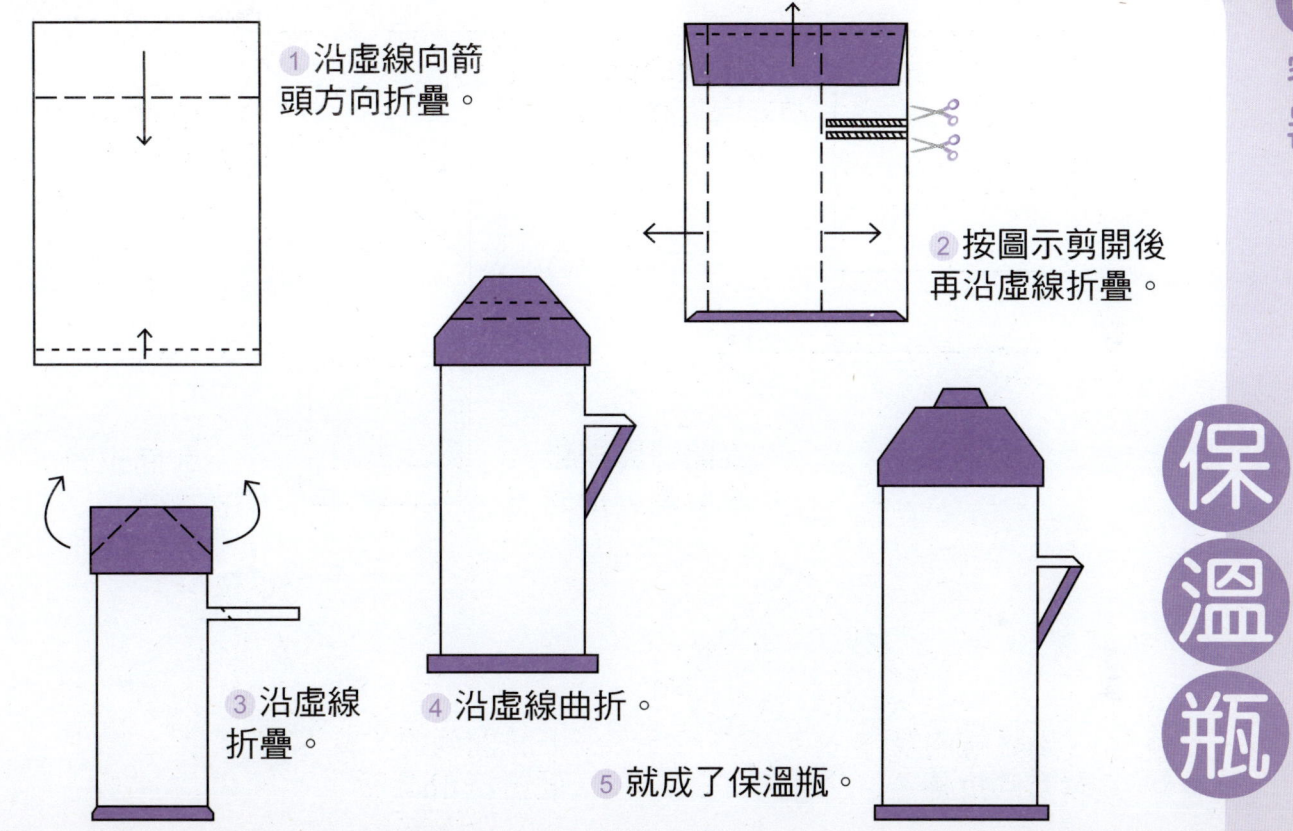

點心盒

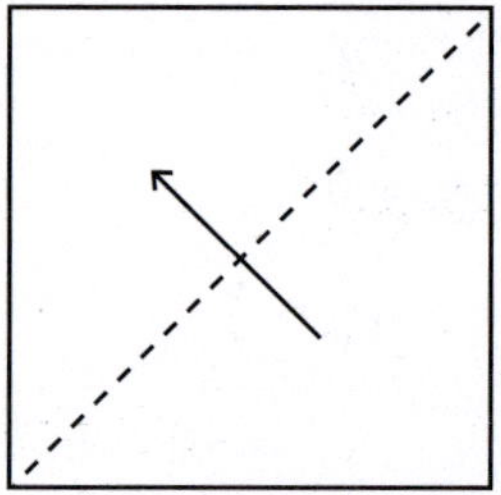

1 沿虛線向箭頭方向折疊。

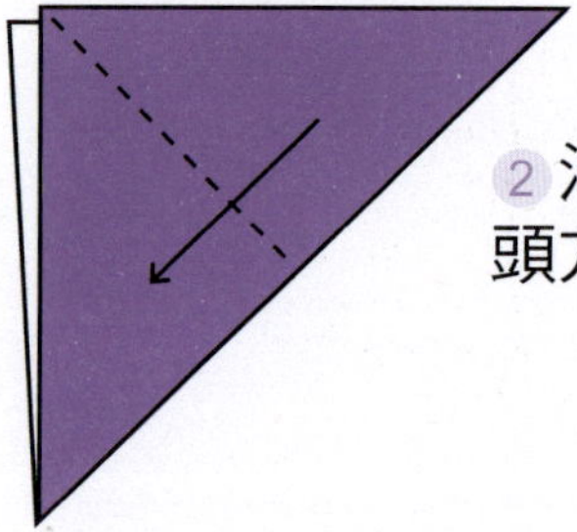

2 沿虛線向箭頭方向折疊。

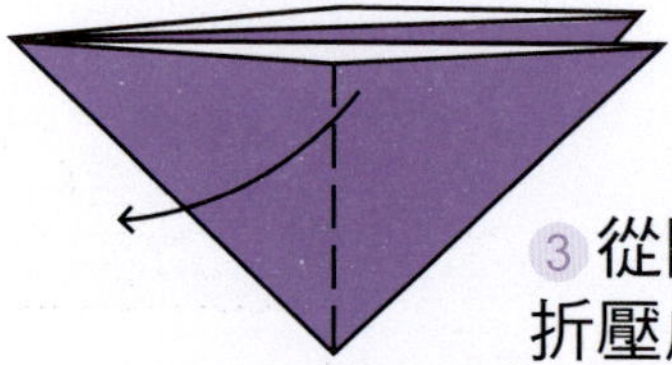

3 從開口處提起，折壓成圖 4 形狀。

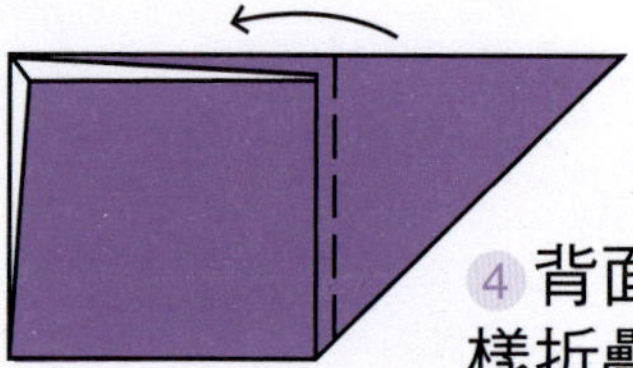

4 背面也同樣折疊。

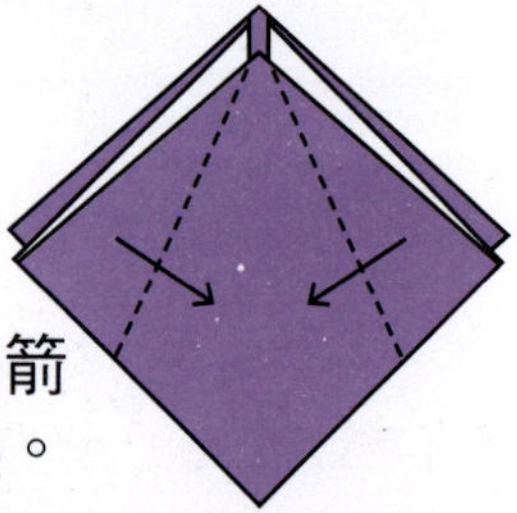

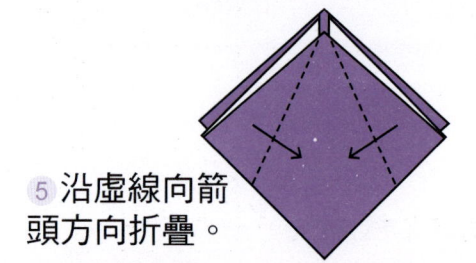

5 沿虛線向箭頭方向折疊。

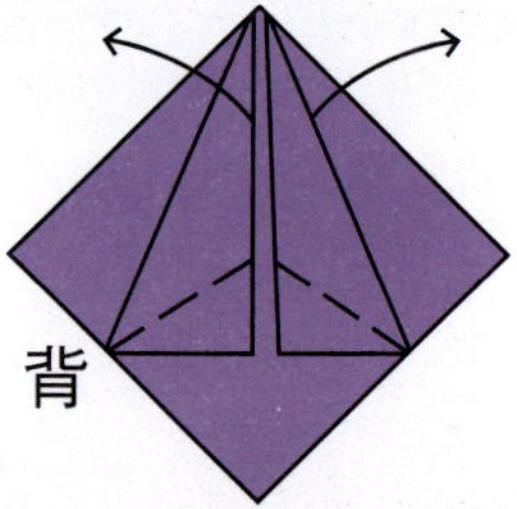

6 打開兩邊，背面折法相同。

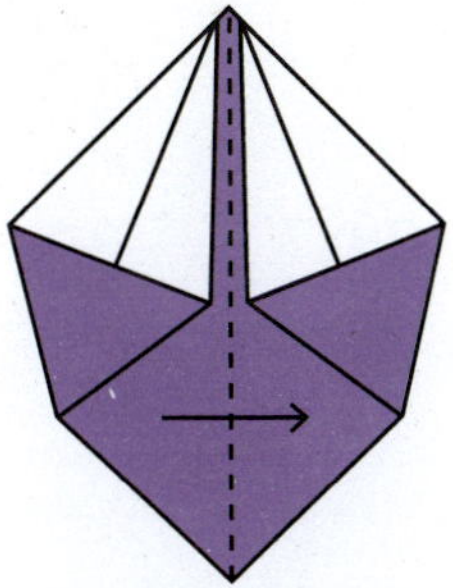

⑦ 沿虛線向箭頭方向折疊，翻過來。

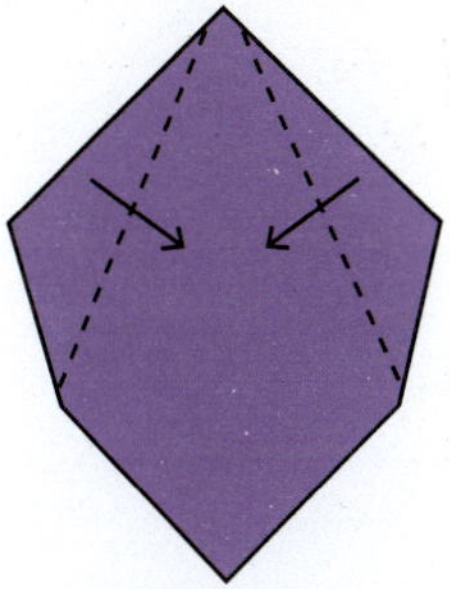

⑧ 沿虛線向箭頭方向折疊，背面相同。

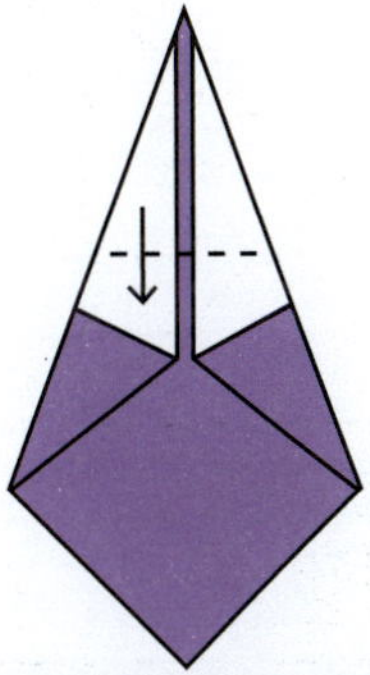

⑨ 沿虛線向箭頭方向折疊，背面相同。

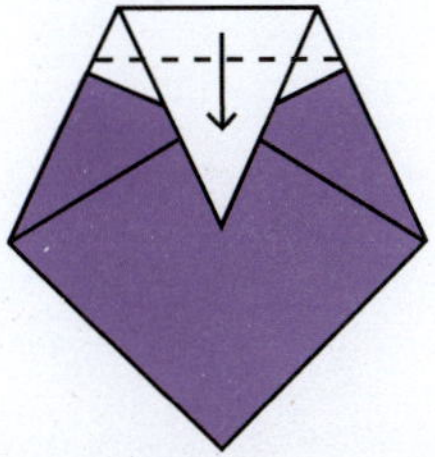

⑩ 沿虛線向箭頭方向折疊，背面相同。

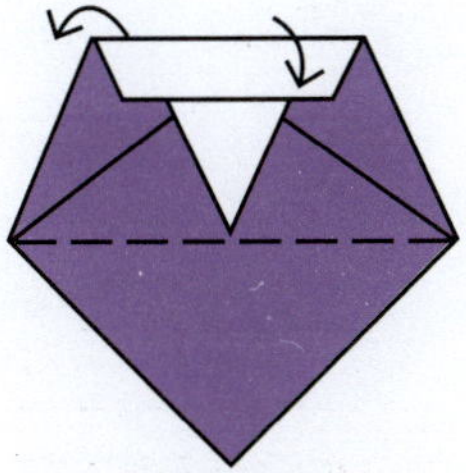

⑪ 按圖示撐開。

⑫ 折疊成點心盒。

盒子1

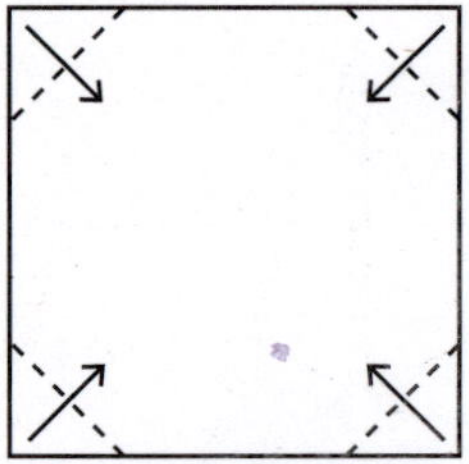

1 沿虛線向箭頭方向折疊。

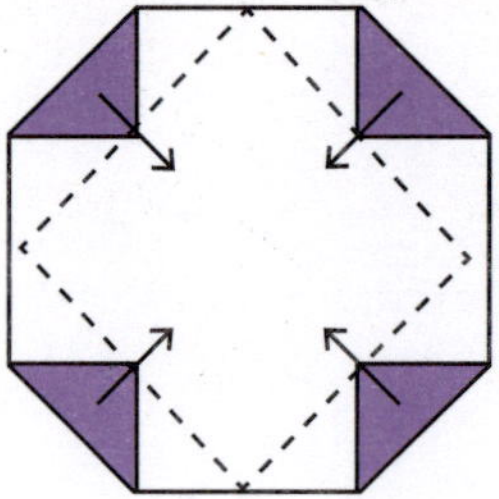

2 沿虛線向箭頭方向折疊。

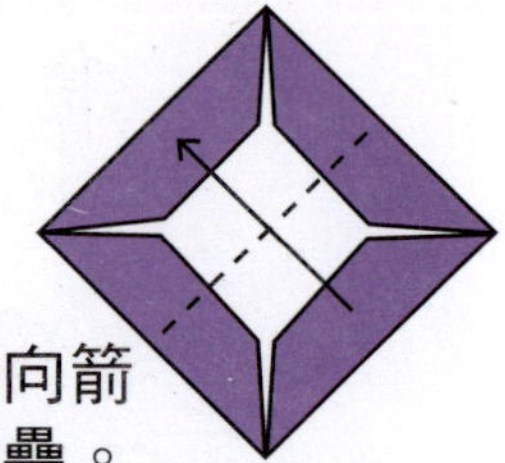

3 沿虛線向箭頭方向折疊。

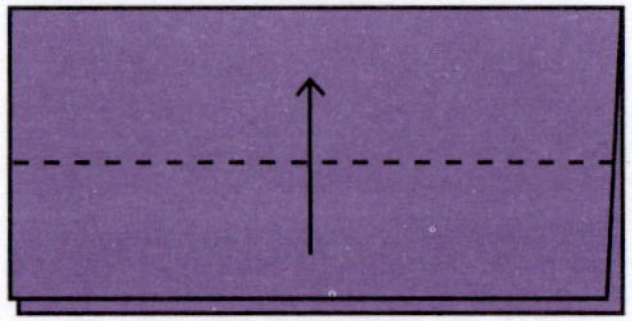

4 沿虛線向箭頭方向折疊，背面折法相同。

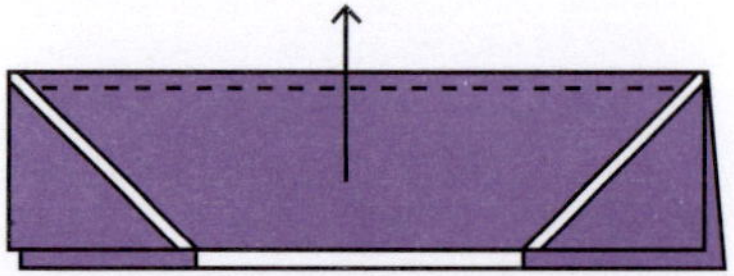

5 沿虛線向箭頭方向折疊。

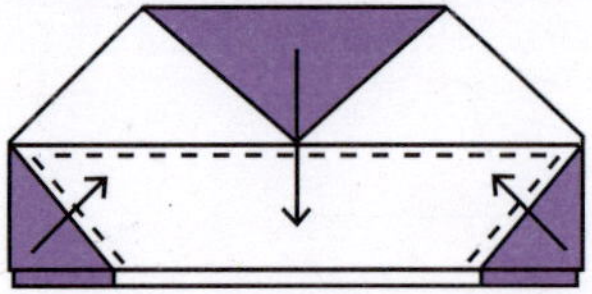

6 沿虛線向箭頭方向折疊，注意上面的那層紙要蓋住兩個角。

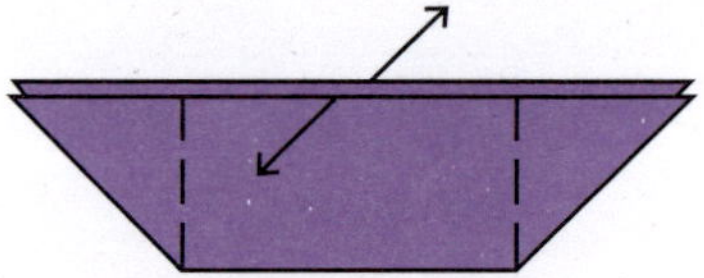

7 按圖示撐開。

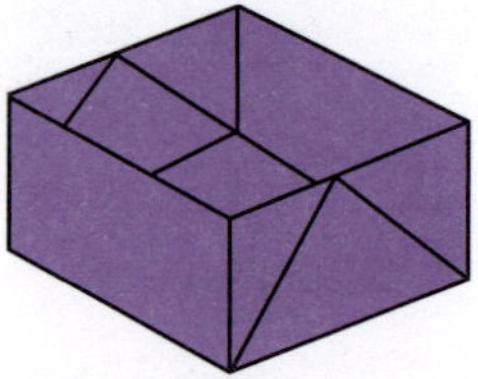

8 折疊成方盒。

盒子2

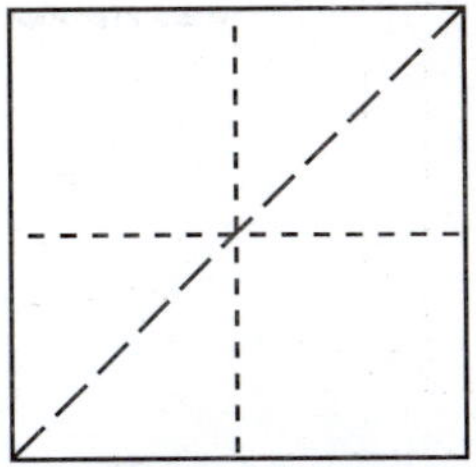

①沿虛線折疊。

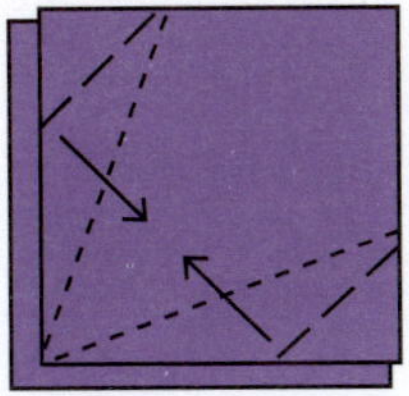

②沿虛線向箭頭方向折疊，背面相同。

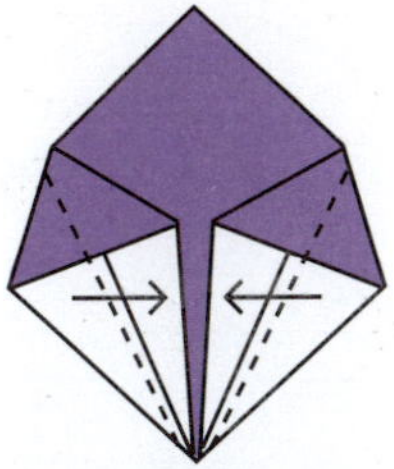

③沿虛線向箭頭方向折疊。

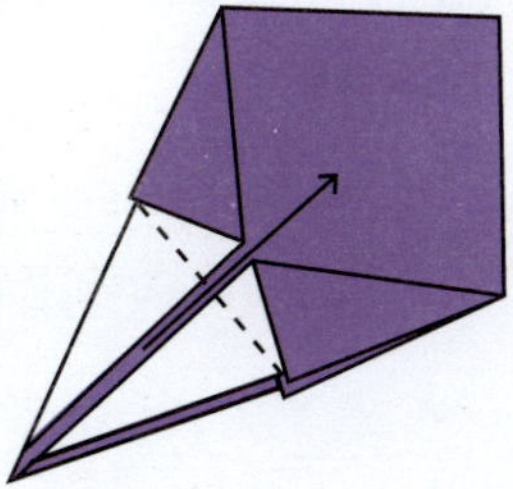

④沿虛線向箭頭方向折疊，四個角都折。

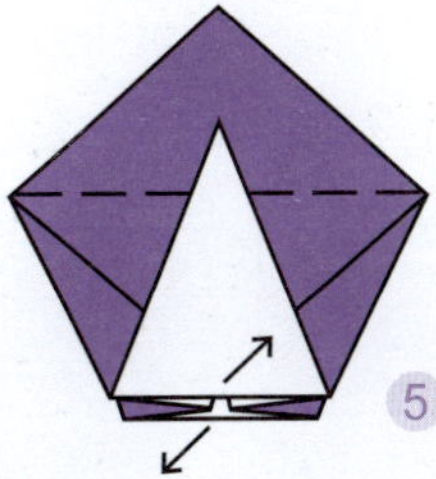

⑤按圖示撐開。

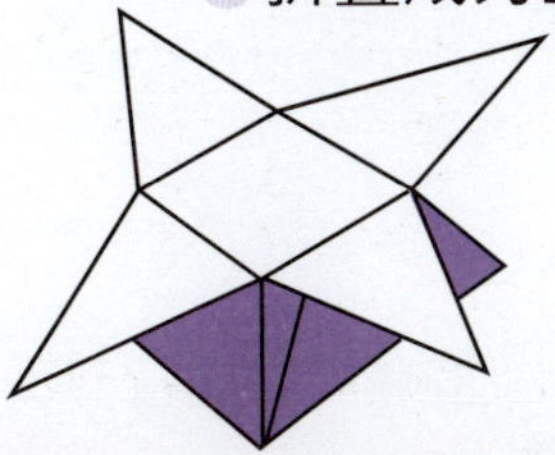

⑥折疊成方盒。

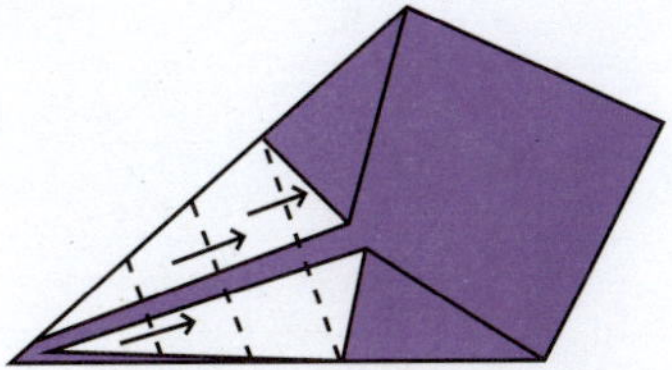

⑦沿虛線向箭頭方向折疊，然後撐開。

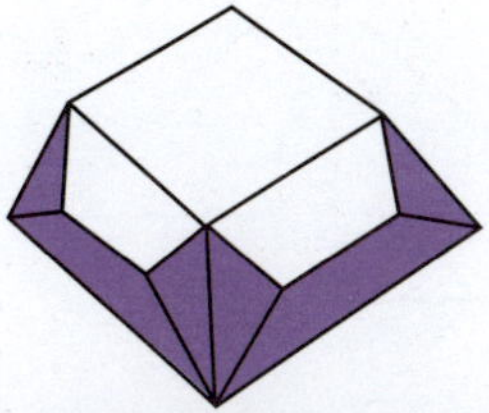

⑧折疊成另一種盒子。

籃子

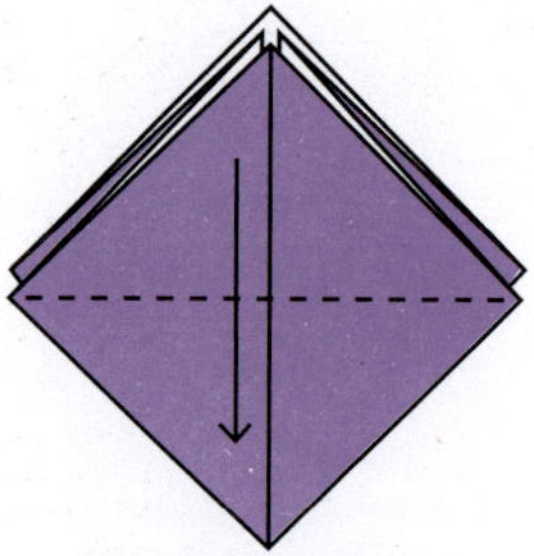

1 從雙正方形折法開始，沿虛線向箭頭方向折疊。

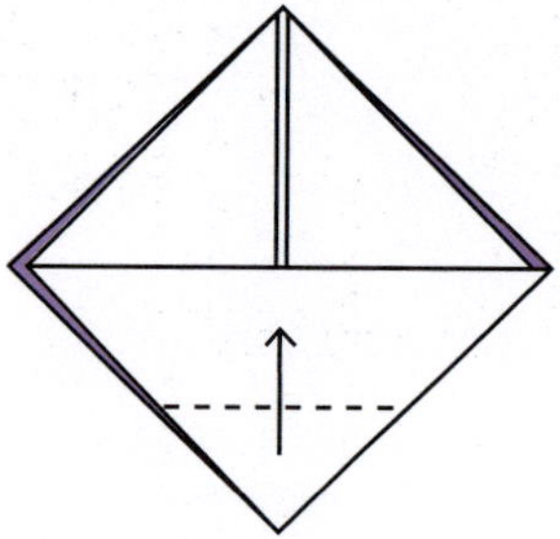

2 沿虛線向箭頭方向折疊。

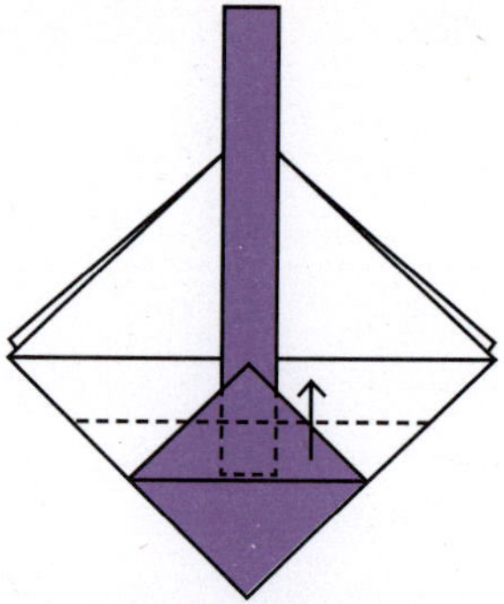

3 另取長條狀紙，黏於如圖所示部位，再沿虛線向箭頭方向折疊。

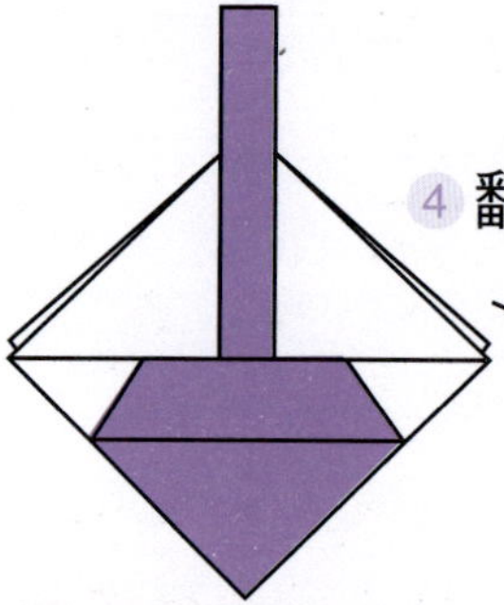

4 翻過來。

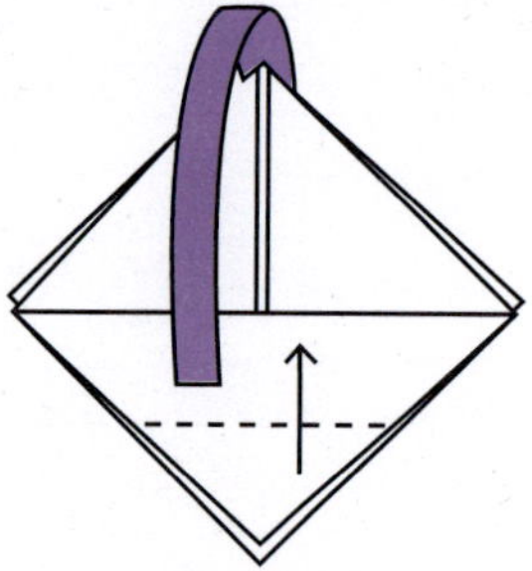

5 沿虛線向箭頭方向折疊。

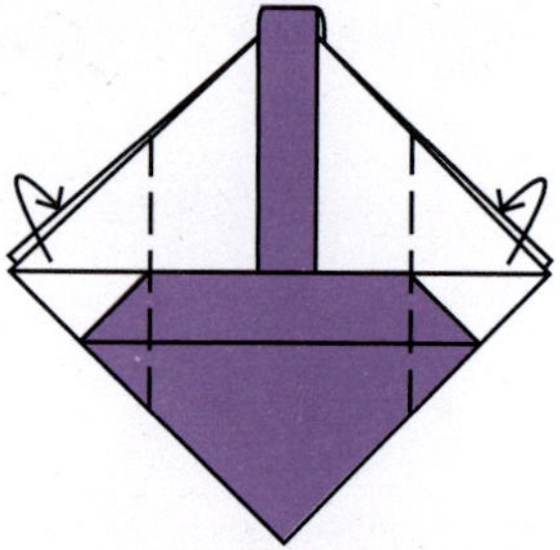

6 沿虛線向箭頭方向折疊。

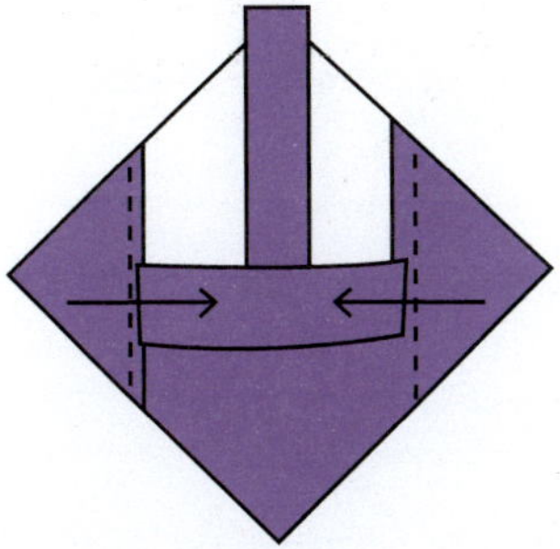

7 沿虛線向箭頭方向折疊。

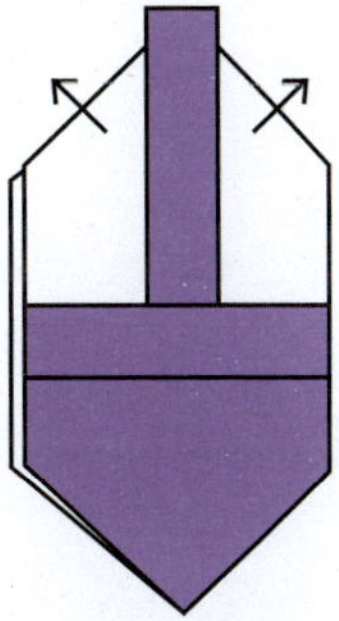

8 翻出來。

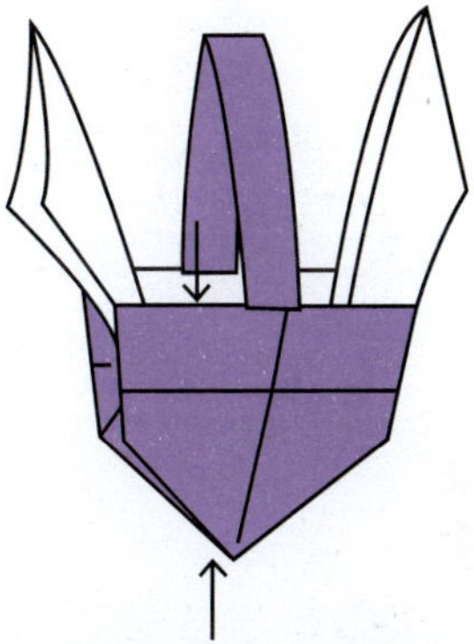

9 折進去，撐開。

10 折進去，撐開。

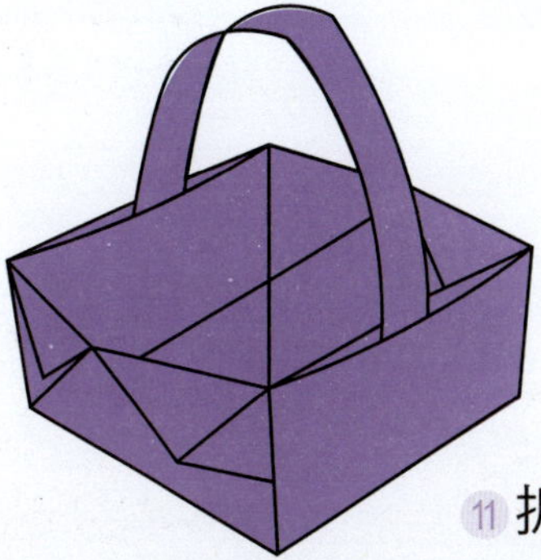

11 折成籃子。

筆筒

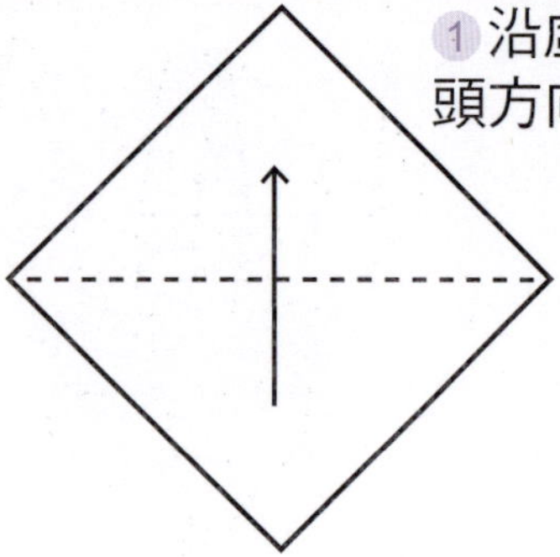

①沿虛線向箭頭方向折疊。

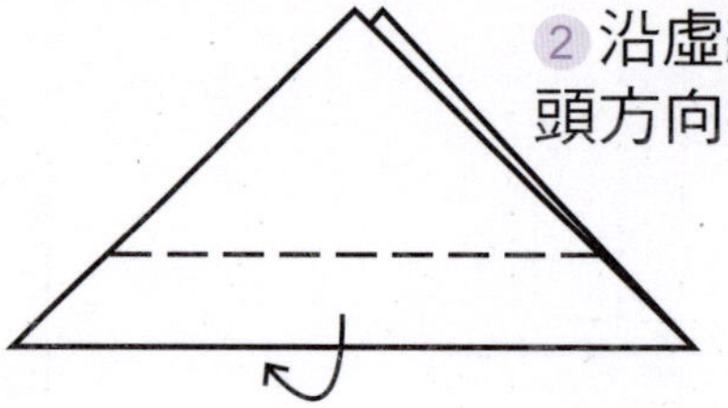

②沿虛線向箭頭方向折疊。

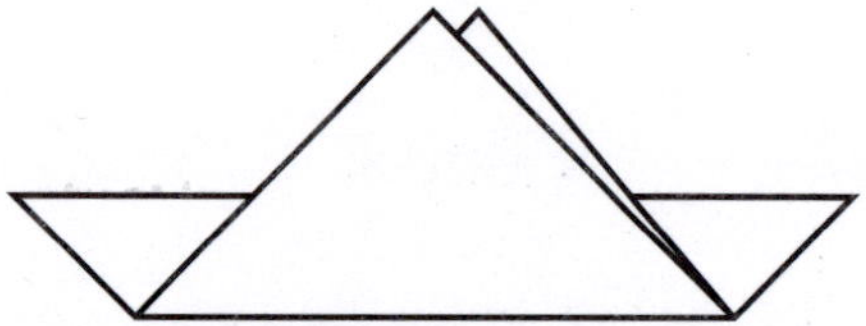

③折疊成這樣。

④從右至左滾動。

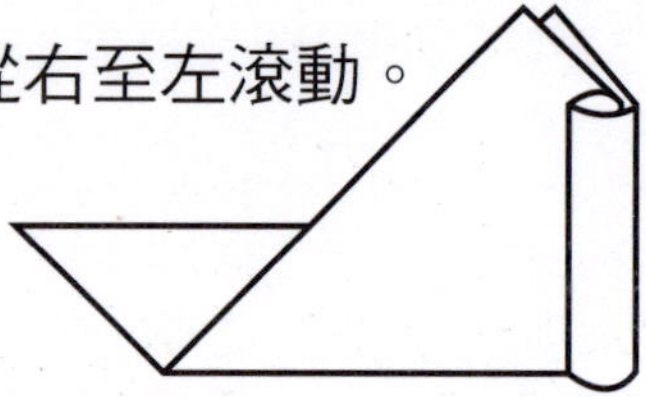

⑤完成。

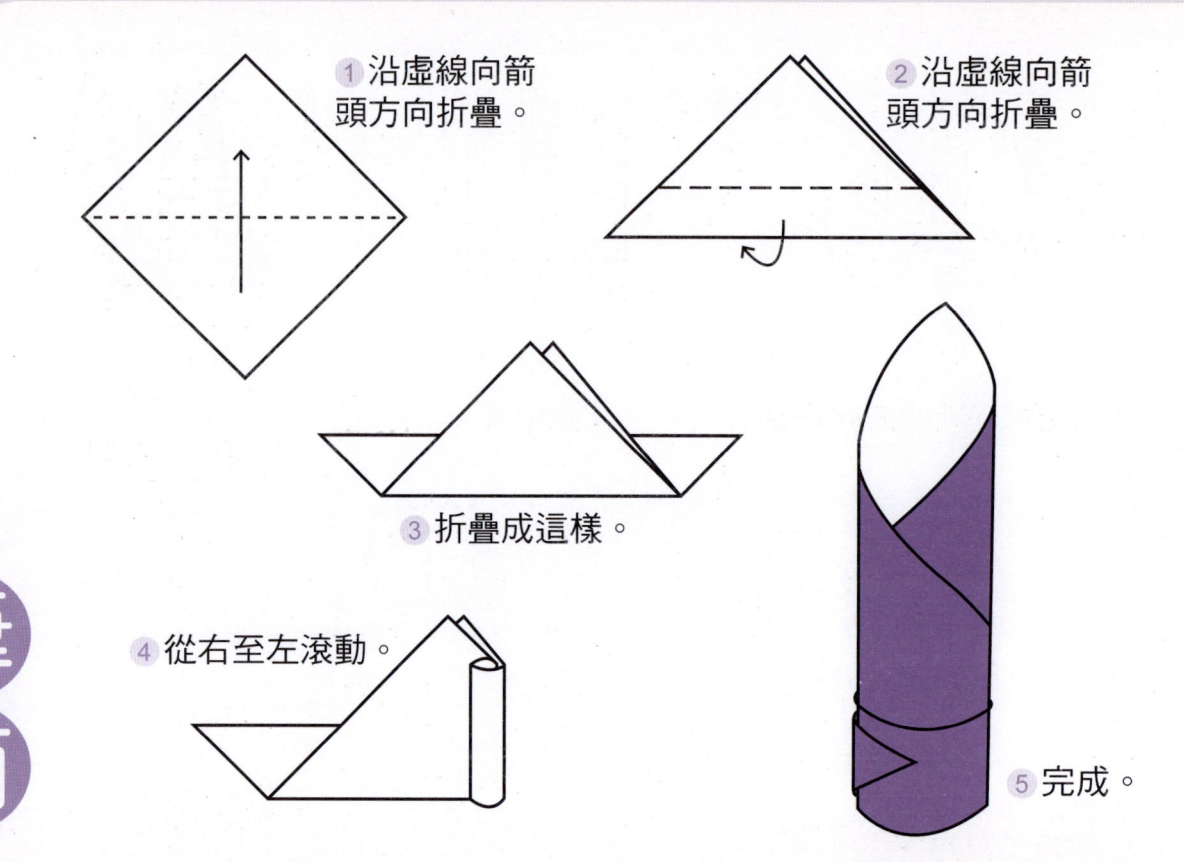

信封袋

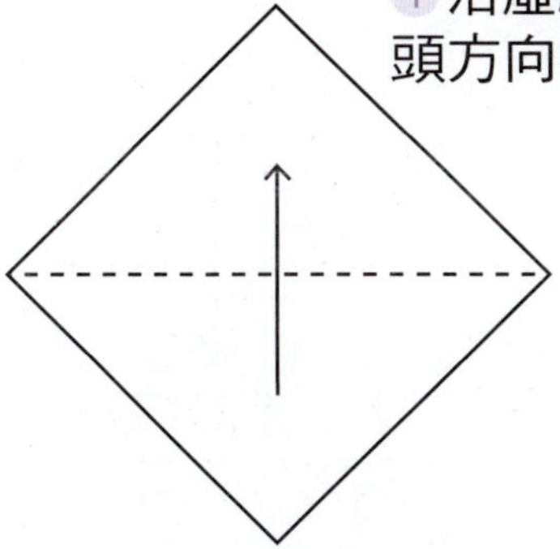

1 沿虛線向箭頭方向折疊。

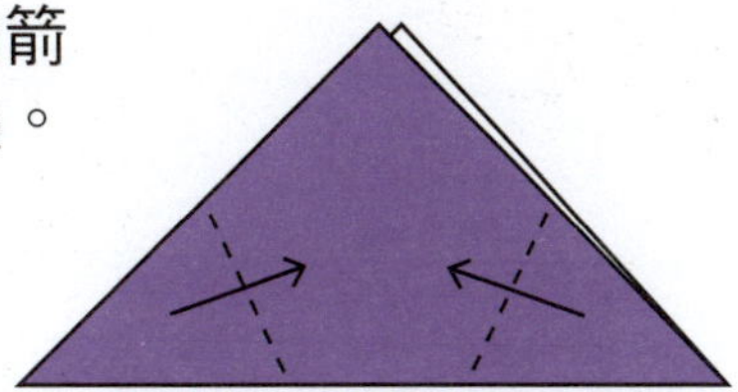

2 沿虛線向箭頭方向折疊。

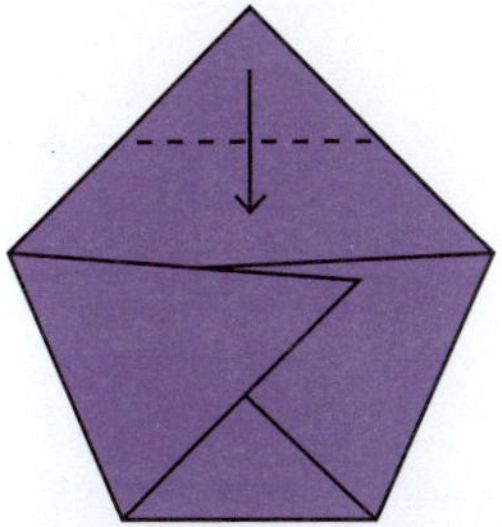

3 將前面一層紙沿虛線向箭頭方向折疊。

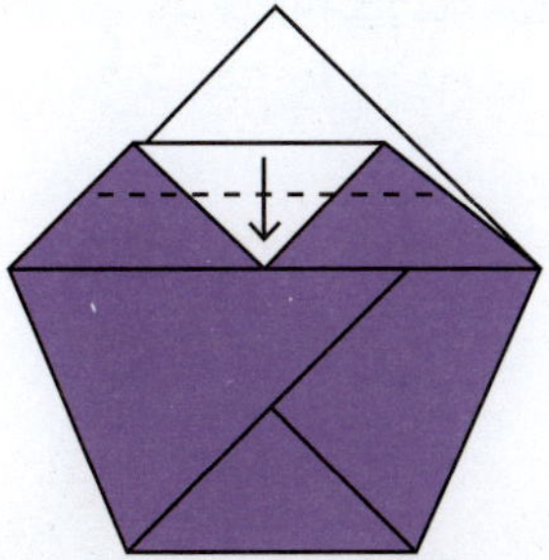

4 將前面一層紙沿虛線向箭頭方向折疊。

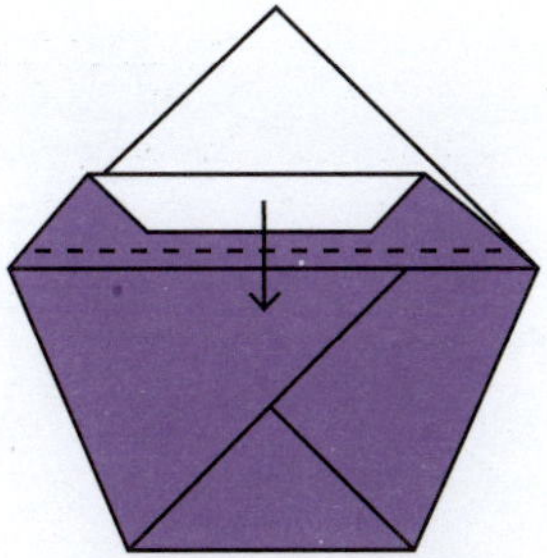

5 將前面一層紙沿虛線向箭頭方向折疊。

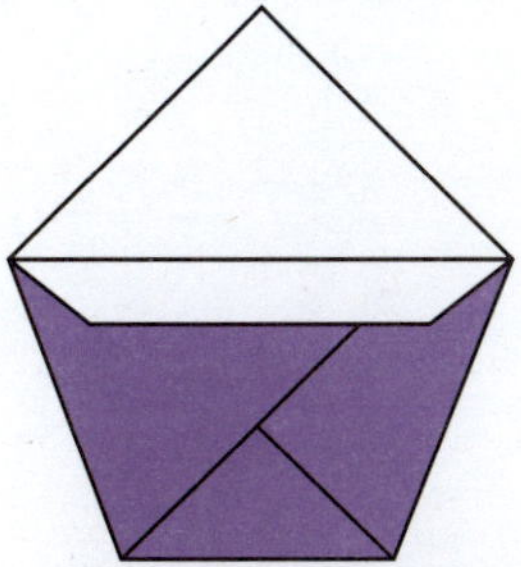

6 折疊成信封袋。

卡片籃

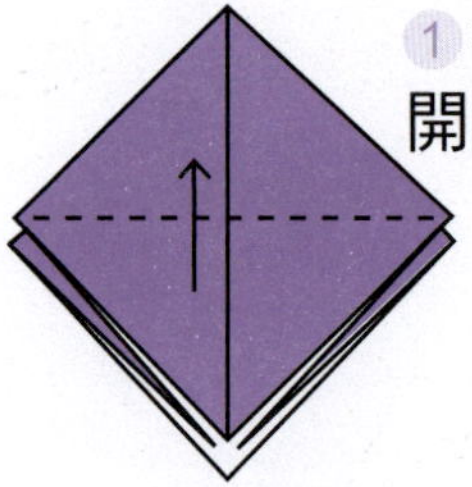

1 從雙正方形開始折起。

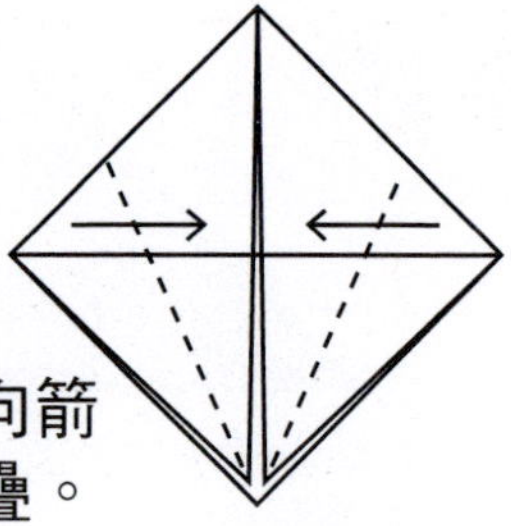

2 沿虛線向箭頭方向折疊。

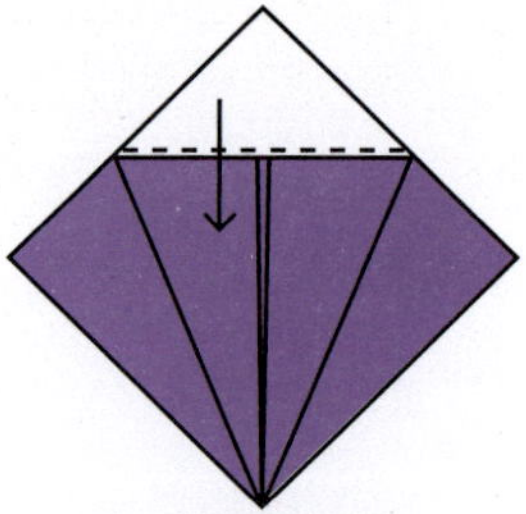

3 沿虛線向箭頭方向折疊。

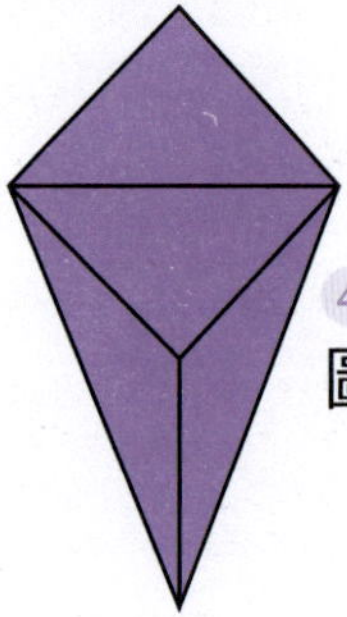

4 依照圖1、圖2、圖3步驟做成圖4。

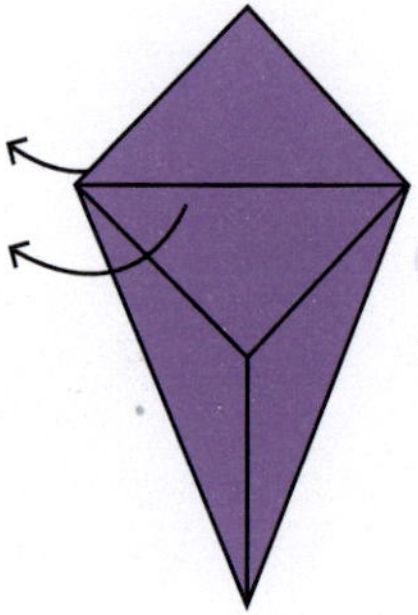

5 把手指伸進袋子裡將其撐開。

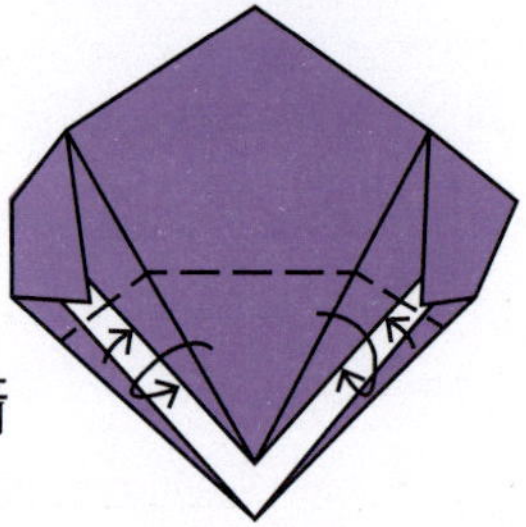

6 沿虛線向箭頭方向折疊。

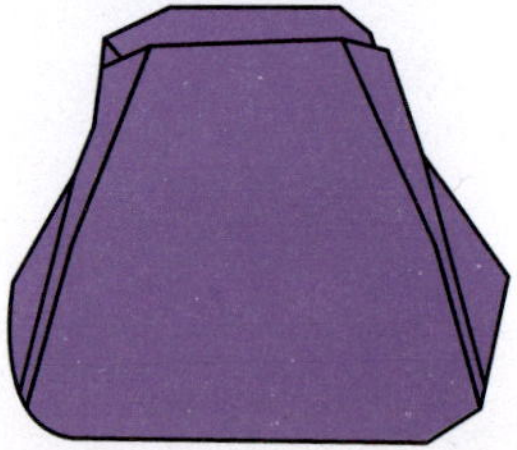

7 折疊成卡片籃。

錢包

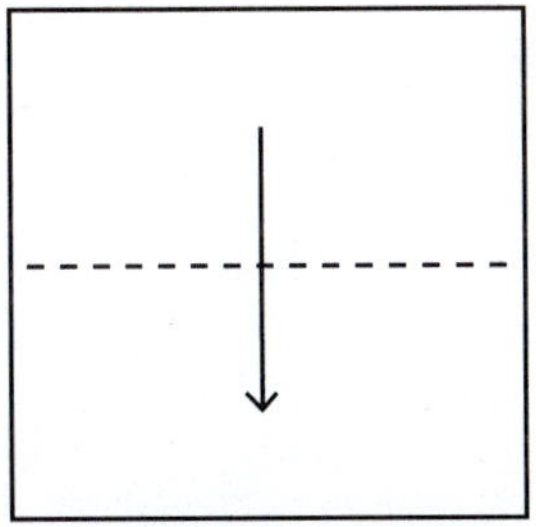

1 沿虛線向箭頭方向折疊。

2 沿虛線朝箭頭方向折疊。

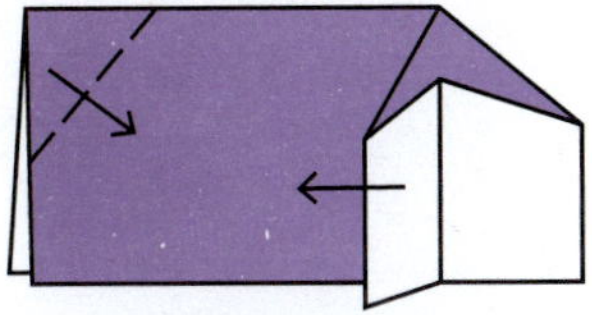

3 另一端也同圖 2 一樣折疊。

4 沿虛線向箭頭方向折疊。

5 將前面沿虛線朝箭頭方向折疊，背面也同樣折疊。

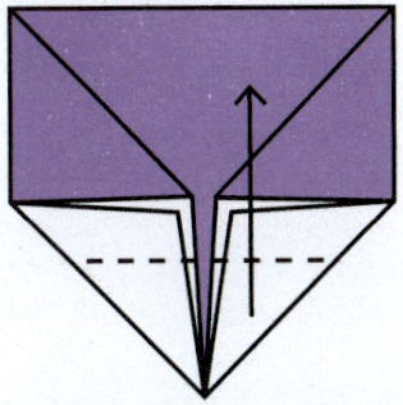

6 將前面沿虛線朝箭頭方向折疊。

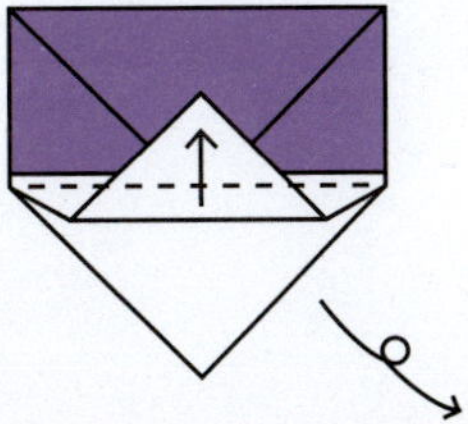

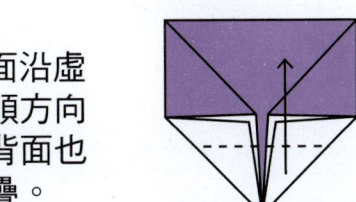

7 將前面沿虛線朝箭頭方向折疊，背面也同樣折疊，翻過來。

8 折疊成錢包。

升斗盒

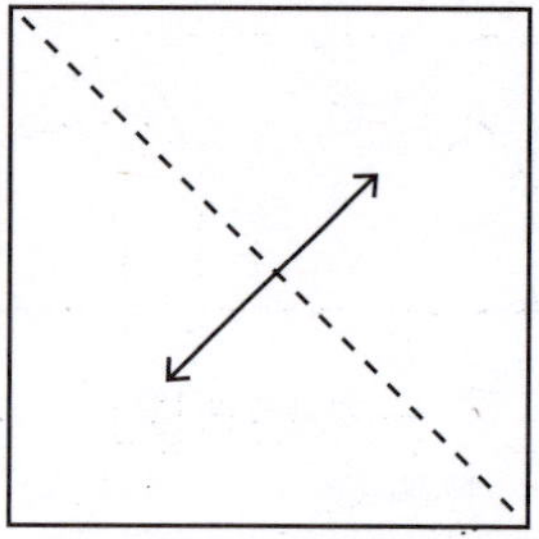

1 對折出折線後展開。

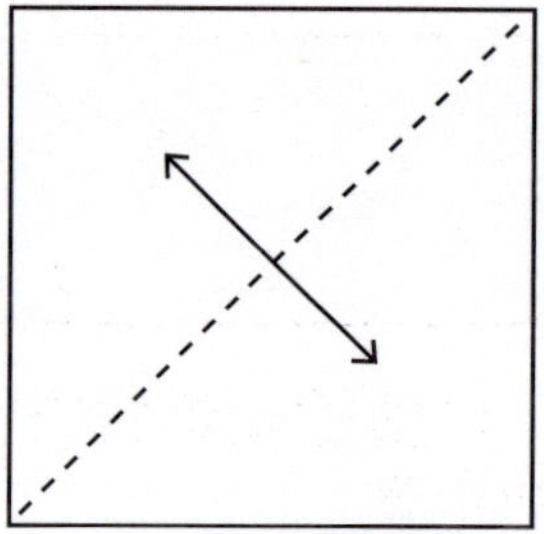

2 另一邊同樣對折出折線後展開。

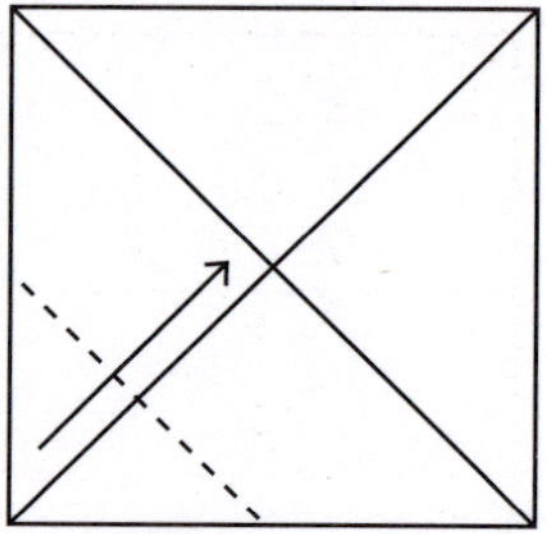

3 沿虛線向箭頭方向折疊。

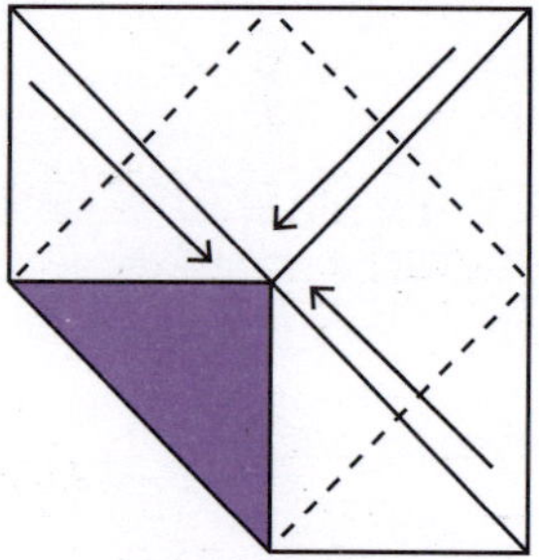

4 其他三個角往箭頭方向折好。

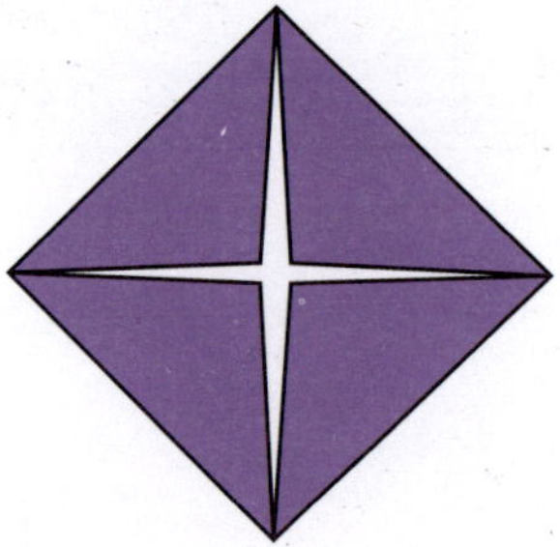

5 完成。

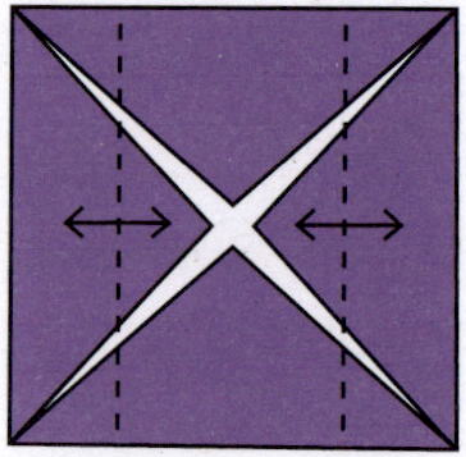

6 沿虛線向箭頭方向折疊，壓出折線後展開。

⑦依照箭頭方向往兩邊打開。

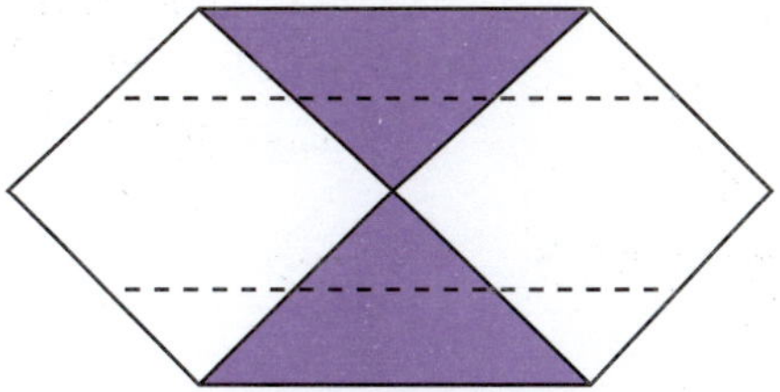

⑧向中間對折。

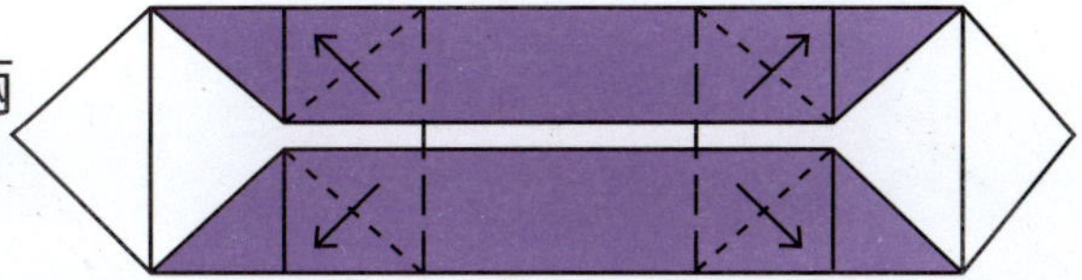

⑨依照箭頭方向向兩邊打開，做壓折。

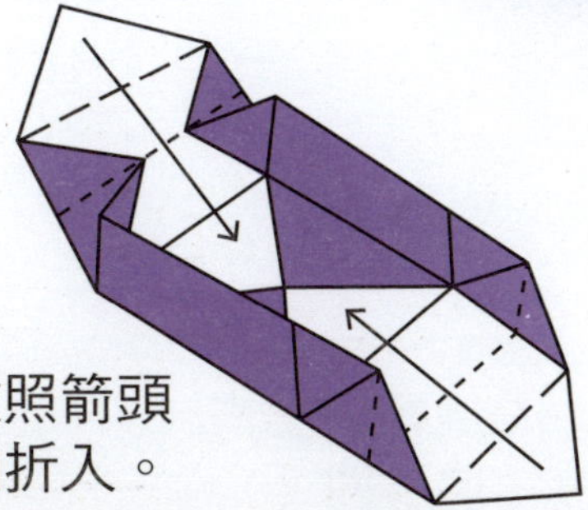

⑩依照箭頭方向折入。

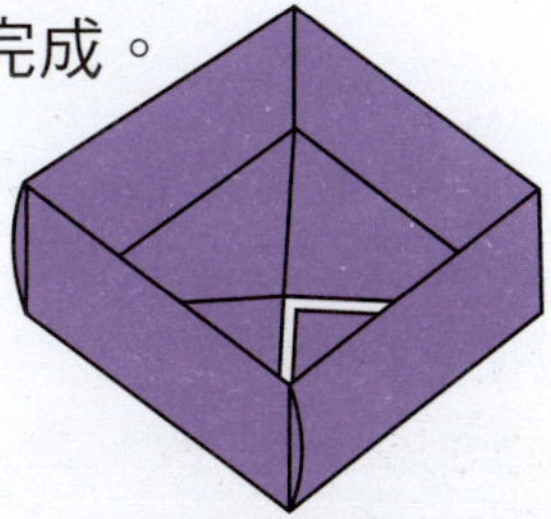

⑪完成。

餐盤

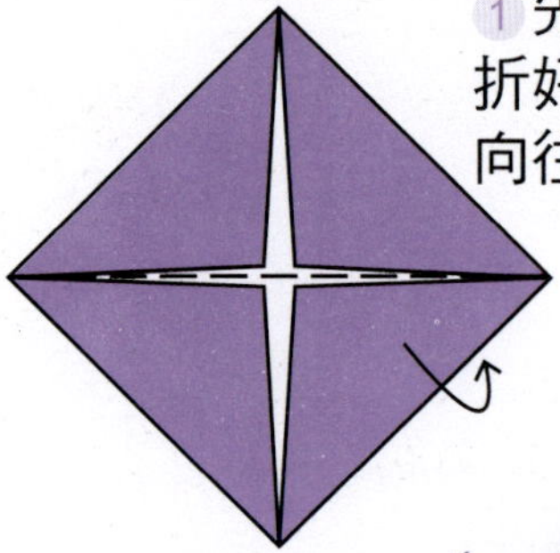

1 先將四個角往中間折好，再依照箭頭方向往後對折。

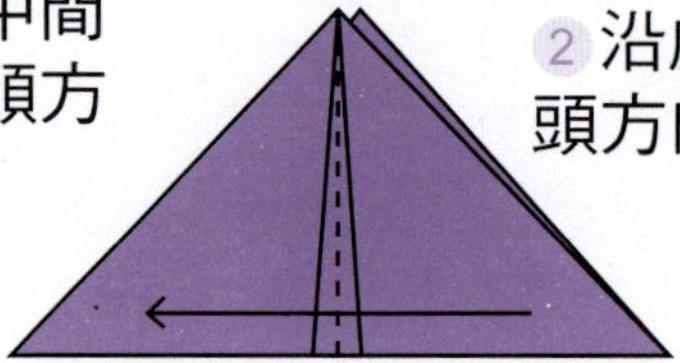

2 沿虛線向箭頭方向對折。

3 展開上面的一層，做方形壓折。

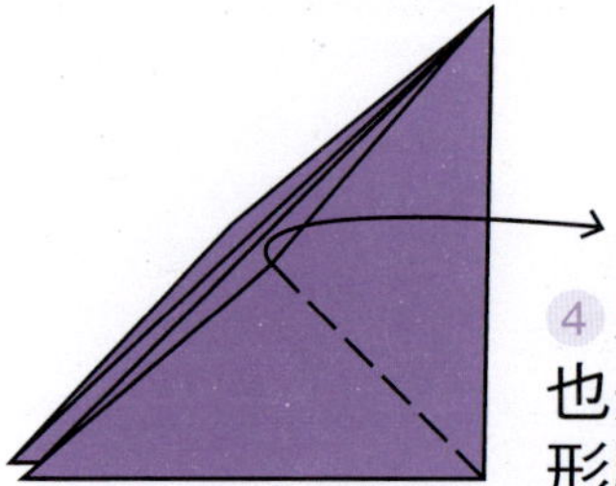

4 另一面也是做方形壓折。

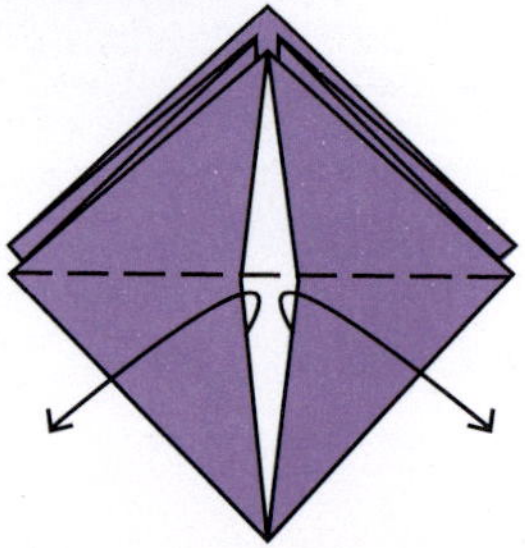

5 依照箭頭方向往兩邊拉開，並做方形壓折，後面也一樣。

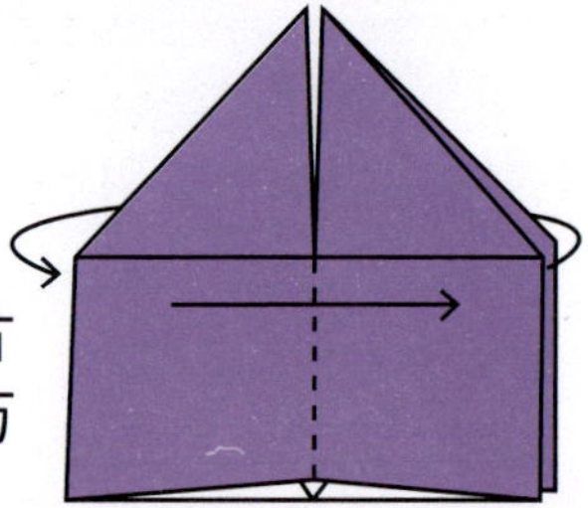

6 一片一片地往箭頭方向翻開。

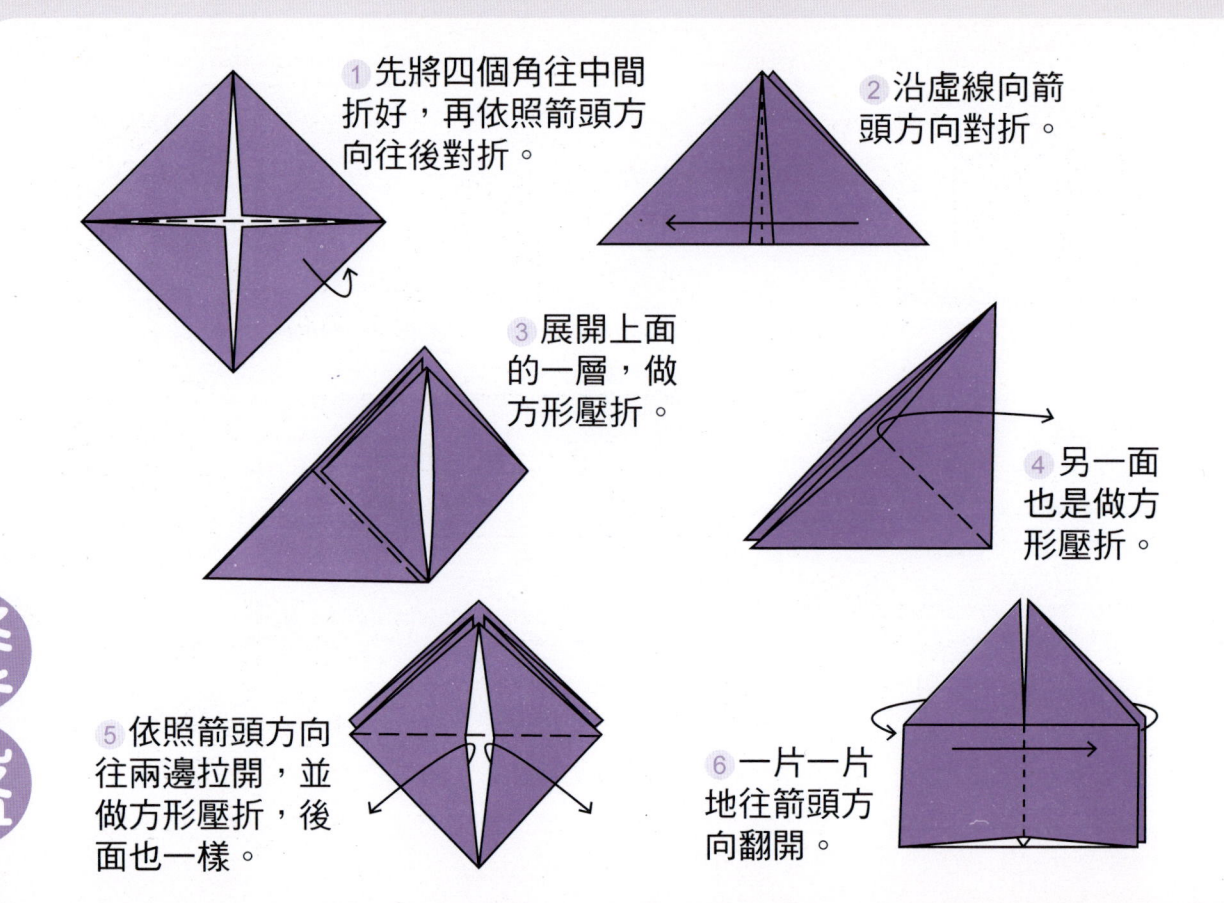

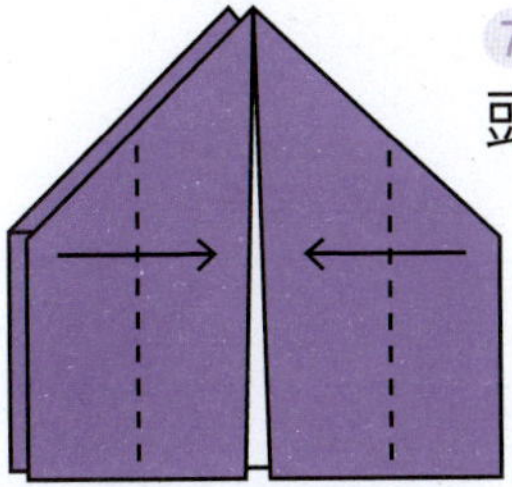

⑦沿虛線向箭頭方向折疊。

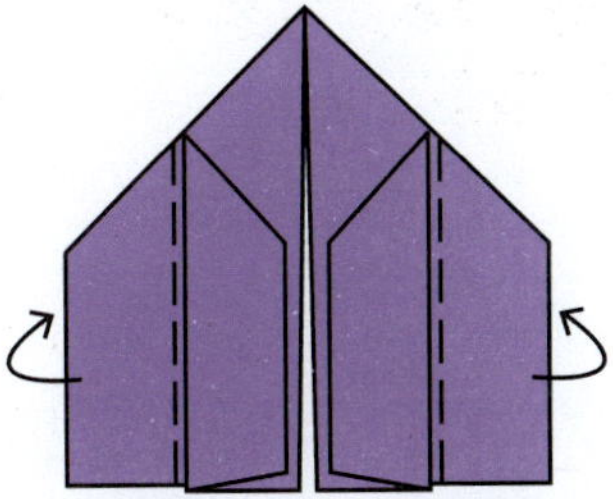

⑧背面折法相同。

⑨上面的一層依照箭頭方向往下折。

⑩背面的往後折。

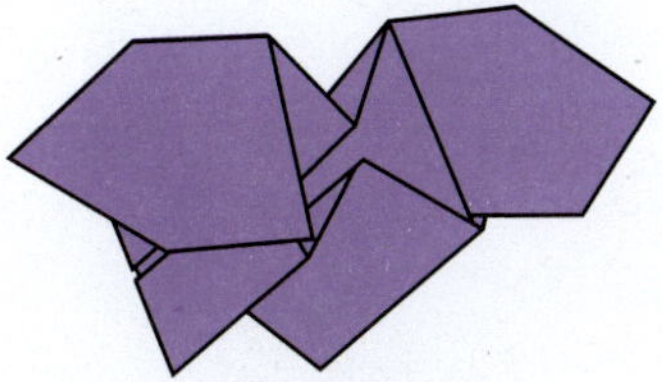

⑪往左右拉開。

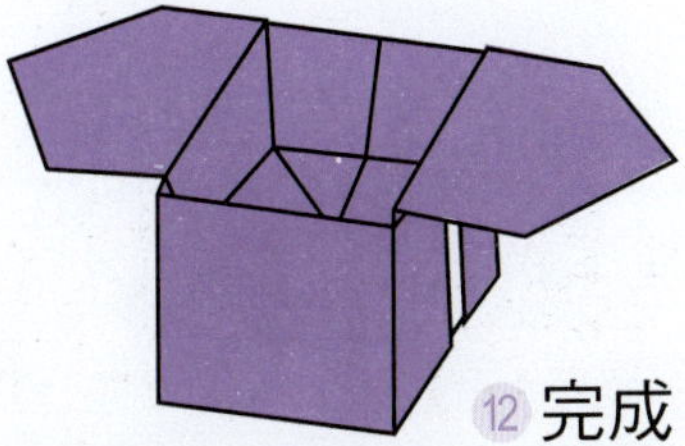

⑫完成。

背包

1 從雙正方形折法開始，沿虛線向箭頭方向折疊。

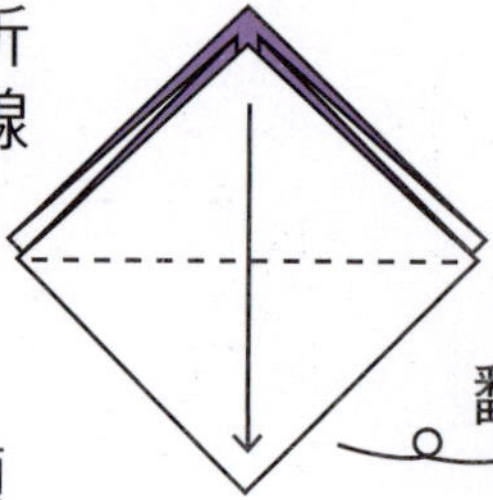

2 沿虛線向箭頭方向折疊。

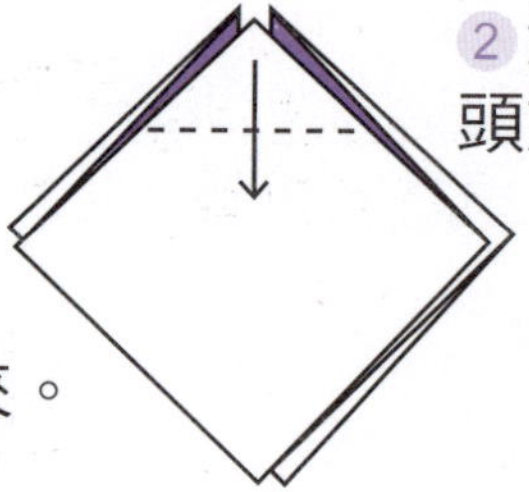

翻過來。

3 沿虛線向箭頭方向折疊，翻過來。

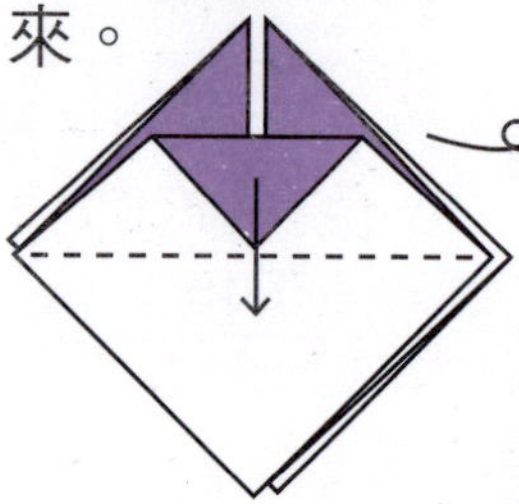

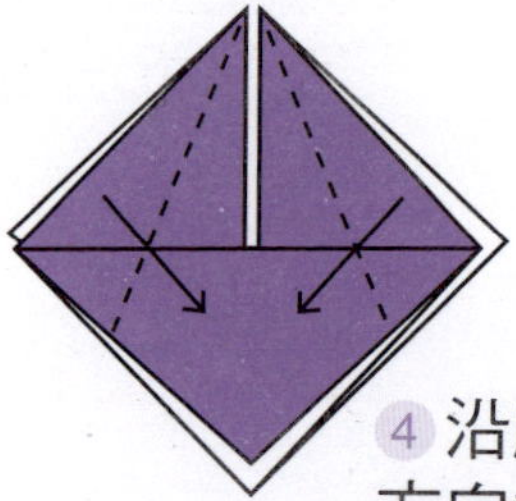

4 沿虛線向箭頭方向折疊，注意兩層一起折。

5 沿虛線向箭頭方向折疊。

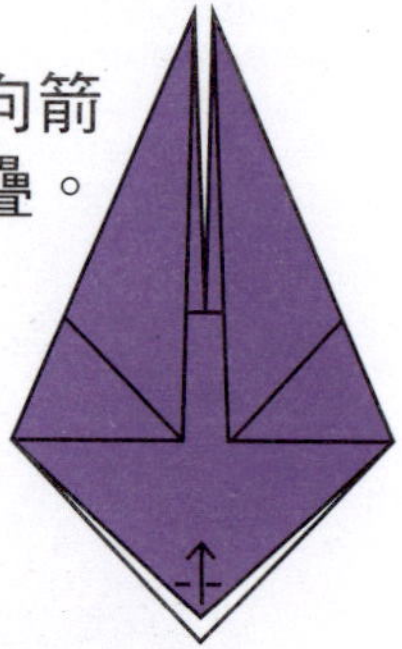

6 依箭頭方向往下折入。

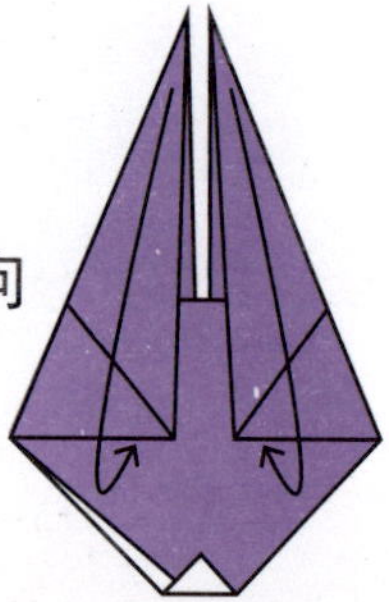

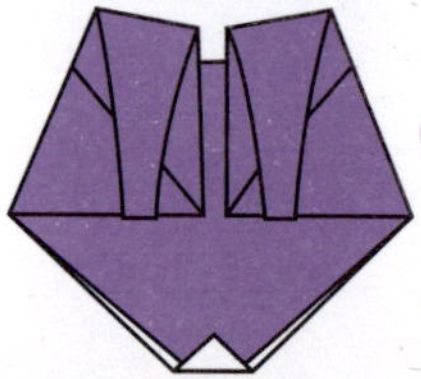

7 翻面。

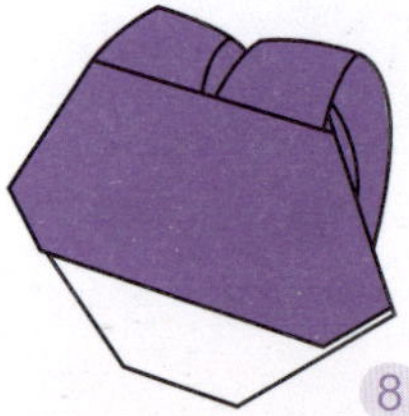

8 完成。

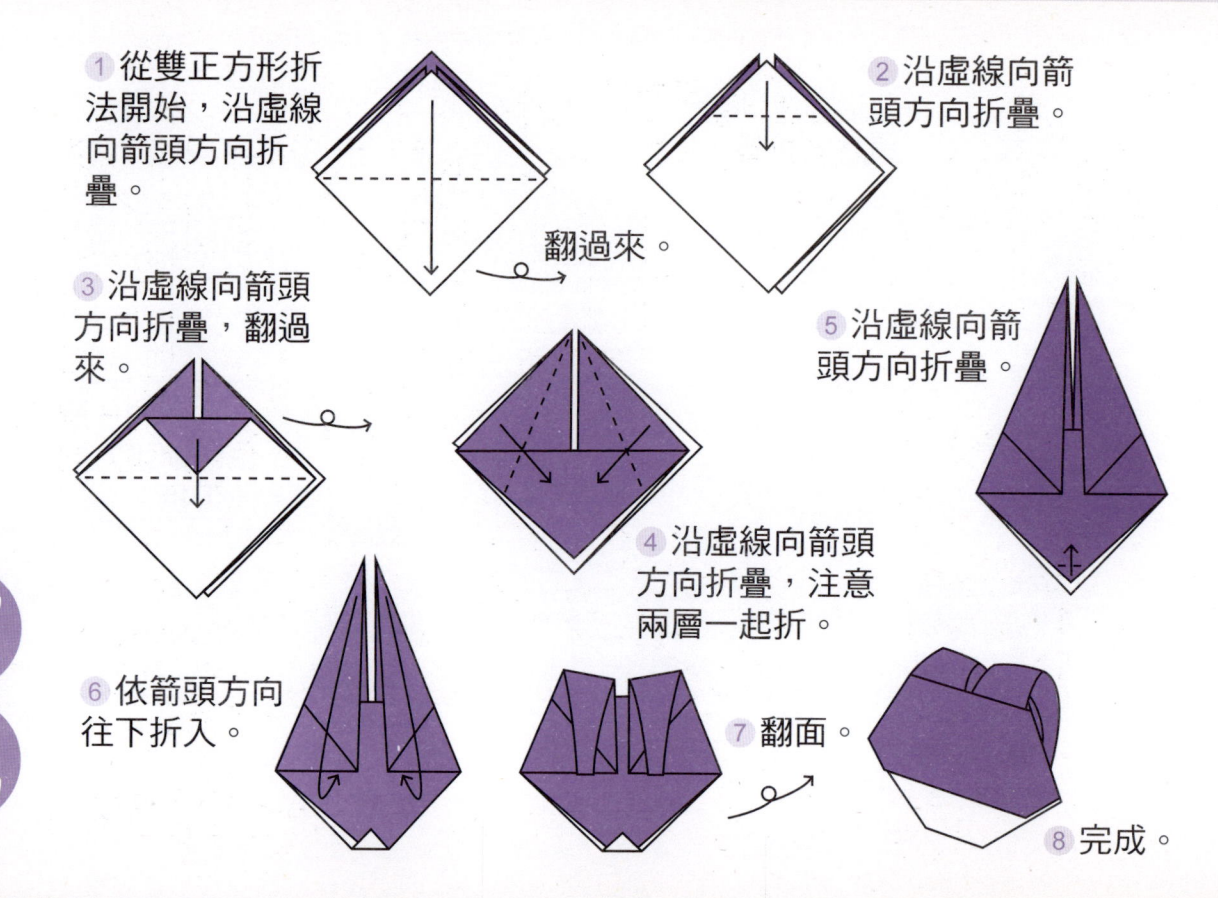

風車

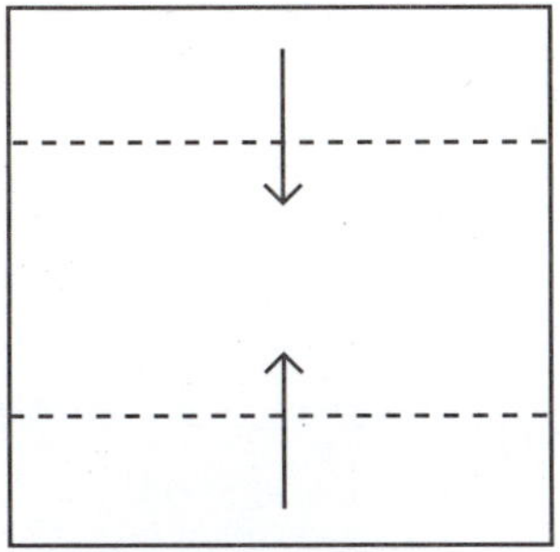

1 沿虛線向箭頭方向折疊。

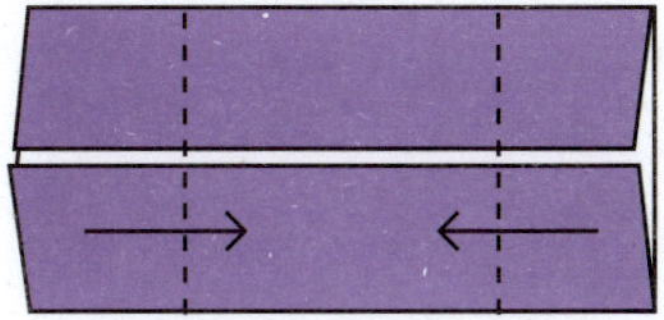

2 沿虛線向箭頭方向折疊。

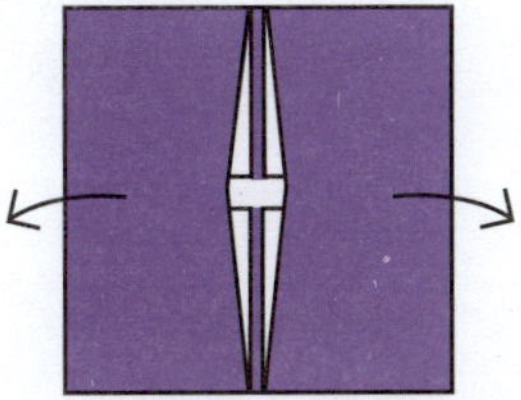

3 按圖示展開。

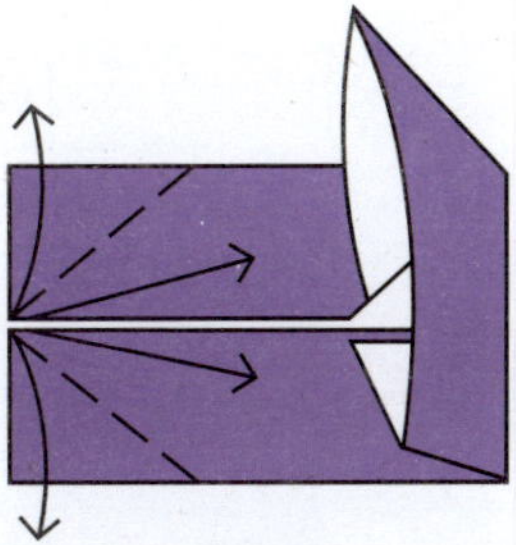

4 沿虛線向箭頭方向展開後再折疊。

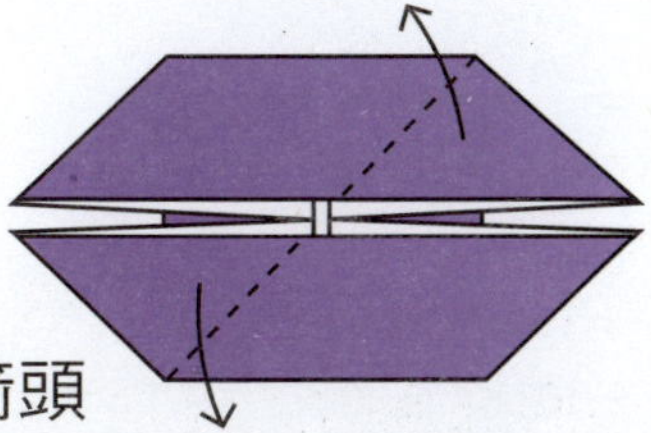

5 沿虛線向箭頭方向折疊。

6 折疊成風車。

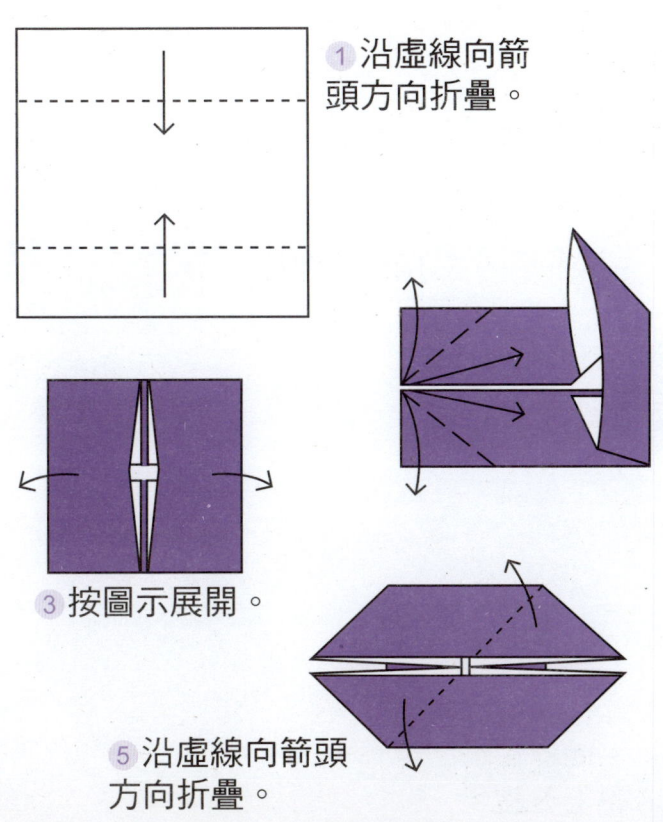

不倒翁

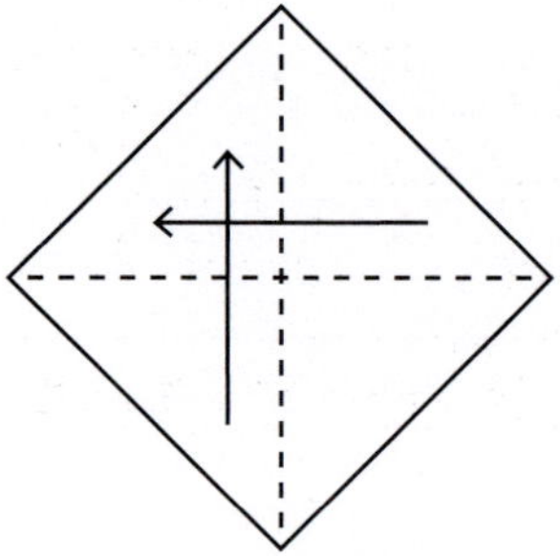

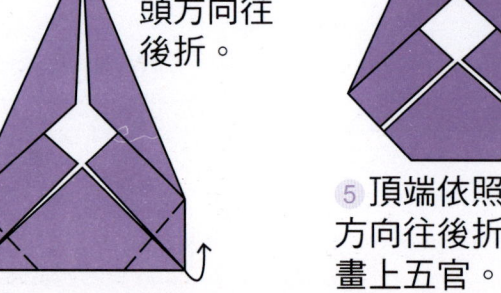

1 上下左右對折做出折線後展開。

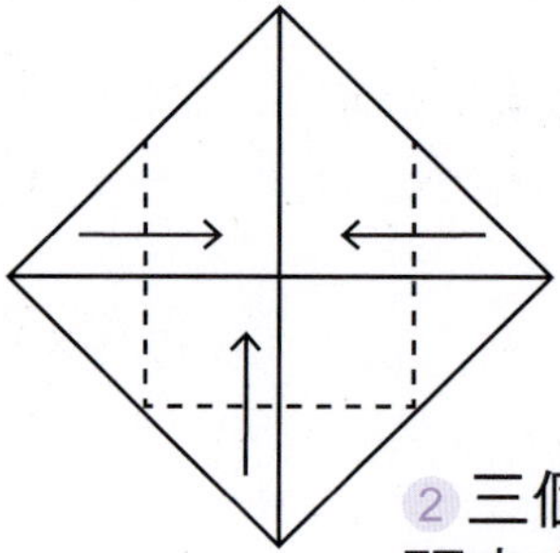

2 三個角依照箭頭方向折好。

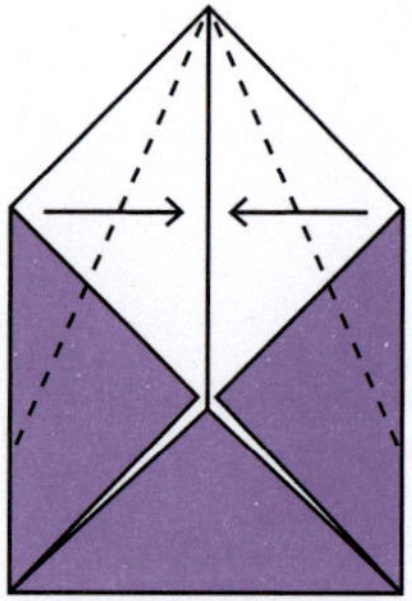

3 兩邊依照箭頭方向折好。

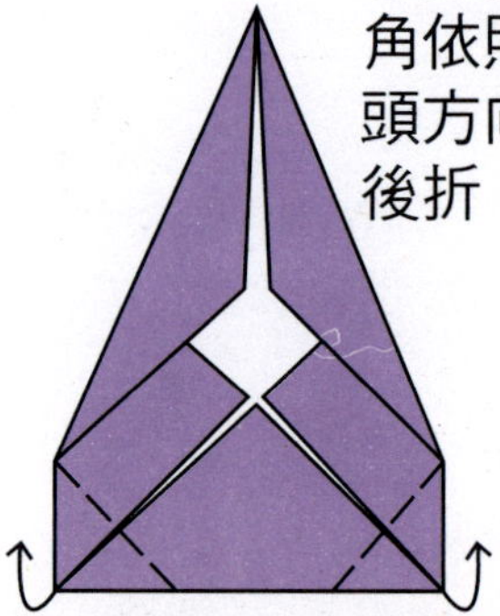

4 兩邊的角依照箭頭方向往後折。

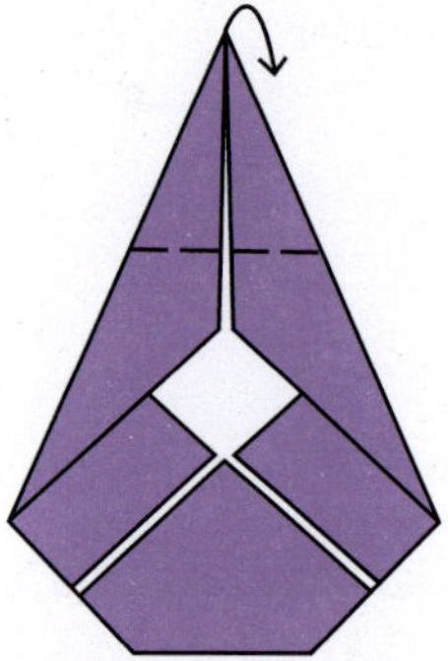

5 頂端依照箭頭方向往後折，再畫上五官。

6 完成。

福神面具

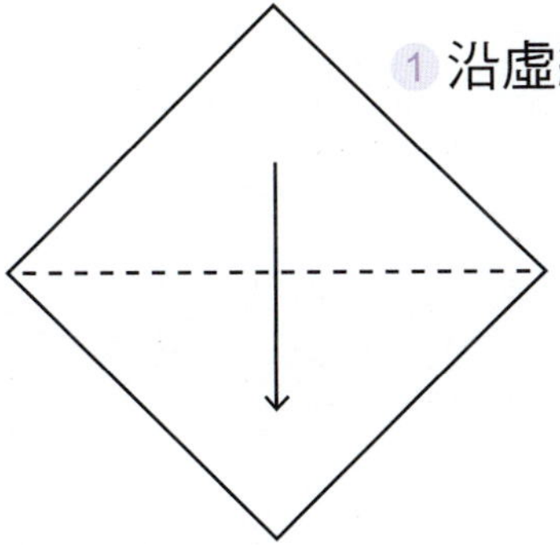

1 沿虛線對折。

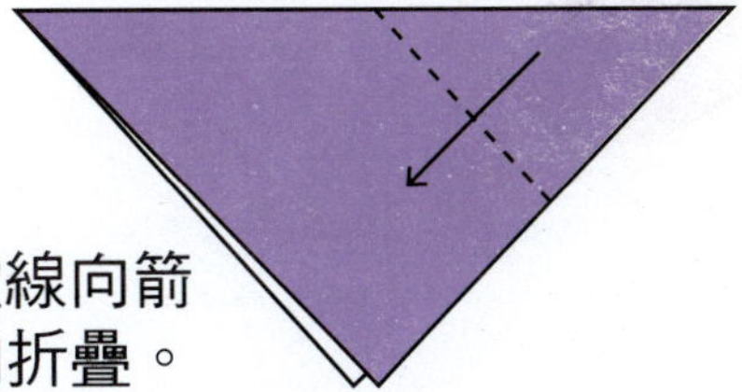

2 沿虛線向箭頭方向折疊。

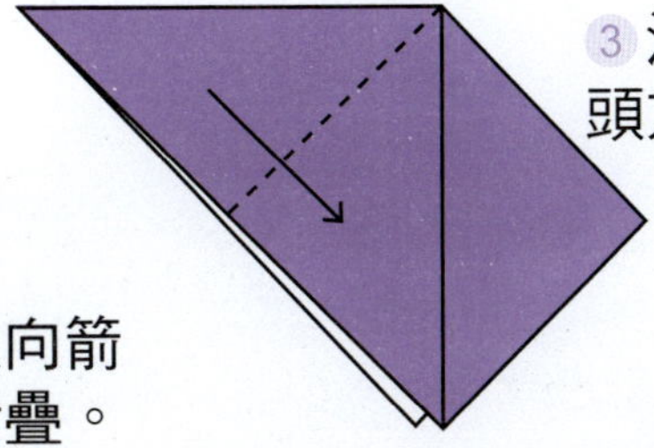

3 沿虛線向箭頭方向折疊。

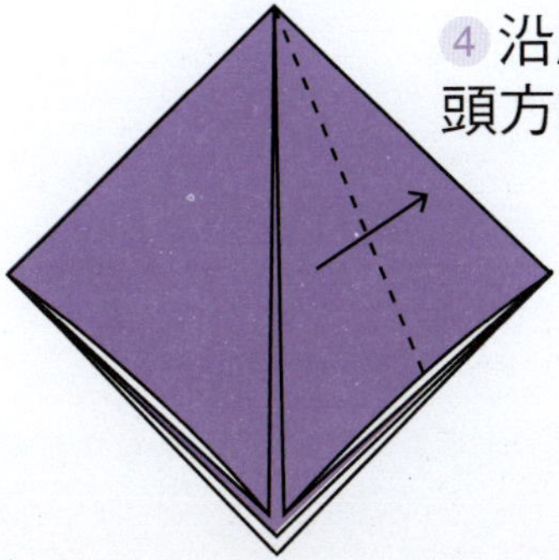

4 沿虛線向箭頭方向折疊。

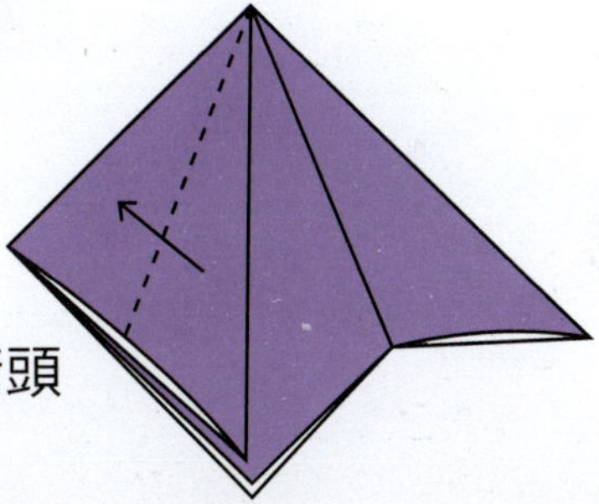

5 沿虛線向箭頭方向折疊。

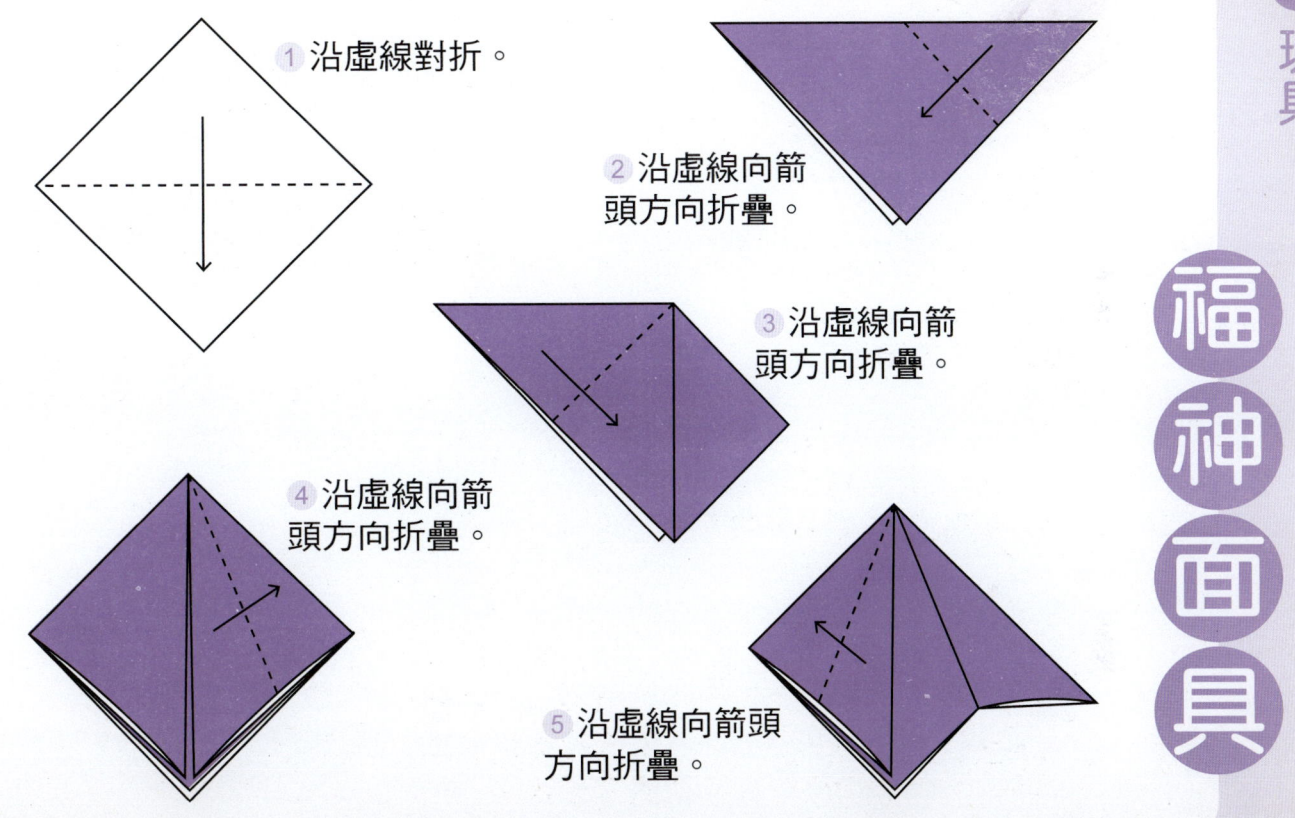

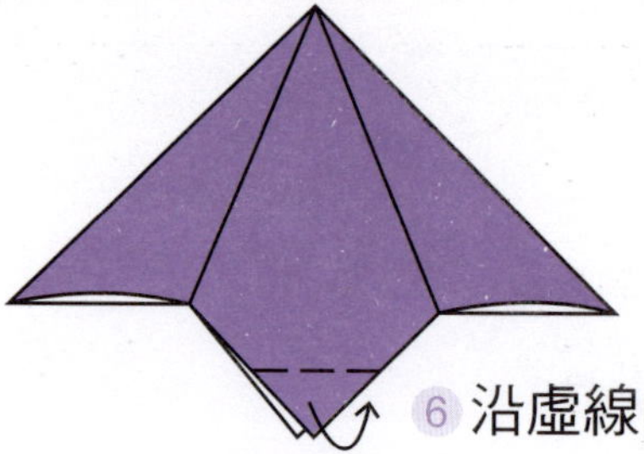

6 沿虛線向後折。

7 沿虛線向後折。

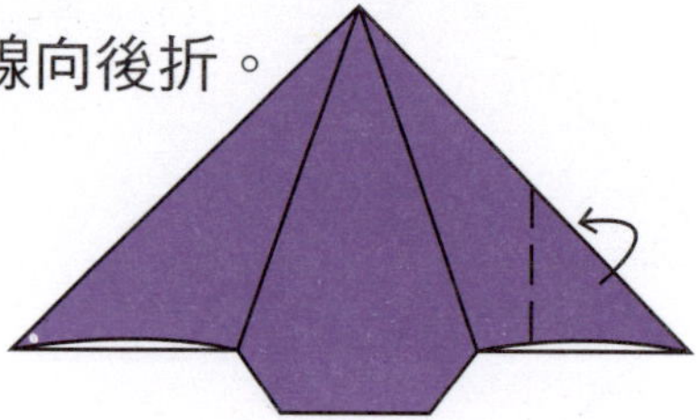

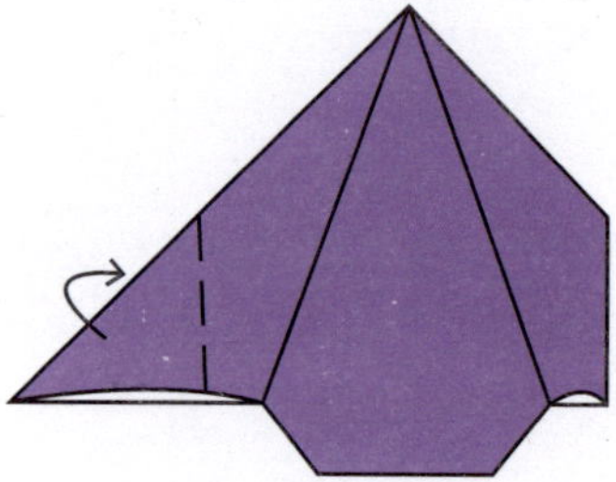

8 沿虛線向後折。

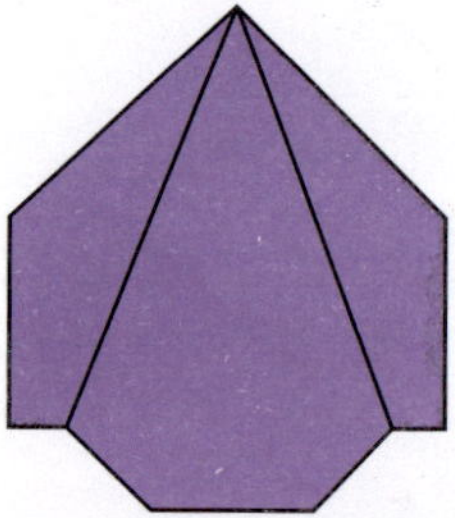

9 畫上臉 。

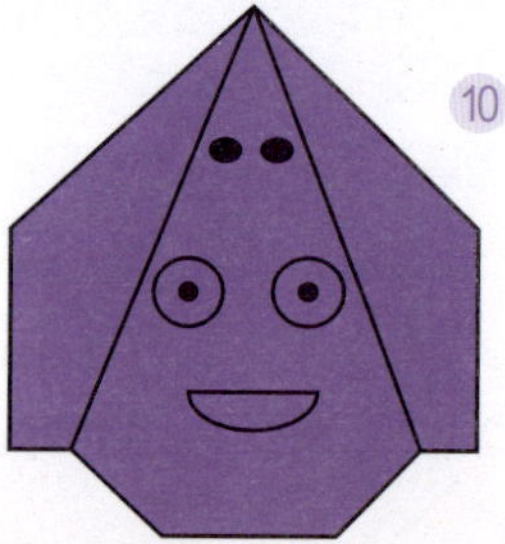

10 完成。

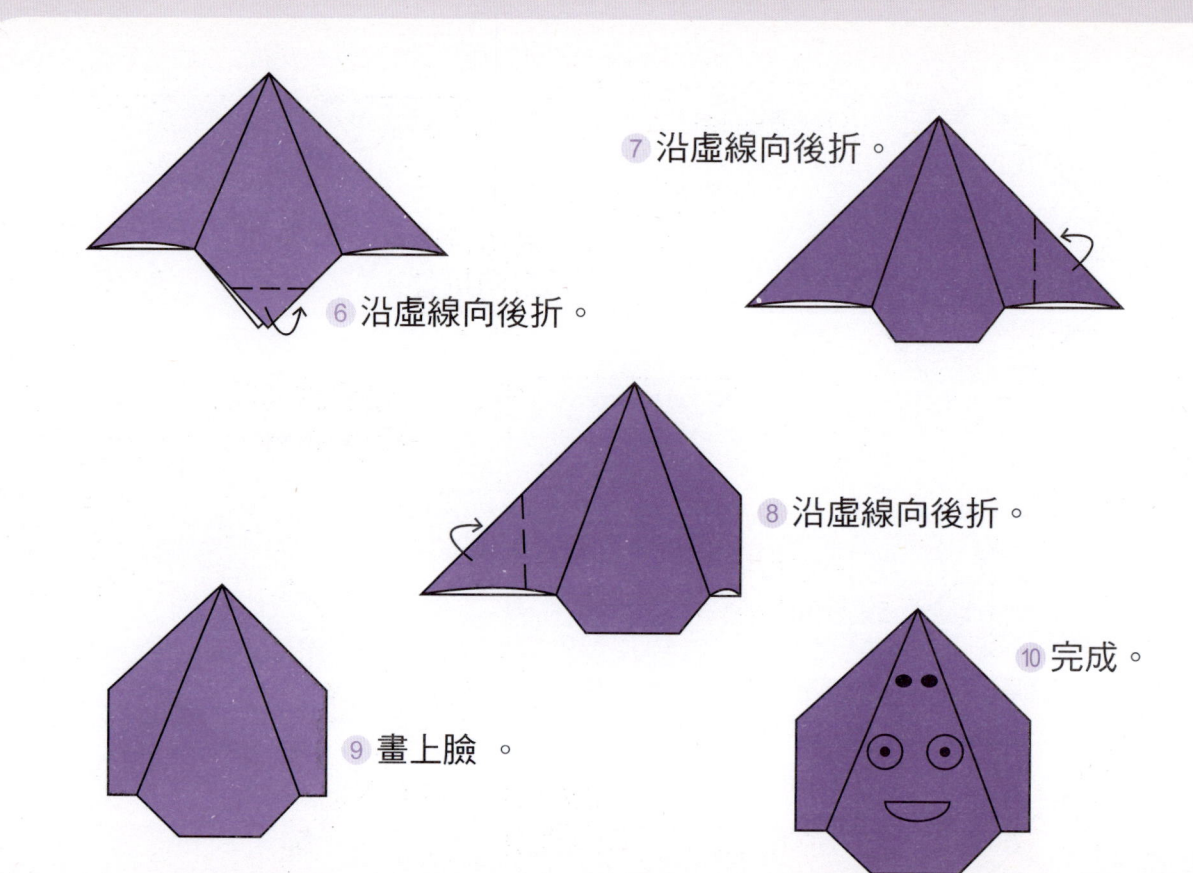

鬼臉

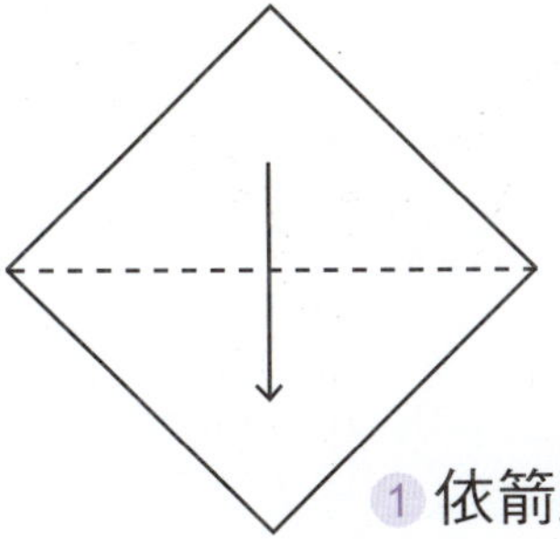

1 依箭頭方向對折。

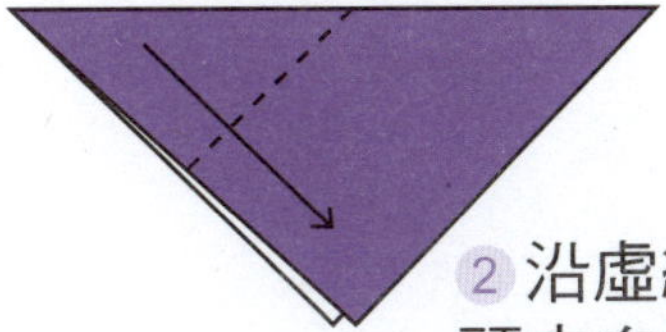

2 沿虛線向箭頭方向折疊。

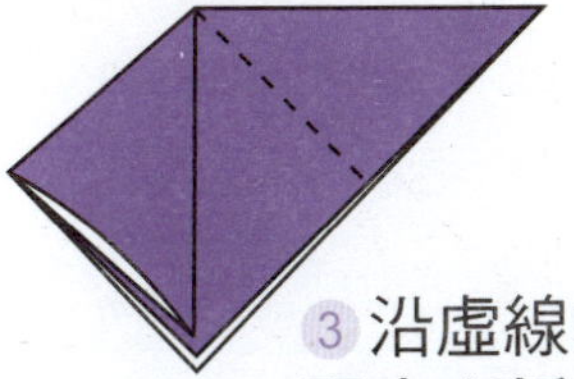

3 沿虛線向箭頭方向折疊。

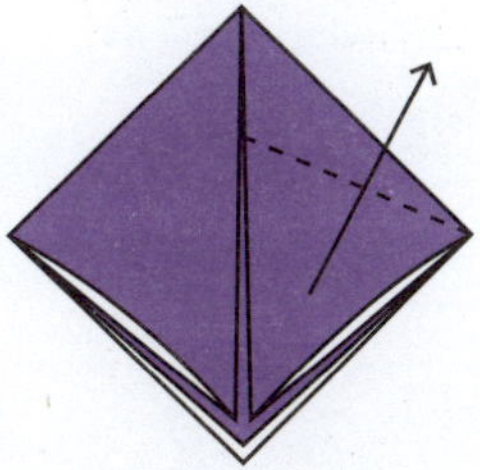

4 沿虛線向箭頭方向折疊。

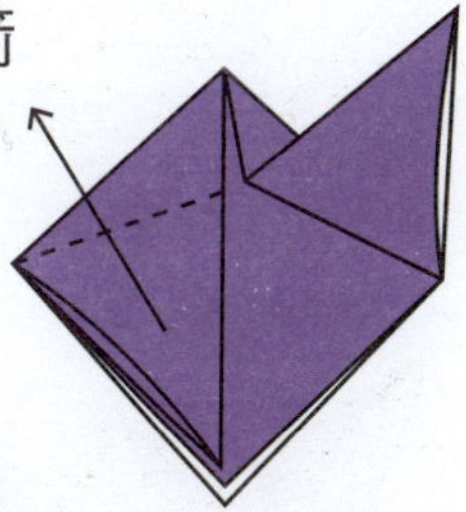

5 沿虛線向箭頭方向折疊。

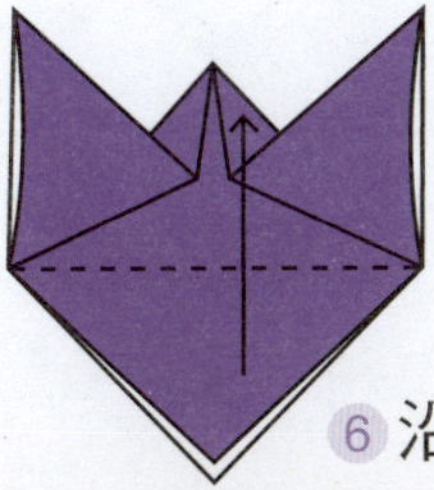

6 沿虛線往上折。

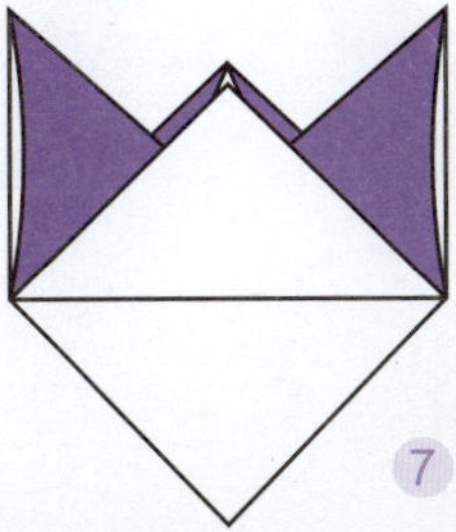

7 翻過來。

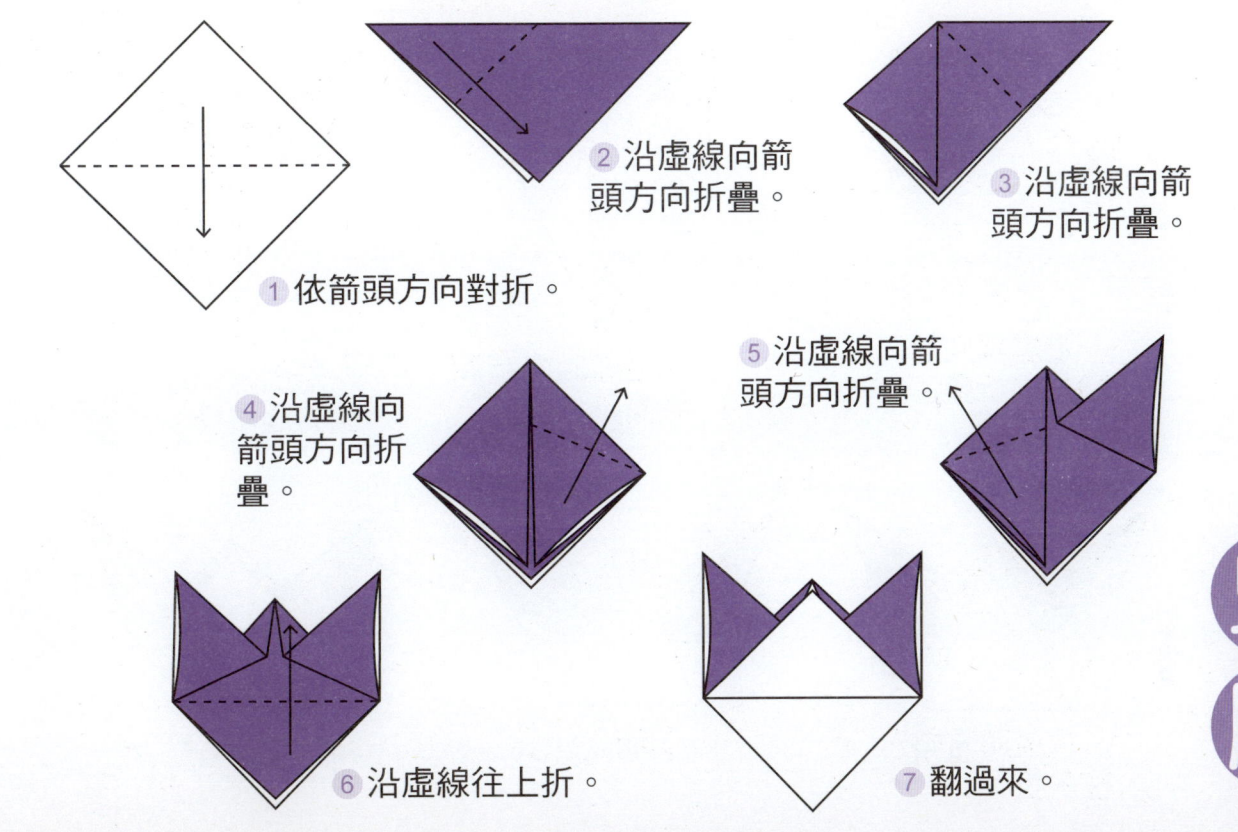

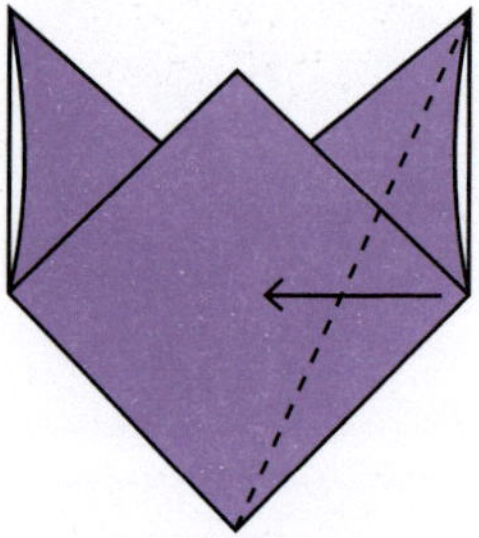

⑧ 沿虛線向箭頭方向折疊。

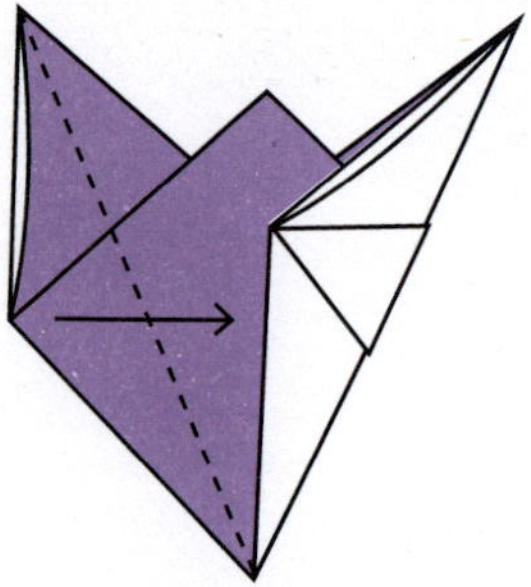

⑨ 沿虛線向箭頭方向折好。

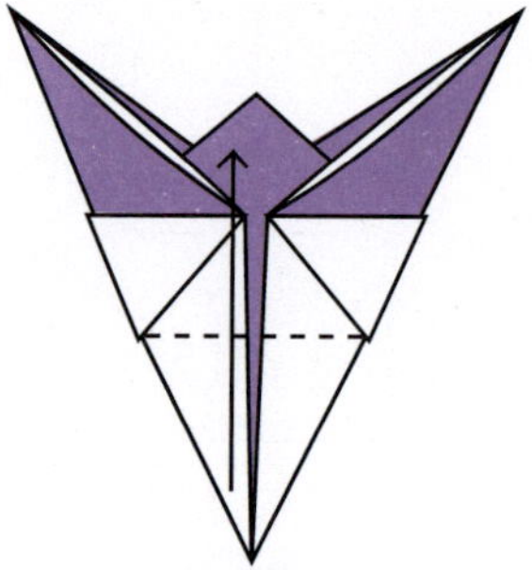

⑩ 沿虛線向箭頭方向折疊。

⑪ 依箭頭方向往內折。

⑫ 翻面。

⑬ 完成。

古裝玩偶

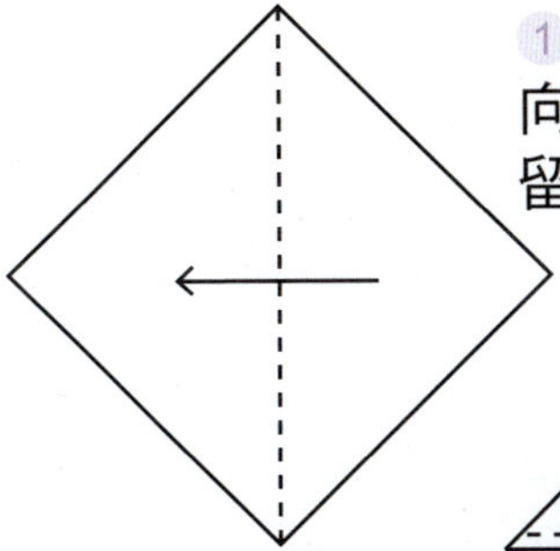

1 沿虛線向箭頭方向折疊，然後展開留下折痕。

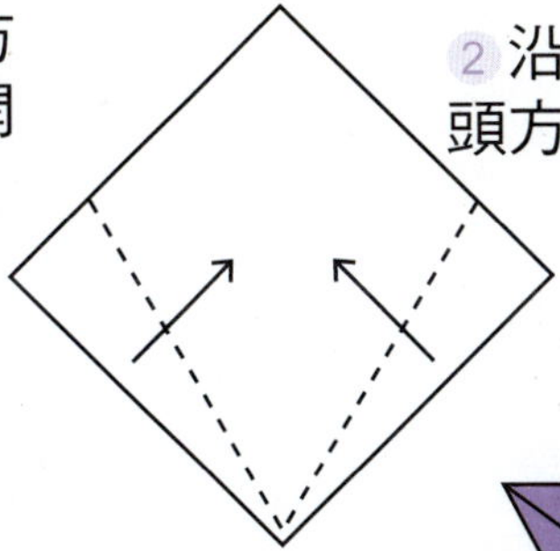

2 沿虛線向箭頭方向折疊。

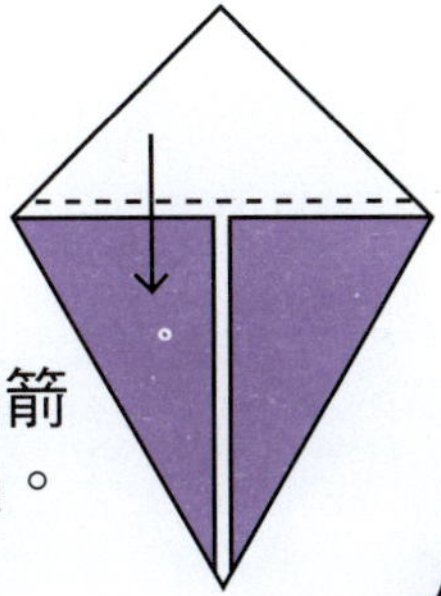

3 沿虛線向箭頭方向折疊。

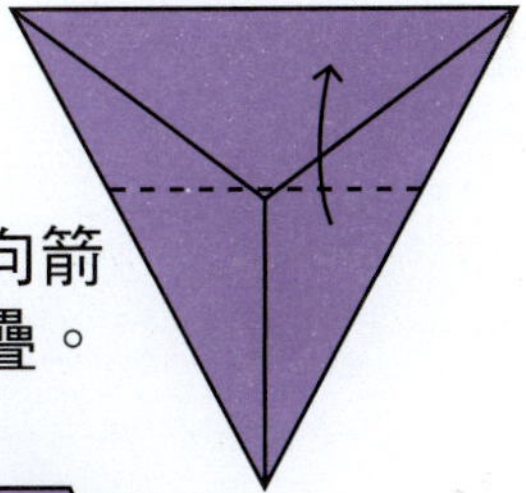

4 沿虛線向箭頭方向折疊。

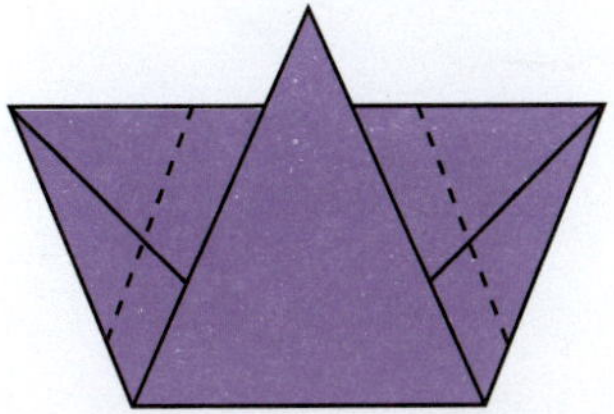

5 沿虛線折疊。

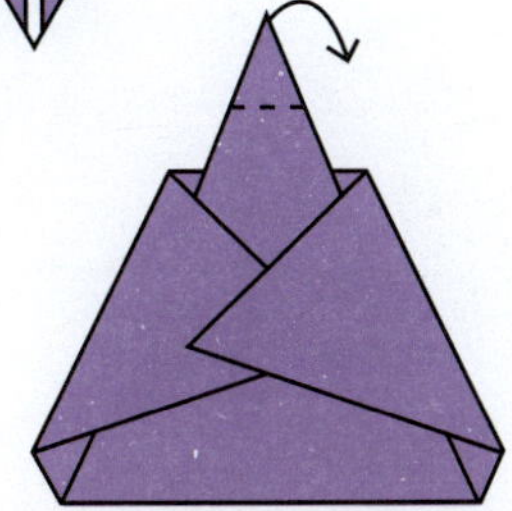

6 沿虛線向箭頭方向折疊。

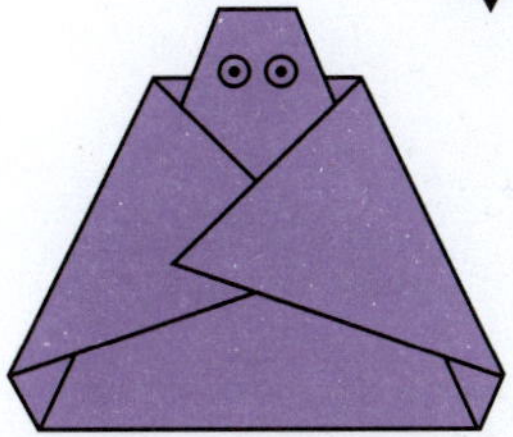

7 畫上眼睛即成古裝玩偶。

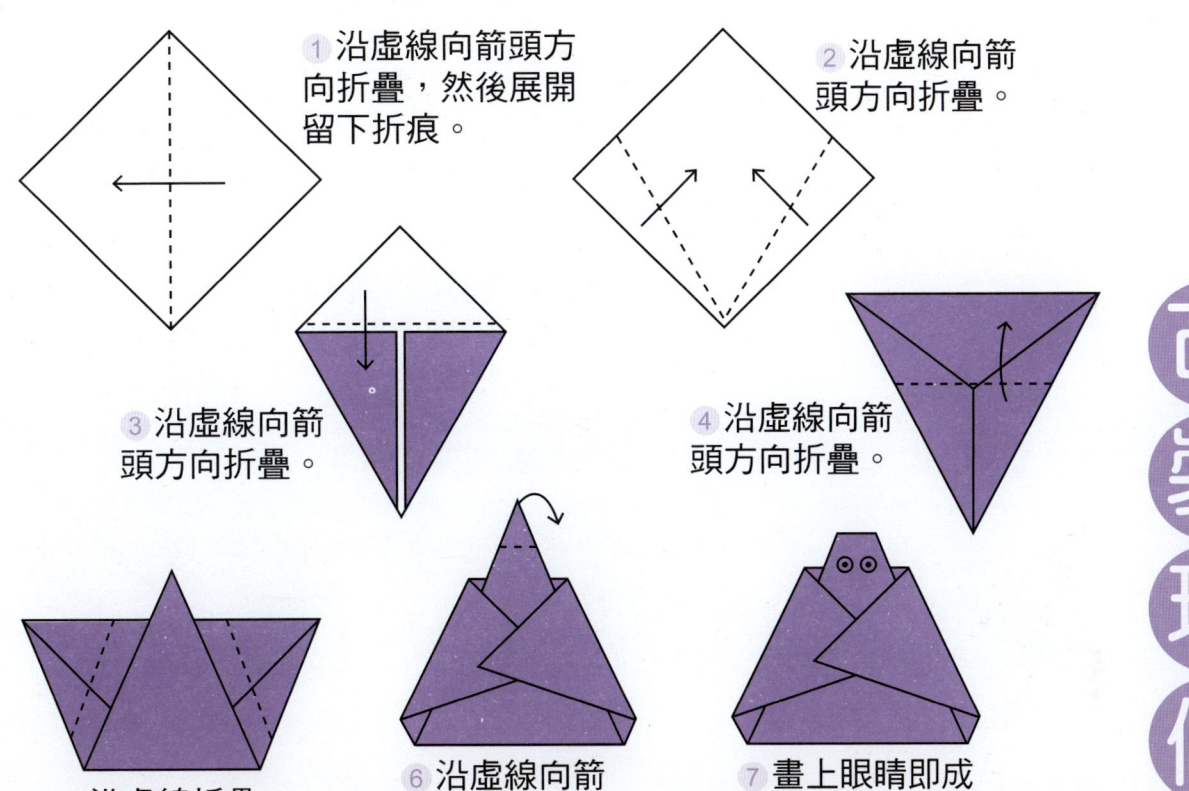

紙炮

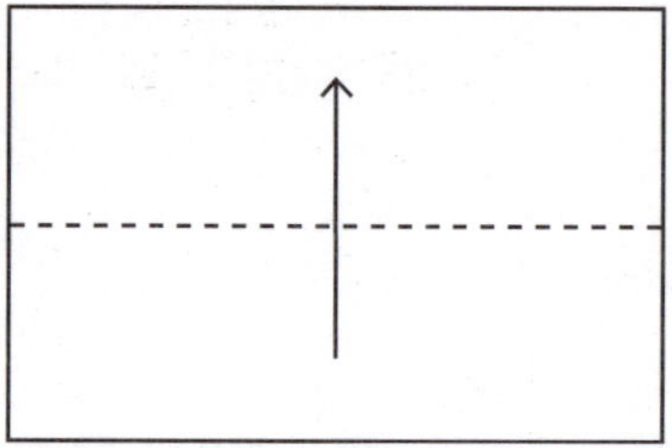

1 對折，做出折線後展開。

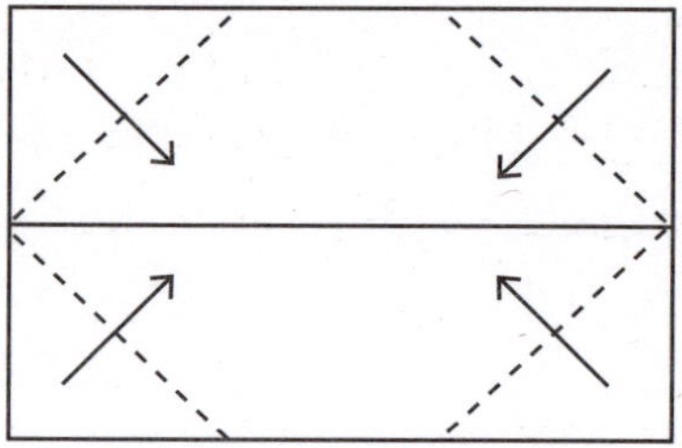

2 沿虛線向箭頭方向折疊。

3 沿虛線對折。

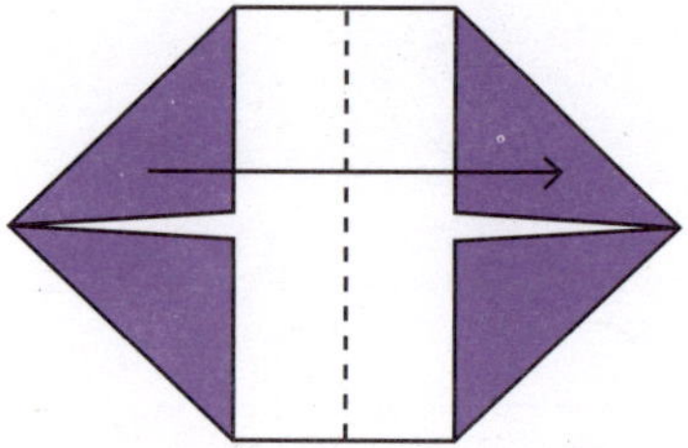

4 沿虛線對折。

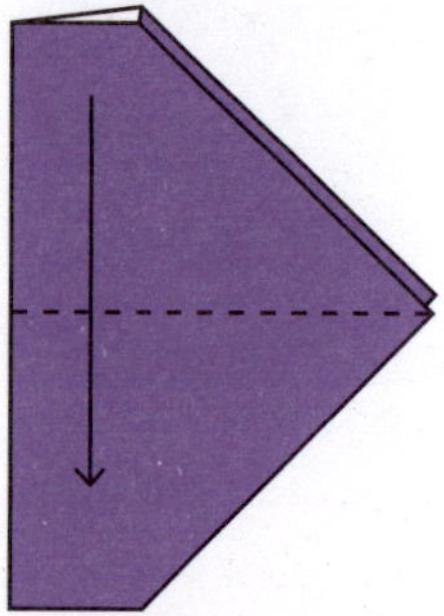

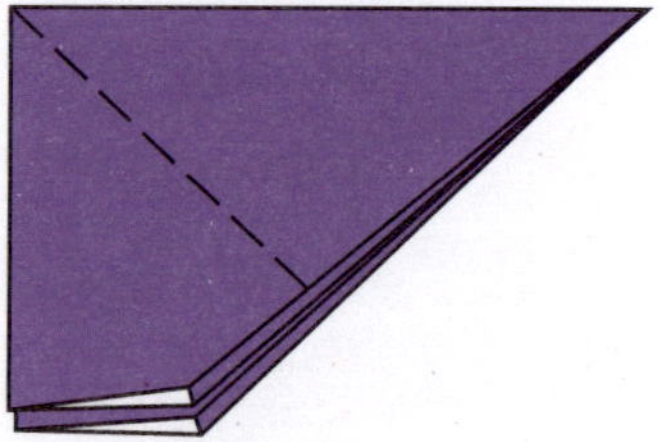

5 依圖所示展開袋子做壓折。

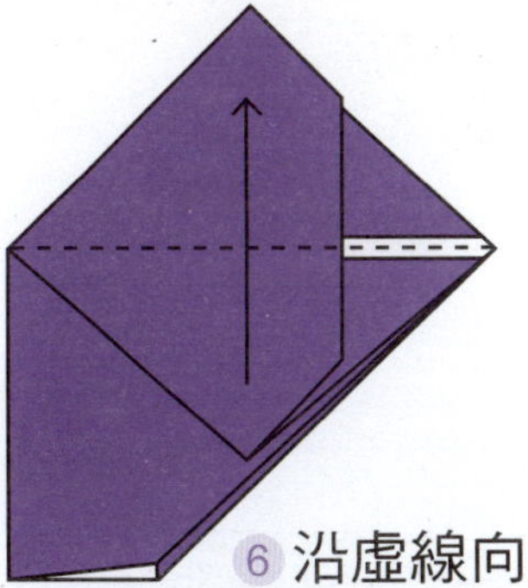

6 沿虛線向箭頭方向折疊。

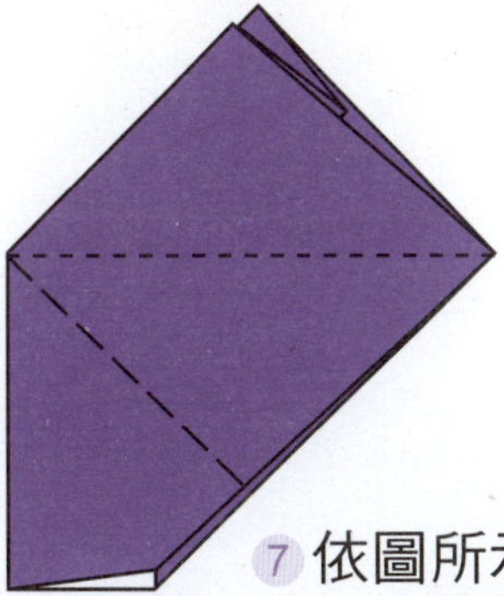

7 依圖所示展開袋子做壓折。

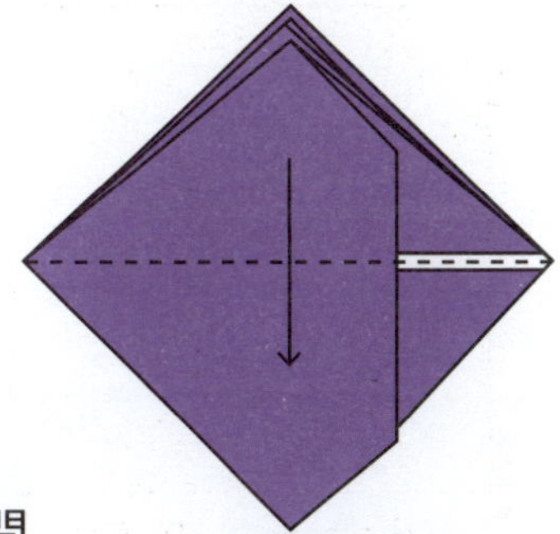

8 沿虛線對折。

9 完成。

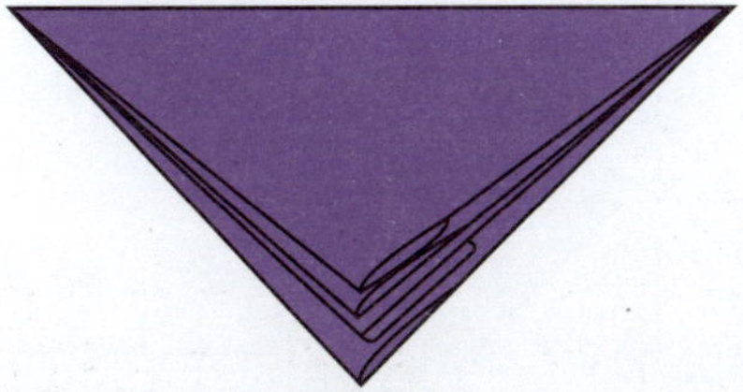

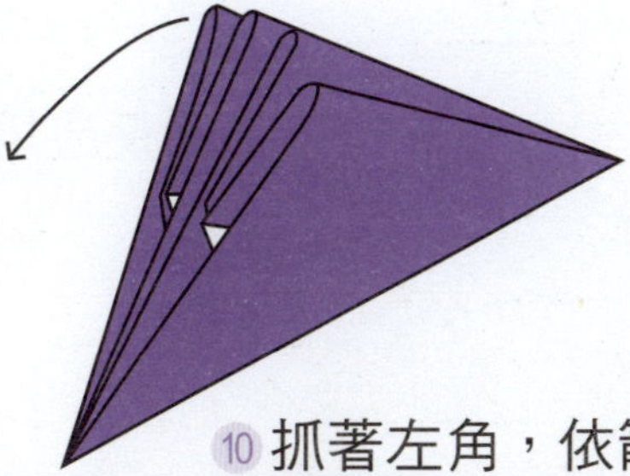

10 抓著左角，依箭頭方向揮動。

燈籠

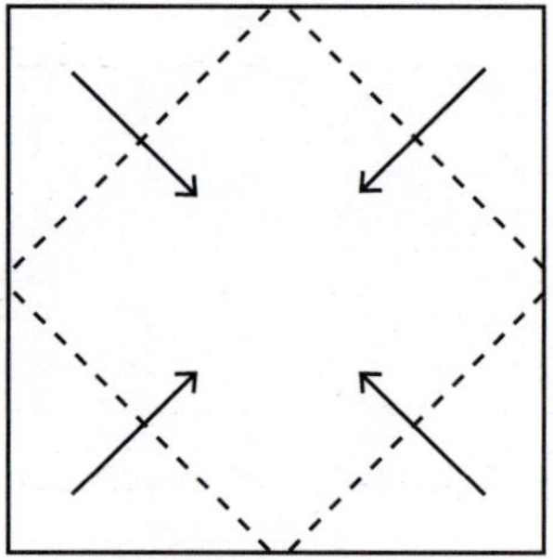

1 沿虛線向箭頭方向折疊。

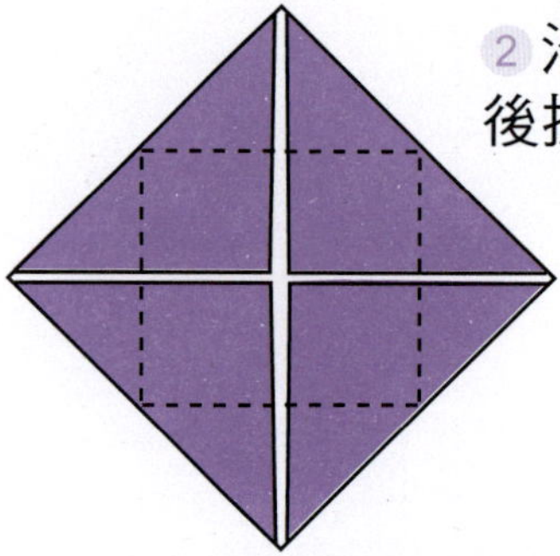

2 沿虛線向後折疊。

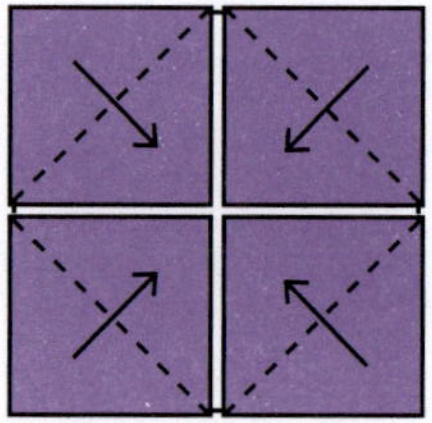

3 沿虛線折疊，翻過來。

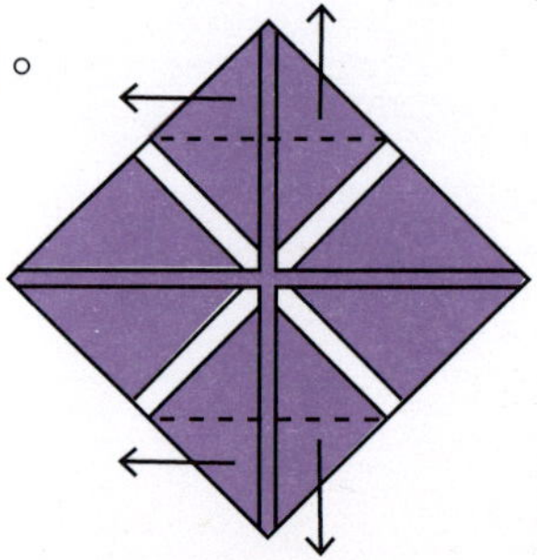

4 將第一層紙提起向左右和上下方向拉折。

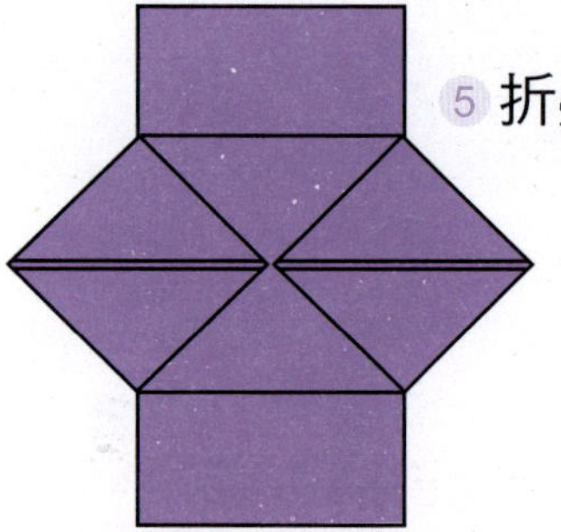

5 折疊成燈籠。

鋼琴

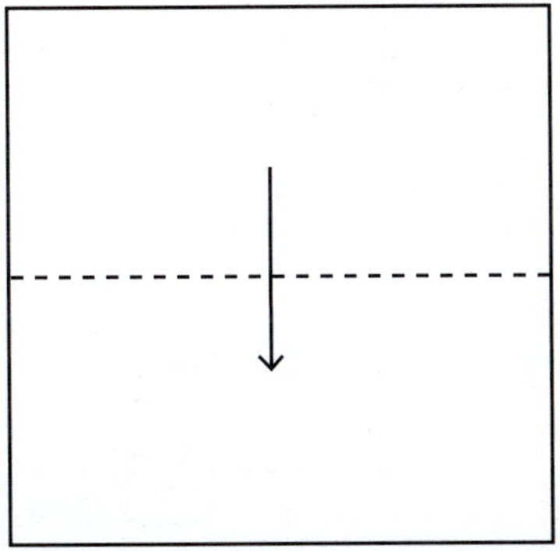

1 沿虛線向箭頭方向折疊。

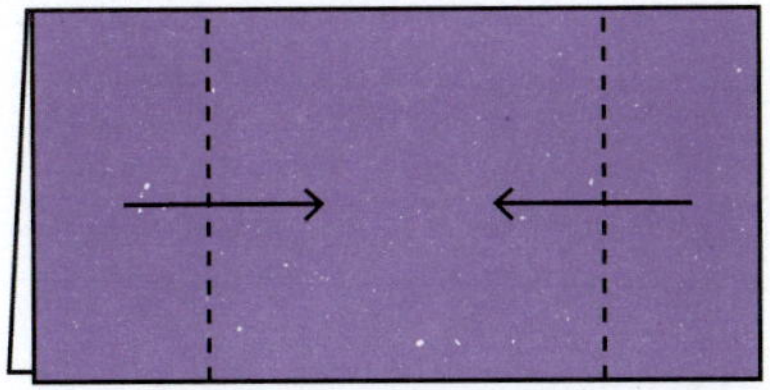

2 沿虛線向箭頭方向折疊。

3 打開袋子，向左右拉折。

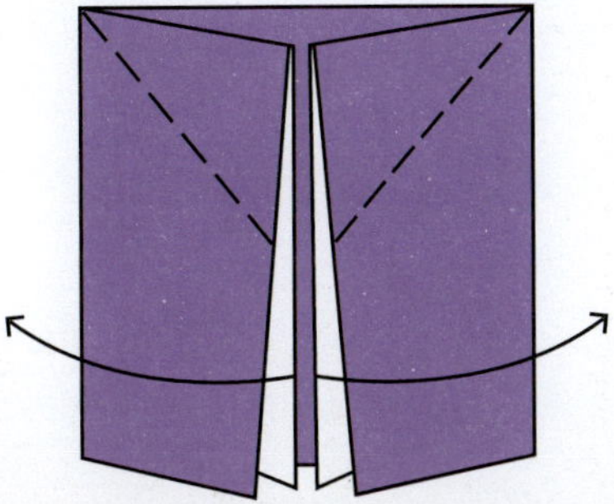

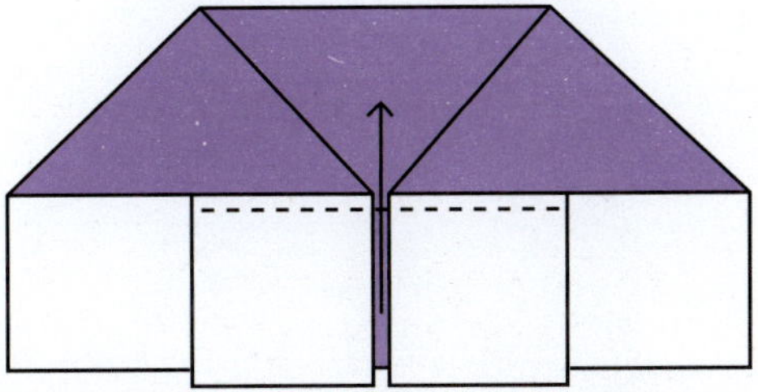

4 沿虛線向箭頭方向折疊。

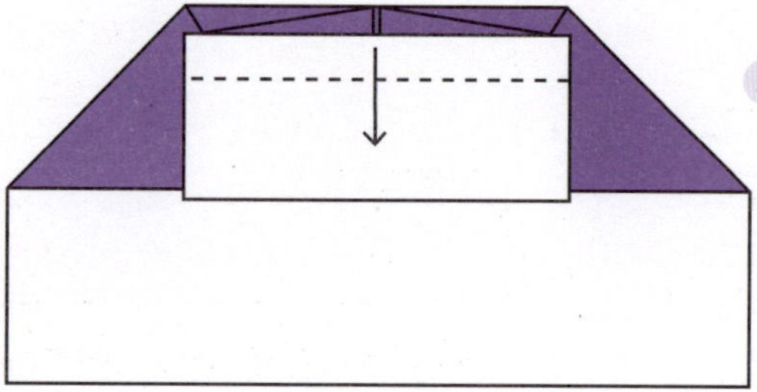

⑤沿虛線向箭頭方向折疊。

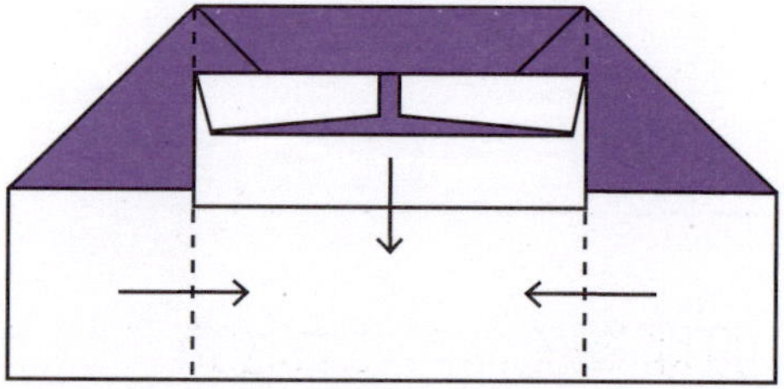

⑥兩端向正面折，中間向下折。

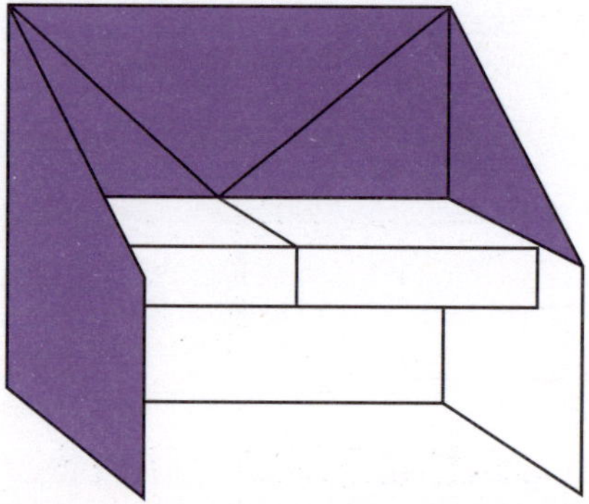

⑦直立起來完成鋼琴。

上衣

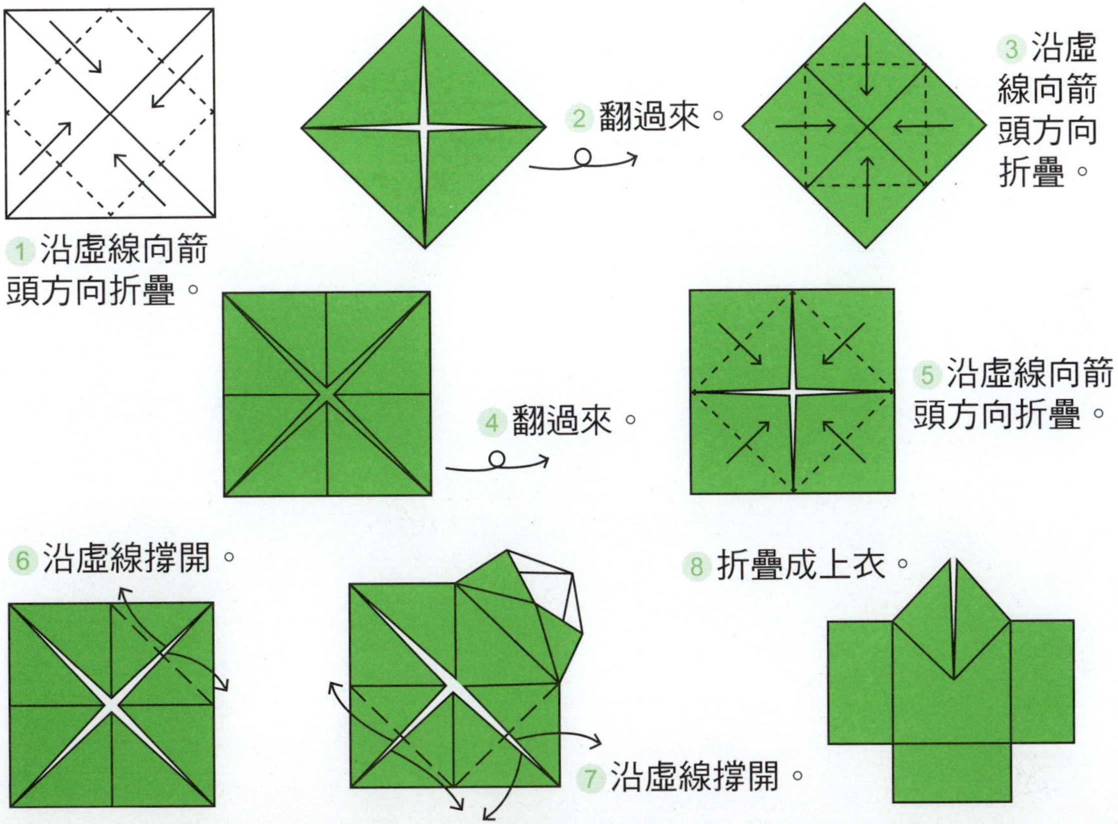
1 沿虛線向箭頭方向折疊。
2 翻過來。
3 沿虛線向箭頭方向折疊。
4 翻過來。
5 沿虛線向箭頭方向折疊。
6 沿虛線撐開。
7 沿虛線撐開。
8 折疊成上衣。

褲子

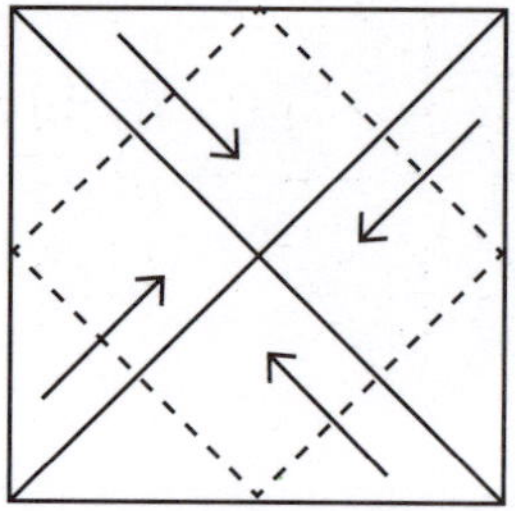

1 沿虛線向箭頭方向折疊。

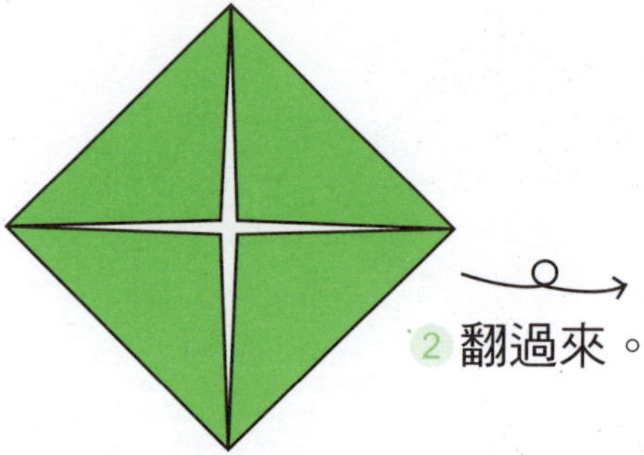

2 翻過來。

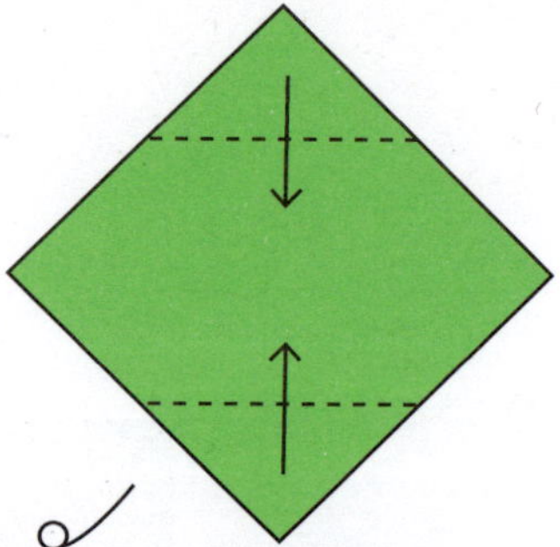

3 沿虛線向箭頭方向折疊。

翻過來。

4 沿虛線向箭頭方向折疊。

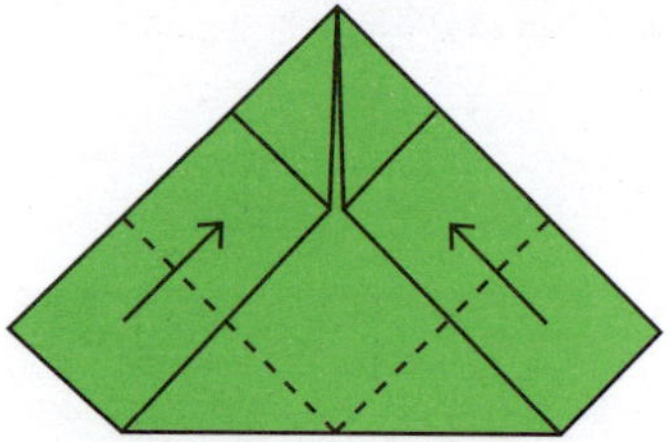

5 沿虛線向箭頭方向折疊。

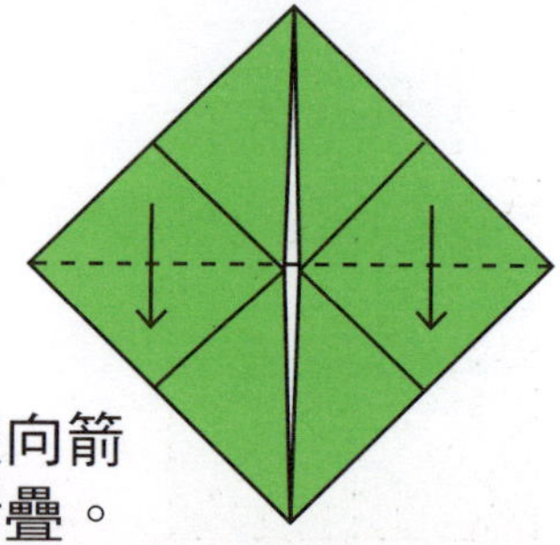

6 沿虛線向箭頭方向折疊。

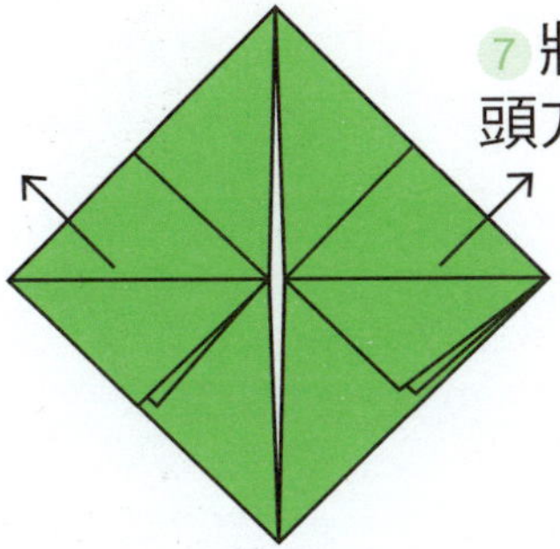

7 將裡層紙朝箭頭方向往後折。

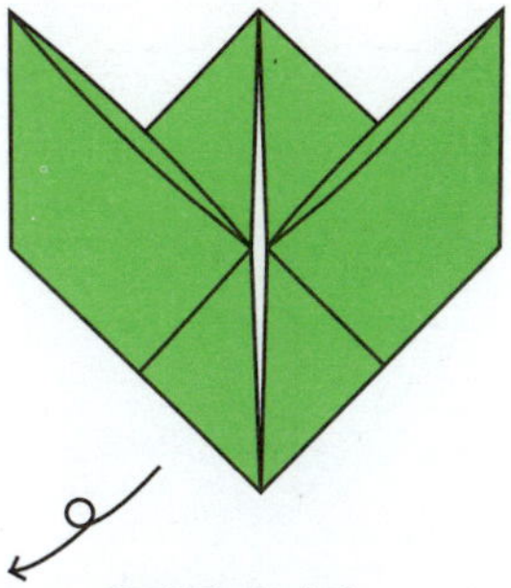

8 翻過來折。

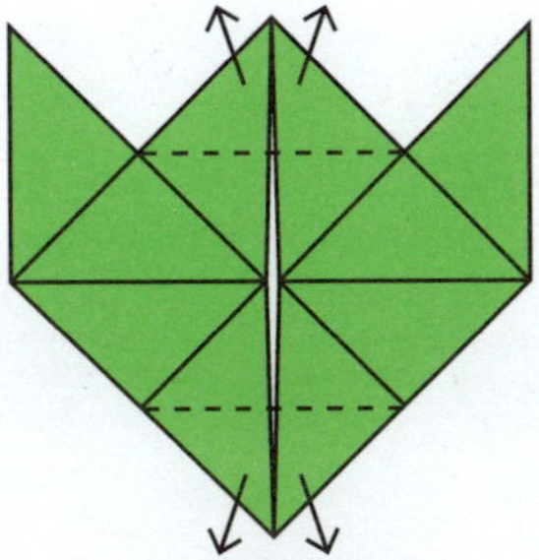

9 沿虛線向箭頭方向翻折。

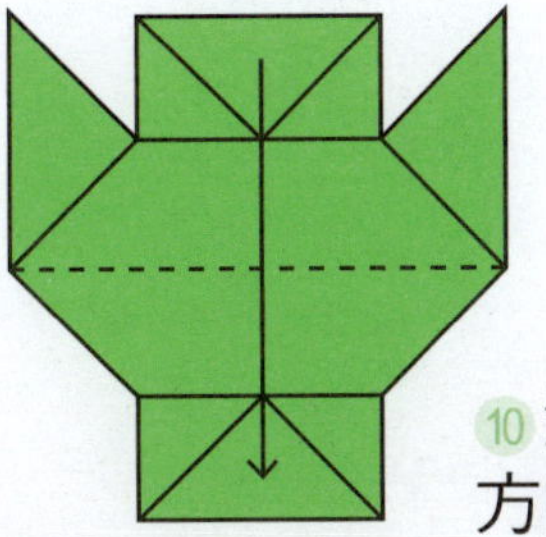

10 沿虛線向箭頭方向折疊。

11 折疊成褲子。

靴子

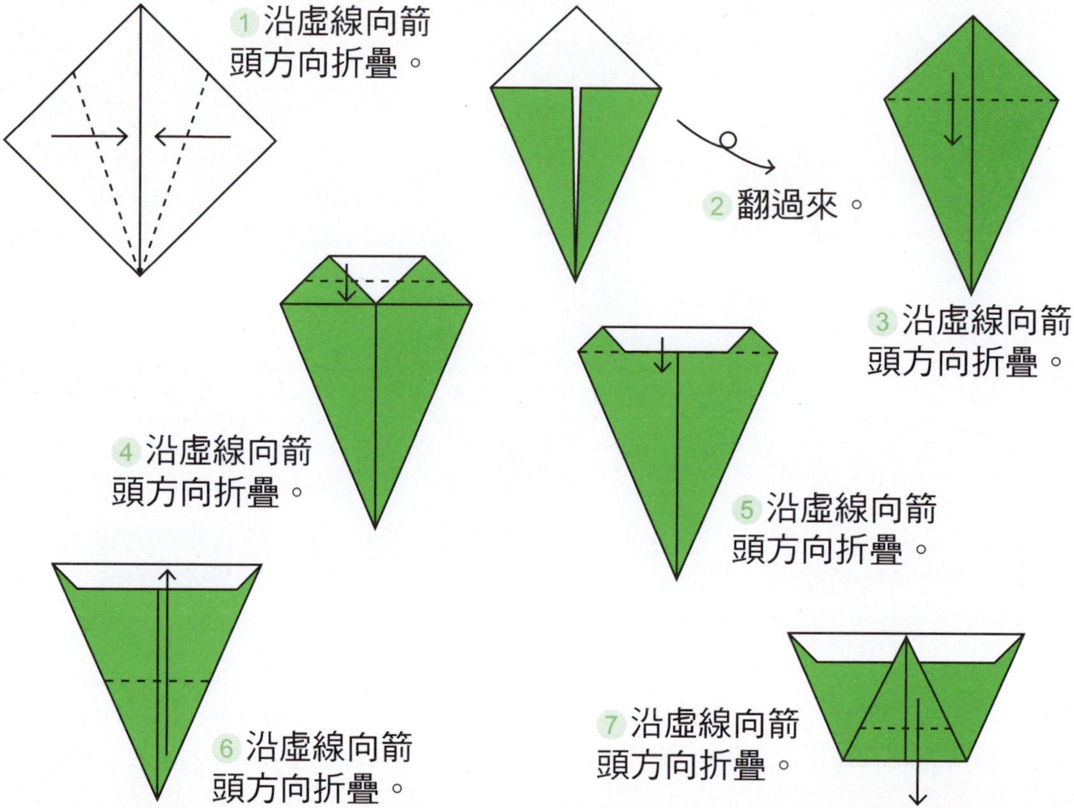

1 沿虛線向箭頭方向折疊。

2 翻過來。

3 沿虛線向箭頭方向折疊。

4 沿虛線向箭頭方向折疊。

5 沿虛線向箭頭方向折疊。

6 沿虛線向箭頭方向折疊。

7 沿虛線向箭頭方向折疊。

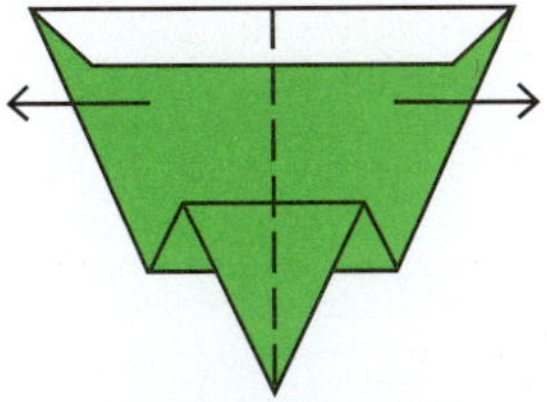

⑧沿虛線向箭頭方向折疊。

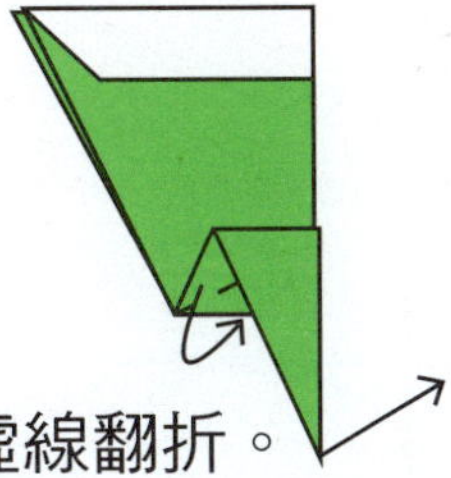

⑨沿虛線翻折。

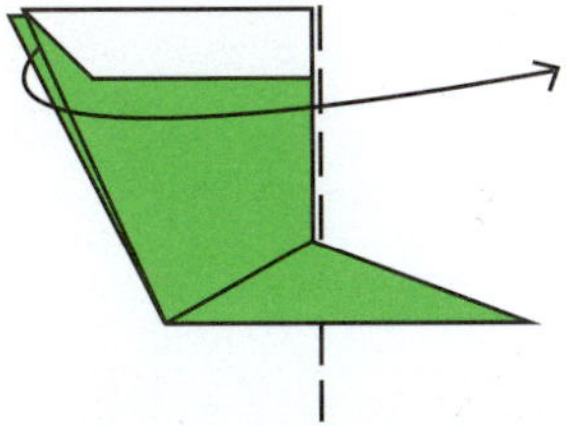

⑩沿虛線向箭頭方向折疊。

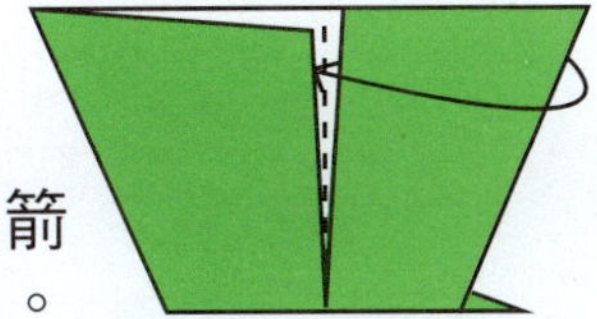

⑪沿虛線向箭頭方向折入。

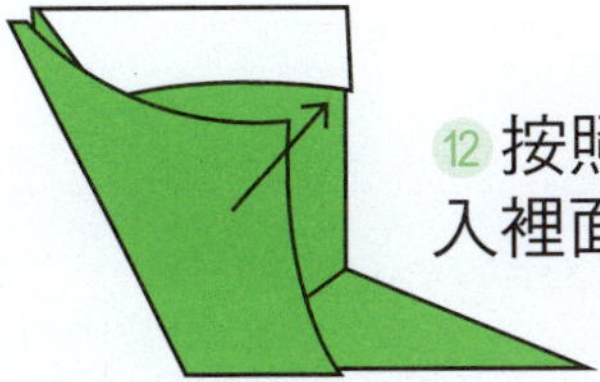

⑫按照箭頭方向折入裡面。

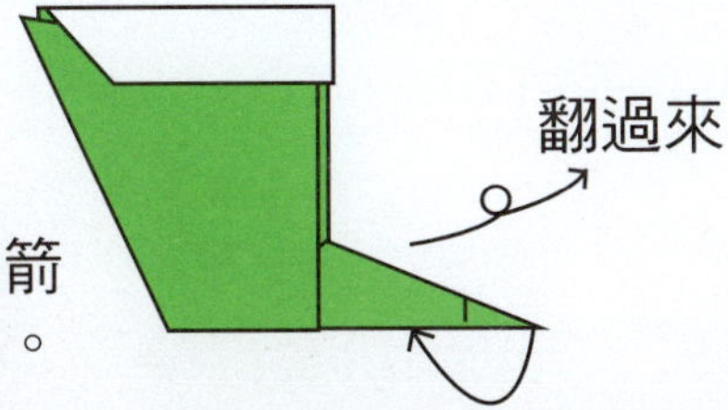

⑬沿虛線向箭頭方向折疊。

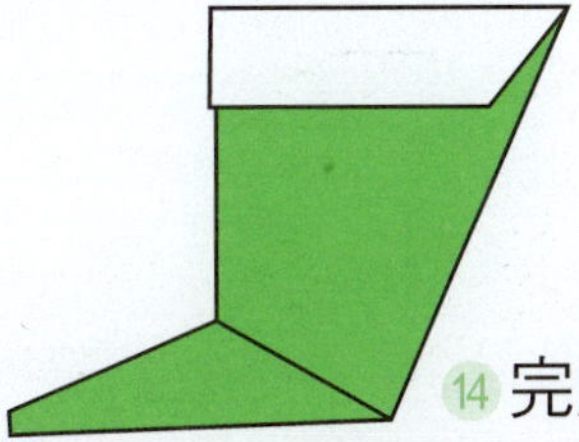

⑭完成。

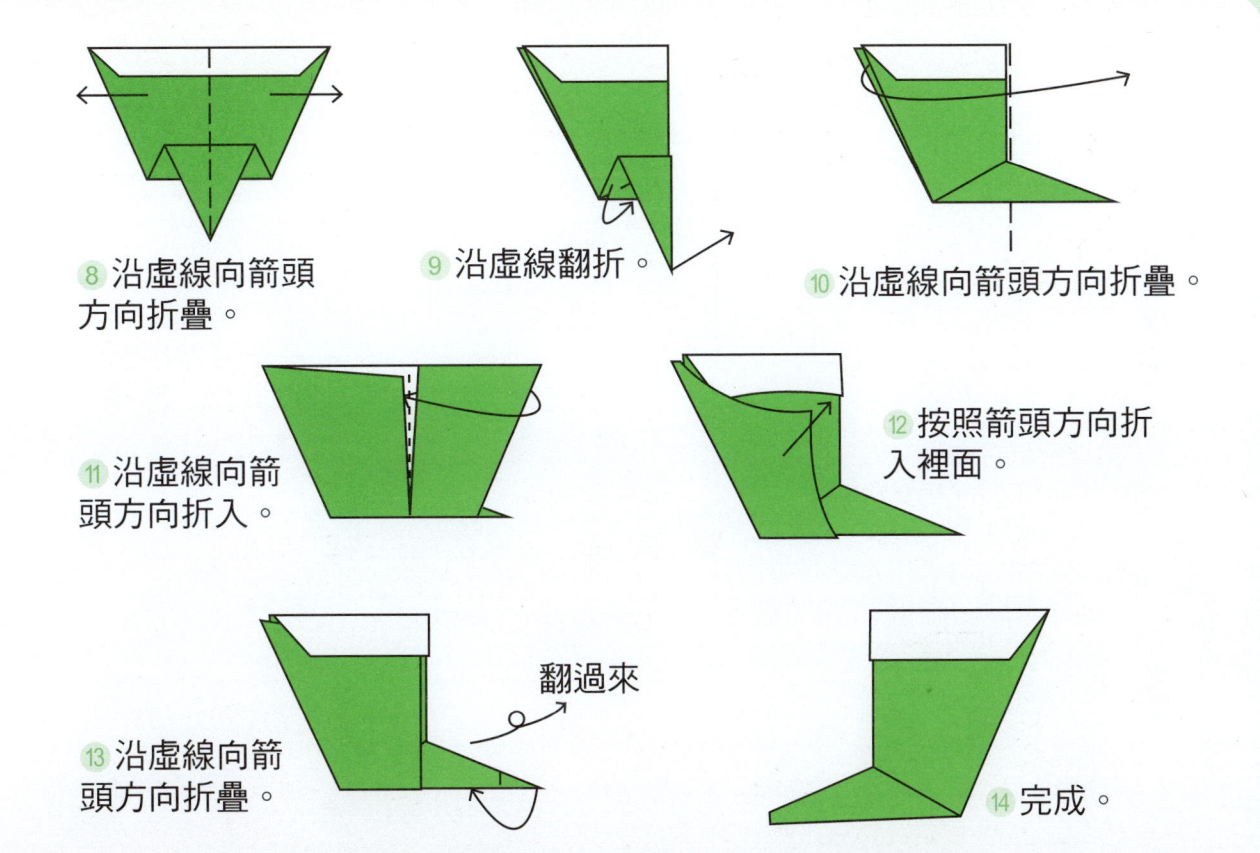

帽子

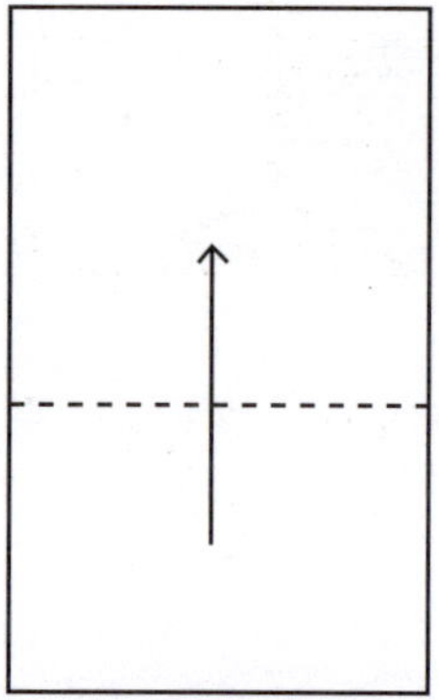

1 沿虛線向箭頭方向折疊。

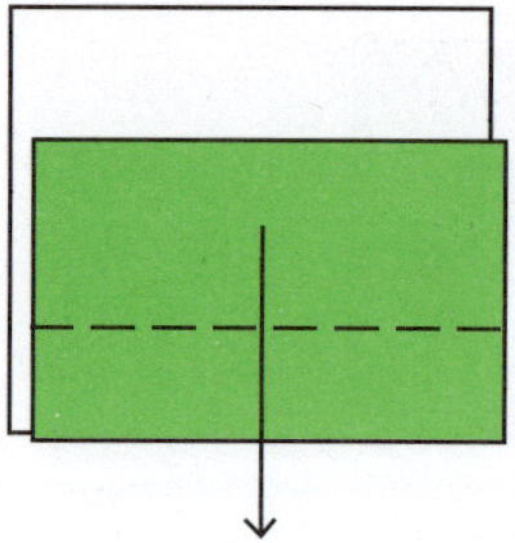

2 沿虛線向箭頭方向折疊。

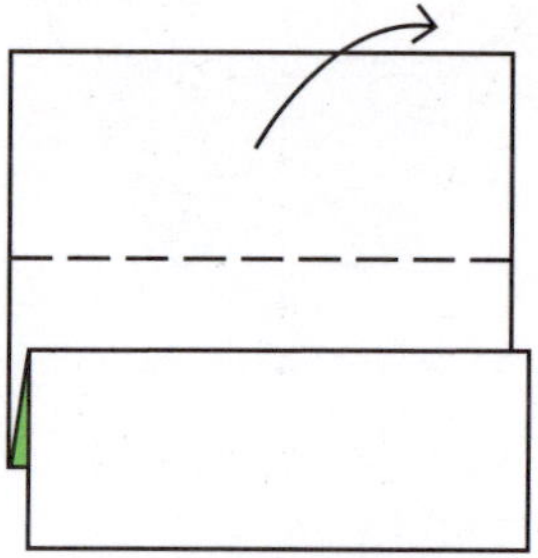

3 沿虛線向箭頭方向折疊，翻過來。

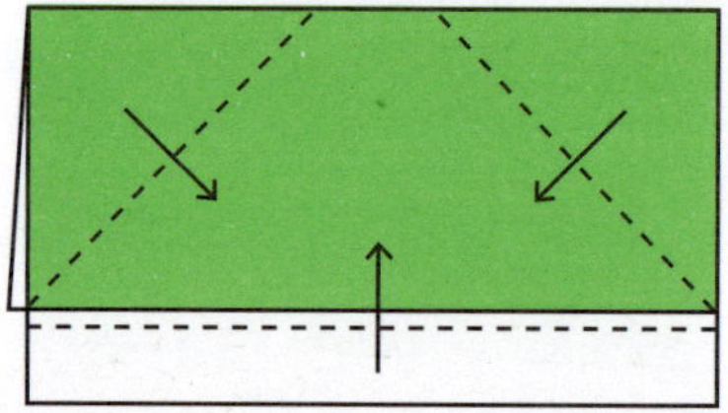

4 沿虛線向箭頭方向折疊。

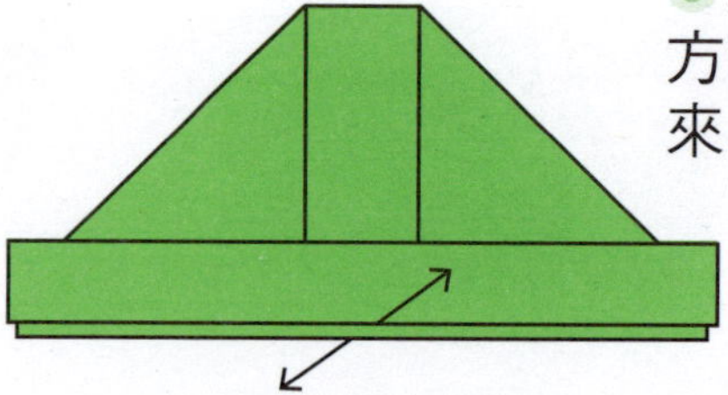

5 從開口處撐開 。

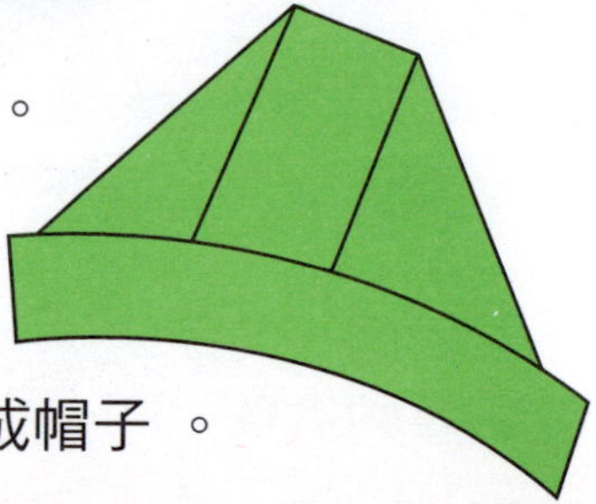

6 折疊成帽子 。

尖頂帽

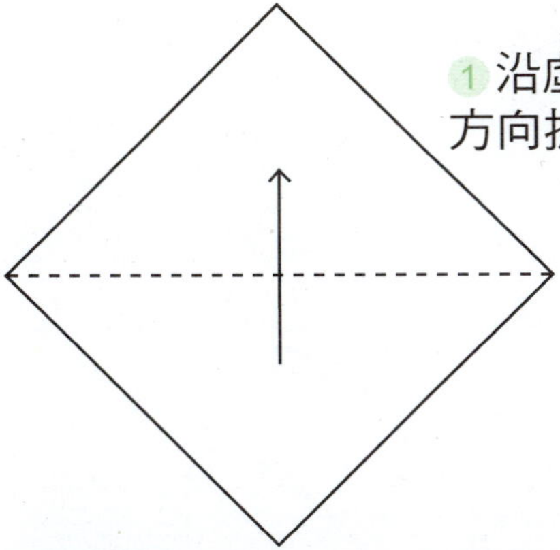

1 沿虛線向箭頭方向折疊。

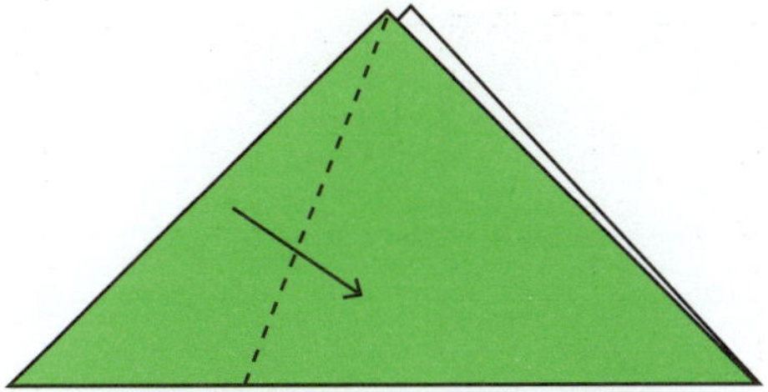

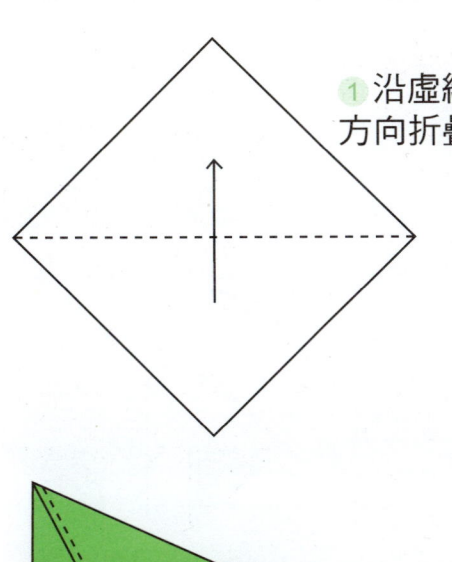

2 沿虛線向箭頭方向折疊。

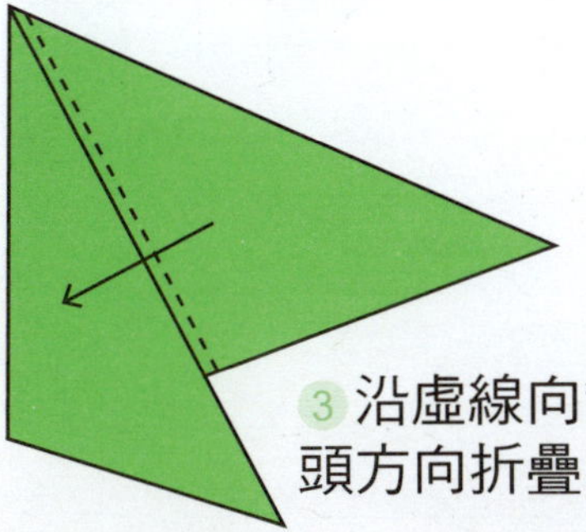

3 沿虛線向箭頭方向折疊。

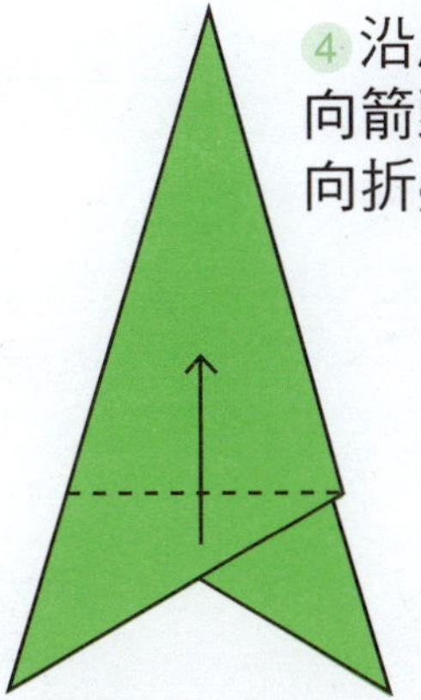

4 沿虛線向箭頭方向折疊。

5 折疊成尖頂帽。

偵探帽

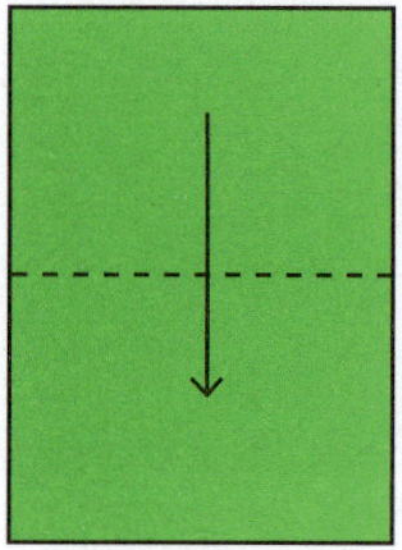

1 沿虛線對折。

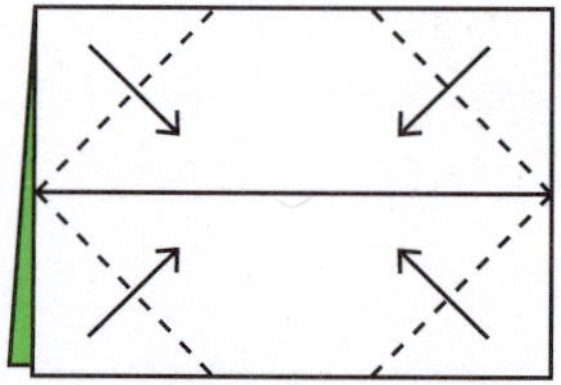

2 沿虛線向箭頭方向折疊。

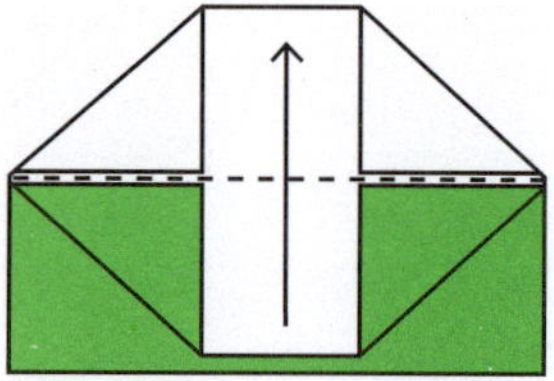

3 沿虛線向箭頭方向折疊。

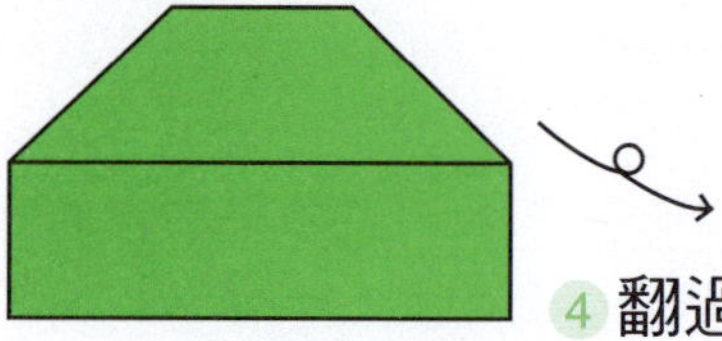

4 翻過來。

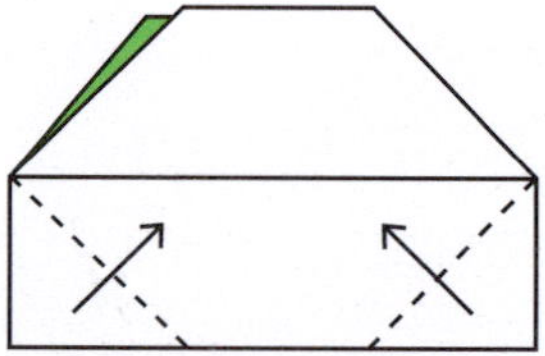

5 沿虛線向箭頭方向折疊。

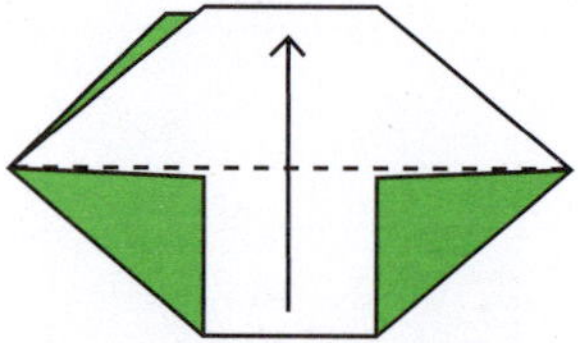

6 沿虛線向箭頭方向折疊。

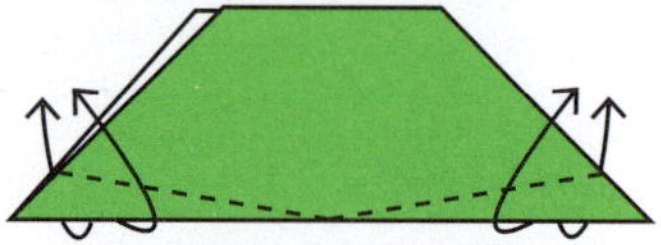

7 沿虛線向上翻折。

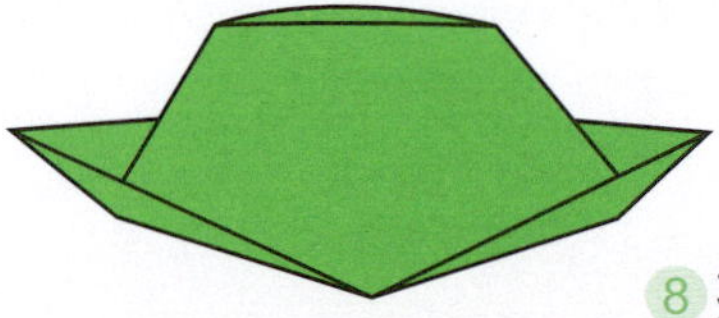

8 折疊成偵探帽。

棒球帽

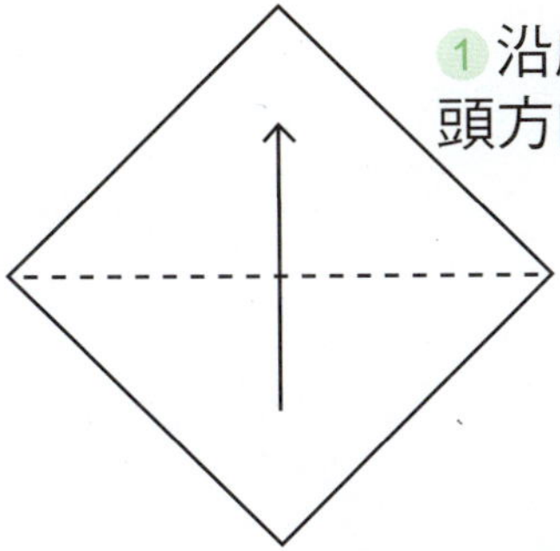

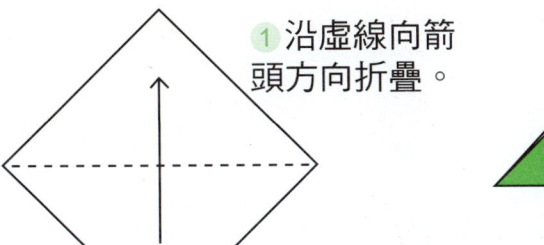

1 沿虛線向箭頭方向折疊。

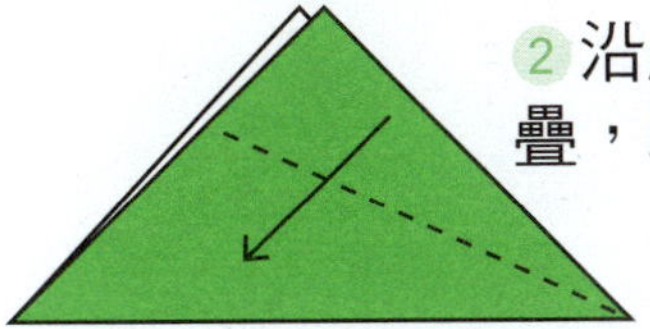

2 沿虛線向箭頭方向折疊，壓出折線後展開。

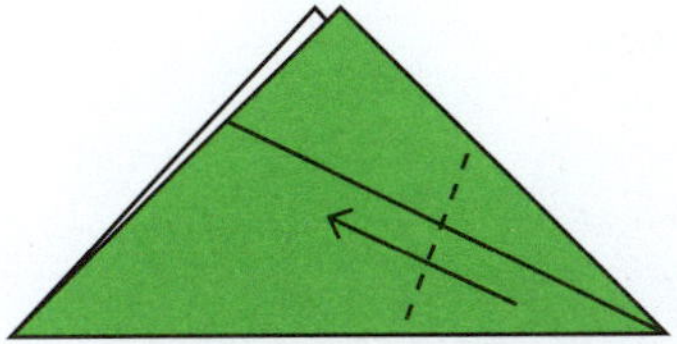

3 沿虛線向箭頭方向折疊。

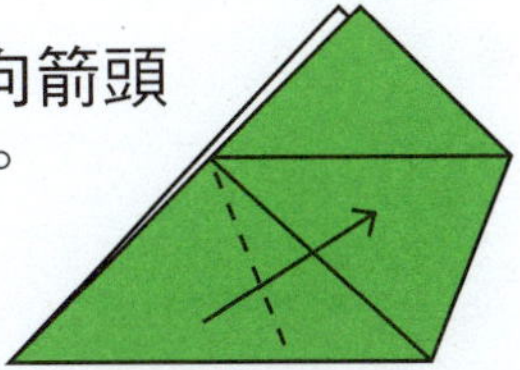

4 沿虛線向箭頭方向折疊。

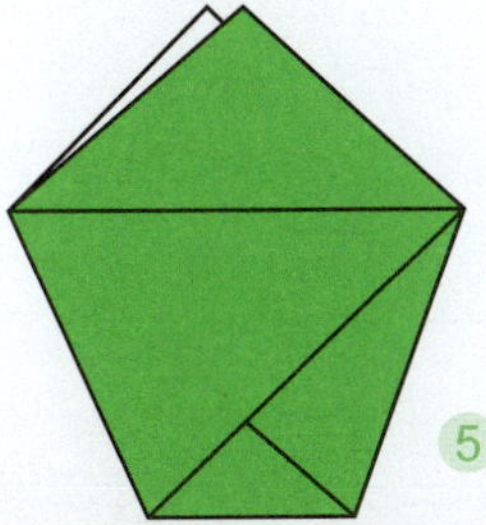

5 上下旋轉。

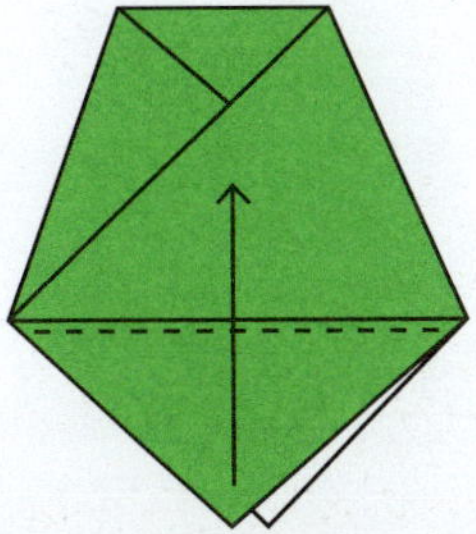

6 沿虛線向箭頭方向折疊。

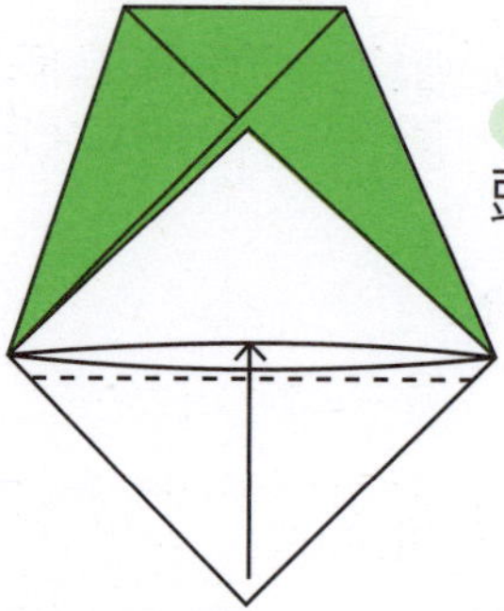

7 沿虛線向箭頭方向折入。

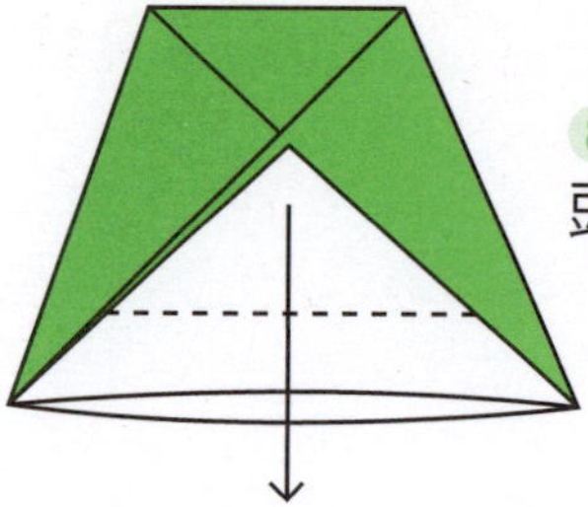

8 沿虛線向箭頭方向折疊。

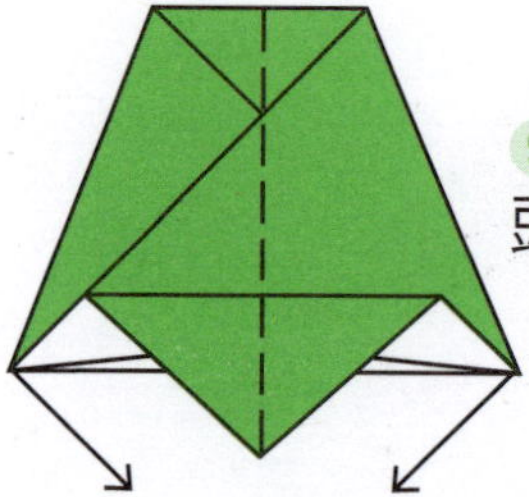

9 沿虛線向箭頭方向折疊。

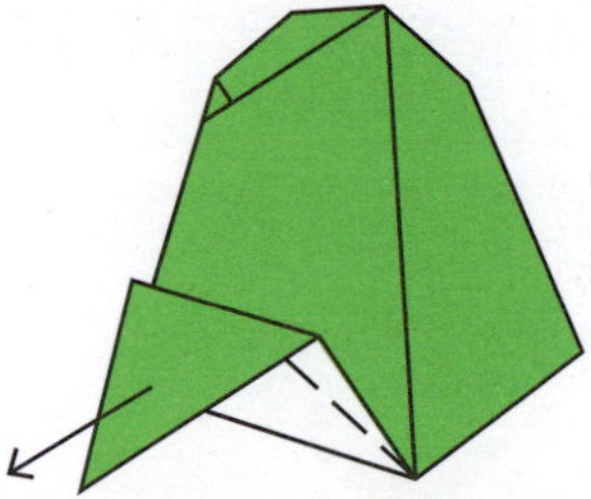

10 沿虛線向箭頭方向折疊。

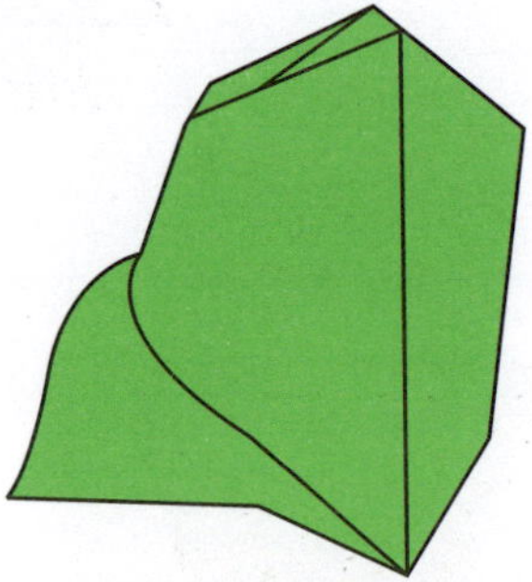

11 折疊成棒球帽。

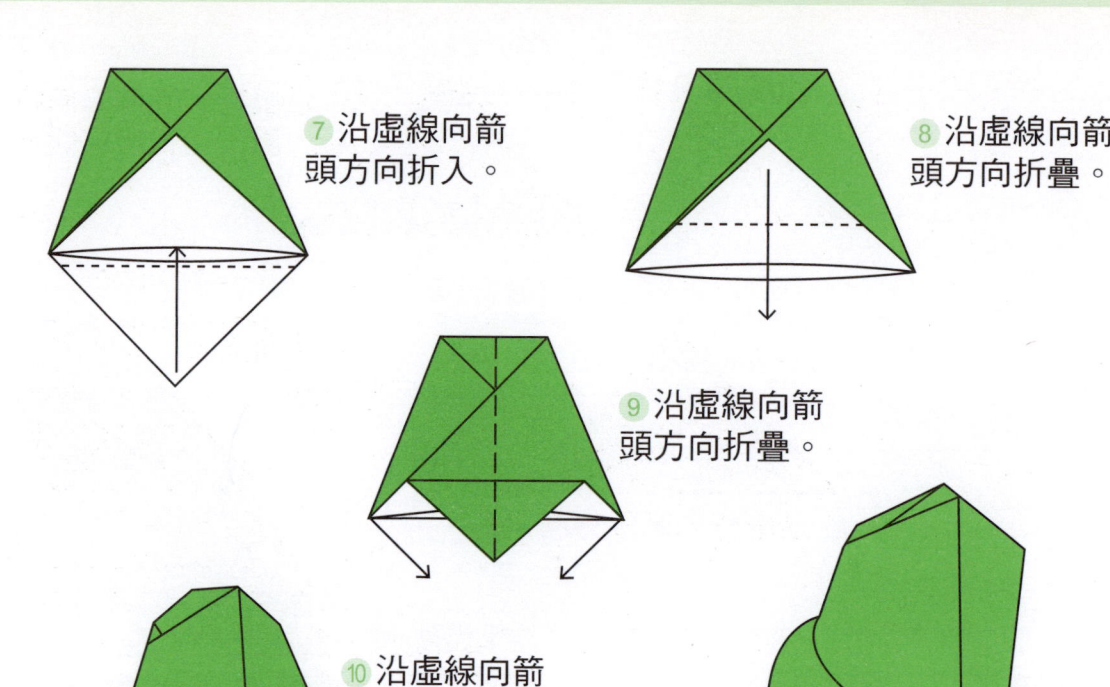

方形帽

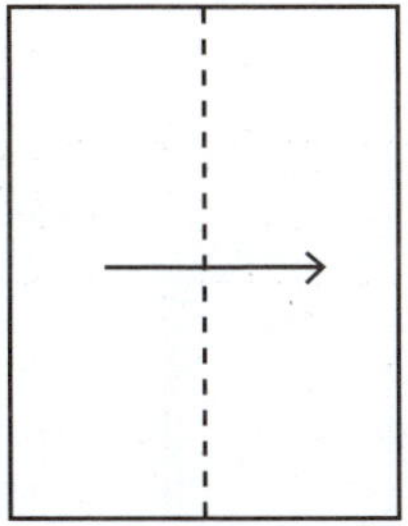

1 沿虛線向箭頭方向折疊。

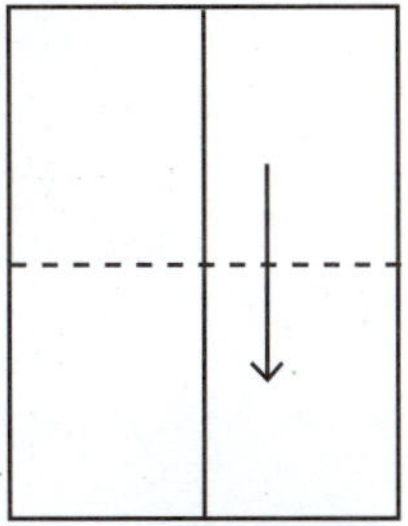

2 沿虛線向箭頭方向折疊。

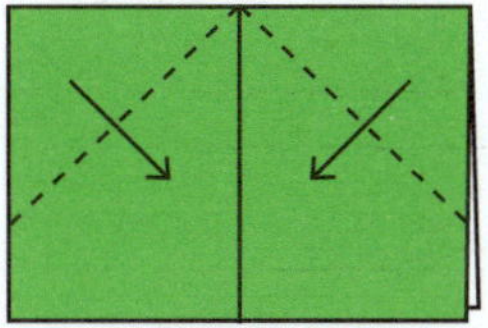

3 沿虛線向箭頭方向折疊。

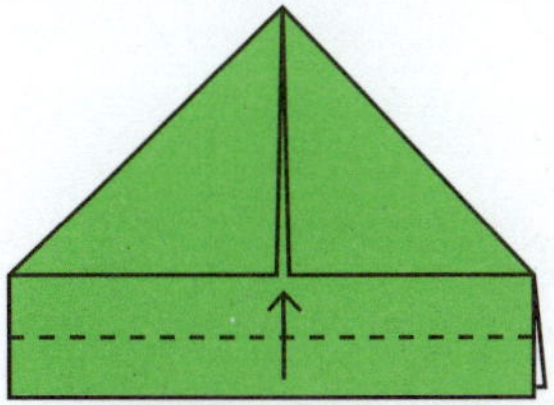

4 沿虛線向箭頭方向折疊。

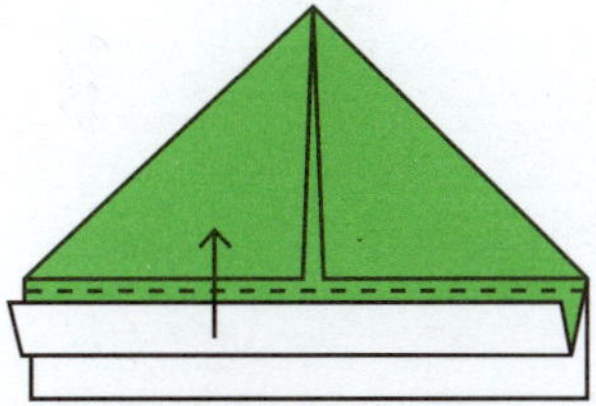

5 沿虛線向箭頭方向折疊。

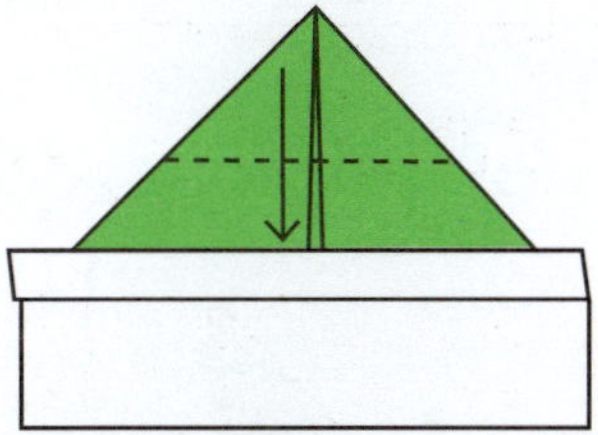

6 沿虛線向箭頭方向折疊。

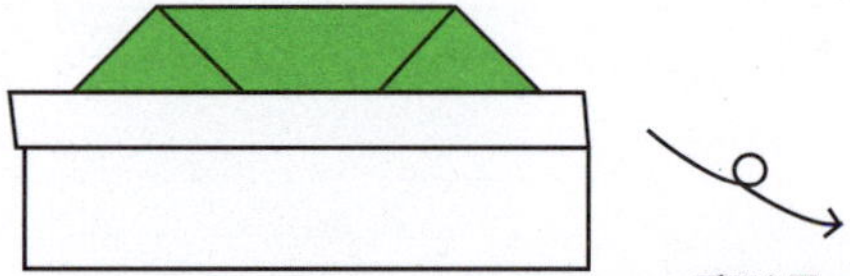

7 翻過來。

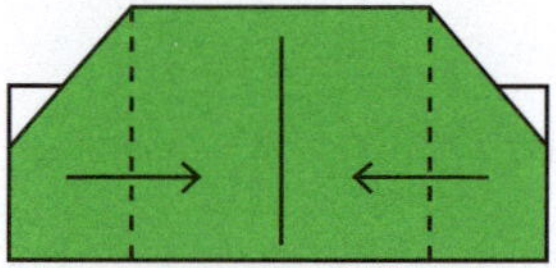

8 沿虛線向箭頭方向折疊。

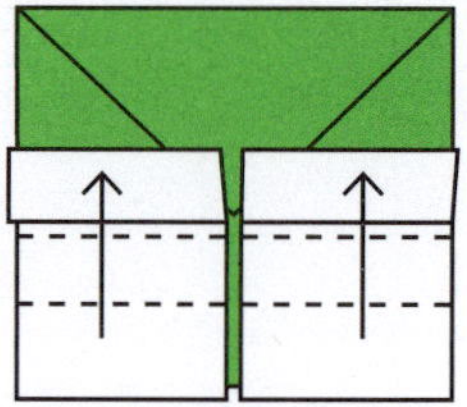

9 沿虛線向箭頭方向折疊。

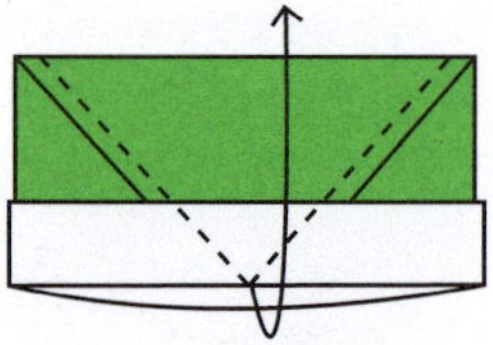

10 拉開後壓折

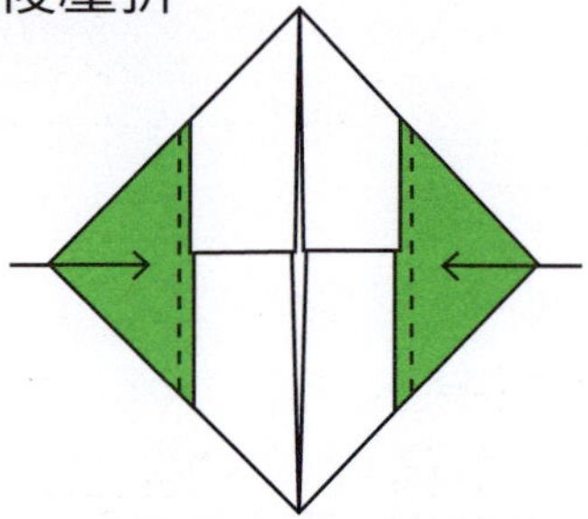

11 沿虛線向裡折疊。

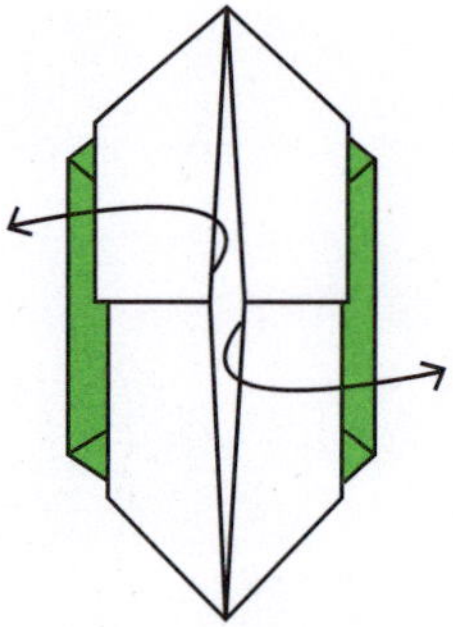

12 撐開。

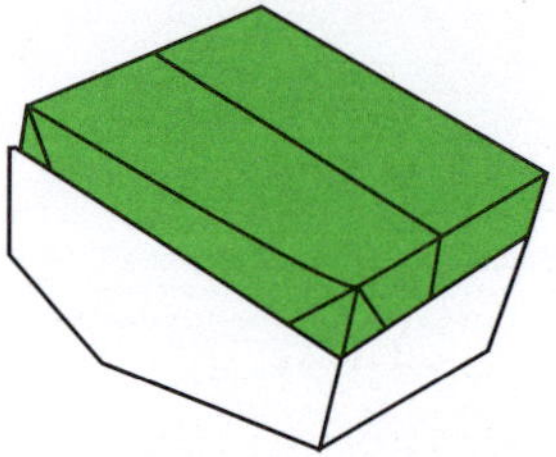

13 折疊成方形帽。

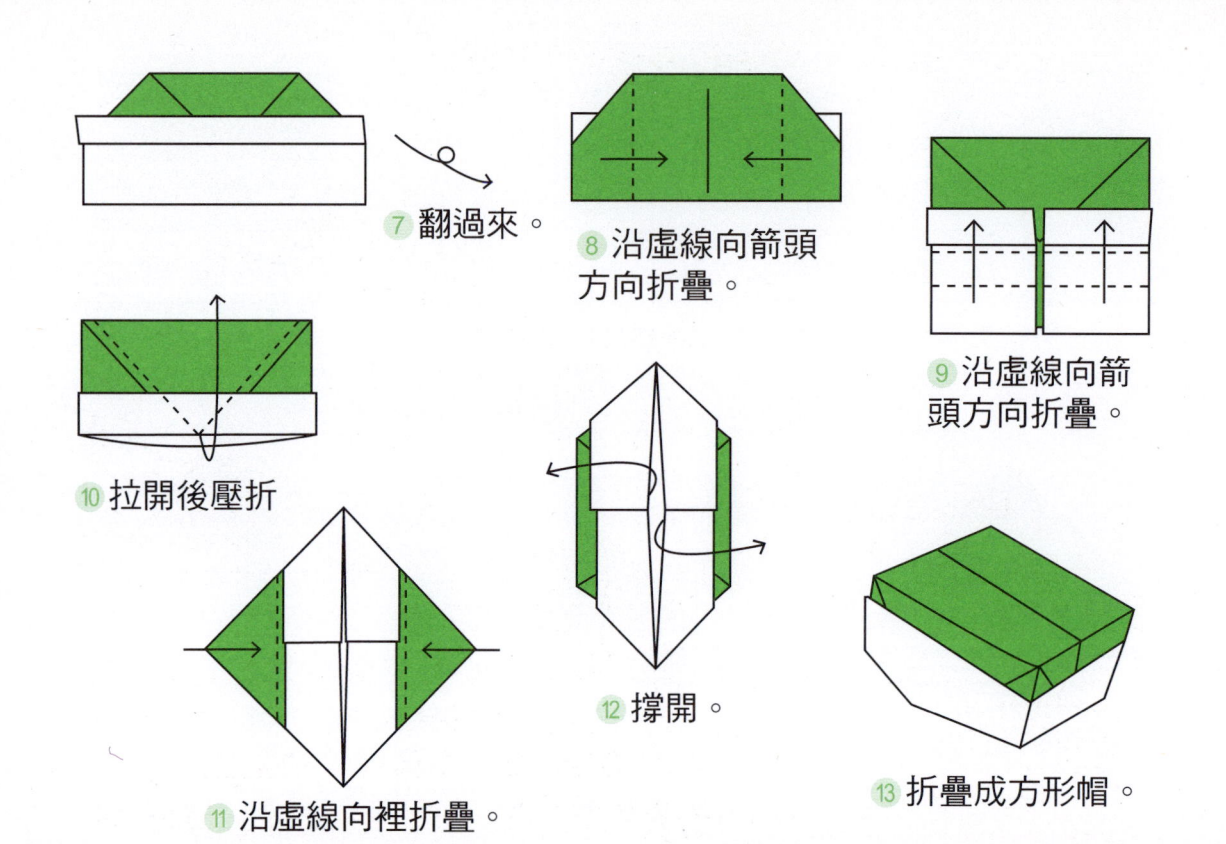

騎士帽

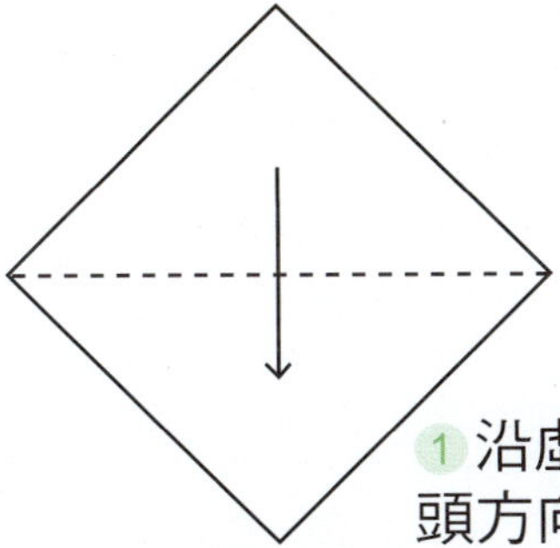

1 沿虛線向箭頭方向折疊。

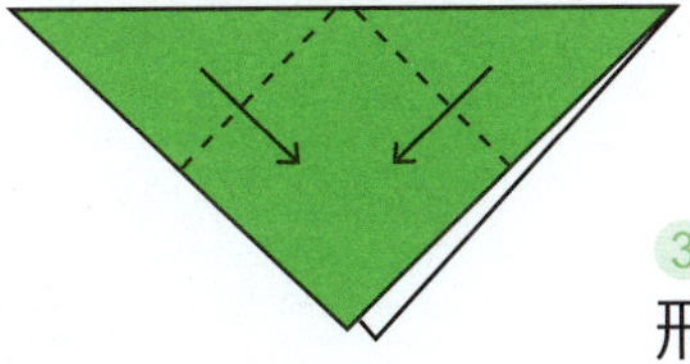

2 沿虛線向箭頭方向折疊。

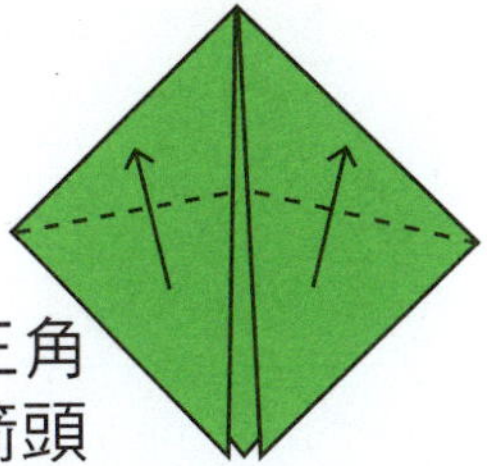

3 將前面的三角形沿虛線朝箭頭方向折疊。

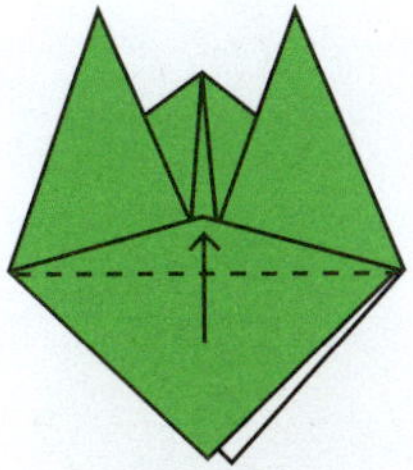

4 將前面的三角形沿虛線朝箭頭方向折疊。

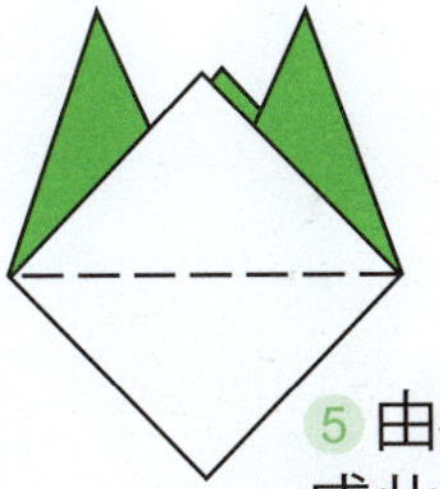

5 由圖 4 折成此狀。

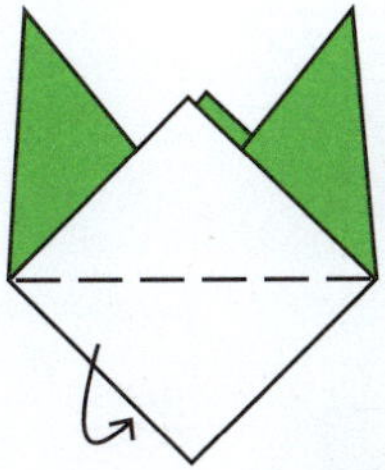

6 沿虛線向箭頭方向折疊，翻過來。

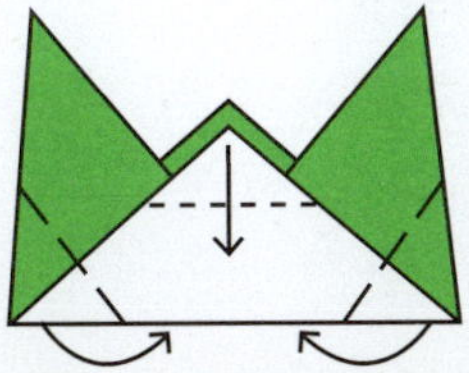

7 沿虛線向箭頭方向折疊，兩角向內折進。

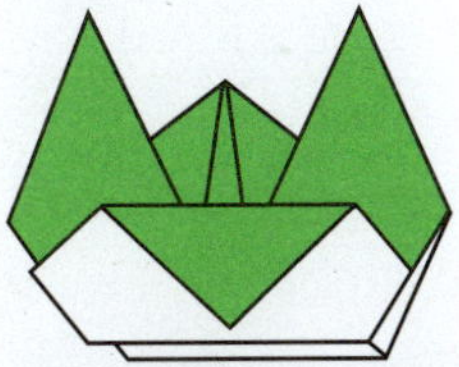

8. 折疊成騎士帽。

巫師帽

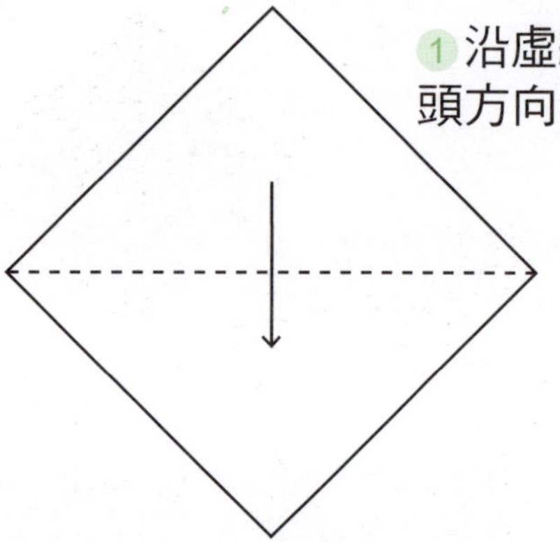

1 沿虛線向箭頭方向折疊。

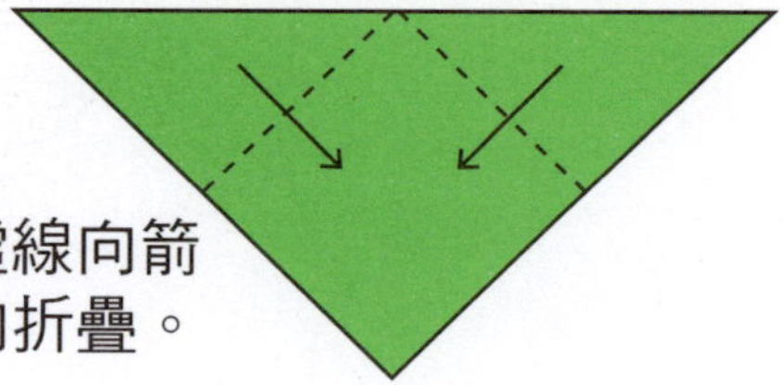

2 沿虛線向箭頭方向折疊。

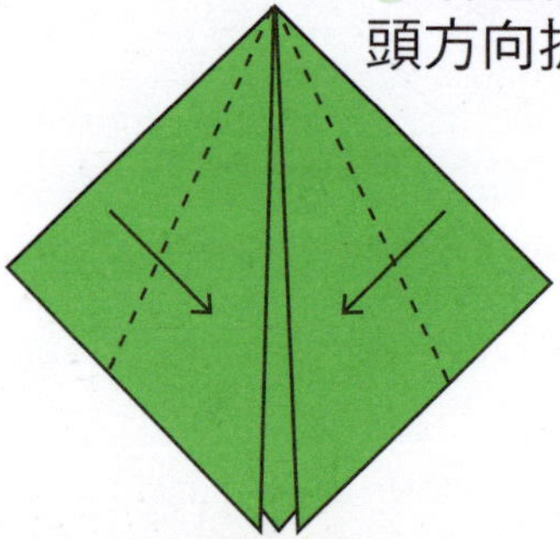

3 沿虛線向箭頭方向折疊。

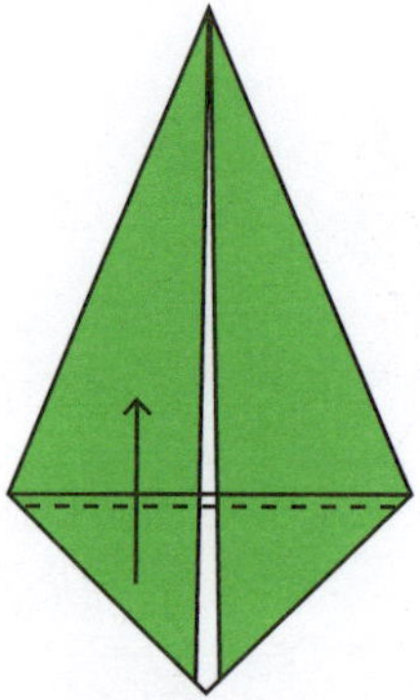

4 將前面的三角形沿虛線向箭頭方向折疊。

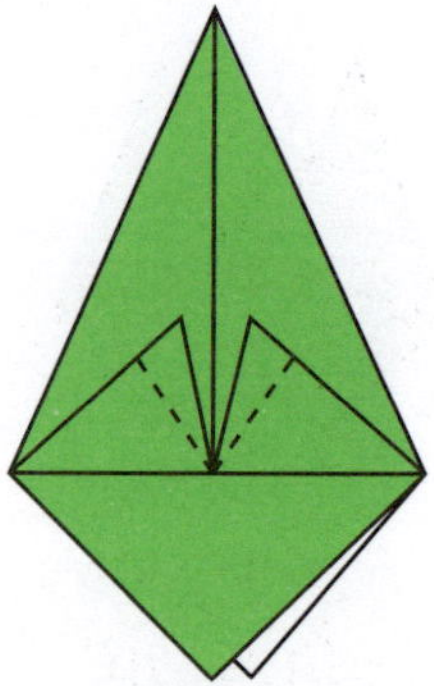

5 將前面的三角形沿虛線折疊。

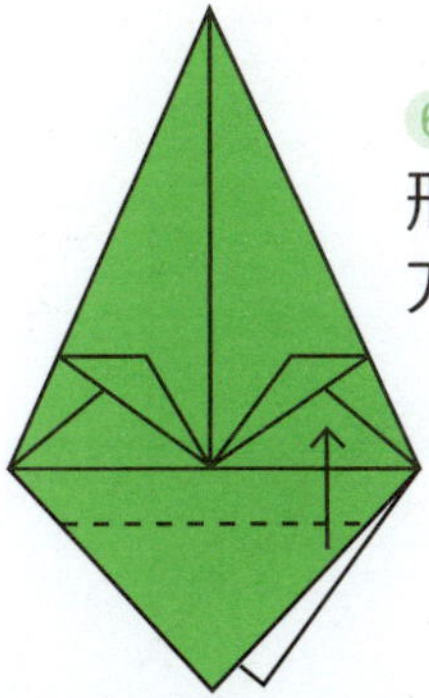

⑥將前面的三角形沿虛線向箭頭方向折疊。

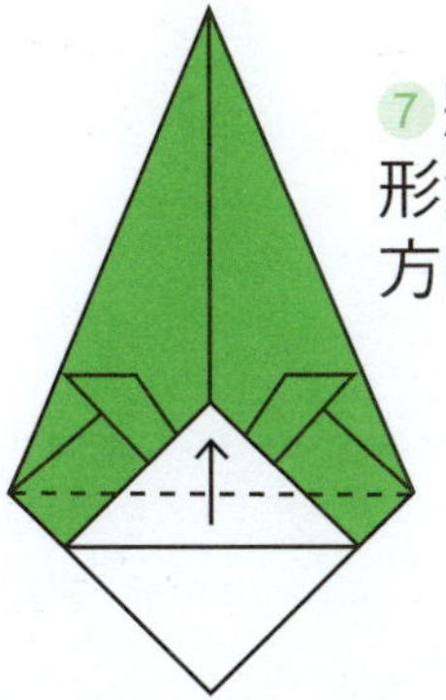

⑦將前面的三角形沿虛線向箭頭方向折疊。

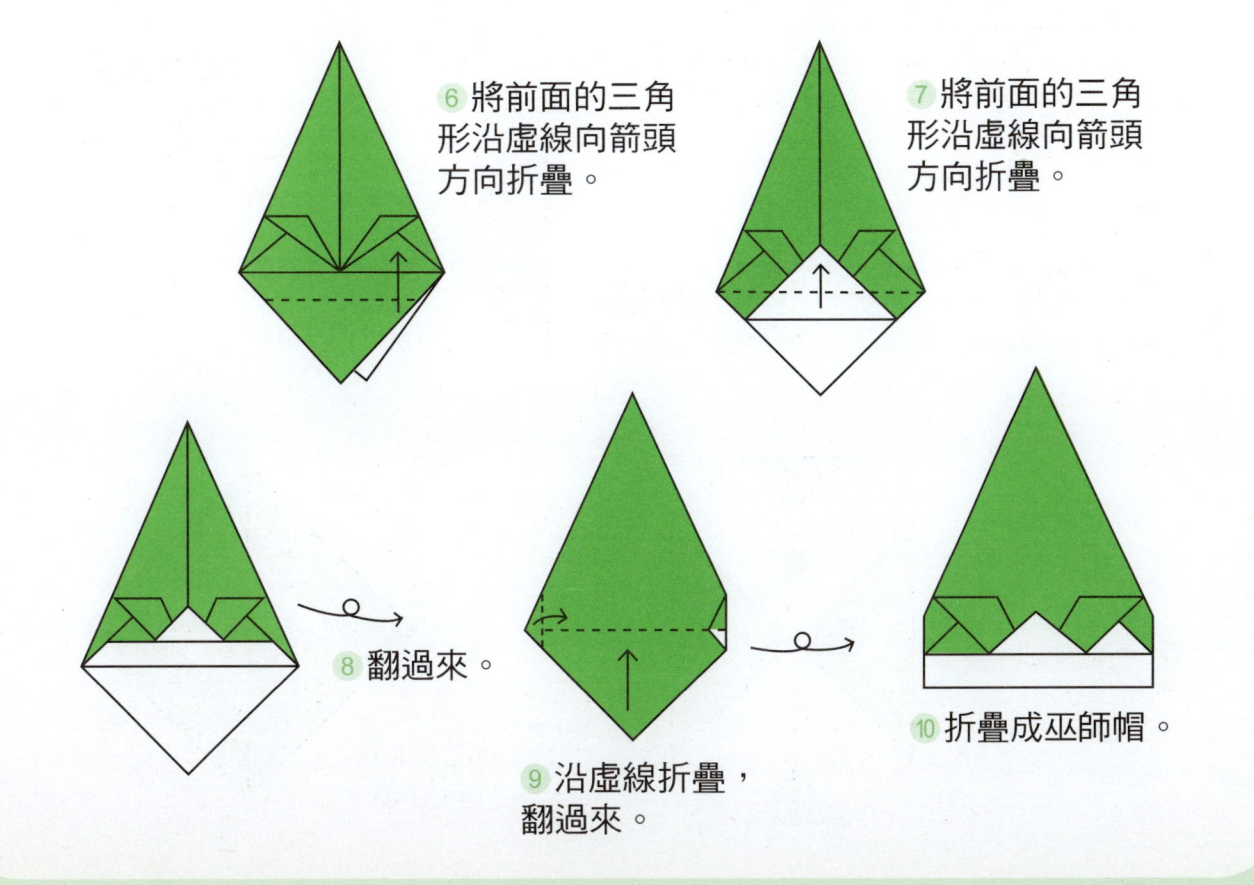

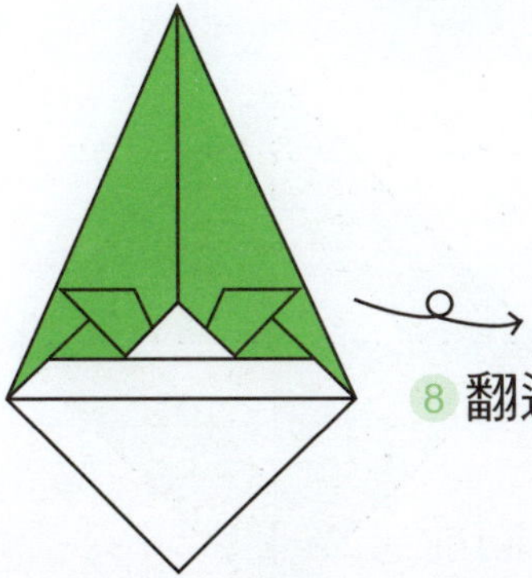

⑧翻過來。

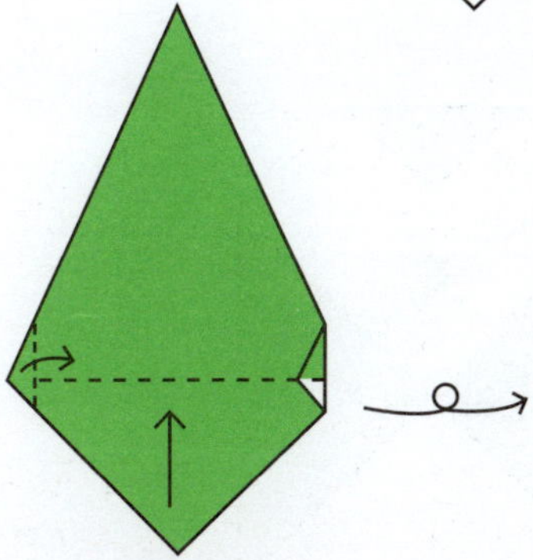

⑨沿虛線折疊，翻過來。

⑩折疊成巫師帽。

皇冠

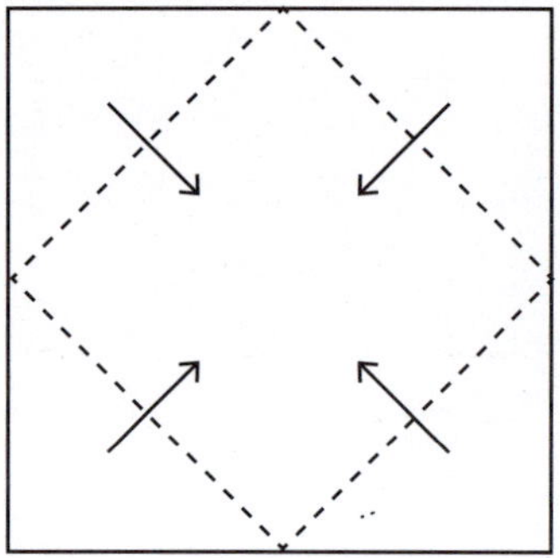

1 沿虛線向箭頭方向折疊。

2 打開相對的兩個角，沿虛線朝箭頭方向折疊。

3 沿虛線向箭頭方向折疊。

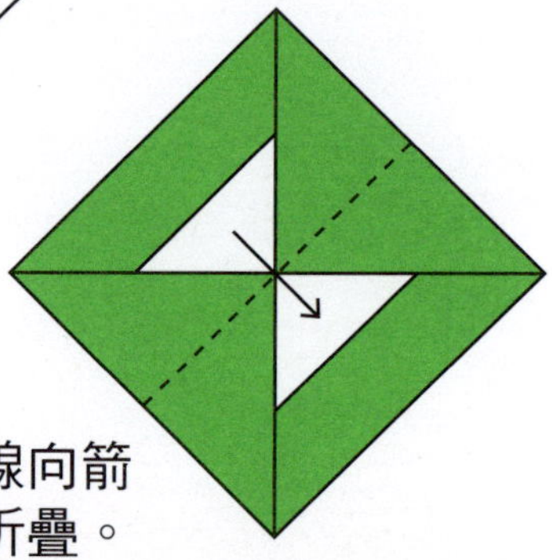

4 沿虛線向箭頭方向折疊。

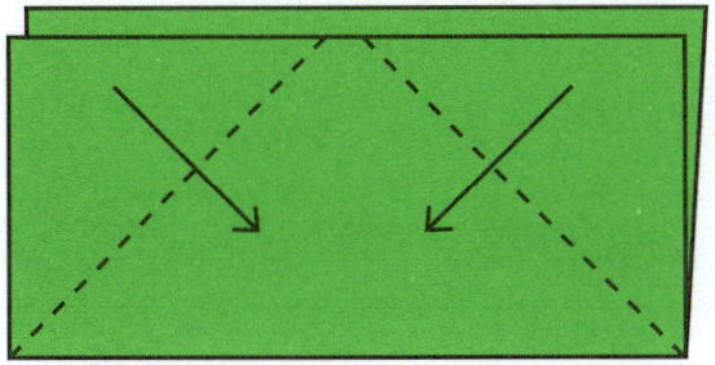

5 沿虛線向箭頭方向折疊。

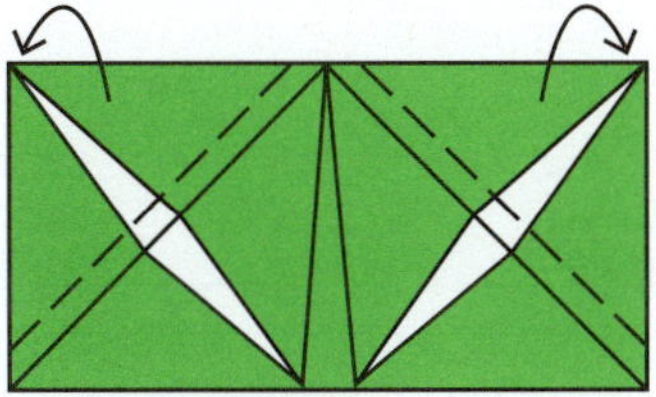

6 背面相同。

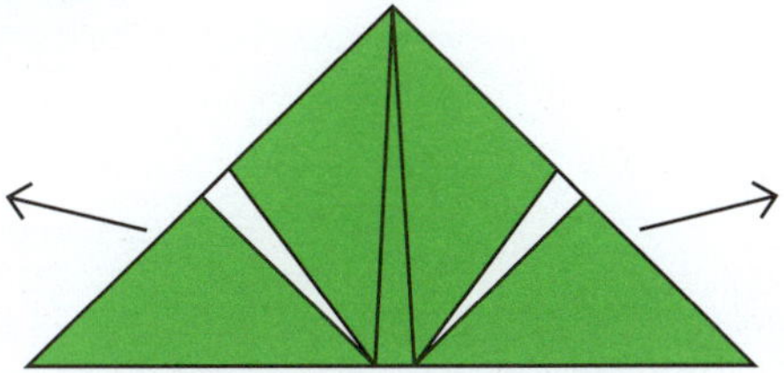

7 按圖示向兩邊拉折。

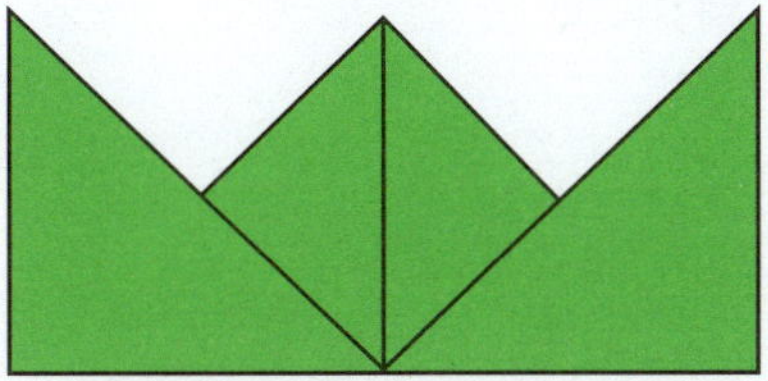

8 折疊成皇冠。

9 用紙剪些小圓點貼在上面就更像皇冠了。

小轎車

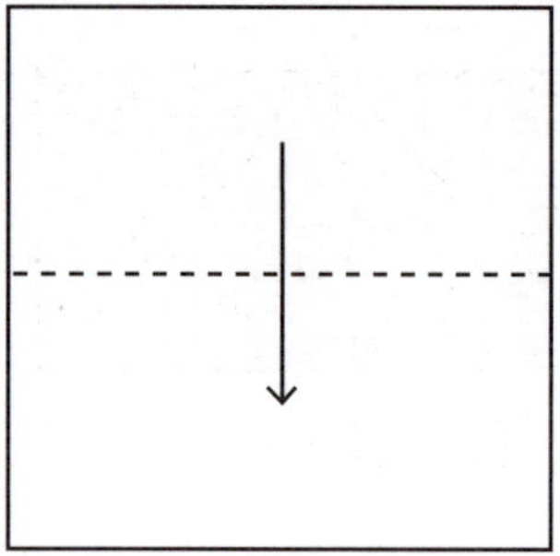

1 沿虛線朝箭頭方向折疊。

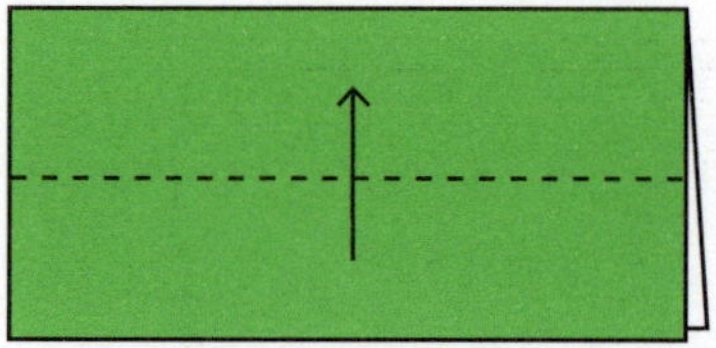

2 沿虛線朝箭頭方向折疊。

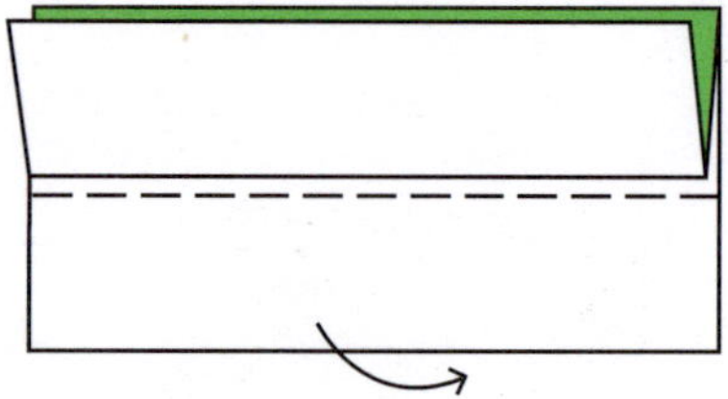

3 沿虛線向後折。

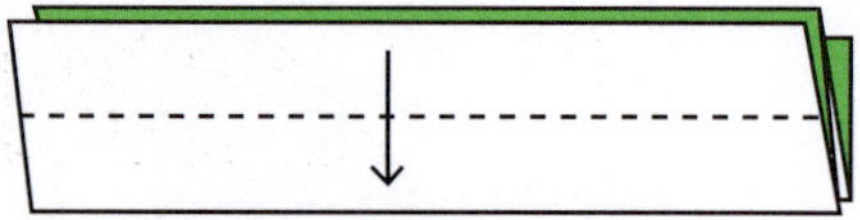

4 沿虛線朝箭頭方向折疊，背面相同。

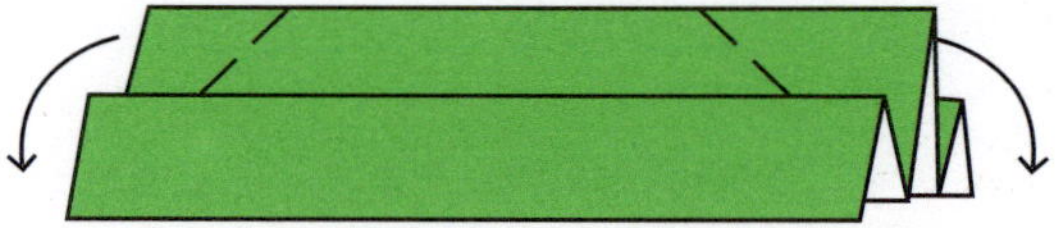

5 沿虛線向裡翻折。

6 沿虛線向裡翻折。

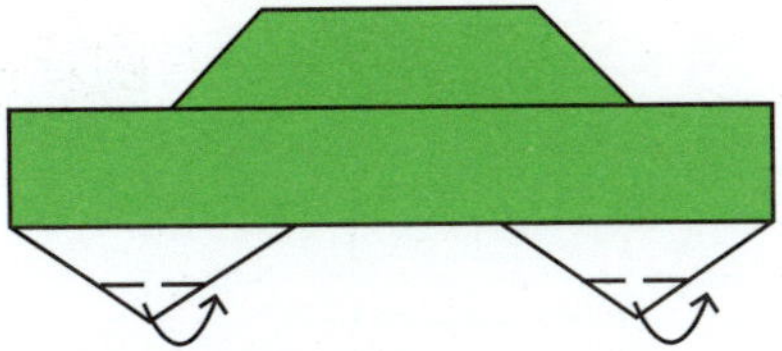

7 沿虛線向內折。

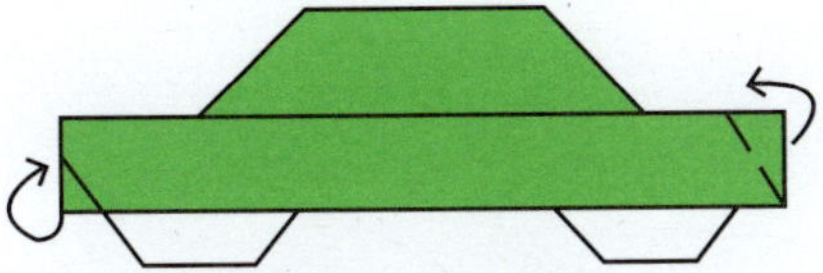

8 沿虛線向內翻折。

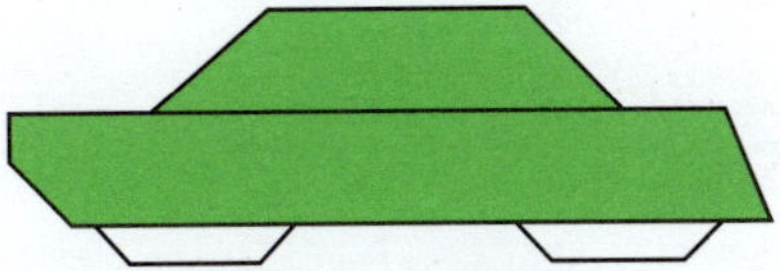

9 折疊成小轎車。

10 畫上車門就更像小轎車了。

巴士

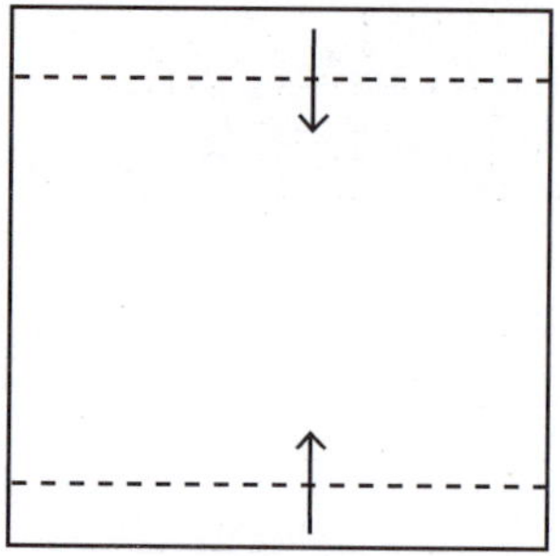

1 做出折線之後，沿虛線朝箭頭方向折疊。

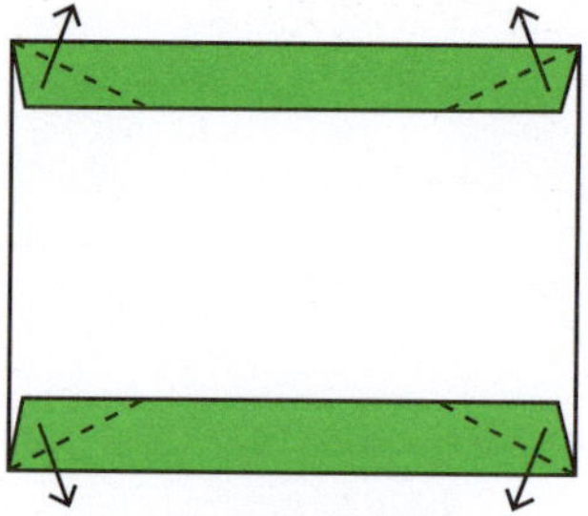

2 沿虛線朝箭頭方向折疊。

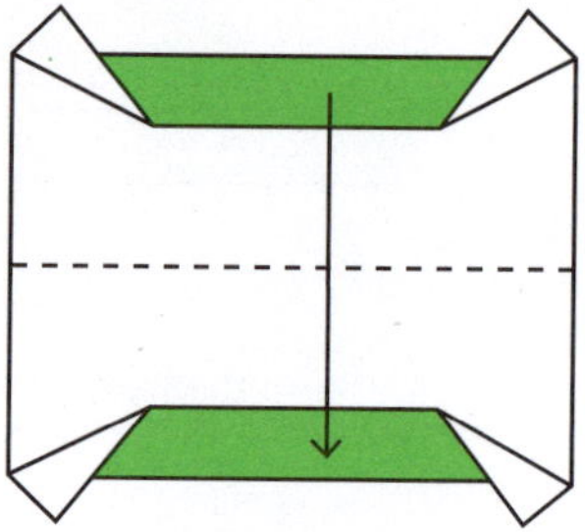

3 沿虛線對折。

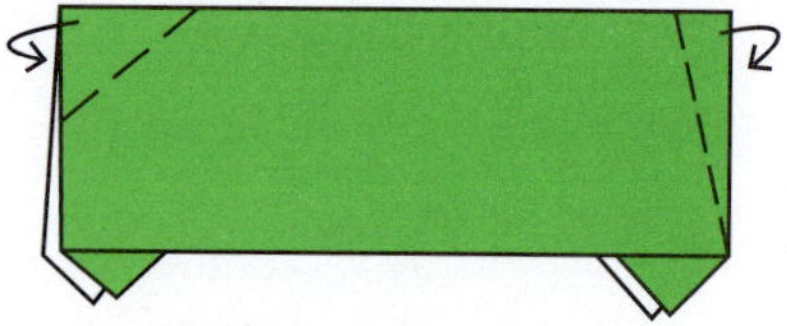

4 左右依照箭頭方向往內壓折。

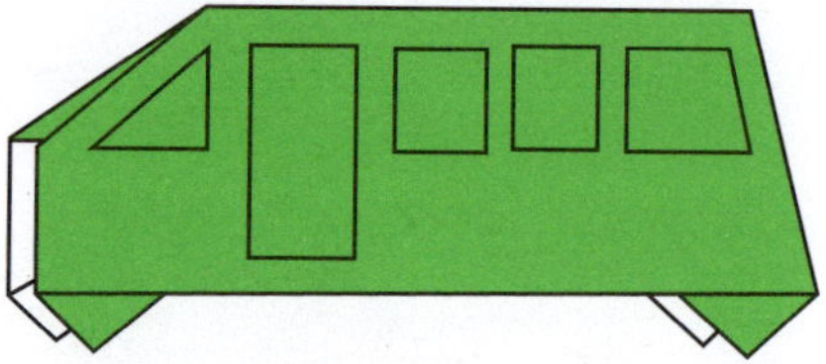

5 用白色的紙剪成門、窗等形狀，黏上，完成。

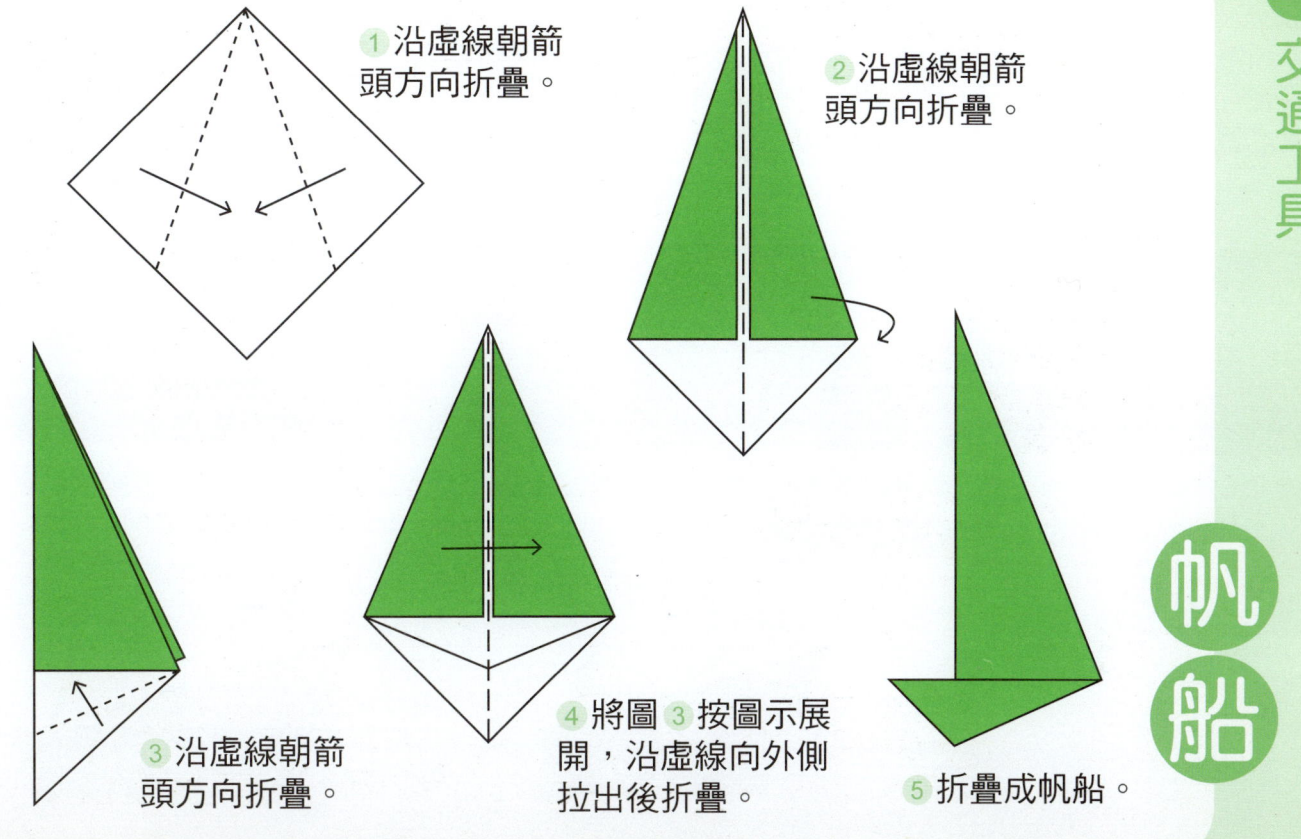

帆船

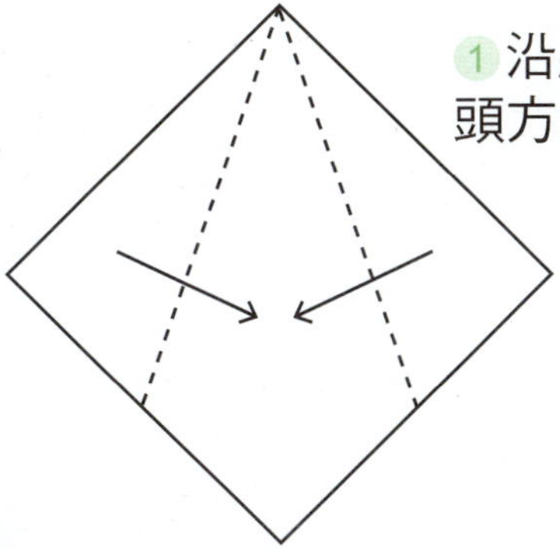

1 沿虛線朝箭頭方向折疊。

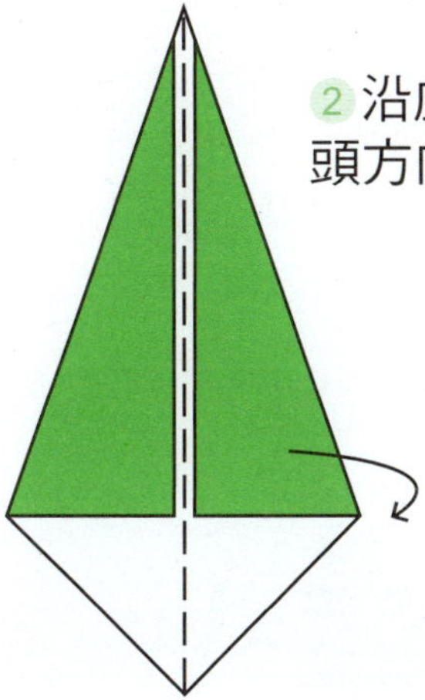

2 沿虛線朝箭頭方向折疊。

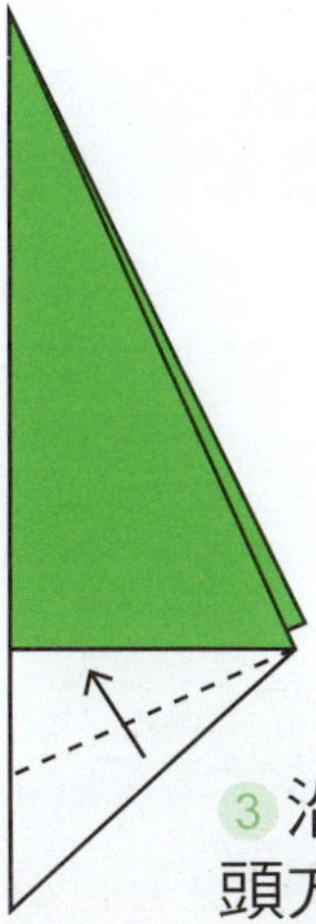

3 沿虛線朝箭頭方向折疊。

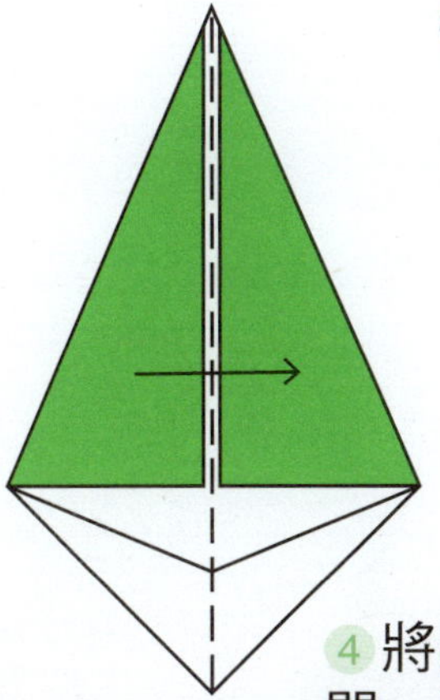

4 將圖 3 按圖示展開，沿虛線向外側拉出後折疊。

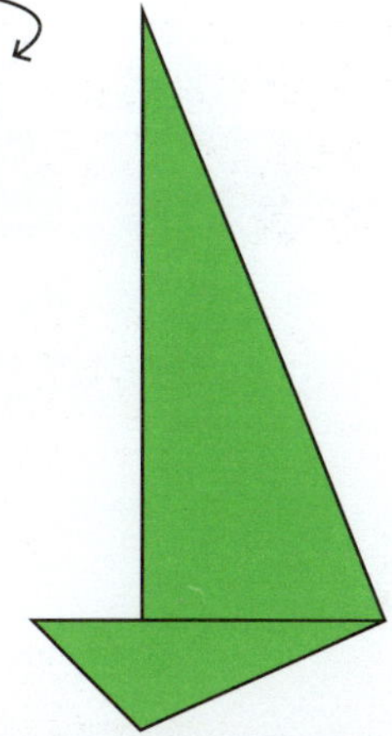

5 折疊成帆船。

輪船

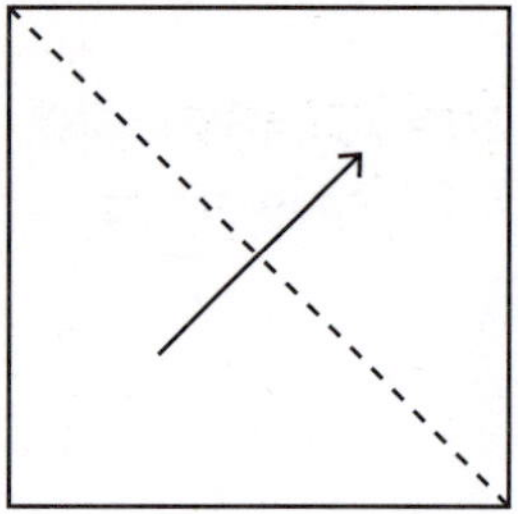

①沿虛線朝箭頭方向對折。

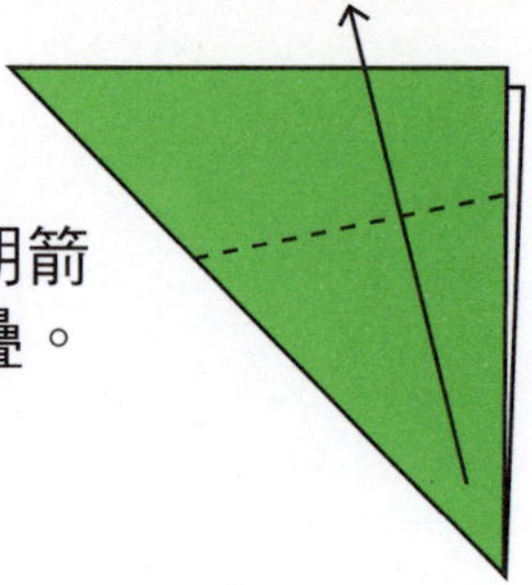

②沿虛線朝箭頭方向折疊。

③折好成此狀。

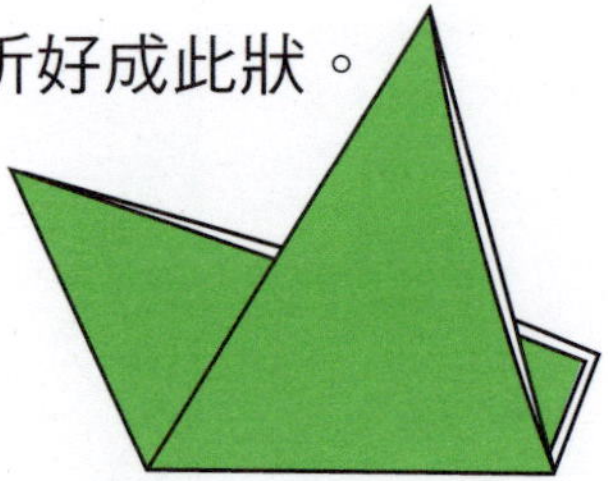

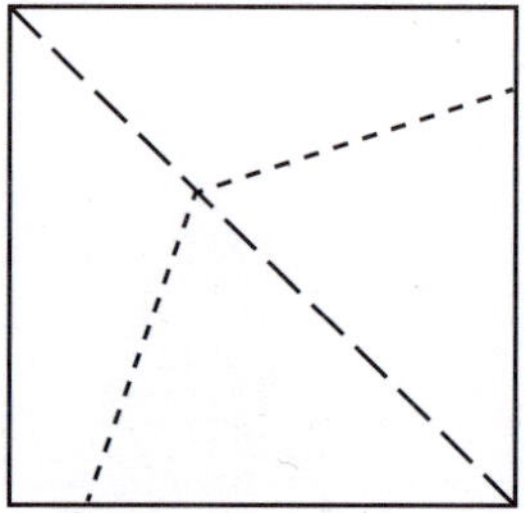

④沿折痕展開後折成圖⑤。

⑤沿虛線向下翻折。

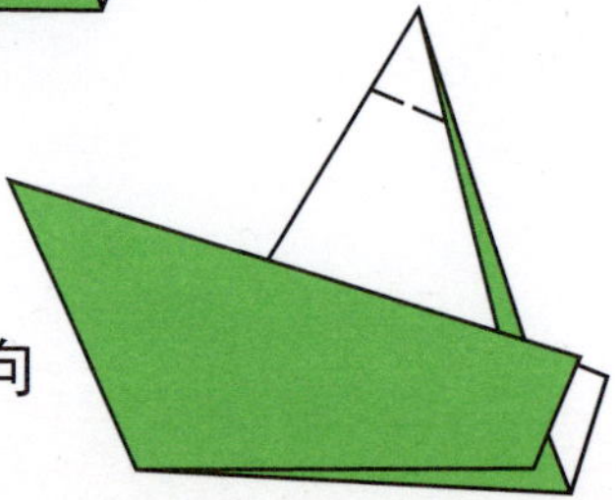

⑥完成。

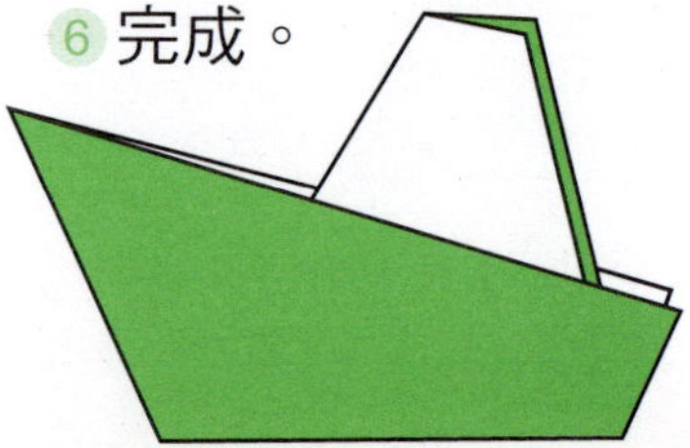

遊艇

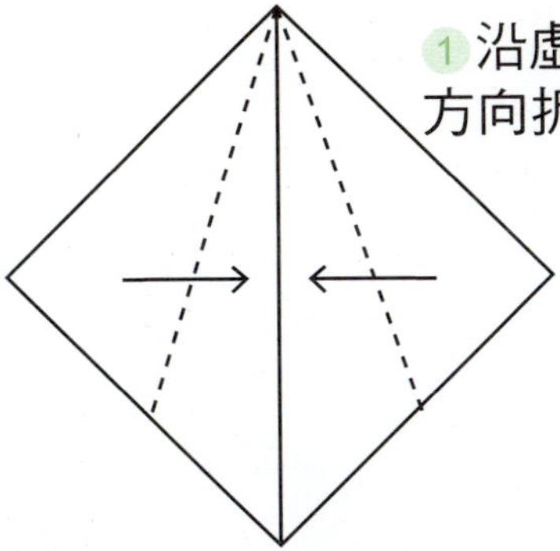

1 沿虛線朝箭頭方向折疊。

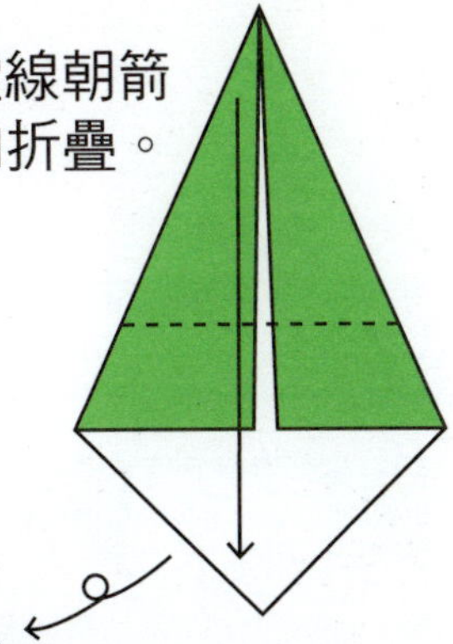

2 沿虛線朝箭頭方向折疊。

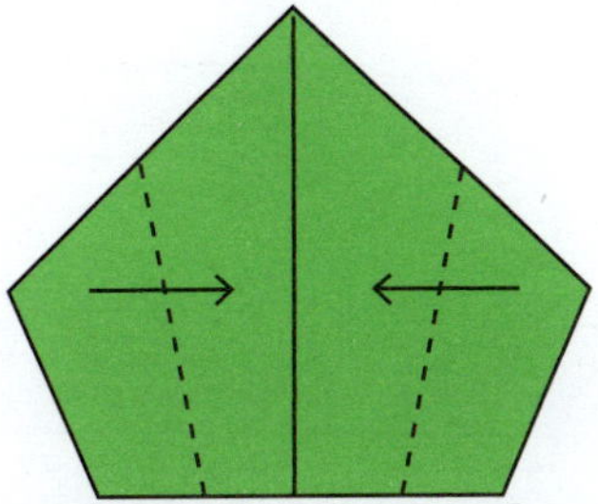

3 沿虛線朝箭頭方向折疊後，翻過來。

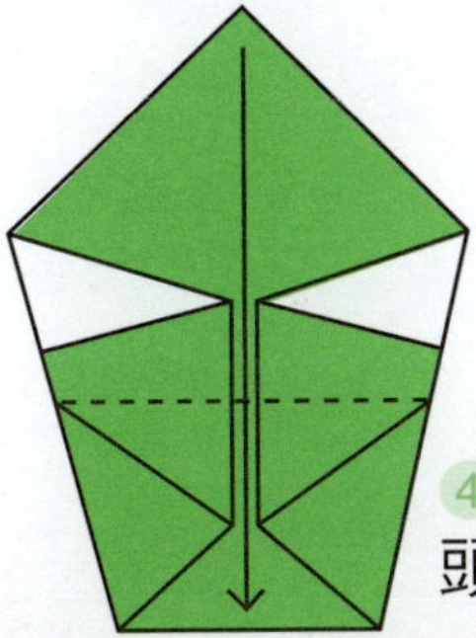

4 沿虛線朝箭頭方向折疊。

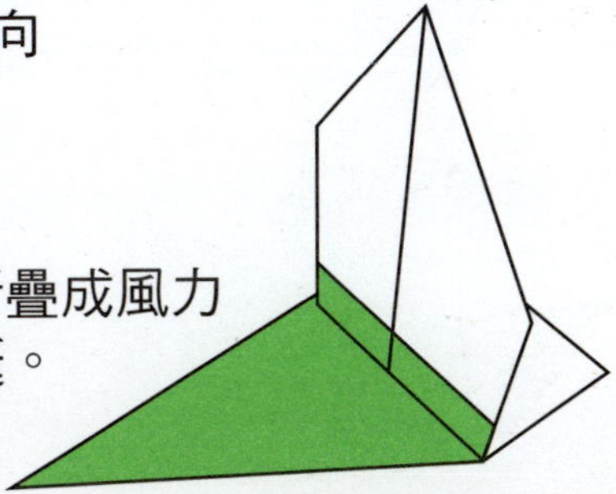

5 折疊成風力遊艇。

獨木舟

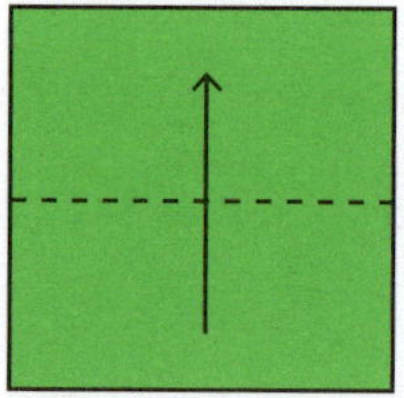

1 沿虛線朝箭頭方向折疊。

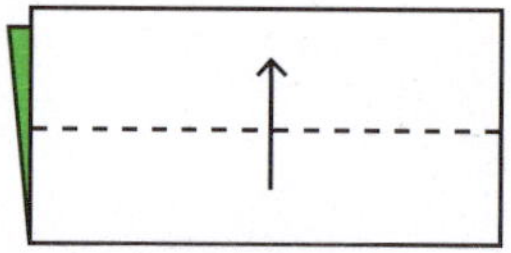

2 沿虛線朝箭頭方向折疊後展開。

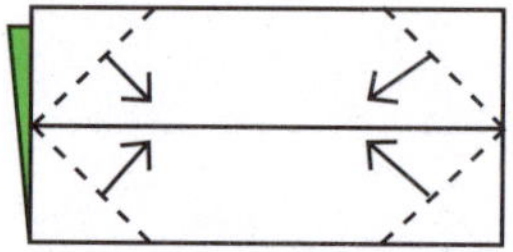

3 沿虛線朝箭頭方向折疊。

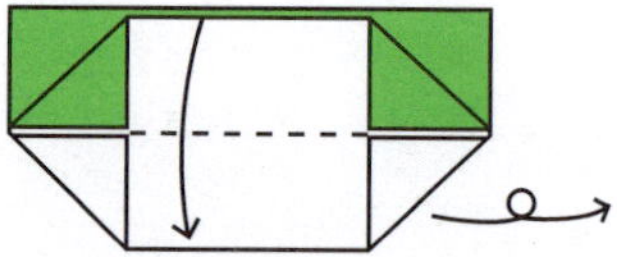

翻過來

4 沿虛線朝箭頭方向折疊。

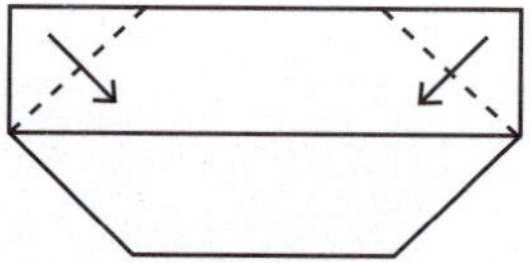

5 沿虛線朝箭頭方向折疊。

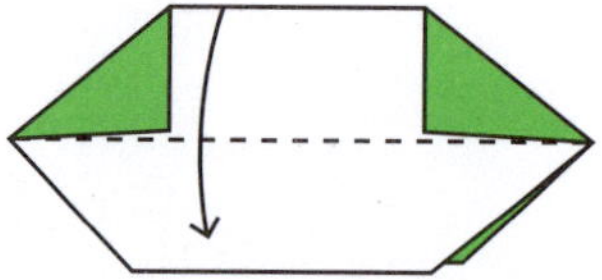

6 沿虛線朝箭頭方向折疊。

翻過來

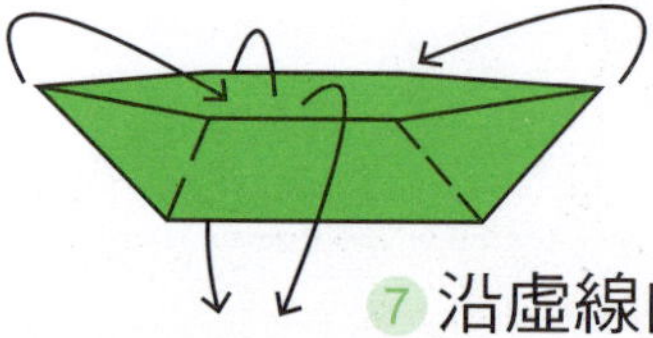

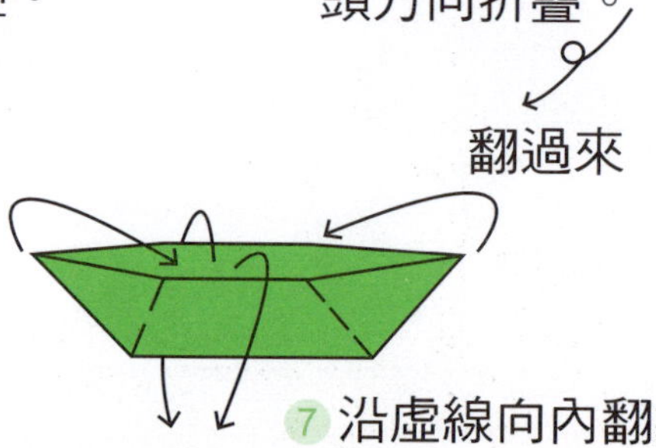

7 沿虛線向內翻折。

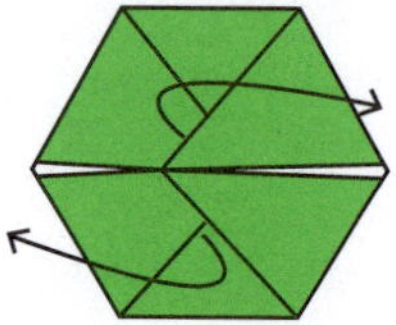

8 打開。

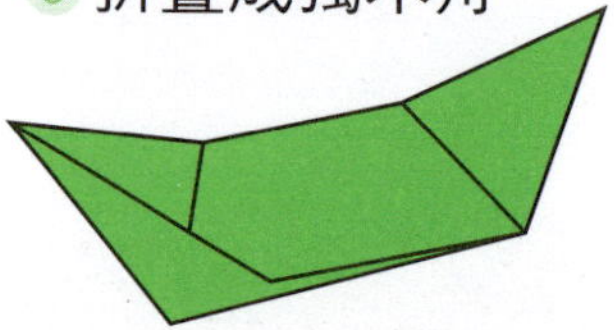

9 折疊成獨木舟。

直升機

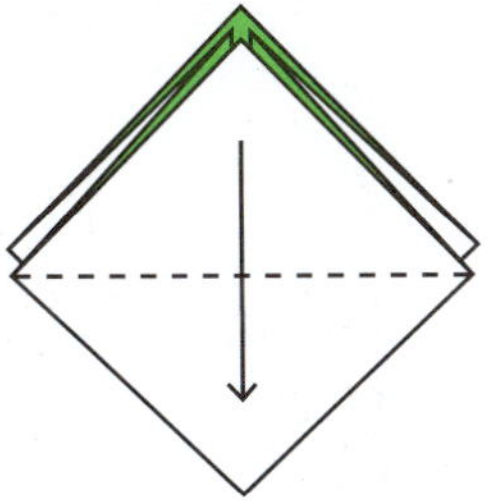

1 沿虛線朝箭頭方向折疊，背面相同。

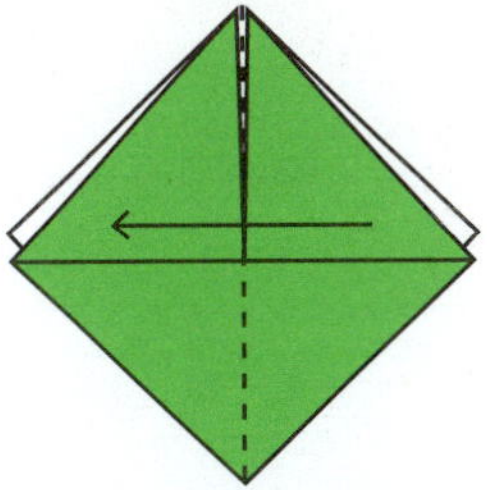

2 沿虛線朝箭頭方向折疊，背面相同。

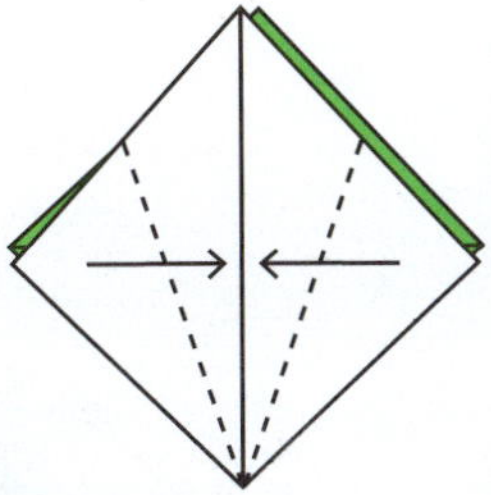

3 沿虛線朝箭頭方向折疊，背面相同。

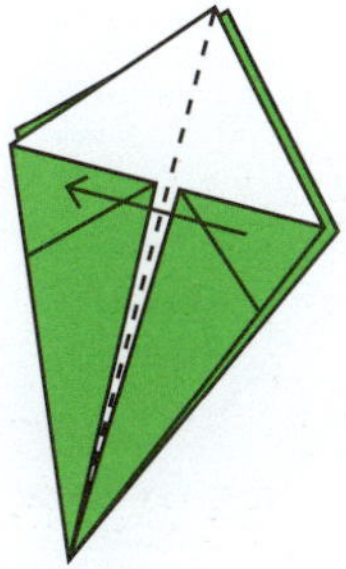

4 沿虛線朝箭頭方向折疊，背面相同。

5 沿虛線朝箭頭方向折疊。

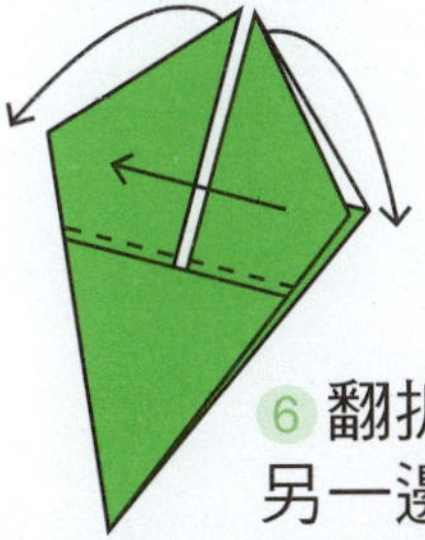

6 翻折（一邊是另一邊的1/3）。

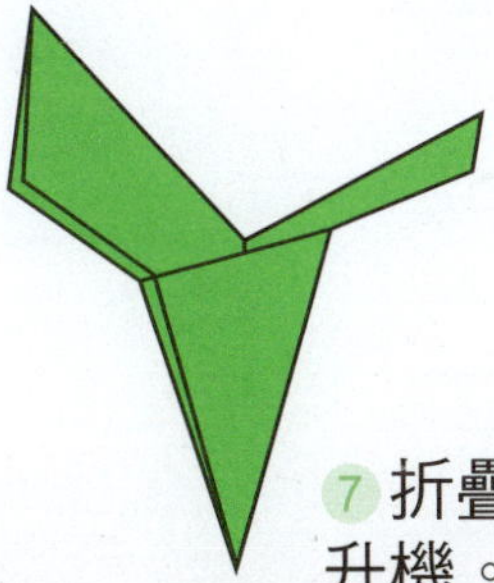

7 折疊成直升機。

飛機 1

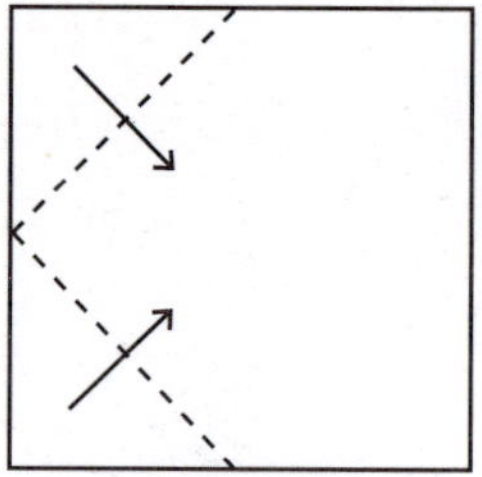

1 沿虛線朝箭頭方向折疊。

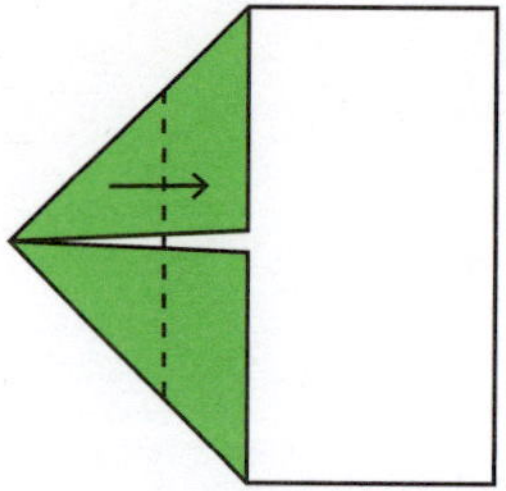

2 沿虛線朝箭頭方向折疊。

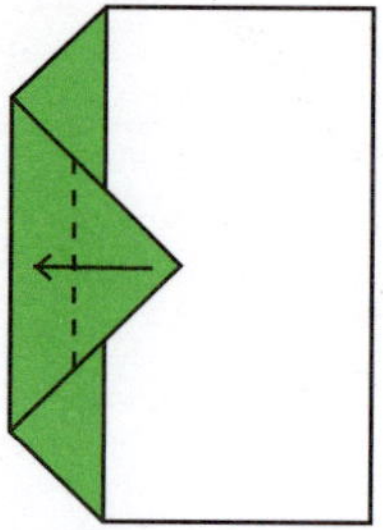

3 沿虛線朝箭頭方向折疊。

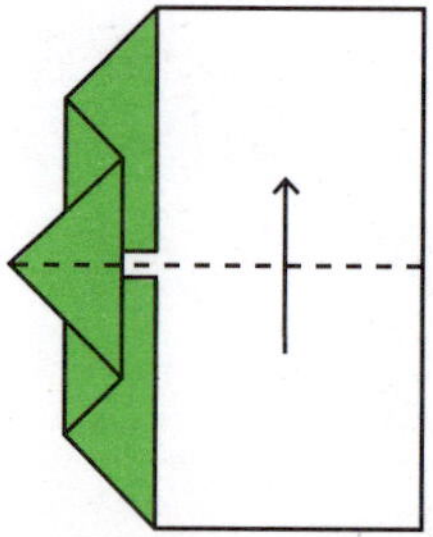

4 沿虛線朝箭頭方向折疊。

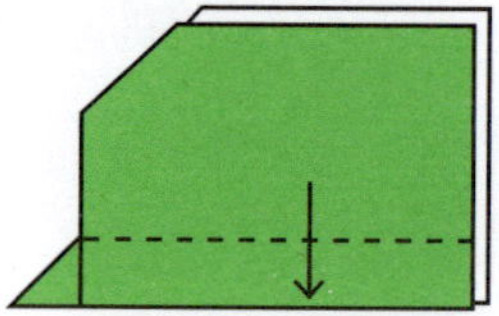

5 將前面的部分沿虛線朝箭頭方向折疊，背面也同樣折疊。

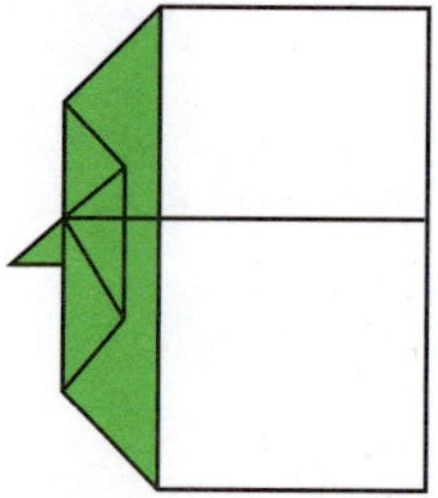

6 折疊成飛機。

飛機 2

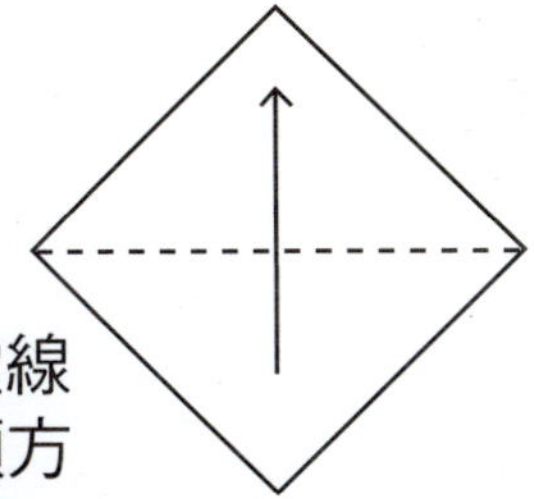

1 沿虛線朝箭頭方向折疊。

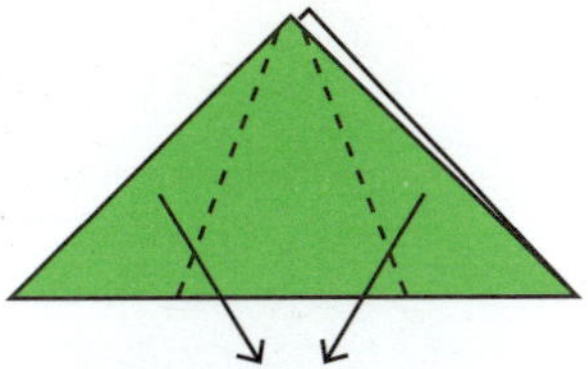

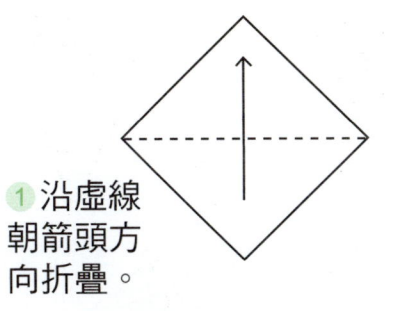

2 沿虛線朝箭頭方向折疊。

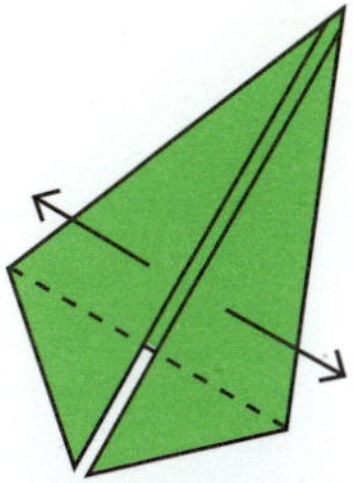

3 把左右兩個角撐開，從中間向外翻折。

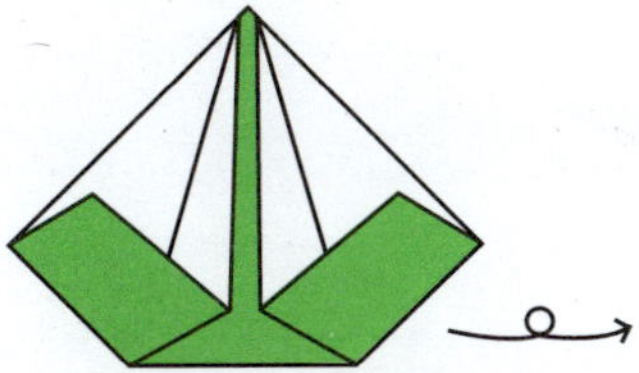

4 翻過來。

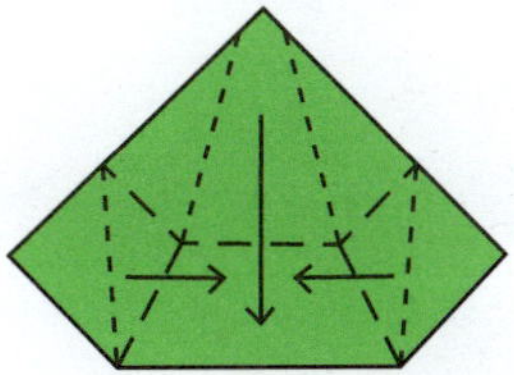

5 沿虛線朝箭頭方向折疊。

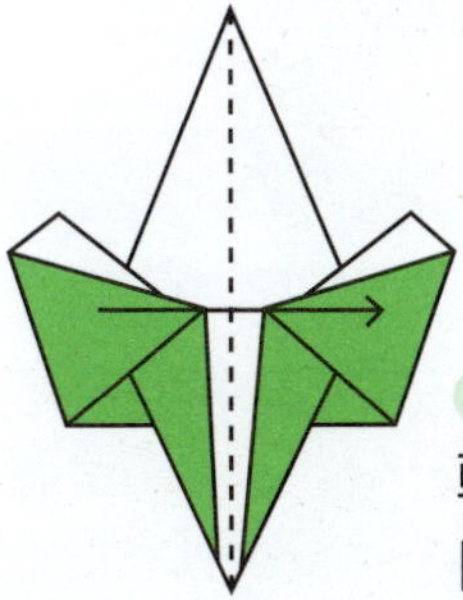

6 沿虛線朝箭頭方向折疊。

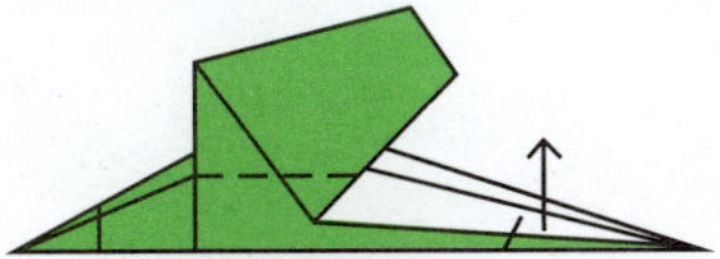

7 沿虛線翻折。

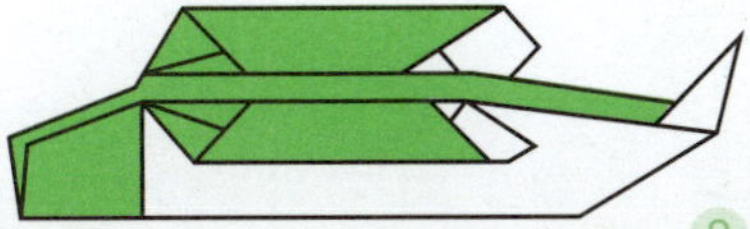

8 折疊成飛機。

滑翔機

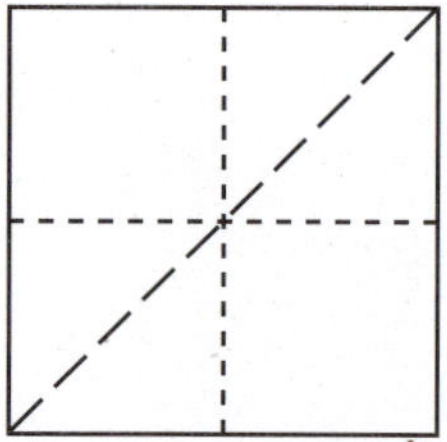

1 沿虛線折疊成雙正方形。

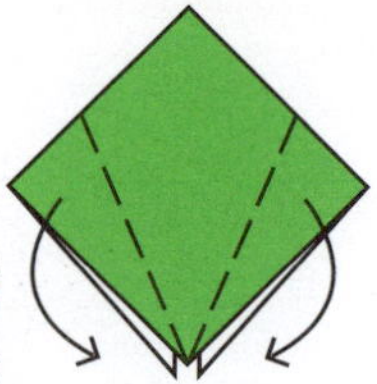

2 把第一層紙提起，從左右向中間壓折。

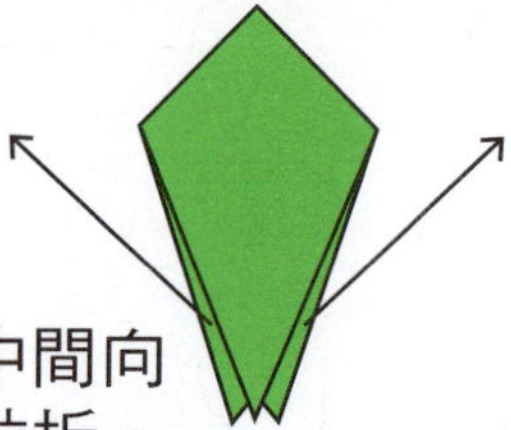

3 由中間向左右拉折。

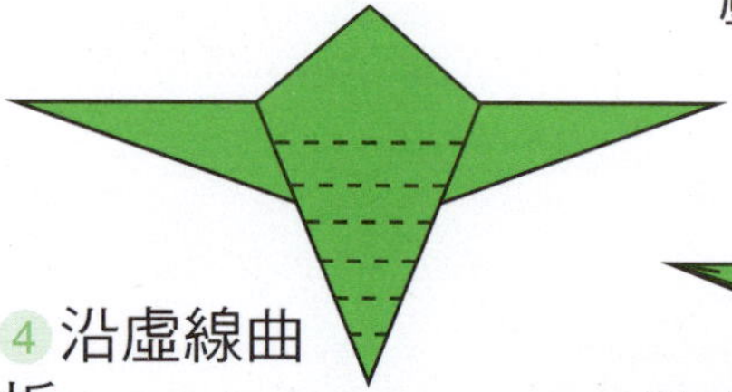

4 沿虛線曲折。

5 沿虛線朝箭頭方向折疊。

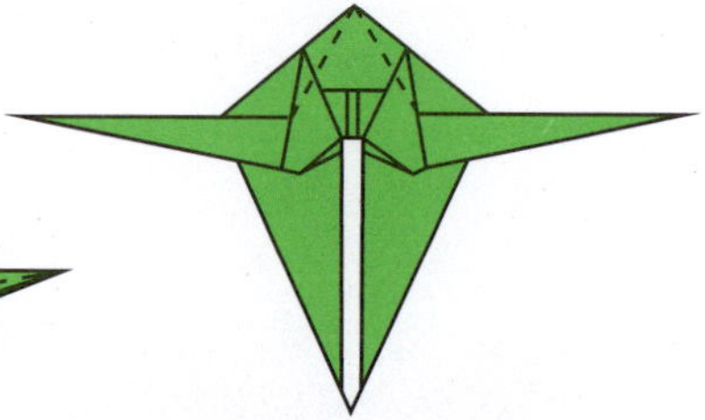

6 沿虛線朝箭頭方向折疊，翻過來。

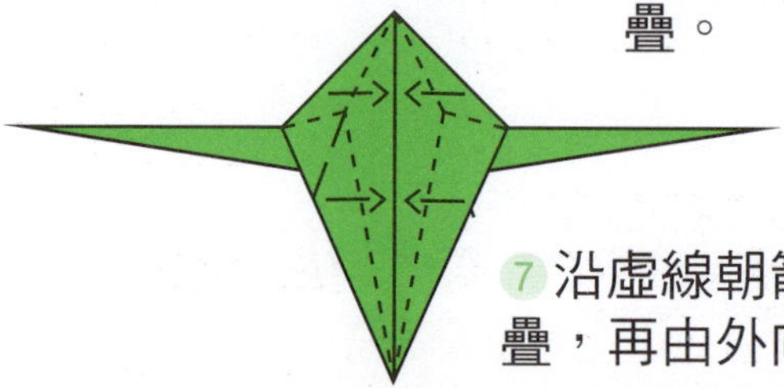

7 沿虛線朝箭頭方向折疊，再由外向內折。

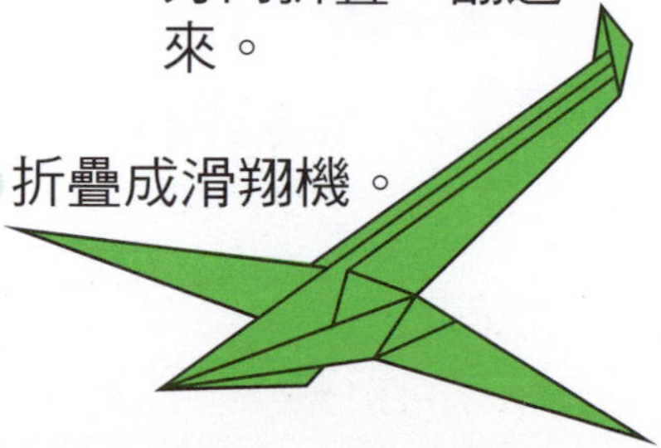

8 折疊成滑翔機。

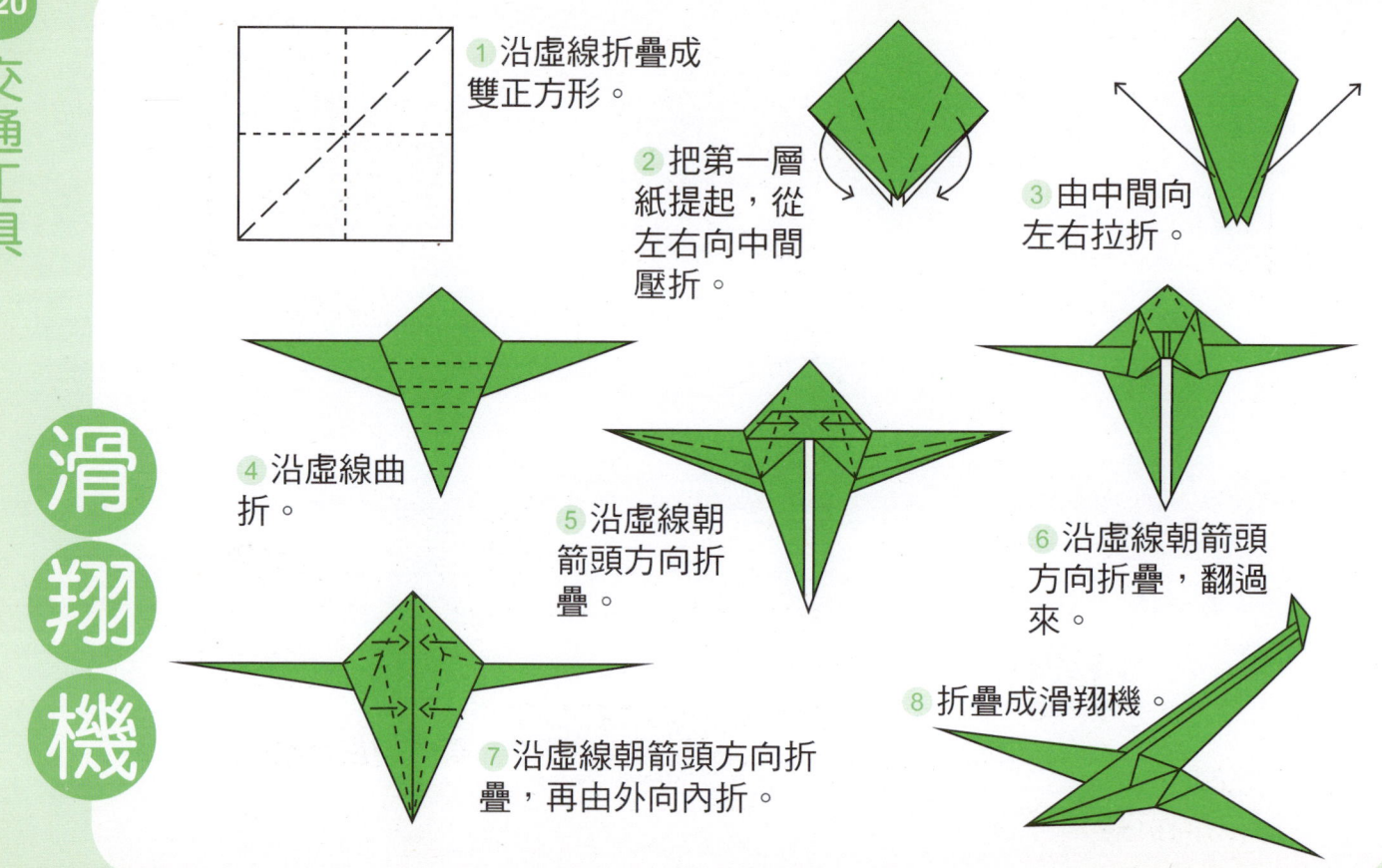

戰鬥機

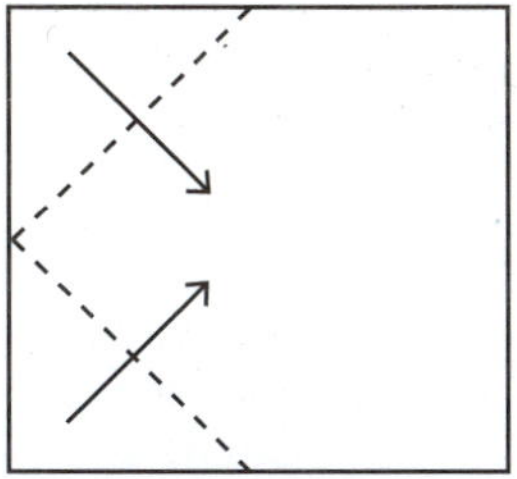

1 沿虛線朝箭頭方向折疊。

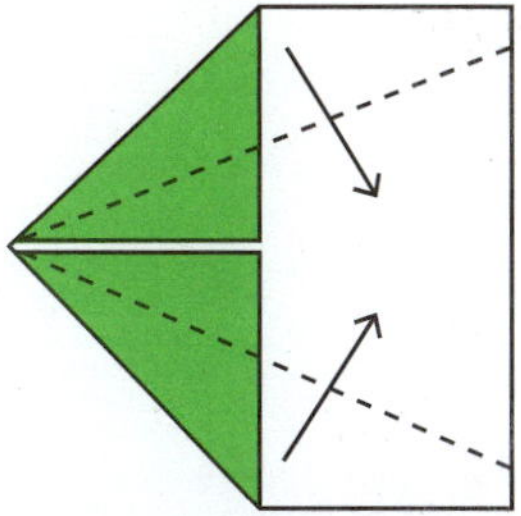

2 沿虛線朝箭頭方向折疊。

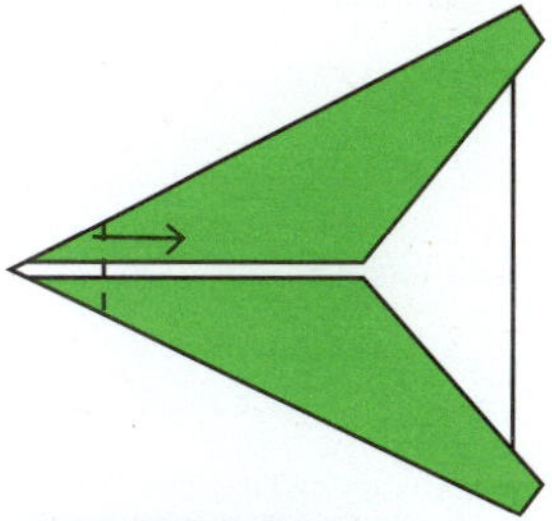

3 沿虛線朝箭頭方向折疊。

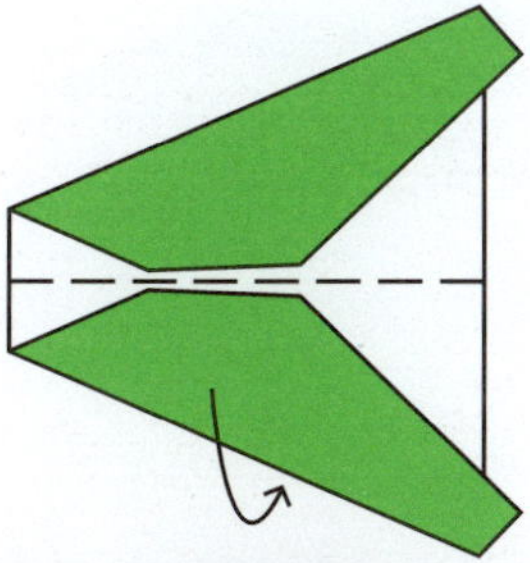

4 沿虛線朝箭頭方向折疊。

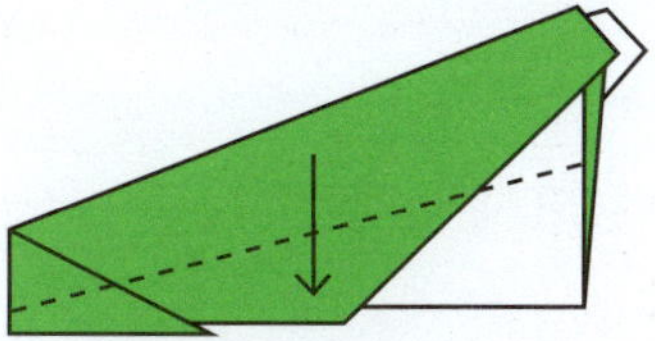

5 沿虛線將前面部分朝箭頭方向折疊，背面也同樣往下折疊。

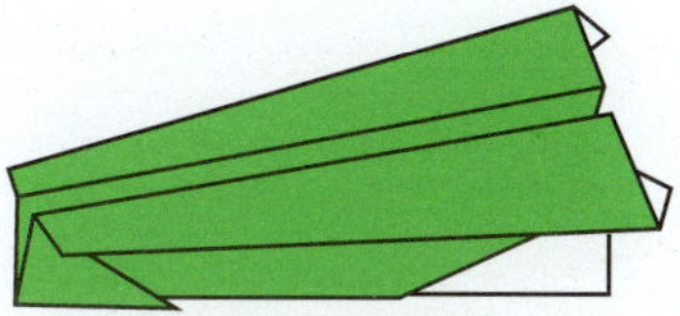

6 折疊成戰鬥機。

火箭

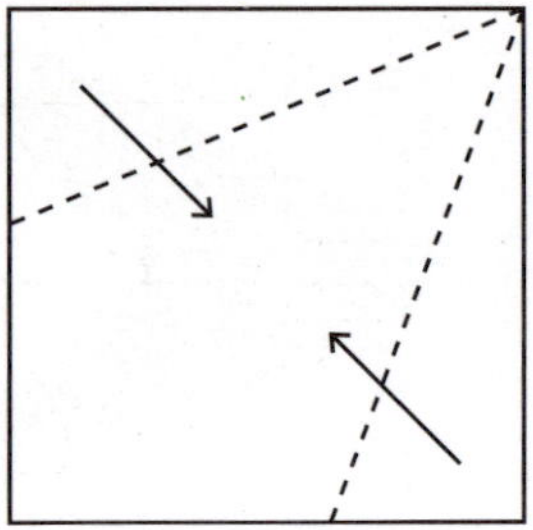

1 沿虛線朝箭頭方向折疊。

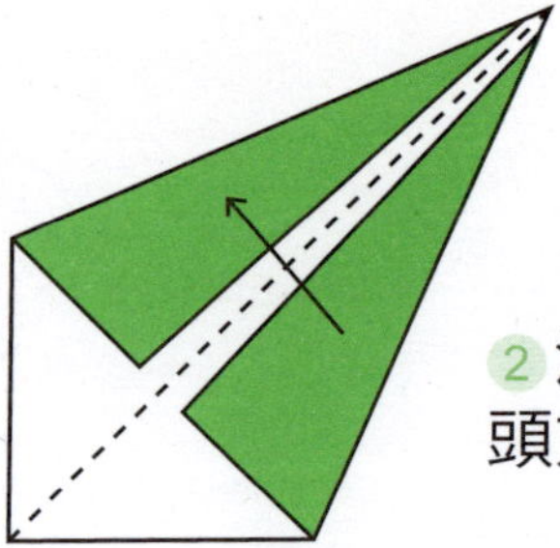

2 沿虛線朝箭頭方向折疊。

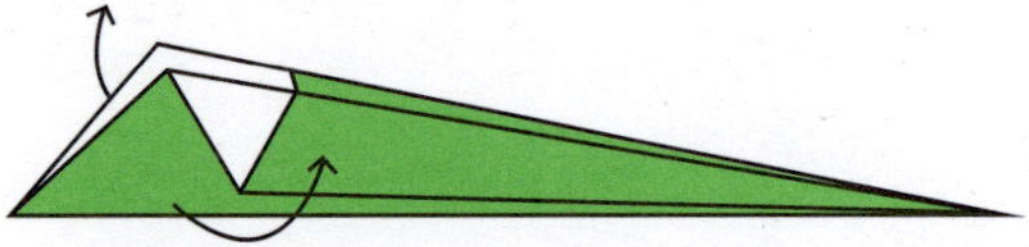

3 沿虛線將兩面分別向下折。

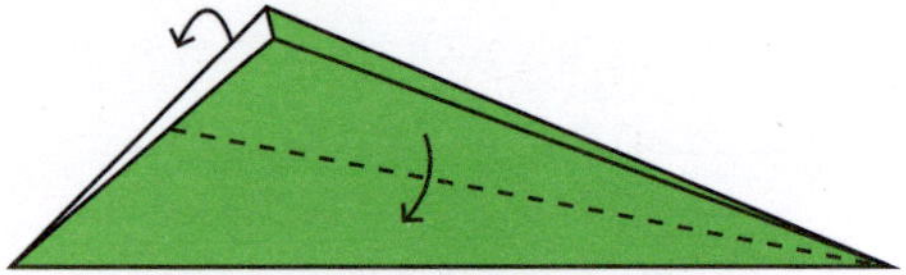

4 按圖示將兩翼向上拉平。

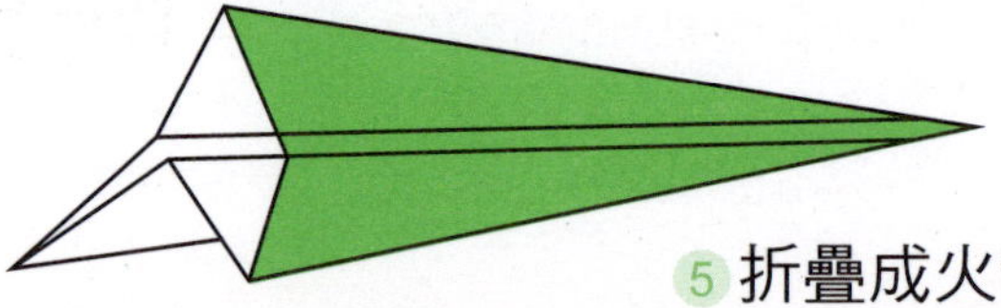

5 折疊成火箭。

小房子 1

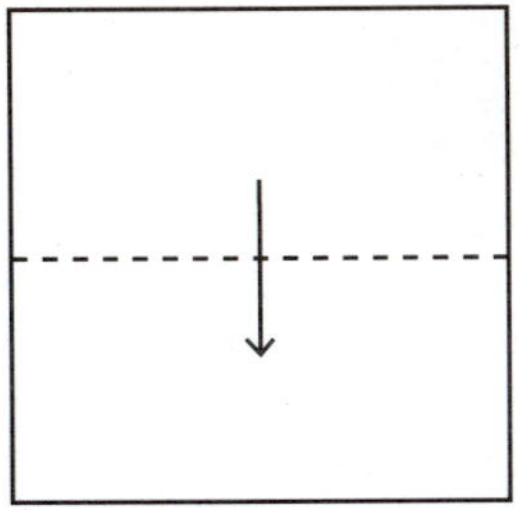

1 沿虛線朝箭頭方向折疊。

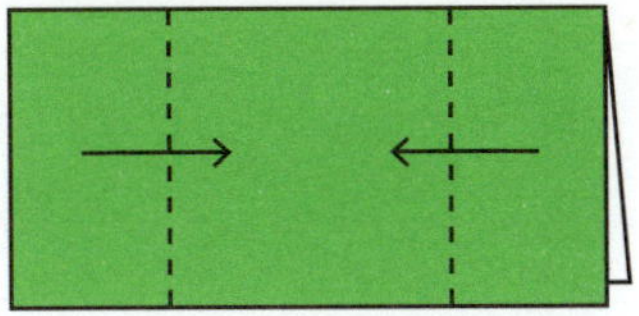

2 沿虛線朝箭頭方向折疊。

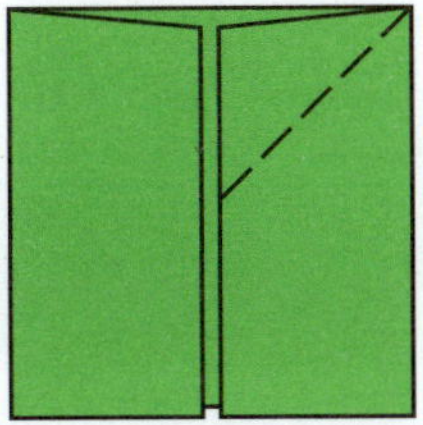

3 沿虛線折出折印。

4 張開三角形的袋口，壓折成圖 5 的形狀。

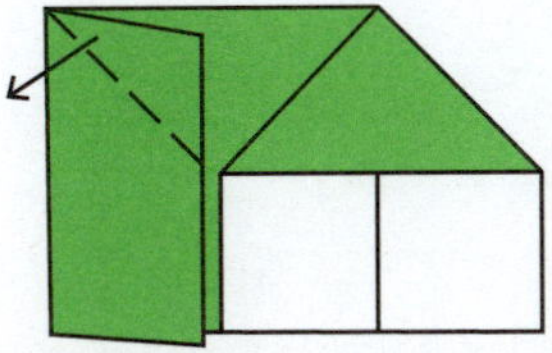

5 另一端也同圖 4 一樣折疊。

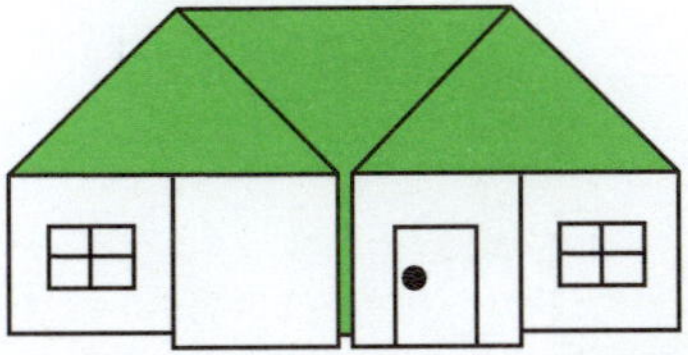

6 畫上門窗，即成小房子。

小房子 2

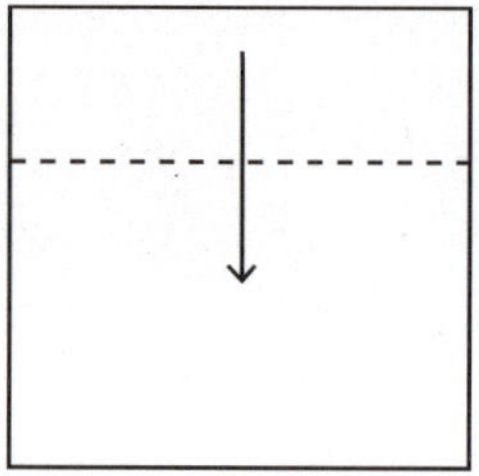

1 沿虛線朝箭頭方向折疊。

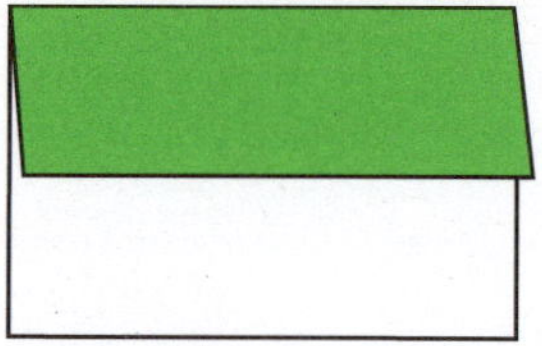

2 翻過來。

3 沿虛線朝箭頭方向折疊。

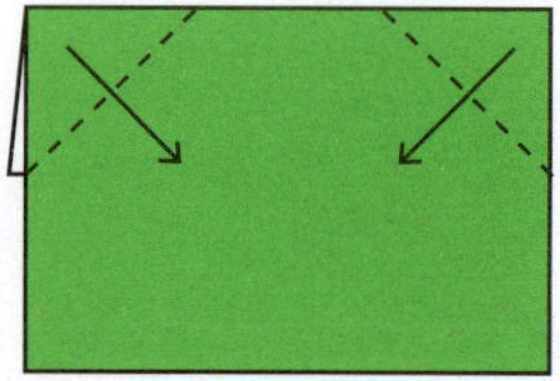

4 沿虛線朝箭頭方向折疊。

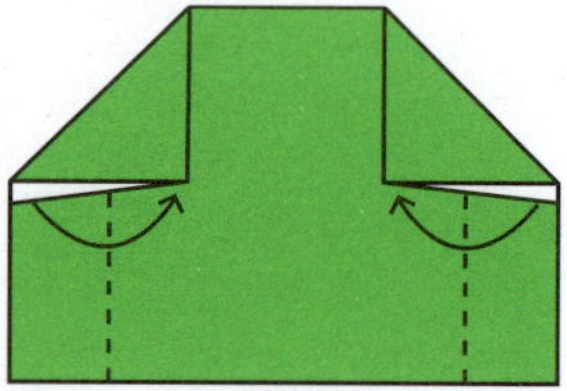

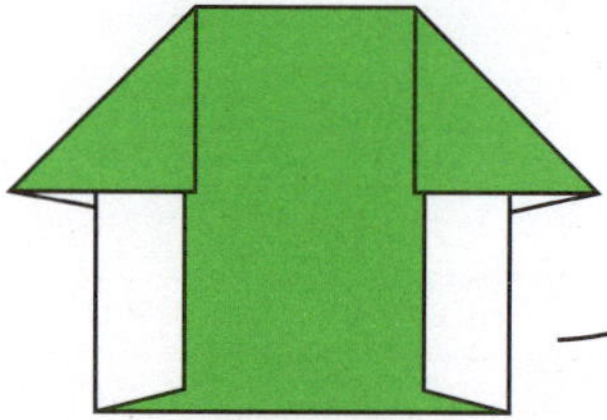

5 翻過來。

6 畫上門窗，即成小房子。